ISBN 978-0-666-41775-6
PIBN 11042653

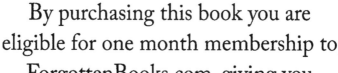

Allgemeines
Schriftsteller- und Gelehrten-
Lexikon
der Provinzen
Livland, Esthland und Kurland.

Bearbeitet

von

Johann Friedrich v. Recke,

Kaiserl Russ Staatsrathe, Rittern des St. Wladimir-Ordens der 4ten Klasse, Korrespondenten der Kaiserl. Akademie der Wissenschaften zu St Petersburg, der dasigen philanthropischen Gesellschaft und der Königl. Societat der Wissenschaften zu Göttingen; Ehrenmitgliede der Kaiserl. Universität zu Moskwa, der naturforschenden Gesellschaft ebendaselbst, der Gesellschaft der Freunde russischer Literatur zu St. Petersburg und der Königl deutschen Gesellschaft zu Königsberg; ordentlichem Mitgliede der Kurländischen Gesellschaft für Literatur und Kunst, der Königl. Gesellschaft für nordische Alterthumskunde zu Kopenhagen und der isländischen Literatur-Gesellschaft zu Reikjavik; auch Direktorn des Kurländischen Provincial-Museums;

und

Karl Eduard Napiersky,

Rigaschem Gouvernements-Schuldirektor, abgetheiltem Censor zu Riga, ordentlichem Mitgliede der Kurländischen Gesellschaft für Literatur und Kunst und der lettisch-literärischen Gesellschaft.

Dritter Band.

L – R.

Mitau,
bey Johann Friedrich Steffenhagen und Sohn.
1831.

Ist zu drucken erlaubt,

unter der Bedingung, dafs nach dem Abdrucke fünf Exemplare desselben an die Censur-Comität eingesendet werden.

Dorpat, am 18. December 1828.

(L. S.) Statt des Präsidenten der Dorpatischen Censur-Comität: wirkl. Staatsrath und Ritter G. Ewers.

Allgemeines

Schriftsteller- und Gelehrten-

Lexikon

der Provinzen

Livland, Esthland und Kurland.

III. Band.

L.

Laackmann (Ferdinand Wilhelm).

Aus Riga, wurde am 11 Junius 1779 zu Basel Dr. der A. G.

Diss. inaug. physiolog. de secretione in genere. Basiliae, 1779. 26 S. 4.

La Coste (Friedrich).

Studirte zu Leipzig die Rechte, wurde daselbst Notarius publicus und privatisirte, meist mit Schriftstellerey sich beschäftigend. Unter andern schrieb er mehrere Ritterromane, deren er aber in seinen spätern Jahren nicht mehr erwähnt wissen wollte. Im J. 1796 kam er als Erzieher in das gräflich Sieversche Haus nach Wenden in Livland, wurde bald darauf Kreis- und Oekonomiefiskal und Sachwalter daselbst, begab sich um 1800 nach Riga, wo er advocirte, und 1822 nach Pernau als Syndikus beym Rath und Assessor des Stadtkonsistoriums. Geb. zu Pförten in der Nieder-Lausitz am 26 November 1769, gest. am 5 September 1823.

Neues teutsch-französisches Wörterbuch. Ein Hülfsmittel zur bequemern Anwendung der neuern französischen Wörter und Redensarten. Nach D. Leonard Snetlage Nouveau Dictionnaire français, contenant les expressions de nouvelle création du peuple français; mit Abkürzungen, Zusätzen und einem französischen Register. Leipzig, 1796. 226 S. gr. 8.

Durand's neueste Nachrichten von und aus der Schweitz, topographischen, physicalischen und politischen Inhalts; mit besonderer Rücksicht auf die Cantons Basel und Bern. (Ein Auszug aus dem Französischen.) Leipzig, 1796. 8.

Eine Schrift über das Podagra; aus dem Französischen. Ebend. ...

Die Taufe und die Todtenfeier. Zwey poetische Versuche. Mitau, 1814. 36 S. 8.

Anleitung zum schiedsrichterlichen Processe in den deutschen Provinzen Rufslands, für Schiedsrichter und Parten. Riga, 1814. 144 S. 8.

Gedichte. Erster Band. Ebend. 1817. 319 S. 8.

Viele einzelne Gedichte.

* Aufsätze *in der* Rig. Zeit., z. B. 1813. No. 98. u. 100. *auch* a. m. O.

Gab heraus:

Rigisches Theater-Blatt 1815. No. 1-36. vom 6. März bis 13. November. 156 S. 4. (*Das Meiste darin ist von ihm selbst. Erwähnung verdient die durch mehrere Nummern von* No. 14. *an gehende* Geschichte des Rig. Theaters von 1760-1811 in 13 Perioden.)

Abendblatt für allerley Leser. No. 1-24. vom 4. December 1815 bis 3. Junius 1816. 192 S. 4. (*Die meisten Aufsätze rühren von ihm selbst her.*)

Vergl. Ostsee-Prov. Bl. 1823. S. 365. 374.

Lademacher (Heinrich).

Studirte in Jena und wurde daselbst 1658 *Magister, auch kaiserl. gekrönter Poet, darauf aber* 1659 (*ord. am* 22 *März*) *Pastor zu Holmhof und Pinkenhof* (*oder Babit*), 1662 *Pastor zu Uexküll und Kirchholm, auch in demselben Jahre Assessor im Unterkonsistorium des rigaschen Kreises, und* 1671 *Pastor zu St. Georg in der Vorstadt von Riga. Geb. zu Riga am* 3 *Junius* 1634, *gest. am* 10 *Julius* 1697.

Isagoge locorum theologicorum: locus XXV. de ecclesia. (Praes. Joh. Ern. Gerhard.) Jenae, 1658. S. 1207-1318. 4.

Quaestiones theolog. selectae de Scriptura Sacra (Praes. Joh. G. Gezelio, et Resp. L. Aldzberg, Aros. Sv.). Rigae, 1663. ½ Bog. 4. *vertheidigte er.*

Lateinische und deutsche Gelegenheitsgedichte.

Vergl. Nord. Misc. IV. 95. XXVII. 371. — Bergmanns Rig. Kirch. Gesch. S. 8. 18. 27.

LADO oder LADOVIUS (JOHANN HEINRICH).

Vorher Rektor in Narwa, wurde 1665 *Professor der Beredsamkeit und Geschichte,* 1678 *aber Prof. der Theol. und Rektor am Gymnasium zu Reval. Geb. zu Halberstadt am ..., gest.* 1682.

Programmata. ...

Vergl. Bidermanns Altes u. Neues von Schulsachen. I. 274. — Livl. Schulbll. 1815. S. 152. — Rotermund z. Jöcher.

LADO (KARL CHRISTIAN oder CHRISTOPH).

Geb. zu Riga am ..., studirte seit 1784 *die Rechte in Jena, wurde einige Zeit nach seiner Rückkehr Advokat und rigascher Stadtfiskal, nahm als solcher seinen Abschied, weil er zur Herstellung seiner Gesundheit auf mehrere Jahre eine Reise ins Ausland machte, und setzte, als er zurückgekehrt war, die juristische Praxis wieder fort; ist auch Titulärrath.*

*Fortgesetzte kleine Chronik der Musse in Riga vom 7. Januar 1812 bis Ende December 1817. Riga, 1818. 15 S. 8.

Aufsätze *in den* Rig. Stadtbll. 1810-1821, *theils mit seinem Namen, theils mit den Chiffern:* —?, ?:., N. 182; *und mit* P. Tiedemann *gemeinschaftlich unter der Chiffer:* o *und* n, 1811. S. 233-242, Zur Geschichte der Vorschläge über den Geldmangel.

Lächlin (Matthias Matthissohn).

Studirte um 1644 *zu Dorpat. Geb. zu Wiburg am ..., gest, ...*

Oratio de cruce et calamitatibus. Dorpati, 1644. 4.

Disp. de natura ethicae. (Praes. Mich. Savonio.) Ibid. eod. 4.

Vergl. Somm. p. 59. 247.

Lälikow (Philipp Ilarionow).

Geb. in dem Flecken Ishewsk im räsanschen Gouvernement am 4 *Oktober* 1801, *studirte zu Moskau die Rechte, war darauf ein Jahr lang Bibliothekar der juristischen Fakultät daselbst, wurde* 1822 *Lehrer der russischen Sprache am Gymnasium zu Reval,* 1823 *Inspektor der russischen Kreisschule ebendaselbst und* 1824 *Oberlehrer der Geschichte und Statistik am Gymnasium zu Räsan.*

Разсужденіе о томъ, что употребительнѣйшій въ Государствѣ языкъ необходимо каждому гражданину знать должно. (Die im Reiche gebrauchlichste Sprache mufs ein jeder Bürger nothwendig kennen.) Reval, 1824. 49 S. 8.

Lallaerus (Magnus).

Studirte in Dorpat um 1639. *Geb. in der schwedischen Provinz Smoland zu ..., gest. ...*

Oratio in themate, quod puer Jesus in Bethlehem ante annos 1638 25. Dec. natus sit verus Messias. Dorpati, 1638. 3 Bogg. 4., *gehalten* 1637 20. Dec.

Exerc. de virtute heroica. (Praes. Laur. Ludenio.) Ibid. 1639. 4.; *auch in* Laur. Ludenii de viro practico deque mediis ad vitam practicam ducentibus liber (Dorp. 1643. 4.), *die* Exerc. VII.

Vergl. Somm. p. 53. 227.

Lamberg (Franz).

Studirte zu Königsberg Theologie, wurde 1797 Protokollist bey dem selburgschen Oberhauptmannsgericht in Kurland, im folgenden Jahre Rektor der Stiftschule zu Neu-Subbath, und 1805 Lehrer an der neu eröffneten Kreisschule zu Jakobstadt. Geb. zu Wenden in Livland 1768, gest. am 15 Februar 1820.

Progr. Ueberblick der bisherigen Verfassung der öffentlichen Bildungsanstalten in besonderer Beziehung auf die Selburgsche Oberhauptmannschaft. Mitau, 1805. 12 S. 4.

von Lamberti (Andreas).

Geb. im Brüsselschen am 1 August n. St. 1771, kam am Schlusse des vorigen Jahrhunderts nach Livland; war früher eine zeitlang livländischer Ritterschaftslandmesser, dann Arrendator des Gutes Brinkenhof bey Dorpat, liefs sich in dieser Stadt nieder und errichtete eine Sternwarte, von der J. W. Pfaff seiner Schrift de tubo Dorp. *eine Abbildung vorgesetzt hat, zog nach Rufsland auf die gräflich Romanzowschen Güter, wo er verschiedene ökonomische Anlagen machte, und lebt gegenwärtig als dirigirender Sekretär* (Правитель дѣлъ) *der militärischen gelehrten Komität beym Hauptstabe des Kaisers in St. Petersburg. Er ist Dr. der Phil., Ehrenmitglied der kaiserl. naturforschenden Gesellschaft zu Moskau, der livländischen ökonomischen und der charkowschen slobodskoi-ukrainischen philotechnischen Societät u. s. w.*

*Drey chronologische Abhandlungen. I. Russischer, Gregorianischer, französischer hundertjähriger Kalender mit einander verglichen. II. Der Anfang des 19. Jahrhunderts. III. Berichtigung der Tageslänge für die drey Haupthorizonte Livlands: Riga, Dorpat und Reval, für jeden Tag des Jahres berechnet. Abgefafst von A. v. L. (Mitau) 1802. 2½ unpag. Bogg. 8.

Das vorzüglichste Brodsurrogat oder Nothbrod, als Beytrag zur Rettung der Menschen vor dem Hungertode. Dorpat, 1809. 32 S. 4.; *auch in* Hermbstädts Bülletin ...

De natura metallorum ...

Der Eiskeller ... 4te vermehrte Auflage. Riga, 1813. 16 S. 8.; *auch in* Hermbstädts Bülletin. Bd. VI. S. 151, *und hieraus auszugsweise in den* Rig. Stadtbll. 1811. S. 322-325; *ferner vollständig in dem* N. ökon. Repert. f. Livl. I. 4. S. 337-354.

Der Dampf-Destillir-Apparat: oder die Hauptfehler, die man bey Erbauung einer Dampfbrennerei vermeiden mufs. Eine Skizze. Dorpat, 1811. 2 unpag. Bll. und 56 S. 8.; *auch im* N. ökon. Repert. f. Livl. V. 2. S. 190-192. *in kurzem Auszuge; und in* Hermbstädts Bülletin. Bd. IX. S. 49.

Ueber den Scheintod durch den Frost und von erfrornen Gliedern. (Dorpat, ...) 1 Bog. 8.; *auch in* Hermbstädts Bülletin. ...

Телеметръ или Дальнометръ, инструментъ единственный въ своемъ родѣ, который употреблять можно какъ въ военное, такъ и въ мирное время для Офицеровъ, Геометровъ и Помѣщиковъ (Telemeter oder Weitenmesser, ein Instrument u. s. w.) 1ster Th. St. Petersburg, 1814. 10 unpag. u. 20 S. 4. Mit Kpfrn.

* Kritische Beleuchtung des anonymen Aufsatzes über Brantweinsbrand, Mastung und Haltung eigener Viehzucht in Livland. (Dorpat, 1818.) (*Der kritisirte Aufsatz steht in den* N. inländ. Bll. 1818. No. 40. u. 41.)

Versuch zur Gründung eines neuen Feldbausystems für einen grofsen Theil des Russ. Reichs, insbesondere aber für das südliche Rufsland. Dorpat, 1819. 105 S. 8.; *auch vermehrt im* N. ökon. Repert. f. Livl. VI. 3. S. 300-386.

Die allerneuesten Fortschritte der Destillirkunst. 1. Heft. Alkoholometrie, oder vollständige Anweisung, wie man den Alkoholgehalt und folglich auch den wahren und auch relativen Werth der verschiedenen Brantweine, des Rums, des Conjacs u. dergl. m. nach einem allgemeinen richtigen commerciellen Maafsstabe sehr genau, und auf die leichteste Art schätzen kann, theoretisch-practisch abgefafst. Mit 1 Kupf. ... 2te vermehrte Aufl. Dorpat, 1819. 144 S. — 2tes Heft. Pyrometrie, oder das gesuchte Maafs der Temperaturen, wie solche in dem weitläuftigen Processe des Brantweinbrandes verschieden seyn müssen, wie auch das Maafs der Holzkräfte verschiedener Holzarten und anderer Brennmaterialien, und das sehr wichtige Pyrometrische Flachenmaafs. In Beziehung auf Vermehrung der Brantweins-Ausbeute, insbesondere und auf Zeit und Holzersparung im Allgemeinen. Ebend. 1819. 200 S. 8. (*macht auch des* N. ökon. Repert. VII. Bds. 1stes St.). — 3tes Heft. Der verbesserte Mühlenbau. Mitau, 1820. 96 S. 8. (*nicht ausgegeben und liegen geblieben*). — 4tes Heft (*das aber unvollendet gleichfalls bis jetzt in der Druckerey liegen geblieben ist*). Ueber Branntwein gebenden Mehlstoff und Mehlsurrogat, wie auch über den Procefs des Malzens. Ebend. 1820. XVI und 80 S. 8.

Tableau de la grande éclipse du soleil du 26. Août 1820. à St. Petersbourg.

Amélioration des bouches à feu, fondée sur des expériences. Ebend. 1821. 1 Bog. 4.

Вновь объясненная гидрометрическая система мѣръ и вѣсовъ. (Das hydrometrische System der Maafse und Gewichte.) Ebend. 1827. 9 S. 4.

О первоначальномъ происхожденїи и нынѣшнемъ состоянїи Россїйской линейной мѣры и вѣса. (Von der ursprünglichen Entstehung und dem gegenwärtigen Zustande des russischen geraden Maafses und des Gewichts.) Ebend. 1827. 26 S. 4.

О неизмѣнномъ опредѣленїи вѣса Россїйскаго фунта и о гидрометрической системѣ Россїйскихъ мѣръ обьятности. (Von der absoluten Bestimmung des Gewichtes eines russischen Pfundes und über das hydrometrische System des Umfanges der russischen Maafse.) Ebend. 1828. 16 S. 4. Mit Kupf.

О полевой хлѣбопекарной печи. (Vom Feld-Brodbackofen.) Ebend. 1828. 9 S. 4. Mit Kupf.

Von dem grofsen Nordlicht im October 1804; Das Nordlicht vom 13. Februar 1808; Optische Meteore beym Sonnenaufgange am 8. März 1808; Beobachtung von 5 Sonnenbildern am 14. Januar 1809; Wer hat das Phänomen der Ebbe und Fluth nach einem allgemeinen Naturgesetz zuerst erklärt; *in der* Dorp. Zeit. . . . *und in* Hermbstädts Bülletin. . . . — Kometenbeobachtungen; *ebend. und in der* Nordischen Post 1807 u. 1811.

* Recension (einer astronomischen Rechnung im Hamburger Correspondenten 1806. Januar. No. 3.); *in* Truhardts Fama f. Deutsch-Rufsl. 1806. März. S. 193-201. — * Was ist doch die Ursache des Roggenmifswachses vom J. 1804 in Liefland? *ebend.* Junius. S. 211-216.

Beschreibung eines neuen Alkoholometers nebst einer vollständigen pycnometrischen Tafel; *in dem* N. ökon. Repert. f. Livl. II. 1. S. 3-35. u. 2. S. 44-82. — Anleitung zum Hirsebau; *ebend.* II. 3. S. 208-214. — Brief an den Herrn Coll. Ass. v. Müller zu Belaia im Smolenskischen Gouvernement; *ebend.* IV. 4. S. 495-499. — Die allerneuesten Fortschritte der Destillirkunst; *ebend.* V. 2. S. 166-189. — Auszug aus einem Briefe über seinen noch unbekannten Kühlapparat; *ebend.* VI. 1. S. 3-8. — Versuch zur Festsetzung bestimmter Grundsätze zu einer richtigen Taxation der Leinwand, des Gespinnstes und des Weberlohnes; *ebend.* VI. 1. S. 9-28. — Eine neue commercielle pycnometrische Tafel (mit 1 Kupf.); *ebend.* VI. 4. S. 440-541.

* Aus dem Tschernigowschen Gouvernement vom 17. September 1815 (über die religiöse Toleranz der Russen); *in* Merkels Zuschauer No. 1166. vom 2. Oct. 1815.

Astronomische Bemerkungen; *in* Bode's astron. Jahrb. f. 1815. S. 202-205.

Der Druck der Dorpatschen Atmosphäre; *in den* N. inländ. Bll. 1818. S. 299-301. — Bitte um Belehrung; *ebend.* S. 350., (*auch besonders abgedruckt als Beylage zum* N. ökon. Repert.). — Literarische Anzeige und Antwort auf Knorres Bemerkungen über seinen Aufsatz vom Druck der Dorp. Atmosphäre; *ebend.* S. 375. — Zurechtweisung; *ebend.* S. 397.

Aufsätze in russischer Sprache *in der* Nordischen Post (Сѣверная почта), *besonders* 1813. No. 62-74.: О громовыхъ отводахъ, von Blitzableitern — *im* Sohn des Vaterlandes (Сынъ Отечества) — *im* Militar-Journal (Военный Журналъ) — *im* Ingenieur-Journal (Инженерныя Записки) — *in der* Nordischen Biene (Сѣверная Пчела), u. a. m.

Lampe (Friedrich).

Genoſs den Schulunterricht auf der Dresdner Kreuzschule, studirte in den Jahren 1801 *bis* 1803 *zu Leipzig, und kam darauf nach Kurland. Hier war er zuerst Hauslehrer, dann seit* 1805 *piltenscher Landgerichts- und seit* 1808 *Oberhofgerichtsadvokat. Im J.* 1813 *wurde er ausserordentlicher Professor des kurländischen Provincialrechts und Proto-Syndicus an der kaiserl. Universität zu Dorpat, und in demselben Jahre auch Kanzelleydirektor der Schulkommission,* 1814 *aber ordentlicher Prof. des positiven Staats- und Völkerrechts, der Politik, der Rechtsgeschichte und der juristischen Literatur, wobey er zugleich die Stelle eines Proto-Syndikus unentgeldlich versah. Später wurden die beyden letzten Fächer von seiner Nominalprofessur getrennt. Geb. zu Dresden* 1781, *gest. am* 11. *August* 1823.

*Recensionen *in den* Mitauschen Wöch. Unterh. 1806. 1. 353. *u. in den* Neuen Wöch. Unterh. 1808. 1. 217. — *Sommertheater in Mitau; *ebend.* S. 377-383. 399-407. u. 415-424.

Arbeitete in seinen letzten Jahren an einer deutschen Uebersetzung oder Umarbeitung des Essai critique sur l'histoire de la Livonie *des* Grafen de Bray.

Vergl. seinen Nekrolog *in* v. Bröckers Jahrb. f. Rechtsgel. II. 287-289. — Hebe, eine Zeitschrift, 1826. No. 132. S. 1054.

Landesen (Friedrich Gottlieb).

Geb. zu Reval am 31 *Januar* 1799, *studirte von* 1817 *bis* 1822 *zu Dorpat, erhielt daselbst die medicinische Doktor-*

würde, reiste darauf ins Ausland, hielt sich am längsten in Wien und Berlin auf, und wurde nach seiner Rückkunft 1824 *Kreisarzt zu Pernau.*

Diss. inaug. de natura morbi coeliaci, ejusque genuina notione. Revaliae, 1822. 64 S. 8.

Lang oder Lange (Jakob Jakobsohn).

Wurde zu Uleå in Ostbothnien, wo sein Vater, ein Ungar von Geburt, Zolleinnehmer war, erzogen, studirte seit 1664 *auf den Universitäten Abo und Upsal und gab zugleich Unterricht, reiste dann nach England, hielt sich besonders zu Oxford auf, ging* 1678 *nach Paris, wo er anderthalb Jahr lang bey dem Envoyé* N i l s L i l j e r o t *Sekretär war, darauf auch noch nach Holland, kehrte* 1681 *in sein Vaterland zurück, wurde* 1683 *Propst und Pastor zu Nienschanz in Ingermannland,* 1688 *Superintendent zu Narwa,* 1690 *Dr. der Theol. zu Abo,* 1700 *am* 16 *Julius Generalsuperintendent von Livland, und* 1701 *am* 4 *Julius Bischof zu Reval und von Esthland, obwohl er zu diesem Amte nur* 3, J u s t u s B l a n c k e n h a g e n *aber* 45, *und* G o t t f r i e d S t e c h e r 11 *Stimmen hatte. Bey der Eroberung Esthlands durch die Russen begab er sich* 1710 *am* 22 *Julius mit seiner Familie nach Stockholm, wo er bald wieder versorgt ward, denn König* K a r l XII *ernannte ihn von Bender aus* 1711 *am* 21 *April zum Bischof von Linköping. Kurz vor seinem Tode, am* 28 *Januar* 1716, *wurde, er oder vielmehr seine beyden Söhne,* J a k o b *und* G u s t a v, *mit dem Namen* L a g e r k r e u t z *in den schwedischen Adelstand erhoben. Geb. zu Gefle am* 1 *May* 1648, *gest. am* 17 *Februar* 1716.

Disp. theoremata nonnulla miscellanea exhibens. Aboae, 1667. 4.

Statera reipublicae. ... 1674. 8.

The Råttferdigas Dödh, uthi en Christeligh Lyk-Predijkan förehållen, tå — — Johan Munck, för detta Hoppman öfwer Duderhoffz Frijherskap — — åhr 1688 den 21. Junii i Capurie Kyrkia, bleff begrafwen. Åbo, 1689. 5 Bogg. 4.

Diss. inaug. de introductione catechumeni in script. sacram. Ibid. 1690. 4.

Eine Leichenpredigt in schwedischer Sprache. Narwa, 1696. 4.

Elenchus profectuum catechisandorum, in usum ecclesiarum dioecesis Esthoniae. (Revaliae), 1703. Fol. 2 S. Zuschrift *an die Prediger*, 1 S. Extrakt *aus der königl. Resolution vom* 17 *December* 1697, *und die (zum Ausfüllen bestimmten)* Tabellen.

Das Vertrauen der streitenden Kinder Gottes. Leichenpredigt bey der Beerdigung des schwedischen Feldmarschalls und Gouverneurs von Narwa u. s. w. Otto Wilh. Baron v. Fersen. Reval, 1706. 1 Alph. u. 18 Bogg. Fol.

Vergl. Nova lit. mar. B. 1701. p. 299. 1706. p. 92. — Schefferi Suecia lit. p. 323. ed. Molleri. — Müllers Samml. russ. Gesch. IX. 217. — Nord. Misc. IV. 95. u. XI. 406. — Carlbl. S. 7. — N. Nord. Misc. XVIII. 262. — L. Bergmanns biogr. Nachr. von den livl. Gen. Sup. S. 10.

LANGE (GEORG ERNST), s. LÜDERWALD.

LANGE (JAKOB).

Studirte zu Königsberg 4 *Jahr lang, machte einige Reisen, kam nach St. Petersburg, hatte daselbst thätigen Antheil an der Errichtung der evangelischen Schulen, sollte auch Rektor der dortigen deutschen Hauptschule zu St. Peter werden, nahm aber* 1727 *den Ruf als Pastor zu Wolfarth in Livland an (ord. am* 31. *März), wurde* 1745 *Pastor zu Smilten, und späterhin Propst des wendenschen Kreises, war bey Untersuchung und Beylegung der Herrnhutschen Unruhen in Livland und als Assessor ecclesiasticus bey den Kirchenvisita-*

wie auch überhaupt dieselben fleiſsig zur Schule bringen sollen u. s. w. Reval, 1773. 3 Bogg. 8.

Eine merkwürdige und zuverlässige Nachricht von der Verbrennung des obersten Priesters bey den Kalmücken. Ebend. 1773. 20 S. 8.

Eine kleine, aber wohl bewährte Dosis von Vernunft allemal sicher zu gebrauchen, wider den jetzigen epidemischen Paroxysmus u. s. w. verordnet im Jahr 1775. . . . 4.

Kurzer Entwurf der christlichen Lehre für diejenigen, welche zum ersten Mahle das heil. Sacrament des wahren Leibes und Blutes Jesu Christi im Segen genieſsen wollen; zur nöthigen Vorbereitung sowol derer, welche sich dazu gehörig vorbereiten, als auch zur fleiſsigen Wiederholung und reiferem Nachdenken derer, welche solchen Unterricht mit angehöret haben, aus Liebe zur Jugend aufgesetzt und zum Druck gegeben. Reval, 1785. 40 S. 8.

Vergl. Gadeb. L. B. Th. 2. S. 162. — Meusels Lexik. VIII. 50.

LANGE (JOHANN ULRICH).

Geb. zu Libau am 10 *August* 1774, *studirte Arzeneykunde seit* 1791 *zu Wittenberg, Berlin und Jena, promovirte* 1795, *war zwölf Jahr Oekonomiearzt auf dem fürstlich Sackenschen Gute Dondangen, und privatisirt gegenwärtig in seiner Vaterstadt.*

Diss. inaug. de aquae calcis vivae viribus et usu medico. Jenae, 1795. 32 S. 8.

LANGE (MORITZ).

Schulhalter an der Petrischule zu Riga um die Mitte des 17*ten Jahrhunderts. Geb. zu ..., gest. ...*

Rechen-Buch. Zu fleiſsigem Vnterricht vnd nützlichem Gebrauche für die Jugend in St. Peters-Schule, zusammengetragen von Mauritio Langen, Arithm. Publ. zu St. Peter. Riga, Gedruckt vnnd verlegt durch Gerhard Schroeder. Anno. M. DC. L. 6½ unpag. Bogg. 8.

Hat auch einen Katechismus *herausgegeben, wie* Johann Brever *in der* Vorrede *zu seinem* Rig. Katechismus *anmerkt.*

LANGE (WILHELM).

Wurde in Riga und auf den Gymnasien zu Kieydan, Bielefeld und Lüneburg gebildet, studirte darauf erst Theologie zu Leipzig, dann, wegen schwächlicher Gesundheit, Medicin zu Leyden, machte eine gelehrte Reise durch Holland, England und Frankreich, kam 1684 *noch einmal nach Leyden zurück, wurde dort Dr. der A. G. und liefs sich dann als praktischer Arzt in seiner Vaterstadt nieder. Geb. zu Riga am* 1 *September* 1656, *gest. am* 4 *August* 1698.

Diss. inaug. de apoplexia. Lugd. Bat. 1684. ...

Vergl. Nova lit. mar. B. 1698. p. 183., *und daraus* Nord. Misc. XXVII. 371.

LANGENBECK (RUDOLPH ADOLPH).

Geb. zu Horneburg im Herzogthum Bremen am 23 *Februar* 1772, *erhielt von seinem Vater, der daselbst Prediger war, gemeinschaftlich mit seinem Bruder, dem Göttinger Professor* Konrad Johann Martin Langenbeck, *den ersten Schulunterricht, studirte hierauf seit* 1792 *zu Jena, nahm* 1796 *zu Erfurt die medicinische Doktorwürde an, machte eine Reise in Deutschland, kam* 1798 *nach Livland, war hier Hauslehrer und Hausarzt in Sunzel, wurde, nach einer in St. Petersburg überstandenen Prüfung, in die Zahl der russischen Doktoren aufgenommen, prakticirte* 5 *Jahr in Lemsal, zog* 1804 *nach Riga, wurde hier* 1807 *Kreisarzt und zugleich Arzt bey den Anstalten des Kollegiums allgemeiner Fürsorge, legte* 1823 *die Kreisarztstelle nieder und wurde zum Hofrath ernannt, ist auch Ritter des St. Annen-Ordens der* 2*ten und des St. Wladimir-Ordens der* 4*ten Kl.*

Krankheitsgeschichte einer Steinkrankheit; *in* K. J. M. Langenbecks Bibliothek für die Chirurgie. II. 3. No. 14. (1809.)
Tagebuch über eine durch den thierischen Magnetismus bewirkte Heilung; *in der* Russ. Samml. f. Naturwiss. u. Heilk., herausg. von A. Crichton, J. Rehmann u. K. F. Burdach. II. 4. S. 553-612. (1817.)
Beobachtungen über die Wirkungen des Liquor cupri ammoniato-muriatici cum et sine mercurio; *in* Grindels medic. pharm. Bll. 1819. Heft 1. S. 39-44.
Aufsätze *in den* Rig. Stadtbll. 1810-1821.

von Langenstein, s. Heinrich v. Hessen.

Langewitz (Friedrich Hermann Eduard).

Sohn des nachfolgenden.

Geb. auf dem Pastorate Lemburg im November 1788, *studirte zu Dorpat und Berlin und wurde* 1813 *Pastor zu Ronneburg* (*ord. am* 21 *September*).

Gemeinschaftlich mit G. G. Sokolowski (*s. dess. Art.*):
* Ta mahziba muhfu Kunga Jesus Kriſtus, behrneem par labbu eekfch Latweefchu wallodas pahrtulkota. Mitau, 1821. 46 S. 8., *eine Uebersetzung des* Lieberkühnschen Katechismus (*welcher zuerst ohne des Verf. Namen mit folgendem Titel erschien:* Die Lehre Jesu Christi und seiner Apostel, zum Unterricht der Jugend in der Evangelischen Brüdergemeinde. Barby, 1774. 8. — 2te Ausg. *unter dem Titel:* Der Hauptinhalt der Lehre Jesu Christi, zum Gebrauch beym Unterricht der Jugend in den Evangelischen Brüdergemeinen. Ebend. 1778. 8. — 3te Ausg. *unter dem Titel:* Wahre Religionslehre der Herrnhutischen Brüdergemeine. Ebend. 1784. 8. — *Englisch:* ... 1779. 8. — *Kreolisch:* Barby, 1785. 8. — *Grönländisch:* Ebend. 1785. 8. [*Herausgeber war der Bischof* Spangenberg.] *Der Verf.* Samuel Lieberkühn *war geb. zu Berlin am* 23 *März* 1710, *und starb als Prediger zu Gnadenberg in Schlesien am* 9 *August* 1777; s. Meusels Lexik. Bd. 8. S. 247.)

Langewitz (Johann Gotthard).

Vater des vorhergehenden.

Studirte auf der rigaschen Domschule und zu Erlangen; wurde 1787 *Pastor zu Lemburg (ord. am* 4 *Julius),* 1791 *aber nach Ronneburg versetzt. Geb. zu Riga am* 29 *März* 1762, *gest. am* 16 *November* 1812.

Lettische Uebersetzung *der von* K. G. Sonntag *für das neueste* Rig. Gesangbuch von 1810 *verfaſsten* Abendmahls-Betrachtungen und Gebete der Katechumenen S. 835-840, *in dem* Gebetbuche *zu dem* Livl. lett. Gesangbuche v. 1809: Kriſtigas luhgſchanas etc. S. 51-57.

Langhansen (Christian Erhard).

Wurde zu Königsberg in dem Hause seines Groſsvaters, des Professors der Mathematik und nachmaligen Konsistorialraths Christoph Langhansen, *erzogen, und vollendete seine juristischen Studien auf der dortigen Universität. Noch als junger Mann kam er nach Kurland, verwaltete hier viele Jahre Hauslehrerstellen; wurde* 1797 *Instanzgerichtssekretär zu Goldingen, nahm* 1814 *seinen Abschied und trat im Sommer* 1816 *eine Reise nach Deutschland an, in der Absicht, zur Wiederherstellung seiner geschwächten Gesundheit ein Paar Jahre am Rhein und in der Schweiz zuzubringen, wurde aber durch einen plötzlichen Tod an der Ausführung seines Vorhabens gehindert. Geb. zu Königsberg in Preussen am* 10 *Oktober* 1750, *gest. zu Manheim am* 6 *November* 1816.

Gedichte *in* Schlippenbachs Kuronia, 3te Sammlung (1808).

Nach seinem Ableben erschien:

Christian Erhard Langhansens Gedichte, nach dem Tode des Verfassers herausgegeben von Ulrich Freyherrn von Schlippenbach. Mitau, 1818. XXVIII u. 100 S. 8.

Vergl. den Vorbericht *zu der eben angeführten* Sammlung seiner Gedichte.

Langius (Georg Michelssohn).

Studirte zu Dorpat um 1644. Geb. zu Reval am ..., gest. ...

Oratio de dialectica. Dorpati, 1644. 4.

Vergl. Somm. p. 59.

Langius (Peter).

Studirte um 1637 zu Dorpat. Geb. zu Heiden im Dittmarschen am ..., gest. ...

Oratio de aquis. Dorpati, 1637. 4 Bogg. 4.

Exercit. de viro practico in genere. (Praes. Laur. Ludenio.) Ibid. 1639. 4. *Auch in* Laur. Ludenii de viro practico deque mediis ad vitam practicam ducentibus liber. (Dorpati, 1643. 4.) Exerc. I.

Exerc. de ethica paraenetica. (Praes. eod.) Ibid. eod. 4. *Auch* Exerc. II. *in der ebenangezeigten Sammlung.*

Exerc. de oeconomica. (Praes. eod.) Ibid. ... *Auch* Exerc. XXVII. *in derselben Sammlung.*

Vergl. Somm. p. 50. 226. 227. 229.

Langsfeld (Christian).

Nennt sich christ-evangelischer Pfarrer zu Sperendorf und St. Quirin in der oberungarischen Gespannschaft, auch der XXIV. Regalium Assessor, und hat, nachdem er nebst allen seinen Mitbrüdern von da vertrieben war, einige Zeit in Livland zugebracht. Geb. zu Iglo in Oberungarn am ..., gest. ...

Christlich-Creutztragende Exulanten Sermon oder vom unverdienten Hafs und Neid rechtschaffener Prediger bey der Welt aus den Trost Worten des Principal-Exulantens Luc. VI. v. 22. 23. Riga, 1695. 36 S. 4.

Vergl. Nord. Misc. XXVII. 373.

VON LANTINGSHAUSEN (JAKOB ALBRECHT).

Stand früher in französischen, dann in schwedischen Kriegsdiensten, wurde 1760 in den schwedischen Freyherrnstand erhoben und war zuletzt General en Chef, Oberstatthalter von Stockholm, Ritter und Kommandeur der königl. Orden. Geb. zu Reval am 4 November 1699, gest. am 6 December 1769.

Répertoire du service journalier des officiers, tant en garnison et en marche, qu'en campagne. ...

Sein Brustbild auf einer Medaille, welche der Magistrat von Stockholm nach seinem Tode 1773 zu seinem Andenken schlagen liefs.

Vergl. Nord. Misc. XVIII. 179. — N. Nord. Misc. XVIII. 206., *nach* Rehbinders Adelsmatrikel S. 42. *und* Gezelii biogr. Lexik. II. 72. — E. Gyllenstolpe Areminne öfver J. A. v. Lantingshausen. Stockh. 1771. 8.

LAQUIER (MORIZ).

Aus Schlesien gebürtig, wurde 1816 Dr. der A. G. zu Dorpat, und ist jetzt Oberarzt bey der taganrogschen Quarantaine.

Diss. inaug. de epilepsia. Dorpati (1816). 31 S. 8.

LARS, s. NICOLAI (LAURENTIUS).

LAU (THEODOR LUDWIG).

*Studirte zu Königsberg und Halle, machte seit 1695 Reisen durch Holland, England, Frankreich und Deutschland, wurde hierauf herzogl. kurländischer Staatsrath und Kabinetsdirektor *), auch 1710 Ritter, Ordensrath und*

---

*) So nennt er sich selbst auf dem Titel mehrerer seiner späteren Schriften, auf früheren *Hofrath;* in der Urkunde uber die Stiftung des oben erwahnten Ordens hingegen wird er schlechthin *Rath* und in dem herzoglichen Vermählungstraktat *wirklicher Rath* genannt. S. *Tetsch K. K. G. Th.* 2. *S.* 248. und *Büschings Magazin Th.* 15. *S.* 213.

Sekretär des neu gestifteten kurländischen Ordens de la Reconnoisance, unterzeichnete in demselben Jahre in St. Petersburg, als Abgeordneter des Herzogs Friedrich Wilhelm, den zwischen diesem und der Kaiserl. russischen Prinzessin Anna geschlossenen Vermählungstraktat, hielt sich nach dem 1711 erfolgten Tode des Herzogs bald hier bald dort auf, hatte um 1717 wegen der in seinen damals herausgegebenen Schriften vorgetragenen atheistischen Lehrsätze manchen Verdruſs und wurde aus Frankfurt am Mayn weggewiesen, war 1718 an den Reichstag nach Grodno und 1719 an den kurländischen Landtag abgeordnet, um für den Markgrafen Friedrich Wilhelm von Schwedt die Wahl zum Herzoge von Kurland zu bewirken, erhielt 1725 auf der Universität zu Erfurt den juristischen Doktorhut, kam als Tribunalsrath nach Königsberg, ward seiner Schriften wegen auch hier angegriffen und muſste 1729 vor dem samländischen Konsistorium seine Irrthümer widerrufen, nachdem der Präsident von der Gröben eine ernstliche Anrede an ihn gehalten hatte. Seit der Zeit scheint er ohne Anstellung gelebt und seinen Aufenthalt oft gewechselt zu haben. Geb. zu Königsberg in Preussen am 15 Junius 1670, gest. zu Altona im Februar 1740.

Meditationes philosophicae de deo, mundo et homine. (o. O.) 1717. 8. *Auch eine Ausgabe in 4.*

Entwurf einer wohleingerichteten Policey. Frankf. a. M. 1717. 8.

Aufrichtiger Vorschlag: von glücklicher: vortheilhaftiger: beständiger: Einrichtung der Intraden: und Einkünfften; der Souverainen: und ihrer Unterthanen; in welchem: von Policey- und Cammer-Negocien und Steuer-Sachen: gehandelt wird. Frankf. a. M. 1719. V, 19 unpag. u. 324 S. 4. (*Das Werk besteht aus 4 Theilen, deren jeder mit einem besonderen Titelblatt versehen ist.*)

Meditationes, theses, dubia philosophico-theologica, placidae eruditorum disquisitioni religionis cujusvis et nationis in magno mundi auditorio submissa, a veritatis ecclecticae amico. Freystadii. (Frankf. a. M.), 1719. 8.

Unterthänigste und schuldigst verbundenste und freundschaftliche Notification an die gekrönten Häupter, ihren Majestäten durch gelehrte Arbeiten mit freudigster Willfährigkeit zu dienen. Frankf. a. M. 1722. 4. *Auch:* Freystadt (Frankf. a. M.), 1723. 4.

Den vollkommenen Regenten, welchen der sinnreiche Spanische Statist, Diego Saavedra Faxardo: in hundert und zwo Sinn-Bildern: vernünfftig und gründlich vorgestellet; hat in folgenden Poetischen Lehr-Sätzen: die des Saavedraischen Werckes-Innbegriff, und ein abgekürtztes Staats-Buch in sich fassen; abschildern wollen T. L. L. Freystadt (Frankf. a. M.), 1724. 4 unpag. u. 60 S. 4.

Uebersetzung in deutscher Helden-Poesie des Virgilianischen Lobes- und Lebenslaufs des grofsen Kriegshelden Aeneas, mit kurzgefafster Beyfügung erforderlicher Anmerkungen. Elbingen bey Samuel Preussen, 1725. 12 Bogg. 4. — *Gehort zu den seltenen Büchern, aus den in den* Beytr. zur krit. Hist. d. deutschen Sprache St. II. S. 232 f. *angeführten Gründen.* Schummel *in seiner* Uebersetzerbibliothek *nennt übrigens die Uebersetzung monströse, albern und lächerlich.*

Disp. pro receptione in facultatem; oder Theses ex universo jure depromtae. Regiomonti, 1727. 4. (*Durfte weder gehalten noch ausgetheilt werden.*)

Zur Probe einer Boileauschen Übersetzung: werden seiner Fünften und Achten Satyren Verdeutschung, der galant-gelehrten poetisirenden Welt: zu ihrer galantgelehrten Beurtheilung übergeben von T. L. L. Königsberg (1728). 20 unpag. u. 68 S. 8.

Palingenesia parentum suorum, seu epitaphium latino germanicum in eorum honorem, stilo lapidari exaratum. Altonaviae, 1736. 4.

W. L. v. d. Gröben Anrede an T. L. Lau, als er den 6. Oktob. 1729 die Irrthümer seines verdammlichen Tractats de deo, mundo et homine öffentlich im Consistorio Sambiensi wideruffte; aus dem Original zu Beschämung und Verwerfung des untergeschobenen Ungeheuers, oder der so mangelhaften Rede in der Fortgesetzten Sammlung von alten und neuen theologischen Sachen an das Licht gestellet. Altona, 1736. 4.

Scheda, qua curiosis rei literariae amatoribus, peraeque bibliopolis Hagae Comitum inhabitantibus, latino meo stilo philosophico-politico-juridico reali iis inserviendi inclinationem offero et manifesto. ...

Vale meum respective ultimum famigeratissimae academiae Lugduno-Batavae oblatum. ...

Cogitationes politico-juridicae mundo juridico-politico, ceu plurium subsequentium laborum, hi si grati fuerint, certissima in pignora communicatae. ...

Commercialische Schriften, Erklärungen und Anmerkungen. Frankf. a. M. ... 4.

Politische Gedanken. ... 8.

Libertinischer Staats-Criticus über die remarquabelsten in Friedens- und Krieges- auch andern Welthändeln vorgefallene Soloecismos und Pudiasmos, mit ihren Einwürfen, Vertheidigungen und beyder Unerheblichkeit. ...

Europäisch- Asiatisch- Afrikanisch- und Amerikanischer Krieges- und Friedens-Oberheroldskönig. ...

Merkantilische Arbeiten. ...

Ein Tractat von Statuen. ... (s. Beytr. zur crit. Historie d. deutschen Sprache. St. 2. [Leipzig, 1732. 8.] S. 233.)

Die zuletzt ohne Angabe des Druckorts und Jahres verzeichneten Schriften werden zum Theil von ihm selbst in seiner Uebersetzung der Aeneis *angeführt.*

Vergl. Nachricht von den Büchern und deren Urhebern in der Stollischen Bibliothek. Bd. 1. S. 368. — Die ernsthaften aber doch muntern und vernünftigen Thomasischen Gedanken über allerhand juristische Handel. Th. 1. S. 233. — Nachricht von einem Plagio und zugleich einige Particularia von T. L. Lau; *in* Nemeitzens vernünftigen Gedanken über historisch-kritische und moralische Materien. Th. 3. S. 72-80. — Gadebusch L. B. Th. 2. S. 163. — Jöcher u. Rotermund. z. demselben.

Schmidt von der Launitz (Christian Friedrich).

Sohn des nachfolgenden.

Geb. im Pastorate Grobin in Kurland am 17 *Oktober* 1773, *erhielt von seinem* 7*ten Jahre an Unterricht im*

Hause des Propsts Baumbach *zu Durben, kam* 1789 *nach Frankfurt an der Oder auf die dortige Oberschule, studirte dann auf der Universität daselbst und später, bis* 1793, *in Göttingen, wurde* 1794 *Pastor-Adjunktus bey seinem Vater in Grobin,* 1802 *Dr. der Phil. von der Universität zu Wittenberg, und* 1823 *Propst der Grobinschen Diöcese.*

*Johann Christoph Baumbach. Ein biographisches Denkmal. Mitau, 1801. 68 S. 8. (*Unter der Zueignung hat er sich genannt.*)

Bifchu-grahmatina jeb ihfa un fkaidra pamahzifchana no bittehm un bifchu kohpfchanas. Wiffeem bitteneekeem Kurfemmê un Widfemmê par labbu farakftita. Ebend. 1803. XIV u. 112 S. 8. Mit 1 Kpftaf.

Kriftigas behrnu mahzibas isftahftifchana pehz teem fefcheem mahzibas gabbaleem, Grohbines un Sarreikas draudfei par labbu un par peeminnu farakftita. Ebend. 1808. 8.

*Zur Feier des Vermählungstages des Fräuleins Karoline Henriette Christ. von Offenberg — — mit dem Herrn Cyprian Baron von Kreutz, Russ. Kaiserl. Obristen etc. In Illien, den 4/16 Februar 1809. Ebend. 1809. 24 S. 8.

Traurede bey der Vermählung des Herrn Friedrich von Ascheberg-Kettler mit Fräulein Jenny von der Ropp, am 4. May 1817 in Papplacken gehalten. Ebend. 1817. 23 S. 8.

Lutters, jeb Stahfti no Mahrtina Luttera un tahs zaur winna isdarritas tizzibas-isfkaidrofchanas. Ebend. 1817. 8 unpag. u. 54 S. 8.

Säkular-Predigt am dritten Reformations-Jubiläo, den 19/31 Oktober 1817 über Matthai 24, v. 35. in der Kirchspielskirche zu Grobin gehalten. Zu einem wohlthätigen Zwecke, nebst einem sich auf diese Feyer beziehenden Gedichte in Druck gegeben. Ebend. 1818. 40 S. 8. u. 1 Musikbl.

Gohda- un pateizibas-fiana Grohbines draudfei par flawu un peeminnefchanu farakftita, lai ta deena, kurrâ to preekfch 300 gaddeem zaur Lutteru un winna beedreem eefahktu tizzibas-isfkaidrofchanu peedfihwojam un fwinnejam, tik ilgi nepeemirftama paliktu, kamehr pehz 100 gaddeem muhſu behrnu-behrni to atkal jauki peedſihwohs. Mitau, 1818. 20 S. 8.

* No Brihweſtibas un wissas eezelſchanas Kurſemmê. Wiſſeem gohdigeem Kurſemmes arrajeem par pamahziſchanu un waijadſigu ſissu. Ebend. 1819. 66 S. 8. (*Unter der Zueignung hat er sich genannt.*)

Bohkſtabu-mahziba un Bohkſtabeereſchanas-mahziba. Ebend. 1819. 2 Bll. Fol.

Rede, zur Eröffnung der zehnten allgemeinen Versammlung der Mitglieder der Libauschen Wittwen- und Waisen-Versorgungsanstalt, am 9ten September 1820 gehalten. Ebend. 1820. 30 S. 8.

* Pamahziſchana no rakſtiſchanas ar Latweeſchu preekſchrakſteem. Neween ſkohlmeiſtereem un ſkohlahm, bet arri wiſſeem par labbu, kas paſchi no ſewis gribb mahzitees rakſtiht. Ebend. 1821. 8 S. 4. Mit 13 in Kupfer gestochenen Vorlegeblättern.

* Leitfaden für Catechumenen oder Erklärung des kleinen lutherischen Catechismus. Ebend. 1823. 111 u. 8 unpag. S. 8.

* Isteikſchana no tahs krahſchanas-lahdes, kas Leepajas pilſatâ eezelta irr, no wissas likkumeem, labbuma un zittahm peederrigahm ſissahm, zaur ſchihs lahdes preekſchneekeem apgahdata un no weena Latweeſchu paſihſtama drauga ſarakſtita. Ebend. 1825. 16 S. 8.

Jauna Skohlu Abeze. Ebend. 1827. 26 S. 8.

Rede, bey Eröffnung der 13ten allgemeinen Versammlung der Mitglieder der Libauschen Wittwen- und Waisen-Versorgungs-Anstalt, den 18. September 1829 gehalten und nach dem Beschlusse der Gesellschaft dem Drucke übergeben. Ebend. 1829. 15 S. 8.

Gelegenheitsgedichte.

Voeux d'un Courlandais, presentés à S. M. l'Empereur. à Libau 13. Oct. 1808; *in* Schlippenbachs Libau am 13. Okt. 1808. S. 29-31.

Aufsätze *in der lettischen Quartalschrift:* Gadda Grahmata 1797 u. 1798 *und in den frühern* lettischen Kalendern; *desgleichen* Aufsätze und Recensionen *in den* Mitauschen Wöch. Unterh.; *auch starken Antheil an den* Latweeſchu Awiſes, *wo er theils seinen Namen, theils nur* — z. *unterzeichnet.*

War auch einer der Redakteure des 1806 *zu Mitau herausgekommenen* lettischen Gesangbuchs, *zu dem er über* 40 neue Lieder *und* einige Gebete *geliefert hat.*

Vergl. Zimmermanns Lett. Lit. S. 103. — Meusels G. T. Bd. 18. S. 488.

Launitz (Johann Magnus).

Vater des vorhergehenden.

Studirte von 1762 *bis* 1766 *zu Danzig und dann bis* 1768 *zu Göttingen. Im J.* 1770 *wurde er Prediger zu Grobin in Kurland,* 1802 *Propst der grobinschen Diöcese und* 1806 *Konsistorialrath. Geb. zu Feldhof bey Dondangen in Kurland am* 24 *Junius* 1740, *gest. am* 10 *November* 1809.

Dissertatio theologica de fide infantum. Gedani, 1766. 4.

Gohda-Peemiasa tahm Grohbines Wahzeeſchu un Latweeſchu Draudſehm likta. Mitau, 1802. 48 S. 8. (*In diesem kleinen Denkmal, das er denjenigen gesetzt hat, die zum Ankauf einer Orgel für die grobinsche Kirche Beyträge gaben, findet man etwas, was man hier gerade nicht suchen sollte: sehr richtige und ausführliche Nachrichten über die durch die polnische Revolution im J.* 1794 *in der libauschen Gegend in Kurland veranlaſsten Unruhen und Kriegsbegebenheiten.*)

Antheil an der lettischen Gadda-Grahmata.

Vergl. Zimmermanns Lett. Lit. S. 80.

Laurentii (Andreas).

Studirte um 1637 *zu Dorpat. Geb. zu Nyköping am* ..., *gest.* ...

Oratio de stella Magorum. Dorpati, 1637. 4.

Oratio de mansuetudine. Ibid. 1639. 4.

Vergl. Somm. p. 51. 54.

Laurentii (Nikolaus), s. Aritander.

LAURENTII (PETRUS).

Studirte um 1650 zu Dorpat. Geb. zu Arboga in Westmannland am ..., gest. ...

Oratio de gratitudine. Dorpati, 1650. 4.

Disp. theol. in Psalm VI. Davidis selectissimas notas exhibens. (Praes. Andr. Virginio.) Ibid. 1651. 4.

Disp. de philosophia in genere. (Praes. Joach. Crellio.) Ibid. 1652. 4.

Disp. logica de natura et constitutione logicae. (Praes. Petro Lidenio.) Ibid. eod. 4.

Disp. de terra. (Praes. eod.) Ibid. 1654. 4.

Vergl. Somm. p. 64. 173. 270. 282. 283.

LAURENTIUS (GUSTAV JOHANN).

Studirte zu Wittenberg um 1678, wurde dort Mag.; hierauf 1680 (ord. am 8 Oktober) Pastor zu Ampel in Esthland, wo er removirt wurde, doch mit der Aussicht zu einer anderweitigen Anstellung; dann 1683 Diakonus zu St. Matthiae und Kreuz (nicht, wie Carlblom *sagt, 1667), endlich 1697 Pastor zu St. Johannis in Jerwen. Geb. zu Reval am ..., und im September 1704 bey Gelegenheit eines feindlichen Einfalls ermordet.*

Disp. de fortalitiorum obsessorum defensione. (Praes. Joh. Wolff.) Wittebergae, 1678. 23 Febr. ...

Vergl. Gadeb. L. B. Th. 2. 168. — Carlbl. S. 54. 44., *wo er aber unter Ampel fehlt.*

LAURENTY (HEINRICH KARL).

Geb. zu Kahla im Altenburgschen am 18 April 1780, studirte zu Jena und Göttingen, kam 1810 als Hauslehrer nach Lithauen, wurde Lehrer der Kreisschule zu Bauske 1812, als solcher nach Jakobstadt versetzt 1816, nahm seinen Abschied

1819, *wurde hierauf wissenschaftlicher Lehrer am rigaschen Gymnasium* 1820, *und Oberlehrer der historischen Wissenschaften an dieser Anstalt* 1824.

Morgenfeier des zwölften Tags im Christmond. Riga, 1821. 17 S. 4.

Progr. Prolusio de revocanda, pristinis saeculis usitata, studiorum atque doctrinae humanitatis ratione. Ibid. 1824. 18 S. 4.

'Eucharisticon. Meinen am 17. Mai 1826 gebornen Zwillingssöhnen zum Gedächtniſs ihrer Taufe geschrieben. Ebend. 1826. 4 Bll. 8. *Am Schlusse vom Verf. unterzeichnet.*

Tabula votiva, quam, Imperialis Universitatis litterariae Dorpatensis Solennia, quinque lustris, ex quo constituta est, fauste nunc exactis, die XII. mens. Decembr. Anni MDCCCXXVII celebranda, illi congratulantes, in aede Universitatis publica, pietatis monumentum, posuerunt Imperialis Gymnasii Rigani h. t. Director, Praeceptores, Alumni. Interprete H. C. Laurenty, historiarum in Gymnas. Rigan. Praeceptore super. ord. Mitaviae, MDCCCXXVII. 3 Bogg. gr. Fol.

Erinnerung, Urkunde und Dank-Blätter zum Kranz der funfzigjährigen Jubelfeier Justus Christians von Loder, Med. Doctoris. Riga, 1828. 50 S. 8.

Progr. Saeculi nostri, orientis, adolescentis, lineamenta. Prolusio historica sollennibus imper. gymnasii Rigani quinto et vicesimo ex quo instauratum, anno peracto, D. XVI. M. Sept. A. MDCCCXXIX rite celebrandis, jam indicandis, dicata. Rigae, 1829. 24 S. 4.

Thränenopfer in den ersten Tagen des Christmondes 1825; *in dem von* K. L. Grave *herausgegebenen Taschenbuche* Caritas (Riga, 1825. 8.) S. 249-256.

Gedichte auf Sonntags Tod; *in den* Rig. Stadtbll. 1827. S. 243 u. 253. *u. in der Schrift:* Zum Andenken Sonntags. S. 3. 39. 40.

Gelegenheitsgedichte und mehrere in Deutschland erschienene anonyme Schriften.

LAUTERBACH (CHRISTIAN).

Sohn des nachfolgenden.

Kam mit seinem Vater 1669 *nach Riga und wurde nach dessen frühem Tode von dem Pastor an der Johanniskirche zu Riga, M.* Georg Ulrich, *erzogen, studirte seit* 1686 *zu Jena, war daselbst des damaligen berühmten Mathematikers* Erhard Weigel *Hausgenosse und fleissiger Schüler, machte mit ihm auch* 1687 *eine Reise nach Wien, setzte seit* 1690 *seine Studien zu Halle fort, kehrte über Reval, Narwa und Dorpat* 1692 *nach Riga zurück, wurde hier* 1695 (*ord. am* 5 *März*) *Pastor zu Bickern und Adjunkt an der Jesuskirche in der Vorstadt von Riga,* 1697 *Pastor zu Holmhof,* 1702 *Diakonus am Dom, und* 1712 *Pastor an derselben Kirche. Er war der einzige, von den rigaschen Stadtpredigern, welcher* 1710 *die Pest überstand. Geb. zu Eutin am* 17 *November n. St.* 1663, *gest. am* 6 *Junius* 1720.

Trauerrede über den — — Hintritt — — Gustavs und Ulrichs, königl. schwedische Erbprinzen, im Rigischen Gymnasio den 10. Herbstmonats 1685 gehalten. Riga, 1685. 5½ Bogg. Fol.

Lateinische Gelegenheitsgedichte.

Lettische Kirchenlieder, *welche in den* Livl. lett. Gesangbüchern *mit* C. L. *bezeichnet sind.*

Erinnerung von Gottfr. Arnoldts Irrthum, die zu Riga wegen Einführung des gregorianischen Kalenders entstandenen Unruhen betreffend; *in dem* Neuen Vorrath allerhand Bücher. Abschn. II. S. 144.

Vergl. Nova lit. mar. B. 1702. p. 263. — Gadeb. L. B. Th. 2. S. 168. — Nord. Misc. IV. 205. — Bergmanns Gesch. d. Rig. Stadtkirch. S. 48. — Zimmermanns Lett. Lit. S. 34. — Schweder zur Gesch. d. Rig. Vorstadtkirch. S. 26.

LAUTERBACH (GEORG).

Vater des vorhergehenden.

Wurde von Eutin, wo er als Konrektor an der dasigen bischöflichen Schule stand, 1669 (*nicht schon* 1667, *wie*

Fischer *hat, vergl. auch den Art.* Johann Brewer) *als Rektor der Domschule nach Riga berufen. Geb. zu Eutin am ..., gest. am 13 May 1677.*

Progr. Fata Jo. Richmanni. Rigae, 1671. 4.
Lateinische Gelegenheitsgedichte.

LAUTERBACH (MATTHIAS).

Studirte um 1642 zu Dorpat. Geb. in Dalekarlien zu ..., gest. ...

Oratio in salutiferam passionem domini et salvatoris nostri Jesu Christi. Dorpati, 1642. 3½ Bogg. 4.

Vergl. Somm. p. 57.

LEBRUN (ALEXANDER).

Aus Genf, studirte in Dorpat seit 1812, wurde dort 1816 Dr. der Phil., und darauf zu St. Petersburg bey einem Ministerialdepartement angestellt, wo er als Hofrath gestorben ist.

Essai historique sur le commerce de la Mer-Noire. 1me Partie: depuis les premiers temps jusqu'au moyen âge. Dissertation présentée à la faculté de philosophie de l'université impériale de Dorpat, pour obtenir le grade de docteur en philosophie. à Dorpat, 1816. 44 S. gr. 4.

LEDEBOUR (KARL FRIEDRICH).

Geb. zu Stralsund am 8 Julius n. St. 1786, bezog, nachdem er in Barth auf dem Gymnasium vorbereitet war, im J. 1802 die Universität Greifswalde, machte im Sommer 1804 eine Reise durch Schweden, von wo er im Spätherbste desselben Jahres nach Greifswalde zurückkehrte, promovirte dort am 7 April 1805 als Dr. der Phil. und ward in demselben Monate als Demonstrator der Botanik und Direktor des botanischen Gartens daselbst angestellt. Zu Anfange des Jahres 1811 *folgte er dem Rufe als ordentlicher Professor der Naturgeschichte überhaupt und der Botanik insbesondere an der Universität Dorpat, wurde* 1823 *Etatsrath, und unternahm* 1826, *auf Kosten der Universität, eine Reise nach dem tomskischen und jeneseiskischen Gouvernement, zur Untersuchung der altaischen Hochgebirge in botanischer und zoologischer Hinsicht;* 1827 *erhielt er den St. Annen-Orden der 2ten Kl.*

Diss. botanica, sistens plantarum Domingensium decadem. Gryphiae, 1805. 28 S. 4.

Enumeratio plantarum horti botanici Gryphici. Ibid. 1807. 8. — Supplementum 1mum. Ibid. 1809. 8. — Supplementum 2dum. Ibid. 1810. 8.

Supplementum enumerationis plantarum horti botanici Dorpatensis. Dorpati, 1811. 8.

Observationes botanicae in floram Russicam. Petropoli, 1814. 4.

Enumeratio plantarum, quarum semina in horto botanico univers. caes. Dorp. servantur. Ibid. 1814. 18 S. 8. — Appendix 1mus. Ibid. 1821.

Progr. Monographia generis Paridum, c. tab. aen. Dorp. (1827). X S. Fol.

Nachricht von der Gradmessung in Lappland; *in den* Geograph. Ephemeriden. Jahrg. 1807 *oder* 1808.

Plantae nonnullae horti et agri Gryphici; *in* Schraders Neuem Journal für die Botanik. Bd. IV. St. 1. u. 2. (1810.)

Zusammenstellung der in Dännemark und Frankreich gemachten Versuche, um zu bestimmen, wie viel Mehl und Brod eine gewisse Quantität Getreide geben. Aus dem Dänischen; *in* Thaers Annalen des Ackerbaues. 6ter Jahrg. 1810. Nov. u. Dec. S. 532 ff., *wieder abgedruckt im* Oekon. Repert. f. Livl. VIII. 2. S. 581–594. — Ueber die Eintheilung des Ackers, die gewöhnliche Wirthschaftsmethode und Saatfolge auf Seeland und Möen. Aus dem Dänischen; *ebend.*

Ipomoea Krusensternii, nova plantarum species, adjecta icone; *in den* Memoires de l'Acad. Imp. des sciences de St. Petersbourg. Tom. IV. p. 401. (1813.) — Decades sex plantarum novarum in imperio Rossico indigenarum; *ebend.* V. 514-578. (1815.) — Arundo Wilhelmsii; *ebend.* VI. 593-596. (1818.) — Oenothera Romanzowii et stricta, species novae descriptae; *ebend.* VIII. 314-317. Mit 2 Kpftaf. (1822.)

Plantae novae Rossiae meridionalis ex Asperifoliarum familia; *in* C. H. Panders Beytr. z. Naturk. I. 62-74.

Bericht über seine Reise an den Altai; *im Auszuge im* Journal de St. Petersb. 1827. No. 116., *und daraus in den* Lit. Suppl. z. Ostsee-Prov. Bl. 1827. No. 15. S. 78.

Beyträge zum ersten Supplementbande von Linnei systema vegetabilium, curante J. A. Schultes.

Vergl. Meusels G. T. Bd. 18. S. 403.

LEHRBERG (ARON *) CHRISTIAN).

Verlor seinen Vater, der ein Goldschmidt in Dorpat war, noch vor der Geburt, und verdankte seine wissenschaftliche Bildung der Unterstützung des damaligen Rektors der dorptschen Stadtschule, nachherigen Professors Dr. Lor. Ewers, studirte aus fremden Mitteln zu Jena, und erhielt von dem Kreismarschall v. Bock, gegen die übernommene Verbindlichkeit, dessen Kinder zu erziehen, die Kosten zu einem einjährigen Aufenthalte in Göttingen, einem eben so langen in Paris, der aber wegen der Revolutionsunruhen unterblieb, und zu einem halbjährigen in England. Nach seiner Rückkehr aus dem Auslande 1794 *erfüllte er das gegebene Wort gewissenhaft, vertauschte aber unterdeſs sein eigentliches Brodstudium, die Theologie, mit der Philosophie, Pädagogik, Völkerkunde und Geschichte, besonders der ältern russischen, und wurde, nach Vollendung seines übernommenen Erzie-*

*) Er vertauschte diesen Namen späterhin mit dem Namen August.

hungsgeschäfts, 1807 *Adjunkt, auch bald nachher ausserordentlicher Akademiker an der kaiserl. Akademie der Wissenschaften zu St. Petersburg, nachdem er schon* 1803, *als eine philanthropische Gesellschaft zur bessern Organisation des Armenwesens dort errichtet ward, Mitglied der gelehrten Sektion derselben geworden war. Geb. zu Dorpat am* 7 *August* 1770, *gest. zu St. Petersburg am* 24 *Julius* 1813.

Nach seinem Tode erschien:

Untersuchungen zur Erläuterung der älteren Geschichte Rufslands; herausgegeben von der Kaiserl. Academie der Wissenschaften durch Philipp Krug. St. Petersb. 1816. XV S. Vorbericht des Herausgebers, XXXIV S. biographische Notizen u. 462 S. gr. 4.

Schreiben an Friedr. Adelung vom 26. März 1813; *in* Morgensterns Dörpt. Beytr. II. 357-364.

Estonica; *in* Oldekops St. Petersb. Zeitschr. Bd. 8. S. 201-212.

Seine Büste in Marmor von Martos, *und darnach* sein Brustbild von Senff vor den gleich zu nennenden Biograph. Notizen, in 4.

Vergl. F. G. Parrots biograph. Notizen über A. C. Lehrberg. XXXIV S. gr. 4., *vor den angezeigten* Untersuch. über die ältere Geschichte Rufsl. — Morgensterns Dörpt. Beytr. I. 419-421. — Hall. Allg. Lit. Zeit. 1816. No. 275 f. — Meusels G. T. Bd. 18. S. 502.

Leibnitz (Johann Theodor Anton).

Ein Grofsneffe des berühmten Philosophen dieses Namens, geb. zu Weimar am 10 *März* 1765, *hielt sich von* 1782 *bis* 1791 *in verschiedenen Forstverwaltungen im Weimarschen und Würtembergschen zur Erlernung des Forstwesens auf, kam* 1792 *als Förster nach Livland, und wurde* 1805 *am* 29 *April als Kanzellist bey der Universitätsbibliothek zu Dorpat angestellt, welchem Amte er noch jetzt, mit dem Tit.-Rathscharakter, vorsteht.*

Fragen und Antworten, das Forstwesen betreffend, für angehende Jäger und Forstliebhaber. Leipzig, 1793. 88 S. 8.

Vergl. Meusels G. T. Bd. 4. S. 396.

LEIDLOFF (KARL).

Aus Reval, erwarb sich 1804 *auf der dorptschen Universität die medicinische Magister- und Doktorwürde, und ist gegenwärtig im Innern des Reichs angestellt und Hofrath.*

Diss. de inflammationibus. Sect. I. historiam inflammationum literariam continens. (Praes. D. G. Balk.) Dorpat, 1804. 53 S. 8.

Diss. Periculum theoriae novioris inflammationum sistens. Sect. II., quae aetiologiam, diagnosin et therapiam generalem hujus morbi complectitur. Ibid. eod. 8.

LEITHANN (HEINRICH JOHANN).

Aus Riga, wurde 1828 *Dr. der A. G. zu Dorpat.*

Diss. inaug. med. Adumbratio medico-topographica urbis Rigae. Dorpati, 1828. 76 S. 8.

LEMBRECK (ERNST BALTHASAR).

War seit ungefähr 1572 *Prediger zu Tuckum in Kurland. Geb. zu ..., gest. ...*

Lettische Kirchenlieder in dem zu Königsberg 1587 herausgekommenen Gesangbuche.

Vergl. Tetsch K. K. G. Th. 3. S. 148. — Nord. Misc. IV. 96., *wo er jedoch irrig* Lembeck genannt ist.

LEMCHEN (LORENZ).

Magister, war schon 1585 *Stadtprediger zu Riga und wurde* 1599 *Pastor an der Domkirche daselbst, was auch sein Vater M.* Wenzeslaus Lemchen *(† 1571) gewesen war. Man beschuldigte ihn, den damaligen Aufruhr eines Theils der Bürgerschaft gegen den Rath in seinen Predigten begünstigt zu haben, so daſs letzterer ihm andeuten lieſs: seine harten Worte zu widerrufen, oder die Kanzel zu meiden. Geb. zu Riga am ..., gest.* 1611 (*wie* H. Samson *in seiner* Abfertigung und Ableinung der 132 Evangelischen Wahrheiten. Lübeck, 1617. 4., *sagt, oder am* 23 *März* 1610, *wie in einem alten Mskpt. steht*).

Trostschrift. Dem Erlauchten Wohlgebohrnen, Gestrengen und Edlen Herrn Georgen Farensbach, Erbherrn auf Karkus, Obristen Woywoden in Liefflandt zu Wenden, Königlicher Maytt. Kriegs-Obristen über die Lieffländische Ritterschaft, zu Taruest und Rügen Starosten. Von M. Laurentio Lemchen aus christlichem Mitleiden gutmeinend gestellet und überschicket Ao. M. D. I. C. am Marien Lichtmessen Abendt. Gedruckt in der Königlichen Seestadt Riga bey Nicolaus Mollyn. 19 unpag. Bll. 4.

Vergl. Bergmanns Gesch. d. Rig. Stadtkirch. S. 37. u. 30.

LEMNER (MORITZ).

Studirte um 1647 *auf der Universität zu Dorpat. Geb. zu Naumburg am ..., gest. ...*

Oratio de libero arbitrio. Dorpati, 1647. 4.

Vergl. Somm. p. 61.

LENGNICH (GOTTFRIED).

Dr. der Rechte und Professor derselben, so wie der Geschichte, Beredsamkeit und Dichtkunst am Gymnasium, zuletzt auch Syndikus seiner Vaterstadt. Geb. zu Danzig am 4 *December* 1689, *gest. am* 28 *April* 1774.

Von seinen zahlreichen Schriften gehört folgende, die Meusel *nicht angeführt hat, hierher:*

De indigenatu eumque conferendi jure apud Prussos et Curonos, disquisitiones duae. (*o. O.*) 1748. 4.

Vergl. Seine Lebensbeschreibung *in* Juglers Beytr. zur jurist. Biographie. Bd. 3. S. 283-318. — Meusels Lexik. Bd. 8. S. 128-134. — Rotermund z. Jöcher. — Schwartz Bibl. S. 143.

Lentilius (Rosinus).

Studirte seit seinem 14ten Jahre Medicin zu Heidelberg und Jena, verwaltete dann in der Nähe von Leipzig eine Hofmeisterstelle auf dem Lande, trat 1677, in der Absicht, eine Versorgung zu suchen, weil er ganz unbemittelt war, zu Fuſs eine Reise nach Rostock, Lübeck, Danzig und Königsberg an, kam auch nach Kurland und war hier Hauslehrer bey einem Prediger in der Nähe von Mitau, prakticirte zugleich mit groſsem Beyfall, ging, von dem Markgrafen von Ansbach zum Physikus in Kreilsheim berufen, 1680 über Kopenhagen dahin ab, promovirte zu Altdorf, wurde 1685 Stadtphysikus in Nördlingen, 1698 Leibarzt des Markgrafen von Baden-Durlach, einige Zeit darauf herzogl. würtembergischer Physikus ordinarius, und 1711 Rath und Leibarzt zu Stuttgart, in welcher Qualität er den Erbprinzen von Würtemberg erst nach Turin und 1713 auf seinen Reisen nach den Niederlanden, Frankreich und Spanien begleitete. Geb. zu Waldenburg in der Grafschaft Hohenlohe am 3 Januar 1657, gest. zu Stuttgart am 12 Februar 1733.

Disp. medica ordinaria de restitutione in integrum. (Praes. Georgio Franco.) Heidelb. 1672. 2 Bll. 4.

Disp. physico-medica de saliva et vasis salivalibus. (Praes. eod.) Ibid. 1673. 24 S. 4.

Diss. inaug. med. de febre tertiana intermittente, epidemia praeterito vere Septentrionem, subque ea Curlandiam infestante. Altdorfi, 1680. 24 S. 4.

Vom Präservir-Aderlassen. Ulm, 1692. 8.

Tabula consultatoria medica. Ibid. 1696. 8.

Miscellanea medico-practica tripartita. Ibid. 1698. 4.

Diss. de Hydrophobiae natura et cura. Ibid. 1700. 8.

Eteodromus medico-practicus anni 1709. Stuttgard. 1711. 8.

Jatromemata theoretico-practica. Ibid. 1712. 8.

Fons aquae vitae Canstadiensis. ...

Commentarii de aquis medicatis Canstadiensibus in ducatu Würtembergico. ...

Consilium de venae sectionibus vernis et autumnalibus, ut plurimum intempestive susceptis. ...
Disquisitio de terrae motu an. 1690 die 24. Novemb. Suevium et confinia quatiente: ubi cumprimis Helmontiana de terrae tremore et Tranvagiana de terrae vibratione hypotheses expenduntur; *in den* Miscellaneis cur. seu Ephemeridibus medico-physicis germ. Naturae Curiosorum. Decur. 3. An. 1. in appendice p. 12-34. — De Racemo Gosmandorffiano versicolore observatio; *ebend.* Decur. 2. An. 2. Observ. 153. — De buxo trichopojo observatio, una cum scholiis ad eam; *ebend.* Observ. 155. — Histeron proteron botanicum, seu pater ex filio, i. e. de pyro sylvestri florem ex apice ferente; *ebend.* Decur. 3. An. 4. Observ. 21. — De radice effractoria, vel apertoria, Sprengwurzel; *ebend.* Decur. 3. An. 7 et 8. Observ. 80. — Memorabilia Curlandiae; *ebend.* Decur. 2. An. 10. in appendice p. 129.

Sein Bildnifs von Leonard Heckenaver 1698. 4.
Vergl. Gadeb. L. B. Th. 2. S. 169-171. — Jöcher u. Rotermund z. demselben.

Lenz (Alexander Magnus Karl).

Sohn von Friedrich David u. Bruder von Gottlieb Eduard.

Studirte auf den Universitäten Göttingen und Halle, und wurde 1801 *Pastor zu Ringen bey Dorpat (ord. am* 25 *August). Geb. zu Tarwast-Pastorat am* 15 *December* 1777, *gest. am* 15 *December* 1819.

Leichenrede bey der Beerdigung der verwittweten Frau Baronin und Obristin von Rosen, geb. v. Staal, gehalten in Palloper am 8. August 1810. (Dorpat.) 16 S. 8.
Altargebet am Tage der Einweihung der Kirche zu Kannapä (*den* 28 *August* 1810). Dorpat, 1810. 2 Bll. 8.
Rede bey der doppelten Trauung zweyer Schwestern; *in* Grave's Magaz. f. protest. Pred. 1816. S. 41-52. — Lied, als Gebet zu einer Pfingstpredigt; *ebend.* S. 80. — Noch ein Lied statt des Gebets vor einer Pfingstpredigt; *ebend.* S. 299-301. — Anfangsgebet und Schlufs einer Bufstagspredigt; *ebend.* 1817. S. 44-47. — Oster-

lied; *ebend.* S. 296. — Nachruf an Joh. Phil. v. Roth, den Verklärten; *ebend.* 1818. S. 249-251.
Bruchstück einer Rede bey der Bibelgesellschaftsfeier zu Nuggen; *in dem* Sechsten Generalberichte der Dörptschen Abth. der russ. Bibel-Gesellsch. (Dorpat, 1819. 8.) S. 59.
Gelegenheitsgedichte.
Zu der Sammlung alter und neuer geistlicher Lieder (Riga, 1810. 8.) *lieferte er das* Lied No. 847.
Vergl. Grave's Magaz. f. protest. Pred. 1819. S. 185.

LENZ (CHRISTIAN DAVID).

Vater von FRIEDRICH DAVID und JAKOB MICHAEL REINHOLD.

Schon in seinem 15ten Jahre bezog er die Universität zu Halle, und mußste, da seine mittellosen Aeltern ihn nicht unterstützen konnten, sich kümmerlich als Lehrer am dortigen Waisenhause und durch Privatunterricht forthelfen. 1740 *kam er mit Empfehlungen aus Halle nach Livland, wo er eine Hauslehrerstelle bey der Familie v.* Oettingen *antrat, wurde* 1742 (*ord. am* 24 *Junius*) *Pastor zu Serben,* 1749 *zu Seßwegen,* 1757 *Propst des zweyten wendenschen Kreises,* 1759 *Pastor der deutschen Gemeine zu Dorpat, versah auch eine zeitlang das Diakonat, und war zugleich Beysitzer des Stadtkonsistoriums und Aufseher der dasigen Stadtschule, wurde* 1779 *zum Generalsuperintendenten und geistlichen Vorsitzer des Oberkonsistoriums ernannt, zog nun nach Riga, und feyerte hier am Johannistage* 1792 *sein* 50*jähriges Amtsjubiläum, bey welcher Gelegenheit er seinen Enkel, den zur torgelschen Pfarre berufenen Prediger* Johann Christian David Moritz, *ordinirte und ausserdem die seltene Freude hatte, daß sein ältester Sohn, der Oberpastor zu Dorpat, die Feyer seiner eigenen* 25*jährigen Amtsverwaltung zugleich mit beging. Eine bald nachher eingetretene Abnahme seiner Kräfte, besonders des Gedächtnisses, hinderte ihn an der*

Ausführung seines Vorsatzes, die vollständige Beschreibung dieser Feyerlichkeit herauszugeben. Als Generalsuperintendent sowohl, wie als Prediger schon, hatte er sich durch warmen Eifer für alles Gute, durch ungeheuchelte Frömmigkeit und ächte Toleranz die allgemeinste Liebe und Achtung erworben. Dabey besaſs er mannigfaltige Kenntnisse und alle Tugenden der Menschheit; besonders war er im spätern Alter ein so groſser Wohlthäter der Armen, daſs er fast die Hälfte seiner Einnahme zu deren Unterstützung hergab. Geb. zu Köslin in Pommern am 26 December n. St. 1720, gest. am 14 August 1798.

Eine Abbildung eines wahren Christen, nach dem Muster des alten Simeons. Am Feste der Reinigung Mariä oder Lichtmessen, über das ordentliche Evangelium Luc. 2, 22-32. der christlichen Gemeine zu Serben 1743 den 2. Februar vorgestellet und etwas vermehrt herausgegeben. Königsberg, 1748. 87 S. 8.

Gedanken über die Worte Pauli 1. Kor. 1, 18. von der ungleichen Aufnahme des Wortes vom Kreuz, zwey Theile nebst einer starken und für unsre Zeiten sehr nöthig geachteten Vorrede, worinnen die Kreutztheologie der sogenannten Herrenhuter, vornehmlich aus ihrem XII. Lieder-Anhange und dessen drey Zugaben unpartheyisch und genau geprüfet wird. Königsberg u. Leipzig, 1750. 177 S. Vorrede, 1008 S. Text u. 3 unpag. Bogg. Register. 8.

Das schreckliche Gericht Gottes über das unglückselige Wenden an dem Bilde des ehemals zerstörten Jerusalems. Eine Gastpredigt. Riga, 1751. 1 unpag. Bog. u. 52 S. 4.

Evangelische Buſs- und Gnadenstimme in dreyzehn erwecklichen Buſspredigten. Königsb. u. Leipzig, 1756. 4 unpag. Bogg. u. 376 S. 4.

* Amor meus crucifixus! Kurze Betrachtungen und Gebete über das Leiden und Sterben Jesu Christi, auch dessen Auferstehung und Himmelfahrt, auf alle sieben Tage in der Woche eingerichtet. Zum Druck gegeben von einem evangelischen Prediger. Königsberg, 1756. 48 S. 8.

Der Grund zur wahren dauerhaften und unvergänglichen Wolfahrt eines Menschen, wenn Christus sein Leben ist und Sterben sein Gewinn wird, in einer Leichenpredigt in der St. Johanniskirche bey dem 1761 den 28. Oct. gehaltenen feyerlichen Leichenbegängnifs der Frau Anna Elisabeth Freyherrin von Munnich, geb. von Witzendorf, Gemahlin des Hrn. Oberhofmeisters und Geh. Raths Freyherrn v. Münnich. Riga. 32 S. Fol.

Grofse Dinge, so am Todestage Jesu zu hören und zu sehen seyn. Predigt am Charfreytage 1763 d. 21. März Königsberg. 55 S. 8.

Spreddiku-Grahmata pahr teem Swehdeenu- un Swehtku-Ewangeliumeem tahm Latweefchu kriftitahm Draudfibahm par labbu iftaifita un us Drikkefchanu isdohtu. 1ster Th. Riga, 1764. 25 u. 998 S. — 2ter Th. Ebend. 1764. 10 unpag. S. u. S. 999-1858., *nebst noch* 2 unpag. S., *enthaltend des Verf.:* Dank für den Beistand des Heilandes bei dieser Arbeit. 4. *Die dabey befindliche deutsche* Vorrede *ist auch abgedruckt in den* Gel. Beytr. zu den Rig. Anz. 1766, St. 22-24. S. 185-207.

Kurzer Inbegriff der christlichen Glaubenslehre für Kinder und junge Leute, sonderlich für die Erstlinge, welche zur ersten Communion zubereitet werden; nebst einer Vorrede von den Fehlern der meisten gedruckten katechetischen Heilsordnungen. Königsberg, 1769. 92 S. 8. 2te Aufl. Ebend. 1783. XXVIII. u. 92 S. 8.

Die überschwengliche Erkenntnifs der Herrlichkeit Jesu Christi unsers Herrn. Ebend. . . . 8.

Sendschreiben an die sämptlichen evangelischen Lehrer und Hirten des Herzogthums Livland, so seiner Oberaufsicht anvertrauet sind, bey Gelegenheit der zu feyrenden vier Bufstage des jetzt laufenden 1780sten Jahres. Riga. 1 Bog. 4.

Die Stärke des Schriftbeweises für die in unsern Tagen angefochtne Lehre von der Genugthuung Jesu Christi überhaupt kürzlich gezeiget. Riga, 1780. 1¼ Bog. 8. (*eigentlich die* Vorrede *zu* J. B. S. Sczibalsky's Widerlegung der Scheingründe der neuern theolog. Meinungen u. s. w. Riga, 1780). 2te Auflage. . . . 3te Aufl. . . . 4te Aufl. Ebend. 1792. 18 S. 8. — *Schwedisch:* Stockholm, 1782. 8.

Festbüchlein für Kinder und junge Leute, Jünglinge und Jungfrauen auf besondere Veranlassung herausgegeben. 1stes St. Riga, 1781. 80 S. 8.

Antwortschreiben an einen der Theologie Beflissenen, seine Gesinnungen bey den itzigen neuen für Aufklärung gehaltenen, in der Theologie und Religionslehre eingerissenen Meynungen betreffend; nebst einer apologetischen Vorrede und dem Briefe, der zu diesem Antwortschreiben Gelegenheit gegeben hat. (*Der Verf. des Briefes war der nachmalige Pastor* Tiebe *zu Löser.*) Ebend. 1793. 8 unpag. Bll. u. 29 S. 8.

Gelegenheitsgedichte.

Rede; *in der* Umständlichen Nachricht von der Allerhöchsten Reise der Kaiserin Catharina II. (Riga, 1764. 4.) Th. II. S. 54.

Vorrede *zu der* Latwiſka Baſnizas Skohlas- un Sehtasgrahmata. Riga, 1787. XXVI S. 8. (*lettisch*). *Er selbst besorgte diese Ausgabe des* lett. Hand- und Gesangbuchs.

Das Wesentliche des wahren Christenthums. Am Tage der Einführung und Einweihung der neuen Rigischen Statthalterschaft d. 29. Oct. 1784 am 20. Sonnt. nach Trin. über das Sonntags-Evangelium Matth. 22, 1-14. in der Rig. Kronkirche zu St. Jacob vorgetragen; *in* Dingelstädts Nord. Casualbibl. I. 331-370.

Die Weisheit und Vorsichtigkeit eines Schullehrers, in seinem Amte zwischen zwey verschiedenen Abwegen die richtige Mittelstraſse zu halten, eine Rede bey der Einführung des Rectors Moritz in das Rig. Lyceum; *in des letztern* Beyträgen zur livl. Pädagogik, 1ste Samml. S. 21-48.

Sein sehr ähnliches Bildniſs nach Barisien von Martin, 1793. kl. Fol. — Auch auf einer bey seinem Amts-Jubiläum geschlagenen Medaille von Krüger in Dresden.

Vergl. Gadeb. L. B. Th. 2. S. 171-177. — Nord. Misc. IV. 206. XI. 387. — Allg. Lit. Anz. 1799. No. 57-59. — Sam. Baurs Allg. histor. Handwörterbuch. Ulm, 1803. S. 609 f. — Meusels G. T. Bd. 4. S. 405. Bd. 12. S. 455. — Dess. Lexik. Bd. 8. S. 139. — Zimmermanns Lett. Lit. S. 83. — L. Bergmanns biogr. Notiz. v. den livl. Gen. Sup. S. 14. — Sonntags Formulare, Reden u. Ansichten bey Amtshandlungen. II. 228-252. — Rotermund z. Jöcher.

Lenz (Friedrich David).

Sohn des vorhergehenden, Bruder von Jakob Michael Reinhold und Vater von Alexander Magnus Karl und des nachfolgenden.

Erhielt den ersten Unterricht theils von seinem Vater, theils von Privatlehrern, theils auf der Schule in Dorpat, bis ihn ein Gönner seiner Familie, der General Berg, mit sich nach Preussen nahm und in das Friedrichskollegium zu Königsberg brachte. Hier blieb er bis zum Jahre 1761, wurde öffentlich dimittirt und setzte nun auf der Universität daselbst bis 1764, da er nach Livland zurückkehrte, seine theologischen Studien fort. Nachdem er noch in demselben Jahre die Kandidatur des livländischen Ministeriums erhalten hatte, wurde er 1767 am 24 Junius als Prediger zu Tarwast ordinirt, und 1779 Oberpastor der deutschen Gemeine zu Dorpat, auch 1788 erster Assessor des dasigen Stadtkonsistoriums und Inspektor der Stadtschule. 1803 übernahm er noch die Stelle eines Lektors der esthnischen und finnischen Sprache bey der Universität zu Dorpat, und starb an einem Sonnabend, nachdem er gerade 30 Jahr hier als Prediger gestanden hatte. Geb. in Livland auf dem Pastorate Serben im wendenschen Kreise am 9 September 1745, gest. zu Dorpat am 4 December 1809.

Vaterländische Predigten über alle Sonn- und Festags-Evangelien durchs ganze Jahr. Meinem Vaterlande zum häuslichen Gottesdienst und Erbauung gewidmet. 2 Theile. Leipzig, 1786. 8. — 2te verbesserte u. vermehrte Aufl. 1ster Th. Dorpat, 1794. XXXVI u. 496 S. 2ter Th. Ebend. 1794. 590 S. 8.

Neue Sammlung vaterländischer Predigten über die Epistolischen Texte aller Sonn- und Festtage im ganzen Jahr. Zur häuslichen Erbauung in den Druck gegeben. 1ster Th. Ebend. 1791. XXXVI u. 489 S. 2ter Th. Ebend. 1792. 8 unpag. S. u. 664 S. 8.

Nachtrag von fünf Predigten zu der ersten Auflage der Vaterländischen Predigten über die Sonn- und Festags-Evangelien im ganzen Jahr. Zum Beſsten derer, die die erste Auflage besitzen, besonders abgedruckt. Dorpat, 1794. 16 S. u. S. 215-374. 8.

Leichenrede bey dem Sarge des Rathsverwandten Jac. Friedr. Teller. Ebend. 1794. 21 S. 8. *Bis* S. 6. die Standrede *von* F. E. L. Gerland, *dann von* S. 7. *an* die Leichenrede *von* Lenz.

Aija-Kalender kummaſt kik kärnerit woiwa öppida mis tö egga kuu ajal ſünnip tehha. Ütte pale andmisſega, kun lühhidelt oppetas, kuida ne Wirsſi-puu, Kirsſi-puu, nink Wina-puu peäwa leikatus nink häste kaswatetus ſama. Kige Maa Kärneride hääs Letti keeleſt maa keele ſisſen ümbre kirjotetu nink trükkimesſes wälja antu Tarto Lina ſakſa Kirriku Isſandaſt F. D. Lenz. Ebend. 1796. 64 S. 8. *Eine Bearbeitung des von* Sam. v. Holst *ausgearbeiteten* Gartenkalenders *in dorpt-esthnischer Sprache, nach der lettischen Uebersetzung* Joh. Prechts (*s. diese Artt.*).

Skizze einer Geschichte der Stadt Dorpat. Nebst einem Anhang, der die Allerhöchste kais. Constitutions-Acte für die hiesige kais. Universität, imgleichen die Ukasen wegen der neuen Organisation der Schulen und der Direction der Universitäten, und besonders der Dörptschen enthält. Ebend. 1803. 96 S. 8.

Uebersetzung der Livl. Bauer-Verordnung von 1804 *in den reval-esthnischen Dialekt unter dem Titel:* Seädusſed Maarahwa pärraſt antud, kes Liwlandi Gubermenti wallitusſe all ellawad. Ebend. 1804. 58 S. 4. Mit mehrern Tabellen.

Öppetus kuitao ma-rahwas henda kötto-többe eeſt peab hoidma ehk kui ta ſelle kimpu ſisſe om johtnu, temmaſt pea jälle woip awwitetus ſada. Ebend. (1807.) 8 S. 8. *Uebersetzung von* B. v. Vietinghofs *und* O. F. P. v. Rühls *Schrift über die Ruhr:* Mahziba kà no affins-fehrgas warr fargatees (*s. diese Artt.*).

Liwlandi maa-Saldutile kui nemmad peakſid waenlaste wasto ſödima minnema. Ebend. 1807. 4 S. 8. *Uebersetzung von* C. W. Brockhusens Zuruf an die Landmiliz Livlands (*s. dess. Art.*).

Gelegenheitsgedichte *und wahrscheinlich auch manche einzelne* Gelegenheitsreden.

Taufrede, gehalten den 24. März 1784 über Galat. 3, 27.; *in* Dingelstädts Nord. Casualbibl. I. 23-38. — Predigt bey Einführung der Statthalterschafts-Einrichtung in Dorpat, welche den 24. Nov. 1783 durch Se. Exc. den wirkl. Hrn. Geheimen-Rath und Ritter Freyherrn v. Vietinghoff mit allgemeiner patriotischen Freude vollzogen wurde; *ebend.* I. 485-502. — Die Vortrefflichkeit der Liebe in einer Traurede bey der Vermählung des Hrn. Baron v. B** mit der Frau v. R**, geb. Baronesse v. St** abgehandelt; *ebend.* II. 77-92.

Volksanecdoten aus Livland; *in dem von* F. G. Findeisen *herausgegebenen* Lesebuche für Ehst- und Livland. (Schloſs Oberpahlen, 1787. 8.) S. 347-372.

Deutsche Vorrede *zu* G. G. Marpurgs Kriſtlik oppetusſe Ramat (*esthn. Katechismus.* Dorpat, 1793. 8.).

Predigt am Tage der Eröffnung der kais. Universität in Dorpat, den 21. Apr. 1802; *in der von* G. B. Jäsche *herausgegebenen* Geschichte u. Beschreibung der Feierlichkeiten bey Eröffnung u. s. w. (Dorpat, 1802. 4.) S. 6-17.

Weihe (*bey Legung des Grundsteins zum akademischen Hauptgebäude in Dorpat*); *in der Schrift:* Der 15. Sept. 1805 in Dorpat. S. 17.

Gab heraus:

Gemeinschaftlich mit C. N. Nielsen *und* F. G. Findeisen *die* Dörptsche Zeitung 1788 *und das unter des letztern Namen gehende* Dörpatsche politisch-gelehrte Wochenblatt. Dorpat, 1789. 8.

Livländische Lese-Bibliothek, eine Quartalschrift zur Verbreitung gemeinnütziger, vorzüglich einheimischer Kenntnisse in unserm Vaterlande. 1stes Quartal 1796. Dorpat. XIV u. 128 S. — 2tes Quart. 1796. Ebend. 144 S. — 3tes Quart. 1796. Ebend. 142 S. — 4tes u. letztes Quart. von 1796. Ebend. 144 S. gr. 8. *Er selbst lieferte darin, ausser andern* kleinen Aufsätzen, *besonders die* Uebersicht der 34jährigen Regierung der Kaiserin Catharina II., von der Seite ihres wohlthätigen Einflusses auf das Russische Reich. I. 1-32. II. 1-44. III. 1-80. IV. 1-36.

* Nachricht von der Feyer des fünf und zwanzigjährigen Jubiläums der in Dorpat errichteten Wittwen- und Waisen-Versorgungs-Anstalt. Den 1. Dec. 1806. Dorp. 16 S. 8., *worin* S. 9-14 *eine* Rede *von ihm.*

Vergl. Gadeb. L. B. Th. 2. S. 172. — Nord. Misc. XI. 387. — Meusels G. T. Bd. 4. S. 407. Bd. 10. S. 191. Bd. 14. S. 419. u. Bd. 18. S. 509.

Lenz (Gottlieb Eduard).

Sohn des vorhergehenden u. Bruder von Alexander Magnus Karl.

Geb. zu Dorpat am 14 *Julius* 1788, *studirte auf der Universität seiner Vaterstadt, wurde* 1810 *Oberpastor der deutschen Gemeine daselbst (ord. am* 30 *Januar, nachdem er als Adjunkt seines Vaters berufen, dieser aber unterdessen schon verstorben war), auch Assessor des dorptschen Stadtkonsistoriums, hierauf* 1824 *Professor der praktischen Theologie an der dasigen Universität, und legte dann am letzten Sonntage desselben Jahres sein Pfarramt nieder. Im J.* 1828 *wurde er mit zu der in St. Petersburg niedergesetzten Kommission zum Entwurfe einer Kirchenordnung für die Lutheraner in Rufsland auf allerhöchsten Befehl zugezogen.*

Rede bey der Beerdigung des Hrn. Archivarius des kaiserl. Landgerichts Theodor Siegfried Gerich, gest. den 20. Juli 1814. Dorpat, 1814. 20 S. 8.

Zur Erinnerung an Otto von Richter, gestorben zu Smyrna den 13. (25.) Aug. 1816. Rede im Kreise seiner Familie und Freunde zu Dorpat am 22. Jan. 1817. Ebend. 1817. 32 S. 8.

Zum Gedächtnifs der am 19. (31.) Oct. 1817 zu Dorpat begangenen dritten Jubelfeier der Reformation. Zwey Predigten. Zum Beſsten der hieselbst zu errichtenden Arbeits- u. Ernährungs-Anstalt. Ebend. 1817. 104 S. 8. *Enthält ausser den beyden Predigten* (am Sonntage vor *und* am Tage der Jubelfeier *selbst*): S. 1-17. Die Allerhöchste Verordnung zur Feier dieses Jubelfestes;

S. 87-92. Luthers Ermahnungsschrift an alle Christen zu Riga, Reval und Dörpt in Livland Anno 1523; und S. 93-104. einen kurzen Abriſs von Luthers Leben.

*Am Sarge Gustav's von Löwis den 16. Febr. 1818. Im Leichengewölbe gesprochen. Als Handschrift für die Familie. (Dorpat, 1818.) 4 S. 8.

Predigt bei Niederlegung seines Amtes als Oberpastor der Deutschen Stadtgemeinde zu Dorpat, am Sonntag nach Weihnachten den 28. December 1824 gehalten und auf Verlangen zum Beſsten des neu zu erbauenden Stadt-Armenhauses hieselbst zum Druck überlassen. Dorpat, 1825. 24 S. 8.

Zum Gedächtniſs Alexanders I. Trauer-Rede, im groſsen Hörsaale der kais. Univers. Dorpat am 12. Dec. 1825 gehalten. Ebend. 1826. 44 S. 8.

*Worte gesprochen am Sarge des Sekretär Petersen; *in der von* O. G. B. Rosenberger *herausgegebenen Gedächtniſsschrift:* Christian Friedrich Petersen. (Dorpat, 1810. 8.) S. 3. 4. u. 14.

Bey der Beerdigung des Hrn. Prof. design. Dr. Ludw. Jochmann zu Dorpat den 29. April 1814; *in* Grave's Magaz. f. prosest. Pred. 1816. S. 134-144. — Abendmahlsrede bey einer Privat-Communion; *ebend.* 1817. S. 257-266. — Zwey Communionreden; *ebend.* 1818. S. 337-357.

Dr. Mart. Luthers kleiner Katechismus. Mit Erklärungen und biblischen Beweisstellen versehen; *in dem* Ersten Schulbuche für die deutsche Jugend im Lehrbezirk der kaiserl. Univers. Dorpat, herausg. von J. Ph. G. Ewers. (Dorp. 1824. 8.) S. 391-468.; *auch verbessert und besonders daraus abgedruckt:* Mitau, 1828. VIII u. 140 S. 8. — *Ist eine Umarbeitung von* Luthers kleinem Katechismus, herausg. von L. S. Jaspis. (Dresden, 1823. 8.)

Predigt über Psalm CXVIII. 24, in der Stadtkirche gehalten; *in* Dem ersten Jubelfeste der kaiserl. Univers. Dorpat. (Dorpat, 1828. gr. 4.) S. 1-17.

Worte des Abschieds, gesprochen am Sarge des Kollegienrath Henzi; *hinter* Sartorius Memoria R. T. S. Henzi. (Dorp. 1829. 4.)

Sein Bildniſs in Steindruck von Klündert. 1827.

LENZ (JAKOB MICHAEL REINHOLD).

Sohn von CHRISTIAN DAVID u. Bruder von FRIEDRICH DAVID.

Verrieth schon in früher Jugend grofse Neigung zur Dichtkunst, studirte seit 1768 zu Königsberg, führte einen jungen Edelmann nach Strafsburg und wurde dort mit Göthe, Schlosser und andern in der Folge berühmt gewordenen Männern bekannt. Im J. 1777 begab er sich in die Rheingegenden, wo seine bereits überspannten Nerven den letzten Stofs erhielten, so dafs sein Verstand auf einige Zeit völlig zerrüttet wurde und man ihn zu Emmedingen an Ketten legen mufste. 1779 kam er in sein Vaterland zurück, lebte ohne Bedienung bald hier, bald dort, und ging zuletzt nach Moskau. Geb. zu Sefswegen in Livland am 12 Januar 1750, gest. zu Moskau am 24 May 1792.

* Die sieben Landplagen, ein Gedicht in sieben Gesängen. Königsberg, 1769. 8.
* Der Hofmeister oder Vortheile der Privaterziehung; ein Schauspiel. Leipzig, 1774. 8.
* Der neue Menoza, oder Geschichte des Cumbanischen Prinzen Tandi, eine Comödie. Ebend. 1774. 8.
* Anmerkungen übers Theater, nebst angehängtem übersetzten Stück Shakspeare's (Love's labour's lost). Ebend. 1774. 8.
* Lustspiele nach dem Plautus. Frankf. u. Leipz. 1774. 8.
* Eloge de feu Mr. **nd (Wieland), écrivain très célèbre en poësie et en prose. à Hanau, 1775. 8.

Menalk und Mopsus, eine Ekloge nach der fünften Ekloge Virgils. Frankf. u. Leipz. 1775. 8.

* Das leidende Weib. Ein Trauerspiel. Leipzig, 1775. 8. (s. Gesammelte Schriften, herausgegeben von Tieck. I. S. CXXII.)

Flüchtige Aufsätze. Zürich, 1776. 8.

* Die Freunde machen den Philosophen. Eine Komödie. 1776. 8.

*Die Soldaten, ein Schauspiel. Leipzig, 1776. 8.

*Die Höllenrichter. Zürich, 1776. 8.

*Der Engländer, eine dramatische Phantasie. 1777. 8.

Uebersicht des Russischen Reichs nach seiner gegenwärtigen neu eingerichteten Verfassung, aufgesetzt von Sergei Pleschtschejew. Aus dem Russischen übersetzt. Moskau (Leipzig), 1790. gr. 8.

*Uebersetzung von Ossian's Fingal; *in* Jacobi's Iris 1775 u. 1776.

Poetische Gedanken von dem Versöhnungstode Jesu Christi; *in den* Beytr. zu den Rig. Anz. 1776. St. 7.

Zerbin, oder die neuere Philosophie, eine Erzählung; *im* Teutschen Museum 1776. Febr. S. 116. u. März S. 193. — Epistel eines Einsiedlers an Wieland; *ebend.* Dec. S. 1099. — Der Landprediger, eine Erzählung; *ebend.* 1777. April S. 289 u. May S. 409. — Anhang dazu; *ebend.* Junius S. 567.

Aufsatze *in der* Frankfurter gelehrten Zeitung.

Gedichte *im* Vossischen Musenalmanach, *in der* Urania, *in* Schmidts Taschenbuch, *im* Teutschen Merkur *und später auch noch in* Schillers Horen *und in dem* Heidelberger Almanach für 1812, herausgegeben von Aloys Schreiber.

Lange nach seinem Tode erschienen:

Pandaemonium Germanicum. Eine Skizze von J. M. R. Lenz (*mit einem* Vorbericht *herausgeg. von* Dr. Dumpf *zu Eisekull in Livland*). Nürnberg, 1819. 8.

Gesammelte Schriften. Herausgegeben von Ludw. Tieck. 3 Bde. Berlin, 1828. gr. 8.

Vergl. Die Einleitung zu der Ausgabe seiner Schriften von Tieck. S. CXIV. — Gadeb. L. B. Th. 2. S. 177. — Nord. Misc. IV. S. 206. — Intell. Bll. d. allg. Lit. Zeit. 1792. No. 99. — Schlichtegrolls Nekrolog auf das Jahr 1792. Bd. 2. S. 218-220. — Etwas über den deutschen Dichter J. M. R. Lenz, vom Kapellmeister Reichardt; *im* Berlinischen Archiv der Zeit 1796. Febr. — Meusels Lexik. Bd. 8. S. 140. — Jördens Lexik. Bd. 6. S. 482-486. — Rotermund z. Jöcher. — *Eine treffliche Schilderung von ihm giebt* Göthe *in der Schrift:* Aus meinem Leben. Th. 3. S. 275, *vergl. mit* S. 86. (Bd. 19. der Wiener Original-Ausgabe von Göthe's sämmtlichen Werken).

von Lenz (Johann Reinhold), genann Kühne.

Grofssohn von Christian David und Neffe von Friedrich David.

Geb. zu Pernau am 14 November 1778, erhielt sein erste Erziehung im älterlichen Hause und bey seiner Grofs mutter auf der Insel Oesel. Nach 2jährigem Aufenthalt in einer Erziehungsanstalt unweit Riga besuchte er die untern Klassen des dortigen Lyceums und wurde dann auf das Kollegium Friedericianum nach Königsberg gesandt. Als reifer Jüngling trat er den Dienst bey der kaiserl. russischen Garde zu Pferde an, zu welchem er schon in frühern Jahren eingeschrieben war, verliefs aber in Folge der nach dem Regierungswechsel 1796 bey den kaiserl. russischen Garden eingetretenen Veränderungen den Militärstand, folgte seiner entschiedenen Vorliebe fürs Theater, debütirte mit Beyfall auf der deutschen Bühne zu St. Petersburg, und setzte seine Laufbahn (bis 1823 unter dem angenommenen Namen Kühne) in Königsberg, Breslau und an andern Orten rühmlich fort, bis er eine bleibende Stelle bey dem hamburger Stadttheater erhielt, wo er sich zu einem Grade der Vollkommenheit ausgebildet hat, der in Deutschland ehrend anerkannt wird. Seit Ostern 1827 ist er auch Regisseur für das recitirende Schauspiel in Hamburg.

Schauspiele nach Walter Scott. 2 Bde. — *Auch einzeln unter folgenden Titeln:* Die Flucht nach Kenilworth. Tragödie in 5 Acten nach Walter Scotts Roman: Kenilworth. Mainz, 1825. 8. — Das Gericht der Templer. Romantisches Schauspiel in 3 Aufzügen nach W. Scotts Roman: Ivanhoe. Ebend. 1825. 8.

Vier Treppen hoch, Lustspiel in 1 Aufzuge nach dem Französischen; *in dem von* K. L. Grave *herausgegebenen Taschenbuche* Caritas (Riga, 1825.) S. 93-162.

Aufsätze in Zeitschriften.

Lerbeck (Erich Petersen).

Studirte um 1638 *bis* 1641 *zu Dorpat. Geb. in der schwedischen Provinz Nerike zu ..., gest. ...*

Disp. de sensibus in genere, et in specie de externis. (Praes. Petro Schomero.) Dorpati, 1638. 4.
Disp. de sensibus internis. (Praes. Mich. Savonio.) Ibid. 1639. 4.
Disp. in Cap. IV. usque ad v. 27. D. Evangelistae Johannis selectissimae notae. (Praes. Andr. Virginio.) Ibid. 1641. 4.
Oratio de Sacrorum Bibliorum meditatione. Ibid. 1642. 4.
Diss. varii argumenti IV. Upsaliae, 1644-1648. 4.

Vergl. Somm. p. 57. 169. 207. 247.

Lerche (Theodor Heinrich Wilhelm).

Geb. zu Trautenstein am Harz im Braunschweigischen am 25 *Februar n. St.* 1791, *besuchte das Gymnasium zu Blankenburg, bezog* 1809 *die Universität Dorpat und promovirte daselbst* 1812 *als Dr. der A. G., trat gleich darauf als Regimentsarzt bey der russisch-deutschen Legion in Dienste, bereiste, nach beendigtem Feldzuge, Deutschland und die Niederlande, verweilte einige Zeit in Paris, setzte seine Studien noch in Wien fort, ging* 1815 *zu St. Petersburg in Staatsdienste über, und ist gegenwärtig daselbst Kollegienrath, kaiserl. Leibokulist, Ritter des Wladimir-Ordens der* 4*ten und des Annen-Ordens der* 2*ten Kl., so wie Mitglied der physisch-medicinischen Gesellschaft zu Moskau; war auch Mitstifter der St. Petersburgischen Gesellschaft praktischer Aerzte und der dasigen Privat-Augenheilanstalt.*

Ueber die Lymphgeschwulst; *in der* Russ. Samml. für Naturwiss. u. Heilkunst, *herausg. von* Crichton, Rehmann u. Burdach. II. 1. S. 64-90.
Hatte Antheil an der Redaktion der Vermischten Abhandlungen aus dem Gebiete der Heilkunde von einer Gesellschaft practischer Aerzte zu St. Petersburg.

1-3te Samml. St. Petersburg, 1821-1825. 8., *und lieferte selbst dazu:* Merkwürdige Entartung des linken Augapfels bey allen männlichen Kindern einer Familie. I. 188-197. — Beobachtung einer Corneitis; *ebend.* S. 197-202. — Eine Bemerkung zur Behandlung des Pannus; *ebend.* S. 202-204. — Nachricht von dem Augenkranken-Institut zu St. Petersburg; *ebend.* S. 238-244. (1821.) — Beobachtung der auf die Vaccine folgenden wandernden Rose; *ebend.* II. 126-130.— Zweyte Nachricht von dem Augenkranken-Institute der kaiserl. medico-philanthropischen Comität zu St. Petersburg; *ebend.* S. 184-207. (1823.) — Dritter und letzter Bericht von diesem Institute, den Zeitraum vom 1. Januar bis zum 1. Julius 1823 in sich fassend; *ebend.* III. 246-251. — Erster Jahres-Bericht von der Privat-Augen-Heilanstalt zu St. Petersburg; *ebend.* S. 270-288. (1825.) — Berichte von dem Fortgange dieser Anstalt *gab er auch in* Oldekops St. Petersburgschen Zeitschrift.

Lessinen, s. Schwemmler.

L'Estocq (Johann Ludwig).

Zuletzt seit 1778 *erster Professor der Rechte, imgleichen Kanzler und Direktor der Universität zu Königsberg. Geb. zu Abtinten in Preussen am* 13 *März* 1712, *gest. am* 1 *Februar* 1779.

Von seinen Schriften gehört hierher:

Grundlegung einer pragmatischen Rechtshistorie, oder Einleitung in die allgemeinen, natürlichen, göttlich-geoffenbarten Völker — Römische — Deutsche sowohl als besondere Preussische, Pohlnische, Lief- und Curländische, auch anderer nordischen Völker Rechte. Königsberg, 1766. 8.

Vergl. Gadeb. L. B. Th. 2. S. 178. — Meusels Lexik. Bd. 3. S. 191.

Leuenclavius, s. Löwenklau.

LEUTHOLD (CHRISTIAN GEORG).

Advokat zu Pernau, vorher Hauslehrer in Mitau.

Capita dubia processus judiciarii livonici in concursu creditorum. Pernaviae, 1812. 19 S. 4.

Ueber Vaterlandsliebe, ein Versuch; *in den* Mitauschen Wöch. Unterh. 1805. Bd. 1. S. 369-377.

LEVANUS (FRIEDRICH).

Studirte zu Halle, Göttingen und Helmstädt, wurde Pastor-Adjunktus zu Leal und Kirrefer in Esthland, wo schon sein Vater Prediger war, 1757 (ord. am 5 September), und Ordinarius 1764. Geb. daselbst am 11 Junius 1732, gest. am 22 Februar 1783.

In der esthnischen Postille Jutlusſe Ramat (*zuerst* Reval, 1779. 4.) *ist die Predigt* am 14. Sonnt. n. Trin. *von ihm.*

Vergl. Carlbl. S. 80.

LEVI (JEHUDA MARKUS).

Studirte zu Padua, erlangte daselbst die medicinische Doktorwürde, unternahm hierauf Reisen, lebte einige Zeit in Lithauen zu Wilna, Ponnedel und Schagarn, kam auch nach Kurland, wo er sich in Mitau aufhielt, und brachte die letzten Jahre in Grodno zu. Geb., wie wenigstens von einigen seiner noch jetzt in Kurland lebenden Verwandten behauptet wird, zu Padua am ..., gest. zu Grodno am 12 November 1797.

ספר עמודי בית יהודה העומדים לתורה ועבודה כו׳. אנכי יהודה מצעירי הלוים איש הורוויץ אסי׳ דק״ק ווילנא. באמשטרדם בדפוס ליב זוסמנש בשנת שמחת היו רגלינו :

(Die Säulen des Hauses Jehuda, welche der Tugend und dem Gottesdienste errichtet sind. Verfaſst von dem kleinsten der Leviten aus der Familie Hurwitz, Dr. Med. in Wilna. Amsterdam, b. Leib Suſsmann, 1765. 78 gez. Bll. 8.)

גן עדן המאמין. אשר נטעתי משן פרי הרב רבינו משה בר מיימין. מבני אבי. יהודא מבית לוי:

(Der Garten Eden für die Gläubigen, den ich gepflanzt habe von einem Sprösslinge des Rabbi der Rabbinen Moses bar Maimon [Maimonides]. Von Jehuda Levi, dem jüngsten Sohne seines Vaters. Ebend. 1765. 27 gez. Bll. 8.) *Ein Anhang der vorstehenden Schrift.*

ספר צל המעלות לדעת חכמות ומוסרים. במאמרים קצרים כו'. חברתי יהודא מצעירי הלוים בן הרב רבי מרדכי הלוי ה"ה השומר משמרת יהורוויץ אסי' דק"ק ווילנא. נדפס פעם ראשונה ק"ק קיניגשבורג בשנת תקכ"ו ונדפס פעם שנית פה ק"ק דובנא רבתי בשנת תקנ"ה בדפוס מו' יהונתן בהרמ"י. מיכל פיעטראווסקי:

(Der Tugendschatten. Dargestellt in kurzen Sätzen zur Erlernung der Weisheit und Moral. Verfasst von dem kleinsten der Leviten aus der Familie Hurwitz, Dr. Med. in Wilna. Königsberg, 1766. 8. 2te Aufl. Dubno, bey Jehonathan u. Michael Pieterwasky, 1796. 17 ungez. Bll. 8.)

ספר כרם עין גדי חברו ויסדו הרבני עצום וחכם מופלא החוקר בטבע ובלמודיות החכם הכולל והשלם כש"ת מו' יהודא בן הרב רבי מרדכי מבית לוי השומר משמרת יהורבוץ אסי' וחכים בק"ק ווילנא. ונדפס פעם שנית פה ק"ק דובנא רבתי בשנת תקנ"ה בדפוס מו' יהונתן בהרמ"י. מיכל פיעטראווסקי:

(Der Weinberg zu Engedi, verfasst von dem berühmten Weisen, Naturforscher, Lehrer und hochgelehrten Jehuda, dem Sohne des Rabbi Mardochai aus dem Hause Levi, aus der Familie Hurwitz, Dr. Med. in Wilna. Königsberg, 1766. 8. 2te Aufl. Dubno, bey Jehonathan und Pieterwasky, 1796. 7 ungez. Bll. 8.)

Gedicht zur Feyer des Einweihungs-Tages des akademischen Gymnasiums zu Mitau, in hebräischen Versen verfertigt und übersetzt. Mitau (1775). 12 S. 4.

ספר מחברת חיי נפש נדפס בדפוס חדש פה ק"ק פאריצק באותיות אמשטרדם בשנת תקמ"ו:

(Ueber die Unsterblichkeit der Seele. Von dem Verfasser der Säulen des Hauses Jehuda. Poricz [Poretschje im smolenskischen Gouvernement?], mit amsterdamer Schriften, 1786. 33, theils gez., theils ungez. Bll. 8.)

ספר מגילת סדרים חלק ראשון. בו פשר בין שלש כיתות. חכמי הקבלה. משכילי התלמוד. ונבוני המחקרים. חיבר מו״ה יהודא הלוי הרופא איש לבית הורוויץ אסי׳ וחכים מק״ק ווילנא. נדפס פה פראג בשנת להתענג על ה״:

(Entscheidung der Streitigkeiten zwischen den Kabalisten, Talmudisten und Philosophen, vom Dr. Med. Jehuda Levi. (Prag, 1793. 45 gez. Bll. 8.)

ספר היכל עונג. והמחבר איש יהודה מבית לוי משתולי גזעי הורוויץ אסי׳ וחכים בעיר ואם הערינה ק״ק ווילנא. נדפס בשנת על ה״ להתענג פה ק״ק הוראדנא:

(Pallast der Ergötzlichkeit, verfaſst von Jehuda Levi, Dr. Med. Grodno, 1797. 38 ungez. Bll. 8.)

Handschriftlich, jetzt auf der Bibliothek des Gymnasium illustre zu Mitau: Hebräische Gedichte. Bernoulli *zeigt sie in seiner* Reise durch Brandenburg u. s. w. Bd. 3. S. 243. *als in Kurland gedruckt an. Dies ist ein Irrthum; sie sind niemals gedruckt worden, und bestehen groſstentheils aus Uebersetzungen* Lichtwerscher Fabeln, *die* Levi, *der* Vorrede *nach*, 1769 *in Mitau verfaſste.*

Mehrere Notizen von diesem gelehrten Israeliten verdanken die Herausgeber dem Herrn Translateur J. L. Kron.

LIBOSCHÜTZ (JOSEPH).

Ein Sohn des 1827 verstorbenen General-Stabsdoktors der lithauischen Armee Jakob Liboschütz (s. Haude und Spenersche Berl. Zeit. 1827 No. 131.), *studirte Medicin in Dorpat und erwarb sich* 1806 *daselbst die Doktorwürde, trat in Dienst, und war zuletzt kaiserl. Leibarzt, Mitglied der St. Petersburgischen mineralogischen, Korrespondent der gelehrten Komität der philantropischen Gesellschaft und Stifter des Instituts für arme kranke Kinder. Geb. zu Wilna am ..., gest. zu Karlsruhe in Baden am 5 Januar n. St.* 1824.

Diss. inaug. de morbis primi paris nervorum. Dorpati, 1806. 8.

Gemeinschaftlich mit Trinius: Flore des environs de St. Petersbourg et de Moscou. à St. Peterb. III Cahiers. gr. 4. Mit Kupf.

LICHTENBERG. (DAVID).

War erst Konrektor an der Schule im Löbenicht zu Königsberg, und wurde 1691 Rektor an der Schule zu Libau. Geb. zu ..., gest. ...

Oratio panegyrica in ipso ad scholae rectoratum accessu 1691 d. 22. Febr. habita. Mitaviae. 3 Bogg. 4.

LICHTENSTEIN (JOHANN NIKOLAUS HEINRICH).

Ein Sohn des 1816 verstorbenen Professors zu Helmstädt und Abts zu Michaelstein Anton August Heinrich Lichtenstein, geb. zu Hamburg am 4 März 1787, besuchte das Johanneum seiner Vaterstadt und das Helmstädter Pädagogium, studirte sodann auf dem Kollegium Karolinum zu Braunschweig und der Universität Helmstädt, nahm hier 1809 die medicinische Doktorwürde an, kam in demselben Jahre nach Kurland, wurde Arzt des neuenburgschen Kirchspiels, ging 1814 wieder nach Deutschland zurück, machte eine Reise durch mehrere Theile Deutschlands, durch die Schweiz und das südliche Frankreich, und, von Montpellier aus, im Frühjahr 1815, den Feldzug des Herzogs von Angoulême als Freywilliger mit, begab sich darauf nach Berlin, im Herbst 1815 aber wieder nach Kurland, liefs sich in Mitau als praktischer Arzt nieder, und erhielt 1825 die Stelle als Accoucheur bey der Kurländischen Medicinalbehörde. Er ist ordentliches Mitglied der kurl. Gesellsch. für Lit. u. Kunst, so wie der naturforschenden Gesellsch. zu Moskau, auch Konservator des kurl. Provincialmuseums, und hat sich um dieses Institut, dessen naturhistorische Abtheilung fast ihm allein Alles verdankt, unvergängliche Verdienste erworben.

Diss. inaug. de efficacia telae aranearum ad curandum febres intermittentes aliosque morbos. Helmst. 1809. 4.

Versuche mit einigen empirischen Mitteln in der Behandlung der Epilepsie, besonders den Nutzen des Zinks und der nux vomica bestätigend; *in* Hufelands Journ. der prakt. Heilk. 1819. August. St. 2. (Bd. 49.) S. 77.
Etwas über die Grasraupe; *in den* Jahresverh. der Kurl. Gesellsch. f. Lit. u. Kunst. Bd. 2. S. 100-105.
Uebersicht der Vögel Kurlands; *in der Zeitschrift:* Die Quatember. Bd. I. (1829.) Heft 3. S. 13-28. u. Heft 4. S. 1-23.

Lidenius (Gudmund Svensohn).

Bruder des nachfolgenden.

War Adjunkt der philosophischen Fakultät zu Dorpat um 1649, *und wurde dort* 1651 *Mag. der Phil. Geb. in Smoland zu ..., gest. ...*

Συζητησις περι της ἁμαρτιας. (Praes. et auct. Joh. G. Gezelio.) Dorpati, 1649. 4.
Disp., in Psalmum VIII. Davidis selectissimas notas exhibens. (Praes. et auct. Andr. Virginio.) Ibid. 1651. 4.
Disp. pro gradu Mag., de forma. (Praes. Joh. Erici, Stregnensi.) Ibid. eod. 4.
Lateinische Gelegenheitsgedichte.

Vergl. Somm. p. 34.

Lidenius (Peter Svensohn).

Bruder des vorhergehenden.

Studirte zu Abo, wurde dort 1643 *Mag. Phil., hierauf* 1645 *Rektor der Schule zu Reval, war* 1647 *auch zugleich Assessor im dortigen Konsistorium, erhielt, nachdem* Savonius *entsetzt worden,* 1651 *die Professur der Logik und Ethik zu Dorpat, war später zugleich Adjunkt der theologischen Fakultät, und kommt* 1655 *als ordentlicher Professor der Ethik und Moral und als ausserordentlicher der Theologie vor. Geb. in Smoland ..., gest. ...*

Disp. philos. grad. de generationibus et corruptionibus corporum naturalium. (Praes. Georgio C. Alano.) Aboae, 1643. 4.

Disp. de vita et morte. (Resp. Enevaldo Svenónio, Smol.) Ibid. 1644. 4.

Oratio panegyrica, qua examinatur quinta pars sive Cento visionum G. Reichardi; horrendi in eodem contenti errores perstringuntur; inconcussisque rationum momentis adstruitur, visionistam istum non divino aliquo ductu allectum, sed diabolico oestro percitum tam impia, tamque erronea orbi Christiano obtrudere phantasmata, die 7. Julii a. 1647 habita in Acroaterio Synodali Acropolis Revaliensis. Dorpati. 4.

Disp. de sanctissimo testamento domini et salvatoris nostri Jesu Christi, quod alias coena dominica dicitur. (Praes. Andr. Virginio.) Ibid. 1651. 4.

Disputationum logicarum 1ma de natura et constitutione logicae. (Resp. Petro Laurentii, Arbogensi Westm. Suec.) Ibid. 1652. — 2da primae Logicae partis evolutionem, terminos simplices et instrumenta logica, primae mentis operationi inservientia, generatim expendendo inchoans. (Resp. Erlando Erlandi Hiaerne, Ingria-Sveco.) Ibid. 1653. — 3tia de caussis et effectis, logice consideratis, generatim. (Resp. Benj. Krook, Nötheborg.) Ibid. eod. 4.

Theoremata quaedam logica. (Resp. Erico Johannis Brolenio, Orebrog. Suec.) Ibid. 1653. 4.

Disp. de temperantia. (Resp. Olao E. Sundelio, Suderm. Suec.) Ibid. eod. 4.

Disp. de libero hominis in actionibus rationi subjectis arbitrio. (Resp. Joh. O. Luth, Suderm. Suec.) Ibid. eod. 4.

Disp. de summo bono civili. (Resp. Abrah. L. Sundio.) Ibid. eod. 4.

Disp. de natura ethices generaliter. (Resp. Joh. Joh. Sundio.) Ibid. eod. 4.

Disp. de magnanimitate et modestia. (Resp. Bened. Andreae Humble, Smol.) Ibid. 1654. 4.

Divina illa sententia γνωθι σεαυτον h. e. nosce te ipsum, ex verbis Marci apud M. T. Ciceronem Tusculan. Quaestion. lib. I. sect. 52. animae rationalis naturam exhibens. (Resp. Abr. L. Sundio, Nericio.) Dorpati, 1654. 4.

Disp. de mansuetudine. (Resp. Joh. Reuter, Riga Liv.) Ibid. eod. 4.

Disp. de terra. (Resp. Petro Laurentii, Arbogensi Westm. Suec.) Ibid. eod. 4.

Disp. de veritate. (Resp. Joh. A. Dryander, Smol. Goth.) Ibid. eod. 4.

Novem theoremata philosophica. (Resp. Daniele Flojero, Smol. Suec.) Ibid. eod. 4.

Disp. de fortitudine. (Resp. Bened. Ekaeo, Neric.) Ibid. eod. 4.

Disp. de virtute morali in genere. (Resp. Andr. G. Kyander, B. L. S.) Ibid. eod. 4.

Disp. de officiositate. (Resp. Matthia Tempelio, Hapsal. Liv.) Ibid. eod. 4.

Disp. de syllogismo. (Resp. Petro Dan. Stenio, Neric. Sueco.) Ibid. 1655. 4.

Disp. de amicitia. (Resp. Detlevo Köllner, Nycop. Suderm.) Ibid. 1656. 4.

Disp. de fortitudine. (Resp. Georgio Georgii Gezelio.) Ibid. eod. 4.

Brevis et perspicua delineatio praeceptorum logicae, in Acad. Regia Gustaviana a. 1654 discentibus exhibita. Dorpati. 8.

Lateinische Gelegenheitsgedichte.

Vergl. Müllers Samml. russ. Gesch. IX. 171. — Gadeb. L. B. Th. 2. S. 180. — Schefferi Suecia lit, p. 200. 336. — Somm. p. 280-283, *wo auch noch angeführt wird* Stiernmann Aboa lit. p. 20.

LIDICIUS (JOHANN).

Geb. zu Gutstadt in Preussen am ..., gest. ...

De tristissimo obitu reverendissimi et illustrissimi principis Domini Guilhelmi, Archiopiscopi Rigensis, Marchionis Brandenburgensis etc. Epicedion. Regiomonti ...

Vergl. Nord. Misc. XXVII. 373.

LIEB (JOHANN WILHELM FRIEDRICH).

Von seinem Vater, der Kantor und Organist war, erhielt er den ersten Schulunterricht und einige Anweisung im Klavierspielen, im Generalbafs und zur Komposition. Zwölf Jahr alt kam er auf das Gymnasium zu Bayreuth, und späterhin eine zeitlang auf die Schule des Waisenhauses zu Halle, bis er im Oktober 1752 die dasige Universität bezog und Theologie zu studiren anfing. Im darauf folgenden Jahre verliefs er aber Halle und das theologische Studium, ging nach Rostock, widmete sich daselbst nun mit angestrengtem Eifer der Arzeneywissenschaft und erhielt 1758 die medicinische Doktorwürde. Aufgefordert von seinem Universitätsfreunde, dem nachmaligen Hofrath und herzogl. kurländischen Leibmedikus Berntheusel, der sich nicht lange zuvor in Mitau niedergelassen hatte, ging er noch im eben genannten Jahre, ohne alle Unterstützung von Seiten seiner Aeltern, die selbst sehr dürftig waren, nach Kurland, wo er Anfangs in verschiedenen adeligen Häusern auf dem Lande Hofmeister war, und nebenher die Arzeneykunst ausübte. Späterhin zog er ganz nach Mitau und erhielt bald eine ausgebreitete Praxis, durch die er sich nach und nach ein ansehnliches Vermögen erwarb. Im J. 1768 ernannte ihn die gelehrte Gesellschaft zum Nutzen der Wissenschaften und Künste zu Frankfurt an der Oder zum Assessor in der physikalischen und ökonomischen Klasse, und 1773 ertheilte ihm der König von Polen den Hofrathscharakter. Nach der Rückkunft der Herzogin Dorothea von Kurland aus dem Auslande, im J. 1787, wurde er zum Leibarzt derselben und der fürstlichen Familie bestellt, und begleitete sie in dieser Eigenschaft einige Jahre später auf einer Reise nach Berlin, Warschau und dem Karlsbade. Seine Heirath mit der Tochter des damaligen kurländischen Hofapothekers Wittenburg gab ihm Anlafs, für die Officin seines Schwiegervaters die beliebte sogenannte Liebsche Landapotheke einzurichten.

Sie besteht aus einfachen, wohlfeilen, zum Theil einheimischen, für den nächsten Hausbedarf bestimmten Arzeneyen, deren Anwendung er in der unten angeführten kleinen Schrift beschrieben hat, und ist allerdings, zumal zu der Zeit, als auf dem Lande in Kurland nur noch sehr wenige, und dabey grofsentheils sehr unwissende Aerzte vorhanden waren, von grofsem Nutzen gewesen *). *Nie war er erklärter Anhänger eines Systems, sondern abstrahirte alles aus eigner Erfahrung, ohne jedoch deshalb die neuen Entdeckungen in seiner Kunst zu übersehen. Er las und studirte fleifsig bis an seinen Tod; besonders gehörte das Studium der Botanik zu seinen Lieblingsbeschäftigungen. Manche Eigenheiten gaben ihm um so mehr einen bizarren Anstrich, als er nur sehr wenige Bedürfnisse zu befriedigen hatte. Er trug z. B. selbst bey der strengsten Kälte keinen Pelz, und eben so wenig Handschuhe. Den Genufs von Hunde-, Katzen-, Ratzen- und Mäusefleisch liefs er nicht unversucht, und bestand auf die Schmackhaftigkeit dieser ungewöhnlichen Leckerbissen. Ueber die Vortrefflichkeit seines moralischen Charakters herrschte nur eine Stimme. Anspruchlos und im Stillen wirkte er Gutes und half, als Arzt und als Mensch, wo er konnte.* „Zur Anerkennung ihres Dankes für die Dienste, die er dem Vaterlande geleistet hatte, und zur Bezeigung ihrer Hochschätzung," *wie die Worte lauten, beschlofs die kurländische Ritterschaft im J.* 1800, *seine Büste in Marmor im Bibliotheksaale des mitauschen Gymnasiums aufstellen zu lassen. Dies geschah auch* 1801. *Die Büste ist von* Friedemann *in St. Petersburg aus karrarischem Marmor gearbeitet, und steht auf einem runden Piedestal von grauem Marmor, an dem sich folgende vom Geheimenrath und Se-*

*) Um so mehr hätte sich der Recensent von „*Balk's Auszügen aus dem Tagebuche eines ausübenden Arztes*" in der Allg. Lit. Zeit. 1792. No. 59. den groben Ausfall in Rücksicht der Liebschen Landapotheke wohl ersparen können.

nateur v. Heyking *verfaſste Inschrift, mit Buchstaben von Bronze, befindet:* Aesculapio et Linneo Nostro, Joann. Wilh. Fried. Lieb, Salutifero, Rusticorum Pauperumque Amico, Grata Curlandiae et Semigalliae Nobilitas. MDCCCI. *Geb. zu Lichtenberg im Bayreuthschen am 13 Julius 1730, gest. zu Mitau am 15 Januar 1807.*

Diss. de justa somni salutaris quantitate et mensura. (Praes. G. C. de Handtwig.) Rostochii, 1755. 4.
Diss. botanico-medica inaug. de Bryonia, von der Heiligen Rübe. (Praes. G. C. de Handtwig.) Ibid. 1758. 36 S. 4.
* Anordnung des Gebrauchs einiger seit vielen Jahren bewährt befundener Arzeneymittel für die curländische und Curland angrenzende Bauern, welche in der Hochfürstlichen Hofapotheke jetzt verändert und wohlfeiler als die alten waren, zu haben sind; mit verschiedenen Anmerkungen. Mitau (*o. J.*). 32 S. 8. Mehrere Auflagen.
Die Eispflanze, als ein fast specifisches Arzeneymittel empfohlen. Hof, 1785. 16 S. 8. — *Auch in der* Mitauschen Monatsschrift von Kütner. 1785. April.
Erfahrungen vom Gebrauche der Kupfermittel; *in* Baldingers Neuem Magazin. Bd. 7. St. 6. (1785.)

Vergl. Nord. Misc. IV. 97. — Meusels G.T. Bd. 4. S. 449. Bd. 11. S. 488. Bd. 18. S. 528, *wo jedoch sein Geburtsort unrichtig angegeben ist.*

von Liebau (Heinrich Christoph).

Kam schon in früher Jugend nach Braunschweig, wo sein Vater in Kriegsdiensten stand. Den ersten Unterricht erhielt er in der dortigen damals blühenden Martinsschule und ging durch alle Klassen derselben. Seine Neigung für die Alten entwickelte sich unter der Leitung des damaligen Rektors dieser Schule, nachherigen Professors am braunschweigschen Karolinum, Sörgel, *dessen Unterricht er von* 1776 *bis* 1780 *genoſs. Im letztgenannten Jahre fing er an das Karolinum zu besuchen. Da aber die Glücksumstände seiner*

Aeltern nichts weniger als glänzend waren, so sah er sich frühzeitig genöthigt, durch ertheilten Privatunterricht, zu dem ihm seine Lehrer hier und da empfahlen, das selbst zu erwerben, was ein milderes Schicksal andern Jünglingen ohne ihre Mühe zu Theil werden läſst. Dieser Umstand und die Freundschaft mit dem nachher als ascetischer Schriftsteller und Erzieher rühmlich bekannt gewordenen J. P. Hundeiker wirkte in ihm eine so enthusiastische Liebe für das Lehr- und Erziehungsgeschäft, daſs er sich demselben vorzugsweise zu widmen beschloſs. Als er daher im Herbst des Jahres 1781 die Universität Helmstädt bezogen hatte, war es sein erstes Geschäft, sich um eine Stelle unter den Mitgliedern des philosophischen Seminariums zu bewerben, was ihm auch gelang, und nun konnte er sich, neben seinem Fakultätsstudium, wozu er das theologische gewählt hatte, in seinem Lieblingsfache üben und vervollkommnen. Ein schweres Krankenlager, welches im Herbst des Jahres 1783 seine Studien unterbrach, lieſs ein Kränkeln zurück und wurde die vorzüglichste Veranlassung, daſs er im nächsten Frühlinge eine ihm von seinem väterlichen Freunde Gärtner angetragene Lehrerstelle in einem adeligen Hause in Kurland annahm. Er hoffte von der Reise völlige Wiederherstellung seiner Gesundheit, und dachte nach einigen Jahren in sein Vaterland zurückzukehren. Sein Schicksal hatte es anders gewollt. Er langte im September 1784 in Kurland an und widmete seine Bemühungen dem Erziehungsgeschäfte in verschiedenen Häusern, bis er, nach Kütners Tode, zu Anfang des Jahres 1800 als Professor der griechischen Sprache und Literatur am damaligen akademischen Gymnasium zu Mitau angestellt wurde. 1806 erhielt er von der philosophischen Fakultät zu Helmstädt den Doktorhut, 1819 wurde er Kollegien-Assessor, und 1825 Hofrath, war auch Mitglied der kurl. Gesellsch. f. Lit. u. Kunst. Geb. zu Groſs-Brichtern im Fürstenthum Sondershausen am 17 Sept. n. St. 1762, gest. am 19 Aug. 1829.

Rede zur Feyer des allerhöchsten Geburtsfestes Sr. Kaiserl. Majestät Alexanders des Ersten, am 12 December 1809 gehalten. Mitau, 1810. 31 S. 8.

Progr. Ueber die Hauptbegebenheit in der Hekabe des Euripides. Ebend. 1811. 20 S. 4.

Progr. Einige Scenen aus dem Philoktetes des Sophokles übersetzt. Ebend. 1813. 24 S. 4.

Philoktetes, ein Trauerspiel des Sophokles, aus dem Griechischen übersetzt. Ebend. 1820. 64 S. 4. — *Auch als Programm.*

Etwas über Mythen der Griechen; *in den* Mitauschen Wöch. Unterh. 1805. Bd. 1. S. 437. — Artemis, nicht Selene; *ebend.* Bd. 2. S. 394. — Apollon; *ebend.* 1806. Bd. 3. S. 230. — Einleitung zur Erklärung von Vofs'ens Luise; *ebend.* S. 51. — Moschos zweytes Idyll; *ebend.* S. 273 u. 339. — Pallas Athene; ein mythologischer Versuch; *ebend.* 1807. Bd. 5. S. 148. — * Padagogische Fragmente; *ebend.* S. 260. u. Bd. 6. S. 65. 262. u. 307. — Übersetzung des lateinischen Programms von Buhle: Von der ältesten russischen Malerey, besonders von den in der vatikanischen Bibliothek zu Rom befindlichen Capponischen Gemälden und einigen andern Menologien der heiligen orthodoxen griechisch-russischen Kirche, als Werken vorzüglicher malerischer Kunst; *in den* Mitauschen Neuen Wöch. Unterh. 1808. Bd. 1. S. 219 u. 235. — Schreiben an T—r über eine wichtige poetische Erfindung; *ebend.* S. 384. — Apollon, nicht Helios; *ebend.* Bd. 2. S. 466 u. 501.

Nachruf an Beitlers Grabe; *in der Sammlung*: Zu Beitlers Andenken (Mitau, 1811. 4.). S. 17.

Einige Worte über die Würde des Schulmannes am Tage der 25-jahrigen Amtsfeier des Herrn Spekowius gesprochen; *in der Schrift:* Ueber die 25-jährige Schulamtsfeier des Herrn Friedr. Spekowius u. s. w. am 31 Julius 1814 (Mitau, 1815. 4.). S. 17.

Einiges über Nachbildungen und Uebersetzungen griechischer und römischer Dichter; *in den* Jahresverh. der kurl. Gesellsch. f. Lit. u. Kunst. Bd. 1. S. 293-305. — Ueber die Wichtigkeit des Studiums der Alten; *ebend.* Bd. 2. S. 12.

Einige Worte zur Einweihung der Dorotheenschule in Mitau gesprochen am 28. Junius 1819; *in* Gisevius Weihe der Dorotheenschule zu Mitau (Mitau, 1819. 4.). S. 10.

Elegie auf den Tod der Herzogin von Curland Dorothea; *in der* Gedächtnifsfeier dem Andenken der Herzogin geweiht von der curl. Gesellsch. f. Lit. u. Kunst. (Dresden, 1822. 8.). S. 48.

Hymne zur funfzigjährigen Jubelfeyer des Gymnasium illustre zu Mitau am 17. Jun. 1825; *in der Schrift:* Der 29ste Junius n. St. 1775 im Gymnasium illustre zu Mitau nach 50jähriger Dauer dieser Lehr-Anstalt gefeyert den 17. Junius a. St. 1825 (Mitau, 1826. 4.). S. 12-14.

Gedichte in verschiedenen Jahrgängen der von Bürger herausgegebenen Göttingenschen Musenalmanache; *in den* Mitauschen Zeitt. v. 1800-1802; *in den* Mitauschen Almanachen von denselben Jahren; *in der von* Schröder u. Albers *herausgegebenen* Ruthenia; *in* Albers Nordischen Almanachen für 1806, 1807 u. 1809; *in* Schlippenbachs Kuronia 1806-1808; *auch in* denselben Wega 1809.

Recensionen und Gedichte durch alle 8 Bände der Mitauschen Wöch. Unterh.

Vorrede *zu der Schrift:* Jahresfest der am 13. April 1808 in Mitau eröffneten Privat-Lehranstalt für Kinder aus gebildetern Ständen. Mitau, 1809. 8.

Vergl. Meusels G. T. Bd. 18. S. 529.

Liebeheer (Matthaeus).

Studirte um 1643 zu Dorpat. Geb. zu Kolberg in Pommern am ..., gest. ...

Disp. de speciebus reipublicae. (Praes. Andr. Sandhagen.) Dorpati, 1643. 2 Bogg. 4.

Vergl. Somm. p. 263.

Liebeskind (Dorothea Margaretha), geb. Wedekind.

Gattin des nachfolgenden.

Geb. zu Göttingen am 22 Februar 1765; *begleitete ihren Gatten nach Livland und Kurland.*

Vergl. Allg. lit. Anz. 1798. No. 58. — Schindels Deutsche Schriftstellerinnen des 19ten Jahrh. I. 313. II. 405. III. 204., *wo das Verzeichniſs ihrer zahlreichen, meist anonym erschienenen Schriften angetroffen wird.* — Meusels G.T. Bd. 4. S. 451. Bd. 10. S. 203. Bd. 11. S. 489. Bd. 18. S. 531.

Liebeskind (Johann Heinrich).

Gatte der vorhergehenden.

Geb. zu Bayreuth am 25 *April* 1768, *studirte die Rechte zu Göttingen, machte hier die Bekanntschaft der Frau des Musikdirektors Joh. Nikolaus Forkel, die er auch, nach geschehener Trennung von ihrem ersten Manne, in der Folge heirathete, ging mit derselben zu ihrem Bruder, dem in der französischen Revolutionsgeschichte bekannt gewordenen Dr. Christian Gottlieb Wedekind, nach Maynz, verlieſs nach kurzer Zeit diesen Ort und kam* 1792 *nach Riga, wo er sich viele Freunde erwarb und Konsulent wurde, muſste aber, wahrscheinlich wegen der verdächtigen Verwandtschaft seiner Frau, bereits im folgenden Jahre das Reich verlassen, hielt sich nun, mit seiner Frau, einige Zeit in Mitau auf, ging dann nach Königsberg, wurde daselbst Justizkommissar und Kriminalrath, hierauf* 1797 *königl. preussischer wirklicher Regierungsrath zu Ansbach,* 1807 *königl. bayerischer Oberjustizrath zu Bamberg, und* 1808 *Oberappellationsgerichtsrath zu München.*

* Rückerinnerungen von einer Reise durch einen Theil von Teutschland, Preussen, Kurland und Liefland, während des Aufenthalts in Maynz und der Unruhen in Polen. Straſsburg (Königsberg), 1795. 8.

Unterricht über die innern und äufsern Erfordernisse letztwilliger Verordnungen, nach den Vorschriften des allgemeinen Preussischen Landrechts. Königsberg, 1797. 8.

Versuch einer Akustik der Teutschen Flöte, als Beytrag zu einer philosophischen Theorie des Flötenspielens; *in der* Allg. musik. Zeit. Jahrg. 9. No. 6. u. 7. — Bruchstücke aus einem noch ungedruckten philosophisch-praktischen Versuche über die Natur und das Tonspiel der Teutschen Flöte; *ebend.* Jahrg. 10. No. 7. 8. 9. u. 10.

Vergl. Meusel's G. T. Bd. 4. S. 453. Bd. 10. S. 203. Bd. 11. S. 489. Bd. 14. S. 436. u. Bd. 18. S. 531.

von Lieven (Heinrich Johann).

Aus dem Hause Autzenburg in Kurland, trat 1749 *in österreichische,* 1752 *aber als Lieutenant in kaiserl. russische Dienste, wohnte mehreren Schlachten, im 7jährigen Kriege sowohl, als gegen die Türken, bey, wurde* 1770 *Kommandant der Festung Kilia in Befsarabien und Oberster des sibirischen Infanterieregiments,* 1775 *Kommandant von Dawidow in Finnland,* 1789, *auf seine Bitte, wegen Kränklichkeit, mit Pension als Brigadier entlassen, und lebte seitdem seiner Lieblingsbeschäftigung, der Genealogie und Heraldik, Anfangs zu Merzendorf in Kurland, zuletzt aber bey seiner Tochter auf dem Gute Kürbis in Livland. Geb. in Kurland am* 24 *Junius* 1732, *gest. am* 3 *Februar* 1815.

Statistisch-Topographische Nachrichten von den Herzogthümern Kurland und Semgalln; *in den* Nord. Misc. IX. u. X. 1-125. — Materialien zu einer liefländischen Adelsgeschichte, nach der bey der letzten dasigen Matrikul-Commission aufgenommenen Ordnung; *ebend.* XV-XVII. 11-732. — Materialien zu einer ehstländischen Adelsgeschichte, nach der in der dasigen Adels-Matrikul beliebten alphabetischen Ordnung; *ebend.* XVIII. u. XIX. 1-442. — Ergänzungen einiger Artikel der Materialien zur liefländischen Adelsgeschichte; *ebend.* S. 443-468. — Historisch-chronologisch-biographische Nachrichten von den liefländischen Generalgouverneuren, Gouverneuren und Statthaltern des Schlosses zu Riga, zur Königl. schwedischen Regierungszeit; *ebend.* S. 471-523. — Materialien zu einer öselschen Adelsgeschichte, nach der im Jahr 1766 dort beliebten alphabetischen Ordnung; *ebend.* XX. u. XXI. 13-214. — Ergänzungen einiger Artikel der Materialien zur liefländischen Adelsgeschichte; *ebend.* S. 215-242. — Ergänzungen einiger Artikel der Materialien zur ehstländischen Adelsgeschichte; *ebend.* S. 243-262. — Historisch-chronologisch-biographisch- und heraldische Nachrichten von den ehstländischen Generalgouverneuren, Gouverneuren oder Statthaltern, und Schloſsvögten (Slåttslåfwen) oder Befehlshabern des Schlosses und der Stadt Reval, zur königlich-schwedischen Regierungszeit; *ebend.* S. 265-359. — Beytrag zu den Nachrichten von den liefländischen Generalgouverneuren im 18. und 19. Stück der Nord. Miscell.; *ebend.* S. 451-452. — Ergänzungen der Materialien zu den hiesigen Adelsgeschichten; *ebend.* XXII. u. XXIII. 363-392.

Versuch einer historisch-chronologisch- und biographischen Abstammung des heutigen gräflich Stenbockschen Geschlechts, von dessen ältesten bekannt gewordenen Ursprung an, bis auf gegenwärtige Zeit fortgesetzt. Als Fragment zu einer künftigen ehstländischen Adelsgeschichte; *in den* N. Nord. Misc. I. u. II. 135-336. — Beyträge zur Geschichte der lief- ehst- und kurländischen altadelichen Geschlechter; nebst Ergänzungen der dasigen Ordens-Annalen; *ebend.* IX. u. X. 11-416. — Commentar sowohl zum kurländischen als zum liefländischen Wapenbuche; *ebend.* XIII u. XIV. 5-562. — *Auch wird ihm mit groſser Wahrscheinlichkeit zugeschrieben:* Abermaliger Beytrag zu der von F. C. Gadebusch herausgegebenen livländischen Bibliothek; *ebend.* XVIII. 179.

Vergl. Napiersky's fortges. Abh. v. livl. Geschichtschr. S. 137.

Lifrin, s. Elvering.

Lilja, s. Stiernhjelm.

LILIENAU, s. WITTE VON LILIENAU.

VON LILIENFELD (JAKOB HEINRICH).

Wurde im Kadettenkorps zu St. Petersburg erzogen und als Gesandtschaftskavalier mit dem Prinzen Kantemir nach Paris gesandt, aber von dort, als seines Bruders, des Kammerherrn Karl Gustav v. Lilienfeld, Gemahlin, eine geborne Fürstin Adujewski, bey der Kaiserin Elisabeth in Ungnade fiel, zurückberufen, und ihm freygestellt, entweder als Major zur Armee zu gehen, oder mit Majorsrang verabschiedet die dagenschen Krongüter, die sein Bruder arrendeweise erhalten hatte, eben so auf etliche Jahre zu übernehmen. Er erwählte das letztere und kehrte nach Livland zurück, löste sein väterliches Gut Moisama in Esthland, das verpfändet war, ein, verkaufte es, und kaufte dagegen das Gut Wait bey Reval. Mit seiner Gemahlin Christina v. Fick erheirathete er die Güter Neu-Oberpahlen und Kawershof in Livland, und ward zum holsteinschen Etatsrath, auch später zum holsteinschen wirklichen geheimen Legationsrath ernannt. Geb. zu ... im December 1716, gest. zu Riga am 1 Julius 1785.

*Der Neujahrswunsch, ein Lustspiel in 5 Aufzügen. (*o. O. u. J., aber* Oberpahlen, 175. *oder* 176.) 4.

*Neues Staatsgebäude in drey Büchern, von L***. Leipzig, 1767. gr. 4.

*Versuch einer neuen Theodicee v. L., Verfasser des neuen Staatsgebäudes. Riga, 1778. 196 S. 8.

*Uranie oder die Verwandschaft der Liebe und Freundschaft, ein Lustspiel in 3 Aufzügen, verfertigt im Jahr 1766; *in* Schlegels vermischten Aufsätzen und Urtheilen. Bd. 1. St. 3. S. 210-316.

Gelegenheitsgedichte.

Handschriftlich hinterließs er:

Die Stärke der Weltweisheit, ein Nachstück.

Abhandlung über die von der kaiserlichen freyen ökonomischen Gesellschaft zu St. Petersburg aufgegebene Preisfrage, das Eigenthum und die Freyheit der Bauern betreffend.

Noch mehrere Aufsätze, *wovon einer* 1780 *der livländischen Ritterschaft zur Beprüfung übergeben wurde und einen* Plan *enthielt*, Livlands Glück zu befördern.

Vergl. Gadeb. L. B. Th. 2. S. 181. — Nord. Misc. IV. 207-209. u. XVIII. 183. — Meusels Lexik. Bd. 8. S. 255., *wo aber die Lebensumstände, wie bey* Gadebusch, *nicht richtig angegeben sind.*

von Lilienstierna (Karl Gustav).

Hauptmann bey der rigaschen Besatzung. Geb. in Schweden zu..., gest. 1701 *in dem Gefechte bey Lutzausholm, nach König* Karls *XII Uebergang über die Düna.*

Standrede bey dem Absterben der Prinzen Gustav und Ulrich. Stockholm, 1685. Fol.

Vergl. Holmia liter. p. 95., *und daraus* Nord. Misc. IV. 99.

Lilljering, s. Jhering.

Lilljestolpe, s. Mikrander.

Lilonius (Andreas Erichsohn).

Studirte zu Dorpat um 1650. *Geb. in der schwedischen Provinz Upland zu ..., gest. ...*

Uplandiae elogia, oratione solenni enarrata. Dorpati, 1651. 4. (*Gehalten* 1650.)

Disp. theol. in Psalmum IX. Davidis selectissimas notas exhibens. (Praes. Andr. Virginio.) Ibid. 1652. 4.

Disp. physica de terra. (Praes. Joh. Erici, Stregnensi.) Ibid. 1653. 4.

Vergl. Somm. p. 65., 173. 261.

LIMACIUS (ANDREAS JOHANNSOHN).

Studirte um 1646 zu Dorpat. Geb. zu Wiburg am ..., gest. ...

Oratio de Diabolo. Dorpati, 1646. 4.

Vergl. Somm. p. 60.

LIMATIUS (NIKOLAUS).

Genoſs den frühern Unterricht seit 1678 in der Schule zu Nykarleby in Ostbothnien, begab sich zu Anfange des Jahres 1684 auf die Universität Abo, 1690 aber nach Dorpat, wo er am 7 März 1693 bey der Jubelfeyer des upsalschen Koncils von Olaus Hermelin zum Magister kreirt wurde, und bekleidete seit Februar 1695 die Stelle eines Professors der Mathematik am Gymnasium zu Wiburg, war auch des dasigen Consistorii ecclesiastici Assessor. Geb. in dem ostbothnischen Kirchspiel Rautlamb am 6 December 1664, gest. am 12 Oktober a. St. 1705.

Disp. ... (Praes. ... Achrelio.) Aboae ...
Disp. theol. majestatem regiam nonnisi a Deo dependere. (Praes. Ol. Moberg.) Dorpati, 1691. d. 7. Mart. 4 Bogg. 4.
Disp. (pro gradu mag.) de apodixi mathematica. (Praes. Sven. Dimberg.) Ibid. d. 20. Dec. 1692. 4.

Handschriftlich hinterlieſs er:

Carmina lyrica.

Orationes scholasticae.

Vergl. Nova lit. mar. B. 1706. p. 340.

LIMMER (KARL AUGUST).

Wurde im J. 1767 zu Plauen im Voigtlande, wo sein Vater als ausübender Arzt lebte, geboren. Wider den Willen des letzteren, der ihn für die Arzeneykunde bestimmt hatte, widmete er sich der Theologie, studirte von 1783 bis 1786 in

Leipzig, betrat, nach seiner Zurückkunft, mehreremal die Kanzel in Plauen mit Beyfall, ging 1788 *zum zweyten mal nach Leipzig und sammelte in den dortigen Bibliotheken Materialien zu einer Geschichte des Voigtlandes, die der Superintendent Hand in Plauen herauszugeben beabsichtigte, hatte mit diesem zuletzt Verdruſs, verlor auch unterdeſs seine Aeltern und mit ihnen alle Unterstützung, nahm nunmehr eine ihm angetragene Hauslehrerstelle zu Saucken in Kurland an, verwechselte diese bald mit einer andern in Meddum, wurde* 1797 *Rektor der Schule zu Birsen in Lithauen, gab die Stelle, wegen zu geringer Einkünfte, nach einem halben Jahre wieder auf, war nun, erst an dem nämlichen Ort, zwey Jahr später aber in Schuienpahlen bey Wolmar in Livland, Hofmeister, lebte dann eine zeitlang in Riga und in St. Petersburg, und wurde* 1810 *Prediger bey der lutherischen Gemeine in Poltawa, wo er zugleich in seinem Hause eine Erziehungsanstalt hielt. Im Herbst* 1818 *ging er von hier nach Saratow als Prediger der dortigen lutherischen Stadtgemeine und zugleich als Geistlicher bey dem kaiserl. Tutelkomptoir über die deutschen Kolonien jener Gegenden, nahm aber, nach vielfältigen Streitigkeiten und Händeln und vorhergegangener Suspension,* 1820 *den Abschied, und begab sich, nachdem seine Sache, auf sein Gesuch, niedergeschlagen war, im Sommer* 1822 *über St. Petersburg zurück in sein Vaterland, wo er gegenwärtig zu Gera lebt.*

Urbegriff des Christenthums. Ein Lehrbuch in die Hände der gebildetern Jugend. Mitau, 1794. 150 S. 8. Neue Aufl. Königsberg (1803). 8.

Lehrbuch der Rechenkunde, von deren ersten Anfangsgründen bis zur Algebra, mit Einschluſs der Handlungsrechnungen in mathematischer Methode. Mitau, 1797. XXX u. 559 S. 8.

Metaphysik der Gröſsenkunde. Ein Buch zum Nachlesen. Königsberg (*gedruckt in* Mitau), 1803. XVI, 4 unpag. u. 459 S. 8.

Urbegriff des griechisch-römischen Heidenthums. Ein Lehrbuch. Leipzig, 1806. XXII u. 360 S. 8.

Aristarchos, oder Bemerkungen zur Berichtigung der Sprachkunde, insbesondere der französischen Sprache. In drey Abhandlungen. Königsberg, 1808. 74 S. 8.

Geometrie in raisonnirender Methode. Leipzig, 1809. 8. Mit Kupf.

Geistliche Lieder. 2 Sammlungen. Mitau, 1816. Mit der durchlaufenden Seitenzahl 30. 8.

Rufsland, wie es ist. Leipzig, 1823. gr. 8.

Meine Verfolgung in Rufsland. Eine actenmässige Darstellung der Jesuitischen Umtriebe des D. Ignatius Fefsler und seiner Verbündeten in jenen Gegenden. Leipzig, 1823. XII u. 227 S. 8. *Dagegen liefs die Direktion der evangelischen Brüderunitat zu Berthelsdorf in den* Hamburger Correspondenten 1823. No. 24., *in das* Leipziger Intell. Bl. No. 7. S. 52. u. a. a. O. *Bemerkungen einrücken, worin sie die ihr gemachten Vorwürfe abweist und* Limmers *Angabe berichtigt; er hinwiederum stellte diesen Bemerkungen in dem* Literarischen Beobachter St. 30. *andere entgegen. Ganze Bücher schrieben gegen ihn* Fefsler (Geschichte der Entlassung des gewesenen Pastors in Saratow Karl Limmer, aus den Original-Akten, und wahrhafte Darstellung seiner Verirrungen; ein Seitenstück zu Limmers Libell: Meine Verfolgungen in Rufsland. Riga u. Leipz. 1823. 208 S. 8.) *und* Pesarovius (*s. dess. Art.*).

Das von Paul Pomian Pesarovius gegen die Geschichte meiner Verfolgung in Rufsland gesprochene Wort der Wahrheit in seiner Unwahrheit dargestellt. Ronneburg, 1824. 320 S. 8.

Die göttliche Offenbarung in der Vernunft, nach den eigenen und deutlichsten Aussprüchen der Bibel selbst, als solche aufgestellt. 1ster Bd. Ebend. 1824. 136 S. 8.

Philologisch-historische Deduction des Ursprungs des Hochfürstl. Namens Reufs. Aus dem Manuskript seiner voigtländischen Geschichte. Gera, 1824. 8.

Entwurf einer urkundlichen Geschichte des gesammten Voigtlandes. 4 Bde. Mit lithogr. Ansichten. Ebend. 1826-1828. 8. *Die* Vorrede des 3ten Bandes *erschien auch besonders als:* Beleuchtung der in No. 154. u. 176. der Leipz. Lit. Zeit. vom J. 1826 enthaltenen beyden

Recensionen über den 1sten u. 2ten Band von Limmers erschienener Voigtländischer Geschichte. Ein Beitrag zur Geschichte der Erscheinungen unsrer Tage; von dem Verfasser. Ronneburg, 1827. XXXV S. gr. 8.

Vergl. seine Verfolgung in Rufsland. S. 32 u. 221. — Pesarovius. Ein Wort der Wahrheit u. s. w. an vielen Stellen. — Fefslers Geschichte seiner Entlassung. — Meusels G. T. Bd. 10. S. 208. Bd. 14. S. 440. u. Bd. 18. S. 538.

Lindau (Johann).

War der Sohn eines Aeltesten von der Bürgerschaft Canuti zu Reval. Er studirte auf dem Gymnasium seiner Vaterstadt, ging 1670 nach Jena, dann nach Wittenberg, und zuletzt wieder nach Jena, wo er 1674 Magister wurde. Im darauf folgenden Jahre begab er sich nach Stockholm und wurde dort von dem Reichshofrath und Gesandten Lars Flemming zum Legationsprediger angenommen. Nach seiner Rückkunft 1677 wurde ihm ein Professorat an dem Gymnasium zu Reval angeboten, auch nachher ein Predigeramt auf dem Lande. Er schlug aber, seiner Jugend wegen, beyde Stellen aus, und ging 1678 wieder nach Stockholm, wurde Hofmeister des jungen Grafen Holm und reisete mit demselben 1681 nach Stade, wurde hier 1682 Etats- und Garnisonprediger an der Marienkirche, 1684 aber Pastor zu Achim bey Bremen. Geb. zu Reval am 16 September 1651, gest. am 12 August 1690.

Von seinen etwanigen schriftstellerischen Arbeiten haben wir nirgends eine Anzeige gefunden.

Vergl. Rotermund z. Jöcher.

Lindemann (Andreas).

Promovirte, nach vollendetem Studium der Medicin, zu Göttingen, und war hierauf Geburtshelfer und Mitglied des medicinischen Kollegiums zu St. Petersburg. Geb. zu Reval am ..., gest. ...

Diss. de partu praeternaturali, quem sine matris aut foetus sectione absolvere non licet operatori. Goettingae, 1755. 4.
Vergl. Richters Gesch. der Medicin in Russland. Th. 3. S. 492.

LINDEMANN (CHRISTIAN FRIEDRICH).

Eines Sattlers Sohn, wurde, nachdem er erst auf dem Gymnasium seiner Vaterstadt und dann von 1814 *bis* 1816 *zu Dorpat Theologie studirt hatte, im J.* 1819 *adjungirter Prediger zu Nieder-Bartau in Kurland. Geb. zu Mitau am* 5 *May* 1796, *gest. am* 1 *April* 1824.

Versuch eines Vergleichs des Buchananischen und Krummacherschen Joh. des Täufers, sowohl beider unter einander, als auch mit den Ueberlieferungen der Geschichte; *in* Raupachs Inländ. Museum. V. 41-105.
Vergl. Ostsee-Prov. Bl. 1824. S. 78.

LINDEMANN (JAKOB).

Aus Riga, studirte um 1657 *zu Jena, und ist vielleicht der Magister Jakob Lindemann, welcher nach einer handschriftlichen Notiz* 1664 *Pastor zu Ronneburg in Livland war oder wurde.*

Diss. phil. de scientia Dei, magna ex parte opposita Calvinianis et Photinianis. (Praes. Frid. Bechmann. Jenae, 1657. 11½ Bogg. 4.
Vertheidigt wurden von ihm: Questiones theol. selectae de creatione et Providentia Dei. (Praes. Joh. G. Gezelio et Resp. N. Wurm.) Rigae, 1663. ½ Bogg. 4.
Vergl. Nord. Misc. XXVII. 383.

LINDEN (GEORG).

Studirte Theologie zu Rostock um 1702 *bis* 1704. *Geb. zu Riga am ..., gest. ...*

Breviarium formulae concordiae et controversiarum Syncretistico-Pietisticarum, cum thesibus antipietisticis. (Praes. Andr. Dan. Habichhorst.) Rostochii, 1702. 4.

Examen libelli recens editi sub titulo: Licht und Recht, seu de vera Dei rerumque sacrarum in irregenitis notitia. (Praes. Joh. Fecht.) Rostochii, 1704. 47 S. 4.

Vergl. Nord. Misc. IV. 100. XXVII. 383., *nach den* Novis lit. mar. B. 1702. p. 35. u. 1704. p. 166.

VON LINDEN (HEINRICH).

War in der ersten Hälfte des 17ten Jahrhunderts Prediger zu Sessau in Kurland. Geb. zu ...., gest. ...

Eine christliche Leichpredigt beym Begräbniſs der — Frawen Marien Elisabeth Korffin, gebohrne von Schwerin, Erb-Frawen auff Szaukian vnd Fehmen, welche den 10. Martii im 1645 Jahre zu Poſsiwin in Samaiten — abgeschieden, vnd — den 14. Januarii des 1646. Jahres — beygesetzt worden. Riga, 1646. 24 unpag. Bl. 4.

LINDENBERG (JOHANN DANIEL).

Aus Riga, erwarb sich am 22 März 1781 zu Giessen die medicinische Doktorwürde.

Diss. inaug. med., sistens observationem de partu laborioso. Giessae, 1781. 23 S. 4.

LINDER (JOHANN).

Hat wahrscheinlich zu Dorpat um 1691 studirt, Dr. der A. G. und Praktikus in Stockholm, wurde am 5 December 1719 mit dem Namen Lindestolpe geadelt. Geb. zu Karlstadt 1678 (oder wohl schon früher, da er 1691 als Schriftsteller aufgetreten ist), gest. am 24 März 1724.

Disp. de pathologia. Dorpati, 1691. ...
Disp. de natura ingeniorum. Ibid. eod. ...
Diss. med. de foeda lue, dicta venerea. (Praes. Laur. Roberg.) Upsaliae d. 2. Dec. 1705. 6½ Bogg. 4. s. Nova lit. mar. B. 1706. p. 116.
Tankar öfver dessa Tiders Pestilentia. Stockholm, 1711. 8.

Om den Smittosamma Sjukdomen Fransosen etc. Stockholm, 1713. 8.
Flora Wiksbergensis, eller Register på Tråd etc. omkring Suurbrunnen Wiksberg. Ebend. 1716. 8.
Om Fråssan och Kinkina Barcken. Ebend. 1717. 8.
Suur-Bruns Frågor. Ebend. 1718. 8.
Om Suur-Brunnars Kraft. Ebend. 1718. 8.
Om Matkar och Skridfå i Månniskans Kropp. Ebend. 1718. 8.
Svensks Fårgenkonst med inlandska Örter etc. Ebend. 1720. 8. *Wieder aufgelegt:* Ebend. 1749. 8.
Om Skorbjugg och Rogfubben. Ebend. 1721. 8.

Nach seinem Tode erschien:

De Venenis, cum corollariis et animadvers. Christ. Godofr. Stentzel. Francofurti 1739. 8.

Vergl. N. Nord. Misc. XVIII. 207., *nach* Gezelii biogr. Lexik. II. 127. u. Stiernmanns schwed. Adelsmatr. S. 1309.

LINDGREN (JOHANN GUSTAV).

Aus Wenden, studirte, als Zögling des medicinischen Kroninstituts an der kaiserl. Universität zu Dorpat, Arzeneykunde, ward dort 1824 Dr. Med., und in demselben Jahre als Kreisarzt zu Asdatow im nischegorodschen Gouvernement angestellt.

Diss. inaug. med. de viis ex intestinis ad systema uropoeticum. Dorpati Liv. 1824. 50 S. 8.

Vergl. Ostsee-Prov. Bl. 1824. S. 228.

LINDNER (EHREGOTT FRIEDRICH).

Vater von FRIEDRICH GEORG LUDWIG u. KONSTANTIN CHRISTOPH WILHELM, und Bruder von GOTTLOB IMMANUEL u. JOHANN GOTTHELF.

Studirte Arzeneykunde zu Königsberg, empfing daselbst 1753 den medicinischen Doktorhut, kam gleich darauf nach Kurland und prakticirte seitdem ununterbrochen in Mitau, bis er sich in den letzten Jahren auf sein Landgut Alt-Abgulden zurückzog und dort sein Leben beschloſs. Geb. zu Smolsin in der Nähe von Stolpe in Hinterpommern (nicht Königsberg, wie Gadebusch *und* Rotermund *sagen)* 1733, *gest. am* 14 *May* 1816.

Diss. inaug.: Commentatio physiologica de fluido nerveo, spiritibus animalibus eorundemque in corpore humano functionibus. Regiomonti, 1753. 4.

Vergl. Gadeb. L.B. Th. 2. S. 182. — Rotermund z. Jöcher. — Allg. deutsche Zeit. f. Rufsl. 1816. No. 120.

LINDNER (FRIEDRICH GEORG LUDWIG).

Sohn des vorhergehenden u. Bruder von KONSTANTIN CHRISTOPH WILHELM.

Ist zu Mitau am 23 *Oktober* 1772 *geboren. Er erhielt den ersten Unterricht in der dasigen Stadtschule und in einer Privatanstalt auf dem Lande, besuchte* 1790 *das mitausche Gymnasium, ging* 1791 *nach Jena, studirte daselbst ein Jahr lang Theologie, seit* 1792 *aber Medicin, setzte dies Studium auch in Würzburg und Göttingen fort und nahm* 1797 *in Jena die medicinische Doktorwürde an. Schon während seiner Universitätsjahre hatte er Neigung zur Schriftstellerey gefaſst und Aufsätze für mehrere kritische Zeitschriften geliefert, was er auch nunmehr fortsetzte. Im J.* 1799 *machte er eine Reise nach Prag und den böhmischen Badeörten, ging dann nach Berlin und vollendete daselbst einen anatomischen Kursus, von hier* 1800 *nach Wien, und zwey Jahr später nach Brünn, wohin ihn der Graf* Hugo *v.* Salm *zur Beförderung der Schutzblatternimpfung berufen hatte. Von* 1804 *bis* 1809 *hielt er sich in Wien auf, machte während dieser Zeit auch eine Reise nach Steyermark, Kärnthen und Krain bis nach Triest, verlieſs hierauf die österreichischen Staaten und begab sich, über München, Regensburg, Nürnberg und Bayreuth, nach Erfurt, wo er mit Bertuch in Verbindung kam und nunmehr Weimar zu seinem Aufenthalt wählte.* 1812 *wurde er zum ausserordentlichen Professor der Phi-*

losophie an der Universität zu Jena ernannt, legte diese Stelle jedoch schon 1814 nieder und kehrte nach Kurland zurück, wo er sich mit der Verwaltung seines väterlichen Landgutes beschäftigte. Im April 1817 verliefs er sein Vaterland abermals, lebte einige Zeit in Weimar, nahm gemeinschaftlich mit Ludwig Wieland *an der Redaktion des Oppositionsblattes Theil, war daselbst in die Geschichte wegen der wider* Kotzebue's *Willen gedruckten Bülletins verwickelt, begab sich dann nach Mühlhausen im Elsafs, und privatisirte hierauf mehrere Jahre in Stuttgart, erhielt aber im Sommer 1824, wegen der von ihm herausgegebenen Schrift:* „Geheime Papiere," *den Befehl, das Königreich Würtemberg zu verlassen, ging nach Strafsburg, hielt sich einige Monate in Paris, dann in Augsburg auf, und lebt gegenwärtig, mit schriftstellerischen Arbeiten beschäftigt, in München.*

*Wanderungen und Schicksale des Paters Abilgard. 1ster Theil. Jena, 1797. — 2ter Th. Ebend. 1798. — 3ter Th. (*wo er sich nannte*). Leipzig, 1800. 8.

Diss. inaug. sistens prodromum censurae de natura febris doctrinae. Jenae, 1797. 20 S. 8.

Ueber Strafen ...

Gab, gemeinschaftlich mit Schreivogel *und* Ludwig Wieland, *eine Wochenschrift heraus, unter dem Titel:* Sonntagsblatt. Wien, 1807-1809. 8.

Gemälde der europäischen Türkey. Ein Beytrag zur Länder- und Völkerkunde. Mit Karten u. Kupfern. (*Auch als* 14ter Band der Neuesten Länder- und Völkerkunde.) Weimar, 1813. gr. 8.

Der fünfte Welttheil, oder Australien. Ein geographisches Hand- und Lesebuch zur Belehrung und Unterhaltung. Nach den Berichten der glaubwürdigsten Reisenden entworfen. Mit Kupf. u. Karten. Ebend. 1814. gr. 8.

Gab heraus: Die Tribüne; Würtembergische Zeitung für Verfassung und Volkserziehung zur Freiheit. Stuttgard, 1819. 4. (*Täglich, mit Ausnahme des Sonnabends, ein Blatt.*)

J. Ch. Bailleul kritische Untersuchungen über das hinterlassene Werk der Frau von Stael: Betrachtungen über die wichtigsten Begebenheiten der französischen Revolution. Aus dem Französischen übersetzt. 1ster Band. Stuttgard, 1820. gr. 8.

Beygelegt wird ihm: Manuscript aus Süd-Deutschland. Herausgegeben von Georg Erichson. London bei James Griphi, 1820. 8.

Geheime Papiere. Stutgard, 1824. XVI u. 311 S. gr. 8.

Gab heraus: Gottlob Immanuel Lindners Philosophie der religiösen Ideen. Strafsburg, 1826. gr. 8.

Giebt mit H. Heine *heraus:* Neue allgemeine politische Annalen, vom 26sten Bande (Tübingen, 1828. 8.) an.

Recensionen *in der* Oberdeutschen Literaturzeitung, *in der* Würzburger Gelehrten Zeitung *und den* Gothaer gelehrten Anzeigen. — Aufsatze *in dem von* André *zu Brünn herausgegebenen* Patriotischen Tageblatt; *in* Armbrusters Vaterländischen Blättern (*hier, unter andern, eine* Beschreibung der Bukowina); *in den* Allg. geogr. Ephemeriden von Bertuch 1811-1813; *in dem* Journal: Paris und Wien; *in* Bertuchs Bilderbuch für Kinder; *im* Journal des Luxus und der Moden *und, besonders in neuester Zeit, in der* (Augsburger) Allg. Zeit. — Charaden *in* Beckers Taschenbuch zum geselligen Vergnügen 1799.

Vergl. Allg. Zeit. 1819 Beylage No. 85. u. 1820 Beylage No. 14. u. 189. — Lit. Conversationsbl. v. 17. Nov. 1820. — Hamburger Corresp. 1824. No. 104. — Meusels G. T. Bd. 10. S. 212. u. Bd. 18. S. 548.

Lindner (Gottlob Immanuel).

Bruder von Ehregott Friedrich u. Johann Gotthelf.

Studirte erst Theologie zu Königsberg, begleitete J. G. Hamann auf einer Reise nach Deutschland, bereiste sodann die Schweiz, Italien und Frankreich, studirte in spätern Jahren Medicin, promovirte darauf 1787 zu Halle, kam nach Kurland, war hier mehrere Jahre Arzt im Hause des Starosten v. Korff auf Brucken, und brachte die letzte Zeit seines Lebens in Strafsburg zu. Geb. zu Königsberg 1734, gest. am 15 August 1818.

Diss. inaug. de lymphaticorum systemate. Halae, 1787. 4.

Neue Ansichten mehrerer metaphysischen, moralischen und religiösen Systeme und Lehren, als der Prüfung unterworfene Vorschläge zur Berichtigung des Wahren und Falschen in jenen Systemen und Lehren. Königsberg, 1817. XVI u. 758 S. gr. 8.

Nach seinem Tode gab sein Neffe F. G. L. Lindner *heraus:*

Philosophie der religiösen Ideen; ein hinterlassenes Werk. Strafsburg, 1826. 26 Bogg. gr. 8. Mit dem Bildnifs des Verfassers.

Lindner (Johann Gotthelf).

Bruder des vorhergehenden und von Ehregott Friedrich.

Studirte zu Königsberg, gab bald selbst Unterricht und übte sich im Predigen, war auch Mitglied einer physisch-theologischen Gesellschaft, die Professor Knutzen *in seinem Hause hielt. Im J. 1750 wurde er Mag. der Phil., las als solcher über französische Sprache, Geschichtkunde, Rede- und Dichtkunst, Philosophie und Mathematik, und war auch Sekretär der deutschen Gesellschaft. 1755 wurde er Rektor und Inspektor der Domschule zu Riga, 1765 aber ordentlicher Professor der Dichtkunst an der Universität zu Königsberg, auch 1766 Direktor der damals wieder eröffneten deutschen Gesellschaft, 1772 zugleich dritter Hofprediger, 1773 Dr. der Theol., 1775 Kirchen- und Schulrath, und Pastor im Löbenicht. Geb. zu Schmolsin in Hinterpommern am 11 September 1729, gest. am 29 März 1776.*

Sendschreiben an Herrn J. C. B. (Berens) aus Livland...

Diss. de somno et somniis. ...

Diss. de scepticismo in monadologia. Regiom. 1750. 4.

Diss. de systemate traducis. ... — *Französisch unter dem Titel:* Venus metaphysique ou Essai sur l'origine de l'ame humaine par M. L. à Berlin, 1752. 12.

Rede von dem Wunderbaren in der Erlösung der Welt. Königsberg, 1752. Fol. — *Auch abgedruckt in seiner* Anweisung zur guten Schreibart S. 380-402.

Thémis, à S. E. Mr. le Comte de Fink. . . . (*Ein Gedicht.*)

Anweisung zur guten Schreibart überhaupt und zur Beredsamkeit insonderheit, nebst eignen Beispielen und Proben. Königsberg, 1755. 1 Bog. Dedik. u. Vorrede u. 460 S. 8.

Diss. de intellectu Dei puro. Ibid. . . . 4.

Predigt über Luc. 24, 13-36. Riga. . . .

Oratio de cultura cognitionis juvenum sensualis. Ibid. 1755. . . .

Heilige Rede von der Schätzbarkeit der Auferstehung Jesu. Ebend. 1755. 24 S. 4.

Progr. (Sittlichkeit der untadelhaften Liebe des Neuen.) Ebend. 1755. 21. Dec. 1 Bog. Fol.

Progr. zum Krönungsfest. Ebend. 1756. 25. Apr. 1 Bog. Fol.

Progr. zur Throngelangung. Ebend. 1756. 28. Nov. Fol.

Progr. (Vergleichung der Verdienste der Alten und Neuern in Wissenschaften und Künsten. Ebend. 1757. 1½ Bogg. Fol.

Progr. (Anmerkungen über das Naturell und seine Kenntnifs.) Ebend. 1757. 27. Nov. 1½ Bogg. Fol.

Progr. Gedanken über die Erziehung der Kinder. Ebend. 1758. 27. Apr. 1½ Fol.

Progr. (Abdiel, eine arabische Geschichte.) Ebend. 1758. 27. Nov. 1 Bog. Fol.

Progr. (Fortsetzung der Geschichte des Abdiels. Ebend. 1759. 26 Apr. 1½ Bogg. Fol.

Progr. Gedanken über die Sprache insbesondre eines Landes. Ebend. 1759. 26. Nov. 2 Bogg. Fol.

Progr. (Einige Gedanken über Schulsachen.) Ebend. 1760. 27. Apr. Fol.

Progr. (Charakter eines gutgearteten Kindes.) Ebend. 1760. 27. Nov. 1½ Bogg. Fol.

Progr. (Vom Richten über Lehrer.) Ebend. 1761. 26 Apr. 1½ Bogg. Fol.

Progr. Gedanken von dem Studiren nach Universitätsjahren. Riga, 1761. 26. Nov. 1½ Bogg. Fol.

Progr. zum Namenstage der Kaiserin Katharina II. Ebend. 1762. 25. Nov. ½ Bog. Fol.

Progr. (Von dem Schönen einiger biblischen Gleichnisse.) Ebend. 1763. 25. Nov. ...

Progr. zum Krönungsfeste der Kaiserin Catharina II. Ebend. 1764. 23. Sept. 1 Bog. Fol.

Gedanken vom Gewissen eines Lehrers, in einer R[illegible] vorgetragen. (*o. O. u. J.*) 16 S. 4.

Erbauung beym Kreuze Christi. Riga. ...

Von der Schulweisheit, eine Einführungsrede. E[illegible] ..

Zusätze zum ersten Theile des Rigischen K[illegible]. (Ebend. ...) 23 S. 8.

Beytrag zu Schulhandlungen. Königsberg, 17[illegible] S. 8. (*Diese Schulhandlungen enthalten Schuldr*[illegible] *elche er als Rektor der rigaschen Domschule* [illegible]*e. Vergl. seine eigenen* Schul- und Redehan[illegible] Sonntag zur Gesch. der öffentl. Vergnüg[illegible] [illegible]iga um die Mitte des vorigen Jahrhunde[illegible] Rig. Stadtbll. 1821. S. 75-77.)

Adversaria quaedam in Horatii art[illegible]m. Ibid. ...

Stromata aesthetica, inprimis de [illegible] poeseos. Ibid. 1765. 4.

Lehrbuch der schönen Wissenschaften, [illegible]heit der Prose und Poesie. 1ster Th. König[illegible] [illegible]eipzig, 1767. 12 S. Vorber. u. 260 S. — 2ter T[illegible] 1768. 16 S. Vorr. u. 299 S. 8.

Feyer des königlichen Geburtstages. Königs[illegible] 4.

De ellipsium latinarum ratione. Ibid. 1770. ...

Kurzer Inbegriff der Aesthetik, Redekunst [illegible] kunst. 1ster Th. Ebend. 1771. — 2ter Th. [illegible] 1772. 8. (*eigentlich eine Umarbeitung seines* L[illegible] der schönen Wissenschaften).

*Geistliche Lieder. Berlin, 1772. 93 S. 8., *gehör*[illegible] *nach der* Leipz. gel. Zeit. 1773. S. 843. *und nach* H[illegible] wagens Litteraturgesch. der geistl. Lieder; *aber* Im[illegible] manuel Löffler (*In seinen* Hymnologischen Nac[illegible] richten, *in* Wachlers theolog. Nachrichten 1819 Febr. S. 61-73.) *legt sie* T. G. v. Hippel *bey. Dagegen schreibt auch* Meusel *in seinem* Lexikon *sie unbedingt* Lindner *zu.*

Diss. inaug. critico-theol. De eo, quod est poeticum in Sacra Scriptura. (Praes. Gotth. Christ. Reccard.) Regiomonti, 1773. 47 S. 4.

Versuch einer Beantwortung der Frage: ob man durch das Glockenläuten das Ungewitter vertreiben könne? *in den* Königsbergischen wöch. Frag- und Anzeigungs-Nachrichten 1748.

Von der Weisheit Gottes in besonderen Vorfällen; eine Gelegenheitsschrift. ...

Beyträge *zum* Redlichen, *eine Wochenschrift.* (Nürnberg, 1751. 8.)

Gott in der Natur, ein Gedicht; *in den* Schriften der Königsb. Teutschen Gesellsch. B. 1. (*auch im* 1sten Th. *des* Bienenstocks). — Gott aus dem Pulsschlage; *ebend.* — Friedrich Wilhelm; *ebend.* — Noch einige kleinere Aufsätze.

Siegfried oder der Herrenhuter; *in den* Sittlichen Reitzungen (*einer Wochenschrift.* Königsberg, 1755. 8.). — Poetische und prosaische Aufsätze; *ebend.*

Betrachtungen über Marc. 8, 22-28.; *in dem* Königsb. Intelligenzbl. ...

Sieben Gedichte *unter den Buchstaben* M. L. *in* Sebast. Friedr. Trescho's Religion, Freundschaft und Sitten, in Gedichten. (Königsb. 1761. gr. 8.) *Das beträchtlichste darunter ist ein Lehrgedicht:* Empfindung der Freundschaft in der Ferne.

Geschichte eines kalmückischen Knaben; *in dem* Berlin. Wochenbl. zum Beſsten der Kinder. St. 46. u. 47. — Das Opfer Abrahams; *ebend.* St. 104.

Anmerkungen über die Geschichte eines wahnwitzigen Mädchens; *in den* Rig. Anz. 1763. S. 347 u. ff. — Einige Gedichte; *ebend.*

Betrachtung über die Schöpfung aus Nichts; *in den* Gelehrten Beytr. zu den Rig. Anz. 1762. S. 9. — An den Mond; *ebend.* 1763. S. 89. — Ironisches Lob der Kaffehäuser; *ebend.* S. 93. — Warum die meisten Blumen in der Hitze nicht so stark als in einer kühlern reinen Luft zu riechen pflegen; *ebend.* S. 113. — Etwas über die quadratische Progression; *ebend.* ... — Die Zeit (*ein Gedicht*); *ebend.* 1763. ... — Zufällige Gedanken über die geistlichen Lieder, ingleichen bey dem Gebrauch des Rig. Gesangbuchs; *ebend.* 1764. S. 73. — Die Ewigkeit (*ein Gedicht*); *ebend.* 1764. ...

Vorrede *zu* Lausons zweytem Versuche in Gedichten, von den Schicksalen der heutigen Poesie. (Königsberg, 1754. 8.)

Lieferte die Lebensläufe Opitz, Zeiler, Olearius, Tscherning, Flemming, Andreas Gryphius, Christian Gryphius *in* Ramlers Sammlung der besten Sinngedichte der deutschen Poeten. 1ster Th. Riga, 1766. 8.

Antheil an der Kanterischen gelehrten und politischen Zeitung zu Königsberg.

Die ihm von Gadebusch *beygelegte Schrift:* Der ächte Patriot in seiner Freyheit, *gehört* Georg Joh. Bolschwing 1. (*s. dess. Art.*)

Gab heraus:

*Daphne, eine moralische Schrift. 2 Theile. Königsberg, 1750. 4. (*Diese Wochenschrift, an der auch Andere Antheil hatten, soll noch einmal aufgelegt worden seyn.*)

Reden und Gedichte — — bey Schulhandlungen in der Domschule zu Riga. 1ste Samml. Riga, 1755. 79 S. — 2te Samml. Ebend. 1756. 76 S. — 3te Samml. Ebend. 1756. 78 S. — 4te Samml. Ebend. 1757. 74 S. — 5te Samml. Ebend. 1757. 76 S. — 6te Samml. *mit der Titelüberschrift:* Die Krönung Gottfrieds, Herzogs von Bouillon zu Jerusalem. Eine Schulhandlung. Ebend. 1758. 82 S. — 7te Samml. *mit der Titelüberschrift:* Abdolonym wird König von Sydon. Ein Schuldrama. Ebend. 1758. 79 S. — 8te Samml. *mit der Titelüberschrift:* Vorstellung der vier Temperamente. Ebend. 1759. 56 S. — 9te Samml. Ebend. 1759. 95 S. — 10te Samml. Ebend. 1760. 88 S. — 11te Samml. *mit der Titelüberschrift:* Albert oder die Gründung der Stadt Riga. Ein Schuldrama. Ebend. 1760. 91 S. — 12te Samml. Ebend. 1761. 56 S. — 13te Samml. *mit der Titelüberschrift:* Der wiederkehrende Sohn. Ein Schuldrama. Ebend. 1761. 110 S. — 14te Samml. Ebend. 1762. 70 S. — 15te Samml. *mit der Titelüberschrift:* Hipparin, Dions Sohn, in einer Schulhandlung. Ebend. 1763. 59 S. 4. *Jede dieser Sammlungen enthält, ausser*

Lithander (Johann).

Wurde aus Abo, wo er seit 1761 studirt hatte, am 24 Julius 1766 Magister geworden und vom Könige von Schweden zum Regimentsprediger ernannt war, als Pastor nach Rotks auf der Insel Dagen vocirt und am 15 Oktober 1768 ordinirt, 1775 aber erhielt er das Pastorat zu Nuckö oder St. Katharinen bey Hapsal., Geb. im kyroschen Kirchspiel zu Tawastland in Finnland am 24 Februar 1742, gest. am 2 Januar 1789.

Köki ja Kokka Ramat, mis Rootsi Kelest Eesti-ma Kele üllespandud on. Reval, 1781. XIV u. 699 S. 8. *Eine Uebersetzung von der Jungfer* Warg *schwedischem Kochbuche.*

In der esthnischen Postille Jutlusse Ramat (*zuerst* Reval, 1779. 4.) *ist die Predigt* am 17. Sonnt. n. Trin. *von ihm.*

Der Prediger Amtsgehülfen in Schweden; *in den* Nord. Misc. VII. 243.

Vergl. Nord. Misc. IV. 100. — Carlbl. S. 85. 69.

von Lode (Gustav).

Erbherr auf Pall, Herr auf Onthel in Esthland, Rittmeister in königl. schwedischen Diensten, nachher Mannrichter in Esthland im letzten Viertel des 17ten Jahrhunderts.

Unter seinem Namen geht eine Handschrift: Kurzer Auszug der Geschichte, die sich in Esth- Liv- Letth- Kurland und Semgallen bis 1677 zugetragen hat, *welchen* Dav. Werner *ins Lateinische übersetzte, oder wohl selbst verfertigt haben mag, s. dess. Art.*

Vergl. Arndts Livl. Chron. an mehrern Stellen. — Haubers Beitrag zu Jochers Gel. Lexik. S. 48. u. Dunkels Hist. krit. Nachr. von verstorb. Gelehrten. II. 1. S. 203. (*wo die Chronik dem* Lode *abgesprochen wird*). — Gadeb. Abh. S. 140. — Dess. L. B. Th. 2. S. 190-192. — Rotermund z. Jöcher.

LODER (JOHANN).

Vater der beyden nachfolgenden.

Studirte bis 1708 zu Heilbronn und dann bis 1714 zu Strafsburg, hierauf auch noch, nachdem er junge Leute als Hofmeister nach Frankreich begleitet hatte, 1720 in Jena und Halle, wurde als Hauslehrer und Prediger bey dem Obersten Balthasar v. Campenhausen nach St. Petersburg berufen, liefs sich dazu 1723 in Berlin ordiniren, nahm 1728 den erhaltenen Ruf als Rektor des eingegangenen Lyceums und zugleich als Diakonus an der Kirche zu St. Jakob in Riga an, war bey der neuen Organisation des Lyceums so thätig, dafs die Anstalt 1733 wieder eröffnet werden konnte, wurde 1756 auch Beysitzer im livländischen Oberkonsistorium, und nahm endlich wegen Altersschwäche 1771 seinen Abschied, den er mit lebenslänglicher Pension erhielt. Geb. zu Burgbernheim im Fürstenthum Bayreuth am 3 Januar 1687, gest. am 5 September 1775.

Diss. theol. philol. qua vaticinium Christi de cadavere judaico ab aquilis romanis discerpendo ex pericope Evang. Dominic. XXV. Trinit. Matth. XXIV, 28. sub praesidio J. H. Barthii solenni examini exhibet autor J. Loderus. Argentorati, 1715. 76 S. 4. — *Auch unter dem Titel:* Schediasma — cum praefatione J. H. Barthii. Ibid. eod.

Ohnmafsgeblicher Vorschlag von gröfserer Beförderung des Heils der Juden; den evangelischen Gottesgelehrten, und allen Gottes Liebhabern, in christlicher Treue zu beurtheilen und zu verbessern, mit geziemender Ehrerbietung und Unterthänigkeit übergeben, von einem der geringsten Mitglieder Christi und der Kirche J. L. v. B., mit einer Vorrede Joh. Georgii Pritii, der heil. Schrift Dr. und des Ministerii zu Frankfurt Seniorn. Frankf. a. Mayn, 1718. 4.

Bericht von dem kayserl. Lyceo, wie selbiges nach gegenwärtigen Umständen zum Befsten des Landes eingerichtet worden ist. Riga, 1732. 34 S. 4.

* Instruction und Leges, für die Lehrenden und Lernenden des wieder aufgerichteten kayserl. Lycei. Riga, 1733. 19 S. 4.

Progr. (ad inaugurationem restaurati Lycei Rigensis). Ibid. 1733. 6. Jul. 1½ Bogg. Fol.; *auch in* Bidermanns Actis scholast. Bd. 3. St. 1. S. 5-10.; *war bereits* 1731 *gedruckt worden, wurde aber* 1733 *umgedruckt.* (*Daſs er* 1733 *auch ein deutsches* Programm von der Wiederherstellung des Lyceums *und zwar in* 4. *herausgegeben, wie* Gadebusch *nach dem* Catal. bibl. Bunau. I. 914. *sagt, ist durchaus zu bezweifeln. Vielleicht ist darunter obiger* Bericht *zu verstehen.*)

Progr. (Scientiam a bruto hominem distinguere) ad examen et dimissionem. Ibid. 1734. 3. Jul. 1½ Bogg. Fol.

Progr. ad solennia sacra diei, qua diadema imperii suscepit Anna Joannovna. Ibid. 1735. 25. Apr. 1 Bog. Fol.

Progr. ad examen solenne. Ibid. eod. 2. Jul. 1 Bog. Fol.; *auch deutsch.*

Progr. zum Examen und zur Dimission (über Xenophons Stelle: daſs nichts annehmlicher zu hören sey als Lob). Ebend. 1736. 1. Jul. 1 Bog. Fol.; *mit einem* Catalogo praelectionum. (*Ob auch von diesem Programm eine lateinische Ausgabe vorhanden ist?*)

Progr. zum Geburtsfest der Kaiserin Anna. Ebend. 1737. 22. Jan. 1 Bog. Fol.

Progr. ad solemnia diei, qua insignia imperii suscepit Anna Joannowna. Ibid. eod. 23. Apr. 1 Bog. Fol.

Progr. ad examen Lycei imperatorii. Ibid. eod. 22. Jun. 1 Bog. Fol.

Progr. in festum coronationis. Ibid. 1738. 22. Apr. 1 Bog. Fol.

Progr. (de versione biblica D. Lutheri). Ibid. eod. 1 Jul. 1½ Bogg. Fol.

Progr. (de αυτοχειρια etc.) Ibid. 1739. 30. Jun. 1½ Bogg. Fol.

Progr. (de studio linguae hebraeae). Ibid. 1740. 5. Jul. 1 Bog. Fol.

Progr. ad solemne examen Lycei imperatorii. Rigae, 1741. 1. Jul. 1 Bogg. Fol.

Progr. Dr. Luthers Gutachten von Schulen, in Erwägung gezogen. Ebend. 1744. 29. Jun. 1½ Bogg. Fol.

Progr. Kurzer Bericht von der vergangenen Herrnhuterey in Livland. Ebend. 1750. 2. Jul. 2½ Bogg. Fol.; *auch in* Bidermanns Altem und Neuem von Schulsachen. Th. 3. No. 13.

Progr. (Ob alle Leute rechte Menschen seyen?) Ebend. 1751. 8. Jul. 2 Bogg. Fol.

Progr. (Von heidnischen Zeugnissen über die göttliche Vorsehung.) Ebend. 1756. 8. Jul. 1 Bog. Fol.

Progr. Cui bono? zu bedenken gegeben etc. Ebend. 1761. 30. Aug. 3 Bogg. Fol.

Progr. Des Königs Salomo Habel, zum Nachdenken angewiesen etc. Ebend. 1763. 13. Aug. 1 Bog. Fol. (*Diese zuletzt genannten zehn Programme erschienen sämmtlich zum öffentlichen Examen und zum Dimissionsaktus.*)

'Des Königs Salomo Habel: schon vormals zum Nachdenken angewiesen und noch bedacht von einem alten Mann. Halle, 1771. 128 S. 8.

'Cui bono? Eine wichtige Frage kluger Leute, vor und bey ihrem Thun; auch für solche, die erst hernach gern wollten, daſs sie von ihrer Habe der Ungerechtigkeit sich Freunde gemacht und klüglich gethan hätten: mitbedacht von einem alten Mann. Riga, 1761. *Nachgedruckt* (Halle) 1772. 32 S. 8.

'משיח Messias, die Hoffnung Israels und aller Heiden Trost; in Gottesfurcht gesucht von einem alten Mann. Halle, 1772. 144 S. 8.

Unparteyische Beurtheilung einer Schrift: der Christ in der Einsamkeit, genannt, *in den* Gel. Beytr. zu den Rig. Anz. 1761. S. 23 ff.

Seine Büste in Gyps und in Wachs auf der Gymnasiumsbibliothek zu Riga.

Vergl. Gadeb. L. B. Th. 2. S. 192-199. — Fikenschers Gelehrtes Fürstenthum Bayreuth. V. 302 f. — Meusels Lexik. Bd. 8. S. 312. — Rotermund z. Jöcher.

VON LODER (JUSTUS CHRISTIAN),

Sohn des vorhergehenden u. Bruder des nachfolgenden.

Ist zu Riga am 28 Februar 1753 geboren, studirte auf dem Lyceum seiner Vaterstadt von 1769 bis 1773 und dann zu Göttingen, erhielt hier 1777 die medicinische Doktorwürde, wurde im folgenden Jahre ordentlicher Professor der Anatomie, Chirurgie und Hebammenkunst zu Jena, auch 1781 sachsen-weimarscher Leibarzt, 1782 Hofrath, und 1799 geheimer Hofrath, 1803 aber königl. preussischer Geheimerrath und ordentlicher Professor der Anatomie zu Halle. Nach Einnahme dieser Stadt durch die Franzosen 1806 ging er nach Preussen, wo er in Königsberg 1808 zum königl. Leibarzt ernannt ward, hierauf 1809 nach St. Petersburg, und wurde hier, nachdem er aus preussischen Diensten entlassen war und den dortigen Adel erhalten hatte, 1810 zum wirklichen Staatsrath und Leibarzt ernannt, mit der Bewilligung, seinen Aufenthalt in Moskau, wo er noch jetzt lebt, nehmen zu dürfen. Während der französischen Invasion 1812 erhielt er aus dem Hauptquartier den Befehl, nach Kassimow im räsanschen Gouvernement zu gehen und für die Verlegung der Verwundeten nach verschiedenen Oertern, so wie für die Einrichtung der Hospitäler, Anordnung zu treffen; wurde auch für die zweckmäſsige Ausführung dieses Geschäfts mit dem St. Annen-Orden der 2ten Kl. in Brillanten belohnt. 1813 leitete er eine Kriminaluntersuchung wider die Kommissariat- und medicinische Abtheilung des groſsen Militärhospitals zu Moskau, und nach Beendigung derselben wurde ihm die Einrichtung und Direktion des Hospitals übertragen, welche letztere er vier Jahr führte. Nach Vollendung des unter seiner Leitung ausgeführten Baues des anatomischen Theaters zu Moskau, übernahm er die Vorträge über Anatomie unentgeldlich. Er ist gegenwärtig auch Groſskreuz des St. Wladimir-Ordens der 2ten, so wie Ritter des königl. preuss. rothen

Adler-Ordens derselben Kl., Mitglied der kaiserl. Akademie der Wissenschaften zu St. Petersburg, der königl. Societät der Wissenschaften zu Göttingen und vieler andern Akademien und gelehrten Vereine zu St. Petersburg, Moskau, Wilna, Berlin, Paris, Wien, Padua, Zürich, Erlangen, Hanau, Jena, Halle u. s. w.

Uebersetzung des 3ten Theils *von* Eulers Lettres à une Princesse d'Allemagne. Riga u. Leipz. 1772. 8.

Einige einzelne philosophische Abhandlungen. (1773.)

Uebersetzung von Krascheninikows Beschreibung von Kamtschatka. ...

Des Herrn Vitet's Unterricht in der Vieharzneykunst, aus dem Französischen übersetzt, mit Anmerkungen von Joh. Polycarp Erxleben — des 1sten Theils 2ter Band von der Bildung und dem Nutzen der Theile bey dem Pferde und Rindviehe. Lemgo, 1776. 8.

Descriptio anatomica baseos cranii humani, iconibus illustrata, pro gradu Doctoris in Med. et Chir. obtinendo. Gotting. 1777. 2 Bll. 4.; *enthält nur die Theses. Ob die* Diss. *nachgeliefert worden, haben wir nicht ermitteln können.*

Diss. Synchondroseos ossium pubis sectionem in partu difficili instituendam denuo expendit. Ibid. 1778. 58 S. 4.

Diss. Primae lineae nevrologiae corporis humani. Comment. I. Jenae, 1778. 4.

Progr. quo pulmonum docimasia in dubium vocatur. Ibid. 1779. 4.

Progr. Observatio anatomica tumoris scirrhosi in basi cranii aperti. Ibid. 1779. 4.

Progr. I-III. de vaginae uteri procidentia. Ibid. 1781. 4. — *Deutsch in den* Ausgesuchten Beyträgen für die Entbindungskunst. St. II. 1789.

Progr. Arteriarum varietates nonnullae. Ibid. 1781. 4.

Diss. de musculosa uteri structura. Ibid. 1782. ...

Anzeige eines für die Liebhaber der Anthropologie zu haltenden Collegiums über die Anatomie und Physiologie des menschlichen Körpers. Ebend. 1784. 8.

Progr. I-VII. de Alansonii nova amputationis methodo. Ibid. 1784. 4. — *Deutsch in der* Neuesten Samml. der auserlesensten u. neuesten Abhandll. für Wundärzte. (Leipzig, 1794. 8.) St. 7. No. 3.

Progr. cui inest observatio herniae diaphragmatis. Jenae, 1784. 1 Bog. 8.

Progr. quo probatur ex anatomicis observationibus circularem aperturae orificii uterini formam certum ineuntis graviditatis signum non esse. Ibid. 1785. 10 S. 4.

Progr. Lithotomiae le Cattianae emendatae descriptio. Ibid. 1785. 8 S. 4.

Progr. de renum coalitione, tabulis aeneis illustrata. Ibid. 1786. 10 S. 4. Mit 2 Kpftaf.

Progr. de succi gastrici in chirurgia usu. Partic. I. Ibid. 1787. 4.

Anatomisches Handbuch. 1ster Bd. Osteologie, Syndesmologie, Myologie. Mit Kupfern. Ebend. 1788. 8. 2te verm. u. verb. Aufl. Mit Kupf. Ebend. 1800. 478 S. 8.

Progr. Historiae amputationum feliciter institutarum. Partic. I-XIX. Ibid. 1789-1793. 8.

Anfangsgründe der medicinischen Anthropologie und der Staatsarzeneykunde. Ibid. 1791. 8. 2te verb. u. mit einem liter. Anhange versehene Aufl. Weimar, 1793. 782 S. 3te verm. u. verb. Aufl. Ebend. 1800. XVI u. 674 S. gr. 8.

Progr. Observationis hypopyi et inde enatae synizeseos pupillae Partic. I. et II. Jenae, 1791. 4.

Progr. Paracenteseos sinus maxillaris, historia. Ibid. 1793. 4.

Progr. Cancri labii inferioris feliciter exstirpati historia. Ibid. 1794. 4.

Progr. Digiti pedis per amputationem curati historia. Ibid. eod. 4.

Chirurgisch-medicinische Beobachtungen, mehrentheils in der herzoglich Sachsen-Weimarischen chirurgischen Krankenanstalt in Jena gesammelt. 1ster Band. Weimar, 1794. 282 S. gr. 8. Mit 2 Kpftaf.

Anatomische Tafeln zur Beförderung der Kenntniſs des menschlichen Körpers, mit teutschem und lateinischem Texte. Ebend. 1794-1803. 2 Bde. Kupf. (182 *Taf. enthaltend*) u. 4 Bde. Text. Fol.

Progr. Historia aneurysmatis spurii arteriae brachialis feliciter curati. Partic. I. Jenae, 1795. — Partic. II. et III. seu ultima. Ibid. 1796. 4.

Progr. Oberservationis scroti per sphacelum destructi et reproductionis ope restituti Partic. I. et II. Jenae, 1795. 4.

Progr. Observata quaedam circa strumam. Ibid. 1796. 4.

Progr. de curatione externa post cataractae extractionem. Ibid. 1797. 4.

Progr. Meletematum ad medicinam forensem spectantium Partic. I. et II. Ibid. 1797. 4.

Progr. Descriptio calculi urinarii singularis. Ibid. 1798. 4.

Anfangsgründe der Chirurgie. 1ster Th. Gotha, 1800. 8.

Progr. descriptio calculi renalis conspicuae magnitudinis. Jenae, 1801. 4.

Progr. Observatio I. calculi vesicae urinariae foemineae sponte excussi. Ibid. eod. 4.

Progr. Observ. II. calculorum renalium ingens numerus in femineo cadavere observatus. Ibid. eod. 4.

Progr. Arteriolarum corneae brevis descriptio. Ibid. eod. 4.

Progr. I-IV. Prima Myologiae elementa. Ibid. 1802. 4.

Grundriſs der Anatomie des menschlichen Körpers; zum Gebrauche bey Vorlesungen und Secir-Uebungen. 1ster Th. Ebend. 1806. gr. 8.

Oratio die inaugurationis novi theatri anatomici X. Novembr. MDCCCXIX. publ. habita (de optimo anatomiam docendi et discendi modo). Mosquae. 26 S. 4., *mit beygefügter russischer Uebersetzung auf* 22 S.

Verba, quibus auditores hortatus est. Ibid. 1820. 4.

Index praeparatorum aliarumque rerum ad anatomen spectantium, quae in museo caesareae universitatis Mosquensis servantur. Ibid. 1823. XIV, VIII u. 441 S. gr. 8.

Elementa anatomiae humani corporis, quae tironibus artis medicae apud caesaream Mosquensem universitatem honorarius ejus sodalis Justus Christianus a Loder etc. exposuit. Vol. I. Osteologia, Syndesmologia et Myologia. Mosquae, Rigae et Dorpati, 1823. XII u. 572 S. gr. 8. Mit 3 Kupfer- u. 3 lith. Taf.

Rede von der Verbindlichkeit einer Jugend, von der das Vaterland nützliche Bürger erwartet; *in dem* Histor. Berichte von der Feyerlichkeit des kaiserl. Lycei am 29. Febr. 1772. (Riga, 1772. 8.) S. 64-78.

Uebersetzungen naturhistorischer Abhandlungen *im* Naturforscher.

Geschichte des Ali-Bey, aus dem Russischen übersetzt; *in* Schlözers Briefwechsel 1775. St. 7. S. 97-105. — Uebersetzung der Reisegeschichte der Mad. des Odonais aus dem Franz.; *ebend.* S. 156-180. — Nachrichten von Kamtschatka; *in* Schlözers Neuem Briefwechsel. ...

Auszug aus einem Briefe von ihm aus London, die Mahagonyrinde und die rothe Chinarinde betreffend; *im* Teutschen Merkur 1783. St. 7. S. 31.

Obductions-Bericht; *im* Taschenbuch für deutsche Wundärzte auf 1786-1788. S. 47.

Sections- und Obductions-Berichte; *in* W. H. S. Buchholz Beytr. zur gerichtl. Arzeneygelahrtheit u. zur medicin. Policey. Bd. 3. (Weimar, 1790. 8.) Bd. 4. (1793.)

Geschichte von glücklich verrichteten Amputationen; *in* F. A. Waitz Medicinisch-chirurgischen Aufsätzen, Krankengeschichten und Nachrichten; eine Fortsetzung des Taschenb. f. deutsche Wundärzte. Bd. 1. (Altenburg, 1791. 8.)

Ein Brief *in* Kausch's medic. u. chirurg. Erfahrungen in Briefen an Girtanner, Hufeland, Loder, Quarin, Richter u. s. w., nebst eingegangenen Antworten (Leipzig, 1798. 8.). — *Auch in* Laurenty's Erinnerung S. 39.

Nils Rosen von Rosensteins Anweisung zur Kenntnifs und Kur der Kinderkrankheiten, übersetzt und mit Zusätzen von Joh. Andr. Murray. 6te Aufl. mit Anmerkungen von J. C. Loder und W. H. S. Buchholz. Göttingen, 1798. 8.

Vorrede *zu* F. Hirschens practischen Bemerkungen über die Zähne und einige Krankheiten derselben (Jena, 1796. 8. 2te Aufl. Ebend. 1801. 8.); — *zu der* Froriepschen Uebersetzung von E. Home's practischen Beobachtungen über die Behandlung der Fufsgeschwüre. (Leipzig, 1799. 8.)

Antheil an G. S. Klügels Encyclopädie.

Gab heraus:

Robert Wallace Johnson's neues System der Entbindungskunst, auf practische Wahrnehmungen gegründet; aus dem Englischen. 2 Thle. Leipzig, 1782. 8. (*Mit einigen Anmerkungen begleitet.*)

Journal für die Chirurgie, Geburtshülfe und gerichtliche Arzeneykunde. 4 Bde. (*jeder Band von 4 Stucken*). Jena, 1797-1806. gr. 8. Mit Kupf. *Darin lieferte er selbst:* Gerichtl. Obduction eines neugebornen Kindes. I. 2. No. XII.; Geschichte eines glücklich vollendeten Steinschnitts in zwey Zeiträumen, nebst Bemerkungen über diese Methode. II. 2. No. IX.; Heilung eines Eiterauges und einer darauf erfolgten Verstopfung der Pupille. III. 1. No. III. u. m. a.

Sein Bildnifs nach Tischbein von J. G. Müller in Stuttgart 1801. Fol. Auch nach Tischbein von Laurens. 8.

Vergl. Gadeb. L. B. Th. 2. S. 199. — A. G. Richter's Progr. Herniam incarceratam una cum sacco suo reponi per annulum abdominalem posse, contra chirurgum Gallum cel. Louis (Gotting. 1777. 4.) p. 13-16. — Conv. Lexik. XII. 1. (*oder* Neue Folge. II. 1.) S. 139., *wo aber sein erster Vorname unrichtig* Ferdinand *angegeben ist.* — H. K. Laurenty's Erinnerung, Urkunde und Dank. Blätter zum Kranz bey Loders 50jahriger Jubelfeier. Riga, 1828. 8. — Meusels G. T. Bd. 4. S. 484. Bd. 10. S. 218. Bd. 11. S. 493. Bd. 14. S. 451.

Loder (Martin Gottlieb Agapetus).

Sohn von Johann und Bruder des vorhergehenden.

Studirte Theologie zu Halle und Altorf, kehrte 1765 *nach Riga zurück, ward* 1767 (*ord. am* 24 *November*) *Pastor Adjunktus zu Rujen,* 1770 *ordentlicher Prediger zu Neuermühlen,* 1776 *erster Prediger zu Wolmar und* 1786 *zugleich Propst des wolmarschen Kreises. Geb. zu Riga am* 11 *November* 1739, *gest. am* 15 *May* 1806.

Spreddikis pee eefwehtifchanas tahs Ahdafchu Pahwil-Pehtera basnizas. Mitau (1775). 22 S. 8.

Wahrdi tahs muhfchigas dfihwofchanas, tas irr: mahziba is Deewa fwehteem wahrdeem, kas weenam kriftitam zilwekam ja tizz un pehz ka tam jadfihwo, ja tas gribb muhfchigi dfihwoht. Ebend. (1777). 86 S. 8.

Predigt bey der Beerdigung der weil. Hochwohlgeb. Frauen Margaretha Helena von Taube, geb. v. Krüdener, gehalten den 1. Febr. 1778 in der Wolmarischen Kirche. Riga. 12 S. 4.

Vom Eide, eine Predigt bey der Erwehlung der Wolmarischen Stadtmagistrats-Personen den 13. Oct. 1783 gehalten. Ebend. 9 S. 4.

Eine Prédigt vom pflichtmäfsigen Verhalten der Richter und derer, die vor Gericht zu thun haben.... 1783....

Spreddikis pee ismeklefchanas to teefas-neffeju is Latweefchu tautas 27. Oktober Mehnefcha deenâ 1786 gaddâ Walmaras Basnizâ turrehts. (*o. O.*) 24 S. 8.

Predigt bey Eröffnung der Volksschule in der Kreisstadt Wolmar. Gehalten in dasiger Kirche den 16. Oct. 1788. (Rujen), 1788. 12 S. 4.

* Gudribas grahmatina ar jautafchanahm un atbildefchanahm par atweeglinafchanu teem, kas pirmâ mahzibâ nahk. (Rujen), 1790. 8. — (Ebend.), 1792. 8. — *und* Mitau, 1809. 47 S. 8. (*In der 3ten Auflage steht am Schlusse des Verfassers Name.*)

Historische Nachricht von der Stadt Wolmar in Liefland; *in den* Nord. Misc. IX. 302-310. — Versuch über den Ursprung der lettischen Sprache; *ebend.* XIV. 431-443.

Vergl. G. Bergmanns Gesch. v. Livl. S. 161. — Gadeb. L. B. Th. 2. S. 198. — Nord. Misc. XI. 388. XIV. 450. — Zimmermanns Lett. Lit. S. 86. — Meusels G. T. Bd. 4. S. 487. u. Bd. 14. S. 451.

LÖBER (FRIEDRICH HUGO CHRISTIAN).

Studirte zu Jena seit 1783, *wurde dort* 1786 *Dr. der A. G., und lebte später als praktischer Arzt in Riga. Geb. zu Blankenhayn im Hatzfeldschen am* 10 *Oktober* 1754, *gest.* 1808 (*begraben am* 4 *Junius*).

Diss. inaug. med. sistens hemicraniae aetiologiam. (Praes. Ern. Ant. Nicolai.) Jenae, 1786. 24 S. 4.

Vergl. E. A. Nicolai Progr. Commentationis de cubitu aegrotorum Pars Vta (Jenae, 1786. 4.) p. 5. — Rig. Stadtbll. 1824. S. 434.

Löfgren (Peter Simonius).

War Prof. der Beredsamkeit zu Dorpat *), *und nach Aufhebung der dasigen Universität durch den Einfall der Russen Lektor der Physik und Logik, ferner der Geschichte und Dichtkunst, zuletzt der Theologie am Gymnasium zu Linköping, auch Pastor zu Skeda, und endlich Dompropst zu Linköping, um die Mitte des 17ten Jahrhunderts. Geb. in Ostgothland zu ..., gest. ...*

Disp. de senatore in principatu. Holmiae, 1651. 4.
Disp. de juribus majestatis. Upsaliae, 1652. 4.
Disp. de mente composita et tranquilla. Ibid. 1657. 8. — Hamburgi, 1664. 8. — Denuo ad vota multorum, in usum plurimorum ed. (a Joh. G. Gezeliò). Aboae, 1666. 56 S. 8. — Holmiae, 1672. 8. — *Schwedisch* von C. Wijström. Stockholm, 1697. 12.
Matthaei Friderici Saufteufel, nebst einer historischen Nachricht von einem Briefe, den der Teufel geschickt hat etc.; aus dem Deutschen ins Schwedische übersetzt. Linköping, 1658. 8.
Instructio ad pie vivendum beateque moriendum. ... (*Ungewiſs, ob gedruckt.*)

Nach seinem Tode erschien:

En Själa Sörga nes Hufvud Råd. Ifrån Latin öfversat af Andr. Rhyzelius. Linköping, 1723. 8.

Vergl. Schefferi Suecia lit. p. 209. — Jöcher. — Bacmeister bey Müller. IX. 235. — Gadeb. L. B. Th. 3. S. 138.

von Löwenhaupt oder Leyonhufwud (Adam Ludwig).

Graf von Raseborg und Falkenstein u. s. w., wurde 1703 Generalmajor, und Gouverneur von Kurland, 1705 General-

*) So wird er wenigstens überall in den über ihn angeführten Stellen genannt; aber sein Name kommt bey dem genauen Sommelius nicht vor, und daher ist seine dorpatsche Professur zweifelhaft.

lieutenant, 1706 am 5 Januar General von der Infanterie und den Tag darauf Gouverneur der Stadt Riga und der dazu gehörenden Festungen. Nach der verlornen Schlacht bey Pultawa 1709 gerieth er in russische Gefangenschaft, in der er auch starb. Geb. im Lager vor Kopenhagen im April 1659, gest. zu Moskau am 12 Februar 1719.

Diss. de majoribus majestatis juribus, (Resp. Andrea Amsel.) Rostochii, 1682. 4.

Nach seinem Tode erschien:

Rich. Lucas Evangelii Sedolära. Öfversat. Stockh. 1720. 8. — *Wieder aufgelegt* Ebend. 1754. 8. — 1783. 8.

Enväldets skadeliga Påfolg der och Aggets bittra Frugter, eller Berättelse om hvad sig tilldragit ifrån 1700 till 1709, medh C. Creutz Berättelse om then Pultaviska Actionen etc. Herausgeg. von C. Gust. Boye, Ebend. 1757. 4.

Sein Leben, von ihm selbst beschrieben; *in* Schlözers schwed. Biogr. I. 300-462.

Vergl. seine eben angezeigte Selbstbiographie. — Gadeb. L. B. Th. 2. S. 200. — Nord. Misc. XVIII. 515., *wo noch auf* Gezelii biogr. Lexik. II. 109. u. Berchs Gedächtnissmünzen 3. Samml. S. 201, *verwiesen wird.*

von Löwenhaupt (Gustav Adolph).

Graf zu Raseborg und Falkenstein u. s. w., Reichsrath und Feldmarschall, wurde 1656 oder schon 1655 (s. Gadeb. livl. Jahrb. III. 1. S. 403. u. 413.) *Vice-Generalgouverneur von Livland. Geb. am 24 Februar 1619, gest. am 29 November 1656.*

Oratio valedictoria de stratagematibus, Upsaliae, 1638.... *gehalten* 1637.

Vergl. Nord. Misc. XVIII. 506. — N. Nord. Misc. XVIII. 207, *nach* Gezelii biogr. Lexik. II. 108.

Löwenklau, oder Leuenclavig, oder Leunclavius (Johann).

War in seiner Jugend in Livland, diente dann am savoyischen Hofe, war Prof. der griechischen Sprache zu Heidelberg, durchreiste das türkische Reich, sammelte genauere Nachrichten zur Geschichte der Turkey, und begab sich zuletzt nach Wien. Geb. zu Amelbeuern oder Amelbüren im Stift Münster in Westphalen 1533, *gest. zu Wien im Junius* 1595.

Von seinen Schriften gehört hierher:

Commentatio de Moscorum bellis adversus finitimos Polonos, Lithuanos, Suedos, Livonios et alios gestis ab annis jam LXX., quibus, antea per Europam obscuri, paulatim innotuerunt. Basileae, 1582. ... *Auch als Anhang zu* Sig. ab Herberstein commentarius de rebus moscoviticis (Basileae ap. Joh. Oporinum 1571. Fol.) pag. 205 sqq. *und in* Pistorii corpus historiae polonicae. Th. III. Bl. 128-136.

Vergl. Jöcher u. Rotermund z. dems., *wo seine übrigen Schriften verzeichnet sind.* — Gadeb. Abh. S. 35. — Dess. L. B. Th. 2. S. 200.

Löwenstein (Friedrich).

Wurde 1630 *Pastor der esthnischen Gemeine und nach einem viertel Jahre Oberpastor und Prediger bey der deutschen Gemeine zu Pernau, auch Inspektor der Schulen daselbst. Geb. zu Mitau* 1603, *gest. am* 15 *Julius* 1657.

Leich- und Trostpredigt über den frühzeitigen Todt der weil. Edlen Frawen Anna Himmelfahrt. Riga, 1633....

Liefländische Heer-Pauck, das ist, Dancksagungs-Predigt — wegen getroffenen Stillstandes zwischen Cron Schweden und Polen. Dorpat, 1635. ...

Krieges-Posaune, das ist, drey Krieges-Predigten. Lübeck, 1636. ...

Sacrament-Quelle, das ist, sieben Predigten vom Heil. Nachtmahl. Rostock, 1637. ...

Newe Welt, das ist, eilff Capitel vom Ende der Welt und Lieben Jüngsten Tage. Lübeck, 1640. 8.

Lieffländischer Bufswecker oder Theoria Poenitentiae. Das ist: Heilsame vnd sehr nützliche Bufsbetrachtungen der jetzigen rohen, sichern vnd in Sünden ganz verwilderten Welt zur ernsten Warnung vnd Lebens besserung: Allen Bufsfertigen aber, vnd die sich mit dem Herrn aufssöhnen, vnd zum H. Sacrament gehen wollen, zum heylsamen Vnterricht, kräftigem Trost vnd seliger Erbawung zu Gottes Reich. Aus gutem Grund der Schrift, vnd mit schönen anmuthigen Sprüchen der lieben Alt Väter bewähret vnd erläutert, auch wider die Irrthumben der Päpstler dirigiret vnd gerichtet. Gedruckt u. Verlegt zu Lübeck, durch Valentin Schmalherz, Im Jahr 1643. 8 ungez. Bll. u. 368 S. 8.

Vier newe Sacrament Predigten. Ebend. 1649. ...

Geistliches Kläberblettlein, das ist, Tröstlicher Vnterricht für die, so zum ersten mal zur Beicht u. H. Abendmal gehen wollen. Dorpat, 1651. ...

Anima animae sive de vita dei in homine renato. Lubecae, 1652. ...

Encaenia Parnoviensia Pernausche Kirchweyhe, das ist: Fünff Geistreiche, Lehrhaffte und Tröstliche Predigten, vber den 84. Psalm. Wie lieblich sind deine Wohnunge, Herr Zebaoth etc. Bey und nach Inauguration und Einweyhung der new-reparirten Kirchen zu S. Nicolai allhie gehalten, auch wider die heutigen Visionisten, die sich Englischer Gesichter und Gespräch rühmen, dirigiret und gerichtet, nachmals in offenen Druck herfürgegeben. Lübeck, 1655. 18 unpag. Bogg. kl. 8.

Vergl. die Dedikation *vor seiner* Encaen. Parnov., *wo einiges von seinen Lebensumständen vorkommt, und das dieser Schrift angehängte* Verzeichnifs der Traktätlein etc. — Witte D. B. ad a. 1657. — Jöcher. — Gadeb. L. B. Th. 2. S. 201.

LÖWENSTEIN (THEODOR).

Hatte Jurisprudenz in Königsberg studirt; von seinen späteren Lebensumständen aber ist nichts bekannt. Geb. zu Mitau am ..., gest. ...

Passio Domini nostri Jesu Christi. Rigae, 1629. 8.
Disp. jurid. de pactis. (Praes. Christiano Ohm.) Regiom. 1632. 2 Bogg. 4.
Rosa panegyrica pro recuperato felicissimo successionis jure — Jacobi in Livonia Curlandiae ac Semigalliae ducis. Rigae, 1633. 1 Bog. 4.

LOEWINTHAL (ELIASER ELIAS).

Jüdischer Nation; geb. zu Tuckum in Kurland 1763, wurde Anfangs in Wilna unterrichtet, studirte hierauf seit 1784 Arzeneywissenschaft zu Königsberg, erhielt daselbst 1791 die medicinische Doktorwürde, lebte, nachdem er in sein Vaterland zurückgekehrt war, mehrere Jahre als ausübender Arzt in Bauske, und zog dann nach Odessa.

Diss. inaug. Helkeologiae aetiologicae specimen. (Praes. J. D. Metzger.) Regiomonti, 1791. 4.

VON LÖWIS (ANDREAS).

Geb. zu Wannamois im Revalschen am 24 December 1777, erhielt seine frühere Erziehung durch Hofmeister im väterlichen Hause, trat 1794 als Wachtmeister bey der Garde zu Pferde in Dienste, wurde 1796 zum adeligen Chevalierkorps befördert, verliefs 1797 den Kriegsdienst, reiste 1801 ins Ausland, studirte zu Jena und Heidelberg, brachte fast zwey Jahr im Forstinstitute zu Schwetzingen zu, kehrte 1808 nach Livland zurück und wurde 1811 an Stelle des verstorbenen Friebe Sekretär der livländischen gemeinnützigen und ökonomischen Societät. Er ist Ehrenmitglied der lateinischen Gesellschaft zu Jena, auch ordentliches Mitglied der grofsherzogl. weimar-eisenachischen mineralogischen Gesellschaft und der kurl. Gesellsch. f. Lit. u. Kunst.

* Vom Leben der Erde. Tübingen, 1807. 164 S. 8.

Ueber die Gegend von Heidelberg. Dorpat, 1814. 120 S. kl. 8. 2te verbesserte Ausgabe, besorgt von Dr. Wold. v. Ditmar. Berlin, 1816. 3 unpag. Bll. u. 132 S. kl. 8.

Anleitung zur Forstwissenschaft in Livland. Riga u. Dorpat, 1814. 246 S. gr. 8.

Einige Bemerkungen zu der vor einiger Zeit in Dorpat erschienenen Schrift: Über Verbesserung livländischer Bauerwohnungen. Dorpat, 1814. 52 S. 8. *Auch im* N. ökon. Repert. f. Livl. II. 4. S. 243-296., *so wie in der Sammlung* verschiedener Abhandlungen über diesen Gegenstand, die bey der livl. ökon. Gesellschaft eingereicht sind (Dorpat, 1814. 8.) S. 3-56.

Einige Beobachtungen zur nähern Bestimmung des Klima's von Livland. Geschrieben im August 1815. Dorp. 78 S. 8.

* Malerische Reise durch Nordamerica von P. Swinin. Aus dem Russ. übersetzt. Riga, 1816. 3 unpag. Bll. u. 169 S. 8.

* Denkmäler aus der Vorzeit Liv- und Ehstlands. 1stes Heft (Schlösser in Livland). Riga u. Dorpat, 1821. 6 unpag. Bogg. 4. Mit 6 Kpftaf. u. 1 Vign. *Zu dem* 2te Heft *lieferte er nur die Kupfer, den Text aber* J. G. D. Schweder (*s. dess. Art.*).

* Nekrolog (des Herrn Landrichters August v. Sievers. Dorpat, 1823.). 4 Bll. 8.

Ueber die ehemalige Verbreitung der Eichen in Liv- und Ehstland. Ein Beitrag zur Geschichte des Anbaues dieser Länder. Dorpat, 1824. 275 S. 8.

* Ansichten über die Ursachen und die wahrscheinliche Dauer der Wohlfeilheit aller Landeserzeugnisse, besonders mit Rücksicht auf Liv- und Ehstland, nebst Anzeige einiger zur Abhülfe der jetzigen Bedrängnifs des Landmanns vorgeschlagenen Mittel. Dorpat, 1825. 8.; *macht auch der* Livl. Jahrb. der Landwirthschaft 1sten Bds. 2tes St. *aus.*

Uebersicht der Maafse und Gewichte verschiedener Länder, nebst einer Vergleichung derselben mit dem rigischen Stoof, dem rigischen Loof, der revisorischen Loofstelle und dem rigischen Pfunde. Herausgegeben im Namen der livl. gemeinnützigen und ökonomischen Societät. Dorpat, 1829. 87 S. Text u. 33 S. Tabellen. 4.

Gab heraus:

Neueres öconomisches Repertorium f. Livland. 1ster Bd. Riga, 1812 u. 1813. — 2ten Bds. 1stes u. 2tes St. Ebend. 1814. — 3tes u. 4tes St. Dorpat, 1814. — 3ter Bd. Ebend. 1815-1816. — 4ter Bd. Ebend. 1816. — 5ter Bd. Ebend. 1817. — 6ter Bd. Ebend. 1818. — 7ter Bd. Ebend. 1819 u. 1820. — 8ter Bd. Ebend. 1821. — 9ter Bd. Ebend. 1821-1823 (*jeder Band aus 4 Stücken bestehend*). — Ergänzungsheft zum 9ten Bde. Ebend. 1825. 8. *Hiezu lieferte er selbst viele* Abhandlungen forstwissenschaftlichen Inhalts, *kleine* ökonomische Aufsätze, *und besonders:* Verschiedene Beobachtungen, die Witterung und die Entwickelung der Pflanzen in Livland betreffend. III. 3. S. 291-366. — Tabelle über die seit 1809 angestellten Beobachtungen zur nähern Bestimmung des Klima's v. Livland. V. 1. S. 96-112. — Ueber die von Christian in Paris erfundene Flachsbrechmaschine. VIII. 1. S. 46-64. — Auszüge aus Koppe's Revision der Ackerbau-Systeme. S. 89-111. — Einige Sätze aus der Physik, auf häusliche Geschäfte angewendet. IX. 3. S. 375-391.

Kurze Beschreibung verschiedener Mittel zu Erzeugung und Zubereitung des Salpeters. Verfafst vom Coll. Rath Engelmann. Auf Allerhöchsten Befehl gedruckt. Riga, 1812. VI u. 51 S. 8. *Mit einem* Vorbericht.

Ueber die Verbesserung der livländischen Bauerwohnungen. Verschiedene Abhandlungen über diesen Gegenstand, die bey der livl. ökon. Societät eingereicht sind. 1ste Samml. Dorpat (1814). 142 S. 8.

* Livländische Jahrbücher der Landwirthschaft. Isten Bds. 1stes St. Dorpat, 1825. 112 S. — 2tes St. Ebend. 1825. S. 113-230. — 3tes St. Ebend. 1825. S. 231-336. — 4tes St. Ebend. 1826. S. 339-470. — IIten Bds. 1stes St. Ebend. 1826. 108 S. — 2tes St. Ebend. 1826. S. 109-249. — 3tes St. Ebend. 1826. S. 250-376. — 4tes St. Ebend. 1827. S. 376-486. 8.

Vergl. Meusels G. T. Bd. 18. S. 572.

LOHMANN (BERNHARD SVENSON).

Studirte zu Dorpat um 1648. Geb. zu Adsel in Livland am ..., gest. ...

Oratio de magistratu politico. Dorpati, 1648. 4.

Συζητεσις περι των ἀρχων πολιτικων. (Praes. Joh. G. Gezelio.) Ibid. 1649. 4.

Vergl. Somm. p. 62.

LOHMANN (CHRISTIAN WOLDEMAR).

Gebildet in der Alpschen Schule und auf dem Gymnasium zu Reval, studirte seit 1730 zu Halle vier Jahr lang Medicin, prakticirte dann zwey Jahr in Lübeck und wurde 1736 am 12 Julius Dr. der A. G. zu Rostock, war hierauf 1761 Arzt bey der Pestquarantaine in Wassilkow unweit Otschakow, und 1770 ältester Doktor beym St. Petersburger Generallandhospitale. Geb. auf dem Pastorate Pillistfer in Livland am 18 Januar 1712, gest. ...

Diss. inaug. de affectibus paralyticis eorumque ab aliis impotentiarum generibus differentia. (Praes. Christ. Mart. Burchardo.) Rostochii, 1736. 79 S. 4.

Vergl. Christoph. Mart. Burchardi Progr. ad ejus Diss. inaug. Rostoch. 1736. 4. — Richters Gesch. der Medicin in Rufsland. III. 488.

LOHMANN (JOHANN).

Studirte zu Helmstädt um 1662. Geb. zu Riga am ..., gest. ...

Disputatt. ad institutiones imperiales 1ma de fine et officio Jurisconsulti, variisque juris speciebus. (Praes. Dr. Joh. a Felde.) Helmstadii, 1652. 7 Bogg. 4.

Vergl. Nord. Misc. XXVII. 383.

Loohm (Peter Torstansohn).

Studirte um 1648 *zu Dorpat. Geb. in der schwedischen Provinz Smoland zu* ..., *gest.* ...

Oratio de vita aeterna. Dorpati, 1648. 4.

Vergl. Somm. p. 62.

von Loppenowe (Johann Justin).

Studirte von 1761 *bis* 1765 *zu Jena und Leipzig, wurde* 1769 *Diakonus zu Wolmar, und* 1770 *Pastor zu Loddiger und Treiden. Geb. zu Riga am* 28 *November* 1741, *gest. am* 14 *Februar* 1818.

Sarunnaſchanas ſtarp diweem latwiſkeem Semneekeem, Behrſe un Kalniſa, istulkotas no Wahzeeſchas wallodas eekſch Latwiſkas. Riga, 1800. 102 S. 8. *Eigentlich eine Zugabe zu dem* Widſemmes un Kurſemmes Kallenders us to 1800 gaddu. Riga bey Müller. *Obwohl er auf dem Titel als Verf. genannt ist, so gehört ihm doch nur* S. 1-39. u. S. 58-98.; *das Uebrige aber* O. F. P. v. Rühl (*s. dess. Art.*).

Vergl. Zimmermanns Lett. Lit. S. 126. — Grave's Magaz. f. protest. Pred. 1818. S. 376.

Lorenz (Friedrich Wilhelm).

Studirte auf dem Gymnasium zu Brieg in Schlesien bis 1801 *und dann auf der Universität zu Königsberg, kam von dort als Lehrer eines jungen Edelmanns etwa* 1805 *nach Dorpat, wurde nach einem Jahre Lehrer an der Kreisschule zu Werro, erhielt ein Jahr später den Ruf zu einer Predigerstelle in Preussen, ging auch dahin ab, kehrte aber, weil er dort alles verwüstet fand, im Herbst* 1807 *wieder nach Livland zurück, übernahm sein voriges Schulamt von neuem, und wurde* 1808 *Pastor zu Nüggen bey Dorpat* (*ord. am* 17 *May*). *Einen Ruf als Direktor einer weiblichen Erziehungsanstalt in Königsberg hatte er kurz vor seinem Tode abgelehnt. Geb.*

zu Kirchberg in Oberschlesien am 8 März 1781, gest. am 17 April 1813.

Nach seinem Tode erschien:

Communionrede am 4. Mai 1811 an eine Prediger-Familie gehalten; *in* Grave's Magaz. f. protest. Pred. 1816. S. 290-299. — Bey der Taufe eines Kindes wohlhabender Aeltern am 8. Jan. 1811; *ebend.* 1817. S. 266-270. — Trauungsrede; *ebend.* 1818. S. 129-139.

Vergl. Morgensterns Dörpt. Beytr. I. 419.

Lose oder Lossius (Wolfgang).

War Bürgermeister an seinem Geburtsorte, mufste, weil er während des smalkaldischen Krieges in der Stadt Aufruhr erregt und von seinem Landesherrn, dem Herzoge Moritz, übel gesprochen hatte, sein Amt niederlegen, ging hierauf mit 500 Mann, die er zusammenbrachte, zu dem Churfürsten Johann Friedrich über, begab sich dann, nach der von diesem Fürsten verlornen Schlacht bey Mühlberg, 1547 nach Livland, erhielt hier eine Kanzlerstelle (man kann nicht bestimmen bey wem) und stand zuletzt am schwarzburgschen Hofe in Diensten. Geb. zu Freyberg in Sachsen am ..., gest. 1554.

Sachsenspiegel aufs neue fleifsig corrigiret an Texten, Glossen, auch Allegaten, und mit Vermehrung des emendirten Repertorii und vieler neuen nützlichen Additionen. Leipzig, 1545. Fol.

Bericht von Erbschaften der Erb- und Lehngüter, wie die nach sächsischen Rechten one Testament und ab intestato vererbt und verfället werden. Frankfurt, 1556. Fol.

Vergl. Gadeb. L. B. Th. 2. S. 201. — Jöcher u. Rotermund *zu demselben.*

Loskiel (Georg Heinrich).

Ein Sohn des als Propst zu Kandau und Prediger zu Tuckum 1780 verstorbenen Georg Heinrich Loskiel, gehörte, wie sein Vater, zur Brüdergemeine, war Pastor derselben zu Amsterdam, privatisirte dann eine zeitlang zu Strickenhof unweit Wenden in Livland, kam hierauf nach Barby, sodann nach Gnadenfrey in Schlesien, wurde 1794 *Gemeindehelfer bey der herrnhutschen Schule zu Niesky in der Oberlausitz*, 1798 *aber in Herrnhut selbst, und zuletzt* 1801 *Präses der Direktion der pensylvanischen Gemeinen und Prediger und Gemeindehelfer zu Bethlehem in Nordamerika. Geb. zu Angermünde in Kurland, wo sein Vater damals Pastor war, am* 7 *November* 1740, *gestorben in Nordamerika bereits vor mehrern Jahren.*

Gab heraus: Holländisches Brüdergesangbuch. Amsterdam, 1773. 8.
*Passions- und Osterandachten. ... 1781. 12.
Sieben einzelne Passionspredigten. (Zum Druck befördert von A. K. F. von Schirnding.) Pförten u. Wittenberg (o. J.). 8.
Etwas über Nordamerika. Barby, 1788. 8.
Geschichte der Mission der evangelischen Brüder unter den Indianern in Nordamerika. Ebend. 1789. 16 unpag. u. 783 S. 8. — *Schwedisch übersetzt, unter dem Titel:* Beskrifning öfver Evangeliska Brödernes Missions-Arbete i Norra America. Del 1-3. Stockh. 1790. 8.
*Garrigas dſeefmas Deewam par Gohdu un Slawu. Riga, 1790. 4 unpag. Bll. 507 S. u. 14 S. Reg. u. Druckf. 8. Neue Aufl. Mitau, 1843. 16 unpag. u. 248 S. 8.
Gab heraus: Zwey Passionspredigten. Jauer, 1794. 8.
*Liturgias, jeb Slawasdſeefmas, un Luhgſchanas, Peeſaukſchanas un Aisluhgſchanas. Barby drikketas, 1797. 172 u. 65 S. 8. Neue Aufl. Mitau, 1830. 8.
Etwas für Geist und Herz auf dem Wege zur Ewigkeit. Budissin, 1801. 8.
Gebete und Betrachtungen in Versen auf alle Tage des Jahres. Reichenbach, 1813. 8.
Hat auch Antheil an der zu Barby 1784 *herausgekommenen Geographie.*

Vergl. Meusels G. T. Bd. 4. S. 514. Bd. 14. S. 459. Bd. 18. S. 580. — Mitausche Wöch. Unterh. Bd. 3. S. 60. — Zimmermanns Lett. Lit. S. 120, *wo er aber irrig* Johann Heinrich *genannt ist.*

LOTICHIUS (DAVID 1.).

Sohn von JAKOB 1., Bruder von JAKOB 2. u. vielleicht Vater des nachfolgenden.

Ein Schriftsteller, in dessen Lebensgeschichte noch manche Dunkelheit herrscht. 1657 *oder* 1658 *war er Pastor zu Wenden, und wurde im letztgenannten Jahre vom Herzoge Jakob von Kurland als deutscher Prediger nach Goldingen berufen, wogegen aber die Stadt protestirte* (*s.* Hennigs Kurländ. Sammll. I. S. 265, *wo er — schon damals? — Präpositus und Pastor bey der Hauptarmee zu Riga heifst*). *Am* 23 *September* 1663 *suspendirte ihn das livl. Oberkonsistorium und setzte ihn im folgenden Jahre ab; er gewann jedoch seinen deshalb in Stockholm geführten Procefs und mufste von der Stadt entschädigt und wieder eingesetzt werden* (*nach einigen nach* 4½, *nach andern gar erst nach* 10 *Jahren, was wohl nicht seyn kann*). *Im Julius* 1666 *wurde er von Wenden nach Riga an die Jakobikirche versetzt, aber nur für die Garnison, nicht für die Einwohner, war auch zugleich Superintendent und Praeses consistorii militaris,* 1676 *aber nennt er sich auf einem lateinischen und deutschen* Trostgedichte *Prediger zu St. Jakob und Einer Edlen Ritterschaft in Livland. Nach* Phragmenius, Gadebusch *und* G. Bergmann *soll er als Pastor zu Schlock, nach* Hennig *zu Schleck in Kurland* (*wo er aber gewifs niemals Prediger gewesen ist*) *gestorben seyn. Geb. zu Riga am ..., gest. daselbst* 1693.

Himmelsgedanken, eine Zuschrift an den Bürgermeister in Riga Melchior Fuchs, bey dem Absterben seiner Gattin. Riga, 1673. ...

Liebliche Wohnung Gottes für Lebende und Sterbende, das ist: Eine christliche Leichpredigt aufs dem 84. Psalm v. 23. Bey Leichbestätigung der Frauen Sophia von Mengden. Ebend. 1674. 3 Bogg. 4.

Eine köstliche und bewehrte Artzney wider den zeitlichen und ewigen Todt, aus Johanne am 6. Cap. v. 40. Bey der Leich-Begengnifs des — Hrn. Heinrich Albendeels. Riga, 1678. 5 Bogg. 4.

Drey recht gute Dinge bey dem Hintritt dreyer Bürgermeister der Stadt Riga (Melchior Fuchs, Hermann Samson und Johann Benkendorf). Ebend. 1680. 4. (*Kann auch dem nachfolgenden angehören.*)

Vergl. Phragmenii Riga litterata. — G. Bergmanns Gesch. Livl. S. 186. — Gadeb. L. B. Th. 2. S. 202. — Nord. Misc. IV. 210.

Lotichius (David 2.).

Vielleicht Sohn des vorhergehenden.

Studirte um 1673 *zu Rostock. Geb. zu* ..., *gest.* ...

Diss. politica de judice. (Praes. Joach. Krisow.) Rostochii, 1673. 2 Bogg. 4.

Vergl. Gadeb. L. B. Th. 2. S. 203.

Lotichius (Jakob 1.).

Vater des nachfolgenden und von David 1.

Wurde 1617 *als Kollega und Kantor an der rigaschen Domschule angestellt. Geb. zu* ... 1586, *gest. am* 11 *December* 1659.

Deutsche Gelegenheitsgedichte.

Lotichius (Jakob 2.).

Sohn des vorhergehenden und Bruder von David 1.

Studirte um 1640 *bis* 1642 *zu Dorpat. Geb. zu Riga am* ..., *gest.* ...

Oratio de musica. Dorpati, 1640. 4.

Disp. de M. T. Ciceronis ad Q. fratrem de oratore dialogo sive libro I. (Praes. Laur. Ludenio.) Ibid. 1641. 4.)

Oratio de poetica. Dorpati, 1642. 4.

Exerc. de futurorum meditatione. (Praes. Laur. Ludenio.) Ibid. eod. 1 Bog. 4. — *Auch in* Laur. Ludenii de viro practico deque mediis ad vitam practicam ducentibus liber (Dorpati, 1643. 4.) *die* Exerc. XXXVIII.

Vergl. Somm. p. 55. 57. 230. 231. — Nord. Misc. XXVII. 383.

v. LUCE (JOHANN WILHELM LUDWIG).

Wurde 1756 *in dem braunschweigschen Städtchen Hasselfelde am Harz, wo sein Vater die Post verwaltete, geboren. Die Niederkunft der Mutter mit ihm war dem gewöhnlichen Gange der Natur um zwey Monate vorgeeilt, so dafs er, als er zur Welt kam, nur sechs Zoll mafs. Diese ausserordentliche Kleinheit des Körpers, die bis ins vierzehnte Jahr auffallend blieb, machte es nothwendig, ihn bis zum zehnten eine Schnürbrust und Steifstiefel tragen zu lassen, um jeder Art von Verkrüppelung vorzubeugen; denn seine Lebhaftigkeit stand mehrentheils in umgekehrtem Verhältnisse mit seiner körperlichen Kraft. Auch entwickelten sich seine natürlichen Anlagen und Geistesfähigkeiten sehr frühzeitig. Schon als Knabe von acht bis zehn Jahren versuchte er schriftliche Aufsätze und Verse zu machen. In demselben Alter lernte er auch das Klavier spielen und wagte sich sogar an den Generalbafs. Alles, was ihm an gedruckten Büchern in die Hände fiel, las er; aber es fehlte an einem Manne, der seine Anlagen und Fähigkeiten zu bilden und seiner Lernbegierde die gehörige Richtung zu geben gewufst hätte. Der ganze Unterricht, den er in der Schule seiner Vaterstadt empfing, bestand in blofsem Auswendiglernen. Durch den Domdechanten v. Spiegel, dem der Jüngling zufällig bekannt geworden war, kam er* 1769 *auf die Domschule nach Halberstadt, um hier, dem ausdrücklichen Willen seiner Aeltern gemäfs, jedoch seiner eignen Neigung ganz entgegen, den Grund zum* künftigen Studium der Theologie zu legen. Nach einem 3jährigen Aufenthalt auf der Schule bezog er 1774 die Universität Göttingen, blieb daselbst bis 1776, und beschlofs seinen theologischen Kursus in Helmstädt. Seit 1777, da er die Universität verlassen hatte, war er über vier Jahr Hofmeister der Söhne eines Herrn v. Reitzenstein, übernahm aber dann, ungeachtet ihm die ziemlich gewisse Aussicht zu einer Professur an der Ritterakademie in Lüneburg und eine zweyte zu einer Versorgung bey dem Philanthropin in Dessau gemacht war, aus bloſser Neigung zum Reisen, eine Hauslehrerstelle auf der Insel Oesel bey dem Kapitän v. Stackelberg auf dem Gute Rotzikull, wo er auch spät im Herbst 1781 anlangte. Schon im ersten Jahre seines Hierseyns machte er sich den Plan, Oesel in kurzer Zeit wieder zu verlassen und eine Reise durch mehrere Länder Europa's, ja wohl gar nach einem andern Welttheile anzutreten; ein Anfall von Hypochondrie zerstörte jedoch alle diese schönen Vorsätze. Er glaubte sich den frühern Absichten seiner Aeltern fügen und es ganz der Vorsehung überlassen zu müssen, ob sie ihn vielleicht als Gottesgelehrten brauchen könne und wolle. Daher nahm er auch die Aufforderung zu einer Wahlpredigt für die Pfarre Peuda an, freute sich aber innig, als er nicht gewählt wurde. Bald darauf erhielt er eine gleiche Aufforderung für die Kirche zu Pühha, die er ablehnte. Die Wahl fiel auf einen andern Kandidaten, der aber eines ihm plötzlich zugestoſsenen Brustübels wegen gleich wieder resignirte. Luce wurde, unter einer gewissen Bedingung, zum zweyten mal berufen. Er ging die Bedingung nicht ein, wurde nichtsdestoweniger gewählt, und trat 1783 sein Amt an, zu dessen gewissenhafter Führung er sich nun mit Eifer auf die Erlernung der esthnischen Sprache legte. Aber körperliche Leiden und hypochondrische Bedenklichkeiten über die Erfüllung seiner Amtspflichten brachten ihn zu dem Entschlusse, seiner Gemeine völlig unerwartet, am 2ten Ostertage 1785 sein Predigtamt niederzulegen, sich das Gütchen Lahentagge zu kaufen und aufs Land zu ziehen. Hier genafs er vollkommen, machte 1787 in Familienangelegenheiten eine Reise nach Deutschland, verlor bald nach seiner Zurückkunft seine Gattin, und wurde dadurch bestimmt, noch ein mal nach Deutschland zu reisen und Medicin zu studiren. Er ging nun 1789 nach Göttingen, führte dort im Laufe von 2½ Jahr seinen Vorsatz aus, legte sich nebenher auf Physik, Chemie und Naturgeschichte, promovirte in Erfurt, reisete dann 1792 nach St. Petersburg, in der Absicht, sich hier tentiren und als Arzt attestiren zu lassen, kehrte aber, da er nicht gleich zum Ziele gelangen konnte, unverrichteter Sache wieder nach Oesel auf sein Gut zurück, mit dem Entschlusse, gar nicht zu prakticiren. Hier heirathete er zum zweyten mal, kaufte ein zweytes gröfseres Gut (Hoheneichen), übernahm 1793 das Vorsteheramt des kilekonschen Kirchspiels, das er zehn Jahr verwaltete, erhielt 1795 ein römisch-kaiserliches Adelsdiplom, wurde in die esthländische Adelsmatrikel aufgenommen, auch 1798 zum Beysitzer der Kommission, welche die Bauerprästanden festsetzte, und 1799 zum Kurator des ritterschaftlichen Hospitals ernannt, gab 1801 das Gut Hoheneichen seinem Verkäufer zurück und das Gut Lahentagge in Pacht, zog nach Arensburg, wurde beym dasigen Magistrat in demselben Jahre Gerichtsvoigt, gelehrter Rathsherr und Polizeyverwalter, auch in die grofse Gilde aufgenommen, in der er das Amt eines Dockmanns versah; reisete nach St. Petersburg, liefs sich in der Medicin examiniren und erhielt veniam practicandi, übernahm eine zeitlang die Rathsapotheke in Arensburg und brachte sie in einen genügendern Zustand, legte dann 1804 seine Aemter beym Magistrat nieder, und wurde Inspektor des arensburgschen Schulkreises, von welchem Amte er 1820, da es im neuen Schulreglement aufgehoben war, seine Entlassung, mit Beybehaltung des ganzen Gehalts, erhielt. Im J. 1817 stiftete er eine esthnische Gesellschaft und 1818 einen *ökonomischen Verein zu Arensburg. Er ist der herzogl. deutschen Gesellschaft in Helmstädt Ehren-, der physikalischen Societät in Göttingen, der kurl. Gesellsch. f. Lit. u. Kunst und der kaiserl. pharmaceutischen Gesellschaft in St. Petersburg ordentliches, der kaiserl. freyen ökonomischen Gesellsch. in St. Petersburg, der gemeinnützigen ökonomischen Gesellschaft in Riga, und der literärischen Komität der kaiserl. philanthropischen Gesellsch. in St. Petersburg korrespondirendes Mitglied; der arensburgschen Abtheilung der russischen Bibelgesellschaft Vicepräsident, der kaiserl. bestätigten esthnischen Gesellschaft Präses, der arensburgschen Abtheilung der menschenliebenden Gesellschaft Prokurator, und der arensburgschen ökonomischen Akademie Präsident.*

Lappalien (eine Sammlung Sinngedichte). 1stes u. 2tes Büchelchen. Reval, 1783-1784. — 3tes Büchelchen. Neuwied. ... — 4tes u. 5tes Büchelchen. Hamburg, 1787-1789. 8.

Juhhataja Pübli ramato sisse mis Eesti-ma rahwale kassuks on kirjotanud. (*Eine Einleitung in die Bibel.*) Reval, 1788. 2te Aufl. Ebend. 1789. 31 S. 8.

Bemerkungen und Muthmaſsungen über die Wünschelruthe; allen Naturforschern zur beliebigen Prüfung vorgelegt. Neuwied, 1790. 8.

Ueber die Ursachen der Degeneration der organisirten Körper. Göttingen, 1794. 8. (*loco diss. inaug.*).

Oeconomische Abhandlungen für den nordischen Landmann. 1ster Bd. Riga, 1795. 7 unpag. Bll. u. 164 S. — 2ter Bd. Ebend. 1803. 8.

Versuch über Hypochondrie und Hysterie; ein practisches Handbuch für angehende Aerzte. Gotha u. St. Petersburg, 1797. 148 S. 8.

Sarema Jutto ramat mis ma rahwa lustiks ja kassuks on ülles-pannud. (*Auch mit dem deutschen Titel:* Erzählungen zur moralischen und öconomischen Bildung der Ehsten, nebst einigen Hülfsmitteln bey schleunigen, gefährlichen und oft vorkommenden Krankheiten.) Mitau, 1807. XVI u. 192 S. 8. — 2ter Th. Pernau, 1812. XV u. 227 S. 8.

Das Schloſs Mone auf Oesel; eine Einladungsschrift etc. Riga, 1811. 24 S. 4.

Beschreibung der wohlthätigen Anstalten in der Provinz Oesel. Ebend. 1815. 112 S. 8.

Gesundheitskatechismus für das Ehstnische Landvolk, ins Ehstnische übersetzt von Aug. Heinr. Schmidt (*unter dem Titel:* Terwiſse Katekismuſse Ramat, ſe on niſuggune ramat, kus ſees küsſides ja kostes öpetakſe, kuida innimenne woib ja peab omma ihho terwiſt hoidma, ja selle pärrast hoolt kandma). Reval, 1816. 147 S. 8.

* Nou ja abbi, kui waeſus ja nälg käe on. (*Rath und Hülfe bey Mangel und Hungersnoth.*) Ebend. 1818. 32 S. 8.

Einige Worte über die jetzigen Kuhpocken. Ebend. 1819. 29 S. 8.

Woher kommt der Name Arensburg? Einladungsschrift etc. Riga, 1820. 8 S. 4.

Vorschläge zur Versorgung der Wittwen und Waisen. Ebend. 1823. 54 S. 8.

Topographische Nachrichten von der Insel Oesel, in medicinischer und öconomischer Hinsicht. Ebend. 1823. 383 S. 8. *Auch mit dem zweyten Titel:* Prodromus florae osiliensis. Topographische Nachrichten von den auf der Insel Oesel wachsenden Pflanzen, nebst Bemerkung ihres Nutzens in der Medicin, Oeconomie und Technik. — Nachtrag dazu, nebst einem vollständigen Register. Reval, 1829. IV *u. von* S. 389-462. 8.

Einige Winke an Gutsbesitzer in der Provinz Oesel, über die Schafzucht. Pernau, 1826. 51 S. 8.

Wahrheit und Muthmaſsung. Beytrag zur ältesten Geschichte der Insel Oesel. Ebend. 1827. XVIII u. 164 S. 8.

Heilmittel der Ehsten auf der Insel Oesel. Ebend. 1829. VIII u. 126 S. 8.

Ueber die Hochzeits-, Tauf- und Begräbniſsgebräuche der öselschen Ehsten; *in* Kotzebue's Monatsschrift für Geist und Herz. II. 199-215. III. 275-287. — * Phraseologie meines Vaterlandes, nebst einer Streitschrift darüber; *ebend.* III. 1-19. IV. 195-203. (1786.)

Ueber die Befruchtung des Fuci vesiculosi L.; *in* Usteri's botanischen Annalen. St. 15. S. 39. (1795.)

*Etwas über den ehemaligen und jetzigen Zustand der Insel Oesel; *in* F. D. Lenz Livl. Lesebibliothek. III. 81-92. (1796.)

Ein Paar Worte über öconomische Versuche; *im* Oekon. Repert. f. Livl. II. 2. S. 555-567. — Die Kunst, Braunschweiger Mettwürste zu verfertigen; *ebend.* II. 3. S. 723-730. — Benutzung der Fischblasen und Gedärme; *ebend.* III. 2. S. 232-235. — Ueber die ökonomische Benutzung des Seetangs; *ebend.* III. 3. S. 323-331. — Ein Hopfen-Surrogat; *ebend.* S. 372-377. — Ueber Lichte; *ebend.* IV. 2. S. 587-593. — Nachtrag zur bessern Benutzung der Strick- oder Preiſselbeeren; *ebend.* IV. 3. S. 725-732.

Noch etwas über den Ackerwurm; *im* Neuen ökon. Repert. f. Livl. I. 4. S. 430-436. u. II. 3. S. 204. — Ueber die Befestigung der Stroh- und Rohrdächer, in Hinsicht auf Waldschonung; *ebend.* III. 1. S. 80-82. — Beytrag zu Gerike's Abhandlung über die Behandlung des Rindviehs; *ebend.* IV. 4. S. 469-488. — Einige Bemerkungen über die livländische Bienenzucht; *ebend.* V. 1. S. 55-76. — Ueber die Propagation einiger Bäume und Sträucher; *ebend.* V. 3. S. 344-358. (*Dieser Aufsatz ist ins Esthnische übersetzt von* Abram Holter, *s. dess. Art.*). — Einige Bemerkungen über die Vertilgung des Ackerunkrauts, *ebend.* VI. 1. S. 29-43. — Ueber den Gebrauch des Wachholderstrauchs zur Einhägung; *ebend.* VIII. 1. S. 65-76., *nebst* Pastor Koch's zu Kergel Schreiben über den Stachelwall; *ebend.* VIII. 2. S. 179-192. — Nachrichten über einen auf der Insel Oesel bestehenden landwirthschaftlichen Verein; *ebend.* IX. 3. S. 267-290, *wo auch* S. 269-277 *die von ihm entworfenen* Statuten der Arensburgischen ökonomischen Akademie *stehen.* — Ansichten und Erfahrungen in Absicht des Kalkbrandes; *ebend.* IX. 3. S. 291-319.

Mihkli Marti maenitſus Eesti-ma tallo rahwale, ne rubbide, ehk rougede pannemiſe pärrast (*eine Empfehlung der Kuhpockenimpfung*); *als* Anhang *zum* Reval-esthnischen Kalender von 1812.

Etwas über die Vertilgung der Wölfe; *in den* Livl. Jahrb. der Landwirthschaft. I. 1. S. 94-107. (1825.) — Etwas über Kultur der Heuschläge, auf Veranlassung der Frage: Wie ist der Heuertrag mit dem geringsten Aufwande von Kräften und Mitteln, auf eine bey uns leicht anwendbare Weise zu erhöhen und die zunehmende Vermoosung der Heuschläge zu beschränken? *ebend.* II. 1. S. 20-44. (1826.)

Beytrag von ehstnischen Wörtern und Redensarten, wie sie auf der Insel Oesel gebräuchlich sind, zu Hupels ehstnischem Wörterbuche; *in* Rosenplänters Beytr. z. gen. Kenntn. d. ehstn. Sprache. I. 24-53. X. 134-139. — Etwas über den ehstn. Calender; *ebend.* III. 47-52. — Räthsel von Oesel; *ebend.* S. 113-116. — Vorschlag zu einer ehstnischen Gesellschaft; *ebend.* IV. 71-79. — Ueber Stahls Hand- und Hausbuch; *ebend.* S. 96-99. — Orthographischer Vorschlag; *ebend.* VI. 48. — Germanismus: Ömmeti für doch; *ebend.* S. 53. — Sprachbemerkungen; *ebend.* VIII. 61-65. — *Ausserdem* Recensionen und esthnische Sprichwörter *ebend. an mehrern Stellen.*

Rede (von den Vorzügen des öffentlichen Unterrichts vor dem privaten) am Schulfeste zu Arensburg den 15. Sept. 1814; *in den* Livl. Schulbll. 1815. S. 59-63. u. 67-75.

Beobachtungen über einige Heilmittel, namentlich Volksarzneymittel in Esthland; *in der* Russ. Samml. f. Naturwissenschaft u. Heilkunde, *herausg. von* Chrichton, Rehmann u. Burdach. II. 2. S. 279-285.

Vom Seetang als Düngungsmittel; *in den* Ökon. gemeinn. Beyl. z. Ostsee-Prov. Bl. 1826. No. 1.

Topographische Nachrichten von der Insel Oesel in medicinischer und ökonomischer Hinsicht (Auszug aus einer Handschrift); *in den* Jahresverh. der kurl. Gesellsch. f. Lit. u. Kunst. I. 70-76. (1819.)

Ueber den Gesichtsschmerz; *in* Grindels medicinisch-pharmaceut. Bll.

Ausserdem Gedichte u. andere kleine Aufsätze *im* Taschenbuch statt aller Almanache; *im* Taschenbuch für Dichter und Dichterfreunde; *in den* Neuen Hamburg. Unterhalt.; *in dem von* Kotzebue *herausgeg.* Freymüthigen u. a. m.

Entwurf die Statuten der esthnischen Gesellschaft. Riga, 1817. 38 S. 8. (*deutsch und russisch*); *stehen auch in* Rosenplänters Beytr. zur gen. Kenntn. d. ehstn. Sprache. XII. 10-23.

Vergl. Meusels G. T. Bd. 4. S. 524. Bd. 10. S. 230. u. Bd. 18. S. 585.

Luden (Lorenz).

Der Sohn eines Predigers zu Weddingsted in Norderdithmarschen gleiches Namens, war Dr. der Phil. und beyder Rechte, kaiserl. gekrönter Poet, Mathematiker, Geschichtschreiber, Dichter, Redner und Rechtsgelehrter; in allen diesen Fächern ausgezeichnet für sein Zeitalter, und ein sehr fruchtbarer Schriftsteller. Auf der Universität Greifswalde wurde er 1618 Professor, und zwar Anfangs der Dichtkunst und Geschichte, dann der Mathematik, und endlich seit 1627 der Moral und Geschichte. Wegen seines grofsen Rufes als Gelehrter wurde er, unterm 10 May 1634, an der neugestifteten Akademie zu Dorpat als Professor der Rede- und Dichtkunst, so wie der Rechtsgelehrsamkeit, in der er bereits 1621 zu Greifswalde die Doktorwürde erhalten hatte, von den schwedischen Reichsräthen angestellt. Beyden Aemtern und zugleich der Bibliothek stand er mit ausserordentlichem Fleifse bis zum Jahr 1649 vor, da er, wegen seines Alters und seiner Verdienste um die Akademie, von der Professur der Rede- und Dichtkunst entlassen wurde, und bey Niederlegung dieser Stelle am 17 Januar noch die Grofsmuth der Königin Christina *in einem heroischen Gedichte öffentlich feyerte. Die übrigen Aemter bekleidete er bis an seinen Tod. Zwey mal, 1637 und 1643, war er Rektor der Universität gewesen. Geb. zu Eckernförde im Herzogthum Schleswig am ... 1592, gest. zu Dorpat am 21 April 1654.*

Disp. de Optica. (Praes. Maevio Volschovio.) Gryphisw. 1615. 4.

Tractatus topicus de doctrina inventionis dialectica, ad disput. propositus. Gryphisw. 1615. 4.
Deliciae anagrammaticae. Ibid. 1616. ...
Tract. physiologicus de anima. Ibid. 1617. 4.
Historia practica: utpote est Ethica, Politica, Oeconomica et in specie Historia, quam — — eruditis juvenibus — — quorum nomina singulis disputationibus adscripta sunt, exercitii gratia ad disputandum proponebat M. Laur. Ludenius. Ibid. 1619. 4., *besteht aus folgenden 55, sehr kurzen, oft nur ein Blatt ausmachenden Disputationen, welche nicht einzeln, sondern zusammen und früher, als sie gehalten worden, herausgegeben zu seyn scheinen:* Disp. quae historice totius philosophiae, praesertim autem practicae, naturam explicat. (Resp. Paulo Walthero. Hamburg. Saxone.) — Disp. de natura Ethices deque ἀνθρωπινῃ ἐυδαιμονια. (Resp. Hermanno Rodberto, Lubec. Saxone.) — Disp. de adjunctis et consequentibus seu signis summi boni. (Resp. Andrea Piselero, Fridlandensi Megapol.)— Disp. de efficiente et materiali virtutum caussa. (Resp. Mauritio Schulteto, Grimm. Pom.) — Disp. de virtute in genere. (Resp. Martino Levenhagen, Gryphisw. Pom.) — Disp. de fortitudine. (Resp. Joachimo Plötzen, Grimm. Pom.) — Disp. de temperantia. (Resp. eod.) — Disp. de liberalitate et magnificentia. (Resp. Paulo Brocktorpio, Eklenford. Holsat.) — Disp. de magnanimitate et modestia. (Resp. eod.) — Disp. de mansuetudine. (Resp. Phil. Joele, Wolgast. Pom.) — Disp. de urbanitate et humanitate. (Resp. Joachimo Theodori Demminensi, Pom.) — Disp. de veritate. (Resp. Joh. Bostelmanno, Gryphisw. Pom.) — Disp. de mediocritate circa affectus. (Resp. eod.) — Disp. de jure et justitia universali. (Resp. Phil. Seltrechtio, Wolgast. Pom.) — Disp. de justitia distributiva. (Resp. Georgio Lamberto, Verchimen. Pom.) — Disp. de justitia commutativa. (Resp. Jeremia Gildemestero, Lubec. Saxone.) — Disp. de jure. (Resp. eod.) — Disp. de virtutibus intellectualibus. (Resp. Sebastiano Fürsenio, Hamb. Sax.) — Disp. de beatitudine imperfecta deque semivirtutibus. (Resp. Christiano Bünsovio, Gryphisw. Pom.) — Disp.

de virtute heroica. (Resp. Melchiore Ludenio, Eklenford. Holsat.) — Disp. de constitutione politices. (Resp. Joh. Boyen, Rügenwald. Pomer.) — Disp. de republica in genere. (Resp. Georgio Barsetio, Rügenwald. Pom.) — Disp. de republica quoad quantitatis territorii principia: scilicet de familiis, et in specie de societate conjugali. (Resp. Hermanno Rodberto, Lubecensi Saxone.) — Disp. de societate dominica. (Resp. Joach. Plötzen, Grimmensi Pomerano.) — Disp. de patre et liberis. (Resp. Philippo Seltrechtio, Wolg. Pom.) — Disp. de quantitate territorii. (Resp. Christiano Bünsovio, Gryphisw. Pom.) — Disp. de quantitate opum. (Resp. Maur. Schulteto, Grimm. Pom.) — Disp. de quantitate politica, quae est in majestatis fulgore. (Resp. Georgio Lamberto, Verchim. Pom.) — Disp. de quantitatis rerum publicarum affectione, quae est in constitutione et obligatione magistratus. (Resp. Jeremia Gildemestero, Lubec. Sax.) — Disp. de requisitis caussarum principalium administrationis deque administris magistratus. (Resp. Laur. Marquardo, Gryphisw. Pom.) — Disp. de ampliatione reipublicae. (Resp. Jacobo Porthoëlio, Wolgast. Pom.) — Disp. de conservatione reipublicae religiosa. (Resp. Joh. Zülichio, Belgard. Pom.) — Disp. de conservatione reipublicae civili. (Resp. eod.) — Disp. de conservatione reipublicae militari, quoad belli constitutionem. (Resp. Paulo Brocktorpio, Eklenford. Holsat.) — Disp. de belli administratione. (Resp. eod.) — Disp. de belli confectione. (Resp. eod.) — Disp. de reipublicae curatione. (Resp. Paulo Frisio, Hamburg. Saxone.) — Disp. de statu qualitatis reipublicae in genere, et in specie de statu monarchico. (Resp. Paulo Walthero, Hamburg. Sax.) — Disp. de statu reipublicae polyarchico. (Resp. Joh. Helmio, Dithmarso.) — Disp. de statu reipublicae prolapso. (Resp. Petro Canckelio, Gryphisw. Pom.) — Disp. de subditis, (Resp. Joh. Boyen, Rügenw. Pom.) — Disp. de statu reipublicae vetusto et moderno. (Resp. Martino Coëpio, Julin. Pom.) — Disp. de constitutione oeconomiae. (Resp. Georgio Barsetio,

Rügenw. Pom.) — Disp. de societate oeconomica, quae est in quantitate personarum. (Resp. eod.) — Disp. de quantitate opum familiarium quoad genera. (Resp. Paulo Frisio, Hamb. Sax.) — Disp. de quantitate opum familiarium quoad media acquirendi. (Resp. eod.) — Disp. de quantitate oeconomica, quae est in amplitudine potestatis. (Resp. Emanuele Crusio, Grimm. Pom.) — Disp. de qualitatis affectione, quae est in administratione familiae. (Resp. eod.) — Disp. de qualitatis affectione, quae est in dispensatione rerum familiarium. (Resp. Martino Coëpio, Julinen. Pom.) — Disp. de qualitate oeconomica quoad species. (Resp. eod.) — Disp. de oeconomia speciali. (Resp. eod.) — Disp. de prudentia exemplari seu historica in genere. (Resp. Augustino Capobio, Colberg. Pom.) — Disp. de historia universali sacra. (Resp. eod.) — Disp. de historia universali quatuor monarchiarum. (Resp. Melchiore Belcovio, Demmin. Pom.) — Disp. de historia particulari. (Resp. eod.)

Synopsis physicae sacrae, ad disput. proposita. Gryphisw. 1619. 4.

Disp. de tutelis. Ibid. 1619. 4.

Chronologia sacra, publica disputatione exhibita. Ibid. 1620. 4.

Consideratio eclipseos, ad disput. proposita. Ibid. 1620. 4.

Disp. de virtutibus homileticis. Ibid. 1620.

Geographia. 1620.

Jus novellarum constitutionum. Gryphisw. 1620.

Disp. exhibens chorographiam veteris aevi. (Resp. Svenone Christophori Brunio.) Ibid. 1620. 4.

Methodica Institutionum imperialium series, per disputationes academicas adumbrata, et — — placidis disputationum exercitiis proposita inter litteratiss. — — juvenes — quorum nomina singulis disputationibus sunt praefixa, proponente et praesidente M. Laur. Ludenio. Gryphiae 1621. 4. *Besteht aus folgenden 21 besondern Dispp.*: Disp. I. de libris legum juris civilis. (Resp. Mart. Coëpio, Julin. Pom.) — Disp. II. de jure Institutionum et dispositione earum generali. (Resp. eod.) — Disp. III. in praefationem Institutionum. (Resp. Joach. Reppenhagen, Wism. Megan.) — Disp. IV. de fine, ex 1. Ins. T. 1. et 2. (Resp. eodem.) — Disp. V. de personis, quoad jus gentium. (Resp. Thoma Markkendorffio, Jüterb. Sax.) — Disp. VI. de personis, quoad jus civile. (Resp. eod.) — Disp. VII. de rerum divisione et acquirendo ipsarum dominio. (Resp. Petro Dargatzio, Gryphisw. Pom.) — Disp. VIII. de rebus incorporalibus. (Resp. eod.) — Disp. IX. de acquisitione rerum particulari, ex jure civili, (Resp. eod.) — Disp. X. de haereditatibus ex testamento. (Resp. Marco Heidemanno, Strals. Pom.) — Disp. XI. de legatis et fidei commissis. (Resp. eod.) — Disp. XII. de successionibus ab intestato. (Resp. Joh. Langkavelio, Cösl. Pom.) — Disp. XIII. de bonorum possessione: arrogatione: libertatum conservandarum caussa addictione etc. (Resp. eod.) — Disp. XIV. de successione universali legitima. (Resp. Petro Boemo, Repp. March.) — Disp. XV. de obligationibus ex contractu et quasi contractu. (Resp. Joach. Tydén, Gryphisw. Pom.) — Disp. XVI. de obligationibus ex maleficio et quasi. (Resp. eod.) — Disp. XVII. de actionibus, quibus convenitur reus suo nomine obligatus. (Resp. Theod. Mejero, Pom.) — Disp. XVIII. de actionibus, quibus convenitur reus nomine alieno obligatus. (Resp. eod.) — Disp. XIX. de procuratoribus, satisdationibus et actionum proprietatibus. (Resp. Mich. Canuto, Gryphisw. Pom.) — Disp. XX. de exceptionibus, interdictis, poena temere litigantium, officio judicis, et publicis judiciis. (Resp. eod.) — Disp. XXI. de judicio, (Resp. Christiano Langen, Stettin. Pom.)

Series juris publici, ad titulum Doctoris consequendum, Praeside D. Frid. Geschovio proposita. Gryphisw. 1621. 4.

Disp. de religione elementari. Ibid. 1621.

Disp. de anima. Ibid. 1621.

Disp. de obligationibus. Ibid. 1622.

Problemata philosophica. Ibid. 1622.

Oratoria methodice enarrata. Ibid. 1623.

Disp. geographica de paradiso. Gryphisw. 1624. 4.

Querimonia lugubris in obitum Philippi Julii, Ducis Pomeraniae, carmine heroico. Ibid. 1625.

Disp. de parte optices propria, visione directa, reflexa, refracta. Ibid. 1625.

Liber de IV. felicitatis humanae gradibus, exercitiis LXXXIX. complectens universam bonorum, tum internorum animi atque corporis, quam externorum, utilium atque jucundorum, tractationem methodicam, serie praeceptorum perpetua exhibitam. Ibid. 1625. 4.

Disp. de Calendarii Juliani constitutione et usu. Ibid. 1625. 4.

Disp. de qualitatibus afficientibus. 1626.

Collegium chronographicum. 1626.

Liber de informatione prudentiae, ad usum, tribus partibus secundum tria prudentiae praecepta, quae sunt: praeterita cogita, praesentia ordina, futura provide, adornatus. Gryphisw. 1627. 8. Pars I. Synopsis historiae universalis, *in* 44, Pars. II. *in* 6, Pars.III. *in* 8 *Exercitien.*

Disp. de critica oratoria, quae est in restitutione bonorum auctorum eorumque fructuosa lectione. Ibid. 1627. 4.

Disp. de Germania. ...

Disp. de Papa Romano discursus historico-politicus. Gryphisw. 1627.

Disp. de jure et justitia. Ibid. 1628.

Discursus historico-politicus de pace. Ibid. 1629. 4.

Disp. de vita. Ibid. 1630.

Disp. de morte. Ibid. ...

Disp. de homine. Ibid. 1630.

Delineatio ingeniariae militaris. Ibid. 1631.

Disp. de usu divitiarum. Ibid. 1633.

Disp. de demonstratione. Ibid. 1633.

Disp. pars communis metaphysices. (Resp. Bergero Bergeri, Oelandia Gotho.) Ibid. 1633. 4.

Disp. pars metaphysices specialis. (Resp. eod.) Ibid. 1633. 4.

Disp. de felicitate hominis, quoad bonum corporis internum. (Resp. Matthia Benedicti Retzio, Sueco.) Gryphisw. 1633. 4.

Ethica juxta methodum Aristotelis. 1634.

Disp. de virtute heroica. Ibid. 1634.

Disp. de vita et morte. Ibid. 1634.

Collegii ethici Dispp. IV. 1635.

Oratio, cum in professorem juris, oratoriae et poeseos introduceretur. Dorpati, 1636. 4.

Immortalitas gloriosissimi fundatoris academiae Dorpatensis Gustavi Adolphi, Regis Sueciae, d. 11. Jan. 1636, carmine heroico decantata. Dorpati, 1636. 4.

Disp. de justitia. (Resp. Isaaco N. S. Holm.) Ibid. 1636. 4.

Disp. de oratoriae facultatis praecognitis. Ibid. 1636.

Disp. de fine. Ibid. 1636.

Disp. juridica de feudis. (Resp. M. Isaaco Nicolai Secrenio, Holmensi.) Ibid. 1636. 4.

Discursus juris publici de civitate. (Resp. Sven. Magni Hagelsten, Uplandia Sveco.) Ibid. 1637. 1 unpag. Bog. 4.

Disp. de fortitudine. (Resp. Laurentio Lindelio, Sueco.) Ibid. 1637. 4.

Disp. de theoria solis. (Resp. Johanne Erici, Stregnensi Suderm. Sueco.) Ibid. 1638. 4.

Disp. de oeconomia. Ibid. 1639.

De viro practico, deque mediis ad vitam practicam ducentibus liber. Dorpati, 1643. 4.; *enthält folgende* 38 *Exercitationes:* Exerc. I. de viro practico in genere. (Resp. Petro Langio, Heida Dithmarso.) — Exerc. II. de ethica paraenetica. (Resp. eod.) — Exerc. III. de ethica dogmatica deque hominis beatitudine. (Resp. Abele B. Lyre, W. Sveco.) — Exerc. IV. de proprietatibus viri practici. (Resp. Ebero Olai Lewingio, Smolandia Sveco.) — Exerc. V. de objecto ethices. (Resp. eod.) — Exerc. VI. de virtute in genere. (Resp. Sveonone Magni Hagelstenio, Uplandia Sveco.) — Exerc. VII. de virtute heroica. (Resp. Magno Lallaero, Smolandia Sveco. —

Exerc. VIII. de semivirtutibus. (Resp. Joh. Erici, Stregn. Sveco.) — Exerc. IX. de prudentia caeterisque virtutibus intellectus. (Resp. Joh. Magni Silero, Smal. Sveco.) — Exerc. X. de justitia universali. (Resp. Sigfrido Magni Herlicio, Smal. Sveco.) — Exerc. XI. de pietate. (Resp. Erico Haquini Bobergio, Westro Goth. Sveco.) *Auch einzeln unter dem Titel:* Exercitatio XI. de pietate e libro mundi, notitiam de deo acquisitam, et e libro conscientiae notitiam de deo connatam adumbrans. 1639. — Exerc. XII. de amore sui moderato. (Resp. Petro Trothonio, Smolandia Sveco. — Exerc. XIII. de fortitudine. (Resp. eod.) — Exerc. XIV. de mente dirigenda in deliciis. (Resp. Laurentio Johanni Ubbobero, Smol. Sveco.) — Exerc. XV. de usu divitiarum. (Resp. Amberno Andreae Storch, Westro Goth. Sveco.) — Exerc. XVI. de studio honoris. (Resp. Andrea Magni, Agundarydensi Sveco.) — Exerc. XVII. de turbulentorum directione. (Resp. Erico Haquini Bobergio, Westro Gotho.) — Exerc. XVIII. de placido congressu et in specie de urbanitate. (Resp. Nicolao Psilandro, Smalandia Sveco.) — Exerc. XIX. de humanitate. (Resp. eod.) — XX. de veritate. (Resp. Petro Caroli Undenio, Westro Gotho.) — Exerc. XXI. de taciturnitate. (Resp. eod.) — Exerc. XXII. de morum dignitate. (Resp. Petro Jonae Bock, Wermeland. Sveco.) — Exerc. XXIII. de justitia particulari. (Resp. Andrea Matthiae Forpensi, Smol. Sveco.) — Exerc. XXIV. de justitia distributiva. (Resp. eod.) — Exerc. XXV. de justitia commutativa. (Resp. Johanne Jonae Allengreen, West. Got. Sveco.) — Exerc. XXVI. de jure. (Resp. eod.) — Exerc. XXVII. de oeconomica. (Resp. Petro Langio, Dithmarso Holsato.) — Exerc. XXVIII. de politica. (Resp. Andrea Sandhagen, Northusano.) — Exerc. XXIX. de jurisprudentia. (Resp. Carolo Valeriani, Nycopensi.) — Exerc. XXX. de historiarum cognitione. (Resp. Christophoro Kühnio, Rigensi Livono.) — Exerc. XXXI. historia Sveo Gothica regum internorum. (Resp. Ingemaro Petri Swetandro, Westro Gothia Sveco.) *Auch* einzeln: Historia Sveo Gothica regum internorum, ut et Gothorum regumque externorum. — Exerc. XXXII. de peregrinatione. (Resp. Carolo Rubero, Smolandia Sveco.) — Exerc. XXXIII. de praxi negociorum, quae domi tractantur, quoad imperia. (Resp. Petro Schombergio, Ostro Gotho.) — Exerc. XXXIV. de praxi negociorum, quae domi tractantur, quoad judicia, processumque juris. (Resp. Joh. Petrejo, Junecopino Smol. Sveco.) — Exerc. XXXV. de praxi negociorum, quae domi tractantur, quoad consilia. (Resp. Jona Pauli Spinckio, Bothniensi.) — Exerc. XXXVI. de praxi negociorum, quae foris expediuntur, quoad legationes. (Resp. eod.) — Exerc. XXXVII. de praxi politica in exercitiis militaribus. (Resp. Michaele Schulteto, Görlicio Lusato. 2 Bogg. — Exerc. XXXVIII. de futurorum meditatione. (Resp. Jacobo Lotichio, Rigensi Livono.) 1642.

Disp. de homine. (Resp. Johanne Erici, Stregnensi Suderm. Sveco.) Dorp. 1638. 4.

Discursus juris publici de magistratu. (Resp. Svenone Magni Hagelsten.) Ibid. 1639. 4.

Disp. de Rhetoricorum ad C. Herennium libro primo. Ibid. 1640. 4.

Disp. optica. (Resp. Abele Lyre, Westro Gotho Sveco.) Ibid. 1640. 4.

Disp. de motu corporis naturalis in genere. (Resp. Joh. Magni Silero, Smal. Sveco.) Ibid. 1640. 4.

Disp. de regno. (Resp. Benedicto Johannis Medenio, Roslag. Sveco.) Ibid. 1640. 4.

Disp. de principiis internis corporum naturalium. (Resp. Petro Trottonio, Smaland. Sveco.) Ibid. 1640. 4.

Disp. de terra, (Resp. Abele Benedicti Lyre, Westro Gotho Sveco.) Ibid. 1640. 4.

Carmen heroicum in inaugurationem novi collegii academici a Christina Regina in Universitate Dorpatensi d. 2. Nov. 1641 consecrati. Ibid. 1641. 4. — In auspicatam inaugurationem novi collegii academici — — oratio solennis. Ibid. 1641. 3½ Bogg. 4.

Disp. M. T. Ciceronis ad Quintum fratrem de oratore dialogus s. Liber I. (Resp. Jac. Lotichio, Rigensi Livono.) Ibid. 1641. 4.

Disp. de Q. Horatii Flacci de arte poetica libro. Dorp. 1641. 4.

Disp. de meteoris. (Resp. Joh. Magni Silero, Smol. Sveco.) Ibid. 1641. 4.

Disp. de tempore. (Resp. Michaele Olai Bostadio, Bothnia Sveco, ad aedem Mariae pastore.) Ibid. 1641. 4.

Disp. de voluntate hominis. (Resp. Nicolao Johannis Ramzio, Westro G.) Ibid. 1641. 1 Bog. 4.

Disp. de amicitia. (Resp. Joh. Georgii Gezelio, Wesm.) Ibid. 1641. 4.

Disp. de mixtione. Ibid. 1641. 4.

Disp. de qualitatibus afficientibus. Ibid. 1641. 4.

Disp. de legibus. (Resp. Joh. Newhausen, Hamburgensi.) Ibid. 1642. 1 Bog. 4.

Immortalitas D. patris patriae. — — Gustavi Adolphi — — parentatione aniversaria — — d. 6. Nov. 1636 — — aeternitati consecrata. Ibid. 1642. 3 Bogg. 4. *Erschien zugleich mit den nachstehenden in den Jahren 1637-1641 gehaltenen Reden.*

Immortalitas D. induperatoris equitis — — Gustavi Adolphi — — d. 6. Nov. 1637. Ibid. eod. 3 Bogg. 4.

Immortalitas D. principis militiae — — Gustavi Adolphi — — d. 6. Nov. 1638. Ibid. eod. 4 Bogg. 4.

Immortalitas inclyti nostri principis ac domini dn. Gustavi Adolphi. — — d. 6. Nov. 1639. Ibid. eod. 3 Bogg. 4.

Immortalitas vere magni — — Gustavi Adolphi — — d. 6. Nov. 1640. Ibid. eod. 3 Bogg. 4.

Immortalitas D. Herculis academici Gustavi Adolphi — — d. 6. Nov. 1641. Ibid. eod. 3 Bogg. 4.

Immortalitas D. liberatoris Livoniae Gustavi Adolphi. Ibid. 1643. 4.

Immortalitas, toga et sago illustrissimi — — Gustavi Adolphi — — d. 6. Nov. 1642. — — Ibid. 1643. 2½ Bogg. 4.

Immortalitas D. assertoris justitiae Gustavi Adolphi, carmine heroico decantat. Ibid. 1644. 4.

Disp. Oratio Ciceronis pro Archia Poeta, methodice resoluta. (Resp. Erico Andreae Holstenio, Wesm. Sveco.) Ibid. 1645. 4.

Immortalitas Patris heröis Christinae heroinae, Regis Gustavi Adolphi. Oratio. Dorp. 1645. 4.

Natalis vitae Christinae Reginae cum 8. Dec. 1645 annum aetatis vigesimum imperiique secundum felicissime auspicaretur, oratione solenni aeternitati consecratus. Ibid. 1645. 4.

Disp. de elocutione rhetorica. (Resp. Luca Iliano, Westmannia Svecó.) Ibid. 1645. 4.

Victricia arma Gustavi Adolphi regis Sveciae; carmine heroico a. 1646 celebrata. Ibid. 1646. 4.

Disp. de familia. (Resp. Petro Laur. Schonbergio, O. Gotho.) Ibid. 1646. 4.

Disp. de legibus. (Resp. Abrahamo Georgii Thawonio, Astro-Finl.) Ibid. 1646. 4.

Immortalitas D. liberatoris Germaniae Gustavi Adolphi. Ibid. 1647. 4.

Inclyta virtus illustrissimi Dni Axelii Oxenstjerna, Comitis in Södra Möhre, L. Baronis in Kimitho, Dni in Füholm et Tydön, equitis aurati, regni Sveciae cancellarii et per Germaniam nec non ad exercitus legati atque evangelici foederis ibidem directoris generalis, a Serenissima Regina Christina d. 27. Nov. a. 1645 illustritate Comitis Regni illustrata, orat. sol. aeternitati consecrata. Ibid. 1647. 4.

Elogium Ludovici Hintelman J. U. D. a. 1643 denati, seu parentatio carmine heroico a. 1647 illi habita. Ibid. 1647. 4.

Disp. de regno. (Resp. Wilhelmo Cronmanno, Nobili Livono.) Ibid. 1647. 4.

Disp. de liberalitate. (Resp. Magno Samuelis Asp, O. Gotho.) Ibid. 1647. 4.

Disp. de dispositione oratoria. (Resp. Laur. Wallerio, Helsingia Sveco.) Ibid. 1647. 4.

Immortalitas Regis Gustavi Adolphi, parentatione anniversaria in Academia Dorpatensi d. 6. Nov. 1648 aeternitati consecrata. Ibid. 1648. 4.

Disp. de inventione rhetorica. (Resp. Daniele Danielis, Nycopensi Suderm. Sveco.) Ibid. 1648. 4.

Serenissimae Reginae Christinae in Academiam Dorpatensem augustissima magnificentia, oratione solenni

d. 17. Jan. 1649, cum vacationem a professione oratoriae ac poëseos clementissime consecutus esset, aeternitati consecrata. Dorp. 1649. 4.

Natalis vitae Reginae Christinae pacisque per Germaniam jam reducis d. 8. Dec. a. 1649 per regnum Sveo Gothicum celebratus, carmine decantatus heroico. Ibid. 1649. 4.

Augustissima coronationis solennitas Reginae Christinae, orat. sol. ipso die coronationis celebrata. Ibid. 1650. 4.

Disp. de juramento. (Resp. Joh. Schaepero, Abogiensi Finlando.) Ibid. 1651. 4.

Disp. de nuptiis. (Resp. Erico Olai Golstenio, W. Gothia Sveco.) Ibid. 1652. 4.

Dazu kommt noch:

Virg. Mar. Georg. e libro II. de vitium cultura etc. discursus d. 12. Aug. 1643.

Virg. Mar. Georg. e libro IV. de mellatione discursus d. 3. Sept. 1643.

Virg. Mar. Georg. e libro IV. discursus de poetica methodi comprehensione d. 28. Oct. 1643.

Virg. Maronis ecloga 1. methodice resoluta d. 25. Febr. 1646.

Disp. de globo astronomico. ...

Disp. de physiognomia. ...

Disp. de fulmine. ...

Witte *schreibt ihm noch folgende Disputationen zu:*

Disp. de oratoria ecclesiastica. ...

Disp. de nobilitate. ...

Disp. de civitate. ...

Disp. de haereditatibus ab intestato. ...

Disp. de naturalis scientiae constitutione. ...

Disp. de emptione et venditione. ...

Disp. de processu juris. ...

Disp. de principiis juris canonici. ...

Disp. de inventione oratoria. ...

Disp. de oratore. ...

Disp. de heroë. ...

Disp. de memoria. ...

Ausserdem eine grofse Anzahl kleinerer Schriften, als: Programme und Gedichte, *alle in lateinischer Sprache. Die Titel von* 114 *seiner* Programme *hat* Bacmeister *aufgezeichnet in* Müllers Samml. russ. Gesch. IX. 177-179; *es könnte aber diese Anzahl noch sehr vermehrt werden, ohne dafs doch das Verzeichnifs vollständig würde, weil* Luden *zu fast allen während seiner Zeit in Dorpat gehaltenen Reden Programme geschrieben, viele auch mit Vorreden versehen hat, und die Zahl seiner Gelegenheitsgedichte ausserordentlich grofs u. jetzt gar nicht mehr auszumitteln ist.*

Gab heraus:

In Regia Gustaviana Adolphina Academia, quae Dorpati Livonorum est ad Embeccam, Vol. I. II. Orationum a nobili et studiosa juventute, moderatore Laur. Ludenio, Poet. cor., Prof. Juris, Oratoriae et Poëseos, publice habitarum. Dorpati, 1648. 4. *Die darin enthaltenen Reden sind einzeln bey den Namen ihrer Verf. in diesem Lexikon angemerkt worden.*

Handschriftlich hinterliefs er:

Opus chiromanticum.

Gedichte.

Epistola de statu Livoniae ad Petrum fratrem. 1637.

Vergl. Molleri Cimbria lit. I. 364. — Schefferi Svecia lit. p. 284-286. u. 344. — Mart. Zeilleri Sylloge de histor. p. 205. 206. — König Bibl. Vet. et Nova I. — Witte D. B. T. I. ad 1654. 21. Apr. et T. II. p. 72. — Jöcher u. Rotermund z. demselben. — Bacmeister b. Müller. IX. 171-180. — Gadeb. L. B. Th. 2. S. 203. — Somm. p. 213-238.

LUDEWIG (HEINRICH CHRISTIAN THEODOR).

Studirte Theologie auf dem Gymnasium zu Hannover und von 1804-1808 *zu Göttingen und Helmstädt, kam* 1809 *als Hauslehrer nach Kurland, wurde* 1817 *Lehrer am Witte-Hueckschen Waiseninstitut zu Libau,* 1818 *wissenschaftlicher Lehrer an der dasigen Kreisschule, und, mit Beybehaltung dieser Stelle,* 1823 *(ord. den* 26 *Oktober) adjungirter, dann* 1824 *ordentlicher Prediger an der lettischen Kirche ebendaselbst,* 1825 *aber, auf seine Bitte, des Schulamtes entlassen. Geb. zu*

Bergedorf im Hannövrischen am 3 Oktober 1782; gest. am 8 Julius 1830.

Das Christenthum ein Werk Gottes. Predigt. Mitau, 1820. 22 S. 8.
Pateizibas Wahrdi pee pahrſwehtiſchanas tahs Leepaijes Latweeſchu Baſnizas; *in* C. A. Fehre's neuester Geschichte der Libauschen St. Annenkirche (Mitau, 1821. 8.) S. 58-64.

Ludwig oder Ludovici (Eberhard).

Vater des nachfolgenden.

Mag., wurde 1659 Diakonus an der Domkirche zu Riga, 1671 an der Peterskirche, 1682 Wochenprediger, 1685 aber Pastor am Dom. Geb. zu Riga am 15 August 1630, gest. am 25 Julius 1691.

Disp. metaphys. de principio et principiato. (Praes. Joh. Richmann.) Rigae, 1653. 1½ Bogg. 4.
Metamorphosis Nebucadnezaris juxta regium diploma, ex Dan. IV. (Praes. Jo. Brevero.) Ibid. 1653. 4 Bogg. 4.
Lateinische Gelegenheitsgedichte.

Vergl. Bergmanns Gesch. d. Rig. Stadtkirch. I. 44.

Ludwig oder Ludovici (Georg).

Sohn des vorhergehenden.

Studirte in Leipzig und wurde dort Mag., hierauf 1702 im Junius Adjunktus bey der Jesuskirche und Pastor zu Bickern, im August desselben Jahres Pastor auf dem rigaschen Stadtpatrimonialgut Holmhof, und 1709 Diakonus zu St. Johannis in Riga. Geb. zu Riga 1673, gest. am 26 Julius 1710.

Diss. philolog. de nomine Christi ecclesiastico acrosticho, ιχθυς, piscis. (Praes. Joh. Cypriano.) Lipsiae, 1699. 3½ Bogg. 4.

Vergl. Gadeb. L. B. Th. 2. S. 204. — Nord. Misc. XXVII. 384, *nach den* Novis lit. mar. B. 1702 p. 264. — Schweder zur Gesch. d. Rig. Vorstadtkirch. S. 27. — Bergmanns Gesch. d. Rig. Stadtkirch. I. 48.

Ludwig oder Ludovici (Richard).

Studirte auf dem Gymnasium zu Riga und auf der Universität Giessen um 1682. Geb. zu Riga am ..., gest. ....

Disp. de societatibus compositis. (Praes. Dav. Caspari.) Rigae, 1680. 4.

Disp. moralis de libero arbitrio. (Praes. Mag. Joh. Weisse.) Gissae, 1682. 20 S. 4.

Vergl. Nord. Misc. XXVII. 384.

Ludwig XVIII, König von Frankreich.

Geb. am 17 November 1755, gest. am 16 September 1824.

Während seines ersten Aufenthalts in Mitau (1798-1800) *hatte dieser gelehrte Fürst drey Tafeln ausgearbeitet, in welchen auf eine sinnreiche Art die weitläuftigen Tabellen des bekannten, zu chronologischen Untersuchungen unentbehrlichen, Werkes* L'art de vérifier les dates *in einem engen Raume zusammengedrängt worden. Sie sind Deutsch übersetzt, in dem* Mitauschen Kalender auf das Jahr 1801 in 4., *als* zweyte Zugabe, *abgedruckt, mit den Ueberschriften:* Erste Tafel, welche die Bestimmung des Osterfestes im Julianischen Kalender, nach der in der orthodoxen griechischen oder morgenländischen Kirche üblichen Berechnung enthält. — Zweyte Tafel, enthaltend die Bestimmung des Osterfestes im Gregorianischen Kalender, nach der Berechnungsart, welche von der lateinischen oder abendländischen Kirche angenommen worden ist. — Dritte Tafel, zur Bestimmung der beweglichen Festtage im Gregorianischen Kalender, vom Jahr 1800 bis zum Jahr 1899, nach den Regeln der abendländischen oder lateinischen Kirche berechnet.

Lücke *) (Anton Heinrich).

Studirte zu Göttingen und ward Pastor zu Ampel in Esthland 1769 (ord. am 27 September), Propst des revalschen

---

*) Nicht Lütke.

Kreises 1785, *Konsistorial-Assessor* 1792. *Geb. zu Hildesheim* 1745, *gest. am* 29 *März* 1799.

Öppetusſe Ramat, mis nende heaks, kes Jummalat püüdwad ſelgiminne tunda ja öiete tenida (*d. i. Lehrbuch zum Besten derer, die Gott reiner zu erkennen und recht zu dienen trachten*). Reval, 1795. 173 S. 8. — 2te Aufl. Ebend. 1796. 160 S. 8.

Uus Laulo Ramat (*Neues Gesangbuch*). Ebend. 1796. 370 S. 8. *Dazu 3 Anhänge:* 1) Risſi-usſo üllemad öppetusſed, mis nende heaks, kes neid püüdwad lühhidelt öppida ja ikka meles piddada, küsſimiste ja kosmiste ſannadega on üllespannud etc. 1796. 18 S. 8.; 2) Lühhike palwe ramat. 16 S. 8.; 3) keik ewangeliummid ja epiſtlid, keige ſe aasta läbbi, ja meie Isſanda Jeſusſe Kristusſe kannataminne, ſurm, üllestousminne ja taewaminneminne. 1796. 120 u. 28 S. 8.

Martin Luthers Katechismus, nebst einer Anleitung zum Gespräch über die christliche Lehre. Reval, 1797. 158 S. kl. 8. — Neue Aufl. Ebend. 1817. 158 S. 8.

* Uus Katekismusſe Ramat. Ebend. 1797. 159 S. 8.

In der esthnischen Postille: Jutlusſe Ramat (*zuerst* Reval, 1779. 4.), *sind von ihm 7 Predigten:* an Mariä Reinigung, Septuag., 12ten u. 13ten Sonnt. n. Trin., 25sten S. n. Trin., die 1ste u. 4te Buſstagspredigt.

Vergl. Carlbl. S. 14.

LÜDERWALD (GEORG ERNST), gen. LANGE.

Geb. zu Berlin am 13 *Februar n. St.* 1765, *kam schon in seinem 4ten Jahre nach Königsberg in Preussen und genoſs den Unterricht auf dem Collegio Fridericiano und in der reformirten Schule daselbst, verlieſs aber* 1783 *heimlich seinen Vater und trat, hingerissen von einem unwiderstehlichen Hange zur Schauspielkunst, welcher durch* Eckarts *Anwesenheit in Königsberg und die damals dort gebräuchlichen Privattheater sehr gesteigert ward, unter dem Namen* Lindheim *in Greifswalde und andern pommernschen Städten als Schau-*

spieler auf, kehrte jedoch bald wieder zurück und vollendete seit 1784 seine Studien in Frankfurt a. d. O., kam 1786 nach Berlin, trat im folgenden Jahre in die Dienste des Markgrafen von Schwedt als Kommissionsrath, wandte sich aber, weil er durch den Tod des Fürsten sein Amt verlor, 1789 wieder zum Theater, unter dem Namen Lange, *den er seitdem stets beybehalten hat, ward bey dem Hoftheater zu Karlsruhe angestellt, ging nach dessen Aufhebung nach Düsseldorf und 1792 nach Riga, wo er 32 Jahr hindurch mit Beyfall die Bühne betrat, auch 1798 Theaterdichter wurde. Seit 1824 privatisirt er zu St. Petersburg.*

Gemeinschaftlich mit J. G. Hagemeister: * Ueber den Zustand des Berliner Theaters. Berlin, 1786. 1787. 8. *Mehrere Hefte.*

* Der Freybrief. Singspiel in einem Akt. Ebend. 1788. 8.

* Die Gesetze des Theaters in Riga. Riga, 1799. 8. (*Herausgegeben von dem Theaterdirektor* Joh. Meyrer.)

* Die Geretteten. Vorspiel in Jamben. Ebend. 1802. 40 S. 8. — *Russisch übersetzt von dem verstorbenen Staatsrath* Dan. Schlun. Moskau, 1802. 8.

* Nonna oder die heilige Weihe. Schauspiel in einem Aufzuge. Riga, 1806. 64 S. 8. *Unter der* Zueignung *nennt sich der Verfasser.*

* Karl Dittmarsch's Todtenfeier von seinen Freunden auf dem Theater zu Riga, 1812. 2 unpag. Bll. 8.

Ruriks Segen. Ein lyrisches Festspiel mit Chören und Tänzen. St. Petersburg, 1827. 34 S. 8. — * Gesänge *daraus erschienen.* Reval, 1826. 2 Bll. 8.

Ausserdem sind noch folgende Operngesänge *von ihm gedruckt erschienen:* Herrmann Graf von Heldenstein, gen. Blaubart, aus d. Franz. Singspiel in 3 Akten. Riga, ... 8. — Euphrosine, aus dem Franz. Singspiel in 3 Akten. Ebend. (*o. J.*) 16 S. 8. — Die Kartoffeln. Singspiel in 2 Akten. Ebend. ... 8. — Dank u. Liebe, musikalisches Vorspiel zur Feier des Namenstages Sr. Kais. Maj. Alexander I. Ebend. ... 8.

* Beleuchtung der traurigen Nachricht von dem unerhörten Muthwillen, den zu Peking u. s. w., u. deren Beant-

wortung; *in* Reichardts Theaterkalender für 1787. (Berlin, 1786.)

* Bühnenrede am 13. Dec. 1803 (*metrisch*), *in* Kaffka's Nord. Archiv 1804. I. 71. — Rede bey der Anwesenheit der Grofsfürstin Maria Pawlowna in Riga, auf der dasigen Bühne gesprochen, *ebend.* IV. 164; *vergl. auch* S. 263. — * Etwas über den Holzhandel Riga's, *ebend.* 1805 III. 153-172. — * Schreiben an den Herausgeber (*Apologie für Schlesien*), *ebend.* IV. 122-132. — * Blick auf Italien (aus der Schreibtafel eines Reisenden), *ebend.* 1806. I. 99-106. — * Schreiben an den Herausgeber (*über Leibeigenschaft*), *ebend.* I. 210-218. — Rede zur Feier der Thronbesteigung Alexanders I. gehalten am 13 März (1806) auf der rigischen Bühne (*metrisch*), *ebend.* II. 1-3.

Freyherr von LÜDINGHAUSEN-WOLFF, s. WOLFF.

LÜNEMANN (JOHANN HEINRICH CHRISTIAN).

Studirte Philologie und Pädagogik auf der Universität seiner Vaterstadt, kam 1809 *als Hauslehrer nach Livland, war seit* 1811 *Lehrer an der Kreisschule zu Wolmar, seit* 1812 *aber an der zu Fellin, wo er bis zum Frühjahre* 1814 *blieb und dann Oberlehrer zu Gumbinnen in Ostpreufsen wurde. Während seines Aufenthalts in Livland übersetzte er Juvenals Satyren metrisch und erhielt, auf die davon eingesandten Proben, von der philosophischen Fakultät zu Göttingen die Doktorwürde. Geb. zu Göttingen* 1787, *gest. im Februar* 1827.

* Wörterbuch zu Homers Odyssee, für Anfänger der Homerischen Lektüre. Königsberg, 1812. VI u. 22 S. 8. *Unter der Vorrede hat er sich genannt.* — 2te Aufl. 1823. — 3te Aufl. Ebend. 1827. 8.

Probe einer Uebersetzung von Juvenals Satyren. Ebend. 1821. 8.

Wörterbuch zu Homers Ilias. Ebend. 1824. 354 S. gr. 8.

Vergl. Neuer Nekrol. d. Deutschen 1827. I. 109-112.

Lütkens (Johann).

Bruder von Thomas Hermann.

Geb. zu Reval am 4 Julius 1765, besuchte das revalsche Gymnasium, studirte seit 1783 in Jena vier Jahre lang Philosophie und Jurisprudenz, machte hierauf eine Reise in Deutschland, advocirte nachdem er zurückgekehrt war, erhielt 1796 von der philosophischen Fakultät zu Wittenberg ein Doktordiplom, wurde 1799 Sekretär bey der esthländischen Gouvernements-Regierung, 1801 Tit. Rath, 1807 Doktor der Rechte auf der Universität zu Dorpat, auch Kollegien-Assessor, 1809 Hofrath und Rath bey der esthländischen Gouvernements-Regierung, später Kollegienrath und 1827 Etatsrath. Seit 1811 ist er Ritter des St. Wladimir-Ordens der 4ten und seit 1813 des St. Annen-Ordens der 2ten Kl., welcher letzere ihm 1819 mit Brillanten verziert verliehen wurde.

Diss. inaug. continens caput juris controversum: an et quatenus ad reddendas rationes et ad restituendum, quod ultra modum usurae legitimae lucri fecit, teneatur creditor antichreticus. Dorpati, 1807. 42 S. 4.

Lütkens (Johann Mathias).

Geb. zu Hamburg 1765, kam 1780 nach Reval und ist daselbst seit 1788 beym Zoll angestellt, gegenwärtig mit dem Tit. Raths-Charakter.

Beschreibung eines wohlfeilen Telegraphen. Reval, 1810. 16 S. 4.

Ueber Signale und Signalisiren. Ebend. 1818. 11 S. 8.

Lütkens (Thomas Hermann).

Bruder von Johann.

Geb. zu Reval am 5 Februar 1778, besuchte, nachdem er schon frühe bey einem Verwandten zum Studium der Medicin

Anleitung erhalten hatte, das Gymnasium seiner Vaterstadt, ging dann 1797 nach Jena und da ihn der bekannte Befehl Kaisers **Paul I.** *zurück rief, nach St. Petersburg, setzte daselbst in dem medicinisch-chirurgischen Institut seine Studien fort, prakticirte hierauf in verschiedenen Hospitälern, begab sich 1804 noch auf ein Jahr nach Dorpat, wurde hier Dr. Med. und prakticirt seitdem in seiner Vaterstadt.*

Diss. inaug. de organis respirationis animalium. Dorpati, 1805. 22 S. 8.

Lüzenberg (Johann Georg).

Mag., trat zu Nürnberg von der römisch-katholischen zur lutherischen Kirche über und wurde Rektor der Schule in Narwa zu Ausgang des 17ten oder Anfang des 18ten Jahrhunderts. Geb. zu München am ..., gest. ...

Idea regiae pietatis, in vita expressa gloriosiss. Ulricae Eleonorae etc. Dorpati (1694). 7 Bogg. Fol.

Disp. de victore necessario bellicarum virtutum apparatu insigni. (Resp. Joh. Hartmann, Narva-Livono.) Narvae, 1703. 1 Bog. 4.

Vergl. Nord. Misc. XXVII. 384, *nach* Geerkens Narva lit. u. Nova lit. mar. B. 1703. p. 180. 181.

Lukaszewicz (Johann).

Ein jesuitischer Missionar, der sich in der Mitte des 18ten Jahrhunderts im Residenzhause zu Dünaburg aufhielt, und durch tugendhaften Wandel sowohl als durch grofsen Eifer für die Ausbreitung der katholischen Religion in den hiesigen Gegenden bemerklich machte. Geb. zu ..., gest. ...

Er hat in lettischer Sprache herausgegeben:

Sonn- und Festtags-Evangelien. ... *Die neueste verbesserte Auflage fuhrt den Titel:* Evangelia toto anno singulis Dominicis et festis diebus juxta antiquam ecclesiae consuetudinem in Curlandia Lottavis praelegi solita, cum precibus nonnullis, cura quorundam ex clero Curlandico recentissime juxta usitatiorem loquendi modum Lottavicum correcta ac in lucem edita. *Ein zweyter lettischer Titel lautet:* Tee Ewangeliumi us wiſſeem Swehdeenam un Swehtkeem, ka arri Swehtas Luhgſchanas. Mitau, 1796. 112 S. 8.

Einen Kathechismus. ... *Wahrscheinlich ist das in dem abscheulichsten halb lettisch- halb lithauischen Dialekt geschriebene Büchelchen:* Pawinnaſtes kriſtigas aba katechizms kurs moca, ku ikkurs kriſtigs cyłwaks pawinns irr tycet, zinnot, un dareyt, kad warratu byut izpeſtits. Ar dalykszonu daudz kortigu wehl dzismu. Wilna ta Gromatu drikkê diecezalna pi baznyckungim miſſyonorim 1808 godà. 221 S. 12., *eine neue Ausgabe desselben.*

Einige Erweckungsschreiben. ...

Vergl. Janozki's Lexik. Th. 2. S. 134. — Gadeb. L. B. Th. 2. S. 205. — Zimmermanns Let. Lit. S. 28.

Lund (Karl).

Seit 1690 *Professor des schwedischen und römischen Rechts zu Dorpat, war dabey auch (wenigstens* 1692) *Assessor des dorpatschen Landgerichts, wurde dann* 1695 *Assessor im livländischen Hofgericht daselbst, und legte seine Professur nieder. (Er ist nicht zu verwechseln mit dem gleichnamigen Professor der Rechte zu Upsal, der um dieselbe Zeit lebte, s.* Jöcher u. Rotermund z. dems.)

Von seinen Schriften hat sich nichts auffinden lassen.

Vergl. Bacmeister bey Müller. IX. 235. — Gadeb. L. B. Th. 2. S. 205.

Lundberg (Jakob Florentin).

Geb. zu Riga am 17 *Oktober* 1782, *erhielt den ersten Unterricht im Lyceum und auf der Domschule seiner Vaterstadt, studirte hierauf von* 1802 *bis* 1805 *Theologie zu Dorpat, wurde* 1806 *Vikarius,* 1808 *adjungirter und* 1811 *ordentlicher Prediger zu Buschhof und Holmhof in Kurland.*

Diss. de gratiosa illuminatione ex Ephes. 1, 17. 18. (Praes. Joh. Deutschmann.) Wittenbergae, 1690. 2 Bogg. 4.

Vergl. Nord. Misc. IV. 100.

Luther (Johann).

Studirte zu Halle, wurde dort Dr. der A. G., liefs sich darauf in seiner Vaterstadt nieder, von wo er 1751 *eine Reise nach Achen, Spa, den Niederlanden und England unternahm, und war zuletzt zweyter Physikus in Riga. Geb. zu Riga* 1716, *gest. am* 17 *August* 1764.

Diss. inaug. med. de frigore ejusque effectibus in corpore humano. (Praes. Joh. Henr. Schulze.) Halae Magdeb. 1740. 33 S. 4.

Meteorologische Bemerkungen, *in den* gelehrten Beyträgen zu den rig. Anzeigen 1763. St. 9. u. 1764. St. 8.

Vergl. Gadeb. L. B. Th. 2. S. 205. — Rig. Stadtbll. 1824. S. 370.

Lyre (Abel Bengtsohn).

Studirte um 1636 *bis* 1640 *zu Dorpat. Geb. in Westgothland zu . . ., gest. . . .*

Oratio de gratitudine. Dorpati, 1636. 4.

Disp. de ethica dogmatica deque hominis beatitudine. (Praes. Laur. Ludenio.) Ibid. 1639. 4., *auch in* Laur. Ludenii de viro practico deque mediis ad vitam practicam ducentibus liber (Dorpati, 1643. 4.) *die* Exerc. III.

Disp. optica. (Praes. eod.) Ibid. 1640. 4.

Disp. de terra. (Praes. eod.) Ibid. eod. 4.

Vergl. Somm. p. 50. 227. 230.

M.

MACKSCHAN (BEATUS CHRISTIAN).

Durchreisete drey Welttheile, wurde zu Avignon Rabbi, und trat 1672 zur christlichen Religion über. Hat sich, da seine Schrift in Riga erschienen ist, wahrscheinlich auch in Livland aufgehalten.

Schriftmäſsiger Jesus' Palmbaum oder klarer Beweiſsthum wider die Juden: Daſs Jesus von Nazareth der wahre Messias: Nebst einem Brief von ihren Sünden u. erfolgenden Strafen, So der durch göttliche Gnade Christo zugeführte Beatus Christian Mackschan gepflantzet. Riga, 1690. 4 unpag. Bll. u. mehr als 120 S. 8.

Vergl. Gadeb. L. B. Th. 2. S. 206. — Wolff Bibl. Hebr. III. 145. — Rotermund z. Jöcher.

MACONI (PETER HEINRICH).

Aus Wiburg, wurde 1818 Dr. der A. G. zu Dorpat.

Diss. inaug. med. de rubefacientium et vesicantium agendi modo. Dorpati, 1818. 41 S. 8.

MACZEWSKI (FRIEDRICH GUSTAV).

Sohn des nachfolgenden.

Nachdem er bis ins 15te Jahr den Unterricht seines Vaters genossen hatte, bezog er 1776 das Gymnasium zu Mitau und 1779 die Universität Halle, beendigte dort seinen theologischen Kursus, machte hierauf eine Reise in die Schweiz, kehrte 1782 nach Kurland zurück, war zwey Jahr Hauslehrer auf dem Gute Rumbenhof, wurde 1784 Pastor zu Muischazeem und gegen das Ende des folgenden Jahres Kirchspielsprediger zu Erwahlen im damaligen piltenschen Kreise. 1786 erwählte ihn die piltensche Ritterschaft zum Assessor des dortigen Konsistoriums, auch wurde er, auf Vorschlag des Landrathskollegiums, 1797 *von der kurländischen Gouvernements-Regierung zum piltenschen Propst ernannt, und dadurch zugleich Beysitzer in dem vereinigten kurländischen und piltenschen Konsistorium; so wie er auch Mitglied derjenigen Kommission war, die zur Abfassung eines Entwurfs zu einer für Kurland und Pilten gemeinschaftlichen Kirchenordnung* 1797 *in Mitau niedergesetzt wurde. Uebermäſsiger Fleiſs zog ihm* 1788 *eine heftige Nervenkrankheit zu, die eine zeitlang in Geistesabwesenheit überging, so daſs bis gegen die Mitte des Jahres* 1791, *wo er wieder vollkommen hergestellt war, alle seine Amtsgeschäfte von einem ihm zugelegten Vikar verwaltet werden muſsten. Im J.* 1803 *wurde er piltenscher Superintendent und* 1806 *Konsistorialrath. Geb. zu Doblen in Kurland am* 10. *November* 1761, *gest. im Pastorat Erwahlen am* 14 *September* 1813.

* No ſemmes un mahjas kohpſchanas (aus C. D. G. Gerzimski's nie gedruckter deutscher Handschrift übersetzt). Mitau, 1783. 8.

Jaunas Spreddikugrahmata pahr teem ſwehteem Eewangeliumeem us wiſſahm ſwehdeenahm un augſteem ſwehtkeem. Mitau, 1793. 16 u. 794 S. 8. — *Ein dazu gehöriger Anhang ist auch besonders gedruckt mit dem Titel:* Peeleekums pee tahs jaunas Spreddikugrahmatas, jeb wehl trihs Spreddiki us tahm treſchahm Seemas-ſwehtku- Leeldeenu- un Waſſaras-ſwehtku Swehdeenahm ſarakſtiti. Mitau, 1795. 24 S. 8.

Gab mit G. B. Jäsche *gemeinschaftlich heraus:* Versuch eines faſslichen Grundrisses der Rechts- und Pflichtenlehre, zum Unterricht der reifern und gebildetern Jugend in Schulen und bey der häuslichen Erziehung. Königsberg, 1796. 12 unpag. u. 91 S. 8.

Maſais Luttera Katkiſmus, kà arri Swehti Deewa wahrdi jeb Kriſtigas tizzibas- un dſihwoſchanas-mahzibas no Bihbeles, jaunekleem par ismahziſchanu no galwas islaſſiti. Mitau, 1807. 32 S. 8.

* Anzeige (*betreffend das zu Riga* 1809 *bey* J. K. D. Müller, *unter dem Titel:* Kriſtigas dſeeſmas, Widſemmes baſni-

zās un mahjās dſeedamas *in 8. herausgekommene neue lettische Gesangbuch*). Mitau, 1809. 1 Bog. 8.

Kleanths Hymne an den Zevs. Aus dem Griechischen; *in* Kütners Mitauscher Monatsschrift 1784. April. S. 22.

Berichtigung einer Stelle in der Schrift: Die Letten in Kurland, von Fircks; *in den* Mitauschen Wöchentl. Unterh. 1805. Bd. 1. S. 47. — Ueber das bey J. F. Steffenhagen und Sohn (1806) erschienene neue lettische Gesang- und Gebetbuch; *ebend.* 1806. Bd. 4. S. 332. — Etwas in Beziehuug auf den in No. 50 und 52 der Wöchentlichen Unterhaltungen vom Jahre 1806 erschienenen die sogenannte Nichtsphilosophie betreffenden Aufsatz des Hrn. Pastor Elverfeld; *ebend.* 1807. Bd. 5. S. 102. — Philosophenungerechtigkeit; *ebend.* S. 359. — Ueber Hrn. Pastors Elverfeld Bemerkungen im 12., 14. und 16. Stück der Wöchentlichen Unterhaltungen von diesem Jahre; *ebend.* Bd. 6. S. 20 u. 33. — Schreiben an den Herrn Idiotes in No. 43 der Wöchentl. Unterh.; *ebend.* S. 415.

Das Bewuſstseyn, Wahrheit und Gutes aufrichtig geliebt und nach Vermögen gefördert zu haben, als die Hauptquelle ruhiger Heiterkeit im Alter. Eine Predigt zum Gedächtnisse des von dem Superintendenten Ockel 25 Jahre hindurch bekleideten Amts u. s. w. am 15ten Sonntage n. Tr. 1810 in der Trinitatiskirche zu Mitau gehalten; *in der unter dem Titel:* Das Gedächtniſsfest der 25jährigen Amtsführung des kurländ. Superintendenten E. F. Ockel (Mitau, 1811. 4.) *herausgekommenen Sammlung; auch in den gleich anzuführenden* Predigten u. Amtsreden S. 244-260.

Einige Worte an J. F. Steffenhagens Sarge gesprochen; *in der Schrift:* Zu Steffenhagens Andenken. (Mitau, 1812. 8.)

Gedichte: *in der* Mitauschen Zeitung 1802. No. 70; *in* Matthisons lyrischer Anthologie Bd. 13. (Zürich, 1805.) S. 243; *in den* Mitauschen Wöchentl. Unterh. Bd. 1. S. 268 u. 335. Bd. 2. S. 16. Bd. 3. S. 31 u. 192. Bd. 4. S. 94. Bd. 5. S. 159 u. 176. Bd. 6. S. 16.; *in den* Neuen Wöchentl. Unterh. Bd. 2. S. 507.; *in* Schlippenbachs Kuronia, Sammlung 1. (1806.) S. 9, 36, 100 u. 111. Sammlung 2. (1807.) S. 7, 21 u. 36, *auch in desselben* Wega (1809.) S. 36.

Aufsätze und Gedichte *in der* lettischen Quartalschrift: Gadda-Grahmata, (Mitau, 1797 u. 1798.)

War, in Verbindung mit A. J. Stender, C. F. Launitz *und* G. S. Bilterling, *Hauptredakteur bey der Herausgabe des, unter dem Titel:* Jauna un pilniga Latweefchu Dſeefmu Grahmata, zu Mitau 1806 in 8. *erschienenen* lettischen Gesangbuchs, *zu dem er viele neue Lieder geliefert und viele der älteren verbessert hat.*

Nach seinem Tode erschien noch: F. G. M. Predigten und Amtsreden, nach seinem Tode gesammelt und herausgegeben. Non omnis moriar. Mitau, 1817. 10 unpag. u. 360 S. 8.

Vergl. Allgem. deutsche Zeit. f. Rufsl. 1813. No. 226. — Meusels G. T. Bd. 18. S. 600. — Rotermund z. Jöcher, Zusätze vor dem 5ten Bde. S. CLIV.

Maczewski (Johann Jakob).

Vater des vorhergehenden.

Studirte auf dem Gymnasium zu Thorn und seit 1737 *Philosophie und Theologie zu Leipzig, erhielt hier* 1740 *die Magisterwürde und erwarb sich durch Vertheidigung einer Streitschrift die Fähigkeit zu Vorlesungen und zu einer Kollegiatstelle im Frauenstifte, kam in demselben Jahre mit dem Baron von* Rönne *auf Puhren nach Kurland, wurde* 1742 *Rektor der mitauschen groſsen Stadtschule,* 1749 *lettischer Prediger zu Doblen und* 1761 *Propst des doblenschen Kreises. Geb. zu Thorn am* 26 *Julius* 1718, *gest. am* 26 *November* 1775.

Diss. de stupendo linguarum miraculo in apostolis evidente, ad illustrandum locum Actor. II. v. 4. Lipsiae, 1740. 4.

Progr. Grundriſs eines aus den Gründen der Vernunft hergeleiteten Beweises: daſs die Menschen ohne eine göttliche Genugthuung nicht können zur höchsten Glückseligkeit gelangen. Mitau (1744). 4. *Auch in* Bidermanns Actis scholasticis T. IV. P. I. p. 387.

Mehrere lateinische Einladungs-Programme. Mitau, 1746 u. a. 4.

Progr. Daſs die Vollkommenheit der natürlichen Religion nicht unveränderlich sey. Mitau (o. J.). 8 S. 4.
Kurzer Begriff der christlichen Glaubenslehre, seinen Zuhörern zum Gebrauch in diesen Zusammenhang gebracht. Ebend. 1747. 28 unpag. u. 328 S. 8.
Lettische geistliche Lieder *in dem von* C. Huhn 1766 *herausgegebenen* Gesangbuche.

Vergl. Gadeb. L. B. Th. 2. S. 206. — Nova acta hist. eccles. VIII. S. 739. — Tetsch K. K. G. Th. 1. S. 258-261. — Meusels Lexik. Bd. 8. S. 430. — Rotermund z. Jöcher. Bd. 4. S. 318. — Zimmermanns Lett. Lit. S. 76.

von Magnus (Gottfried Heinrich).

Ein Livländer, studirte in Dorpat, promovirte daselbst 1827 *als Dr. der A. G. und lieſs sich darauf als praktischer Arzt in Riga nieder.*

Diss. inaug. med. de pulsatione abdominali. Dorpati, 1827. 64 S. 8.

Mahlmann (Siegfried August).

Bezog, gebildet zugleich mit Seume *und* C. A. Fischer *durch den Rektor* Korbinsky *zu Borna,* 1785 *die Fürstenschule in Grimma und* 1789 *die Universität Leipzig, kam* 1792 *als Hofmeister nach Livland, besuchte in den Jahren* 1794 *bis* 1797 *mit einem jungen Livländer, den er führte, die Universitäten Leipzig und Göttingen, durchreiste in den Jahren* 1798 *und* 1799 *das nördliche Europa, hielt sich besonders in St. Petersburg auf und kehrte* 1799 *nach Leipzig zurück, wo er seitdem privatisirte, auch in der Folge königl. sächsicher und herzogl. gothaischer Hofrath wurde und den St. Wladimir-Orden der 4ten Kl. erhielt. Geb. zu Leipzig am* 13 *May* 1771, *gest. auf seinem Vorwerke bey Leipzig am* 16 *December* 1826.

Vergl. Meusels G. T. Bd. 14. S. 478. u. Bd. 18. S. 606, *wo seine Schriften, die alle, nachdem er Livland bereits wieder verlassen hatte, erschienen sind, verzeichnet stehen.* — Convers. Lexik. VI. 62. — N. Nekrolog d. Deutschen 4ter Jahrg. Th. 2. S. 724-728. (*Vor dem 1sten Theile dieses Jahrg. sein Bildniſs, gestochen von* C. Ermer.)

Mahlstede (Arnold).

Studirte um 1644 bis 1652 zu Dorpat. Geb. in Livland zu ..., gest. ...

Oratio de honore. Dorpati, 1644. 4.

Συζητησις περι του Θεου. (Praes. Joh. G. Gezelio.) Ibid. 1649. 4.

Disp. theol. in Psalmum V. Davidis selectissimas notas exhibens. (Praes. et auct. Andr. Virginio.) Ibid. 1651. 4.

Processus judiciarii disp. 3tia de actionis editione et citatione. (Praes. et auct. Joh. Erici, Stregnensi.) Ibid. 1652. 4.

Vergl. Somm. p. 59. 173. 262.

Maj *) (Georg Jakob).

Wurde 1729 Diakonus zu Wolmar und 1736 Pastor zu Ubbenorm bey Lemsal. Geb. zu Windsheim in Franken am ..., gest. am 11 März 1743.

* Tas Zeſſch uhs Labklafchanu, eekſch Jautafchanahm un Atbildefchanahm, is Deewa Wahrdeem ta norahdihts un apſtiprinahts, ka Ikkatrs, par ſawu Dwehſeli gahdidams Zilwehks, kas uhs ſcho Zeſſu dohdahs un ſtaiga, panahkt warr, Deewa Schehlaſtibu un to muhſchigu Dſihwofchanu. Preekſch ſchim Wahzes - Wallodâ kohpâ ſarakſtihts: un nu teem Latweeſcheem par Labbu ſchâhs Semmes Wallodâ istulkahts un drikketôs Rakſtôs klaijuma Laiſts. Gaddâ 1724. (Riga.) 16 S. 8. — *Wieder aufgelegt:* (Ebend.) 1730. 16 S. 12. *Eine Uebersetzung von* Freylinghausens summarischer Vorstellung der göttl. Ordnung des Heyls, im Anhange seines kurzen Begriffs der ganzen christl. Lehre; s. C. Ravensbergs Gesch. des lett. Catechismi S. 12.

Besorgte mit Tob. Sprökelsen *die Korrektur der zweyten Ausgabe der* lettischen Bibel (*s. den Art.* Jak. Benj. Fischer), *und hielt sich deshalb* 1739 *in Königsberg auf.*

Vergl. Nord. Misc. IV. 103. — Zimmermanns Lett. Lit. S. 49.

*) Nicht May oder Mey.

Makeprang (Jakob).

Hatte in Halle Medicin studirt, kam nach Kurland und lebte hier mehrere Jahre als Hausarzt auf dem Gute Preekuln. Er stand in dem Rufe einer ausgebreiteten Gelehrsamkeit in allen Fächern der Wissenschaften. Ob er jemals promovirt und eine Dissertation geschrieben hat, haben wir nicht mit Gewifsheit ausmitteln können. Geb. zu Landkirchen auf der Insel Fehmern am 10 *November* 1744, *gest. zu Preekuln am* 30 *November* 1789.

Vergl. Schulz Abdankungsrede am Grabhügel des Herrn Jacob Makeprang, der Heilkunde Doktor. Mitau, 1789. 8. — Nudow's anthropologische Reisen. S. 150-188.

Makowsky (Jakob Andreas).

Studirte zu Dorpat, erwarb sich daselbst für eine Predigt: Von der heiligen Pflicht des Umgangs mit verstorbenen Freunden, 1806 *den homiletischen Preis, und wurde* 1807 *deutscher Prediger zu Narwa, auch* 1816 *Praeses consistorii, mufste aber, nach vielfachen Streitigkeiten, einige Jahre später sein Amt aufgeben. Geb. zu Riga, am* 26 *Februar* 1783, *gest. zu Narwa am* 28 *April* 1820.

Am Sarge des Polizei- und Kommerz-Bürgermeisters Johann Knoop; gesprochen am 23. May 1812. Riga, 1812. 16 S. 8.

Malbeck (Jakob Petersohn).

Studirte um 1646 *zu Dorpat. Geb. in der schwediscen Provinz Smoland zu ..., gest. ...*

In salutiferam resurrectionem Domini et Salvatoris nostri Jesu Christi oratio. Dorpati, 1646. 4.

Vergl. Somm. p. 60.

Malczowski *) (Stanisław Jan).

Polnischer Translateur beym rigaschen Rathe und polnischer Sprachmeister (noch 1699).

Die deutsche u. polnische Dialogi das ist sehr nützliche Gespräche etc. Riga, 1684. 1 unpag. Bog. u. 112 S. 8. — Neue Aufl. Ebend. 1697. 8.

Kauffmanns Kanzeley mit allerhand üb- u. nützlichen Kaufmannsbriefen an hohe u. niedrige Standes-Personen. (Riga) 1684. 64 S. 8.

Encomium (d. i. Tractat von der Mutter Gottes) Riga, 1692. 12.; *in polnischer Sprache.*

Nova et methodica institutio in lingua polonica, d. i. neue u. grundrichtige Unterweisung in der polnischen Sprache, bestehend: in blofsen Regulen mit sehr schönen Exempeln, u. zu dem allgemeinen Handel u. Wandel in der Kauffmannschafft, wie auch im Schreiben der Briefe nützlichen Redensarthen erklähret u. der Jugend zum Befsten vorgestellet. Riga, 1696. 1 unpag. Bog. u. 149 S. 8. *Angehängt:* Allerhand schöne u. nützliche Gleichnus u. Parabeln in deutscher sowohl als polnischer Sprache u. s. w. 41 S.

Vollständige polnische Grammatik ... u. Compendium sammt vocabulario u. deutsch u. polnischem Gesprächbuch .... *werden ihm noch von* Fischer *beygelegt; erstere scheint aber die vorstehende* Nova et methodica institutio *u. letzteres eben darin enthalten zu seyn.*

Lateinische u. polnische Gelegenheitsgedichte.

Vergl. Gadeb. L. B. Th. 2. S. 207. — Nord. Misc. IV. 211.

Malmenius (Andreas).

Hatte um 1645 in Dorpat studirt und wurde 1651 dort Mag.; war nachher Lektor der griechischen Sprache am Kollegium zu Strengnäs, zuletzt aber Pastor und Propst in Floda. Geb. in Südermannland zu ..., gest.

Disp. in Cap. X. a v. 1. ad 22. D. Evangelistae Joannis selectissimae notae. (Praes. Andr. Virginio.) Dorpati, 1645. 4.

---

*) Nicht Malczarsky, wie bey Gadebusch.

Disp. de veritate astrologica. (Praes. Joh. Erici.) Dorpati, 1646. 4.
Disp. de ente in genere. (Praes. eod.) Ibid. 1648. 4.
Disp. de principiis corporum naturalium in genere et in specie. Ibid. 1650. 4.
Disp. (pro gradu) de philosophia in genere. Ibid. 1651. 4.
De libero arbitrio disp. synodalis. Stregnesii, 1663. 4.

Vergl. Schefferi Suecia lit. p. 196. — Somm. p. 170. 258. 260. — Rotermund z. Jöcher.

MALMGREN (SIMON MAGNUS).

Geb. zu Landskron in Schweden am 4 Oktober 1775, studirte von 1793 bis 1797 Philosophie und Philologie auf der Universität Lund, ward dort Dr. der Philosophie, begab sich 1798 nach Stockholm, wo er im Departement der auswärtigen Angelegenheiten und im königl. Museum bis 1803 diente, kam darauf als Privatlehrer nach Livland und wurde 1804 bey dem damals errichteten Gymnasium zu Dorpat als Oberlehrer der Religion und lateinischen Sprache angestellt, auch 1824 zum Kollegien-Assessor und 1825 zum Hofrath ernannt.

Schwedische Uebersetzungen mehrerer deutscher, französischer u. englischer Schriften. Stockholm, 1799-1803.
Progr. Einige Gedanken über die Erlernung der lateinischen Sprache — — herausgeg. von Dr. Friedrich Rambach. Dorpat, 1805. 32 S. 8.
Progr. Einige Gesichtspunkte zur Würdigung des Werths öffentlicher Schulanstalten — — herausg. von Gottlieb Benj. Jäsche. Ebend. 1810. 40 S. 8.
Anleitung zum Lateinschreiben, nebst vorangeschickten syntaktischen Uebungen — 1ster Kursus, 1ster u. 2ter Abschn. für Kreisschulen u. Gymnasien. Dorpat, 1810. 316 S. — 2ter Kursus für die höheren Klassen gelehrter Schulen u. zum Privatgebrauch. Ebend. 1815. 320 S. 8. — 2te verm. u. verb. Aufl. 1ster Kursus, 1ster u. 2ter Abschn. Ebend. 1819. XVI u. 310 S. 8.
Gelegenheitsgedichte.

Malsch (Karl Friedrich).

Geb. zu Reval 1793, besuchte mehrere Jahre die Ritterschaftsschule auf dem Dom daselbst und trat dann in Kron-Civildienste, in denen er sich wahrscheinlich noch (zu St. Petersburg) befindet.

Neue russiche Chrestomatie für Deutsche aus den beſsten russischen Schriftstellern gesammelt. St. Petersburg, 1815. IX, 179 u. 111 S. gr. 8.

Mancelius (Georg).

Erhielt seit 1608 den Schulunterricht zu Mitau und Riga, ging 1611 nach Frankfurt an der Oder, bald darauf aber, weil hier eben die Aenderung der Religion statt fand, nach Stettin und benutzte die Vorlesungen der dortigen Lehrer. 1615 kam er wieder nach Kurland, in der Absicht, sich mit Mitteln zur Fortsetzung seiner Studien auf andern Universitäten zu versehen, wurde aber unvermuthet vom Herzoge Friedrich 1616 zum Prediger in Wallhof bestellt und 1620 von hier nach Selburg versetzt. 1625 nahm er den Ruf als Pastor der deutschen Gemeine zu Dorpat an, wurde im folgenden Jahre zugleich Aufseher der dortigen Schulen, und war einige Zeit auch Propst des dorpatschen Kreises. Im Jahre 1632, nach erfolgter Stiftung der Universität Dorpat, ernannte ihn der König zum öffentlichen Lehrer der Theologie an derselben und zum Beysitzer im Oberkonsistorium. Bey der feyerlichen Einweihung der neuen Hochschule wurde, auf Befehl des Senats, der Freyherr Jakob Skytte als Rektor und Dr. Virgin als Prorektor von ihm installirt, ein Jahr später erhielt er die theologische Licentiatenwürde, und 1636 verwaltete er selbst das akademische Rektorat. Aber bereits am 23 Oktober 1637 rief ihn der Herzog Friedrich von Kurland zurück und ernannte ihn zu seinem Hofprediger und Beichtvater, in welchen Aemtern er auch sein

Leben beschlossen hat.' Geb. zu Grenzhof in Kurland, wo sein Vater, Kaspar Mancelius, Prediger war, am 24 Junius 1593, gest. zu Mitau am 17 März 1654.

Disp. de bonis operibus. (Praes. Petro Hinkelmann.) Rostochii, 1615. 2 Bogg. 4.

Erinnerung von dem Erdbeben, welches 1616 an etlichen Orten in Semgallen gewesen. Riga, 1619. 4.

Disp. de justificatione hominis peccatoris poenitentis coram deo. (Praes. Andrea Virginio.) Dorpati, 1632. 4.

Diss. de vero Ψυχοδοχειων numero. Ibid. 1632. 4.

Disp. de peccato in spiritum sanctum. (Resp. Joan. Raulinio, Goldinga-Curlando.) Ibid. 1634. 4.

Vademecum oder verbessertes Lettisches Gesangbuch und Evangelienbuch, mit neuen Gesängen vermehrt. Riga, bey Gerhard Schröder, 1636 (*vielleicht auch schon 1631, denn von diesem Jahre ist die vorgesetzte Zueignung des Buchdruckers datirt*). 4. — 2te Ausg. Ebend. 1642. 4. — 3te Ausgabe. Ebend. bey H. Bessemesser, 1673. 8. — 4te Ausgabe. Ebend. bey Nysius, 1685. kl. 8. *Auch* in demselben Jahre, *stark vermehrt und verbessert durch* Heinrich Adolphi 1. (*s. dess. Art.*), Mitau bey Radetzky. 4.

Ta Swehta Behrnu Mahziba ta tizziga Deewa kalpa Lutherus ar Jautaſchanahm un Atbildeſchanahm teem Latweſcheem un wiaau Behrneem par labbu isſkaidrota. (*Der* kleine Katechismus, *welcher auch schon in dem vorher angeführten* Vademecum *abgedruckt ist.*). ... 6 Bogg. 8.

Die Sprüche Salomonis in die Lettische Sprache gebracht. Riga, bey G. Schröder, 1637. 6½ Bogg. kl. 8. — 2te Aufl. Ebend. bey Bessemesser, 1672. 79 S. 8. — 3te Aufl. Ebend. bey Nysius, 1685. 8. — 4te Aufl. von Heinrich Adolphi. Mitau, 1685. 46 S. 4.

Lettus, das ist Wortbuch, sampt angehengtem täglichem Gebrauch der lettischen Sprache, Allen vnd jeden Auſsheimischen, die in Churland, Semgallen vnd Lettischen Lieflande bleiben, vnd sich redlich nehren wollen, zu Nutze angefertigt. Erster Theil. Riga, bey G. Schröder, 1638. 7 Bll. u. 13 Bogg. — Ander Theil. Phraseologia lettica, das ist: Taglicher Gebrauch der Lettischen Sprache. Ebend. 1638. 12 Bogg. kl. 8. *Sehr selten.* — 2te Auflage des 2ten Theils (als Anhang zu G. Dressel's gantz kurtzer Anleitung zur lettischen Sprache). Ebend. 1685. 2 Bogg. u. 5 Bll. 12.

Das Hauſs- Zucht- und Leerbuch Syrachs, zum erstenmahl in lettischer Zungen gebracht und auſsgangen. Riga bey G. Schröder, 1643. 98 S. 4. — 2te Aufl. Ebend. b. H. Bessemesser, 1671. 128 S. 8. — 3te Aufl. Ebend. bey G. M. Nöller, 1685. 125 S. 8. — 4te, *von* H. Adolphi 1. *besorgte*, Aufl. Mitau, 1685. 4. — *Alle selten.*

Gedachtniſs-Seule. Daſs ist: Eine Christliche Predigt, da die Durchlauchtige — Fürstin — Elisabeth-Magdalena, Geborne Fürstin zu Stettin Pommern u. s. w., in Lieffland zu Churland vnd Semgallen Hertzogin u. s. w. den kostbarn vnd ansehnlichen Altar — der Teutschen Kirchen zur Mietaw — übergeben lassen, auff den ersten Advents-Sonntag — des ablauffenden 1641. Jahrs, in selbiger Kirche gehalten. Riga, bey G. Schröder, 1642. 6 unpag., 28 u. 1 unpag. S. 4.

Huldigungs-Predigt über Jos. 1, v. 1-5. bey Antritt der Regierung Herzogs Jakob. Riga, 1643. 4.

Epitaphium R. Davidis. Das ist: Eine Christliche Leich-Predigt bey der Churfl. (*sic*) Leichbestattung deſs Durchlauchtigen — Fürsten — Friderici, in Lieffland, zu Cuhrland vnd Semgallen Hertzogen — zur Mietau in der Stadt-Kirchen, zur H. Dreyfaltigkeit genandt — gehalten am Sontage Invocavit St. nov. anno 1643. Königsberg, bey Paschen Mense, den 24. Junii anno 1646. 4.

Gottliebender Kreutz-Träger Christlichs Bedencken aus dem 13. Psalm v. 2. 3. 4. Zu schuldigstem Ehren-Gedachtniſs der Weylandt Durchlauchtigsten — Fürstin — Elisabeth-Magdalena, geborner Fürstinn zu Stettin, Pommern u. s. w., in Liefflandt, zu Curlandt und Semgallen Hertzogin u. s. w. Wittwin, welche — den 13. Febr. dieses 1649. Jahrs — selig im Herrn entschlaffen, hernach aber den 19. Junii zur Mytaw in der Fürstlichen Schloſs-Kirchen beygesetzet worden. In volkreicher, hochansehnlicher Versamlung in der Mytawschen Teutschen Stadt-Kirchen zur H. Dreyfaltigkeit genandt erkläret. Königsberg, bey Paschen Mense, 1649. 28 unpag. Bll. 4.

Lang-gewünschte Lettische Postill, das ist: Kurze und Einfaltige, jedoch Schrifftmassige Aufslegung und Erklarung der Sonntaglichen und vornehmsten Fest-Evangelien, so im Fürstenthumb Cuhrland und Semmgallen, auch im uberdünischen Liefflande, so weit die Lettische Sprache sich erstrecket, gelehsen werden. Erster Theil. Von Advent bifs zum Fest der Hochheiligen Drey-Einigkeit. 555 S. und 6 unpag. S. Druckfehler. — Ander Theil. Vom Fest der Hochheiligen Drey-Einigkeit bifs auff Advent. 409 S. u. 5 unpag. S. Druckfehler. — Dritter Theil. Kurtze und Einfaltige, jedoch Schriftmassige Aufslegung und Erklärung der Hertz-Tröstlichen und Lehr-Reichen Historien von dem unschuldigen Leiden und schmertzlichen Kreutz-Tode unsers allerliebsten Herrn und hochverdienten Sehligmachers Jesu Christi, nach den vier Evangelisten. 214 S. Riga, bey G. Schröder, 1654. kl. 4. Mit Holzschnitten. — 2te, revidirte Aufl. Riga, bey G. M. Nöller (1675). 8 unpag. Bll. u. 536, 412 u. 204 S. 4. — 3te Aufl. Riga, verlegt bey dem Buchhändler Johann Güntzell, 1699. 4. — 4te Aufl., *unter dem Titel:* Neue Lettische Postilla, das ist: Sammlung erbaulicher lettischer Betrachtungen über die Evangelia aller Sonn- und Fest-Tage, über die gantze Passions-Geschichte, über Fünf Bufs-Texte, und Einem Dank-Texte, welche von inwendig benannten Dienern Gottes aufgesetzt und den Letten zum Besten zum Druck befordert von dem weiland — Herrn Alexander Gräven — Superintendenten, und mit einer Vorrede begleitet von Joachim Baumann, der Grobinischen Diöcefs Präposito u. s. w. Königsberg, bey J. H. Hartung, 1746. 1032 u. 254 S. 4. *Mit dem Prospekt der Stadt Mitau als Titelkupfer und mehreren eingedruckten Holzschnitten, auch mit einem besonderen lettischen Titel, der dem bey der folgenden Ausgabe angeführten völlig gleich ist.* — Fünfte Auflage, *unter dem Titel:* Jauna Latweefchu Spreddiggu-Grahmata, kurra atraftini wiffi Spreddiggi pahr teem Evangeliumeem kas Swehtdeenás in us

Swehtkeem, Trihs Wefperu Mahzibas, kas us tahm trim pirmahm Swehtku Deenahm, Aſtoni Spreddiggi kas us Gaweṡu Laiku, Peezi Spreddiggi kas us Luhgſchanas Deenahm, in weens Spreddiggis kas us Pateizibas jeb Meera Deenu laſſami irraid. Tai Latweeſchu Deewa Draudſibai par Labbu ſataiſita in jaunôs ſkaidrôs Rakſtôs eeſpeeſta. (*Mit einer* Vorrede *des* Superintendenten Christian Huhn, *dessen Bildniſs als Titelkupfer dem Buche vorsteht.*) Mitau, bey Hartknoch (*o. J.* [*gedruckt aber zu Leipzig bey Breitkopf, unter* Gustav Bergmanns *Aufsicht*], 1769.) 2 unpag. Bll. u. 1090 S. 4. — 6te Auflage. Unter demselben Titel. Mitau, bey Steffenhagen und Sohn, 1823. 2 unpag. Bll. u. 1092 S. 4. — *Mit* J. F. Steffenhagens *Bildniſs als Titelkupfer.*

Vergl. Jöcher und Rotermund zu dems. — Gadeb. I. B. Th. 2. S. 215-220, *wo aber in Rücksicht der angezeigten Schriften groſse Verwirrung herrscht.* — Zimmermanns Lett. Lit. S. 23-27. — Nord. Misc. IV. 211. — Somm, I. p. 176-182.

MANEKE (CHRISTIAN).

Studirte in Helmstädt um 1663, *wurde* 1669 *Notar beym rigaschen Landgerichte*, 1679 *aber wegen eines unvorsätzlichen Todtschlages dieses Amtes auf einige Zeit entsetzt und vom Hofgerichte um* 300 *Rthlr. S. M. gestraft, auch zur Kirchensühne verurtheilt, hierauf* 1688 *Assessor im rigaschen Landwaisengerichte, dann* 1690 *im dortigen Landgerichte, legte* 1692 *dies Amt nieder, zog auf sein Gut Nabben bey Lemsal, und wurde am* 25 *August* 1696, *mit dem Namen v.* Maneken, *geadelt, auch* 1697 *auf dem Ritterhause zu Stockholm introducirt. Geb. zu Riga am ..., gest.* 1710.

Disp. jurid. de judiciis. (Praes. Ernesto Gläser.) Helmestadii, 1663. 3½ Bogg. 4.

Vergl. Nord. Misc. XXVII. 385. — N. nord. Misc. XIII. 494.

MANEKEN (MARTIN).

Studirte um 1694 *in Wittenberg. Geb. zu Riga am ..., gest. ...*

Scylla et Charybdis, interpretibus aeque ac concionatoribus vitandae. (Praes. Casp. Löschero.) Wittenbergae, 1694. 32 S. u. 1 unpag. Bog. 4.

Vergl. Nord. Misc. IV. 101., *wo aber unrichtig als Druckort der Disp.* Leipzig *u. als Vorname des Praes.* Valentin *angegeben wird.*

Mangelsdorf (Karl Ehregott).

Magister der Philosophie und seit 1782 *ordentlicher Professor der Geschichte und Beredsamkeit auf der Universität zu Konigsberg, war vorher Privatlehrer der Geschichte und alten Literatur zu Halle, und vor diesem Lehrer beym Erziehungsinstitut zu Dessau. Geb. zu Dresden am* 16 *May* 1748, *gest. zu Königsberg am* 28 *August* 1802.

Allgemeine Geschichte der europäischen Staaten, ein durchaus verstandliches Lesebuch zur nützlichen Unterhaltung. 8ter Heft. Beschlufs des Staats von Rufsland, nebst einem Anhang von Lief- und Kurland. Halle, 1790. 8. (*Der Anhang geht von S.* 171-228 *und ist sehr mager ausgefallen, enthält auch hin und wieder manches ganz Unrichtige.*)

Vergl. Meusels G. T. Bd. 5. S. 25. Bd. 10. S. 241. Bd. 11. S. 508. — Rotermund z. Jöcher, *wo seine übrigen zahlreichen Schriften verzeichnet stehen.*

Månsson (Johann).

Erster Steuermann (ålder Styrmann) und Kapitän der Admiralität zu Stockholm, blieb in einem Seetreffen wider die Dänen, bey Oeresund, 1658. *Geb. zu ..., gest. ...*

Von ihm ist hier zu erwähnen: Een Sjo-Book, som innehåller om Sjofarten i Oster-Sjon etc. (d. i. ein nützliches Seebuch, welches die rechte Seefahrt auf der Ostsee deutlich anweiset, mit dazu gehörigen zuverlässigen, richtigen u. verbesserten Seefahrtskarten). Stockholm, 1644. 4. — 2te Aufl. von Jac. Fors. Ebend. 1677. 4. — 3te Aufl. Förbättrad af Magnus Otto Nordenberg. Ebend. 1725. 4. — 4te Aufl. Lübeck, 1735. 4. —

Umgearbeitet von Jonas Hahn, schwedischem Capitän-Lieutenant von der Admiralität, *unter dem Titel:* Den namnkunnige Ålder-Styrmannens och Capit. af k. Ammiral. i Stockholm, Johan Månsson, upliffvade aska, eller desſ foernyade Sjoe-Maerkes-Bock, oefver Farwattnen innom Oestersjoen, med moejeligaste flit renad, ej allenast ifrån fel, som tiders omskiften på 100 år til sjelfa orternes och maerkens aendringar gjordt, utan ock foeroekad och foerbaettrad i det som aelderdomen varit obekant, men i senare tider genom baettre kuadskap och aerfarenhet, jaemte månge Sjoefarandes meddelte Anmaerkningar, samt egne samlade Observationer, uptaekt biflit. Jaemte tiloekning o efver Farwattnen uti Kattegatt och Skagerrask, med Danska, Svenska och Norska Custerne af J. H. Stockh. 1748. 4. — *Deutsch übersetzt von* Hans Wittenburgk. Wiſsmar, 1669. 4., *u. o. O.* 1701. 4.

Vergl. Gadeb. L. B. Th. 2. S. 207. — Schefferi Suecia litter. p. 184. — N. nord. Misc. XVIII. 248-250., *nach* Gezelii biogr. Lexik. II. 179. — Rotermund z. Jöcher.

von Manteufel-Szöge *) (Ernst).

Wahrscheinlich in Esthland, oder auf der Insel Oesel geboren, lebte eine zeitlang in Kurland, war lange, von seiner Schwester begleitet, auf Reisen, soll auch in die politischen Verhältnisse Polens verwickelt gewesen seyn, und lieſs sich zuletzt in Paris nieder, wo er sich seitdem mit der Literatur beschäftigte. Geb. zu ..., gest. in hohem Alter zu Paris im May 1828.

Les deux pages. Comédie. Paris, 17. ... 8.

Handschriftlich: Mehrere Theaterstücke, unter andern ein Trauerspiel: Richard III.

---

*) Er war weder Graf, noch ein Kurländer, wie ihn die Berliner Haude- und Spenersche Zeit. 1828. No. 138 nennt.

VON MANTEUFEL-SZÖGE (KARL).

Geb. auf seinem väterlichen Erbgute Blankenfeld in Kurland am 19 *September* 1761, *studirte zu Mitau und Leipzig. Nach erfolgter Rückkehr von der Universität war er in den Jahren* 1786 *und* 1787 *sessauischer Kirchspielsdeputirter auf dem Landtage, und von* 1787 *bis* 1793 *Abgeordneter des Herzogs in Warschau, wo ihn der König* 1788 *zum Kammerherrn und bald nachher zum Ritter des Stanislaus-Ordens ernannte. Im Jahr* 1793 *wurde er Hauptmann zu Grobin,* 1798 *Oberhauptmann zu Tuckum,* 1815 *Landmarschall und* 1816 *Oberburggraf im kurländischen Oberhofgericht.*

*Exposé succinct du procés intenté à S. A. S. Mgr. le Duc de Courlande par Son Excellence Mr. le Palatin de Sieberg. à Varsovie, 1788. 4.

*Schreiben eines Kurländers an den Fürsten N... (Warschau) 1789. 8. *Ist auch in demselben Jahre in polnischer Sprache erschienen.* (Schwartz *legt diese Schrift irrig dem* Grafen Dietr. v. Keyserlingk *bey.*)

*Remarques sur quelques points d'un ecrit intitulé: Reflexions d'un Polonois sur le Duché de Courlande. (à Varsovie, 1789.) 23 S. 8. *Auch Deutsch, unter dem Titel:* Bemerkungen über einige Punkte in einer Schrift: Betrachtungen über das Herzogthum Kurland von einem Polen. (Warschau, 1789.) 20 S. 8.

*Etwas über Curland in Rücksicht auf die gegenwärtigen Mifshelligkeiten zwischen dem Herzoge und dem Adel. Frankfurt u. Leipzig (Dresden), 1791. 109 S. 8.

Einige Worte über die Aufhebung der Leibeigenschaft in Kurland. Niedergeschrieben im Monat Januar des 1817ten Jahres. Mitau, 1817. 7 S. 4.

*Vorschlag und Plan zu Errichtung einer Nationalbank in Kurland; *in* Kütners Mit. Monatssch. 1785. März S. 177-193.

Vergl. Schwartz Bibl. S. 383-387. S. 314 u. 327.

MANZEL (GEORG), s. MANCELIUS.

MARCI oder MARX (KORNELIUS, der Ältere).

War zuletzt seit 1637 Prediger an der Lorenzkirche seiner Vaterstadt. Geb. zu Nürnberg am 9 Junius 1595, gest. am 27 Julius 1646.

Von seinen Schriften gehört hieher:

Christlicher Ritterkampf, Lauf und Krone. (*Eine Leichenpredigt auf den schwedischen Obersten Klaus Hastver, Erbherrn auf Sommerhusen und Mtckshof in Esthland, der an einer bey Reichenschwang erhaltenen Wunde in Laufen starb; über* 2 Timoth. 4.) Nürnberg, 1634. 4. *und wieder abgedruckt:* Reval, 1637. 4.

Vergl. Gadeb. L.B. Th. 2. S. 220. — Jöcher *und besonders* Rotermund z. dems.

MARIE (JOSEPH FRANZ).

Priester der Sorbonne, Abbé commandataire zu St. Amant de Brixe, war vormals Professor der Mathematik am Collège Mazarin zu Paris und königl. Censor, dann Sous-Précepteur der Kinder des Grafen von Artois (nachmaligen Königs Karl X), und zuletzt erster Almosenier des Herzogs und der Herzogin von Angoulême. Ein gründlicher Gelehrter, der besonders ausgebreitete Kenntnisse in der Mathematik und in alten Sprachen besafs. Bey der Auswanderung des Grafen von Artois und seiner beyden Söhne begleitete er dieselben, mit eigner Lebensgefahr, durch das südliche Frankreich nach der Schweiz, und kam, als der Herzog von Angoulême sich von seinem Vater und Bruder getrennt und an den Grafen von Provence (Ludwig XVIII) angeschlossen hatte, mit letzterem 1798 nach Mitau, wo er grofsen Einflufs auf die königliche Familie und deren Umgebungen zu haben, so wie in alle geheime Unternehmungen, die auf eine Gegenrevolution in Frankreich abzweckten, eingeweiht zu seyn schien. Als Ludwig XVIII am 10 Januar 1800 Mitau das erste mal verliefs, blieb er noch einige Tage zurück; aber in einer sichtbar veränderten, höchst unruhigen Stimmung, die auf eine ihm persönlich bevorstehende Katastrophe schliefsen liefs. Er folgte dem Konige nach einigen Tagen, erhielt in Memel einen Brief aus Warschau (man sagt, vom Grafen d'Avaray), und gab sich hier am folgenden Morgen im Wirthshause, als schon der Reisewagen vor der Thüre stand, mit einem Federmesser den Tod. Die Veranlassung zu diesem Entschlusse läfst sich zwar vermuthen, ist aber bisher nicht mit Gewifsheit bekannt geworden. Geb. zu Rhodez in der Guyenne am 25 *November* 1738, *gest. im Januar* 1800.

Gemeinschaftlich mit Godescard: * Vies des Pères et des Martyrs, trad. de l'Anglois de Buttler. T. 1-5. à Paris, 1764. 8.

Gab heraus: * Tables de Logarithmes etc. de Mr. de la Caille. Nouv. édit. à Paris, 1768. 8.

Desgleichen: Leçons élémentaires de Mathématiques par de la Caille. Nouv. édit. à Paris, 1770. 8. *Auch* 1778. 8. — *Italienisch von* St. Canovai. Florenz. 2te Ausg. 1787. 8.

Traité de Méchanique. à Paris, 1774. 4.

Epistolae ex Quinti Horatii Flacci operibus excerptae. Mitaviae, 1798. XVI u. 108 S. kl. 8. — *Selten.*

Vergl. La France litteraire. Tom. 1. S. 328. u. Tom. 3. (Supplément) S. 140. — Ersch gelehrtes Frankreich. Th. 2. S. 333.

MARK oder MARCKS (JOHANN).

Mag.; war Pastor zu ... auf Oesel, wurde 1718 *wegen ärgerlichen Wandels seines Amts entsetzt, hierauf wieder als Pastor zu Saara ordinirt am* 19 *August* 1719, *aber* 1728 *wegen Amtsverabsäumung und schändlichen Wandels wiederum abgesetzt. Geb. zu Leal am ..., gest. ...*

Diss. nomen Jehova patribus ignotum. ex Exod. c. IV. v. 3. (Praes. Johann Andreas Helwig.) Wittenb. 1692. 2 Bogg. 4.

MARKARD (JOHANN SEBASTIAN).

Kaiserlicher gekrönter Poet; war Rektor der Stadtschule zu Reval und wurde Pastor zu Oberpahlen 1655 (*voc. am* 9 *November*). *Geb. zu Schweinfurt in Franken* 1622, *gest. im May* 1659.

Heroum Estho-Suedicum, oder glückwünschendes Freuden- und Ehrengedicht, als der — Königin Christina von der Ritter- u. Landschaft dieses Fürstenthum Ehsten, wie auch E. — Rathe u. gesammt. Bürgerschaft der Stadt Reval die Huldigung im Herbstmonat dieses 1651. Jahres hieselbst abgefordert u. angenommen ward. Reval, 1651. 3 Bogg. Fol.

Decachordon oder Saitenspiel. ...

Rigische Ehren u. Gedächtnifs-Seule, zum unvergänglichen Nachruhm den Patrioten, welche im Jahr M.DL.LVII. (*soll heissen* MDCLVII) von Weihnachten bis auf St. Michaelis durch die grimmige Pest-Seuche dahin gerissen wurden. Aus Henning Wittens Lateinischem Sermon in der Eile Poetisch aufgesetzt u. mit etlichen nützlichen Anmerkungen erleutert. Lübek, 1658. 4 Bogg. 4.

Lateinische u. deutsche Gedichte.

Vergl. Witte D. B. ad a. 1659. — Gadebusch L. B. Th. 2. S. 221. — Nord. Misc. IV. 212.

MARNITZ (KARL DAVID).

Widmete sich schon frühe der Pharmacie in Lemsal, Wenden und Marienburg, studirte dann zu Dorpat seit 1807 *Medicin, wurde dort* 1812 *Dr. derselben, liefs sich hierauf in Riga nieder und bekleidete dort von* 1812 *bis* 1823 *die Stelle eines Stadt- und Polizeyarztes. Geb. zu Wenden am* 19 *Oktober* 1786, *gest. am* 18 *Julius* 1827.

Diss. inaug. med. de impedimentis diagnoseos atque viis, haec, quantum fieri potest, removendis. Dorpati, 1812. 73 S. 8.

Vergl. Rig. Stadtbll. 1827. S. 246.

Marpurg (Georg Gottfried).

Geb. zu Langensalza in Thüringen am 7 *März* 1755, *studirte zu Leipzig, kam* 1777 *nach Livland, wurde* 1780 *Konrektor der dorpatschen Stadtschule,* 1782 (*ord. am* 30 *Januar*) *Pastor zu Neuhausen, bediente zugleich* 1782, 1783 *und* 1791 *die lutherische Gemeine zu Pleskau, auch* 1795 *bis* 1798 *die zu Werro, und wurde* 1811 *als Pastor nach Rauge versetzt.*

Religiöse Gedanken, Abhandlungen u. Erzählungen zum Unterricht, Erbauung u. Vergnügen, mit Anmerkungen u. einem Anhang Schul- u. Erziehungssachen betreffend. 1stes Stück enthaltend Gedanken eines Christen bey der gegenwärtigen groſsen Freydenkerey u. den Angriffen der heutigen Gegner der geoffenbarten Religionswahrheiten. Zum Beſsten armer Bauerschulkinder dem Druck übergeben. Mitau (1787). XVI u. 189 S. 8.

Einige Worte über den Charakter u. das Leben eines bewährt erfundenen rechtschaffenen Mannes am Begräbniſstage des Guarderittmeisters Carl von Liphardt gesprochen am 2. Sept. in der Neuhausenschen Kirche. Dorpat, 1792. 15 S. 4.

Erkenntniſs u. Beurtheilung Seiner selbst. Eine Predigt, gehalten in Werro Dom. Cantate. ... 1793. ...

Predigt von der Kindererziehung *in dorpt-esthnischem Dialekt.* ...

D. Martin Luthers kleiner Katechismus in kurzen Lehrsätzen zum Gebrauch für die deutsche Jugend in Livland u. Ruſsland. Dorpat, 1793. 8.

Kriſtlik oppetuſse Ramat ehk önſa Lutheruſse Katekismus pühha kirja perra aerraselletatu (*Chriſtliches Lehrbuch*). Ebend. 1793. X u. 202 S. 8., *mit einer deutschen Vorrede von* F. D. Lenz. — *Auch im Auszuge:* Weikenne kriſtlik oppetuſse ramat etc. Ebend. 1794. 8. — *Spätere Aufl. unter dem Titel:* Lühhikenne Oppetuſse-Ramat ehk önſa Lutteruſse Katekismuſse Ärraſelletaminne. Koli Latſille nink kigille neile häas, kummille wahheſt ſe ſuremb oppetuſse-Ramat weel ni köwwa wöis olla; ni häste ka Oppusſelle nink Loetusſelle tarbis. — Jummalalle Auwus, nink temma Tartoma koggodusſe Tullus. Dorpat, 1804. 44 S. gr. 8.

* Das Einnehmende u. Rührende in dem Leben u. Charakter Jesu, eine Predigt über das Evangelium am 19. Sonnt. n. Trin. Riga, 1794. 38 S. 8.

Rede bey der Einweihung der Evangelisch-Lutherischen St. Jacobskirche in Pleskau am 17. Febr. 1796. Dorpat, 1796. 16 S. 4.

Könne Jutto nink Juttustamisſe. 1ster Theil. Ebend. 1802. 54 S. 8.

Üts hä Mannitſus kumba kigille Ma-rahwa laste wannambille nöſtme ehk herne pandmisſe poleſt ſe waſtſe wiſi perrä Söamelikkult armuſt wöttab anda. Ebend. (1803.). 8 S. 8. (*Eine Empfehlung der Schutzblattern-Impfung.*)

Weikenne oppetusſe nink Luggemisſe Ramat, Tarto ma rahwa Kooli laste tarbis. Ebend. 1805. VI u. 137 S. 8. (*Eine Preisschrift über eine Aufgabe der livl. ökon. Societat, ein Volksschulbuch betreffend.*)

* Oppetus Jeſusſeſt Kristusſeſt pühha kirja perrä. Ma Rahwa Tullus. Eesmanne Jaggo. Ebend. 1819. VI u. 44 S. kl. 8., *eine Uebersetzung von* Moulinier's Imitations et meditations sur Jesus Christ. *Unter dem Vorwort nennt sich der Uebersetzer.*

* Kriſtlik nink Söamlik Palwusſe Ramat Ma-Risti innimisſille tarbis. (*Ein Gebetbuch.*) Ebend. 1820. 168 S. 12. *Am Schlusse nennt sich der Verf.*

Praktische Bemerkungen über den Nutzen der Queckenwurzeln, das sogenannte Pferdebrod, u. über die Verbesserung des gemeinen russischen Blättertabaks, *im* Oekon. Repert. für Livl. I. 3. S. 345-348.

Von einigem Nutzen des blauen Lehms in öconom. Rücksicht, *im* Neuern ökon. Repert. f. Livl. VII. 3. S. 370-373.

Aufsätze *in der* Dörptschen Zeitung.

Marrasch (Jakob).

Dessen Vorfahren wegen Religionsdruckes aus Böhmen nach Preussen ausgewandert waren, besuchte, zum Theologen bestimmt, seit 1736 *das Gymnasium zu Elbingen, bezog 1741 die Universität Königsberg und begab sich, nach Vollendung seiner Studien daselbst, 1745 ganz zur Brüdergemeine nach Herrnhag in der Wetterau. Von dort kam er 1747 als Hauslehrer nach Livland zu einem Kapitän v.* Maydel *auf Tokkenbek (?), verwechselte diese Stelle 1751 mit dem Lehrergeschäfte im Hause des Propst* Glanström *zu Roiks auf Dagen und erhielt 1767 den Auftrag, die geistliche Inspektion über die auf der Insel Oesel lebenden Anhänger der Brüdergemeine zu führen, wobey er auch bis an seinen Tod blieb. Geb. zu Elbingen in Preussen am 20 August 1721, gest. am 4 Julius 1792.*

* Waimolikkud Laulud Jummala meie Önnisteggia kitusſeks ja Ma-rahwa önnistusſe kaswatamisſeks ülles pandud 1791. Riga. 132 S. 8. *Ein Gesangbuch für die zur Brüdergemeine gehörenden Esthen in revalschem Dialekte.* — 2te Aufl. (*von* J. C. Neumann *besorgt u. mit einem 2ten Theile vermehrt*). Reval, 1823. 118 u. 140 S. 8. *Der 1ste Theil enthält bloſs die Lieder von* Marrasch.

MARTENS *) (KASPAR).

Mag.; wurde 1661 aus Kurland als Pastor nach Kokenhusen berufen, war auch Assessor des Kokenhusenschen Unterkonsistoriums, und ging 1670 als Prediger nach Rujen, wo er noch 1674 lebte. (Statt Rujen steht durch einen Druckfehler Schujen bey Fischer, *der auch wohl irrt, wenn er ihn erst 1674 von da nach Kokenhusen gehen läſst. Eben so widersprechend in den Jahrzahlen sind die Nachrichten in* G. Bergmanns Gesch. Liv. S. 149 u. 170.)

Disp. de Christi sacerdotio et regno adversus Socinianos. (Praes. Casp. Mauritio.) Rostochii, 1650. 4. *Hier nennt er sich* Martini.

Dispp. contra Calvinianos Vta. (Praes. Dan. Michaele.) Ibid. 1651. 2 Bogg. 4.

Vergl. Nord. Misc. IV. 101.

*) So hat er sich selbst unterschrieben, sonst findet man auch Martini u. Mertens.

MARTINI (CYRIACUS).

Studirte zu Leipzig, wurde Mag. Phil., darauf 1654 *Auditor bey der schwedischen Armee, die damals nach Polen ging, bald darnach Feldprediger bey dem Regiment des General Oxenflenz, und* 1657 *Pastor zu Elbing, erst an der Dreyfaltigkeits-,* 1676 *aber an der Marienkirche. Geb. zu Reval am* 28 *Julius* 1633, *gest. am* 9 *Januar* 1682.

Einhellige Gottgefallige Königswahl regis Poloniae Michaelis. Elbing, 1669. 4.

Ein Reisebuch für Reisende zu Wasser und zu Lande. Ebend. 1671. ...

Das dreyfache Echo, eine Abdankung. Ebend. 1673. ...

Heroscopia Christiano symbolica, geistliche Zeit- und Stunden-Betrachtung über Esaia 38. v. 8. Ebend. 1674. ...

Der exemplarische Joseph, aus Genes. 37. 39. 50. in 47 Predigten. Ebend. 1676. 4.

Unverfalschte Staatsregeln. Ebend. 1679. ...

De coena domini, eine Predigt gegen die Socinianer in Elbing. ...

Gedichte.

Lange nach seinem Tode erschienen noch:

Gottfr. Zamelii et Cyriaci Martini epistolae de succino Prussico, praecipue Elbingensi, an. 1676 in beati D. Hartmanni subsidium consignatae; *im* Gelehrten Preussen (Thorn, 1722-1725. 8.). 1725. 2. Quart. S. 5-28.

Kurzer Entwurf des syncretistischen Streits in Elbing, an einen evangelischen Prediger in Liefland; *in den* Preussischen Lieferungen. S. 613-628.

Vergl. Witte D. B. I. ad an. 1682. — Gadeb. L. B. Th. 2. S. 221. — Jöcher u. Rotermund z. dems.

MARTINI (DAVID).

Vater von NIKOLAUS.

Studirte zu Danzig, besuchte mehrere Universitäten Deutschlands, wurde Dr. der A. G. und dann erster Stadt-

physikus in seiner Vaterstadt. Geb. zu Riga am ... gest. 1706.

Diss. politica de principum consiliariis. (Praes. Georgio Neufeld.) Dantisci, 1666. 3 Bogg. 4.

Diss. inaug. med. ...

Vergl. Nord. Misc. XXVII. 385.

MARTINI (DIETRICH KARL).

Studirte zu Jena und wurde 1753 *Prediger zu Grofsautz in seinem Vaterlande. Geb. zu Ugahlen in Kurland, wo sein Vater damals Pastor war, am ..., gest. am* 13 *December* 1778.

Kurze Ablehnung derer Beschuldigungen, welche in den Neuen Hamburgischen Gelehrten Zeitungen wider den Hofrath Darjes eingerückt worden. Frankf. u. Leipz., 1749. 24 S. 4.

MARTINI (JAKOB).

Vollendete seine Studien zu Wittenberg und wurde daselbst Magister. Geb. zu Riga am ..., gest. ...

Diss. de voluntate humana. Witteberg. 1606. 4.

MARTINI (NIKOLAUS).

Sohn von DAVID.

Setzte, 14 *Jahr alt, seine auf der Schule und dem Gymnasium zu Riga angefangenen Studien in Wilna fort und widmete sich dann der Medicin, studirte hierauf zu Altorf, Leipzig und Halle, besuchte noch Leiden und Utrecht, machte eine Reise durch Frankreich und England, wurde* 1703 *in Halle Dr. der A. G., kam über Schweden nach Riga zurück und prakticirte daselbst mit grofsem Beyfalle, so dafs ihm* 1707 *das zweyte, nachher das erste Stadtphysikat über-*

tragen ward; auf welches Amt er aber 1735 resignirte. In diesem Jahre berief ihn die Kaiserin Anna nach St. Petersburg, um sich mit dem Archiater Fischer über ihren Gesundheitszustand zu berathen, und ertheilte ihm den Titel eines kaiserl. Leibarztes. Geb. zu Riga am 22 Junius 1678; gest. daselbst am 28 November 1741 (nicht 1738, wie Schwartz *hat; s.* Rig. Stadtbll. 1824. S. 268).

Diss. inaug. de prudenti virium medicamenti exploratione. (Praes. Frid. Hoffmann.) Halae, 1703. 48 S. 4.

Vergl. Nord. Misc. XXVII. 385. — Richters Gesch. der Medicin in Rufsl. III. 281.

Masing (Otto Wilhelm).

Geb. zu Lohhusu in Livland am 28 Oktober 1763, widmete sich, auf Anregung des tormaschen Predigers, nachherigen Propsts Asverus, den Wissenschaften, und zwar zuerst in Narwa, dann zu Torgau und endlich zu Halle, wo er Theologie studirte, wurde 1788 (ord. am 3 Julius) Pastor zu Luggenhusen im Revalschen, 1795 zu Maholm ebendaselbst, 1815 zu Eeks bey Dorpat, 1818 Assessor des livländischen Oberkonsistoriums, und 1821 Propst des dorpatschen Sprengels, erhielt auch in demselben Jahre den St. Wladimir-Orden der 4ten Kl. für die von ihm verfertigte esthnische Uebersetzung der livländischen Bauerverordnung.

ABD ehk luggemise-ramat Lastele, kes tahawad luggema öppida. Dorpat, 1795. 34 S. gr. 8. *Nebst einer Tabelle in 4., die Zahlen u. das Einmaleins enthaltend.*

Ehstnische Originalblätter für Deutsche. 1stes Heft. Ebend. 1816. XII u. 59 S. 8.

Pühhapäwa Wahhe-luggemised. (Erholungslektüre an Sonntagen.) 1ster Theil. Ebend. 1818. IV u. 168 S. 8.

* Kaks Ria-ma Katekismusse ümberpannemisse katsed. Ueks A., teine B. (Ebend. 1819.) 11 S. (*von* O. W. Masing) u. 12 S. (*von* K. E. Berg) 8. — *Zwey Versuche einer Bearbeitung von* Sonntag's Katechismus der christl. Lehre. Riga, 1817. 8.

Wanna ſeäduſe-aja ſündinud asjad, mis Wanas-Testamendiſt kokkokirjutand, ja nore rahwa öppetuſeks trükki pannud. (*Alttestamentliche Geschichte.*) Dorpat, 1819. IV u. 92 S. 8.

Uebersetzung der Livl. Bauer-Verordnung vom J. 1819 *in die esthnische Schriftsprache unter dem Titel:* Lihwlandi-maa Tallorahwa Seädus. Ebend. 1820. 204 S. 4.

Jutlus mis Priuſe kulutamiſe päwal 12nemal Martſil 1820. Ebend. 1820. 27 S. 8. (*Predigt bey der Promulgation der Bauerfreyheit.*)

*Vorschläge zur Verbesserung der ehstnischen Schrift. Ebend. 1820. 16 S. 8.

Armas ma rahwa u. s. w. Ebend. 1820. 16 S. 8. (*Pränumerationsanzeige, Titel u. Probebogen der 52 N. Test. Historien.*)

*Öppetus kuſt ja kuida tunda, kas innimenne töeste ſurnud, wai mitte, ja mis ſiis tehha, kui temma pitkas minnestusſes on, et ta jälle toibuks: Wenne-Rigi arstija-asjade Ullema kohto poleſt Peterpurris 1819. aastal wälja antud etc. Riga, 1820. 16 S. 8. (*Uebersetzung der* Anleitung, wie der wahre Tod vom Scheintod zu unterscheiden etc. Herausgegeben vom Medicinalrath des Ministeriums des Innern im J. 1819. St. Petersb. 1820. 8.)

Luggemiſe lehhed (*Lesetafeln*). Dorpat, 1821. XXXVIII Taf. gr. Fol., *nebst dazu gehöriger Anweisung zu ihrem Gebrauche und zum Lesenlehren überhaupt, unter dem Titel:* Öppetus kuida neid luggemiſe lehti kasſuga prukida. Ebend. 1821. 20 S. 8.

Maarahwa näddula-leht (*Wochenblatt*). Ebend. 1821. — Pernau, 1822. — Dorpat, 1823. — Pernau, 1825. *Jeder Jahrg. von 52 Nummern oder* 416 *S.* 8.

Maarahwa Kalender ehk Tähtramat. 1823. 1824. Pernau. *Jeder Jahrg. von* XXVII u. 45 S. 12. — 1825. Dorpat. XIII u. 20 S. 8. — 1826. Ebend. 48 S. 8.

Arwamiſe-Ramat, koolmeistrite ja kolilästе kasſuks wäljaandud (*ein Rechenbuch*). 1stes Heft. Dorpat, 1823. VIII u. 85 S. 8.

Täieline Abd-ramat (*methodisches ABC-Buch*), kuſt maakele luggemiſt öiete öppida. Ebend. 1823. 40 S. gr. 8.

Beytrag zur ehstnischen Orthographie. o. O. u. J. (Dorpat, 1824). 39 S. 8.

Wüskümmend kaks luggemist, Uest Testamendist wäljawallitsetud, kuhhu küssi missi, mis mötlemist tahlwad, häid öppetuse ja pühha kirja salmisid jure pandud. (52 *N. Test. Erzählungen, mit Fragen zum Nachdenken, hinzugefügten Lehren und Bibelsprüchen.*) Pernau, 1824. 238 S. gr. 8.

Täieline Ristiusso öppetus (*vollständiger christl. Religionsunterricht*) mis targema rahwa ja koolmeistrite kassuks wälja andnud. Ebend. 1825. IV u. 160 S. gr. 8.

Öppetus, kuida ussirougid panna. (Riga, 1825.) *Tabelle in gr. Fol.; steht auch in seiner* Näddala leht 1825. (*Eine Uebersetzung von* J. H. Kühleweins [*s. dess. Art.*] Anweisung zur Impfung der Schutzblattern.)

* Beleuchtung der über O. W. Masings Beytrag zur Esthnischen Sprache erschienenen Bemerkungen vom Verf. des Beytrages zur Esthnischen Orthographie. Pernau, 1827. 56 S. 8.

Lateinische Abdankungsrede bey Eröffnung der Universität Dorpat; *in* G. B. Jäsche's Gesch. und Beschreib. der Feyerlichkeiten etc. (Dorpat, 1802. 4.) S. 82-84.

Ueber die sogenannten undeutschen Sprachen; *in den* N. inländ. Bll. 1817. S. 58 u. 65-67. — Zwey ehstnische Volksmährchen; *ebend.* S. 113. — Nachricht von der Kaiserin Catharina I. Herkunft aus einem schwedischen Werke; *ebend.* 1818. S. 210. — Mehrere anonyme Aufsätze; *ebend.*

* Beytrag zum ehstnischen Wörterbuch; *in* J. H. Rosenplänters Beytr. zur genauern Kenntniss der ehstn. Sprache. III. 134-138. — * Sprachbemerkungen; *ebend.* IV. 103-112. V. 37-50. — Bemerkungen über ein in Kelchs Chronik aufgenommenes Volkslied; *ebend.* X. 60-65. — Kritische Beleuchtung eines Abschnitts des revalisch - ehstn. Gesangbuchs; *ebend.* X. 65-71. — Landwirthschaftliche Briefe, ehstn.; *ebend.* XI. 97-109. — Schreiben an den Herausgeber (über ehstn. Spracherforschung); *ebend.* XII. 33-47. — Impromptu; *ebend.* XII. 151. — Anmerkungen zu einigen ehstnischen Predigt - Dispositionen; *ebend.* XIII. 133-168. — Acht u. sechzig gelegentliche Sprachbemerkungen aus-

seinen Briefen; *ebend.* XV. 42-61. — Ein ehstn. Contract; *ebend.* XV. 149-166. — Bruchstück eines ehstn. Katechismus, bearbeitet nach Sonntags Katechismus der christl. Lehre (Riga, 1826); *ebend.* XVI. 131-149. — Die Revisions-Instruction vom 9. Febr. 1826, ehstn. übersetzt; *ebend.* XVIII. 131-152. — Recensionen; *ebend.* a. m. O.

*Anhang *zum* Dorpt-ehstn. Kalender 1819. 47 S. 16.; *wieder abgedruckt in s.* Naddala leht. ...

Verzeichnifs ehstn. Benennungen von versch. Krankheiten, Kräutern u. andern Heilmitteln; *in* J. J. Ilisch's *Schrift:* Die gewöhnl. Krankheiten des menschl. Körpers u. s. w. (Riga u. Dorp. 1822. 4.)

Uebersetzte seit 1819 *alle das Volk betreffende Publikate und Befehle ins Esthnische; — desgleichen den Volksanzeiger in dieselbe Sprache unter der Ueberschrift:* Tallorahwa kulutaja (Dorp.) *seit* 1824, *monatl.* 1 *Nr. in* 4. (*Die ersten* 5 *Nrn. von* 1824 *sind von* G. A. Oldekop *mit dem Titel:* Kulutamifi leht.) *Mit dem Julius* 1826 *gab er die Bearbeitung dieses Blattes wieder auf.*

MASKOU oder MASCAU (JOHANN AUGUST).

Der Weltweisheit Magister; lebte erst in Altona, hatte bis 1762 10 *Jahr lang in Diensten der kaiserl. Akademie der Wissenschaften zu St. Petersburg als Mitglied gestanden, hielt sich seitdem in Riga auf, und erbot sich, daselbst Kollegia über die politische Geschichte, Vernunft- und Naturlehre zu lesen. Wohin er sich aber nachher gewandt hat, ist unbekannt. Er soll viel zur livländischen Landesgeschichte gesammelt haben. Geb. zu ..., gest. ...*

Beweis, dafs einem geistlichen Redner eine mathematische Erkenntnifs nicht nöthig sey, in einem Sendschreiben geführet. Altona, 1749. 8.

Gedanken von dem Glücke. 1ster Th. Hamburg u. Leipz. 1749. 8.

Nachricht von einer alten u. raren Urkunde, welche im J. 1666 den 24. Sept. in den Knopf der Marien- oder Domkirche zu Riga ist gelegt worden; *in den* Gel. Beytr. zu den Rig. Anz. 1762. S. 161-176.

Hatte die Absicht herauszugeben:

Beschreibung u. Vorstellung vom Ursprunge, Alterthume, Einwohnern, Merkwürdigkeiten, Zustande der Einwohner, löblichen u. sehr guten Verfassungen, Rechten u. Privilegien, Regierung u. Aufsicht, oder dem wohleingerichteten Hof- und Stadtregimente der Stadt Riga in den alten, mittlern u. neuen Zeiten, mit Beschreibungen von allen Ornamenten in u. an den Häusern u. Gebäuden, Monumenten, Epitaphien, Grundrissen u. s. f. aus beglaubten Geschichtschreibern u. gröſstentheils ungedruckten Urkunden in vier Büchern entworfen. *Den Plan s. in den* Rig. Anz. 1762. S. 228-231 u. 269., u. 1763 S. 10 u. 38.

Handschriftlich soll von ihm existiren:

Corpus diplomaticum zur Ehstn. Liewländischen Klostergeschichte; *s.* Nord. Misc. XXVII. 386.

Vergl. Gadeb. Abhandl. S. 195. u. L. B. Th. 2. S. 222. — Meusels Lexik. Bd. 8. S. 514. — Rotermund z. Jöcher.

Massalien (Johann Peter).

Aus Wolmar gebürtig, wurde 1797 zu Leipzig Dr. der A. G., nachdem er schon vorher die chirurgische Praxis geübt hatte.

Diss. de mammarum praesidiis ante partum. (Praes. G. R. Böhmer.) Lipsiae, 1797. 2½ Bogg. 4. (*Das* Progr. *zu dieser* Diss. *von* Dr. Kreyssig: Observationes quaedam de herniis spuriis, *enthält einige Beobachtungen aus des Respondenten chirurg. Praxis, die der Fakultät als Specimen von ihm eingereicht waren.*)

Matthiae (Salomon).

Besuchte zuerst die Schola Johannea zu Lüneburg und ward dann Hauslehrer bey seinem Schwiegervater Dr. Heinrich Neuhusen *in Hamburg, mit dem er 1633 nach Reval zog. Von hier begab er sich 1634 auf die Universität Dorpat und von da nach Greifswalde. Nach Reval zurückgekehrt, wurde er* 1636 *Professor der morgenländischen Sprachen zu Dorpat, wozu noch* 1637 *am* 28 *Januar die Professur der griechischen Sprache kam, dann in demselben Jahre am* 22 *November Pastor zu St. Johann in Dorpat und* 1642 *am* 20 *Junius Professor der Theol. daselbst, war auch dreymal, nämlich* 1638, 1645 *und* 1650 *Rektor der Universität. Im Jahre* 1650 *ging er als Pastor primarius nach Narwa,* 1656 *aber, nach erlangter Erlaubniſs des Stadtmagistrats, wegen des Einfalles der Russen in die schwedischen Provinzen, nach Deutschland, und wurde, als Narwa verbrannt war, auf königl. Befehl* 1658 *am* 13 *März Archidiakonus und Professor der Theol. und hebräischen Sprache am Gymnasium zu Stettin. Nach Beendigung des russisch-schwedischen Krieges wurde er nach Narwa zurückberufen und trat* 1660 *wieder in sein früheres Amt, wozu noch* 1664 *am* 6 *September die Superintendentur über Ingermannland kam. Geb. zu Lüneburg* 1609, *gest. am* 6 (*oder* 9) *September* 1665.

Gebete. . . .

Leichenpredigt auf Anna Sommerin, Gattin des Bischofs...

Wahrscheinlich hat er noch mehr geschrieben.

Vergl. Bacmeister bey Müller. IX. 180. — Nord. Misc. XI. 403. — Somm. p. 240-243., *nach* Rhyzelii Episcoposc. Suiogoth. II. 60., Fant hist. lit. graecae in Suecia Sect. I. p. 81., Hydren de fatis lit. orient. in Suecia p. 15. (*die wahrscheinlich alle aus* Neuhusens Leichenprogramm *geschöpft haben*).

VON MAYDELL (KARL GUSTAV).

Geb. auf dem Landgute Kurro in Esthland am 17 *May* 1788, *studirte* 3 *Jahr lang zu Dorpat, bewirthschaftet etwa seit* 1808 *sein väterliches Gut Kurro, bekleidete verschiedene Landesposten und ist gegenwärtig Kreisdeputirter des jerwenschen Kreises. Im Herbste* 1825 *kehrte er von einer zu wissenschaftlichem Zwecke unternommenen Reise durch Deutschland, einen Theil Frankreichs und der Schweiz zurück, deren Beschreibung auszuarbeiten er gegenwärtig beschäftigt ist.*

Vorläufige Ideen zu einer Erbpacht-Einrichtung auf Korn mit den künftighin freien Ehstländischen Bauern. Dorpat, 1817. 35 S. 8.

MAYENBERG (CHRISTOPH KARL).

Studirte zu Leipzig und wurde daselbst, nachdem er am 21 *März* 1772, *gemeinschaftlich mit dem Magister Justus Wilhelm Günz, die unten angeführte Streitschrift vertheidigt hatte, Dr. der Med. In der Folge kam er nach Kurland und lebte hier viele Jahre als geschätzter ausübender Arzt, theils auf dem Lande bey Tuckum, theils in Kandau, und zuletzt in Windau. Geb. zu Sonnenwalde in der Niederlausitz* 1745, *gest. zu Windau im August* 1806.

Diss. de cortice salicis cortici peruviano substituendo. Lipsiae, 1772. 4.

MAYER (CHRISTIAN GOTTLOB).

Geb. zu Gera im Voigtlande am 17 *August* 1770, *studirte auf dem Gymnasium in Altenburg und auf der Universität Jena, wurde* 1804 *Pastor Adjunktus an der Jakobskirche zu Riga (ord. am* 6 *März),* 1807 *deutscher Oberpastor zu Pernau, und* 1810 *Pastor zu St. Olai und Stadtsuperintendent in Reval.*

Lieferte zu der Sammlung alter u. neuer geistl. Lieder (Riga, 1810. 8.) *die* Nrn. 225. 465. 556.

Gelegenheitsgedichte.

Freyherr VON MAYERBERG (AUGUSTIN),

s. MEYERBERG.

Mebes (Karl Julius Jakob).

Geb. zu Berlin am 17 April 1789, besuchte das joachimsthalsche Gymnasium und studirte seit 1807 A. G. in Berlin, Frankfurt a. d. O. und Göttingen, promovirte 1811 auf der Universität seiner Vaterstadt, trat dann eine Reise in das südliche Deutschland und die Schweiz an, kam nach Kurland, lebte hier von 1812 bis 1813 als Arzt zu Dondangen, ward darauf von der wilnaer Universität als Dr. der Med. bestätigt und zog zu Ende des Jahres 1813 nach Riga, wo er noch gegenwärtig prakticirt. Er ist Mitglied der Gesellschaft praktischer Aerzte und der literarisch-praktischen Bürgerverbindung zu Riga, auch Ehrenmitglied der London Vaccine Institution.

Diss. inaug. med. de abortu. Berolini, 1811. 36 S. 8.

von Meck (Erich Johann).

Besuchte die Universität Königsberg, wurde nach seiner Rückkehr 1747 Notar, später Sekretär der livländischen (nicht auch der esthländischen) Ritterschaft, legte, nachdem ihm das Gut Sunzel durch Erbschaft zugefallen war, sein Sekretariat nieder und wurde Kreisdeputirter, dann aber, als er sich genöthigt sah, jenes Gut seinen Gläubigern abzutreten, Stallmeister bey dem in seine Fürstenthümer zurückgekehrten Herzoge Ernst Johann *von Kurland, nahm wieder den Abschied, bekleidete seit 1765 von neuem das Amt eines Notars der livländischen Ritterschaft, ging 1767 mit dem Generalfeldzeugmeister* Villebois *nach Moskau, wo dieser, als Abgeordneter des esthnischen Bezirks von Livland, der Gesetzkommission beywohnte, und erhielt, nachdem er von dort zurückkam, 1769 das unterdeſs erledigte livländische Ritterschaftssekretariat zum zweyten mal. Geb. zu*

Absenau in Livland *) *am* ..., *gest. zu Riga am* 4 *Julius* (*nicht Junius, wie* Meusel *hat*) 1771.

Der ruhige Bemerker; ein Wochenblatt. ...

Nach seinem Tode erschien:

Preisschrift wegen der eigenthümlichen Besitzungen der Bauern, welche bey der freyen ökonomischen Gesellschaft zu St. Petersburg das Accessit erhalten. Wahlspruch: Festina lente. Riga, 1772. 32 S. 8. — *Steht auch in*: Von der ökonomischen Gesellschaft zu St. Petersburg den 22. April 1768 gekrönte Preisschrift nebst drey andern, die dem Preis am nächsten gekommen. St. Petersburg, 1768. 8., *und in den* Abhandlungen der freyen ökonom. Gesellsch. in St. Petersb. zur Aufmunterung des Ackerbaues und der Hauswirthschaft in Rufsland vom Jahr 1768. Th. 8. (St. Petersb., Riga u. Leipz. 1775.) No. 2. (*Die Preisfrage war eigentlich so gestellt:* Ist es dem gemeinen Wesen vortheilhafter und nützlicher, dafs der Bauer Land oder nur bewegliche Güter besitze? und wie weit soll sich das Recht des Bauern über dieses Eigenthum erstrecken, dafs es dem gemeinen Wesen am nützlichsten sey? — *Den Preis erhielt* Bearde de l'Abbaye, Dr. der Rechte zu Achen.)

Abhandlung über das jus fisci et caduci; *in* Gadebusch's Versuchen in der Livländischen Geschichtskunde u. Rechtsgelehrsamkeit. Bd. 1. St. 3. S. 178-192.

Vergl. Gadeb. L. B. Th. 2. S. 224-227. — Meusels Lexik. Bd. 9. S. 3. — Rotermund z. Jöcher. — Rig. Stadtbll. 1824. S. 393.

---

*) Diesen Geburtsort nennt Meusel, und sein Alter wird in den Rig. Stadtbll. bey seinem Tode auf 44 Jahr angegeben; so dafs er 1727 geboren seyn müfste. Beides bleibt indessen, nach manchen Umständen, sehr unwahrscheinlich, und es läfst sich vielmehr vermuthen, dafs er schon 1711 oder 1712 in Rufsland, wo sein Vater, Karl Jakob, damals schwedischer Gefangener, sich im Junius 1710 zu Wologda mit der Tochter des Hofgerichts-Protonotars Kaspar Joh. Kniffius verheirathet hatte, geboren ist.

von Medem (Eberhard Christoph).

Vater von Otto Ernst.

Erbherr auf Silleneeken, Paddern und Leepen in Kurland, war piltenscher Landrath und 1738 *Delegirter der kurländischen Ritterschaft in St. Petersburg. Geb. in Kurland zu* ..., 1686, *gest.* 1761.

Handschriftlich: Gedanken über den jetzigen Zustandt seines Vaterlandes von Einem Curlandes Verpflichtetsten Mitgliede. Ao. 1737.

Vergl. Schwartz Bibl. S. 127.

von Medem (Eberhard Johann).

Aus dem Hause Tittelmünde in Kurland, bekleidete Anfangs Officierstellen im kurländischen Militär unter der Regierung der Herzoge Karl *und* Ernst Johann, *war hierauf* 16 *Jahr lang mitauscher Instanzgerichts-Assessor, nahm dann seinen Abschied, erhielt eine Pension und privatisirte seitdem in Mitau. Geb. zu Tittelmünde am* 19 *November* 1740, *gest. am* 13 *December* 1820.

Ganz unentbehrlicher Anhang zu der zweyten Fortsetzung aller bisherigen Schriften, welche durch die auf dem ordentlichen Landtage den 30. Aug. 1790 gebrachte Vorläufige Darstellung der bürgerlichen Gerechtsame veranlaſst worden. Riga, 1791. 32 S. 4.

Erste Fortsetzung der Auszüge der wichtigsten Sachen sowohl aus den Landtäglichen und Conferentialschlüssen, als aus der Kompositionsakte, imgleichen der Landtags- und Wegeordnung. Mitau, 1811. 104 S. 8.

Vergl. Schwartz Bibl. S. 368.

von Medem (Otto Ernst).

Sohn von Eberhard Christoph.

Erbherr auf Paddern und Leepen in Kurland, war königl. polnischer Geheimerrath und Kammerherr, auch Ritter des St. Annen-Ordens und kurländischer Ritterschaftsdelegirter zum Wahl- und Krönungsreichstage in Warschau, keinesweges aber, wie Schwartz *angiebt, Vater der Herzogin* Dorothea. *Geb. in Kurland zu ... am* 16 *Februar* 1720, *gest. zu Mitau am* 9 *März* 1789.

Copie derer Briefe des zeitherigen Delegierten Kammerherrn und Ritter von Medem, so derselbe an den Herrn Landesbevollmächtigten v. Grotthufs seit dem 22. August 1764 in der Folge ergehen lassen. (Mitau, 1764.) 42 S. 4.

Relation des Hochwohlgeb. Herrn Otto Ernst von Medem, wirklichen Königlich Pohlnischen Geheimen Raths und Ritter des St. Annen Ordens, von dessen Delegations-Geschaften in Warschau. Mitau, 1765. 132 S. 4.

Vergl. Schwartz Bibl. S. 203 u. 204-207.

Medenius (Benedikt Johannsohn).

Studirte zu Dorpat von 1632 *bis* 1640. *Geb. in der schwedischen Provinz Roslagen zu ..., gest. ...*

Oratio de statu regni Svio-Gothici. Dorpati, 1632. 4.

Disp. de regno. (Praes. Laur. Ludenio.) Ibid. 1640. 4.

Vergl. Somm. p. 49. 230.

Meder (Friedrich Valentin).

Studirte von 1732 *bis* 1736 *zu Jena und wurde* 1750 *Pastor zu Arrasch bey Wenden (zwar schon am* 3 *April* 1750 *vocirt, aber erst am* 17 *Januar* 1751 *ordinirt). Geb. zu Riga am* 28 *November* 1714, *gest. am* 2 *Februar* 1769.

Vindiciae trium dictorum novi foederis Luc. XXIII. 43. Apoc. XIV. 13. Rom. IX. 5. ab interpunctione minus congrua. (Praes. Frid. Andr. Hallbauer.) Jenae, 1736. 31 S. 4.

Vergl. Gadeb. L. B. Th. 2. S. 227.

von Medhem oder Medem (Johann).

Ein livländischer oder kurländischer Edelmann, der zu Rostock studirt hat. Geb. zu ..., gest. ...

Oratio de romanarum legum antiquitate et dignitate. Rostochii, 1558. 4.

Vergl. Gadeb. L. B. Th. 2. S. 228.

Medicus (Alexander Konrad).

Studirte um 1683 zu Giessen. Geb. zu Rodenpois in Livland am ..., gest. ...

Disp. de pyrolatreia Persarum. (Praes. Abrah. Calovio.) Giessae, 1683. 4.

Vergl. Gadeb. L. B. Th. 2. S. 228.

von Medum [Medem?] (Anna).

War zuerst an einen preussischen Edelmann, Johann v. Rophkul, vermählt, soll oft öffentlich gepredigt haben, und heirathete, nachdem ihr genannter Gatte gestorben war, einen Juden, den sie vorher selbst zum christlichen Glauben bekehrte. Die Angabe von Rotermund, *sie sey eine geborne v. Acor aus Kurland gewesen, ist unverständlich, da er sie selbst unter ihrem Geschlechtsnamen Medum aufführt. Geb. in Kurland zu ..., gest. 1674.*

Geistlicher jüdischer Wunderbalsam, von denen heiligsten und herrlichsten Specereyen göttlichen Wortes aus der himmlischen Apothek des heiligen Geistes bereitet, so da dient für alle der Juden Gebrechen und Wunden, woferne sie sich von dem rechten und himmlischen Arzt, dem Sohne Davids, verbinden und heilen lassen. Amsterdam, 1646. 8.

Vergl. Jöcher u. Rotermund z. dems. — Snell's lit. u. biograph. Nachrichten von gelehrten Frauenzimmern (Riga, 1786. 4.) auf der letzten Seite.

Meermann, Freyherr von Dalem und Vuren (Johann).

Studirte alte Literatur, Alterthumskunde, Philosophie, Mathematik und Jurisprudenz zu Leipzig, Göttingen und Leyden, machte, nach beendigten Universitätsjahren, Reisen durch England, Frankreich, die Schweiz, Italien und Deutschland, verwaltete hierauf verschiedene öffentliche Aemter in seinem Vaterlande, reiste 1786 *zum zweyten mal nach England, erhielt nach seiner Rückkehr wieder mehrere Anstellungen, wurde Richter des Civiltribunals zu Leyden, nahm* 1791 *seinen Abschied und ging wiederholt auf ein Jahr nach Italien, bereiste von* 1797 *bis* 1800, *in Gesellschaft seiner Gattin, Dänemark, Schweden, Norwegen, Finnland, einen Theil des russischen Reichs, Livland und Kurland, und kehrte dann über Königsberg, Danzig und Hamburg zurück.* 1793 *war er, als Abgeordneter seiner Vaterstadt, Mitglied der Generalstaaten der Niederlande.* 1801 *wurde er eins der zwölf Mitglieder des damals aus allen Parteyen gebildeten Staats-Bewinds, zog sich aber unter der Regierung des Königs Ludwig Bonaparte, der ihm den Kammerherrenschlüssel verlieh, ganz vom öffentlichen Leben zurück, und bot nur noch, in der Eigenschaft eines Direktors des königl. National-museums, dem Könige die Hand, um die Künste in seinem Vaterlande zu heben. Nachdem Ludwig die Krone niedergelegt hatte, wurde Meermann von Napoleon in den Senat des französischen Reichs nach Paris berufen, im Herbst* 1814 *aber kehrte er in seine Heimath zurück. Geb. im Haag am* 1 *November* 1753, *gest. am* 15 *August* 1815.

Von seinen zahlreichen Schriften gehört hierher:

Eenige Berichten omtrent het Noorden en Noord-Oosten van Europa. In's Graavenhaage, bij de Erven van Isaac von Edeef, 1804-1806. 4 Bde. gr. 8. — *Deutsch in* Fischers Allg. unterhaltender Reisebibliothek

Bd. 2. (1807.), *wo ein Abschnitt* S. 169-236 Russische Blätter *überschrieben ist; ferner unter dem Titel:* Reise durch den Norden und Nordosten von Europa. In den Jahren 1797-1800. Aus dem Holländischen übersetzt und mit Anmerkungen begleitet von (Christian Friedrich) Rühs. 2 Thle. Weimar, 1810. gr. 8. — *Auch im* 41. u. 42. Bde. *der* Bibliothek der neuesten und wichtigsten Reisebeschreibungen, herausgegeben von Sprengel, fortgesetzt von Ehrmann, *woselbst der* 2te Th. S. 502-548 *die Reise von Narwa über Dorpat, Riga, Mitau und Libau bis an die preussische Gränze, im April und May* 1800, *enthält.*

Rusland beschouwd met betrekking tot I. zyne aardryskundige en natuurlyke ligging, grond en luchtsgesteldheid; II. De Bevolking, verschillende standen zyner bewoners, geartheit der Natie. III. Zyne Hoofdstaad St. Petersburg. IV. De Regeering. V. Het Kriegswezen. VI. Zyne Finanzien, inkomsten, uitgaven, staatsschulden. VII. De nationale Industrie, Fabrieken, Trafieken, Koophandel. VIII. Zyne politieke Belangen. Haarlem, 1804. gr. 8.

Vergl. Elogium Jo. Meermanni, auct. Constant. Cras; *in* Vitae Duumvirorum Tib. Hemsterhusii et Dav. Ruhnkenii. Curante Frid. Lindemann. Lips. 1822. gr. 8. — Zeitgenossen Heft 16. S. 27-46. — Rotermund z. Jöcher Bd. 5. Zusätze S. CLXIII.

MEGALINUS (JOHANN).

Studirte um 1650 *zu Dorpat. Geb. zu Agundaryd in Smoland am ..., gest. ...*

Dissertationis de natura historicae et de modo recte tractandi studium historicum disp. prior, exhibens 1) naturam historicae, 2) praesupposita geographica, chronologica, politica, 3) requisitum I. sc. authores, qui et quomodo legendi sunt. (Praes. Joach. Crellio.) Dorpati, 1650. 4.

Disp. de quatuor monarchiis seu imperiis mundi summis, Assyrio-Babylonico, Medo-Persico, Graeco-Macedonico, Romano-Germanico; ut et de quaestione: an quatuor illa sint imperia summa per Danielem praedicta, contra Bodinum lib. de Meth. Historiarum Cap. 7. decisa. (Praes. eod.) Dorpati, 1651. 4.

Musices elogia, oratione solenni enarrata. Ibid. eod. 4.

Vergl. Somm. p. 65. 269.

MEIER (AXEL).

Wahrscheinlich ein Sohn von BARTHOLOMAEUS.

Studirte um 1654 zu Upsal. Geb. zu Wenden in Livland am ..., gest. ...

Discursus philosophicus de virtutibus homileticis. (Praes. Olao Unonio.) Upsal. 1654. 2 Bogg. 4.

MEIER oder MEYER (AXEL JOHANN), geadelt unter dem Namen: VON GÜLDENFELD.

Studirte um 1654 zu Strafsburg und wurde 1659 Rathsherr in seiner Vaterstadt, nachdem er schon 1652 am 2 Junius in Schweden geadelt worden war. Geb. zu Riga am 2 Januar 1626; gest. am 26 August 1665.

Annotationis politicae in Cornelii Taciti lib. I. histor. pensum VItum. (Praes. Joh. Henr. Böcler.) Argentorati, 1648. 2 Bogg. 4.

Vergl. Joh. Hornicei Denkschrift auf ihn. Riga, 1665. 4.

MEIER oder MEYER (BARTHOLOMAEUS).

Vermuthlich Vater von AXEL.

Wurde Pastor zu Wenden, und war schon 1637 Propst des wendenschen Bischofthums und Assessor des dasigen Unterkonsistoriums. Er ist nach Einigen (s. G. Bergmanns livl. Gesch. S. 185, *und* Hupels topograph. Nachr. III. 621.) *der Ahnherr der v. Meyer, v. Meyerkranz und der Grafen v.* **Meyerfeld**, *nach Andern Vater des Obersten* **Valentin Mejer**. *Geb. zu* ..., *gest. zu Riga* 1656.

Leichenpredigten.

Vergl. Nord. Misc. IV. 103., *wo, nach* Baumann, 1649 *als das Jahr seines Amtsantritts in Wenden angegeben wird; aber es ist wahrscheinlich, daſs er schon früher dort Pastor geworden.*

MEIER oder MEYER (HEINRICH).

Besuchte das Gymnasium seiner Vaterstadt, studirte dann drey Jahr zu Jena und zwey zu Wittenberg, wurde Mag. und nach seiner Rückkehr 1690 *Pastor zu Uexküll und Kirchholm (ord. am* 24 *November). Im J.* 1709 *befand er sich während der Pest und Belagerung in Riga, wo er bey der deutschen und lettischen Gemeine in Ermangelung der Prediger (denn die Stadtprediger waren alle bis auf einen ausgestorben, s.* Bergmanns Gesch. d. Rig. Stadtkirch. II. 28.) *die kirchlichen Amtsgeschäfte verrichtete. Nach Eroberung der Stadt gab ihm das livländische Oberkonsistorium neben Uexküll und Kirchholm auch noch die Gemeinen zu Dahlen, Dünamünde, Neuermühlen und Zarnikau zu bedienen, bis er* 1716 *Pastor in Dünamünde wurde. Geb. zu Riga am* 16 *März* 1659, *gest.* 1724.

Disp. de societate composita maxima. (Praes. Dav. Caspari.) Rigae, 1681. 4.

Disp. de civitatibus hanseaticis cum in genere, tum de nonnullis, ac praesertim livonicis in specie. (Praes. Ulr. Heinsio.) Jenae, 1684. 59 u. 5 unpag. S. 4.

Lateinische Gelegenheitsgedichte.

Vergl. Gadeb. L. B. Th. 2. S. 229. — Nord. Misc. IV. 104. XXVII. 387.

MEIER (JOHANN).

Studirte um 1661 *zu Rostock. Geb. zu Riga am* ..., *gest.* ...

Disp. de cura magistratus circa religionem. (Praes. Andr. Dan. Habichhorst.) Rostochii, 1661. 2 Bogg. 4.; macht in A. D. Habichhorstii disputationum pentade die Disp. 3tia.

Vergl. Nord. Misc. XXVII. 388., *wahrscheinlich nach den* Nov. lit. mar. B. 1698. p. 225.

Meier oder Meyer (Konrad).

Mag.; wurde 1633 *Pastor zu Nietau in Livland (nicht zu Mitau, wie bey* Jöcher *steht). Geb. zu Riga am ..., gest. ebend. am* 18 *Februar* 1655.

Σκιαγϱάφια staturae hominis simul ac de ejusdem origine ac variis judiciis. ...

Vergl. Witte D. B. II. 73. — Jöcher. — Gadeb. L. B. Th. 2. S. 228. — Nord. Misc. IV. 104.

Meinhard (Johann Nikolaus).

Dieser berühmte Kunstrichter war, nachdem er zu Helmstädt Theol. studirt hatte, durch Mosheim *empfohlen, von* 1748 *bis* 1751 *Hauslehrer bey dem Landrath v.* Tiesenhausen *auf Keppo in Livland, begab sich dann nach Dänemark, studirte von* 1752 *bis* 1754 *Philosophie und alte und neue Sprachen in Göttingen, ging* 1755 *zum zweyten mal nach Livland, war daselbst Anfangs Hofmeister im Hause des Landraths v.* Bruiningk *auf Hellenorm, begleitete sodann einen jungen Livländer, den Baron v.* Budberg, *auf einer Reise durch Deutschland, Frankreich, Spanien und Italien, nahm, nach seiner Rückkunft,* 1760 *zu Helmstädt die philosophische Doktorwürde an, lebte nunmehr, von Hypochondrie geplagt, abwechselnd in Hamburg, Braunschweig und Leipzig, ging* 1763 *wieder mit einem Grafen* Moltke *auf Reisen in Deutschland, Frankreich, Italien und England, brachte seinen Zögling nach Kopenhagen, kam hierauf wieder nach Leipzig und von da nach Braunschweig, lebte dann, einzig mit schriftstellerischen Arbeiten beschäftigt, vom November 1765 ab beynahe zwey Jahr, fast ohne alle Bekanntschaft, in einem Gasthofe in Erfurt wie ein Reisender, und ging im April 1767 nach Berlin, in der Absicht, den Winter wieder in Erfurt zu seyn, kam aber nicht mehr von Berlin zurück. Geb. zu Erlangen am 11 September 1727, gest. zu Berlin am 15 Junius 1767.*

Versuche über den Charakter und die Werke der besten italienischen Dichter. 1ster Th. Braunschweig, 1763. — 2ter Th. Ebend. 1764. 8. — Neue Aufl., mit einer Vorrede von F. W. Zachariä. Ebend. 1774. gr. 8.

Heinrich Home's Grundsätze der Kritik, aus dem Englischen übersetzt. 3 Thle. Leipzig, 1763-1766. gr. 8. — 2te Auflage. Ebend. 1771. gr. 8. — 3te von Schaz vermehrte Ausgabe. 3 Bde. Ebend. 1790-1791. gr. 8.

*Theogenes und Chariklea, eine Aethiopische Geschichte in zehn Büchern; aus dem Griechischen des Heliodor übersetzt. 2 Thle. Leipzig, 1767. 8.

*Gaillard's Geschichte Franz des 1sten, Königs in Frankreich, aus dem Französ. übersetzt. 1ster Th. Braunschweig, 1767. gr. 8. *Den 2ten, 3ten und 4ten Theil übersetzte* M. T. C. Mittelstädt. Ebend. 1769. u. ff.

*Abhandlung des Herrn Cesarotti über den Ursprung und Fortgang der Poësie, aus dem Italienischen übersetzt; *in der* Neuen Bibliothek der schönen Wissenschaften. Bd. 2. St. 1. S. 1-54.

Verschiedene Aufsätze *im* Hannöverischen Magazin.

Sinngedichte und Lieder *in* C. H. Schmids Anthologie der Deutschen. Bd. 1. u. 2. (1770.) 8.

Viele einzelne Gedichte.

Recensionen *in der* Biblioth. der schönen Wissensch. *und in der* Allgem. deutschen Bibliothek.

Vergl. Denkmahl des Herrn Joh. Nikolaus Meinhard von F. J. Riedel. (Jena, 1768. 8.) — Gadeb. L. B. Th. 2. S. 229-236. — Meusels Lexik. Bd. 9. S. 39. ff. — Rotermund z. Jöcher.

MEINICKE (HEINRICH).

Studirte zu Greifswalde um 1707. Geb. zu Riga am ..., gest. ...

Theses juridicae ex compendio Lauterbachiano et quidem ex lib. XLVII. tit. II et III desumtae. (Praes. Joh. Schack.) Gryphiae d. 19. Febr. 1707. 1¼ Bogg. 4.

Vergl. Nord. Misc. XXVII. 389., *nach den* Novis lit. mar. B. 1707. p. 198.

von Meinshausen (Johann Ernst).

Vaterbruder des nachfolgenden.

Geb. zu Lachtehausen bey Celle am 15 April 1764; erlernte Wundarzeneykunst in Verden und Lüneburg, studirte dann seit Ostern 1784 zu Göttingen, ward aber noch vor Ablauf des 2ten Jahres seines dortigen Aufenthalts als Eskadronarzt bey einem hannövrischen Kavallerieregiment angestellt, trat 1788 in kaiserl. russische Dienste als ordinirender Arzt bey dem St. Petersburgschen Seehospital, und ist gegenwärtig, nachdem er 1792 von dem medicinischen Kollegium zu St. Petersburg die Doktorwürde der A. G. erhalten und hierauf vielen Medicinalämtern, theils bey der Flotte, theils bey der Landarmee, theils in den Gouvernements, vorgestanden hat, seit 1811 Oberarzt des Kriegshospitals in Riga, auch Staatsrath und Ritter des St. Wladimir-Ordens der 4ten und des St. Annen-Ordens der 2ten Kl.

Diss. inaug. de aeris emendatione in nosodochiis. Petropoli, 1792. 8.

Meinshausen (Johann Franz).

Neffe des vorhergehenden.

Besuchte das Gymnasium und die lateinische Schule des Waisenhauses in seiner Vaterstadt und bezog 1792 die Universität daselbst. Im J. 1796 ging er als Hauslehrer nach Posen in Südpreussen, kehrte nach fünf Jahren, weil er in dem katholischem Polen für sich keine Aussicht zu einer Anstellung im Predigtamt hatte, nach Deutschland zurück und nahm zu Krossen in der Neumark eine andere Hauslehrerstelle, noch vor Verlauf eines Jahres aber den Ruf zum Konrektorat an der Stadtschule zu Tangermünde in der Altmark an. Ein halbes Jahr später wurde er Rektor derselben Schule, und dann dritter Prediger an der dasigen Stadtkirche. Der unglückliche Krieg von 1806 mit seinen Folgen bewog ihn 1808 sein Amt niederzulegen und nach Livland zu gehen, wo er seitdem als privatisirender Gelehrter lebte. Geb. zu Halle im Magdeburgischen am 2 August 1775, gest. zu Dorpat, als er eben eine Anstellung als Schulinspektor in Pernau erhalten hatte, am 23 Junius 1815.

Belehrende Unterhaltungen für Kinder. Mit Kupfern. Hamburg, 1803. 152 u. 35 S. 12.

*Sammlung vorzüglicher Aufsätze für Stammbücher, in deutscher, französischer, englischer, italienischer und russischer Sprache. Riga, 1808. 104 S. 8.

*ABC und Lesebuch, zunächst der Liv-, Cur- und Ehstländischen Jugend gewidmet. Mit 6 Kpftaf. Ebend. 1810. 8. — 2te von neuem (*durch* A. Albanus) durchgesehene u. verbess. Aufl. Ebend. 1819. 160 S. 8. mit 6 Kpftaf.

*Beyträge *zu* Hansteins homilet. Magazin *u. zu andern Zeitschriften.*

Handschriftlich hinterliefs er:

Eine Reformationsgeschichte für die Jugend.

Eine Sammlung von Reisen durch Rufsland, ebenfalls für die Jugend bearbeitet.

Ein livländisches Idioticon.

MEL (KONRAD).

Studirte seit 1681 zu Rinteln, Bremen und Gröningen, wurde 1690 Prediger in Mitau bey dem kurländischen Landhofmeister Christoph Heinrich *Freyherr v.* Puttkammer*), *der sich zur reformirten Kirche bekannte, verliefs diese Stelle im*

*) Nicht bey der Herzogin von Kurland, wie in den *Nord. Misc. IV.* 101. irrig, gegen Jocher u. Arnold, behauptet wird.

folgenden Jahre und ging nach Memel als Prediger an der dortigen deutschen reformirten Kirche, wurde 1698 Hofprediger zu Königsberg, auch 1702 ausserordentlicher Professor der Theologie daselbst, trat das letztere Amt aber nicht an, sondern begab sich 1706 als Inspektor nach Hersfeld in Hessen, und erhielt 1705 von der Universität zu Frankfurt an der Oder die theologische Doktorwürde. Geb. zu Gudensberg in Niederhessen am 14 August 1666, gest. zu Hersfeld am 3 May 1733.

Das vollständige 44 Nummern enthaltende Verzeichniss der gedruckten Schriften dieses zu seiner Zeit berühmten Gottesgelehrten liefert Rotermund. *Wir zeigen daraus nur das einzige während des Verfasssers Aufenthalt in Kurland erschienene Buch an.*

Sulamith, oder Friedens-Wunsch der Tochter Zions, auſs dem 122. Psalm 6, 7, 8 vers. in einer Danck-Predigt, als die Durchläuchtigste Herrschaft von Chourland etc. den 12. Julii 1691 Dero Einzug hielt in Goldingen, vorgestellt in Mitau. Bey jetzigen Kriegszeiten des verwirrten Europa nützlich zu lesen. Mitau, bey Georg Radetzki, 1691. 6 unpag. Bll. u. 132 S. länglich 8.

Sein Bildniſs von Otto in 4. vor mehreren Ausgaben seiner Posaune der Ewigkeit.

Vergl. Jöcher u. Rotermund zu dems.

Melchin (Johann).

Studirte um 1669 bis 1671 zu Jena und war nachher (um 1683) Pastor zu Sissegall in Livland. Geb. zu Riga am ..., gest. ...

Diatribe exoterica de pollincturae antiquitate, ex Arabum potissimum monumentis illustrata. (Praes. M. Christ. Hofmann.) (Jenae) 1669. 3 Bogg. 4. *(Dem Rathe u. den Aeltermännern u. Aeltesten beyder Gilden zu Riga gewidmet.)*

Problema physicum an ex homine et bruto generari possit homo? (Praes. eod.) Ibid. 1671. 5 Bogg. 4.

Vergl. Nord. Misc. XXVII. 389.

Melchioris (Johann).

Studirte um 1652 zu Dorpat. Geb. zu Dorpat am ..., gest. ...

Oratio de ebrietate. Dorpati, 1652. 4.

Vergl. Somm. p. 66.

Meletius (Johann).

Ein polnischer Edelmann, der seit 1537 Erzpriester zu Lyk in Ostpreussen war. Geb. zu ... bey Krakau am ..., gest. ...

Epistola de religione et sacrificiis veterum Borussorum (*er verbreitet sich aber auch über die angränzenden Völker*) ad Georgium Sabinum missa. Regiomonti, 1553. 4. — *Mit* Horner's Historia Livoniae *zusammen:* Wittebergae, 1562. 8. — *Von seinem Sohne* Hieronymus Meletius *vermehrt und verbessert herausgegeben:* Regiomonti, 1563. 4., *und wieder:* Ebend. 1582. 8. — *Steht auch in folgenden sechs Sammlungen:* De Russorum religione; ritibus nuptiarum, funerum, victu, vestitu etc. et de Tartarorum religione ac moribus epistola ad Davidem Chytraeum recens scripta. Alia ejusdem argumenti de sacrificiis, nuptiis et funeribus veterum Borussorum, ad Cl. V. Georgium Sabinum olim missa (*o. O.*, 1582. 8.) Bl. 21. — De Russorum, Moscovitarum et Tartarorum religione, sacrificiis, nuptiarum et funerum ritu. E diversis scriptoribus, quorum nomina versa pagina indicat. His in fine quaedam sunt adjecta de Livonia pacisque conditionibus et pace confecta hoc anno inter serenissimum regem Poloniae et Magnum Ducem Moscoviae. Nunc primum in lucem edita cum indice copiosissimo. (Spirae, 1582. 4.) S. 257. — Rerum Polonicarum Tomi tres. Alexandro Guagnino authore. (Francofurti, 1584. 8.) T. II. p. 417. — Davidis Chytraei epistolae. (Hanoviae, 1614. 8.) S. 1053. — Respublica Moscoviae et Urbes. (Lugd. Bat. 1630. 16.) p. 164. — Acta Borussica. Bd. 2. S. 401.

Vergl. Gadeb. Abh. S. 15. — Dess. L. B. Th. 2. S. 236. — Braunii Catal. script. Polon. p. 297. — Rotermund z. Jöcher.

MELITZ (ANDREAS).

Studirte um 1694 zu Dorpat und wurde Mag.; 1696 Rektor zu Arensburg, 1697 am 26 September ordinirt als ..., 1700 Bataillonsprediger, 1701 Hausprediger bey dem General-major v. Schlippenbach, 1702 am 1 May Regimentspastor; am 9 Julius desselben Jahres Oberfeldprediger und Präses im Feldkonsistorium, 1705 Prediger zu Hapsal, und 1716 Propst. Geb. zu Arensburg am 15 September 1675, gest. am 12 Februar 1736.

Diss. de lege naturali. (Praes. Mich. Dau.) Dorpati, 1694. 4.

Vergl. Carlbl. S. 71.

Graf MELLIN (LUDWIG AUGUST).

Wurde in Esthland auf seinem väterlichen Gute Toal unweit Reval am 23 Januar a. St. 1754 geboren und erhielt daselbst von einem sehr geschickten Hauslehrer, Namens Campmann, den ersten Unterricht in Sprachen und Wissenschaften. Schon in seinem 12ten Jahre sprach er Latein und Französisch, hatte in der höhern Mathematik beträchtliche Fortschritte gemacht, und berechnete Sonnen- und Mondfinsternisse. Im J. 1767 bestimmte ihn die Kaiserin Katharina zum Gesellschafter der beyden Prinzen Wilhelm August und Peter Friedrich Ludwig von Holstein-Gottorp, die sie, unter der Leitung seines leiblichen Mutterbruders, des Obersten Karl Friedrich v. Staal, in Bern erziehen liefs. Er reiste daher im März desselben Jahres, in Gesellschaft eines andern seiner Mutterbrüder, des hessischen Rittmeisters Robert Jakob v. Staal, der sich eben wegen Erbschaftsangelegenheiten in Esthland aufgehalten hatte, bis Kassel, ging dann allein nach Frankfurt, und von hier mit einem Kaufmann vollends nach Bern, wo er im Junius anlangte. Bey seinem fast gleichen Alter mit den Prinzen, knüpfte sich zwischen ihnen bald eine enge Freundschaft. Sie erhielten gleichen Unterricht, hatten alles gemeinschaftlich, und bereisten zusammen von Zeit zu Zeit, theils zu Pferde, theils zu Fuſs, die schönsten Gegenden der Schweiz und die benachbarten Provinzen Frankreichs. Sehr lehrreich war ihnen der Umgang mit vielen berühmten und gelehrten Männern, besonders mit Albrecht v. Haller. Auch Voltaire lernten sie in Ferney kennen, waren drey Tage bey ihm und wurden sehr liebreich aufgenommen. Im September 1769 gingen sie auf Befehl der Kaiserin, über Freyburg, Lausanne, Genf, Chambery, Turin, Mayland, Piacenza, Parma und Modena, nach Bologna und setzten nunmehr hier ihre Studien fleiſsig fort, sahen zugleich, auf wiederholt unternommenen Reisen, alle merkwürdigen Orte Italiens, und machten die Bekanntschaft vieler ausgezeichneten und merkwürdigen Personen, unter andern auch die des Papstes Klemens XIV, Ganganelli, des Groſsherzogs von Toskana, nachmaligen Kaisers Leopold, des Königs Ferdinand IV von Neapel, und des später als Luftschiffer berühmt gewordenen Grafen Zambeccari. Die Vermählung des Groſsfürsten Paul mit der Prinzessin von Hessen-Darmstadt gab indeſs Veranlassung, daſs die Prinzen im Jahr 1773 nach St. Petersburg zurückberufen wurden. Im August verlieſsen sie mit ihrem ganzen Gefolge Bologna und machten die Reise über Modena, Mantua, Verona, Trient, München, Regensburg, Prag, Dresden, Frankfurt a. d. O., Königsberg und Riga. Gleich nach ihrer Ankunft in St. Petersburg wurde der Graf Mellin, der schon im J. 1770 vom Groſsfürsten Paul ein Patent als holsteinscher Dragoner-Rittmeister erhalten hatte, zum Premierlieutenant bey dem kaiserl. Generalstabe ernannt, und der älteste Prinz von Holstein, Wilhelm August, blieb, nachdem die Vermählung des Groſsfürsten vollzogen war, in der Residenz, die Beywohnung einer Uebungskampagne auf der Flotte in der Ostsee im nächsten Sommer beabsichtigend; der jüngere, Peter

Friedrich Ludwig, aber entschloſs sich, den Feldzug gegen die Türken als Freywilliger mitzumachen, und ging im Februar 1774 nach Jassy ab. Der Graf Mellin begleitete ihn zur Armee und war während der ganzen Dauer des Krieges in mehreren bedeutenden Treffen gegenwärtig. Als aber, bald nach dem im Julius 1774 zu Kutschuk Kainardschi geschlossenen Frieden, da eben die russische Armee über die Donau zurückgegangen war, die Nachricht dort eintraf, daſs der älteste Prinz von Holstein in der Gegend von Reval vom Mastkorbe des Admiralschiffes herabgestürzt und ertrunken war, eilte sein Bruder, der Prinz Peter Friedrich Ludwig, nach St. Petersburg, und der Graf muſste mit der Equipage folgen. Ein schweres Faulfieber hielt letzteren mehrere Wochen in Jassy auf, so daſs er erst im December die Residenz erreichen konnte. Bald nach seiner Ankunft muſste er sich von dem Prinzen trennen, der nun, und zwar wieder in Gesellschaft seines ehemaligen Führers, des Obersten v. Staal, eine Reise nach Frankreich und England unternahm. Seit der Mitte des Jahres 1775 arbeitete er im Zeichenkomptoir des Generalquartiermeisters Bauer, und im Sommer 1776 nahm er, nach dem Wunsche des Groſsfürsten, die Gegend von Pawlowsk, das eben in der Anlage war, auf und brachte sie zur Karte; wofür er noch in demselben Jahre, ausser der Reihe, Kapitän beym Generalstabe wurde. Um diese Zeit war der Prinz Peter Friedrich Ludwig von Holstein zum Koadjutor seines Onkels, des Fürst-Bischofs von Lübeck, Friedrich August, und zum Administrator des Herzogthums Oldenburg und Delmenhorst bestimmt worden. Mit der officiellen Ankündigung hiervon wurde der Graf Mellin in May 1777 nach Eutin, wo der Bischof, und nach Hamburg, wo der Prinz sich aufhielt, abgefertigt, und hatte dabey zugleich die Freude, seinem Mutterbruder, dem Obersten v. Staal, die Nachricht zu überbringen, daſs er von der Kaiserin zum Brigadier mit einer lebenslänglichen Pension ernannt war und zwey Güter in Esthland geschenkt erhalten hatte. Die Rückreise machte er in Gesellschaft dieses seines Mutterbruders und traf zu Ende des Septembers wieder in St. Petersburg ein, wo er die Direktion des Zeichenkomptoirs beym Generalstabe und das Kommando über das Korps der Kolonnenführer erhielt. Als aber im folgenden Jahre, nach ausgebrochenem bayerischen Erbfolgekriege, sich ein russisches Truppenkorps, das dem Könige von Preussen zur Hülfe bestimmt war, in Podolien sammelte, wurde er, auf sein Ansuchen, zu demselben beordert. Er fand sich im September in Gluchow ein und erhielt vom Feldmarschall Romanzow Befehl, nach Cherson zu gehen, um daselbst bey der Anlage der neuen Festung thätig zu seyn. Nicht lange darauf fertigte ihn der Feldmarschall nach der Krimm ab; allein schon in Perekop rief ihn ein nachgesandter Kourier zurück, und er wurde nun zu dem in Podolien stehenden Truppenkorps geschickt, wo er, gröstentheils im Hauptquartier des Generalmajor Paul Sergiejewitsch Potemkin zu Zaslaw, bis zum teschner Friedensschlufs blieb, und, als sodann die Armee auseinander ging, nach St. Petersburg zurückkehrte. Mit der Baronne Helena Augusta v. Mengden seit seiner letzten Durchreise durch Livland bekannt, bewirkte er sich jetzt, um ihr näher zu seyn, eine Versetzung als Quartiermeister zur livländischen Division, feyerte dann am 25 Junius 1781 in Kolzen seinen Hochzeitstag und begleitete im September seine Schwiegermutter, die einer schweren Augenkrankheit wegen bey Richter in Göttingen Hülfe suchen wollte, mit seiner jungen Gattin dahin, nachdem er auf ein Jahr Urlaub zu dieser Reise erhalten hatte. Der Aufenthalt in Göttingen dauerte bis zum Junius 1782, und war zwar für die Augenkranke ohne den mindesten Erfolg, für den Grafen aber, der aus allen dortigen Lehranstalten Nutzen zog, eine reiche Aerndtezeit. Auf der Rückreise machte er einen Abweg nach Oldenburg, wo unterdessen der

Herzog Peter Friedrich Ludwig die Regierung angetreten hatte, wurde mit seiner Gattin von dem Fürsten höchst liebreich aufgenommen und traf gegen das Ende des Septembers wieder in Livland ein. Im November ging der Groſsfürst Paul Petrowitsch mit seiner Gemahlin, von einer ins Ausland gemachten Reise zurückkehrend, durch Riga. Sein Aufenthalt daselbst veranlaſste die Entstehung des Mellinschen Atlasses von Livland. Er verlangte nämlich von dem Befehlshaber der Truppen, dem General v. Berg, eine Karte von der Dislokation und den Quartieren der livländischen Division. Der Graf, als Quartiermeister, erhielt den Auftrag, diese Karte eiligst anzufertigen. Als er sie dem Groſsfürsten überreichte, erklärte er dabey, daſs er für die Richtigkeit seiner Arbeit nicht einstehen könnte, indem er selbst erst seit kurzer Zeit zur Stelle wäre, und bisher für die Geographie der Provinz nur sehr wenig geschehen sey. „Sie sollten sich" erwiederte der Groſsfürst „durch Abhelfung dieses Mangels ein Verdienst um ihr Vaterland erwerben. Man hat von andern Ländern so vortreffliche Karten, und es ist eine Schande, daſs wir von einer kultivirten Provinz, wie Livland, noch keine besitzen. Nicht wahr, Sie machen den Anfang? Ich werde mich erkundigen, ob Sie Wort halten." Diese Aufforderung bestimmte den Grafen, sogleich Hand an das mühsame Werk zu legen, dessen Ausführung er 14 Jahr hindurch fast alle seine Nebenstunden gewidmet hat. Er war eben erst vor wenigen Monaten als Major aus dem Kriegsdienste getreten, als er im Herbst 1783 zu einer Thätigkeit anderer Art berufen und zum Kreishauptmann des rigaschen Kreises gewählt wurde. Drey Jahr später wählte ihn der Adel zum Kreisrichter desselben Kreises und behielt ihn durch neue Wahl auch 1789 und wieder 1792 in dieser Stelle bey. Im J. 1795 wurde er Assessor des livländischen Gewissensgerichts, 1796, durch einen namentlichen Befehl der Kaiserin, Direktor und Präses des livländischen Oberkonsistoriums, und 1797, nachdem die alte Verfassung Livlands auf Befehl Kaisers Paul I. hergestellt war, Landrath. 1802 beschenkte ihn Kaiser Alexander I bey seiner Durchreise durch Riga mit einem kostbaren Brillantringe. Seit 1804, nachdem mit Einführung der neuen Bauerverordnung in Livland der Anfang gemacht war, bekleidete er, in Folge der auf ihn gefallenen Wahl, drey Jahr hindurch das beschwerliche Amt eines Kirchspielrichters mehrerer verbundenen Kirchspiele; erhielt hierauf 1811 den St. Annen-Orden der 2ten Kl., der ihm schon im J. 1797 vom Kaiser Paul bestimmt gewesen, durch einen Schreibfehler in der Kanzelley aber an einen andern gekommen war; wurde 1813 auch Rath im livländischen Hofgericht, und, durch einen aus Chaumont in Frankreich datirten allerhöchsten Befehl vom 5 Februar 1814, Mitglied der Komität für die Regulirung der livländischen Bauerangelegenheiten, für welche er sich stets als wahrer Freund der Menschheit und ihrer Rechte interessirt hatte. In Folge seiner Bemühungen, den Stand der Bauern von der alleinigen Aussteuer der Rekruten und den alleinigen Geldbeyträgen zu den Bauten des Gemeinwesens zu befreyen, fand der Landtag von 1815 es für nöthig, dem Landmarschall eine Art von Beaufsichtigung des Grafen aufzutragen. Da eine dagegen erhobene Beschwerde unberücksichtigt blieb, trat er 1818 ganz aus dem livländischen Landrathskollegium, wie einst Karl Friedrich Freyherr Schoultz, und somit auch aus der Komität zur Regulirung der Bauerangelegenheiten, in welcher seine Stelle nicht weiter besetzt wurde; blieb aber fortdauernd Präses im Oberkonsistorium und hatte die Auszeichnung, vom Monarchen mit einer brillantirten Tabatiere beschenkt und bald darauf mit einer jährlichen Pension von 1000 Rubel S. M. belohnt zu werden. Ueber diese ganze Angelegenheit hat sich der Graf freymüthig in gedruckten Aufsätzen ausgesprochen.

Von dem zum livländischen Atlas gehörenden Karten erschienen die ersten im J. 1794 und wurden allenthalben mit *dem grössten Beyfall aufgenommen. Die Kaiserin Katharina II beschenkte den Herausgeber mit einer mit Brillanten besetzten Tabatiere und beehrte ihn zugleich mit einem schmeichelhaften Schreiben. Der damalige Grossfürst Paul Petrowitsch gab ihm in mehrern Briefen unzweydeutige Beweise seines Wohlgefallens an dieser Arbeit, und erkundigte sich, als er im May* 1797, *als Kaiser, durch Riga reiste, nach dem Fortgange derselben, liess sich die neuesten Blätter von dem Grafen überreichen und umarmte ihn sodann. Was aber dessen ungeachtet eben diese Karten ihrem edlen Urheber in der Folge für Verdruss und Besorgnisse verursacht haben, hat er selbst in dem unten angeführten in den* Geographischen Ephemeriden *abgedruckten Aufsatz freymüthig erzählt* (s. *auch* Sonntags Policey für Livl. I. 88.).

Wie allgemein übrigens die Verdienste des Grafen, sowohl in seinem Vaterlande als auswärtig, anerkannt und geschätzt werden, beweist die beträchtliche Anzahl gelehrter Institute, die ihn unter ihre Mitglieder aufgenommen haben. Es sind folgende: die Klementinische Akademie und das Institut der Wissenschaften und schönen Künste zu Bologna 1770; *die königl. Societät der Wissenschaften zu Göttingen* 1782; *die landwirthschaftliche und patriotische Gesellsch. zu Bern* 1786; *die freye ökon. Gesellsch. zu St. Petersburg* 1793, *von der er für die Beantwortung der Preisfrage:* Ob es vortheilhafter sey, sich bey den Landwirthchaftsarbeiten der Pferde oder des Hornviehes zu bedienen, 1822 *den Preis einer goldnen Medaille zugetheilt erhielt* (s. Rig. Stadtbll. 1822. S. 158.); *die livländische gemeinnützige und ökon. Societät* 1796; *die ökon. Gesellsch. zu Leipzig* 1798; *die königl. spanische historisch-geographische Gesellsch. zu Valladolid* 1802; *die naturforschende Gesellsch. zu Moskau* 1806; *die literärisch-praktische Bürgerverbindung zu Riga* 1807; *die ökon. Gesellsch. zu Abo* 1810; *die kurl. Gesellsch. f. Lit. u. Kunst* 1817.

Atlas von Livland u. Ehstland, oder von den beyden Gouvernements u. Herzogthümern Liv- u. Ehstland u. der Provinz Oesel. Entworfen nach geometrischen Vermessungen, den neuesten astronomischen Beobachtungen u. nach sorgfaltiger Untersuchung u. Kenntnifs der Gegenden. (*Mit duneben stehendem französischen Titel; enthält ein in Kupfer gestochenes Titelblatt, eine Generalkarte und vierzehn Kreiskarten, gezeichnet vom Herausgeber, gestochen von* Jäck, Jättnig, Franz, Ramberg u. a. 1791-1798.) Imperialfolio.

*Magazin- u. Kassaordnung für die Bauerschaft der Güter Kolzen u. Eikasch. Riga, 1803. 47 S. 8. *Am Schlusse steht des Verf. Name, und dem deutschen Texte geht eine lett. Uebersetzung von* K. E. Pegau (*s. dess. Art.*) *zur Seite.*

Noch Einiges über die Bauernangelegenheiten in Liefland. Mit einer Schlufsbemerkung. Riga, 1824. (gedr. in Leipzig), 126 S. 8. (*Wurde verboten, s.* Allg. Kurl. Amts- u. Intell. Blatt. 1825. No. 10.)

Nähere Beschreibung der alten ehstnischen Burg Warbola; *in den* Nord. Misc. XV-XVII. 735-743. — Nachricht von einer in Ehstland befindlichen Heerde angorascher oder Kameelziegen; *ebend.* 771-777. — Geschichte des Gräflich-Mellinschen Geschlechts; *ebend.* XVIII. u. XIX. 216 ff. — Ueber eingemauert gefundene Menschen; *ebend.* 574-580.

Nachricht von einer Wassermühle, die ohne an einem Bach oder Flüfschen zu stehn, immer mahlen kann; *in den* Neuen nord. Misc. I. u. II. 508-512. — Nachricht von der alten lettischen Burg Pilliskaln und von mehrern ehmaligen festen Platzen der Letten u. Ehsten, wie auch von etlichen andern liv- u. ehstländ. Merkwürdigkeiten; *ebend.* IX. u. X. 519-545. — Nähere Beschreibung der sogenannten trocknen Wassermühle in dem Städtchen Lemsal, nebst einer dazu gehörigen Abzeichnung; *ebend.* XI. u. XII. 522-528. — Beytrag zur Geschichte des Geschlechts von Mellin; *ebend.* XV. u. XVI. 513 ff. — Erklärung über etliche das lemsalsche Perpetuum mobile oder die dasige Wassermühle betreffende Anfragen; *ebend.* XVII. 162-171. (*Steht auszugsweise auch im* Göttingischen Taschenkalender 1798. S. 140-146.) — Ein merkwürdiger Criminalfall, welcher bey den Rigischen Gerichtsbehörden im J. 1791 untersucht u. entschieden wurde; *ebend.* XVIII. 117-178. *Auch besonders abgedruckt:* Leipzig, 1798. 8. — Zwey Frauenspersonen heirathen einander, eine livl. Anecdote; *ebend.* XVIII. 269-272.

Ueber die Behandlung des Korns u. vorzüglich des Korndörrens in unsern Gegenden, *in den* Berner öcon. Abhandl. 1786.

Höchst interessante Anecdote, die Geographie von Liv- u. Ehstland betreffend; *in den* Allgem. geograph. Ephemeriden 1803. Nov. S. 624. — Nähere Bestimmung der Längen u. Breiten mehrerer Oerter in hiesiger Gegend, besonders der Polhöhe von Riga (J. G. A. Brückner *hatte starken Antheil daran, s. dess. Art.*); *ebend.* ... — Geographisch-statistische Nachricht von Liv- u. Ehstland, im Auszuge; *ebend.* ...

* Kurze Nachricht, betreffend die neuere Geographie von Liv- u. Ehstland; *in* Kaffka's Nord. Archiv 1803. Dec. S. 178-184. — * Ueber die aufgehobene Naturalverpflegung in Lief- u. Ehstland; *ebend.* 1804. Febr. — Kremers Orchestrion in Reval; *ebend.* 1805. Apr. S. 44-49. — * Ein zuverlässiges Mittel, die so schädlichen Wölfe von den Viehheerden abzuhalten; *ebend.* May. S. 114-116. — Nachricht über den rauchenden Berg, der sich 22 Werst südwestlich von Reval befindet (*Nachrichten von* W. Sewergin *und* Past. J. E. Rauch [*vergl.* N. nord. Misc. IX. u. X. 539. ff.] *enthaltend, mit einem Schlufsworte von* Mellin); *ebend.* 1808. März. 178-101. — Noch mehrere anonyme Aufsätze; *ebend.*

Versuch, die Ziegeldächer dauerhafter zu machen; *in den* Abhandl. der livl. öconom. Societät. III. 159-168. (1805), *und daraus wieder abgedruckt in* Schnee's Landwirthschaftl. Zeit. 1805. May. No. 17.

* Miscellen; *in* Truharts Fama für Deutsch-Rufsl. 1806. März. S. 202-211. u. Jul. S. 51-53. — * Etwas über Ahndungen u. Erscheinungen; *ebend.* Nov. S. 114-123.

Etwas über die befohlne Errichtung von Bauer-Vorraths-Magazinen; *im* Oecon. Repert. für Livl. II. 3. S. 700-706. — Anwendung der Vaccination bey einer Rindviehseuche; *ebend.* VII. 1. S. 98-100.

* Einiges über die Bauerangelegenheiten in Liefland; *in der* Isis, herausgeg. von Oken. 1822. Heft II. S. 1145-1151.

Nachricht von dem aufgefundenen Grabstein des Apostels Petrus; *in der schwedischen Zeitschrift:* Argus den Tredje. 1827. No. 59.; *und daraus in der* Leipz. Lit. Zeit. ..., *auch in* den Blätt. f. liter. Unterh. 1827. No. 145., *und am vollständigsten im* Begleiter *von* Merkels Provinzialbl. 1828. No. 26.; *s. auch ebend.* No. 16. S. 64. *und* Zeit. f. d. eleg. Welt 1827. S. 1822.

Aufsätze *in den* Rig. Stadtbll. 1810-1821., *unterzeichnet:* L. A. M.

**Antheil an der von* Gust. v. Bergmann *herausgegebenen lettischen Schrift:* Labbu ſinnu un padohmu grahmata (Riga, 1791. 8.) S. 31-51. Semmes-kohpſchanas un dſihwes mahzibas.

Beyträge *zu* Friebe's physisch-ökonomische und statistische Bemerkungen von Lief- und Ehstland.

*Mehrere musikalische Kompositionen für das Rigasche Theater.

Sein Bildniſs lithographirt von Lindroth in Riga (gez. von Johanna Gerling 1823). Fol.

Vergl. Nord. Misc. XVIII. 267-270., *wo sein Leben bis* 1786 *beschrieben ist.*

Menander (Andreas).

War anfänglich Feldprediger, und wurde 1696 *Rektor der Domschule in Reval und zugleich schwedischer Diakonus an der Domkirche,* 1707 *aber Pastor zu Fickel. Er flüchtete nach Schweden, wahrscheinlich* 1710, *und war der Vater des upsalschen Erzbischofs* Menander. *Geb. in Finnland zu ..., gest.*

Er hielt im März 1698 *eine lateinische Rede in Versen auf König* Karls *XII. Krönung. Ob sie gedruckt worden, ist ungewiſs.*

Vergl. Nord. Misc. XXVII. 389.

Mende (Heinrich Wilhelm).

Geb. zu Riga am 22 *April* 1803, *studirte zu Dorpat Medicin, wurde* 1826 *Dr. derselben, und prakticirt nunmehr in Riga.*

Diss. inaug. med. chirurg. Nonnulla de venarum inflammatione, praesertim phlebotomiam. excipiente. Dorpati, 1826. 59 S. 8.

VON MENGDEN (ENGELBRECHT).

Erbherr von Altenwoga, wurde 1617 *Landnotarius des piltenschen Kreises,* und 1644 *Vicepräsident des livländischen Hofgerichts. Geb.* 1587, *gest.* 1649 *oder* 1650.

Trauergedicht auf das Absterben des Reichsraths u. livl. Gen. Gouv. Bengt Oxenstierna (*in lateinischen Hexametern*). Riga, 1643. ...

Handschriftlich:

Landrecht des Fürstenthums Liefland, in 5 Bücher abgetheilt, *eine Umarbeitung des* Livl. Ritterrechts, *etwa* 1643 *aufgesetzt.*

Vergl. Gadeb. L. B. Th. 2. S. 236. — Rotermund z. Jöcher. — Nord. Misc. IV. 213. XV. 323. — Neue Nord. Misc. V. 203 ff., *wo sich ein* Inhaltsverzeichniſs *seines umgearbeiteten Landrechts und die Geschichte desselben findet.*

VON MENGDEN (GUSTAV).

Freyherr von Altenwoga, Erbherr auf Idsel, Lappier, Sinohlen, Kussen, Zarnikau, Abgunst, Lubey, Golgowsky und Weissenhof, schwedischer Generalmajor, ältester livländischer Landrath (seit 1666) *und Oberster der livländischen Adelsfahne. Geb. am* 17 *April* 1625, *gest. am* 16 *December* 1688.

Der verfolgete errettete u. lobsingende David, das ist: Alle Psalmen Davids in Reimen gefasset u. auff denen, bey der evangelischen Kirchen gebräuchlichen Melodeyen eingerichtet durch einen Christen, der sich in seinem Pathmo an Gott VerMiethet. Riga, 1686. 448 S. u. 4 Bll. Register. 8.

Sonntages Gedanken eines Christen, so sich an Gott VerMiethet. Ebend. (*o. J., aber* 1686.) 4 unpag. Bll., 302 S. u. 6 Bll. Register u. Anhang zweyer Lieder, von M. C. Haltius. 8.

Handschriftlich hinterliefs er plattdeutsche Scherzgedichte, wovon eins auf die Reductions-Commission *in* Gadeb. L. B. Th. 2. S. 239-245., *ein anderes:* Einladungsschreiben an einen Freund 1671., *in* A. Truharts Fama für Deutsch-Rufsl. 1807. IV. 174-177. *abgedruckt stehen.*

Nach seinem Tode erschien auch: Ein Schreiben an die sämmtliche livl. Ritterschaft wider die Beschuldigung, dafs er der Urheber der Reduction sey, *in* J. R. v. Patkuls Deduction, Beylagen No. IV. S. 13., s. Friebe's Gesch. Liefl. V. 238.

Vergl. Witte D. B. II. 159. — Jöcher u. Rotermund zu dems. — Arndts Livl. Chron. II. 24. — Gadeb. L. B. Th. 2. S. 237. — Nord. Misc. XV. 327. — Wetzels Lebensbeschreibung der Lieder-Dichter. IV. 322.

MENIUS (FRIEDRICH).

War kaiserlicher gekrönter Poet; hielt sich von 1621 *bis* 1629 *in den polnischen Provinzen auf, trat* 1629 *in Kirchendienste bey dem Feldmarschall* Gustav Horn, *wahrscheinlich als Feldprediger, nennt sich aber* 1630 *Pastor der Kirchen Neuermühlen, Dünamünde, Zarnikau und Rodenpois in Livland, wurde bereits am* 23 *August desselben Jahres Professor der Geschichte am Gymnasium zu Dorpat und bey Einweihung der dasigen Universität* 1632 *am* 15 *Oktober Professor der Geschichte und Alterthümer an derselben. Wie lange er dieses Amt verwaltet, ist nicht auszumachen. Nur so viel findet man, dafs* Michael Wollin *(nicht* Ewolin, *wie* Bacmeister *bey* Müller. IX. 155. *hat)* 1639 *am* 13 *Februar zum Professor der Geschichte und Politik erwählt und am* 20 *März bestätigt wurde, er verzog aber seinen Amtsantritt und kam endlich gar nicht nach Dorpat, worauf* Andreas Sandhagen *im Januar* 1643 *als Professor der Geschichte und Politik angestellt ward.* (s. Somm. p. 247., aus Stiernmanns handschriftl. Bibl. Suigoth. ad a.

1639.) *Im J. 1636 erhielt* Menius *Vollmacht zur Bewirthschaftung der Güter des Feldmarschalls* Gustav Horn *und zog dahin, 1637 kam er in fiskalische Aktion wegen angeschuldigter Bigamie, und wurde im folgenden Jahre am 19 Februar wegen Verleumdung der Wittwe des Predigers* Kaspar Pegius *für vogelfrey erklärt; was* Sommelius *bezweifelt, weil die schwedischen Geschichtschreiber davon schweigen, aber* Arndt, Bacmeister *und* Gadebusch *führen es an, letzterer mit grofser Umständlichkeit. In der Folge wandte er sich nach Schweden, wurde aber dort 1645 gefänglich eingezogen und seines Amts (welches? ist unbekannt) entsetzt, weil er, nach dem Urtheil des geistlichen Gerichts zu Stockholm vom 12 März desselben J., in seiner Schrift* „Consensus hermetico mosaicus“ *behauptet hatte: „unter der göttlichen Dreyeinigkeit sey nichts anders zu verstehen, als die drey göttlichen Eigenschaften, Allmacht, Barmherzigkeit und Gerechtigkeit, Christus habe keinen adamischen Leib, sondern einen geistigen, himmlischen, gehabt u. s. w.* (s. Lagerbring Sammandrag af Swea-Rikes Historia S. 113 u. 114. *und* Stiernmann Centuria secunda anonymorum, *wo* S. 79-148 *die über diese Sache aufgenommenen Aktenstücke gefunden werden. Auch* Sommelius *hat sie daraus* S. 193 *verzeichnet und zugleich die Unterredung zwischen* Olaus Laurelius *und* Menius *im stockholmer Konsistorium angeführt. S. unten im Schriftenverzeichnifs die letzte Nummer.) Nach langem Gefängnisse wurde er wegen seiner Kenntnifs in der Chemie als Aufseher von Kupferbergwerken in Schweden angestellt. Geb. in Pommern zu ..., gest.* 1659*), *oder, nach* Jaenicke's gelehrtes Pommerland, *schon* 1657.

Poemata artificiosa varii generis. Lipsiae, 1626. 4.

Englische Comoedien. 2 Theile. Altenburg, 1620. 8.

---

*) Gewöhnlich heifst es: im September, aber man scheint Witte, der nur das Todesjahr angiebt, nicht richtig gedeutet zu haben.

Syntagma historico-politico-juridicum de ritibus funebribus omnium gentium. Altenb. 1620. 8.

Intrada u. Vortrab der grossen Universal Lieffländischen Historischer Geschichten Beschreibung, worinnen kürtzlich einem jeden für Augen gestellet wird, was er in folgender Liefflandischen Chronic zu erwarten. Item womit ein jeder mit allerhand Nohtwendigen Nachrichtungen dem Autori zu bevorstehendem Wercke zu statten kommen möge. Aufs licentz zulafs vnd verordnung der hohen Königlichen Officianten, gestellet durch Fridericum Menium P. L. C. Pastorn der Kirchen zu Newmühl, Dunemund, Czarnikow vnd Bohdenpeufs. Riga, 1630. 14 ungez. Bll. 4. — *Sehr selten.*

Nuncius Parnassi Livonici poeticus vnd frölicher Lobgesang, auff die Fundation der königlichen Schwedischen Academiae zu Dörpat in Liefflandt den 15. Octobris Anno 1632. Gedruckt zu Dorpat, durch Jacob Beckern. 1½ Bogg. 4.

Relatio von Inauguration der Universität zu Dörpat, geschehen den 15. Octobris Im Jahr 1632. Gedruckt zu Dörpath in Liefflandt, durch vnd in Verlegung Jacob Beckern. 3½ Bogg. 4.

Syntagma de origine Livonorum. Ibid. 1632. 7 Bogg. 8. *Vielleicht auch 1635. — Sehr selten.*

Proba der letzten Zeit, von der grossen Verfolgung, restaurierunge des wahren Gottes Dienstes, Vntergange des Babsthumbs, vnd Zukunfft des jüngsten Tages. Darinnen ex fundamento historico gründlich erkläret wird, Ob vnd wie M. Johannes Dölingius in seiner Predigte vom Vntergange des Weltlichen Babsthumbs statuiret habe, dafs der jüngste Tag jetztlaufenden 1633. Jahres zukünfftig, vnd das weltliche Babsthum seinen Fall vnd Zerstörunge zu erwarten habe. Nebst beygefügten conjecturis, was sonsten mehr in diesem Jahre vnd seculo gutes oder böses zu erwarten sey. Gedruckt zu Dörpt bey Jacob Beckern, im Jahr 1633. 50 S. 4. — *Sehr selten.*

Historischer Prodromus des Liefflandischen Rechtens vnd Regiments von Anfange der Provintz erfindunge, bis auff Ihr königl. Maj. von Schweden Gustavi Magni Todt. Aus Warhafften vnd Glaubwürdigen actis vnd actitatis verfertiget vnd zusammengebracht. Gedruckt zu Dörpt in Liefflandt, bey vnd in verlegung Jacob Beckern, im Jahr 1633. 75 S. *und auf der letzten, unpag., die* Errata. 4. *Höchst selten. Ein Exemplar im kurl. Provincial-Museum.* — 2te Ausgabe: Ebend. (*o. J.*) 8 unpag. u. 68 S. 4.

Sehnliches Klaglied über den, wie wol tapfern, doch traurigen Todsfall des Grofsmächtigsten von Gott erwecketen Wunderhelden, Gustavi Magni, Königes in Schweden u. s. w. des getrewen Gideons und Erretters der betrübten christlichen Kirchen u. s. w. Ebend. 1633. 8.

Diatriba critica de Maris Balthici nominibus et ostiis, ubi contra novatores nonnullos vetus Ptolemei sententia defenditur et rectius explicatur. Ibid. 1634. 4.

* Consensus Hermetico-Mosaicus, von den wahren Anfange aller siecktigen undt unsiecktigen Dingen, so dan auch von der wahrhafften einigen Universal Materi defs so woll zur Natur als Kunst gehörigen höhesten Arcani der gantzen Welt. Zu einem Vortrab undt Munster der grossen Lateinischen Historiae Pansophicae Practicae vorangeschicket, aus beiden Liechtern, der Natur undt Gnaden gestellet, durch Salomonem Majum. 1644. 8. (Als *den Druckort, der auf dem Titel fehlt, giebt* Sommelius *ganz bestimmt* Dorpat *an. Ausserdem meldet er noch,* Menius *habe in seinem Gespräche mit* Laurelius *das Pseudonoma dahin erklärt, dafs* Salomo *mit* Friedrich, Majus *mit* Menius *gleichbedeutend sey.*)

Lange nach seinem Tode wurde gedruckt:

Epistola ad Suecici regni cancellarium, comitem Axel Oxenstierna, ex carcere a. 1645. d. 4. Sept. data; *in* Stiernmanni centuria secunda anonymorum p. 141-148.

Colloquium cum Dre Olao Laurelio, habitum in Consistorio Holmensi a. 1645. d. 12. Apr.; *in* Nettelbladts schwed. Bibl. V. 117-130.

Vergl. Witte D. B. II. 82. — Schefferi Suecia lit. p. 283. 344. — Jöcher u. Rotermund z. dems. — Arndts livl. Chron. II. 5-7. — Müllers Samml. russ. Gesch. IX. 181-184. — Gadeb. Abh. S. 99-104. — Dess. L. B. Th. 2. S. 248-251. — Somm. p. 187-196.

MERCKEL (DANIEL).

Vater von GARLIEB HELWIG MERKEL.

Pastor zu Loddiger und Treiden 1741, *emeritirt* 1770. *Geb. zu Riga* 1712, *gest. daselbst* 1782 (*begr. am* 13 *December*).

Methodum probandi operationes arithmeticas per Novenarii abjectionem, censurae publicae committunt Georg. Westerholt, Othinia Danus, Phil. Mag., et Dan. Merckel, Riga Livonus, Phil. et S. S. Theol. Cultor, d. IX. Jun. A. MDCCXXXIV. Vittenbergae. 4 unpag. u. 15 pag. S. 4., *dem rigaschen Rathe gewidmet vom Resp.* Merckel, *welcher, wie aus einer am Schlusse befindlichen Zuschrift des Präses an ihn erhellet, der Verf. ist.*

Lateinische Gelegenheitsgedichte.

MERCKEL (THEODORA MARGARETHA).

Gattin des vorhergehenden.

Eine Tochter des hamburgischen Arztes Christian Friedrich Falcke, *ward mit ihrem nachherigen Manne bekannt, als dieser sich beynahe drey Jahr in Hamburg aufhielt, und kam im May* 1742 *nach Livland. Geb. zu Hamburg am* 27 *August n. St.* 1721, *gest. am* 31 *März* 1743.

Uebersetzung einiger Predigten Mosheims ins Französische.

Französische u. deutsche Gedichte.

Vergl. Snells Progr. Literärisch-biograph. Nachr. von gelehrten Frauenzimmern (Riga, 1786. 4.), *wo aber unrichtig ihr Vorname bloss* Dorothea *u. ihr Sterbejahr als* 1741 *angegeben wird.*

MEREDIG (GOTTLIEB DANIEL).

Studirte von 1806 *bis* 1811 *zu Dorpat, wurde dort* 1811 *Dr. der A. G., in demselben Jahre Oekonomiearzt auf dem Gute Dondangen in Kurland, gab diese Stelle* 1812 *wieder auf, prakticirte in Riga, und war seit 1813 Stadtarzt in Lemsal. Geb. zu Riga am 9 Januar 1787, gest. am 10 November 1818.*

Diss. inaug. med. de occulta et chronica jecinoris inflammatione. Dorpati, 1811. IV u. 60 S. 8.

Merkel (Garlieb Helwig *)).

Sohn von Daniel Merckel.

Wurde auf dem Pastorat Loddiger in Livland am 21 Oktober 1769 geboren, und erhielt den ersten Unterricht von seinem Vater selbst, theils im Lesen in mehreren Sprachen zugleich, theils durch Erzählung und kleine Aufgaben fürs Nachdenken. 1776 fing er an die Domschule in Riga zu besuchen, und sollte 1781 in die zweyte Klasse kommen, als er diese Lehranstalt verliefs und in das Haus des Vaters, der das Gut Saadsen in Pacht genommen hatte, zurückkehrte. Nachdem dieser 1782 gestorben war, verlebte er drittehalb Jahr fast ganz einsam in der hinterlassenen Bibliothek desselben. 1785 trat er wieder in die Domschule, und zwar in die zweyte Klasse, aber er glaubte, an Selbststudium gewöhnt, die Unfähigkeit zu fühlen, einem fremden Vortrage zu folgen, verliefs die Schule wieder 1786, als er in die erste Klasse versetzt werden sollte, und nahm, weil die Vermögensumstände seiner Mutter es ihr schwer machten, ihn zu unterstützen, eine Kanzellistenstelle bey dem livländischen Gewissensgericht an, um so für sich fortzustudiren. Diese Lage entsprach indefs seinen Wünschen so wenig, dafs er mit Ablauf des Jahres seinen Abschied zu nehmen veranlafst wurde und sich durch Privatunterricht ein Einkommen zu verschaffen suchte. Ein Paar Aufsätze von ihm, die handschriftlich in Riga umliefen, unter andern eine Parallele zwischen Voltaire

*) Gewöhnlich unterschreibt er sich nur mit dem ersten Taufnamen.

und Schiller, *erwarben ihm Aufmerksamkeit. Der Oberpastor* Dingelstädt *rieth ihm eine Hofmeisterstelle auf dem Lande anzunehmen, und verschaffte ihm* 1788, *in seinem* 19*ten Jahre, eine solche bey dem Pastor* Kleemann *zu Pernigel, wo er* 4 *Jahr blieb. Hier schrieb er seinen* Versuch über Dichtkunst, *ein Lehrgedicht nach* Horaz, Boileau, Menzini, *vorzüglich aber nach* Pope's Essay on Criticism, *dessen Versart, fünffüſsige gereimte Jamben, auch nachgeahmt ist; ferner eine poetische freye Uebersetzung von* Pope's Lockenraub, *und* Wannem Ymanta. *Am Ende von* 1792 *ging er nach Riga zurück, lebte dort fast ein Jahr im Umgange mit* Sonntag, *den er schon seit* 1788 *kannte, und mit den Dichtern* Graſs *und* Andreä, *und nahm* 1793 *wieder eine Hofmeisterstelle im Hause des Kreismarschalls v.* Transehe *auf Annenhof an, wo er etwa drey Jahr blieb. Hier schrieb er seine* Letten *und arbeitete sie mehreremal um. Als ihm die Schrift reif schien, im Frühlinge* 1796, *brach er plötzlich seine Verbindungen ab und ging nach Leipzig, wo das Buch noch im August desselben Jahres erschien. (Fälschlich, nach einer bekannten Buchhändlersitte, hat es die Jahrzahl* 1797.) *In Leipzig studirte er den Sommer hindurch Medicin und lebte vorzüglich mit* Seume *und* Mahlmann, *ging dann im Herbst nach Jena, setzte hier, unter* Loder *und* Hufeland, *sein Studium fort, hatte* Bojanus *und den Chemiker* Scherer *zu vertrauten akademischen Freunden, und schrieb das Buch* Hume und Rousseau über den Urvertrag, *das eine vollständige Uebersetzung des* Contrat social *enthält. Im Frühlinge* 1797 *zog er nach Weimar, blieb dort, vorzüglich durch den Umgang mit* Herder *und* Böttiger *angezogen, und beschäftigte sich mit den Vorarbeiten zu seiner* Vorzeit Livlands. *Aber schon im Herbst berief ihn der dänische Finanzminister Graf* Schimmelmann *nach Kopenhagen und gab ihm die Sekretärstelle bey sich, welche bis dahin der* *gegenwärtige preussische Geheimerath* Niebuhr *bekleidet hatte. Er fühlte sich indeſs bald in diesen Verhältnissen zu beschränkt und verlieſs sie schon nach drey Monaten, schrieb in Kopenhagen noch seine* Rückkehr ins Vaterland, *und ging nach Weimar zurück. Den Sommer darauf arbeitete er dort den ersten Band der* Vorzeit Livlands *aus und machte eine Reise nach Dresden. Während des folgenden Winters besuchte er die drey Hansestädte und Berlin, kehrte aber im Frühlinge nach Weimar zurück, schrieb den zweyten Band der* Vorzeit Livlands, *die* Briefe über Hamburg und Lübeck, *und den kleinen Halbroman* Eine Reisegeschichte, *und ging, vorzüglich durch* Engels *Umgang dazu bewogen, zum Winter wieder nach Berlin. Hier wurden seine* Erzählungen *und die* Völkergemälde, *welche eine Gallerie von Schilderungen der Menschheit auf den verschiedenen Stufen der Kultur von der Feder berühmter Schriftsteller werden sollte, geschrieben. Im Frühlinge* 1800 *begab er sich nach Potsdam, schrieb dort das Märchen* Gulhindy (*aus dem die Spontinische Oper* Alcindor *gemacht ist*), *ferner das* Leben der Königin Johanna I. von Neapel, *und studirte Kritik. Im nächsten Herbst nach Berlin zurückgekehrt, fing er seine* Briefe an ein Frauenzimmer *an, wozu ihn besonders der verachtende Ton einiger namhaften Schriftsteller gegen* Herder *und* Engel, *die er persönlich kannte und liebte, bewog. Den Sommer darauf schrieb er die* Randzeichnungen, *erwarb sich in Frankfurt a. d. O. die philosophische Doktorwürde, hielt im folgenden Winter dort akademische Vorlesungen, und arbeitete* Wannem Ymanta *für den Druck um. Im Herbst* 1802 *ging er wieder nach Berlin, übernahm den wissenschaftlichen Artikel der Spenerschen Zeitung, und fügte eine Theaterchronik hinzu. Mit* Kotzebue *verabredete er die Herausgabe des* Freymüthigen, *veruneinigte sich aber mit dem bestimmten Verleger noch vor Anfang des Journals, zog sich zurück und gab im folgenden Sommer allein das*

Unterhaltungsblatt Ernst und Scherz *heraus; aber es waren kaum ein Paar Monate des letzteren erschienen, als* Kotzebue *ihn dringend aufforderte, sich mit ihm aufs neue zu verbinden. Er willigte ein, die beyden Zeitschriften unter doppeltem Titel zu verschmelzen, und übernahm die Redaktion des vereinigten Blattes bey dem Verleger von* Ernst und Scherz. *Im J.* 1805 *kündigte er, gemeinschaftlich mit* Johannes v. Müller, *eine politische Zeitung an, die unter dem Titel:* Der Zuschauer, *den politischen Groſssprechereyen der Bonaparteschen Proklamationen und Zeitungen entgegen wirken sollte. Die unglückliche Wendung des Krieges machte, daſs* Joh. v. Müller *sich zurückzog. Er begnügte sich nun, zum Theil im Freymüthigen, zum Theil durch Briefe und Lieder, die ohne Namen verbreitet und häufig gesungen wurden, die Deutschen zu den Waffen zu rufen. Als daher im J.* 1806 *die Schlacht bey Jena verloren war, fand er es für nöthig, den Franzosen auszuweichen. Er ging nach Stettin, und, als der Feind dahin vorrückte, zu Schiffe nach Königsberg. Da auch hier sich der Plan einer antifranzösischen Zeitung nicht ausführen lieſs, begab er sich zuerst nach Mitau und von dort zu Ende* 1806 *nach Riga zurück. Daſs er übrigens den Franzosen nicht ohne Grund ausgewichen war, bewies unter andern die Verhaftung des Hofrath* Becker *zu Gotha, der noch sechs Jahr später sich zu Magdeburg über einen Brief vertheidigen muſste, in welchem Merkels Name vorkam.* (S. Beckers Leiden und Freuden. Gotha, 1814. 8. S. 53.) *Nach der Rückkehr von einer sodann nach St. Petersburg gemachten Reise, fing er, unter dem Titel:* Supplementblätter zum Freymüthigen, *in Riga eine Zeitung an, die seinem alten politischen Zwecke, Bekämpfung des Bonapartismus, gewidmet war. Nach dem Waffenstillstande unterbrach er die Herausgabe derselben, setzte sie aber gleich nach dem Frieden, unter dem Titel:* Der Zuschauer, *mit dem sie ununterbrochen noch jetzt er-*

scheint, fort. Seitdem verheirathet, kaufte er sich in der Nähe von Riga einen Landsitz, Depkins- oder Merkelshof, wo er sich thätig mit der Landwirthschaft beschäftigt. Beym Ausbruch des Krieges 1812 *ging er, vorzüglich weil man in Riga eine Belagerung besorgte, nach Dorpat, wurde aber durch eine höhere Aufforderung veranlaſst, schon im Oktober wieder nach Riga zurückzukehren. Jm J.* 1816 *unternahm er eine Reise nach Deutschland, und gab in Berlin, Anfangs mit Gubitz, den er jedoch nach den ersten Nummern wieder ausschloſs, die Zeitschrift:* Der alte Freymüthige, oder Ernst und Scherz, *heraus, überlieſs das Blatt schon im Frühlinge* 1817 *an Julius v. Voſs, bereiste das westliche Deutschland und kehrte dann nach Livland zurück. Als hier* 1820 *die Bauernfreyheit proklamirt wurde, schrieb er:* Die freyen Letten und Ehsten, *wofür Seine Majestät der Kaiser Alexander ihm eine lebenslängliche Pension von* 300 *Rubel Silbermünze zu ertheilen geruhete. Ausserdem erhielt er bey mehreren Gelegenheiten von dem Monarchen Brillantringe. Er ist Mitglied der kurl. Gesellsch. f. Lit. u. Kunst seit deren Stiftung* 1817.

Versuch über Dichtkunst. Riga, 1794. 46 S. kl. 8.

Die Letten, vorzüglich in Liefland, am Ende des philosophischen Jahrhunderts, ein Beytrag zur Völker- und Menschenkunde. Leipzig, 1797 (*eigentlich* 1796). 378 S. 8. Zweyte sehr vermehrte und verbesserte Aufl. m. Kupf. Ebend. (1800). 442 S. 8. *Im Anhange zu dieser 2ten Aufl. steht S.* 405-442 *der Landtagsschluſs zur Verbesserung des Zustandes der livl. Bauern vom Januar* 1797. (Moskwa, 1797. 8.)

Der Lockenraub, ein scherzhaftes Heldengedicht von A. Pope, frey und metrisch übersetzt. Leipz. 1797. 8.

Hume's und Rousseau's Abhandlungen über den Urvertrag, nebst einem Versuch über die Leibeigenschaft; den Liefländischen Erbherren gewidmet. 2 Theile. Ebend. 1797. *Mit durchlaufender Zahl* 572 S. 8.

Supplement zu den Letten, oder Erklärung über die im zehnten Stück des Intelligenzblattes der allgemeinen

Literaturzeitung erschienene Anfrage des Herrn Ritters v. Brasch; nebst einer Urkunde. Weimar, 1798. 116 S. 8.

Die Vorzeit Lieflands, ein Denkmal des Pfaffen- und Rittergeistes. Erster Band. Berlin, 1798. — Zweyter Band. Ebend. 1799. 8. M. Kupf. Neue Aufl. Ebend. 1807. 8.

*Die Rückkehr ins Vaterland; ein Halbroman. Kopenhagen, 1798. 8.

*Eine Reisegeschichte; ein Halbroman, vom Verfasser der Rückkehr ins Vaterland. Berlin, 1799. 8.

Der Tempel zu Gnidos, von Montesquieu. Aus dem Französischen übersetzt. Weimar, 1800. 8.

Erzählungen. Berlin, 1800. 8.

Sammlung von Völkergemählden, nebst einem Versuche über die Geschichte der Menschheit. Lübeck, 1800. 8.

Briefe an ein Frauenzimmer über die neuesten (*auf einem zweyten Titel steht:* Die wichtigsten) Produkte der schönen Literatur in Deutschland. Ersten Jahrganges 1stes bis 12tes Stück. Berlin u. Leipz. 1801. — Zweyten Jahrganges 1stes bis 12tes Stück. Ebend. 1802. — Dritten Jahrganges 1stes und 2tes Stück. Ebend. 1803. 8.

Briefe über einige der merkwürdigsten Städte im nördlichen Deutschland. Erster Band. Leipz. 1801. VIII u. 428 S. 8. — *Auch unter dem Titel:* Briefe über Hamburg u. Lübeck.

Wannem Ymanta, eine lettische Sage. Mit 1 Titelkupf. Ebend. 1802. 8. XXXVI u. 188 S.

Randzeichnungen; ein Buch, dem der Verfasser viel Leser wünscht. Sechste Auflage (*ein Scherz, es ist die erste*). Berlin, 1802. 8.

Schrieb vom 1sten Oktober 1802 an den wissenschaftlichen und Kunstartikel der Spenerschen Zeitung zu Berlin, *gab ihn nachmals an* Herklots *und* Julius v. Vofs *ab, setzte aber* die Redaktion bis zum 16ten Oktober 1806 *fort.*

Bruder Anton. Erstes bis drittes Buch. Leipzig, 1803. 320 S. 8.

Gab heraus: Ernst und Scherz; ein Unterhaltungsblatt literarischen und artistischen Inhalts (*vom Junius an, während dessen und des Julius wöchentlich ein halber, vom August an aber zwey halbe Bogen geliefert wurden).* Berlin, 1803. 48 Bll. 192 S. *enthaltend.* 4.

Desgleichen gemeinschaftlich mit A. v. Kotzebue: Der Freymüthige, oder Ernst und Scherz; Berlinische Zeitung für gebildete und unbefangene Leser (*wöchentlich 4, später 5 halbe Bogen*). Berlin, 1804-1806. gr. 4. (*Der letzte Jahrgang wurde wegen des zwischen Preussen und Frankreich ausgebrochenen Krieges nicht vollendet, sondern hörte am 16 Oktober 1806 auf.*)

Supplementblätter zum Freymüthigen. Erstes Heft. April. No. 1 bis 12. u. 1 Beylage. May No. 13 bis 24; *und noch* No. 25 bis 30 (*mit welcher diese Zeitschrift aufhörte*). Riga. 1807. 4.

Der Zuschauer. Eine literarisch-politische Zeitschrift. Riga, 1807. 4. (*Vom 1sten Julius an erschienen wöchentlich drey halbe Bogen. Ist seitdem ununterbrochen fortgesetzt worden.*)

Sämmtliche Schriften. Erster und zweyter Band. Erzählende Schriften. Riga, 1807. 1808. 8.

Ist das Fortschreiten der Menschheit ein Wahn? Sendschreiben an Herrn Professor Dr. Heeren. Riga, 1810. 64 S. 8. Zweyte Aufl. Ebend. 1811. 95 S. 8.

Zeitung für Literatur und Kunst. 48 Nummern. Riga, 1811. u. 25 Nummern. Ebend. 1812. 4.

Skizzen aus meinem Erinnerungsbuche. Erstes bis drittes Heft. Riga, 1812. — Viertes Heft. Ebend. 1816. 8. *Das letzte Heft auch unter dem Titel:* Dr. G. Merkels Uebersicht seiner Leistungen als Zeitschriftsteller Deutschlands. — Neue (vermehrte) Ausgabe. Riga u. Dorpat, 1824. VI u. 394 S. 8.

* Aufruf an die Bewohner der Ostseeprovinzen. Riga im Julius 1812. *Ins Russische übersetzt von* Derschawin.

* Ein Bewohner Moskau's an seine Landsleute. Im Oktober 1812. St. Peterburg, 1812. 8. Riga, 1813. 8. — *Auch:* Mitau, 1813. 8. — *Ins Russische übersetzt von* Gretsch; *ins Lettische von* A. J. Stender (Mitau, 1813. 8.).

Aufsätze während des Kriegs geschrieben (*aus dem Zuschauer abgedruckt*). 1stes bis 3tes Heft. Riga, 1813. 8.

*Europens Lage und Aussichten im August 1813. (Riga.) 8.

Glossen. 1stes bis 9tes Blatt. Vom 22sten August bis 9ten November 1813. 36 S. 4.

Beweis, dafs es halb so viel kostet, seine Ländereien von Tagelöhnern bestellen zu lassen, als von Leibeigenen Bauern. Riga, 1814. 16 S. 4. (*Eine Preisschrift, die von der kaiserl. ökonom. Gesellsch. zu St. Petersburg das Accessit erhielt.*)

Feierrede auf Moreau. Riga, 1814. 47 S. 8. (*Das Original vom Staatsrath* Uwarow *erschien französisch zu* St. Petersburg, 1813.)

Gab, Anfangs in Verbindung mit F. W. Gubitz, *nach der 4ten Nummer aber allein, heraus:* Ernst und Scherz, oder der alte Freymüthige, ein politisch-literarisches Zeitblatt. Vom 1sten Julius 1816 bis zum 1sten Julius 1817. Berlin. gr. 4. *Die letzten 3 Monate hat* Julius v. Vofs *redigirt.* (*Vergl.* seinen Zuschauer 1817. S. 340. *und* Ueber Deutschland. I. S. 123 ff., *auch* 141.)

Ueber Deutschland, wie ich es nach einer zehnjährigen Entfernung wieder fand. Riga, 1818. 1ster Bd. 370, 2ter Bd. 240 S. 8.

Livländischer Merkur für 1818. 1-4. Heft. Riga, 256 S. 8.

Die freyen Letten und Ehsten. Eine Erinnerungschrift zu dem am 6ten Januar 1820 gefeyerten Freyheitsfeste. Leipzig, 1820. XII u. 346 S. 8.

Briefe über die dänische Literatur; *in* Wielands Neuem deutschen Merkur 1797. St. 4. S. 435. — Ueber Dichtergeist und Dichtung unter den Letten; *ebend.* St. 5. S. 29. — Sitten Lieflands aus der ersten Halfte des 16ten Jahrhunderts; *ebend.* St. 11. S. 223. (*Aus dem 2ten Theil seiner* Vorzeit Livlands.)

Das Leben der Königin Johanna I. von Neapel, *in der von* Stampel *herausgegebenen* Aglaja, 1801; *wieder abgedruckt in* (K. L. M. Müllers) Interessanten Anekdoten u. s. w. aus dem Leben berühmter und berüchtigter Menschen. Bd. 1. (Leipzig, 1805.) — Gulhindy, ein Mahrchen; *in der* Aglaja 1801. — Christine Alexandra, Königin der Schweden, ein psychologisches Gemalde; *ebend.* 1802 u. 1803.

Was heifst Humanität? Eine Rede; *in der* Eunomia 1801. Bd. 1. S. 193.

Ueber die wichtigsten russischen Reichsgesetze, die bis jetzt von Alexander dem ersten erlassen worden; *in* Woltmanns Geschichte und Politik 1801. Bd. 1. S. 189. — Gerichtliches Verhör einiger livländischen Bauern gegen ihren Grofsherrn; *ebend.* Bd. 2. S. 306.

Bruchstücke aus einem Reisejournal; *in den* Mitauschen Wöch. Unterh. 1806. Bd. 4. S. 421.

Reflexionen; *in der von* Schröder u. Albers *herausgegebenen* Ruthenia 1807. S. 50.

Einige Bemerkungen über die neueste Bothschaft von Bonaparte an den Erhaltungssenat. Uebersetzt von —z, und mit Zusätzen von G. M.; *in* Truharts Fama für Deutsch-Rufsland 1807. I. 67-99. *Auch daraus besonders abgedruckt.* 44 S. 8.

An den Herrn Herausgeber des Abendblattes; *im* Rigischen Abendblatt (von la Coste) 1816. No. 19. S. 151.

Flüchtige Erinnerungen aus dem Jahre 1806; *in dem von* Grave *herausgegebenen Taschenb.* Caritas, 1825. S. 39-74.

Psychologische Miniatüren; *in der* Zeit. für die elegante Welt. 1825. No. 168. 169. — Meine Chronika; *ebend.* 1826. No. 54 ff. — Versuch die Frage zu beantworten: Welches war die erste Menschenrace, die sich zur Weltkultur hob? *ebend.* 1826. No. 68. — Ueber den Unterschied zwischen rohen, wilden u. verwilderten Völkern; *ebend.* 1827. No. 116 u. 120.

Ueber die früheste Weltkultur; *in* Raupachs Neuem Museum der Teutschen Prov. Rufsl. I. 51-66.

Ketzereien über die Universalgeschichte und die Art, wie sie zu schreiben ist; *in der Zeitschrift:* Die Quatember. Bd. I. Heft 1. S. 31-45. (1829.) — Roh oder verwildert? Ein Beitrag zur Völkerkunde; *ebend.* Bd. II. Heft 1. S. 29-43.

Giebt nach Sonntag's *Tode, seit dem August* 1827 *das* Ostseeprovinzenblatt, *das mit dem Anfange des Jahrganges* 1828 *den Titel:* Provinzialblatt für Kur- Liv- und Ehstland *erhielt, sammt dessen* Literärischen Begleiter (Riga. 4.) *heraus.*

Vergl. Seine Skizzen, hin und wieder, besonders Heft 4. — Leidenfrosts hist. biogr. Handwörterb. IV. 86. — Intell. Blatt zum Freymüthigen 1804. No. 45. — Meusels G. T. Bd. 5. S. 179. Bd. 10. S. 284. Bd. 11. S. 531. Bd. 14. S. 549. Bd. 18. S. 678.

METZ (JOHANN HEINRICH).

War erst eine kurze Zeit Rektor der Schule zu Goldingen, und erhielt dann 1731 *dasselbe Amt bey der grofsen Stadtschule zu Mitau. Seine immerwährenden Streitigkeiten mit dem Superintendenten* Gräven, *dem er an Gelehrsamkeit allerdings sehr überlegen war, so wie mit dem mitauschen Magistrat, bewirkten, dafs er* 1740 *durch ein herzogliches Reskript des Dienstes entlassen wurde. Kurz vor seinem Tode trat er zur katholischen Kirche über. Geb. zu ..., gest., in grofser Dürftigkeit, zu Mitau am ...*

Celsissimus Princeps Ernestus Johannes Dux, cum die 23. Novembr. 1737 quadragesimum octavum annum aetatis felicibus auspicaretur avibus, admirandos divinae providentiae ductus, duabus orationibus, quarum prior Latina a Rectore Mitav., altera Teutonica a Carolo ab Osten nominato Sacken, in Schola Mitaviensi publice dicta, expendere — voluit. Joh. Henr. Metz. Mitaviae, 1737. 16 unpag. S. Fol.

Schulrede am Geburtstage des Herzogs Ernst Johann, über die grofsen Thaten Gottes in der durch die Waffen der russischen Kaiserin Anna in der Moldau befochtenen Victorie, zu Mitau den 23. November 1739 gehalten. Mitau (1739). 19 unpag. S. Fol.

Vergl. Mitausche Wöch. Unterh. Bd. 1. S. 136. — Czarnewski's Nachrichten über den Zustand der Schulanstalten des mitauschen Schulkreises. St. 1. S. 16 u. 20. — Hennigs kurländ. Samml. Th. 1. S. 363.

MEURCH *) (HEINRICH.)

Wurde 1698 Laur. Molins *Vikarius in Nüggen, darnach (schon* 1699) *Pastor zu Torgel, am* 12 *September* 1699 *Mag. zu Pernau, und* 1707 *Pastor zu Pölwe. Geb. in der schwedischen Provinz Südermannland zu ..., gest. ...*

*) Man findet seinen Namen auch Mörk u. Mieurk geschrieben.

Disp. de jure principis circa sacra. (Praes. Gabr. Sjoberg.) Pernaviae, 1699. 4 Bogg. 4. (pro Gradu Magist.)

Leichenpredigt über Joh. XVII. 1. 1703.

Vergl. Bacmeister bey Müller. IX. 205. — Nord. Misc. XXVII. 389. — Nova lit. mar. B. 1699. p. 360. u. 1704. p. 30, *nach* Sjoberg Pernavia lit.

Mey oder Mei (Michael).

Besuchte erst das Gymnasium zu Riga, studirte dann zu Wittenberg, wurde dort 1651 Mag., und 1657 Diakonus am Dom in seiner Vaterstadt. Geb. zu Riga am ..., gest. am 23 August 1657 an der Pest.

Oratio de moderatione irae. Rigae, 1643. ...

Fundamentum affirmativae praedicationis juxta doctrinam de synonymis et paronymis. (Praes. Jo. Brevero.) Ibid. 1646. 1½ Bogg. 4.

Disp. physica de anima. (Praes. Jo. Sperlingio.) Wittebergae, 1649. 2¼ Bogg. 4. *Er war* Aut. u. Resp. *bey dieser Disp. sowohl als bey den zwey folgenden.*

Disp. metaphysica de vero. (Praes. Christ. Trentschio.) Ibid. eod. 1½ Bogg. 4.

Disp. mathematica, geographiae requisita complectens. (Praes. Christoph. Nottnagelio.) Ibid. 1650. 4½ Bogg. 4.

Discursus physicus, λυκανθρωπιαν, quam nonnulli in Livonia circa natalem Domini vere fieri narrant, falsissimam esse demonstrans. (Resp. Aegidio Strauch, Witteberg.) Ibid. 1651. 2¼ Bogg. 4.

Vergl. Nord. Misc. IV. 102. — Bergmanns Gesch. d. Rig. Stadtkirch. I. 43.

Mey (Paul).

Studirte bis zum May 1698 auf dem Lyceum zu Riga, dann auf der Universität Dorpat (nicht zu Pernau, wie G. Bergmann *sagt), und wurde 1699 oder 1700 (nicht aber schon 1698) Pastor Adjunktus zu Seßwegen und 1701 Pastor zu Lösern. Bey seiner Flucht vor den Russen im Winter 1707 nahmen ihn die Kosaken gefangen und er blieb bis 1710 in der Gefangenschaft. 1711 wurde er Pastor zu Wolfarth und zugleich seit 1713 Interimspastor zu Ermes, 1719 Pastor zu Wenden, wobey er auch das benachbarte Arrasch bis 1722 bediente, und 1735 Propst. Geb. zu Riga am 24 Februar 1676; gest. am 31 (nicht 29) December 1739.*

Das vergönnete Seufftzen — bey dem — Leich-Begängniß der — Frauen Helwig Margar. v. Völkersahm, geb. v. Hirschheyden — — durch eine Leichen-Predigt vorgestellet. Riga, 1730. 18 S. 4.

Vergl. Gadeb. L. B. Th. 2. S. 251. — G. Bergmanns Gesch. v. Livl. S. 188. — Nord. Misc. XXVII. 390.

Freyherr von Meyendorff (Georg).

Ein Sohn des Generallieutenants und rigaschen Gouverneurs Gerhard Konrad Kasimir Freyherr v. Meyendorff, geb. auf dem Gute Klein-Roop in Livland am 19 Junius 1795, erhielt einen Theil seiner Jugendbildung zu Metz in Frankreich, studirte, nachdem er schon im russischen Militär stand, zwey Jahr in Göttingen, diente dann seit 1811 bis zum Obersten im Generalstabe, begleitete im J. 1820 die an den Khan von Boukhara, unter dem wirklichen Staatsrath v. Negri, abgeordnete kaiserl. russische Gesandtschaft, mit dem Auftrage, statistische und geographische Nachrichten über jene Gegenden einzuziehen, trat 1826 in den Civildienst über, wurde wirklicher Staatsrath, auch Vicedirektor des Departements vom auswärtigen Handel, 1827 aber zur Geschäftsführung bey Ihrer Majestät der Kaiserin Mutter angestellt, nach deren Ableben er zum dienstverrichtenden Dirigent der Reichsschuldentilgungskommission ernannt ward.

Voyage d'Orenbourg à Boukhara, fait en 1820, à travers les steppes qui s'étendent à l'Est de la mer d'Aral et au-dela de l'ancien Jaxartes; redigé par M. le Baron Georges de Meyendorff, et revu par M. le Chevalier Amedée Jaubert. Paris (bey Dondey Dupré), 1826. XII u. 508 S. gr. 8. Auf Velinpapier, mit 4 farbigen u. 3 schwarzen Kupfern u. einer Karte. — *Ins Deutsche übersetzt unter dem Titel:* Reise von Orenburg nach Buchara im J. 1820 u. s. w. Nach dem Französischen Originale bearbeitet von Dr. Karl Hermann Scheidler. Aus dem Ethnographischen Archive (Bd. 30. Heft 2. 1826.) besonders abgedruckt. Jena, 1826. 188 S. 8. — *Einen Auszug giebt das* Journal de St. Petersbourg polit. et littér. 1826. No. 146. 147.

Freyherr von Meyendorf (Reinhold Johann).

Trat 1722 in preussische, 1733 in russische Kriegsdienste als Premierlieutenant bey der ismailowschen Garde und ging mit dem Ambassadeur Grafen Löwenwolde als Gesandtschaftskavalier nach Polen, wohnte 1734 der Belagerung der Stadt Danzig und 1735 dem Feldzuge am Rhein als Volontär bey. In den Jahren 1737 bis 1739 machte er den Krieg gegen die Türken mit und wurde Oberster. Nach dem Frieden 1740 führte er den türkischen Gesandten nach St. Petersburg, und focht im folgenden Jahre gegen die Schweden, auch 1748 am Rhein. Wegen geschwächter Gesundheit wurde er 1752 Brigadier und Kommandant von Riga, bald darnach Generalmajor, 1763 aber Generallieutenant, Vicegouverneur von Riga und Ritter des Alexander-Newsky-Ordens. Geb. zu ... in Livland am 26 Januar 1706, gest. am 16 November 1776.

Versuch von einigen Betrachtungen über das Kriegswesen überhaupt und die Einrichtung eines guten Regiments, insonderheit zur Anleitung für junge Officiere entworfen. 1ster Theil. Von dem Amte eines Kriegs-

Obersten und was er für Eigenschaften haben soll, um seinen Pflichten genug zu thun. Riga, 1764. 104 S. — 2ter Theil. Von Einrichtung eines Regiments und Abrichtung der Soldaten. 1764. S. 105-234. 8.

Vergl. Gadeb. L. B. Th. 2. S. 251-253. — Meusels Lexik. Bd. 9. S. 112. — C. A. L. Dingelstädts Leichenpredigt bey seiner Beerdigung S. 22-24.

MEYER (ANDREAS).

Studirte Theologie zu Königsberg, Erlangen und Leipzig, kam 1765 in seine Vaterstadt zurück, wurde Kandidat des Predigtamts und predigte fleissig, gab aber 1769 die Theologie auf, unternahm eine Reise, trat 1771 in anspach-bayreuthische Dienste, lebte als Hofrath in Kulmbach und war dann seit 1797 sachsen-koburg- und sachsen-meiningischer Postmeister zu Judenbach. Geb. zu Riga am 21 Februar 1742, gest. am 22 September 1807.

Diss. theol. Christus verus deus ex 1. Joh. v. 20. contra Bensonum. (Praes. Joach. Ehrenf. Pfeifer.) Erlangae, 1764. 58 S. 4.

Glückwünschungsschreiben an Joh. Barthol. Gorraisky, bey Gelegenheit einer von ihm vertheidigten Streitschrift (enthaltend die Vergleichung eines süfsen Herren und Renomisten). Leipzig, 1765. 12 S. 4.

Wie soll ein junges Frauenzimmer sich würdig bilden? Leipzig, 1772. 8. 2te Aufl. Erlangen 1773. 8. 3te verbesserte Aufl. Ebend. 1775. 8. 4te Aufl. mit Zusatzen. Ebend. 1777. 8. 5te vermehrte Aufl, Ebend. 1786. 8. (*Ausserdem 6 Nachdrücke.*) — *Schwedisch:* Huru skall et ungt Fruntimmer wårdigt bildsig. Öfversat. af E. F. Gothenburg, 1787. 8.

*Briefe eines Reisenden durch Liefland, Kurland und Teutschland an seinen Freund Hrn. Hofrath K. in Liefland. 2 Thle. Erlangen, 1777. 8.

Biographische und literarische Nachrichten von den Schriftstellern, die gegenwärtig in den Fürstenthümern Ansbach und Bayreuth leben, in alphabetischer Ordnung. Ebend. 1782. 8.

In den Lindnerschen Schulhandlungen (Riga, 1756-1764. 4.) *befinden sich von ihm*, 6te Samml. 1758. S. 25-42: Eine historische Rede von den Kreuzzügen, ihren Ursachen und Ausgängen; 8te Samml. 1759. S. 43-53: Das theure Leben der Gesalbten, eine Ode. Auch noch einige Aufsatze ebend. u. 1760.

Sein Bildnifs von C. W. Bock, nebst kurzen Nachrichten von seinem Leben, in der *Nürnbergischen Sammlung von Gelehrten. Heft* 10. (1793); hernach in schwarzer Kunst von Haid 1793.

Vergl. Gadeb. L. B. Th. 2. S. 253. — Nord. Misc. IV. 213. Seine eigenen Biographischen Nachrichten. — Leidenfrosts hist. biogr. Handwörterbuch. IV. 101. — Meusels G. T. Bd. 5. S. 200. Bd. 10. S. 290. u. Bd. 14. S. 555.

Meyer (August Eduard).

Aus Livland; erhielt 1827 *zu Dorpat den medicinischen Doktorhut.*

Diss. inaug. de variolis modificatis. Dorpati, 1827. 47 S. 8.

Meyer (Friedrich August).

Aus Saratow; promovirte am 6 *Junius* 1823 *als Dr. der A. G. zu Dorpat, kehrte in seine Vaterstadt zurück und wurde* 1826 *als Arzt beym dasigen Stadthospitale angestellt.*

Diss. inaug. med. sistens processum digestionis. Dorpati, 1823. 98 S. 8.

Meyer (Gustav Eduard).

Geb. zu Reval am 28 *Julius* 1801, *studirte in Dorpat Medicin, wurde* 1824 *Dr. derselben, liefs sich als praktischer Arzt in seiner Vaterstadt nieder, und ist daselbst seit* 1825 *auch als Arzt am Seehospitale angestellt.*

Diss. inaug. med. Quaedam de morbo leproso inter rusticos esthonos endemico. Revaliae, 1824. 71 S. 8.

MEYER (JOHANN).

Studirte auf dem Gymnasium seiner Vaterstadt und später im Auslande, war nach seiner Zurückkunft 1640 erst in der Kanzelley des rigaschen Rathes als Sekretär und Obersekretär angestellt und wurde 1652 Rathsherr. Geb. zu Riga am ..., gest. am 5 Januar 1657.

Disp. de virtutibus intellectualibus. Rigae, 1634. 4.

Er hat nebst Joh. v. Flügeln *(s. dess. Art.) den meisten Antheil an der Umarbeitung, Verbesserung und Erweiterung der alten* Rig. Stadtrechte, *welche zwar nur bloſser Entwurf geblieben ist und im rigaschen Rathsarchive handschriftlich bewahrt wird, aber doch zur Grundlage bey der 1672 vorgenommenen und seit etwa 1680 in Gebrauch gekommenen und noch gültigen Umarbeitung jener Rechte gedient hat; s.* J. C. Schwartz Versuch einer Gesch. der Rig. Stadtrechte *in* Gadebusch's Versuchen in der livl. Geschichtskunde. II. 3. S. 261-263.

MEYER (KARL FRIEDRICH).

Studirte auf dem Karolinum zu Braunschweig, bezog 1776 die Universität Göttingen, übernahm 1791 eine Hauslehrerstelle in Livland, wurde 1792 Stadt- und Landgerichtsadvokat zu Dorpat, 1797 Rathsherr, 1798 Syndikus und 1799 Assessor im Stadtkonsistorium. Bey Eröffnung der Universität trat er 1802 als Syndikus in Dienste derselben, wurde noch in eben dem Jahre ordentlicher Professor des bürgerlichen und peinlichen Rechts, römischen und deutschen Ursprungs, auch 1809 Kollegienrath, und erhielt 1814 die juristische Doktorwürde. Geb. im Hannöverschen 1757, gest. am 27 November 1817.

Anrede bey Eröffnung der Feyer des Sieges bey Preussisch Eylau, *in der Sammlung:* Der 17te Februar 1807 in Dorpat. Feyer des Siegs bey Preussisch Eylau im Namen der kaiserl. Universität. (Dorpat, 1707. 4.) S. 5-8.

Vergl. N. inländ. Bll. 1817. No. 27. S. 106.

Freyherr Meyer von Meyerberg (Augustin).

Früher oberster Justizrath bey dem Appellationsgerichte zu Glogau, dann vom Kaiser Leopold *I zum Hofrath ernannt, führte in einer Reihe von* 21 *Jahren zwölf verschiedene Gesandtschaften, namentlich eine in den Jahren* 1661 *und* 1662 *nach Rufsland, an den Grofsfürsten* Alexei Michailowitsch, *aus, wurde* 1679 *in den niederösterreichischen Herrenstand aufgenommen, zog sich aber bald darauf von allen Geschäften zurück und verlebte, wie es scheint, seine letzten Jahre in ziemlich bedrängten Umständen in Wien. Geb., wahrscheinlich in Schlesien,* 1612, *gest. am* 23 *März* 1688.

Iter in Moschoviam Augustini Liberi Baronis de Mayerberg, Camerae Imperialis Aulicae Consiliarii, et Horatii Gulielmi Calvucii Equitis, ac in regimine Interioris Austriae Consiliarii, ab Augustissimo Romanorum Imperatore Leopoldo, ad Tzarem et Magnum Ducem Alexium Michailowicz, Anno MDCLXI. Ablegatorum. Descriptum ab ipso Augustino libero Barone de Mayerberg cum Statutis Moschoviticis ex Russico in Latinum idioma ab eodem translatis. (*o. O. u. J.*) 236 S. Fol. *Höchstselten. — Ohne das russische Gesetzbuch wieder abgedruckt in* Mitzlers Collectione magna historiarum Polon. & M. D. Lith. Th. II. p. 361-452. — *Eine französische mit grofsem Leichtsinne verfertigte, aber auch seltene Uebersetzung (keinesweges, wie* Gadebusch *meint,* Meyerbergs *Original), führt den Titel:* Voyage en Moscovie d'un Ambassadeur, Conseiller de la Chambre Impériale, envoyé par l'Empereur Léopold au Czar Alexis Michailowics, Grand Duc de Moscovie. A. Leide chez Fréderic Harring, Marchand-Libraire. 1688. 381 S. 12. *Ein zweyter Titel lautet:* Rélation d'un Voyage en Moscovie, écrite par Augustin, libre Baron de Mayerberg, Conseiller de la Chambre Impériale Aulique, et Ambassadeur de l'Empereur Leopold, vers le Czar Alexis Michalowicz, Grand Duc de Moscovie. — *Auch ins Holländische übersetzt von* Gerbrand van Leeuwen ... — *Die königliche Bibliothek zu Dresden besitzt die Originalzeichnungen zu dieser merkwürdigen Reise, welche auch durch Kurland und einen Theil Livlands ging. Sie bilden einen Folioband von* 131 *Blättern, werden auf dessen handschriftlichem Titel* unicum in orbe exemplar *genannt, und sind von dem kaiserl. Hofmaler* Rudolph Storn *oder* Storno, *welcher die Gesandtschaft begleitete, verfertigt. Auf Kosten des verstorbenen Reichskanzlers* Nikolai Petrowitsch Romanzoff *wurden diese zuvor nie gestochenen Zeichnungen, nachdem sie in Dresden kopirt waren, lithographirt und vom wirklichen Staatsrath* Fr. v. Adelung, *mit einem überaus gehaltreichen Kommentar, herausgegeben, unter dem Titel:* Augustin Freyherr von Meyerberg und seine Reise nach Rufsland. Nebst einer von ihm veranstalteten Sammlung von Ansichten, Gebräuchen, Bildnissen u. s. w. St. Petersburg, 1827. VIII u. 380 S. gr. 8. — *Dazu:* Sammlung von Ansichten, Gebräuchen, Bildnissen, Trachten u. s. w., welche der Röm. Kaiserl. Gesandte Augustin Freyherr von Meyerberg auf seiner Reise und während seines Aufenthalts in Rufsland in den Jahren 1661 und 1662 hat entwerfen lassen. St. Petersburg, 1827. 64 Bll. Atlasformat. (*Die ersten acht dieser Blätter enthalten* 16 *Ansichten von Gegenden in Kurland und Livland.*)

Relatio humillima Augustini de Meyern et Horatii Gulielmi Calvucii Ablegatorum in Moschoviam a. d. 17. Febr. An. 1661, usque ad d. 22. Febr. An. 1663; *in* B. v. Wichmanns Sammlung bisher noch ungedruckter Schriften zur ältern Gesch. des russ. Reichs. Bd. 1. S. 201-338.

Vergl. Adelungs oben angezeigtes Buch S. 1-9. u. S. 88-107. — Gadeb. L.B. Th. 2. S. 223. — Nord. Misc. XXVII. 387. — Jöcher. — Eberts bibliogr. Lexik. No. 13485.

Meyter (Heinrich).

Studirte auf dem Gymnasium zu Danzig und vertheidigte daselbst, unter Samuel Schelwigs *Vorsitz, die unten angeführten Theses. Geb. zu Durben in Kurland am ..., gest. ...*

Theses ex synopsi antepietistica decerptae. Gedani, 1705. 4.

Vergl. Nord. Misc. XXVII. 390.

Michael (Olaus).

Studirte um 1644 zu Dorpat. Geb. in Westgothland zu ..., gest. ...

In octo libros Physic. Aristot. περι της φυσικης ἀκροασεως sive de naturali auscultatione Disp. XVIIma continens nobiliores notas et questiones super Cap. 7. Lib. II. a textu 68 usque ad fin. cap. (Praes. et Auct. Joh. Erici, Stregnensi.) Dorpati, 1644. 4.

Oratio de bello. Ibid. 1645. 4.

Vergl. Somm. p. 60. 256.

Michaelis (Nikolaus Johann).

Mag.; wurde, etwa 1679, als Pastor Adjunktus zu Koikera oder St. Mariae Magdalenae in Esthland angestellt, und 1680 nach Ampel vocirt. Geb. zu Reval am ..., gest. ...

Immolatio liberorum molocho facta, juxta Levit. XX. comm. 2. (Praes. Val. Greising.) Wittebergae, 1678. 2 Bogg. 4.

Vergl. Carlbl. S. 42 u. 13.

Michelsohn (Christoph).

Kam mit seinem Vater, einem Kurländer, der in Schweden das Sattlerhandwerk getrieben hatte, als dieser nach Kurland zurückkehrte, noch im Knabenalter mit hierher, besuchte Anfangs die Stadtschule, dann das Gymnasium in Mitau, und beschloſs seinen theologischen Kursus auf der Universität zu Halle. 1790 wurde er Prediger zu Windau. Geb. zu Norköping in Schweden am 20 Oktober 1761, gest. am 18 März 1826.

Einige Worte zur Beherzigung, geredet bey der feierlichen Introduction des itzigen Kantors, Herrn Joh. C. E. Röhrich in die hiesige Stadtschule. Windau am 8ten Jul. 1793. Mitau, 1793. 7 S. 4.

Predigt am Tage der Krönungsfeyer Sr. Kaiserl. Maj. Alexanders des Ersten — gehalten in der Schloſskirche zu Windau am 20. Oktob. 1801. Ebend. 1801. 16 S. 4.

*Zwei Gedichte von einem Kurländer im Jahr 1813. (Riga.) 4 S. 8.

Die Friedensfeier zu Batschurina, gegeben auf dem Theater in Windau am Tage der Friedensfeier, den 26. Jul. 1814. Mitau, 1814. 8.

Lied, am Tage der Feyer des Reformations-Jubiläums zu singen. Ebend. 1817. 8.

Vergl. Ostsee-Prov. Bl. 1826. S. 72.

Micke (Christian).

War um 1578 *Prediger zu Ekau in Kurland und seit* 1586 *an der Domkirche zu Riga. Geb. zu ..., gest. ...*

Antheil an dem ersten lettisch-kurischen Gesangbuch, das unter folgendem Titel erschien: Undeutsche PSalmen vnd geistliche Lieder oder Gesänge, welche in den Kirchen des Fürstenthums Churland vnd Semgallien in Liefland gesungen werden. Königsberg bey Georg Osterberger, 1587. 47 Bll. 4. (*Sehr selten.*)

Vergl. Tetsch K. K. G. Th. 3. S. 148. — Nord. Misc. IV. 104. — Bergmanns Gesch. der Rig. Stadtkirch. S. 28 in der Anm.

Mickwitz (Anton).

Sohn des nachfolgenden.

Wurde 1762 *Kollega am revalschen Gymnasium. Geb. zu Reval am* 16 *April* 1738, *gest. ...*

Ueber den wahren Werth der menschlichen Bemühungen. Rede beym Antritt seines Schulamtes gehalten am 2. Sept. 1762. Reval. 96 S. 8.

Die siegende Hoffnung eines seligen Friedens unter Catherinens Scepter. Eine Rede. ...

8. Cap. des 3. B. Mose vorgestellet und vor 180 Jahren nach Reval geschicket, aufs neue nebst Lutheri Brief, den er vor 207 Jahren an die Christen in Liefland gesandt hat, samt einer Beylage und einem Anhange mitgetheilet. Halle, 1731. 60 S. 12.

Vergl. Nord. Misc. IV. 105. — Rotermund z. Jöcher. — Kanne's Zwei Beitrage zur Geschichte der Finsternifs in der Reformationszeit. (Frankf. a. M. 1822. 8.) S. 89.

MINDERER (JOHANN MARTIN).

Stabschirurgus bey dem Feldhospitale zu Riga, später dirigirender Arzt des grofsen Militärhospitals zu Moskau, Staatsrath und Ritter des St. Annen-Ordens der 2ten und des St. Wladimir-Ordens der 4ten Kl., auch Korrespondent der medico-chirurgischen Akademie. Geb. zu ..., gest. zu Moskau 1812.

Specimen inaug. de peste, eique medendi methodo. Jenae, 1789. ...

Commentatio de peste eique medendi methodo in ratione experientia fundata. Rigae, 1790. 52 S. 4. — *Deutsch, unter dem Titel:* Abermals ein Beitrag zur Kenntnifs u. Heilung der Pest. Ebend. 1790. 161 S. 8.

Beyträge u. Berichtigungen, Hrn. Wichelhausens Züge zu einem Gemälde von Moskwa (Berlin, bey Sander 1803) betreffend; *in* Kaffka's Nord. Archiv 1804. IV. 12-52. 97-121.

Geschichte der Pest in Wolhinien im J. 1798; *in* Hufelands Journal XXIV. 2. S. 1-53. (1806.) *und in den* Commentatt. societatis physico-medicae apud Universitatem litt. caes. Mosquensem institutae. Vol. I. Pars 2. (Mosquae, 1811. 4.) pag. 25-56. — Beschreibung des Hemitritaeus in den südlichen Provinzen des russischen Reichs; *in* Hufelands Journal, Jahrg. 1809. St. 2. S. 1-46. *und in den* Commentatt. etc. I. 2. p. 105-130.; *russisch in der* Allg. Zeitschrift für die Heilwissenschaft, herausgeg. von der kais. medicinisch-chirurg. Akademie (St. Petersb. 1811. 8.). 1stes Heft S. 32-69. 2tes Heft S. 45-70.

Ueber die Wirksamkeit u. Anwendung von Hyoscyamus physaloides; *russisch in der eben angeführten* Allg. Zeitschr. f. Heilwiss. 1811. 4tes Heft. S. 47-57.

Vergl. Meusels G. T. Bd. 14. S. 579.

VON MIRBACH (EBERHARD CHRISTOPH).

Erbherr auf Laukezeem und Starost auf Polangen, war zuletzt polnischer und chursächsischer Geheimerrath, Kammerherr und Etatsminister, auch Ritter des Alexander-Newski- und Johanniter-Ordens. Geb. 1709, *gest. am* 1 *Julius* 1769.

Ungeschminckte Lob- und Trauer-Rede, welche dem Herrn Otto Friedrich von Behr, Hoch-Fürstl. Oberhauptmann zu Goldingen — zur letzten Ehrenbezeugung, — da selbige persönlich zu halten behindert worden, schrifftlich und mit betrübtem Gemüthe und unvollkommner Feder aufgesetzet ist, von des ganzen Hauses ergebensten Freund und Diener. (Mitau, 1734.) 8 unpag. S. 4.

VON MIRBACH (EMMERICH SIEGMUND).

Erbherr der Güter Sallenen, Strandhof und Stembern in Kurland, ein Sohn des königl. preussischen Oberstlieutenants Emmerich Johann *(nicht wie* Schwartz *am unten angeführten Orte meint, eines Bruders dieses letztern, des Landraths Georg Siegmund) von Mirbach, war von* 1756 *bis* 1776 *piltenscher Landrath. Geb. zu ... in Kurland am* 18 *Julius* 1724, *gest. am* 30 *Januar* 1778.

*Des Königlich Piltenschen Kreises Gesetze und Statuta. Zum Druck befördert von v. M. Mitau. (o. J.) 132 S. 8.

Vergl. Schwartz Bibl. S. 10-12.

MITHOB (HEKTOR JOHANN).

War 1656 *Kanzler der Aebtissin von Quedlinburg und* 1674 *gräflich-stolbergscher Rath. Geb. zu ..., gest. (nach* 1690).

Tractatus de controversiis Sueco Polonicis, seu de jure, quod in Sueciam regi, ad Livoniam regno Poloniae nullum competit. (*o. O.*) 1652. 59 S. 4. *Mit* Conrings Vorrede: Helmstädt, 1656. 84 S. 4. *und in* Conrings Werken Th. 5. S. 1060 ff. (*Wird von einigen, aber ohne Wahrscheinlichkeit,* Conring *selbst zugeschrieben.*)

Vergl. Gadeb. L.B. Th. 2. S. 254. — Jöcher u. Rotermund z. dems.

Mittelpfort (Matthaeus Michael).

War zu Ende des 17ten und Anfangs des 18ten Jahrhunderts Prediger zu Bathen und Lehnen in Kurland. Geb. zu ..., gest. ...

Von den Sternen und ihrer Vergleichung mit christlichen Eheleuten. ... 1698.

Semper vivum Ferdinandaeum, serenissimo principi ac domino, dn. Ferdinando, in Livonia per Curlandiam et Semgalliam duci, principi duci ac domino suo clementissimo, anno quo pax Inter Caesareos, Polonos, Venetos atqVe TVrcas non sIne DesIDerIo In VngarIa fVit feLICIter ConCLVsa, pro aeternae obligationis tessera obsequenti Minerva erectum atque porrectum. Rigae (1718). 4 S. Fol.

Vergl. Nord. Misc. IV. 106.

Mittelpfort (Michael Friedrich).

Ein Sohn des Predigers zu Kreuzburg in Polnisch-Livland Abraham Mittelpfort, *studirte zu Königsberg und war seit 1730 Pastor zu Preekuln in Kurland. Geb. zu Kreuzburg am ..., gest. am 25 Januar 1749.*

Disp. de dispositione ex lumine naturae ad supernaturalia, in specie ad cognoscendam ecclesiam Christi, contra Joh. Lockii cavillationes. Regiomonti, 1723. 4.

Vergl. Nord. Misc. IV. 106.

Mittendorf (Philipp).

Sekretär zu Riga. Geb. daselbst am ..., gest. ...

De Pernavia obsidione soluta Dunamundaque recepta, hostibus caesis et profligatis, de quo Riga et una auctor illustr. et magno heroi Dno. Carolo Chodkiewitz, Magni Ducatus Lithuaniae exercituum supremo praefecto et per Livoniam commissario generali, gratulatur. Rigae, 1611. 2 Bogg. 4.

Gratulatio ad eundem de felici ejus reditu. Ibid. 1614. 4.

Vergl. Gadeb. L. B. Th. 2. S. 255., *nach* Phragmenii Riga lit.

von Mittendorf (Reinhold).

Dr. der W. W. und A. G., auch erster Stadtphysikus zu Riga. Geb. daselbst 1596, gest. am 3 August 1657.

Diss. de intellectu humano. Rostochii. ...

Diss. de scorbuto. ...

Diss. inaug. de colica ...

Gratulatio ad Christinam, Sueciae reginam. Rigae, 1652. Fol.

Epitaphium in praematuram mortem Gustavi Adolphi II. Ibid. 1654. Fol.

Vergl. Phragmenii Riga lit. — Witte D. B. ad a. 1657. — Jöcher. — Gadeb. L. B. Th. 2. S. 255.

Mizonkewich (Karl Aloys).

Aus Ungarn, wurde 1816 Dr. der A. G. zu Dorpat.

Diss. inaug. med. de sympathia renum praecipue in statu morboso. Dorpati, 1816. 28 S. 8.

Moberg (Olaus).

Erhielt von 1668 an auf der Schule zu Stregnäs, seit 1671 aber auf dem dasigen Gymnasium Unterricht, studirte seit 1677 zu Upsal, wurde dort 1682 Mag., ging 1683 auf Reisen, besuchte zuerst Holland, reiste den Rhein hinauf nach Heidelberg, sah Tübingen, Strassburg, Paris, schiffte nach England hinüber und von dort wieder nach Holland, wo er Esdra Edzard's Unterricht im Rabbinischen nutzte, endlich über Rostock, Stralsund u. Kopenhagen nach Stockholm. Hier wurde er 1686 *Rektor der St. Klaraschule,* 1688 *aber zum Prof. d. Theol. an der wiederherzustellenden Universität zu Dorpat ernannt. Er kam* 1689 *nach Livland und war bey der Einweihung der Universität* 1690 *der erste Rektor derselben, auch Dechant des Konsistoriums daselbst, und wurde* 1699 *am* 12 *December, bey Verlegung der Universität von Dorpat nach Pernau, von Laur. Molin zum Dr. der Theologie kreirt. Geb. in Südermannland im Dorfe Kihl* 1653, *gest. am* 30 *August* 1705.

Disp. de luce. Upsal. 1679. 5. Jun. ...

Disp. (pro gradu) de contemplatione. Ibid. 1682. ...

Disp. de libertate, scripturam sacram legendi inque populares linguas transferendi. Ibid. 1688. ... (*ohne* Vorsitzer.)

Disp. theol. majestatem regiam nonnisi a Deo dependere. (Resp. Nicol. Limatio, Ostro Bothn.) Dorpati, 1691. 4 Bogg. 4.

Disp. Historia sacra inde ab exordio mundi ad natum Christum, ex sacris litteris et fide dignis, qui extant, auctoribus, chronologice concinnata et publicae luci commissa. — Disp. 1ma ab orbe condito ad diluvium usque. (Resp. Laur. Salvio, Sudermanno.) Ibid. 1692. 3½ Bogg. — Disp. 2da a diluvio usque ad tempora Abrahami. Ibid. eod. — Disp. 3tia usque ad Christum natum. Ibid. eod. 4.

Διασκεψις theol. de natura cordis humani ex Jerem. XVII. 19. (Resp. Joh. Oldekop, Wolm. Livon.) Ibid. eod. 3 Bogg. 4.

Disp. spicilegia ex optima theologiae messe examinanda. Ibid. 1693. ...

Oratio in laetam memoriam concilii Upsalae habiti, orthodoxae religionis confirmandae causa. Ibid. 1693. ...

Progr. in exsequias Crispini Jernfelt. Dorpati, 1695. Fol.

Emigratio animae ex corpore humano, *eine schwedische Leichenpredigt auf* Margarethe und Maria Lemken. Ebend. 1697. ...

Oratio inauguralis de studio theologiae recte inchoando. Ibid. 1698. ...

Disp. theol. inaug., legis moralis, evangelii et utriusque discriminis brevem διασκεψιν ex hibens. (Resp. Andrea Erichsohn, Reval.) Pernaviae, 1699. 53 S. 4.

Rede über den Sieg bey Narwa d. 17. Jun. 1701. ...

Oratio panegyrica ob — victoriam Caroli XII. — trajecto Flumine Duna, d. 9. Jul. 1701 de Saxonibus reportatam habita d. 11. Sept. (1701.) Pernaviae. 4 Bogg. 4.

Programmata.

Vergl. Nov. lit. mar. B. 1698. p. 55. et 111., 1699. p. 359., 1701. p. 308., 1704. p. 30. — Sioberg Pernavia lit. — Sam. Auseen Progr. ad exequias Olavi Mobergii. Pernaviae, 1705. Fol. — Bacmeister bey Müller. IX. 236. — Gadeb. L. B. Th. 2. S. 256. — Nord. Misc. XXVII. 391. — Neue Nord. Misc. XVIII. 247.

Möllenbeck (Michael).

Als Pastor zu Haggers in Esthland angestellt vor 1641, *nach Ampel versetzt* 1645, *Propst in Jerwen* 1649. *Geb. zu* ..., *gest.* 1659.

*Christliche vnd in Gottes Wort gegründete Trost-Schrifft, der — Frawen, Fr. Magdalena von Vietinghof, des — — Sel. Hrn. Heinrich Burten, bißhero Königl. Mayst. zu Schweden Obristen vnd Commendanten vber Greiffswald vnd Demmin in Pommern u. s. w. hinterlassener Widwen, aus Hertzlichen Mitleiden gestellet vnd offeriret von M. M. P. H. Revall, 1643. 22 unpag. S. 4. *Am Schlusse vom Verfasser unterzeichnet.*

Vergl. Carlbl. S. 60. 13.

Möller oder Müller (Georg).

Mag.; war um 1558 *lutherischer Prediger in Wenden. Geb. zu* ..., *gest.* ...

Er übergab 1558 *dem Herrmeister* Wilhelm *v.* Fürstenberg *eine Schrift über den Mangel guter Schulen in Livland.*
Vergl. Tetsch K. K. G. Th. 1. S. 115. — Arndts livl. Chron. II. 223. — Gadeb. L. B. Th. 2. S. 258.

Möller (Heinrich).

Mag. der Phil.; wurde, vermuthlich 1579, *Rektor der Domschule zu Riga und gab mit eine Hauptveranlassung zum Kalendertumulte, indem er am Weihnachtsfeste des Jahres* 1584 *nach dem alten Kalender Schulreden hielt, denen viele Bürger beywohnten, die er auch ausserdem durch sein Betragen in ihrer Widersetzlichkeit gegen die Einführung des neuen Kalenders bestärkt zu haben scheint. Er wurde deshalb auf dem Rathhause gefangen gesetzt, aber durch seine Anhänger gewaltsam befreyet.* 1589 (*nach* Brotze *in* Albanus livl. Schulbll. 1813. S. 202., *aber nicht schon* 1585, *wie* L. Bergmann *ebend.* 1814. S. 361. *und* Albanus *in seiner* Rede zur Sekularfeier 1810. S. 41. *sagen*) *entfloh er in Bauerkleidern nach Mitau. Im Begriffe auf einem Boote aus Kurland nach Oesel überzusetzen, traf er ein aus Riga segelndes Schiff, das ihn aufnahm und auf der dänischen Küste ans Land setzte. Hier wurde er, dem mittlerweile von der polnischen Kommission* 1589 *ein Verbannungsurtheil aus Riga nachgeschickt war,* 1593 *von Hensted in Dithmarsen als Stadtprediger nach Tönningen berufen, in welchem Amte er bis an seinen Tod stand. Er beschloss also nicht, wie* B. Bergmann *sagt, seine Tage als Pastor oder Rektor in seinem Geburtsorte. Geb. zu Mehldorf in Dithmarsen am ..., gest. zu Tönningen am* 31 *May* 1603.

Verfasste gemeinschaftlich mit M. Giese (*s. diesen Artikel*) das Klagelibell der rig. Gemeine gegen die entwichenen Mitglieder des Raths vom J. 1585, *welches dem Könige von Polen im Februar* 1586 *durch den Lincentiaten* Kaspar Turban *vorgelegt wurde. Im Auszuge in* B. Bergmanns histor. Schriften II. 116-134.
Vergl. B. Bergmanns hist. Schriften. II. 4. 75 ff. 232. — Nova lit. mar. B. 1707. p. 282.

Möller (Johann Paul).

Bezog 1673 die Akademie seiner Vaterstadt, nach drey Jahren die zu Halle; machte 1678 eine Reise durch verschiedene Städte Deutschlands, hielt sich eine zeitlang zu Königsberg auf und las dort privatim über Geometrie und Institutionen, kam 1681 mit David Caspari nach Riga und wurde hier Hauslehrer, 1686 aber an Joachim Frisichs Stelle Professor der Jurisprudenz und Mathematik am Gymnasium, welches Amt er am 3 Junius mit einer Rede de multiplici usu et praestantia matheseos *antrat. Geb. zu Erfurt am 2 März 1648, gest. am 3 März 1711.*

Disp. cosmologica de quantitate dierum. (Resp. Dav. Godofr. Haeppen, Regiom. Pruss.) Rigae, 1688. 2¾ Bogg. 4.

Progr. ad exsequiorum honores M. Dav. Horniceo, Phil. P.P., exsolvendos. Ibid. 1697. 1 Bog. 4.

Decas 1ma thesium miscellanearum, ex praelectionibus publ. Dn. Jo. Pauli Mölleri excerptarum. (Resp. Joh. Deutenio, Reval.) (Rigae) 1698. 2 Bll. 4.

Gelegenheitsgedichte.

Vergl. A. G. Hörnick Progr. in memoriam Joh. Pauli Mölleri. Rigae, 1711. Fol. — Gadeb. L. B. Th. 2. S. 258., *nach* Phragmenii Riga lit. §. 9.

Möller oder Müller (Lorenz).

Beyder Rechte Doktor und fürstlich-kurländischer Rath, soll, weil er bey der Belagerung des Schlosses Burtnick die Fuſsangeln erfand, wodurch die Russen genöthigt wurden, die Belagerung aufzuheben, in den Adelstand erhoben worden seyn. 1581 sandte ihn König Stephan von Polen nach Schweden und Dänemark, um diese Reiche zum Kriege gegen die Russen zu bewegen, was ihm auch in Schweden, aber nicht in Dänemark gelang. Nach seiner Rückkehr wurde er als königlicher Kommissarius bey der Untersuchung der Urkunden der livländischen Landgüter im pernauschen Kreise gebraucht. Geb. zu Lünen in der Grafschaft Mark am ..., gest. um Michaelis 1598.

Polnische, Liffländische, Moschowiterische, Schwedische vnd andere Historien u. s. w. (*wie bey der folgenden Ausgabe*). Frankfurt am Mayn. gedruckt bey Martin Bechler, 1585. 4. *Zweyte Ausgabe:* Polnische, Lifflandische, Moschowiterische, Schwedische vnd andere Historien, so sich unter diesem jetzigen König zu Polen zugetragen, das ist Warhafte eigentliche vnd kurtze Beschreibung, welcher massen dieser jetzt regierender König in Polen, Stephanus des Namens der Erste, zum Regiment kommen, was für Krieg er geführt, vnd wie er dieselben geendiget, was sich zu seiner Zeit biſs daher begeben, vnnd auf den Reichſstagen zu unterschiedlichen mahlen abgehandelt, vnd was von den Türken vnd Moschowitern für Werbungen vnd andere Anschläge fürgelaufen: Und was jetzund für ein zustand in Liffland, Polen, Littawen vnd der Mosckaw sey. Darinnen auch die Schwedische Kriege wider den Moschowiter, vnd andere Schwedische vnd Dennemärckische hieher nothwendig gehörige Handel mit vermeldet vnd beschrieben werden. Ingleichen von der Vndeutschen Völcker in Liffland Sitten vnd Leben, so wol auch der Tartarey, deſs Fluſs Boristhenis, der alten Statt Kyoff gelegenheit, vnd vom warhafften ort deſs Exilii Ovidiani, sehr nützlich vnd lustig zu lesen. Mit fleiſs zusammengezogen durch D. Laurentium Müller, damals Fürstlichem Churländischen Hoffrath, wie auſs der Vorrede zuuernemmen. Gedruckt zu Franckfurt am Mayn, in Verlegung Sigmund Feyrabends, im Jar 1586. 46 S. Fol. *Am Ende steht:* Gedruckt zu Franckfurt am Mayn, durch Peter Schmidt, in Verlegung Sigmund Feyerabends 1586. — *Vermehrt von einem Ungenannten, unter dem Titel:* Septentrionalische Historien oder warhaffte Beschreibung der fürnembsten Polnischen, Schwedischen vnd andern Geschichten, so sich bey Regierung beeder Königen in Polen Stephani vnd Sigismundi deſs dritten dieses namens, von Anno 1576 biſs auf das 1593. Jar zugetragen. In zwey Bücher kurz verfasset. Deren das erste hiebeuor durch D. Laurentium Müllern, damahls F. Churländischen Hoffrath, beschrieben vnd in Druck geben. Das ander aber, sampt einem Appendice vnd continuation des ersten jetzt newlich durch einen Liebhaber der Historien mit grofsem fleifs zusammengezogen worden. Sehr nützlich vnd lustig zu lesen. Amberg durch Michaeln Forstern. Cum Privilegio Anno 1595. 4. — *Und wieder*: Leipzig, 1606. Fol. *Auch mit der* Rätelschen *Uebersetzung von* Joach. Curaei Annales gentis Silesiae. Frankfurt, 1586. Fol., *und abermals*: Leipzig, 1607. Fol. (*S. den Art.* Raetel.) — *Ins Schwedische übersetzt von* Ericus Benedicti Schroder. Stockholm, 1629. 8.

Annales gentis Silesiae in compendium contracti. Wittebergae, 1587. 4. (*Ein Auszug aus dem Curäus.*)

Vergl. Gadeb. Abh. S. 22. — Dess. L. B. Th. 2. S. 258. — Jöcher u. Rotermund z. dems. — Mencken Vollständ. Verz. der vornehmsten Geschichtschr. S. 164. — B. Bergmanns historische Schriften Bd. 2. S. 23 f. — Schefferi Suecia liter. p. 66.

Moench (Johann Friedrich Leonhard).

Ist zu Bauske in Kurland am 17 *Februar n. S.* 1774 *geboren, studirte erst auf dem mitauschen Gymnasium, und von* 1791 *bis* 1794 *zu Wittenberg und Jena, kehrte in sein. Vaterland zurück, wurde* 1796 *Registrator bey dem bauskeschen Kreisgericht*, 1797, *nachdem diese Stelle einging, Notarius publicus*, 1798 *Stadtsekretär zu Bauske*, 1801 *aber kurländischer Untergerichts- und* 1803 *Oberhofgerichtsadvokat.*

Ideen, veranlafst durch die von Einer Hochwohlgebornen Ritterschaft Kurlands allerhöchsten Orts unterlegten, das Kreditwesen von Kurland betreffenden, Punkte. Mitau, 1811. 43 S. 8.

Freyherr von Mörner (Karl).

Präsident des livl. Hofgerichts zu Dorpat um 1653. *Geb. zu* ..., *gest.* ...

Elogia Serenissimae ac Potentissimae Principis ac Dominae Dnae Christinae, Piae, Felicis etc. a Carolo Mörnero, L. Barone et Domino in Thuna Nååfs et Mörnerholm etc., inclyti hujus judicii aulici Praeside, quae Regia Gustaviana Adolphina in Academia d... Febr. 1653 per filium suum natu majorem Leonhardum declamari jussit. Dorpati, 1653. 4.

Vergl. Nord. Misc. IV. 107., *nach* Schefferi Suecia lit. p. 220. — Somm. p. 66.

Mohr (Karl Dietrich).

Studirte Theologie auf dem Gymnasium seiner Vaterstadt und auf der Universität Königsberg, war nach seiner Rückkunft mehrere Jahre Hauslehrer, wurde 1800 *dritter Lehrer und* 1804 *Konrektor an der grofsen Stadtschule zu Mitau,* 1805 *aber zweyter Lehrer an der neu eröffneten Kreisschule daselbst. Geb. zu Mitau am* 15 *Januar* 1769, *gest. am* 26 *December* 1818.

Rede über die Würde des Menschen, gehalten am 15. Febr. 1787; *in der Sammlung:* Reden einiger am Hochfürstl. Petrinum in Mitau studirenden Jünglinge am Geburtstage des Herzogs. (Mitau, 1787. 4.) S. 41.; *wo er aber irrig die Taufnamen* Dietrich Gotthard *erhalten hat.*

Gelegenheitsgedichte.

Nachdem er bereits gestorben war, erschien:

Deutsches Handwörterbuch, enthaltend die Eigenschafts- Vor- und Zeitwörter, in Verbindung mit dem Casus, den sie, ihrer jedesmaligen Bedeutung nach, zu sich nehmen. Mitau, 1819. XX u. 175 S. 8.

Vergl. Czarnewski's Nachrichten über den Zustand der Schulen des Mitauschen Schulkreises. St. 1. S. 40.

von Moier (Johann Christian).

Sohn des nachfolgenden.

Geb. zu Reval 1785, *wurde Dr. der Chirurgie zu Pavia, Dr. der Med. und Chir.* 1813 *zu Dorpat, ord. Professor der Chirurgie an der Universität daselbst* 1814, *Kollegienrath* 1822 *und Staatsrath* 1827.

Diss. inaug. medico-chirurg. de pulsu, pathologice considerato. Dorpati, 1813. (*Hievon erschien damals nur der Titel, und die Thesen.*) 2 Bll. 8. (*Ob die* Diss. *nachher gedruckt worden, kann man nicht angeben.*)

Sein Bildniſs in Steindruck von Jul. Klündert. Reval, 1827.

Vergl. Morgensterns Dörpt. Beytr. I. 397.

Moier (Philipp Christian).

Vater des vorhergehenden.

Studirte auf den Gymnasien zu Minden und Hersfeld und auf den Universitäten zu Halle und Helmstädt, wurde Kompastor an der Domkirche zu Reval 1773 (*ord. am* 23 *Junius*), *Oberpastor an derselben Kirche* 1780, *auch Konsistorial-Assessor, Direktor des Waisenhauses und Direktor des esthländischen Predigersynodus. Geb. zu Hannover am* 14 *December* 1747, *gest. am* 19 *Oktober* 1807.

*Kurzgefaſste Geschichte des zum Dome gehörigen Waisenhauses. Nebst einem Anhange. Reval, 1777. 4 unpag. Bll. u. 64 S. gr. 8., *herausgegeben und mit einem* Vorberichte *versehen von* H. W. Wigand (*s. dess. Artikel*).

Kanzelrede bey der Beerdigung des russ. Kais. Admirales Samuel F. Greigh u. s. w. Ebend. 1788. 16 S. 4.

Mein geringer Beytrag an Materialien zum Bau der neuen Armenanstalt in Reval und Ehstland. Ebend. 1805. 35 S. 8.

*Predigt bey Eröffnung der Landgerichte des Herzogthums Ehstland d. 12. Jan. 1782; *in* Dingelstädts Nord. Casualbibl. Bd. I. S. 271-284. — *Predigt bey Eröffnung des ordentlichen Landtages der Ritterschaft des Herzogthums Ehstlands d. 25. Jan. 1783.; *ebend.* S. 285-302. — *Predigt bey Eröffnung der Landgerichte des Herzogthums Ehstland d. 11. Jan. 1783; *ebend.* S. 303-316. — *Predigt am Tage der feierlichen Beeidigung der Ritterschaft Ehstlands zu gewissenhafter Wahl der Gerichtspersonen in der zu errichtenden Revalschen Statthalterschaft d. 7. Oct. 1783; *ebend.* S. 441-456. — *Predigt am Tage der Eröffnung der

Revalschen Statthalterschaft d. 10. Dec. 1783; *ebend.* S. 457-472. — Verlobungsrede d. 29. May 1772; *ebend.* Bd. II. S. 55-68. — Ordinationsrede d. 19. Nov. 1783; *ebend.* S. 359-372. *War einer der Hauptsammler und Herausgeber des* Gesangbuchs zur Beförderuug der öffentl. u. hauslichen Andacht. Für die deutschen Gemeinen des Herzogthums Ehstland u. den Dom zu Reval. Göttingen, 1787. 8.

Vergl. Carlbl. S. 10. 9. — Nord. Misc. IV. 144.

MOLIN (LORENZ).

Studirte zu Upsal, unterrichtete sechs Jahre lang die Söhne des nachherigen Erzbischofs Erich Benzelius, *war* 1686 *Bibliothekar bey dem Grafen* Magnus Gabriel de la Gardie, *erhielt schon im folgenden Jahre einen Antrag zu einer Professorstelle in Dorpat, den er aber damals abgelehnt haben muſs, wurde* 1689 *Mag., reiste auf königliche Kosten durch Dänemark und Deutschland, Italien, England und Holland, und wurde* 1692 *in Giessen Licentiat der Theol., wo er auch nachher* 1703 *am* 30 *März (oder April, wie die* Nova lit. mar. B. 1704. p. 30. *haben) abwesend zum Dr. der Theol. kreirt wurde. Nach mehr als 3jähriger Abwesenheit in sein Vaterland zurückgekehrt, wurde er* 1694 *am* 7 *März Feldprediger bey den konigl. Trabanten und Beysitzer des Hofkonsistoriums, am* 20 *Oktober desselben Jahres aber Professor der Theol. und Beysitzer des Konsistoriums zu Dorpat, wobey er auch das Pastorat Nüggen als Präbende hatte. Als* 1699 *die Universität nach Pernau verlegt wurde, setzte er sein Lehramt daselbst fort, bis er* 1703 *Oberhofprediger bey der Königin* Hedwig Eleonora, *auch bald darauf Professor primarius der Theol. zu Upsal und Dompropst wurde. Geb. in dem westmannlandschen Kirschspiele Kumla am* 22 *November* 1657 *(aber wohl nicht am* 25 *November* 1651, *wie in den* Nov. lit. l. c. *steht), gest. am* 19 *September* 1723.

Glückwunsch in griechischen Versen an Dr. Erich Benzelius, *als er Bischof von Strengnäs wurde.* Upsal, 1678. 8.

Disp. de clavibus veterum. (Praes. Joh. Columbo.) Ibid. 1684. 8. *Auch in* Sallengre Thesaur. antiquit. Roman. (Hagae Com. 1716. Fol.) T. III. p. 789-844.

Disp. pro gradu Mag. de origine lucorum. (Praes. ... Bilberg.) Ibid. 1689. 4.

Disp. inaug. pro licent. theol. de summi numinis de vera heroum pietate testimonio, ex Actor. XII. 22. (Praes. Joh. Henr. Majo.) Giessae, 1692. 5½ Bogg. 4.

Exerc. theol. de electione ad vitam aeternam. (Resp. Joh. Elia Pastelberg.) Dorpati, 1697. 6 unpag. u. 23 pag. S. 4.

Oratio parentalis in Carolum XI., d. 25. Nov. 1697, *vielleicht nicht gedruckt.*

Positiones theologicae. (Resp. Christiano Corswant, Pomerano, designato Pastore Eccl. Georgio-Burgicae.) Dorpati, 1698. 28. Nov. 1 Bog. 4., s. Nova lit. mar. B. 1699. p. 268.

Progr. invitatorium ad orationem auspicialem a Dno. Gabr. Sjoberg, ad professionem historiarum rite vocato, habendam. Pernaviae, 1702. Fol., *und wohl noch mehrere* Programme.

Conamina theologica, thesibus miscellaneis conclusa. (Resp. Petro Dahlborg, Cuprimontan., Sereniss. Reginae viduae a conc. designato.) Upsaliae, 1705. 1½ Bogg. 8., s. Nova lit. mr. B. 1706. p. 47.

Decas prior et posterior thesium de libris nostris symbolicis. Ibid. 1715. ...

Likpred. öfver Elösabeth Spegel. Stockh. 1721. 4.

Noch mehrere Dispp., *sowohl zu* Dorpat *als zu* Upsal.

Gab heraus: Biblia sacra, thet är, all then Helgha Skrifft på Svenska, med. Korta Summar. och fulkomliga concordant. 2 Thle. Stockholm, 1720. långl. 12.

Vergl. Nov. lit. mar. B. 1704. p. 30. — Jöcher u. Rotermund z. dems. — Bacmeister bey Müller. IX. 237. — Gadeb. L. B. Th. 2. S. 63., *mit Anführung von* Erici Benzelii orat. funebris in memoriam D. Laur. Molini, *und* Norrelii stricturae. p. 70.

Moller (Arvid).

Studirte zu Dorpat seit 1691 *besonders Rechtsgelehrsamkeit und Mathematik, wurde* 1698 *Rektor der dasigen Schule, las als solcher auch den Studirenden Kollegien, ging* 1700 *nach Reval, dann nach Stockholm und Upsal, kam* 1701 *nach Pernau, wurde im folgenden Jahre Professor der Rechte und der Mathematik am Gymnasium zu Reval, welches Amt er am* 3 *December mit einer Rede* de matheseos et juris necessitate et utriusque inter se affinitate *antrat, floh aber* 1710 *wegen Annäherung der Russen und wegen der Pest nach Abo, von da nach Stockholm, und endlich nach Westerås, wo er sich bey seinem Schwiegervater, dem Bischof von Linköping Dr. Jak. Lang, bis* 1717 *aufhielt, und dann Professor der praktischen Philosophie zu Lund wurde. Drey mal war er Rektor der Universität, und nahm* 1743 *wegen Altersschwäche seinen Abschied. Geb. auf dem Gute Forbushof bey Dorpat am* 19 *Februar* 1674, *gest. zu Lund am* 6 *April* 1758.

Exerc. academica de astrologiae judiciariae vanitate. (Praes. Mich. Dau.) Dorpati, 1695. 5½ Bogg. 4.

Epinicium ob memorabilem de Danis victoriam, armis victricibus S. R. Mtis Sueciae sub ductu Illustr. Comitis Magni Stenbockii ao. 1710. 28. Febr. Helsingborgii in Scania partam, oratione panegyrica in auditorio reg. Reval. Gymnasii majori, d. 25. Martii solenniter celebratum. Revaliae (1710). 7 Bogg. Fol.

Diss. de sexum mentientibus. Lund, 1729. 4.

Diss. de damno, quod accrescit philosophiae morali per politicam privatam. Ibid. eod. 4.

Diss. de Waregia (Wargön). Lundini, 1731. 4. — *Wieder aufgelegt:* Wittenb. 1734. 30 S. 4.

Diss. de morte philosophica Pythagoreo-Platonica. Lund. 1734. 4. — *Ausserdem hat er von* 1718 *bis* 1741 *zu Lund noch wenigstens* 55 *mal bey Disputationen den Vorsitz geführt, auch* 9 *öffentl. Reden gehalten.*

Trauerrede in lateinischen Versen auf König Karl XI., den 25 *November* 1697 *zu Dorpat gehalten und nach* 40 *Jahren in Lund gedruckt.*

Fata Dorpati. Den i förra tiden namn kunniga Lifländiska Staden Dorpts Öde. Wästeräs, 1755. 126 S. 8.

Kort Bescrifning öfwer Est- och Lifland u. s. w. (Kurze Beschreibung von Esth- u. Livland, nebst einer Untersuchung von dem Ursprunge der Einwohner dieser Länder, besonders der Esthen und Finnen, wie auch von dem Schicksale der ehemals berühmten Stadt Dörpt. Bey müssigen Sommerstunden entworfen.) Wästeräs, 1756. 166 S. 8.

Laudatio funebris Bonde Humeri dicta Lundini 1727; *in* Memor. virorum in Suecia eruditiss. rediviva, Semidecas III. (Rost. et Lips. 1730.) 1-32.; *schon vorher als Anhang zu.* Jac. Benzels Leichenpredigt auf Bonde Humeri. (Lund, 1727. 4.)

Vergl. Sjoberg Pernavia lit. Part. II., *und daraus* Nova lit. mar. B. 1704. p. 140. — Bacmeister bey Müller IX. 257-260. — Gadeb. L.B. Th. 2. S. 265-267. — Nord. Misc. XXVII. 391. — Rotermund z. Jöcher.

Moller (Lorenz).

War Pastor zu Randen schon 1664. *Geb. zu* ..., *gest. etwa* 1690.

Bearbeitete mit Andr. Virginius *und* Markus Schütz *den grofsen* Katechismus 1684, *und das erste* Gesangbuch 1685 *in dorpt-esthnischem Dialekt, welche von* Adrian Virgin 2. *im Druck besorgt wurden.* (*s. die Artikel* Adrian Virgin 2. *und* Andreas Virgin 2.)

Vergl. Vorrede zum Reval-ehstn. N. Test. 1715.

Monkewitz (Johann Heinrich).

Geb. zu Goldingen am 1 *Februar* 1792, *widmete sich, nachdem er auf den Schulen seiner Vaterstadt den ersten Unterricht erhalten hatte, dem pharmaceutischen Fache, und stand von* 1808 *bis* 1812 *in einer Apotheke zu Kaluga, ging hierauf nach Moskau, um Arzeneykunde zu studiren, kehrte, da seine Studien durch die Invasion der Franzosen unterbrochen wurden, nach Kaluga zurück, und erhielt daselbst die*

Direktion der Apotheke des für unbestimmte Zeit errichteten grofsen Kriegshospitals, wurde 1813 von der medicinisch-chirurgischen Akademie zu St. Petersburg als Provisor bestätigt, und vom medicinischen Departement des Polizeyministeriums als Apotheker bey den Mineralquellen zu Andriopol im twerschen Gouvernement angestellt, nahm jedoch in demselben Jahre wieder seinen Abschied, ging nach Dorpat, beendigte daselbst seine medicinischen Studien, promovirte 1817, und lebt dort seitdem als praktischer Arzt und Besitzer einer Apotheke.

Inaug. Streitschrift: Chemisch - medicinische Untersuchung über die Wandflechte (Lichen parietinus), und über die gebräuchlichsten Chinarinden. Dorpat, 1817. 38 S. 8.

Aus einem Briefe (über ein Heftpflaster); *in* Grindels Russisch. Jahrb. der Pharm. Bd. 5. S. 305. (1807.)

MONTAN, s. VON FISCHER (JOHANN BERNHARD).

MONTANUS (HENRICUS), s. VON BERG (HEINRICH).

MOREAU, s. BRASEY.

MORENIUS (LORENZ OLOFSOHN).

Studirte um 1640 zu Dorpat. Geb. in der schwedischen Provinz Wermeland zu ..., gest. ...

Oratio de salutifera Dei agnitione. Dorpati, 1640. 2 Bogg. 4.

Vergl. Somm. p. 55.

VON MORGENSTERN (KARL).

Geb. am 28 *August n. St.* 1770 *zu Magdeburg. Sein Vater, Dr. Friedrich Simon Morgenstern aus Halle, war ein zu seiner Zeit auch als Schriftsteller geachteter Arzt und Naturforscher* (s. Meusels Lexik. IX. 256.). *Auch seine Mutter, Johanna Katharina, geb. Brömme, seit* 1785 *zum zweyten male verehligt an den Rathmann, nachmaligen Kämmerer, Schultze in Magdeburg, ist, wegen ihrer im Stillen für Andere unermüdet wohlthätigen Wirksamkeit, ihrer Vaterstadt unvergeſslich* (s. Beckers Nationalzeitung der Teutschen. Jahrg. 1796. St. 46. S. 1021-1025.). *Dieser edlen, frommen Mutter und dem Lehrer seiner Jugend, dem Konsistorialrath Funk in Magdeburg, damaligen Rektor der Domschule, verdankt er die Grundlage seiner sittlichen, letzterm auch seiner geistigen Bildung. Bis in sein* 18*tes Jahr besuchte er die Domschule. Bereits damals hatte er sich im Lateinschreiben und Lateinsprechen die Fertigkeit erworben, daſs Basedow ihn zu sich ins Haus zu nehmen wünschte, um durch ihn, wenigstens in seiner nächsten Umgebung, Erleichterung der Unterrichtsmethode in jener Sprache zu bewirken, was indeſs der besonnene Jüngling aus guten Gründen ablehnte, und lieber um Ostern* 1788 *nach Halle ging, um namentlich Philosophie und Philologie zu studiren. Dort waren seine Hauptlehrer Joh. Aug. Eberhard und Friedr. Aug. Wolf, die ihn bald auch ihres nähern Umgangs würdigten, und bis an ihren Tod ihm väterliche Freunde geblieben sind. Er besuchte indeſs auch Vorlesungen über Mathematik bey Klügel, über Physik bey Gren, über Kirchengeschichte bey Knapp, übte sich im Zeichnen unter Anleitung des Professor Prange, und in neuern Sprachen, damals besonders der englischen. Drittehalb Jahr war er Mitglied des unter Wolf's Leitung stehenden philologischen Seminars bis im Frühjahre* 1792. *In den* *beiden nächstfolgenden Jahren privatisirte er in Halle, seine philologischen und philosophischen Studien fortsetzend, und sich besonders mit Plato beschäftigend, wovon seine* Commentationes tres de Platonis republica *eine nicht blofs in Deutschland mit reger Theilnahme aufgenommene Frucht waren. Um Ostern* 1794 *wurde er Dr. der Phil., und habilitirte sich als Privatdocent auf der Friedrichsuniversität. Gleich darauf begann er zahlreich besuchte Vorlesungen über griechische und römische Schriftsteller, auch ein Paar mal gehaltene über die gesammte Geschichte der Philosophie. Im J.* 1797 *wurde er ausserordentlicher Professor bey der philosophischen Fakultät, und bald eröffneten sich ihm verschiedene Aussichten zur Anstellung in Altorf, Duisburg, Oldenburg, Danzig. Er nahm, doch unter Bedingungen, den Ruf als ordentlicher Professor der Beredsamkeit am Athenäum der letztgenannten Stadt an, welchen er, mit Bewilligung jener von Seiten der königl. westpreussischen Regierung, erhielt, als er sich gerade in Dresden, beschäftigt mit dem Studium der dortigen Schätze der Literatur und Kunst, befand. Durch wiederholte Reisen von Halle aus nach Berlin, Göttingen, Kassel, Frankfurt a. M., Braunschweig, Leipzig, Gotha, Weimar, Jena u. s. w. hatte er sich schon manche lehrreiche Anschauungen erworben. Schwer ward ihm im Oktober* 1798 *der Abschied von Halle, wo er seit einer Reihe von Jahren im Hause des Kanzlers* Niemeyer, *von ihm und seiner edeln Familie gleich einem Angehörigen behandelt, wohnte. Etwas erleichtert ward ihm indefs die Trennung dadurch, dafs zwey seiner Universitätsfreunde, die beyde nicht ohne Einflufs auf Lebensansichten blieben, schon früher Halle verlassen hatten: der Satyriker und Philanthrop* Johann Daniel Falk *aus Danzig, der* 1826 *als Legationsrath zu Weimar starb, und der Sokratiker* Ferdinand Delbrück *aus Magdeburg, noch jetzt Professor der Philosophie zu Bonn. In Danzig lebte* Morgenstern, *abgerechnet eine nur kurze Reise nach Deutschland, vom November* 1798 *bis im September* 1802. *Er hatte hier an mehrere Professoren sehr achtungswürdige, freundschaftlich gestimmte Kollegen, wie* Trendelenburg, Ewerbeck *u. s. w., überhaupt aber in der damals blühenden, ansehnlichen Stadt in den gesellschaftlichen Verhältnissen unter Personen aller Stände herzliches Wohlwollen gefunden, nur den durch Lokalhindernisse damals oft gehemmten, ersehnten Fortgang der Schulanstalten zuweilen schmerzlich gefühlt. In letzterer Hinsicht entschloſs er sich leichter, dem an ihn ergangenen Rufe der damals unter glücklichen Auspicien so eben eröffneten Universität Dorpat zu folgen. Er war von ihr unter dem* 16 *Junius* 1802 *förmlich berufen zum ordentlichen Professor der Beredsamkeit und altklassischen Philologie, der Aesthetik und der Geschichte der Literatur und Kunst, mit einem bestimmten Gehalte von* 1300 *Silber-Rubeln; ausserdem zum ersten Bibliothekar der Universität, gleichfalls mit einem besonderen Gehalte in Silber-Rubeln. Anfangs hat er auch genau das ihm Zugesicherte empfangen; als indeſs, nach der erweiterten Organisation, welche die Universität schon im J.* 1803 *durch ihre Statuten erhielt, das Gehalt jedes ordentlichen Professors gleichmäſsig in Bankoassignationen bestimmt, daselbst auch das Gehalt des Bibliothekars auf nur* 400 *Rubel B. A. festgesetzt war, hat er sich mit dem ihm hiernach Zukommenden statt des ihm in seiner Vokation ausdrücklich Zugesicherten stillschweigend begnügt, bis er im J.* 1817 *einen Ruf als Professor an der Universität zu Königsberg erhielt, welches die Veranlassung gab, daſs durch ein allerhöchstes Reskript an den damals stellvertretenden Herrn Minister des öffentlichen Unterrichts, vom* 21 *April* 1817, *die nach den Statuten der dorpatschen Universität vielfach zusammengesetzte Professur, die* Morgenstern *seit* 15 *Jahren bekleidet hatte, in zwey Professuren getheilt wurde, nämlich in die Professur der Beredsamkeit und alten klassischen*

Literatur, *und in die Professur der Aesthetik und der Geschichte der Literatur und Kunst.* (*Vergl.* Intel. Bl. der Jen. Allg. Lit. Zeit. 1817. No. 49.) *Zugleich aber wurden damals diese beyden Professuren dem Professor* *Morgenstern mit voller Besoldung übertragen, auf welche er jedoch verzichtete, sobald der neue Etat eingetreten war. Er beschränkte sich dann auf die durch das Statut* von 1820 *bestimmte Professur der Beredsamkeit, altklassischen Philologie, Aesthetik und Geschichte der Kunst. Sein Gehalt als Vorsteher der Universitäts-Bibliothek ward durch das schon erwähnte allerhöchste Reskript vom* 21 *April* 1817 *auf* 1000 *Rubel B. A. erhöht, welche den ihm dafür ursprünglich zugesicherten* 250 *Rubeln Silber gleich kamen. Der Bibliothekar war übrigens schon kraft der Statuten* §. 113 *und* 119 *Direktor der Bibliothek. Bey Errichtung der Universitäts-Schulkommission wurde Morgenstern am* 1 *April* 1803 *zum Mitgliede gewählt, als Referent sämmtlicher Gymnasien, Kreisschulen und Privatanstalten, von welcher Funktion er im Februar* 1804 *die erbetene Entlassung mit einem vortheilhaften Zeugnisse des Universitätskonseils erhielt, indeſs auch später* (1805) *die Schulvisitationsreise durch Finnland machte, dort auch mehrere Schulen organisirte und eröffnete. Verwaltender Direktor des allgemeinen Lehrerinstituts war er vom* 5 *December* 1803 *bis zum* 10 *März* 1806, *und nachmals vom* 1 *August* 1810 *bis den* 31 *December* 1820; *dann einer der Direktoren des seit* 1821 *eröffneten pädagogisch-philologischen Seminars, und zwar geschäftführender halbjährlich abwechselnd mit dem in demselben Jahre angestellten ordentlichen Professor der Literaturgeschichte, altklassischen Philologie und Pädagogik. Ausser seinen, von den Obern mehrmals officiell anerkannten Bemühungen in eifriger Verwaltung der Bibliothek, machte er sich auch durch die allein durch ihn besorgte Anlage und Verwaltung des Kunstmuseums der Universität verdient. Vom*

24 *Julius* 1808 *bis zum* 12 *Februar a. St.* 1810 *unternahm er mit höchster Genehmigung eine Reise durch einen Theil Deutschlands, Frankreichs, der Schweiz und Italiens, deren summarische Uebersicht in der* Vorrede *zum ersten (bis jetzt einzigen) Bande seiner* „Reise in Italien im J. 1809" *enthalten ist. Sein Hauptaugenmerk waren Literatur und Kunst, merkwürdige Menschen und Orte. Redlich war er bestrebt, die ihm zugemessene Zeit sowohl bey dieser als seinen übrigen, stets auf eigne Kosten gemachten, Reisen, so viel ihm irgend möglich war, zum Nutzen der ihm anvertrauten Universitätssammlungen anzuwenden, überhaupt durch diese Reisen sich für seinen amtlichen Beruf noch geschickter zu machen. Diesen Zweck verfolgte er auch hauptsächlich durch Aufsuchung von Gelegenheiten zur planmäſsigen Vermehrung der Universitätsbibliothek durch längst gewünschte ältere, selten gewordene Werke, wozu damals allerhöchst eine besondere Summe verwilligt war, auf seiner letzten, gerade ein Jahr dauernden, besonders durch mühsame und langwierige Bemühungen dieser Art verlängerten, Reise, die er mit höchster Genehmigung im J.* 1827, *nachdem er der Universität bereits volle* 25 *Jahr gedient, zu Ende des Junius a. St. angetreten hatte. Er ging diesmal zur See von Riga nach Lübeck, von da nach Hamburg, Magdeburg, Halle, Leipzig, Dresden, Weimar, Gotha u. s. w., dann über Kassel, Giessen, Weilburg an den Rhein bis nach Köln herunter, zurück über Bonn, Koblenz, Mainz, Frankfurt a. M., Darmstadt, Heidelberg, Manheim, Karlsruhe, Straſsburg, Freyburg, Tübingen, Stuttgart; von da über Ulm und Augsburg nach München, wo er anderthalb Monate verweilte, so wie hierauf in Wien zwey Monate; zurück über Prag, Dresden, Potsdam und Berlin, weiter über Danzig, Marienburg, Königsberg u. s. w. Ausser dem erfreulichen Wiedersehn des einzigen Bruders in der Vaterstadt, und mancher seitdem, zum Theil, wie z. B.* Niemeyer, *schon verstorbenen Freunde, fand er in Deutschland, neben*

der Erleichterung des Reisens und der Verschönerung gewisser Städte, vielfachen Anlaſs zur frohen Theilnahme an den Fortschritten der Anstalten für Wissenschaft und Kunst, diesmal besonders in München, Stuttgart, Berlin, Bonn, Wien, Prag. Im J. 1819 *erhielt er den St. Wladimir-Orden 4ter Kl., ward zum Kollegienrathe ernannt* 1810, *zum Staatsrathe* 1822. *Anerkennungen seiner schriftstellerischen Thätigkeit wurden ihm mehrere, sowohl von Seiner Majestät dem hochseligen Kaiser Alexander I, als von Seiten der Kaiserin Mutter, der hochseligen Kaiserin Elisabeth, und Ihrer Majestät der Kaiserin Alexandra Feodorowna. Zum Ehrenmitgliede der kaiserlichen Akademie der Wissenschaften zu St. Petersburg ward er den* 25 *Oktober* 1826 *erwählt. Ferner nahmen ihn auf zum auswärtigen Mitgliede die kaiserliche Gesellschaft für die Geschichte und Alterthümer Ruſslands zu Moskau; zum korrespondirenden Mitgliede die königliche Societät der Wissenschaften zu Göttingen und die Academia Italiana; zum Ehrenmitgliede die königliche Akademie der Wissenschaften zu Erfurt, die Gesellschaft zur Beförderung der Geschichtkunde zu Freyburg im Breisgau, und die lateinische Gesellschaft zu Jena; zum ordentlichen Mitgliede die Gesellschaft für deutsche Sprache zu Berlin, und, gleich bey ihrer Stiftung, die kurländische Gesellschaft für Literatur und Kunst.*

Disp. inaug. De Platonis Republica Commentatio I. De proposito atque argumento operis, cum epimetro de tempore, quo illud scriptum videatur. Halis Sax. 1794. X u. 84 S. — Comment. II. (Disp. pro loco) Doctrinae moralis Platonicae nova adumbratio, ex illo potissimum opere atque ex reliquis philosophi scriptis facta. Ibid. eod. S. 85-156. u. 1 Bl. Theses. gr. 8.

De Platonis Republica Commentationes tres: I. De proposito atque argumento operis. II. Doctrinae moralis Platonicae ex eodem potissimum opere nova adumbratio. III. Civitatis ex mente Platonis perfectae descriptio atque examen. Ibid. 1794 (et 1795). X u. 316 S. gr. 8.

Quid Plato spectaverit in Dialogo, qui Meno inscribitur, componendo. Commentatio praelectionibus in Acad. Fridericiana a se habendis praemissa. Halis Sax. 1794. 22 S. 4.

* Der Krieg, in der Hand der Vorsehung ein kleineres Uebel zur Verhütung grösserer. (Leipzig) 1794. 30 S. 8.

* M. Tullii Ciceronis in L. Catilinam oratio prima. Des M. Tullius Cicero erste Rede wider L. Catilina. In einem hin u. wieder verbesserten Texte u. einer neuen Uebersetzung nebst kritischen Anmerkungen u. einem erklärenden Commentare. Halle u. Leipzig, 1796. XVI u. 127 S. gr. 8.

Entwurf von Platons Leben, nebst Bemerkungen über dessen schriftstellerischen und philosophischen Charakter; aus dem Engl. übersetzt, mit Anmerkungen u. Zusätzen über Platon, Aristoteles u. Bacon versehen. Leipz. 1797. XVI u. 221 S. gr. 8. *Die Anmerkungen stehen unter dem Texte u. die Zusätze von* S. 179-221. — *Von einer* 1797 (*im Verlag von Keil in Magdeburg*) *zum Behuf der Vorlesungen des Herausgebers angefangenen* kritischen Ausgabe von Platons grosserm Hippias *sind nur* 2 *Bogen* 8. (*bey Grunert in Halle*) *gedruckt und nicht ins grössere Publikum gekommen.*

De fide historica Velleji Paterculi, inprimis de adulatione ei objecta. Commentatio critica, lectionum indicandarum caussa scripta. Gedani, 1798. 48 S. 4. — *Wieder abgedruckt in* J. C. H. Krause's grösserer Ausgabe des Vellejus Paterc. (Lips. 1800. gr. 8.) S. 105-144.

Adumbratio quaestionis de Satirae atque Epistolae Horatianae discrimine. Disp, def. d. III. Oct. 1799. Ibid. 16 S. u. 1 Bl. *mit* Thesen, *die den Hauptinhalt des übrigen Theils dieser Abhandlung enthalten.* — Pars II. Disp. def. d. XIX. Octob. 1801. Ibid. S. 17-50. — Pars III. cum disquisitione de Arte Poetica, quam vocant. — Disp. def. d. XIV. Apr. 1802. Ibid. S. 51-98. 4.

Oratio de literis humanioribus, sensum veri, honesti et pulchri excitantibus atque acuentibus, publice habita in auditorio max. Athenaei Gedanensis d. XXIX. Nov. 1798, quum ordinariam eloquentiae ac poeseos professionem auspicaretur. Lipsiae et Gedani, 1800. 73 S. gr. 8.

S. 59-72. — Joh. Luzac's Rede von der Gelehrsamkeit als Nährerin der Bürgertugend, zumal in einem Freystaat, aus d. Lat. übers.; *ebend.* Sept. S. 215-249.

Plato u. Rousseau. Ein Fragment; *in* Wielands Neuem Teutschen Mercur 1795. I. 271-278. — Flaxman's u. Piroli's Kupferwerk zu Dante's Divina Comedia; *ebend.* 1798. I. 305-310. — Rafaels Marie in der Gallerie zu Dresden; *ebend.* III. 240-249. — * Ueber den Dresdner Künstler Franz Gareis; *ebend.* 1799. II. 256-260. — * Wünsche u. Aufgaben Nro. 1.; *ebend.* 1800. I. 157. — Sehnsucht (*ein Gedicht*); *ebend.* 1801. III. 83. — Horazens eilfte Epistel. An Bullatius; *ebend.* 1802. I. 163-169. — An Phaedon (*Gedicht*); *ebend.* II. 15.

Ist das Erhabene mit dem Schönen in Einem Gegenstande vereinbar?; *in der* Neuen Bibl. der schönen Wissensch. u. d. freyen Künste. LVII. 41-50. (Leipz. 1796.) — Ueber Horazens ein u. zwanzigste Ode des ersten Buchs; *ebend.* S. 51-58. — Ueber Wilhelm Meisters Lehrjahre, I. u. II. Bd.; *ebend.* S. 59-70. — Ueber des Hrn. Grafen Fr. Leop. zu Stolberg Uebersetzung auserlesener Gespräche Platons; *ebend.* LIX. 3-54. (1797); *auch daraus besonders abgedruckt:* Leipzig, 1797. 64 S. gr. 8. — Ueber Platons Verbannung der Dichter aus seiner Republik und seine Urtheile von der Poesie überhaupt; *ebend.* LXI. 3-50. (1798.) — Lucrezia, ein Oelgemälde von Joh. Dom. Fiorillo, beschrieben; *ebend.* S. 157-162. — Ideen zu einer Parallele der physikalischen Wissenschaften u. der schönen Redekünste; erläutert aus ihrer Geschichte (nach Pieter Nieuwland mit Zusätzen); *ebend.* LXIV. 3-37. (1800.) — * Ueber den Pastelmaler Daniel Caffé; *ebend.* S. 155-158. — * Sydenhams Tod u. Stiftung des literary fund; *ebend.* LXVI. 170-172. (1802). — Anna Amalia, verw. Herzogin von Sachsen-Weimar, gemalt von Angelika Kaufmann; *ebend.* S. 173-175.

Davids Sabinerinnen. Paris im Mai 1809; *in der* Biblioth. der redenden u. bild. Künste. Bd. VIII. St. 1. (1811.) S. 8-17. — Corregio's Nacht in der königl. Gallerie zu Dresden 1798 u. 1808.; *ebend.* St. 2. S. 247-254.

Dagincourt. Aus einem Briefe an Fr. A. Wolf in Berlin von M. (*damals*) in Rom; *im* Morgenblatt 1810. No. 164. S. 653. — * Ein Paar Worte über eine Recension von Göthe's Wahlverwandtschaften, u. über eine andre des ersten Bandes der Wanderjahre Wilhelm Meisters; *ebend.* No. 168. S. 669-671. — Themata u. gelegentliche Bemerkungen; *ebend.* No. 179. 180. 194. 198. 242. 262. S. 715. 719. 775. 791. 967. 1047. — (Ungedruckte) Briefe deutscher Dichter u. Gelehrten aus den Jahren 1740 bis 1771, gesammelt von M. (von Bodmer, Gellert, Gerstenberg, Gleim, Fr. v. Hagedorn); *ebend.* No. 185. 186. 192. 193. S. 737. 743. 765. 770. — Neurömische Scenen. Aus einem Briefe an Böttiger in Dresden von M. (*damals*) in Rom; *ebend.* No. 201. 202. 203. S. 801. 805. 810. — Am Jahresmorgen 1801. (*Ode*); *ebend.* No. 219. S. 873. — Kleine Gedichte eines Reisenden; *ebend.* No. 269. S. 1073. — Garve's letzter Brief an Kant; *ebend.* 1811. No. 110. S. 437. — L'Institut de France, im April 1809. Aus einem Briefe von M. (*damals*) in Paris; *ebend.* No. 169. 170. 171. S. 673. 679. 682. *Wieder abgedruckt in* Hormayrs Archiv 1811, No. 108 u. 109. S. 460-464. — J. J. Spalding an Kant (ungedr. Brief); *ebend.* No. 279. S. 1114.

Kant an Herder (ein ungedr. Brief); *in* Merkels Zeit. f. Lit. u. K. 1811. No. 10. S. 39. — Virgils Grab, Sannazar's Denkmal; *ebend.* No. 17. S. 65-68. — Ueber einen Deutschen Klassiker. Fragment einer am 12. Dec. gehaltenen Rede über den Geist u. Zusammenhang einer Reihe philosophischer Romane; *ebend.* No. 27. 28. 29. S. 105. 109. 113. *Vergl. die* Berichtigung der Druckfehler in No. 32. S. 128. — Hotel des Invalides zu Paris 1809; *ebend.* 1812. No. 7. S. 26. — Katholischer Gottesdienst in Paris 1809.; *ebend.* No. 8. S. 31. — * Chronik der kais. Universitat zu Dorpat vom J. 1812; *ebend.* No. 19. 20. S. 73. 78.

Literärische u. artistische Notizen *im* Intell. Bl. der Jen. Allg. Lit. Zeit., *z. B. in Briefen an Eichstadt.* 1811. No. 44. S. 346. — No. 71. S. 563. — * 1812. No. 28. S. 222.; u. a. m.

Fahrt von Lausanne nach Vevay den 27. u. 28. Jul. 1809; *in der* Livona 1812. S. 227-248.

Brief an den Herausgeber (Beytrag zur ältern Schulgeschichte des Athenaeums in Danzig); *in* Albanus livl. Schulbll. 1813. S. 233-235.; u. a. m.

Gemäldesammlung im Pallast Doria zu Rom; *in dem, dem* Morgenbl. *beygegebenen* Kunstbl. 1816. No. 20., u. 1817. No. 3. u. 4.

*Fragen in Bezug auf Göthe's Wanderer; *in den* Neuen inländ. Bll. 1818. No. 1. S. 5. — Der kluge Wolf. Ein Factum aus dem Munde des sel. Prof. Germann; *ebend.* No. 36. S. 271.

Ueber das Wesen des Bildungsromans. Vortrag, gehalten d. 12. Dec. 1819; *in* Raupachs Inländ. Museum. 1. Bd. 2. Heft. S. 46-61., u. 3. Heft. S. 13-27. (1820.)

Beschreibung etlicher altgriechischen, auf dem Gute Kolzen ausgegrabenen Münzen; *in den* Jahresverh. der Kurl. Gesellsch. f. Lit. u. Kunst. Bd. 2. S. 29-31. (1822.)

Ueber die Richtersche Sammlung für Literatur u. Kunst, u. über einige alte Inschriften. Schreiben an J. Ph. G. Ewers; *in dem von letzterem herausgegebenen Werke:* O. F. v. Richters Wallfahrten im Morgenlande. S. 612-680.

Georg Zoega (Biographie); *in den* Zeitgenossen. Neue Reihe. No. XIII. S. 105-146. (1823.)

Zur Geschichte des Bildungsromans. Vortrag, gehalten d. 12. Dec. 1820.; *in* Raupachs Neuem Museum der teutschen Provinzen Rufsl. I. 1. S. 1-46. (1824.) — Anzeige in Bezug auf die Goldmünze des Basilius; *ebend. im* Anhange. S. XLVII.

Gedichte *in der* Göttingenschen Poet. Blumenlese f. 1803. (S. 101: *An den Schlaf nach Meibom; S. 121: Die Namen); — *im* Taschenbuch für Damen auf das J. 1812. (Tübingen b. Cotta) S. 10-13.; — *in der* Livona 1815. S. 139-144.; — *in* Livona's Blumenkranz herausgeg. von G. Tielemann (1stes Bdch. 1818.) S. 90. 101. 160. 171-174.; — **in dem von* K. L. Grave *herausgegebenen Taschenbuche* Caritas (1825.) S. 198.

Von Recensionen, die er anonym geliefert hat, können hier folgende namhaft gemacht werden:

1) *In den* Halleschen Gel. Zeitt. 1792. St. 85 u. 86. S. 673-679. Journal für Gemeingeist, herausgeg. v. G. W. Bartoldy u. J. P. Hagemeister 1792. 1-4. St. — 1793.

St. 35 u. 36. S. 273-278. Erd. Jul. Koch's Hodegetik für das Universitäts-Studium.

2) *In der* Neuen Bibl. der schönen Wissensch. u. der fr. Künste. LVIII. 2. (1796.) S. 318-324. Ueber die Humanität von Ferd. Delbrück. — LIX. 2. (1797.) S. 248-271. Plato's Briefe von Ge. Joh. Schlosser. — LX. 1. (1797.) S. 34-68. Joh. Nub über den in verschiedenen Epochen der Wissensch. herrschenden Geist u. s. w. — LXI. 1. (1798.) S. 134-152. Joh. Heinr. Tischbein, als Mensch u. Künstler dargestellt von Joh. Fr. Engelschall. — Ebend. S. 153-157. Vermischte philos. Schriften von Franz Hemsterhuys. 3. Th. — LXIII. 2. (1800.) S. 234-262. Ueber die beträchtlichen Vortheile, welche alle Nazionen des jetzigen Zeitalters aus der Kenntniſs v. histor. Untersuchung des Zustandes der Wissenschaften bey den Alten ziehen können. Zwey Preisschriften von Dietr. Tiedemann u. D. Jenisch. — Ebend. S. 357. Bibliotheca Santeniana. — LXIV. 1. (1800.) S. 70-83. Melanges extraits de Manuscrits de Mme. Necker. Tom. I-III., u. Nahrung für Witz u. Gefühl aus den Schriften der Frau Necker, 1stes Bdch. — Ebend. S. 138-145. Das Kampaner Thal von Jean Paul. — Ebend. S. 146-154. Mein Schreibtisch von Sophie von La Roche. — Ebend. S. 266-275. Ge. Chph. Lichtenbergs vermischte Schriften herausg. von L. C. Lichtenberg u. Fr. Kries. 1ster Bd. — LXV. 1. (1801.) S. 125-141. Lichtenbergs Verm. Schriften, 2ter Bd. — Ebend. S. 148-161. Ludw. Heſs, Landschaftsmaler von Joh. Heinr. Meyer. — Ebend. 2. St. S. 223-255. Consolations de ma captivité ou correspondance de Roucher. — Ebend. S. 256-269. Chr. Garve's vertraute Briefe an eine Freundin. — Ebend. S. 270-275. Erinnerungen aus meinem Umgange mit Garve von Siegismund Gottfried Dittmar. — Ebend. S. 276-290. Leben Fr. Wilh. v. Erdmannsdorff, von Aug. Rode. — LXVI. 1. (1802.) S. 79-94. Biographie Theod. Gottlieb v. Hippel. — Ebend. S. 118-128. Sal. Geſsners Briefwechsel mit seinem Sohne. — Ebend. 2. St. S. 266-290. Cicero's Geist u. Kunst von J. C. G. Ernesti, 1ster Bd. — Ebend. S. 317-323. Almanac des Muses pour l'an IX.; Coriolis Fragment sur l'étude; Fénélon de l'éducation des filles. Nouv. Edit.

3) *In den* Annalen d. Philosophie u. d. philosoph. Geistes, herausg. von L. H. Jakob. (Halle u. Leipz. 4.) 1ster Jahrg. 1795. S. 837-839. Jo. Aug. Goerenz de dialogistica arte Platonis etc. Comm. 1. — S. 970-982. G. G. Fülleborns Beyträge zur Geschichte der Philosophie V. Stück. — 2ter Jahrg. 1796. S. 369-372. Fülleborns Beytr. VI. St. — S. 663-668. F. L. Röper's Blumenlese aus den Weisen des Alterthums für Freunde der Religion u. Tugend. 1ster Bd. — S. 668-670. Fülleborns Beytr. I. u. II. St. Neue überarb. Aufl. — 3ter Jahrg. 1797. S. 179-181. Jo. Luzac Oratio de Socrate cive. — S. 408-412. Fülleborns Beytr. VII. Stück.

4) *In dem* Philosoph. Journal, herausgeg. von Joh. Heinr. Abicht. III. Bd. (Erlangen, 1795.) S. 53-71. Fülleborns Beytr. u. s. w. IV. St. — Ebend. S. 238-272. Karl Fr. Stäudlin's Geschichte u. Geist des Skepticismus. 1ster u. 2ter Bd. *Vergl. die* Berichtigung der in den Abdruck dieser Rec. eingeschlichenen Druckfehler *im* Int. Bl. der Allg. Lit. Zeit. 1796. No. 69. S. 584.

5) *In dem Journal* Euphrosyne. Bd. 1. (Halle u. Leipz. 1796.) S. 95-110. Schiller's Musen-Almanach für das J. 1796. — Ebend. S. 216-224. Luise, landl. Gedicht von J. H. Voſs.

6) *In den* Nachrichten von gelehrten Sachen, herausgeg. von der Akademie nützl. Wissensch. zu Erfurt. 1797. St. 52. S. 417-419. J. G. Schlossers Fortsetzuug des Platonischen Gesprächs von der Liebe. — St. 57. S. 468-470. Fr. Baco's von Verulam Unterhaltungen über versch. Gegenstände der Moral, Politik u. Oeconomie, aus dem Lat. übersetzt.

Gab heraus:

M. Fabii Quintiliani de classicis Graecorum et Romanorum scriptoribus locus ex libro X. de Instit. Orat. descriptus, ad quem eorum Graeciae et Latii scriptorum, qui pulchri sensum maxime informant, opera horumque argumenta et virtutes in scholis suis enarrabit C. M. Dorpati, 1803. 36 S. 8.

M. Tullii Ciceronis in L. Catilinam orationes quatuor. Scholarum suarum causa recognovit C. M. Ibid. 1804. 91 S. 8.

* Der Funfzehnte September 1805 in Dorpat. Ebend. 23 S. 8. (*Vergl. den Art.* J. W. Krause.)

Index primus librorum ex Bibliotheca academica Dorpatensi auctionis lege divendendorum d. XVI. et seqq. m. Mart. a. 1808. Ebend. 3 unpag. Bll. u. 74 S. 8. — Index secundus librorum etc. d. XII. et seqq. m. Febr. a 1812. Ebend. 2 unpag. Bll. u. 110 S. 8. (*beyde Kataloge mit Vorr.*).

Dörptische Beyträge für Freunde der Philosophie, Literatur u. Kunst. In drey Banden. Jahrg. 1813. 1814. 1816. 1ster Bd. Dorpat und Leipzig, 1814. XVIII u. 434 S. — 2ter Bd. Ebend. 1815. XII u. 470 S. — 3ter Bd. Ebend. 1821. VIII u. 512 S. 8. — *Die meisten Beyträge lieferte er selbst*, *namentlich*, *ausser* Vorrede u. Zuschriften an Dr. Gottfr. Bened. Funk u. G. Theodor Faber: Bd. I. S. 65-81. Von Bestimmung des moralischen Werths, (*ungedrucktes*) Schreiben von Christ. Garve. — S. 82-111. Ueber Sokrates: besonders, ob unser Zeitalter geeignet sey, einen Sokrates hervorzubringen. Nach einem lat. Aufsatze des verstorb. Meierotto in Berlin. — S. 116-126. Rafaels Cecilia in der Gemaldegallerie des Musée Napoléon. — S. 127-132. Rafaels Madonna dell' Impannata. — S. 133-143. Heyne. Einige wenig bekannte Data seines frühern Lebens, aus seinem Munde. — S. 144-173. Themata u. gelegentl. Bemerkungen. — S. 174. Der Tropfen (*jambisches Gedicht*). — S. 176-198. Briefe u. Brieffragmente (*geschr. an den Herausgeber*) von K. V. v. Bonstetten, A. L. Millin, Scip. Piattoli, Gottfr. Ernst Groddeck, Jul. L. Steltzer, Chr. Mart. Frahn, Dr. Ignaz Fefsler etc. — S. 199-215. Vermischte Nachrichten literarischen u. artistischen Inhalts. — S. 216-258. Chronik d. kais. Univers. zu Dorpat vom J. 1812. — S. 317-338. Rafaels Madonna in der Gallerie zu Dresden. — S. 339-367. Themata u. gelegentl. Bemerkungen. — S. 373-427. Chronik der kaiserl. Universität zu Dorpat vom J. 1813. — S. 428-431. Nachschrift. — Bd. II. S. 97-124. Fichte's Briefe an Kant. — S. 186-259. Reise von Genf nach dem Chamounythal 1809. — S. 260-280. Briefe u. Brieffragmente (*geschr. an den Herausg.*) von Jac. Morelli, Karl Grafs, Frahn, Groddeck, Palander, Karl Aug. Böttiger. — S. 281-294. Vermischte Nachrichten literarischen u. artist. Inhalts. — S. 416-419. Saffo's Hymnos an Afrodîte. — S. 420-428. Bruchstück einer am 12. (24.) Dec. 18..

öffentlich gehaltenen Rede. — S. 435-448. Briefe und Brieffragmente (*an den Herausg.*) von Millin, Groddeck, Joh. Jac. Heinr. Czikann, Wilh. Fr. Hezel, Böttiger. — S. 449-464. Vermischte Nachrichten liter. und artist. Inhalts. — Bd. III. S. 53-78. Bruchstücke einer am 12. (24.) Dec. 1814 öffentlich gehaltenen Rede (Uebersicht der Hauptbegebenheiten des J. 1814 bis zum allgemeinen Frieden). — S. 87-124. Briefe an Kant von Garve, Hamann, Kästner, Lavater, Lichtenberg, Moses Mendelssohn, Selle, Sulzer, Wieland u. Wyttenbach. — S. 125-172. Auszüge aus Briefen von Karl Grafs an einen seiner ältesten Freunde in Livland, mit Vorerinnerung (über dessen Leben u. Schriften u. über seine in Livland vorhandenen Gemälde). — S. 177-179. Epigramme. — S. 180-195. Bruchstücke einer den 12. (24.) Dec. 1810 öffentlich gehaltenen Vorlesung über den Geist und Zusammenhang einer Reihe philosoph. Romane. — S. 196-205. Bruchstück einer öffentl. gehaltenen Vorlesung über die dramatischen Werke eines deutschen Dichters. — S. 206-228. Themata u. gelegentl. Bemerkungen. — S. 236-261. Vermischte Nachr. lit. u. artist. Inhalts. — S. 262. Nachschrift. — S. 332-399. Vom Sprachenstudium, besonders dem Studium der griech. u. lat. Sprache, u. des classischen Alterthums überhaupt, als einem wesentl. Haupttheile der akademischen Studien. Rede, gehalten den 12. Dec. 1816 nebst Anmerkungen. — S. 400-448. Chronik der kais. Universitat zu Dorpat vom J. 1814. — S. 449-454. Ueber Canova's Friedensgöttin. — S. 464-511. Vermischte Nachrichten lit. u. artist. Inhalts.

* *War Mitverfasser, alleiniger Redakteur und Druckbesorger der* Statuten der kaiserl. Universität zu Dorpat. (Dorpat, 1803.) 56 S. Fol., *s.* Storchs Rufsl. unt. Alexander I. Bd. II. S. 209. — **Verfafste als damaliges Mitglied der Schulkommission der kaiserl. Univers. zu Dorpat die* Tabelle A. *zu den* an die Univ. zu erstattenden Berichten über den Zustand sämmtlicher Gymnasien, Kreisschulen u. Privatanstalten in den Gouvernements Liv-, Ehst-, Kur- u. Finnland. (Dorp. 1803.) 1 Bog. Fol. (*An der* Tab. B. *zu den* Berichten über den Zustand sämmtlich. Landschulen u. s. w. Ebend. 4¼ Bogg.

Fol. *hat er nur einigen Antheil; der Hauptverfasser war* L. W. Müthel). — **War Hauptverfasser und Druckbesorger des* Reglements für das nach §. 93-100. des Allerhöchst bestätigten Statuts der Universität Dorpat daselbst eröffnete Pädagogisch-philologische Seminarium. Dorpat, 1822. 15 S. 4. — **War von Anfang an bis gegenwärtig Redakteur und Druckbesorger des (deutschen)* Verzeichnisses der zu haltenden halbjahrigen Vorlesungen auf derselben Universität, *das seit August* 1803 *bis* 1823 *in* 4., *anfangs* ½, *dann* 1 *Bog., später in* 8. 1 *Bog., beym Winterhalbjahre mit Hinzufugung der Preisfragen für die Studierenden, erschien.* **Diese Preisfragen und Ertheilungen liefs er von* 1803 *an in die* Dörptische Zeitung *einrücken; von* 1818 *bis* 1824 *jedes mal als besondere* Beylage ½ Bog. 4.; *von* 1822 *bis* 1824 *mit der Aufschrift:* Feier des 12. Decemb. auf der kaiserl. Univers. zu Dorp., *worin zugleich von der gehaltenen Feierrede Nachricht gegeben wurde. (Auch ausserdem fugte er gelegentlich der* Dörpt. Zeit. *Verschiedenes hinzu, z. B.* 1812. Beylage No. 25. Beytrag zur Chronik der kaiserl. Univers. zu Dorp., Nekrolog des Prof., Coll. R. Pöschmann. 2 S. 4. — *Besorgte das lat. Verzeichnifs der Vorlesungen der Universität seit Anfang des Jahres* 1803 *bis jetzt, nur mit Ausnahme des J.* 1809 *und des Verzeichnisses vom* 1 *Februar* 1810, *weil er damals abwesend war. Es erscheint zu Dorpat halbjährlich unter dem Titel:* Catalogus praelectionum semestrium in universitate literarum caesarea, quae Dorpati constituta est, habendarum, *oder:* Praelectiones semestres etc. indicuntur a Rectore et Senatu Academico; *später:* Scholae semestres etc. indicuntur etc., *anfangs, ungerechnet das Titelblatt,* 1 *Bogen, bald* 1½ *bis* 2 *Bogen. Fol. Den meisten setzte er* Programme *vor, namentlich:* * 1803 Cal. Febr. (de Politiae Platonicae prooemio) p. 3-6. — * 1803 Cal. Aug. (de Platonis in dialogo, qui Hippias major inscribitur, artificio) p. 1-6. — * 1804 Cal. Febr. (In loca quaedam Ciceronis de Fin. Bon. et Mal. lib. V. et in locum Luciani Nigrini animadversiones criticae) p. 3-6. — * 1804 Cal. Aug. Nonnulla de fatis antiquioris Academiae Dorpatensis p. 3-8. (*nach einer ungedr. Rede* J. Ph. K. Henke's, *s. dess. Art.*). — 1805 Cal. Febr. Commentatio de arte veterum mnemonica P.I., qua, disputatur de artis inventore et perfectoribus, p. 3-14., *auszugsweise ubersetzt in den* Mitauschen Wöchentl. Unterh. 1806. I. 23-30. u. 37-45. — *1805 Cal. Aug. Nonnulla de area aedium academicarum p. 3. 4. — 1806 Cal. Febr. Symbolae criticae ad Ciceronis quatuor orationes in Catilinam. p. 3-12. — 1807 Cal. Febr. Narratio de quadam epistolarum autographarum congerie. P.I. p. 3-8. (*mit ungedr. Briefen von* Phil. Melanchton, Athanasius Kircher *u. a.*) — *1808 Cal. Febr. (de suppellectilis librariae medio aevo penuria). p. 3. 4. — 1810 Cal. Aug. Tres epistolae Joannae Graiae, quarum duae sunt anecdotae. p. 3-10. — 1811 Cal. Aug. Quintilianea quaedam. p. III-VIII. — 1812 Cal. Febr. Symbolae criticae in Platonis Critonem a Biestero et Buttmanno nuper tertio editum. p. III-X. — 1815 Cal. Febr. (Studiorum humanitatis ex Poeta Turcico laudes) p. 3. 4. — 1815 Cal. Aug. Symbolae criticae ad Platonis Politiam ab Astio denuo editam. Partic. I. p. III-XXI. — 1816 Cal. Aug. (Narratio de medico, latinae linguae ignaro) p. III. IV. — 1817 Cal. Aug. Enumeratio numorum familiarum Romanarum, qui in Museo Academico servantur. Partic. I. p. III-X. — 1818 Cal. Aug. Enumeratio numorum familiarum Roman. etc. Partic. II. p. III-XII. — 1819 d. XX. Jan. In Ciceronis Paradoxa prolegomena p. III-XI.; *wieder abgedruckt in den* Miscellaneis maximam partem criticis, ed. Friedemann et Seebode. Vol. I. II. p. 386-394. (1822.) — 1819 Cal. Aug. Symbolarum criticarum ad Ciceronis Disputationum Tusculanarum librum primum. Partic. I. p. III-X.; *aufgenommen in dem* Classical Journal. Lond. No. LI. p. 56-63. — 1820 d. XV. Jan. Recensio XXX. numorum veterum Graecorum argenteorum, qui in Museum academicum nuper sunt illati. p. III-X.; *wieder abgedruckt in* O. F. v. Richter's Wallfahrten im Morgenlande. S. 599-611. — 1820 d. II. Aug. Recensio numorum imperatoriorum aeneorum a Julio Caesare usque ad Domitianum, qui in Museo Academico servantur. p. III-XVI. — 1821 d. XVII. Jan. Symbolae criticae in quaedam loca Platonis et Horatii. p. III-VIII.; *wieder abgedr. in den* bereits angeführten Miscell. von Friedemann u. Seebode Vol. I. P. I. II. p. 89-97. (*über Stellen in*

Plato's Apologia Socr., Charmid. *und in* Horat. Sermon.) — 1821 d. XXV. Jul. Symbolarum criticarum in quaedam loca Platonis et Horatii Partic. II. p. III-XX. (*über Stellen in* Horat. Sermon. *und in* Plat. Gorgias). — 1823 d. XVI. Jul. Duae Ruhnkenii epistolae ineditae. p. III-X. (*und daraus, ohne seine Mitwirkung, wieder abgedruckt im* Classical Journal No. LX. Decemb. 1824. S. 262 ff.) — 1824 d. XVI. Jan. Commentatio de numismate Basilii Tschernigoviae nuper effosso. Pars. I. II. p. III-XXX. (cum tab. aen.) — 1824 d. XXIII. Jul. In numisma Basilii Tschernigoviae nuper effossum curae secundae, ad supplendam commentationis partem I. II. p. III-XXXVIII. — 1826 d. XVI. Jan. Commentationis de numismate Basilii etc. Pars III. p. III-XXVI. — 1826 d. XXII. Jul. Dissertatio de Theodoro Santabareno, partis tertiae commentationis de numismate Basilii etc. Epimetrum. p. III-XII. (*Von den zuletzt angeführten vier Programmen hat der Verfasser auf seine Kosten eine kleine Anzahl Exx. zusammen drucken lassen, unter dem Titel:* Commentatio de numismate Basilii Tschernigoviae nuper effosso etc. Dorpati (1826). 24 Bogg. Fol., *mit der Abbildung des Goldmedaillons.*) — 1829 d. XVI. Jan. Disputatio (Jo. Henr. Neukirchii, Curoni), *mit Vorrede und Anmerkungen,* de discrimine mimi, qui proprie dicitur et planipediae. Sämmtlich in Fol.

Verschiedene seiner Abhandlungen und Aufsätze sind auch ausserdem, ohne sein Zuthun, zum zweyten mal gedruckt; wie: Guter Rath an Jünglinge über Plan im Lesen, ein Auszug aus Morgenstern; *in der zu* Brünn *herausgeg. Zeitschrift* Belehrung u. Unterhaltung für die Bewohner des Oesterr. Kaiserstaates. 1810. St. 6. No. 9. — Mémoire sur les manuscrits d'Herculanum; *in dem* Classical Journal, Vol. VII. (London, 1813.) No. XIV. p. 272-276. — Mehrere Aufsatze aus den Dorpt. Beyträgen; *in den von* Friedemann und Seebode in deutscher Sprache herausgegebenen philologischen Zeitschriften.

Vergl. Meusels G. T. Bd. 5. S. 287. Bd. 10. S. 321. Bd. 11. S. 547. Bd. 14. S. 592. u. Bd. 18. S. 731. — Convers. Lexik. XII. 1. (*oder* Neue Folge. II. 1.) S. 275-277., *und in der bisher* (1829) *letzten Ausgabe* Bd. VII. — Krugs Philosoph. Lexik. Bd. II. S. 806.

Morgenweg (Johann Konrad).

Studirte seit 1683 zu Leipzig, wurde dort 1687 Mag. und habilitirte sich. Auf Empfehlung des kulmbachschen Superintendenten Sehard *ging er 1689 nach Narwa als Hauslehrer und zwey Jahr später nach Riga, wo er auch eine zeitlang der Stelle eines Konrektors am Lyceum vorstand, bis zum Schlusse des Jahres 1697 blieb, und dann 1698 Pastor zu Lemsal wurde. Geb. zu Hof am 10 April 1664, gest. nach 1703.*

Disp. de identitate quantitatis cum materia destructa data. (Praes. Christoph. Frid. Pertsch.) Curiae Var. 1683. 1 Bog. 4.

Disp. de foederibus humano sanguine sancitis. (Resp. Georg. Lud. Goldner.) Lipsiae, 1687. 4.

Vergl. Rotermund z. Jöcher.

Morgonstjerna (Daniel Olofsohn).

Studirte 1651 zu Dorpat. Geb. zu ..., gest. ...

Sueciae elogia, oratione solenni enarrata. Dorpati, 1651. 4.

Vergl. Somm. p. 65.

Morian (Christian *) Eberhard).

Mag.; Studirte 1677 auf dem Gymnasium zu Reval, wurde 169 . Professor der Dichtkunst an demselben, und 1709 Rektor dieser Lehranstalt, ging aber der Pest wegen 1710 nach Stockholm, kehrte in der Folge zurück und lebte auf dem Lande, wo er bey einer Feuersbrunst umkam. Er hatte eine gelehrte Tochter, die mit Beyfall öffentlich im Auditorio Vorträge hielt. Geb. zu Reval am ..., gest. ...

---

*) Nicht Christoph, wie die *N. Nord. Misc. XVIII.* 208. haben.

Vicit Leo, vicit Jo! Leontomachia Sueo-Cimbrica, quae 4to Dec. anni superioris 1676 contigit; ἔμμε τροις verbis in honorem S. R. Maj. victricis, solennissima panegyri etc. proposita et decantata. Revaliae, 1677. 5 Bogg. Fol.

Progr. ad Rectoris Mich. Sigismundi Exequias. Revaliae, 1709 ...

Vergl. Nord. Misc. XXVII. 391., *nach den* Novis lit. mar. B. 1703. pag. 132. — N. Nord. Misc. XVIII. 208., *nach* Stjernmanns schwed. Adelsmatrikel. S. 1475. — Altes u. Neues von Schulsachen. I. S. 279. — Rotermund z. Jöcher.

MORITZ (FRIEDRICH GOTTLIEB).

Sohn des nachfolgenden, Vater von KARL LUDWIG und Bruder von LUDWIG WILHELM.

Geb. zu Dorpat am 31 *Oktober* 1769, *studirte erst auf dem Lyceum zu Riga als sein Vater dort Rektor war, dann auf der Universität Halle, war einige Jahre Hauslehrer in seinem Vaterlande, wurde* 1794 (*ord. am* 20 *August*) *Pastor Adjunktus zu Anzen, im folgenden Jahre Ordinarius, und* 1818 *Propst des werroschen Sprengels.*

Rufsland. Ein geographisches Kartenspiel, welches eine vollständige Uebersicht dieses Reichs gewähret. Nebst einer Umrifskarte von Rufsland. Riga, 1795. 12.

*Sädusfe täütmisfe tükki, kummin öigendetas ja fellete-tas ma-rahwa faduft 1804 daft ajastaft ni kui Rewifioni Möötmisfe-kohto esfiarralik kohtopiddamisfe oppus kige mu finna putwa fadustega. (Riga) 1809. 57 S. 4. (*Dörpt-esthnische Uebersetzung der* Erganzungs §§. zur Bauerverordnung von 1804 u. der Instruction für die Messungsrevisionscommission.)

*ABD nink weikene luggemisfe ramat, Tarto ma rahwa tullus. (Dorpat, 1820.) 24 S. 8.

*Heika misfe sönna, wenne-rigi piiblikoggodusfe wan-nembift kulutetu ning wälja antu. Dorpat 1822. 8 S. 8. (*Uebersetzung des* Zurufs der Comität der russ. Bibelgesellschaft.)

Gelegenheitsgedichte *in Riga, Halle und Dorpat aus den J.* 1787-1794, *wovon das* auf Dr. Semlers Tod, im Namen des theolog. Seminariums zu Halle, *abgedruckt steht in* Hoche's Nachricht von Dr. J. S. Semlers Tod u. Leichenfeierlichkeit. (Halle, 1791. 8.) S. 57.

*Kleine prosaische Aufsätze u. Erzählungen *in den* Plaisanterien für die Lesewelt (2 Bde. Halle, 1789. 8.); — *in* Archenholz's Literatur u. Völkerkunde; — *u. a. m.*

Ueber die ehstnischen u. lettischen Kirchenvormünder der Bauerschaft im livl. Gouvernement; *in* Sonntags Aufs. u. Nachr. f. protest. Pred. im russ. Reiche. I. 48-66. — *Auch daraus besonders abgedruckt*: Riga, 1810. 20 S. 8.

Ueber den Wolfsbiss; *in den* Rig. Stadtbll. 1814. S. 255-257.

Amtserfahrung; *in* Grave's Magaz. f. protest. Pred. 1816. S. 171-177. — Feierlichkeiten bey der Einweihung des Begräbnissplatzes einer Landgemeinde in den Jahren 1799 und 1816, mit vergleichenden Bemerkungen; *ebend.* S. 371-380. — *Amtsgefühle am Geburtstage, aus dem Briefe eines jungen livl. Landgeistlichen an seine Mutter im J. 1796; *ebend.* 1817. S. 312-320. — Erinnerungen an Johann Philipp v. Roth; *ebend.* 1818. S. 225-244. — Kurze Anzeige der öffentlichen Leichenfeyer beym ehstnischen Gottesdienste in der Kanapäschen Kirche vor dem Sarge des dasigen Predigers u. Propsts J. Ph. v. Roth; *ebend.* S. 245-249.

Topographisch-literärische Anfragen (über die Bedeutung des Worts Oeconomus etc.); *in den* Neuen inländ. Bll. 1818. S. 31.

Bericht von der Anzenschen Hilfsbibelgesellschaft für 1821.; *in dem* 8ten Generalbericht der dorp. Bibelgesellschaftsabtheil. (Dorpat, 1822. 8.) S. 37-40. — Beantwortung zweyer auf die Grundsätze der Bibelgesellschaft sich beziehenden Fragen, ein Vortrag; *in dem* 10ten Generalbericht u. s. w. (Dorpat, 1824. 8.) S. 5-15.

Antheil an dem neuen dorpt-esthnischen Gesang- und Handbuche: Wastne Tartoma-kele Kässi-ramat. Riga, 1803. 8. — *2te verb. Aufl.* Ebend. 1816. 45 Bogg. 8. *Es besteht aus drey Abtheilungen mit besondern Titeln:*

1) das Evangelienbuch u. s. w., *nach der 2ten Aufl.* 160 S., *zum Theil von Moritz bearbeitet;* 2) das Gesangbuch von 581 Liedern, 464 S., *wozu er den Anhang alter Lieder lieferte* No. 401-581.; 3) das Gebetbuch 96 S., *welches er allein verfaſste. Der Druck der 2ten Aufl. wurde lediglich von ihm besorgt.*

Besorgte den Druck der 2ten Auflage des Dörpt-ehstnischen N. Test. (auf Kosten der dörptschen Bibelgesellschaft). Mitau, 1821. 652 S. 8.

Redigirte den Siebenten Generalbericht der Dörptschen Abtheilung der Russ. Bibelgesellschaft, verlesen den 20. Jan. 1821. Dorpat, 1821. 60 S.; — *den* Achten Generalbericht u. s. w., vorgelesen den 19. Jan. 1822. Ebend. 1822. 47 S.; — *den* Neunten Generalbericht u. s. w., vorgetragen den 18. Jan. 1823. Ebend. 1823. 35 S.; — *den* Zehnten Generalbericht u. s. w., vorgetragen den 17. Jan. 1824. Ebend. 1824. 35 S. 8.

MORITZ (JOHANN CHRISTIAN FRIEDRICH).

Vater des vorhergehenden und von LUDWIG WILHELM.

Begann seine Studien auf dem Friedrichswerderschen Gymnasium zu Berlin, an welchem sein Vater als Lehrer stand. Im J. 1760 *sollte er nach Halle gehen; da aber diese Stadt den damaligen Kriegsunruhen beständig ausgesetzt war, blieb er noch bis zu Ende des Krieges in Berlin und besuchte unterdeſs das Gymnasium zum grauen Kloster.* 1764 *kam er endlich nach Halle, wurde daselbst auch sogleich Lehrer an der lateinischen Schule des Waisenhauses und* 1765 *Koinspektor der königlichen Freytische. Durch den dasigen Professor* Meyer *erhielt er* 1766 *einen Ruf als Konrektor nach Dorpat, den er annahm; wurde hierauf* 1773 *Pastor zu Ringen in der Nähe dieser Stadt, und* 1780 *Rektor des Lyceums, auch Diakonus zu St. Jakob in Riga, legte diese Aemter aber* 1789 *nieder und wurde Pastor zu Tarwast. Geb. zu Berlin am* 25 *December* 1741 *(nicht* 1749, *wie bey* Meusel), *gest. am* 3 *Junius* 1795.

Prog. Ueber die Versendung der vaterländischen Jugend in auswartige Schulanstalten. Riga, 1780. 1 Bog. 4.

Beyträge zur Livländ. Pädagogik. Erste Sammlung, welche ein Programm u. drey bey einer feyerl. Gelegenheit gehaltene Reden enthalt. Ebend. 1781. 76 S. 4. (*Von ihm befindet sich darin das vorstehende* Programm, S. 1-20, *und seine* Antrittsrede, S. 49-67. *Mehr ist nicht erschienen.*)

Progr. Vorschläge zu den Verbesserungen der vaterländ. Schulen. Ebend. 1781. 1 Bog. 4.

Progr. Gedanken über die Sittenverschlimmerung unserer Zeiten, deren Quellen und die Mittel, wodurch dem Uebel abgeholfen werden kann. Ebend. 1782. 1 Bog. 4.

Progr. Das Namensfest Catharinens II. u. das Andenken der Zurückkunft des Groſsfürsten Paul Petrowitz und der Groſsfürstin Maria Feodorowna feyert das kaiserl. Lyceum durch eine öffentl. Redehandlung. Ebend. 1782. ½ Bog. 4.

* Obitum Viri amplissimi atque doctissimi Joan. Benj. Erdmanni, Conrectoris Lycaei Imperatorii optime meriti, luget Lycaeum Imperatorium. Rigae, III. Id. Jun. MDCCLXXXIII. (*Ein Gedicht.*)

Progr. Wodurch wird das Ansehen u. die Nutzbarkeit der Schulanstalten befördert oder gehindert? Ebend. 1787. 1 Bog. 4.

Progr. Kurzgefaſste Nachricht von der gegenwärtigen Einrichtung des kaiserlichen Lycaeums. Ebend. 1788. ½ Bog. 4.

Ein ehstnischer Katechismus.

Taufrede, gehalten den 15. März 1775; *in* Dingelstädts Nord. Casualbibl. II. 29-38. — Predigt am Dankfest wegen der Geburt Ihro Kais. Hoheit des Groſsfürsten Alexander Pawlowitsch am 7. Jan. 1778 gehalten; *ebend.* II. 399-412. — Predigt am Sonntage vor Eröffnung des Collegii allgemeiner Fürsorge in der Rigischen Statthalterschaft den 18. Febr. 1784 über 2 Cor. 9, 6-9.; *ebend.* II. 435-454.

Vergl. Nord. Misc. IV. 107. — Meusels Lexik. Bd. 9. S. 259.

Moritz (Karl Ludwig).

Sohn von Friedrich Gottlieb.

Geb. zu Anzen in Livland am 18 Oktober 1799, studirte zu Dorpat von 1817 bis 1821 und promovirte am 12 April 1823 zum Dr. der A. G.

Diss. inaug. med. Specimen topographiae medicae Dorpatensis. Dorpati, 1823. 80 S. 8.

Moritz (Ludwig Wilhelm).

Sohn von Johann Christian Friedrich und Bruder von Friedrich Gottlieb.

Studirte zu Riga auf dem dortigen Lyceum, darauf in Königsberg auf dem Kollegium Friedericianum, und auf der Universität zu Halle 1795 bis 1798, wo er auch Mitglied des theologischen Seminariums war. Nach Beendigung seiner Studien bekleidete er eine Hauslehrerstelle in seinem Vaterlande, wurde 1803 (ord. am 26 April) Adjunkt des Predigers der esthnischen Gemeine zu Dorpat, Theodor Oldekop, *und nach dessen Tode 1806 ordentlicher Prediger der zweyten Stadt- und der esthnischen Gemeine daselbst, wie auch des Landkirchspiels, nachdem er schon 1804 Assessor des dorpatschen Stadtkonsistoriums geworden war, und 1817 auch Lektor der esthnischen Sprache an der Universität, welches Amt er jedoch 1823 wieder abgab. Geb. zu Ringen am 28 Februar 1777, gest. am ... 1830.*

Pühhandamisſe-Juttus, kumba ſelle waſtſe Tarto-Lina nink Kihhelkunna Regina Justina Kabelli Pühhandamisſe man om piddanu u. s. w. Dorpat, 1803. 8.

Rede am Sarge des Russisch-Kaiserl. Herrn Raths Jacob v. Svenske am 14. März gehalten. Ebend. 1806. 15 S. 8.

Unsterblichkeit (*ein Gedicht*); *in dem* Preuss. Archiv. 1797. ...

Bey der Beerdigung eines Kindes; *in* Grave's Magaz. f. protest. Pred. 1816. S. 353-358.

Rede bey der Beerdigung des Hrn. Obersekretären C. H. F. Lenz; *in dem* Andenken an Christian Heinrich Friedrich Lenz, gestorben den 5. Aug. 1817. (Dorpat, 1817. 20 S. 8.)

Ueber die wechselseitige Annäherung der beiden esthnischen Hauptdialecte, des revalschen u. dorptschen; *in* Rosenplänters Beitr. z. gen. Kenntnifs d. ehstn. Sprache. IV. 56-70., *vergl. auch* V. 174.

Bericht der Dörptschen Hilfsbibelgesellschaft für 1817; *in dem* (*5ten*) Generalberichte der Dörptschen Abtheil. der russ. Bibelgesellschaft vom 18. Jan. 1818. (Dorpat. 8.) S. 59-64. — Für 1818; *in dem* 6ten Generalberichte u. s. w. S. 47-49.

Antheil an der Uebersetzung der livl. Bauerverordnung in den dorpt-esthnischen Dialekt: Lüwlandi Marahwa Läedus. Dorpat, 1820. 4. (*s. den Art.* G. A. Oldekop).

Gelegenheitsgedichte.

Vergl. Merkels Prov. Bl. 1830. No. 18. S. 71.

Freyherr von Mortczini auch Mortczinni, und Mortezini (Friedrich Joseph).

Von diesem herumirrenden Ritter, der sich, bevor er sich selbst baronisirte, bald Friedrich Joseph Pallini, bald Paillafini, bald Christoph Pannich und zuletzt Professor Pöhrmann nannte, dessen wahrer Name aber Johann Gottlieb Hermann, genannt Eichhörnl, war, und der im J. 1783 auch in Kurland und Livland sein Unwesen trieb, namentlich aber in Mitau in der Dreyfaltigkeitskirche mehrere mal geprediget hat, giebt Meusel *im Lexikon an der unten angeführten Stelle ausführliche Nachricht. Zuletzt war er Lehrer der polnischen Sprache bey dem adelichen Kadettenkorps zu Berlin. Er ist zu Bautzen (nach seinem lügenhaften Vorgeben aber zu Czschedechowitz in Mähren), und zwar am 16 May 1742 geboren, und starb 179..*

Vergl. Der geistliche Abentheurer oder der als Ueberwinder im Glauben und als Virtuose im Predigen herumfahrende Ritter des heil. Stephansordens Freyherr von Mortczinni. Königsberg, 1784. 8. (Vom Prof. C. J. Kraus.) *Auch, jedoch sehr abgekürzt:* Helmstädt, 1784. 8. — Acta histor. eccles. nostri temporis. Bd. 9. S. 877. — Gothaische gel. Zeit. 1784. S. 667. — Berliner Mon. Schrift 1784. Decemb. — Journal von und für Teutschland 1785. St. 7. — Intell. Bl. der Allg. Lit. Zeit. 1789. No. 126. — Schlözers Staatsanz. Heft 62. S. 251. — Neuer Kirchen- und Ketzer-Almanach auf das Jahr 1797. — Meusels Lexik. Bd. 9. S. 269-275. — Dess. G. T. Bd. 5. S. 289. Bd. 11. S. 548. u. Bd. 14. S. 594., *wo auch seine Schriften verzeichnet sind.*

Moser (Johann Jakob).

Geb. zu Stuttgart am 18 Januar 1701, gest., nach einem viel bewegten und schicksalsvollen Leben, zuletzt in seiner Vaterstadt privatisirend, am 30 September 1785.

Von den die Zahl 400 übersteigenden Schriften dieses berühmten Publicisten gehört eine hierher:

Einige Anmerkungen über die wegen der Wahl eines Herzogs zu Curland dermalen entstehende Bewegungen, nebst einem Vorschlag, wie denen daraus zu besorgenden übeln Folgen am füglichsten vorzubiegen seyn möchte. (Homburg) 1749. Fol. — *Auch Französisch:* Ebend. 1749. Fol.

Sein Bildnifs, am ähnlichsten, von Schlotterbeck vor dem 4ten Th. von F. K. v. Mosers patriotischem Archiv.

Vergl. Seine von ihm selbst ausgearbeitete Lebensbeschreibung. 3te Aufl. Frankf. u. Leipz. 1777-1783. 4 Thle. 8. — *Seines Sohnes* Fr. K. v. Mosers patriotisches Archiv. Th. 4. S. 549-554. u. Th. 6. S. 437-450. — Meusels Lexik. Bd. 9. S. 293-334., *wo sich auch das vollständige Verzeichnifs aller seiner Schriften findet. Alphabetisch geordnet, jedoch mit Ausschlufs der theologischen, steht dasselbe in* A. Chr. Kaysers Abhandlung über die Manipulation bey Einrichtung einer Bibliothek (Bayreuth, 1790. 8.) S. 71-123. — Rotermund z. Jöcher.

de Moulin, oder Mollin, oder Molin (Magnus).

Wohnte als Studiosus den Konferenzen wegen Uebersetzung der Bibel ins Esthnische am 25 August 1686 zu Lin-

denhof, am 20 *Januar* 1687 *zu Pillistfer bey, und wurde* 1687 *Pastor zu Groſs-St. Johannis bey Fellin. Geb. zu ..., gest. zu Reval, wohin er sich geflüchtet hatte, an der Pest* 170 . *oder* 1710.

Antheil an dem von Adrian Virgin 2. (*s. dess. Art.*) *herausgeg.* Reval-ehstnischen Handbuche. Riga, 1695. 8.

Arbeitete mit mehrern an der Uebersetzung des N. Test. ins Esthnische, welche Reval, 1715. 4. *erschien* (*s. den Art.* Joh. Dan. v. Berthold).

Vergl. Vorr. zum Reval-ehstn. N. Test. 1715.

ZUR MÜHLEN (HELMOLD).

Mag.; Schulkollege zu Reval, wenigstens von 1614 *bis* 1624, *Pastor zu Goldenbeck vor* 1636, *Propst der ganzen Wiek* 1638, *Pastor zu Kegel* 1641. *Geb. zu ..., gest. ...*

Lieferte 13 *ins Esthnische übersetzte* Lieder *zu* H. Stahls Hand- u. Hauſsbuch. Th. II. (Reval, 1637. 4.)

Vergl. Carlbl. S. 52. 19.

MÜLLER (CHRISTIAN).

Wurde Pastor der selting-aahofschen Gemeine in Livland, wobey ihm zugleich die Adjunktur in Marienburg, bey des Propsts Glükk *Abwesenheit, mit der Zusicherung der Nachfolge, übertragen war. Seit* Glükks *Abführung in die Gefangenschaft nach Moskau* 1702 *erlitt er alle Drangsale des Krieges, muſste oft flüchtig werden, und gewann erst Ruhe, als Livland unter russische Herrschaft kam. Dann erhielt er auch sein Amt in Marienburg wieder und wurde* 172 . *Propst des zweyten wendenschen Kreises. Geb. zu Flensburg* 1669, *gest. am* 19 *Junius* 1732.

Novum testamentum e. Lutheri versione in Judaeorum gratiam literis hebraicis. Francof. ad V. 1700. 4.

Beyträge zu Johann Möllers Cimbria litterata.

Vergl. Gadeb. L. B. Th. 2. S. 257., u. Rotermund z. Jöcher, *wo er an beyden Orten* Moller *und Bruder des Verfassers der* Cimbria litterata *genannt ist, während er in allen inländischen handschriftlichen Nachrichten immer* Müller *heisst.*

Müller (Daniel).

Studirte zu Leipzig, wurde daselbst Mag. der Philosophie, und in der Folge Rektor, erst an der deutschen Schule zu Stockholm, dann zu Zwickau, und zuletzt zu Schul-Pforta. Geb. zu Thauma im Voigtlande am 29 Junius 1642, gest. am 15 May 1704.

Soll ein Supplementum ad Russovii Chronicon *handschriftlich hinterlassen haben, das jedoch jetzt Niemand mehr kennt.*

Vergl. Jöcher, u. Gadeb. L. B. Th. 2. S. 267., *wo auch das Verzeichniss seiner übrigen Schriften zu finden ist.*

Müller (Eberhard).

War Mag., Adjunkt der philosophischen Fakultät zu Wittenberg, dann Feldprediger in Preussen, und zwar zuletzt in Thorn. Geb. zu Reval am ..., gest. am 4 Oktober 1660.

Oratio hebraea de quaestione: an Jesus Nazarenus, Mariae filius, verus sit et promissus mundi Messias? ...

Disp. de arte, aemula naturae. ...

Disp. de bono. ...

Disp. philolog. critica de vitiis sermonis grammaticis: barbarismo et soloecismo. (Resp. Joach. Scrivero, Moelnate Sax.) Lipsiae, 1655. 3 Bogg. 4.

Disp. de communicabili et incommunicabili. ...

Disp. de persecutionibus et martyriis Christianorum veterum. ...

Müller (Friedrich Karl Hugo).

Geb. zu Riga am 5 Februar 1799, *studirte seit* 1820 *zu Dorpat Mathematik, Philosophie und Pädagogik und wurde* 1829 *wissenschaftlicher Lehrer an der Kreisschule zu Walk.*

Die Verklärung. Phantasie. Dorpat, 1825. 1 Bog. 4.

Das Fest der Kindesliebe, dramatische Dichtung in einem Act; *in* Salzmanns Unterhaltungsbiblioth. für die vaterl. Jugend. I. S. 103-123. (1829.)

Vergl. Lit. Begl. des Prov. Bl. 1829. No. 18. S. 69.

Müller (Friedrich Wilhelm).

War zu Anfang dieses Jahrhunderts Schauspieler in Reval. Geb. zu ...

Kleine Gebüsche am Fusse des Pindus, oder dichterische Vorübungen. Riga, 1797. 96 S. 8.

Die Denkmähler, ein Schauspiel. Mitau, 1803. 79 S. 8.

Noch ein Schauspiel. Reval. ...

Müller (Gerhard Friedrich).

Studirte erst zu Herford, hernach seit 1722 *zu Rinteln und seit* 1723 *zu Leipzig. Im J.* 1725 *ging er von da, als Adjunkt der neugestifteten kaiserlichen Akademie der Wissenschaften, nach St. Petersburg, lehrte auch in dem mit derselben verbundenen Gymnasium, während der Jahre* 1726 *und* 1727, *lateinische Sprache, Geographie und Geschichte, und war zugleich vom Anfang des Jahres* 1728 *bis in den Julius* 1730 *Vicesekretär der Akademie. Von* 1728 *an verwaltete er auch bey der kaiserlichen Bibliothek die Dienste eines Unterbibliothekars, und in den ersten* 6 *Monaten des Jahres* 1730 *stand er zugleich den Kanzelleygeschäften der Akademie vor. Um die Mitte dieses Jahres ward er zum Professor der Geschichte und zum ordentlichen Mitgliede der Akademie ernannt.*

Bald darauf unternahm er, mit geheimen und erheblichen Aufträgen für die Akademie, eine Reise nach Deutschland, Holland und England, die vom 2 August 1730 bis zum 2 August 1731 währte. Nach seiner Zurückkunft las er bis 1733 akademische Kollegien, wobey einige junge Edelleute seinem besondern Unterricht anvertraut waren. Am 8 August 1733 trat er eine sogenannte akademische Reise durch Sibirien, in Begleitung der Professoren Johann Georg Gmelin und Louis de L'Isle de la Croyere, an, welche sich am 14 Februar 1743 endigte. Ihm war aufgetragen, alles, was die Erdbeschreibung und Alterthümer des Landes und die Geschichte seiner Bewohner betrifft, aufmerksam zu untersuchen. Dies besorgte er nicht allein mit der gröſsten Anstrengung und Geschicklichkeit, sondern er versah auch alle Kanzelley- und Sekretariatgeschäfte der akademischen Gesellschaft, und half dem Dr. Gmelin bey der Sammlung der Naturalien. Dessen ungeachtet wurde ihm keine Belohnung dafür. Zwar ward er 1747, mit einer Gehaltserhöhung, zum russischen Historiographen ernannt, war auch 3 Jahr lang Rektor der Universität, aber seine Feinde kränkten ihn dabey auf alle ersinnliche Art. Im J. 1754 wurde er zum Konferenzsekretär bey der Akademie der Wissenschaften ernannt. In dieser Eigenschaft verfertigte er die Protokolle bey der akademischen Konferenz, stattete derselben von dem, was nöthig war, Bericht ab, führte einen weitläuftigen Briefwechsel in- und ausser dem Reich und besorgte die Ausgabe der Kommentarien und anderer Schriften. Im J. 1765 trat er mit dem Charakter eines Kollegienraths die ihm ein Jahr zuvor übertragene Oberaufsicht des von der Kaiserin Katharina II zu Moskau errichteten Kinderhauses an. 1766 erhielt er die Stelle eines Archivars des Reichskollegiums der auswärtigen Sachen zu Moskau, und wurde im folgenden Jahre zum Deputirten bey der Gesetzkommission ernannt. 1775 erhielt er den Staatsraths-

Charakter. 1779 wurde sein Gehalt bis auf 2550 Rubel erhöht, nachdem ihm war aufgetragen worden, eine Sammlung der zwischen Rufsland und den auswärtigen Mächten geschlossenen Verträge, nach dem Muster des Corps diplomatique von Du Mont, *zu besorgen, auch kaufte die Kaiserin in demselben Jahre seine Bibliothek für 20000 Rubel für das Reichskollegium, widmete jährlich eine Summe zu ihrer Vermehrung, und überliefs sie ihm zu seinem Gebrauch auf seine ganze noch übrige Lebenszeit. Vorher schon hatte die Monarchin ihm 6000 Rubel zur Bezahlung eines von ihm erkauften Hauses geschenkt; 1783 ernannte sie ihn zum wirklichen Staatsrath und zum Ritter des St. Wladimir-Ordens der 3ten Kl. Geb. zu Herford in der westphälischen Grafschaft Ravensberg am 18 Oktober 1705, gest. am 11 Oktober a. St. 1783.*

Von seinen zahlreichen Schriften gehört hieher:

Sammlung russischer Geschichte. 9ter Band. St. Petersburg, 1764. 8., *wegen folgender darin erhaltener Aufsätze:* S. 84-94. Aufgaben (*warum Narwa im Russischen Rugodew oder Rugigorod, und Reval Koliwan heifse?*); S. 95-262. Nachrichten von den ehemaligen Universitt. zu Dörpat u. Pernau von H. L. C. Bacmeister (*welche, auf* Müllers *Anrathen, in seinem Hause und aus den von ihm mitgetheilten Büchern und Handschriften zusammengetragen sind*); S. 263 ff. Nachrichten von Livland, *nämlich:* S. 265-362. Von der Stadt Riga Ursprung u. merkwürdigen Begebenheiten; S. 363-398. Beschreibung der Stadt Riga nach ihrem jetzigen Zustande (*beyde von* Melchior v. Wiedau); *ferner* histor. u. statist. Nachrichten *von andern livländischen Städten, als:* S. 398-452. von Pernau mit Beylagen (*von* Friedrich Thomas Zange); S. 453-468. von Dorpat (*von* Joh. Jak. Sahmen); S. 469-482. von Wenden (*von* Heinr. Baumann u. Joh. Christoph Pegau); S. 482-485. von Wolmar (*von* Friedr. Gottlieb Hilde, *nicht, wie in der Ueberschrift steht, von dem* Aeltesten Jonas Riekhof, *der die Nachricht nur eingeliefert hat*); S. 485-491. von Fellin (*von* Joh. Abraham Winkeler, *nicht von dem* Aeltesten Joh. Gustav Linde, *wie in der Aufschrift steht*); — S. 491-527. Beschreibung der Leibeigenschaft, wie solche in Liefland über die Bauern eingeführt ist (*von* Joh. Georg Eisen); — S. 528-544. Kurzer Auszug der Privilegien u. vornehmsten öffentlichen Verbriefungen der lieflandischen Ritterschaft (*unvollendet*); —

und von seinen nachgelassenen Handschriften:

Anmerkungen *zu der vom Konrektor* Arndt *herausgegebenen* Lieflandischen Chronik (*welche, nach* Büsching, *der sie besafs, nicht zahlreich, aber nöthig und nützlich seyn sollen*).

Vergl. Gadeb. Abh. S. 238-242. Dess. L.B. Th. 2. S. 269-271. — Bernoulli's Reisen. IV. 15. u. f. — Buschings Beytr. zu der Lebensgesch. denkwürd. Personen. III. 1-160. — Schlözers Leben, von ihm selbst beschrieben. 1stes Fragment. S. 28-35., auch ausserdem noch hin u. wieder. — Meusels Lexik. Bd. 9. S. 386-397., *wo seine Schriften vollständig aufgeführt sind.* — Rotermund z. Jöcher.

Müller (Hermann).

Studirte um 1702 *zu Rostock, wurde Mag. und* 1709 *Prediger zu Katlakaln und Olai im rigaschen Patrimonialgebiet. Geb. zu Riga am ..., gest. am* 1 *September* 1710.

Diss. theol. de studii biblici cum systematico connexione, hujusque divina origine. (Praes. Joh. Fechtio.) Rostochii, 1702. 4 Bogg. 4., *s.* Nova lit. mar. B. 1702. p. 283.

Drey Tugend- und Ehrenkränze bey dem Sarge — — Martin Sennerts, königl. preussischen und churfürstl. brandenburgischen Geheimensekretars — in einer Leichrede vorgestellt. Berlin, 1704. 9 Bogg. Fol.

* Castrum doloris et honoris zum unvergänglichen Ehren-Gedächtnifs — — Hrn. Pauli Brockhausen u. s. w. Riga, 1709. 2 Bogg. Fol. (*Enthält den Lebenslauf des Verstorbenen.*)

Deutsche u. lateinische Gelegenheitsgedichte.

Vergl. Nord. Misc. XXVII. 391. — Bergmanns Rig. Kirchengeschichte. II. 14.

MÜLLER (JAKOB).

Studirte um 1641 auf dem Gymnasium zu Reval und wurde nachher Professor der Beredsamkeit und Geschichte, 1661 aber Professor der Theologie und Rektor derselben Anstalt. Er war des Kalixtinismus verdächtig geworden und mufste seine theologischen Vorlesungen dem Ministerium mittheilen. Geb. zu Krakow in Meklenburg am ..., gest. 1676.

Epinicion arduum et gloriosum magni nostri coelestis Gideonis bellum et triumphum pro genere humano decantans. Reval bey Heinr. Westphal, 1642. 4. (*Ein deutsches Gedicht von 552 Versen.*)

* Aeternitati Illustrissimae — Dominae Margarethae Spare — Perillustris etc. Benedicti Horn — conjugis sacrum. Revaliae (1661). 4 Bogg. Fol. — *Unter der* Zueignung *steht sein Name.*

Oratio Illustrissimi — Benedicti Horn B. F. divae memoriae consecrata. Revaliae (*o. J.*). 6 Bogg. Fol.

Vergl. Gadeb. L. B. Th. 2. S. 271. — Nord. Misc. IV. 213., *nach* Bidermann von Schulsachen. I. 274. — Rotermund z. Jocher.

MÜLLER (IMMANUEL JAKOB).

Geb. zu Köslin in Pommern am 20 Oktober 1786, war, nachdem er seine medicinischen Studien in Berlin angefangen hatte, in den Jahren 1804 und 1805 bey der preussischen Armee angestellt und in französische Gefangenschaft gerathen. Nach seiner Befreyung 1807 studirte er noch in Jena, wurde dort Dr. der Med., trat 1812 als Staabsarzt in russische Dienste, machte die Feldzüge bis 1815 mit, und ist, nachdem er seinen Abschied genommen, Arzt auf den der Stadt Riga gehörenden Gütern bey Lemsal.

Diss. inaug. med. de pure, naturae instrumento, ejusque indole atque origine. Jenae, 1811. 36 S. 8.

Müller (Johann Sylvester).

Besuchte das Gymnasium zu Schleusingen, studirte hierauf seit 1772 *vier Jahr Theologie auf der Universität seiner Vaterstadt, kam dann nach Kurland, und wurde hier* 1785 *Prediger zu Salwen und Daudsewas. Geb. zu Erfurt am* 2 *May* 1752, *gest. am* 21 *May* 1818.

Aufsätze *in der lettischen Quartalschrift:* Gadda-Grahmata.

Vergl. Zimmermanns Lett. Lit. S. 95. — Grave's Magaz. für protest. Pred. Jahrg. 1819. S. 75.

Müller (Karl Ernst Christian *)).

Königl. polnischer Hofrath, hielt sich einige Zeit in Kurland als Hauslehrer auf, auch in St. Petersburg, später aber in gröſster Einsamkeit und Stille 4 *bis* 5 *Jahr, als Privatmann, in Köthen, kam wieder nach Kurland, wurde hierauf Oberforstmeister in Wilna im lithauischen Gouvernement, und zuletzt in Mohilew. Geb. zu ..., gest. zu Mohilew zu Anfang des Jahres* 1813.

Oekonomisch-politische Hefte für den Norden, vielleicht auch im Süden brauchbar. Leipz. 1789. 8.

Versuch zur Bildung eines vollkommenen Militärs. Von einem Laien. Mitau, 1798. 12 unpag. u. 91 S. 8.

Archiv des Nordens fürs (*sic*) Staatenglück und Menschenwohlfahrt. Ersten Bandes erstes Stück. Ebend. 1801. 238 S. 8.

Wünsche eines Patrioten und Christen zur Ausrottung des Strassenbettelns und zur Beförderung der Industrie u. s. w. durch Errichtung eines allgemeinen Arbeits-Armenhauses in Lithauen und Kurland. In Worte gegefaſst von u. s. w. Leipzig, 1802. 46 S. 8.

Welches sind die vortheilhaftesten Manufactur- und Fabrikbeschäftigungen für Ruſsland; *in den* N. Nord. Misc. VII. u. VIII. 411-462.

Vergl. Meusels G. T. Bd. 5. S. 315. Bd. 10. S. 328. u. Bd. 11. S. 552.

---

*) Nicht Ernst Karl Christian.

Müller (Karl Johann Georg).

Geb. zu Riga am 21 Januar 1796, studirte seit 1813 Medicin zu Dorpat, ging dann nach Berlin, machte eine Reise durch Deutschland, nahm nach seiner Rückkunft in Dorpat die medicinische Doktorwürde an, und prakticirt jetzt in einer der rigaschen Vorstädte.

Diss. inaug. med. in pathologiam et therapiam bubonum venereorum. Dorpati, 1820. 63 S. 8.

Müller (Lorenz), s. Möller.

Graf von Münnich (Burchard Christoph).

Bruder des nachfolgenden.

Erbherr auf Neuenhuntorf im Oldenburgischen. Sein Vater, erster General-Deichgraf in den damaligen Grafschaften Oldenburg und Delmenhorst, unterrichtete ihn selbst in der Wasserbaukunst und liefs sich von ihm auf seinen Geschäftsreisen begleiten. Im 16ten Jahre ging er, um seine Einsichten, besonders im Ingenieurwesen, zu vervollkommnen, nach Frankreich, erhielt dort Anträge zu Kriegsdiensten, kehrte aber nach Deutschland zurück, und erwarb sich auf der Durchreise am darmstädtschen Hofe durch seine Kenntnisse so viel Achtung, dafs man ihn, als 17jährigen Jüngling, zum Hauptmann und Befehlshaber einer Kompagnie ernannte, in welcher Eigenschaft er im J. 1702 an der Eroberung von Landau Theil nahm. Er ging darauf in hessen-kasselsche Dienste, zog 1706 als Major der Garde zu Fufs mit seinem Hülfkorps über die Alpen zur Befreyung Italiens von den Franzosen, und half dort mehrere Festungen erobern. An den Feldzügen von 1708 bis 1712 nahm er ebenfalls thätigen Antheil, und nach der Schlacht bey Malplaquet am 11 September 1709 wurde er Oberstlieutenant. In dem Treffen bey Denain ward er schwer verwundet, und als Gefangener nach Frankreich abgeführt, wo er sich aber loskaufte, nach Hessen eilte und Oberst des Kettlerschen Infanterieregiments wurde. In Friedenszeiten brauchte ihn der Landgraf Karl zu Anlegung des Hafens, der Schleuse und des Kanals von Karlshaven. 1716 trat er als Oberst in die Dienste Königs August II. Er wurde gleich im folgenden Jahre zum ersten Befehlshaber der Krongarde und polnischen und kursächsischen Generalfeldwachtmeister ernannt; aber Neid und Kabale veranlaſsten ihn, den polnischen Dienst mit dem russischen zu vertauschen. Er hatte sich bey Peter dem Groſsen durch Ueberreichung eines Systems der Befestigungskunst beliebt gemacht und erhielt 1721 den Antrag zur Stelle eines Generalingenieurs und Generallieutenants. Als er aber nach Ruſsland kam, fiel dem Kaiser sein jugendliches, unkriegerisches Ansehn auf, und es währte lange, bis er ihm das Generallieutenantspatent wirklich zufertigte. Er machte sich hier besonders durch die Anlegung von Baltischport und durch den Ladogakanal berühmt. 1727 ernannte ihn Peter II zum General von der Infanterie, auch wurde er 1728 in den russischen Grafenstand erhoben und ihm das Gouvernement Petersburg, Ingermannland, Karelen und Finnland anvertraut. Die Kaiserin Anna stellte ihn mit an die Spitze der Geschäfte und überlieſs hauptsächtlich die Militärangelegenheiten seiner Leitung. Er wurde Generalfeldzeugmeister und Präsident des Kriegskollegiums, entwarf ein neues Kriegsreglement, errichtete 1732 zu St. Petersburg eine Landkartenakademie und setzte die Gleichstellung der in- und ausländischen Truppen durch. Dann wurde er Generalfeldmarschall, Ritter des St. Andreas-Ordens und Oberbefehlshaber der russischen Truppen in Polen, mit denen er siegte und dadurch den Kurfürsten von Sachsen auf den polnischen Thron hob. Es folgte 1736 der bekannte Krieg mit den Türken, der von ihm dirigirt wurde und *sich* 1739 *mit der Eroberung der Moldau endigte. An weitern Fortschritten ward er durch den belgrader Frieden, den Oesterreich mit der Pforte schliefsen mufste und der den Frieden der Pforte mit Rufsland nach sich zog, gehindert. Der Sieger wurde bey seiner Rückkehr Oberstlieutenant des von Peter dem Grofsen errichteten Preobraschenskischen Garderegiments, bey dem die Oberstenstelle stets dem Regenten vorbehalten bleibt. Nach der Kaiserin Anna Tode erhielt er, unter andern Belohnungen, die von dem Herzoge Ernst Johann von Kurland besessene Standesherrschaft Wartenberg in Schlesien. Aber gleich nach dem Regierungsantritt der Kaiserin Elisabeth wurde er, nebst dem Grafen Ostermann, verhaftet und zum Tode verurtheilt, jedoch begnadigt und nach Pelim in Sibirien verwiesen, wo er* 20 *traurige Jahre, mit Andachtsübungen und politischen Planen beschäftigt, verlebte. Der* 80*jährige Greis wurde endlich von Peter III* 1762 *zurückberufen und wieder zum Generalfeldmarschall ernannt. Auch die Kaiserin Katharina II schenkte ihm ihre Achtung und ihr Vertrauen, bediente sich oft seines Rathes und ernannte ihn zum Generaldirektor der Häfen zu Baltischport, Reval und Narwa, so wie des kronstädtschen und ladogaschen Kanals und der bolchowschen oder borowizkischen Wasserfälle. Er bereiste diese noch jährlich, unternahm Baue und Verbesserungen mit seiner ehemaligen Kraft und seinem Diensteifer, und gab selbst Risse von allen Werken und Schleusen heraus. Als Patron der evangelischen Gemeine zu St. Petersburg verwendete er sich vor und nach seinem Exil thätigst für das Beste derselben, und unterstützte Kirche und Schule durch eigene Summen.* 1728 *wurde er in die Matrikel der livländischen Ritterschaft aufgenommen und brachte grofse Güter im Dorpatschen an seine Familie, die diese noch besitzt* (s. Nord. Misc. XV. 641.). *Geb. zu Neuenhuntorf (oder zu Esens) am* 9 *May* 1683, *gest. am* 16 *Oktober* 1767.

Nach seinem Tode erschien:

* Ebauche pour donner une idée de la forme du Gouvernement de l'Empire de Russie. à Copenhague (Riga), 1774. 190 S. kl. 8.; *aufgesetzt im J.* 1763.

Bericht an die Kaiserin Anna Iwanowna über die Eigenschaften und den Charakter der Generale, die sich bey der ihm anvertrauten Armee befanden; *in* A. Oldekops St. Peterb. Zeitschr. 1822. Bd. 2. S. 1-23.

Handschriftlich hinterliefs er:

Aufgelöfsete Bremer-Münze, welche mit Fleifs aufgelöset ist. 1699 zu Neuenhuntorf. (*In der Rig. Stadtbibliothek.*)

Landcharte der Grafschaft Oldenburg nebst Erklärung.

Gebetsübungen, *welche er zu Pelim angestellt und* 1763 *im 80sten Jahre seines Alters dem Major* *Karl Heinrich von Wrangel* *von Wort zu Wort aus dem Gedächtnifs zum Aufschreiben vorgesagt hat.*

Recueil des écluses et des travaux du grand canal de Ladoga de l'an 1765.

Sein Bildnifs im 3. Th. von Büschings Magazin, und von Michelis vor v. Halems unten angeführter Lebensbeschreibung.

Vergl. Hempels Leben, Thaten und betrübter Fall des weltberufenen russ. Grafen Burchard Christoph v. Münnich. Braunschweig u. Leipzig, 1742. 8. 2te Aufl. Ebend. 1743. — Büschings Geschichte der evangelisch-lutherischen Gemeinen im Russ. Reiche. I. 126-160. — Dess. Magazin. III. 387-536. Urkunden dazu XVI. 401. ff. *Uebersetzt: französisch von ...; italienisch von* Christian Joseph Jagemann. Florenz, 1773. 8. — Gottlieb Schlegels Lob- und Denkschrift auf Burchard Christoph Grafen v. Münnich. Riga, 1767. 8. *Auch:* Ebend. 1770. gr. 8. — Zum Andenken Sr. Erl. des Grafen B. C. v. Münnich. Lübeck ... 32 S. 4. — Gadeb. L. B. Th. 2. S. 272-278. — Münnich, vom Regierungsrath v. Halem; *in* Woltmanns Geschichte u. Politik. St. 1. S. 13-60. St. 2. S. 125-180. St. 3. S. 237-271. *Auch besonders abgedruckt zu* Oldenburg, 1803. gr. 8. *Ein Auszug daraus, von* Vanderbourg, *in mehreren Heften der* Archives littéraires de l'Europe (T. 1-9. Paris, 1804-1806. gr. 8.). — Hirschings Handbuch. V. 2. S. 208-210. (*aus* Haid's histor. Wörterbuche). — Denkwürdigkeiten aus dem Leben ausgezeichneter Teutschen des 18. Jahrhund. S. 51-57. — Meusels Lexik. Bd. 9. S. 446-450. — Rotermund z. Jöcher. — Burchard Christoph v. Münnich, von Dr. Benj. v. Bergmann; *in den* Neuen inländ. Bll. 1818. S. 221-223. 227-229. 236-239. 244-247. — Charakter-Schilderungen vorzüglich interessanter Personen gegenwärtiger u. älterer Zeit. Bd. 3. (Berlin, 1797. 8.) No. 18.

Freyherr von Münnich (Christian Wilhelm).

Bruder des vorhergehenden u. Vater des nachfolgenden.

Ward nach Vollendung seiner akademischen Studien an seines Vaters Stelle Drost zu Esens und ostfriesischer Geheimerrath, trat 1730 in kaiserlich-russische Dienste als wirklicher Geheimerrath, erhielt 1737 die Oberaufsicht über das Kadettenhaus in St. Petersburg, die sein Bruder bisher geführt hatte, und 1741 über das Münzdepartement, mufste auch bey öffentlichen Audienzen die Reden der Gesandten beantworten. Von der Kaiserin Anna erhielt er den Alexander-Newsky-Orden und wurde in den Freyherrnstand erhoben, von der Kaiserin Elisabeth aber, da sein Bruder und Neffe in Ungnade fielen, in allen seinen Aemtern bestätigt, zum Oberhofmeister und Ritter des Andreas-Ordens ernannt und 1744 mit den bis dahin von seinem Neffen besessenen Gütern Lunia, Moisekahs und Pölks bey Dorpat beschenkt, die er aber, als Kaiser Peter III seinen Bruder und dessen Sohn 1762 aus der Verbannung zurückrief, diesem wieder abtreten mufste; wofür er dann ein Jahrgeld von 4000 Rubel vom Kaiser und nachher von der Kaiserin Katharina II eine Wiedererstattung an Landgütern erhielt. Bereits 1759 hatte er den Abschied genommen und lebte seitdem bis an seinen Tod zu Lunia. Geb. zu Neuenhuntorf im Herzogthum Oldenburg am 19 April n. St. 1686; gest. am 11 April 1768.

Verfafste ein grofses Werk von der Verbesserung des Polizeywesens, *das er der Kaiserin Katharina II überreichen liefs, welches aber nicht gedruckt worden ist.*

Liefs Joh. Jac. Segius Haematologia sacra *zu* Schlofs Oberpahlen, 1767. 8. *wieder auflegen.*

Nach seinem Tode erschien:

Eine Sammlung von Acten u. Nachrichten, das russische Münzwesen betreffend. Der Kaiserin Elisabeth den

5. Sept. 1753 übergeben von dem verabschiedeten General-Münzdirector Christian Wilhelm von Münnich. Aus einer Handschrift in Fol. von 289 Seiten. 128 S. 8., *als* Beylage *zu* Schlötzer's Münz-, Geld- und Bergwerks-Geschichte des Russisch. Kaiserthums. Gött. 1791. 8. *Die Handschrift befindet sich auf der Göttinger Universitätsbibliothek.*

Vergl. Gadeb. L. B. Th. 2. S. 279. — Rotermund z. Jöcher.

Freyin von Münnich (Eleonora Elisabeth Dorothea).

Tochter des vorhergehenden.

Kam, bis 1740 *zu Lübeck erzogen, nach St. Petersburg, reiste im folgenden Jahre mit ihrer Mutter wieder nach Lübeck, wo sie bis* 1749 *blieb, kehrte abermals nach Livland zurück, und wurde* 1754 *mit dem General und Ritter des Alexander-Newsky-Ordens* **Magnus Johann v. Berg** *vermählt. Geb. zu Esens in Ostfriesland am 5 May* 1729; *gest. auf dem Gute Holstfershof im Pernauschen am* ... 1775 (*nachdem sie aus Versehen statt Arzeney Gift genommen hatte*).

Denkmal schwesterlicher Liebe. St. Petersburg, 1754. 4.

Vergl. Gadeb. L. B. Th. 2. S. 281. — Rotermund z. Jöcher.

Müntzel (Johann Georg).

Vermuthlich Bruder des nachfolgenden.

Kontrolleur bey dem kaiserl. Licentkomptoir der ausgehenden Waaren zu Riga um 1768, *nachher* (1785) *Kollegien-Assessor und Direktor der Berechnungs-Expedition der ausgehenden Waaren. Gegen den Schluſs seines Lebens hielt er sich, in den Ruhestand versetzt, zu Wolmar auf. Geb. zu* ... 1723, *gest. am* 13 *December* 1796.

Tabellen über die Rigische Licent- Portorien- Stadts- Accise- u. Sund-Zoll-Taxa von allen Land- oder Seewärts ein u. ausgehenden Waaren, nebst Schiffs Ungelder Accidentien u. zur Vertiefung des Duna Stroms bewilligten Auflage-Verzeichnissen, durch deren Beyhülfe man ohne mühsames Rechnen, nach der Mannigfaltigkeit der Waaren und ihrem Werthe und Anzahl, von der kleinsten bis zur gröſsten vorfallenden Summe die Ordonnanzmassigen Abgaben sogleich finden kann; Zur Bequemlichkeit einer löbl. Rigischen Kaufmannschaft berechnet und mit einem Register versehen. Riga, (gedr. in Lpz.) 1768. 105 S. kl. Fol.

Müntzel (Katharina).

Wahrscheinlich Schwester des vorhergehenden.

Geb. zu ... 1731, gest. zu Wolmar am 22 Februar 1801.

Neuvermehrtes Buchstabier- u. Lesebüchlein, nach welchem das Lesen auch der zartesten Jugend leicht u. gründlich beygebracht werden kann. Riga, 1765. 8.

Vergl. Gadeb. L. B. Th. 2. S. 282.

Müthel (Christian Wilhelm).

Sohn des nachfolgenden u. Bruder von Johann Ludwig.

Geb. in Livland auf dem Pastorate Seſswegen am 11 *Oktober* 1771, *studirte zu Jena und wurde als Adjunkt seines Vaters zu Seſswegen am* 29 *May* 1793 *ordinirt*, 1806 *aber Ordinarius.*

* Philemon u. Baucis. Dorpat (1799). ½ Bog. 8.

Lieferte zu dem kurländischen lettischen Gesangbuche (Jauna un pilniga Latweefchu Dſeeſmu Grahmata. Mitau, 1806. 8.) *die Lieder* No. 382. 406. 555., *und zu dem livländischen* (Kristigas Dſeeſmas Widſemmes baſnizâs un mahjâs' dſeedamas. Riga, 1809. 8.) No. 377. 418. 447. 483. 531. 587. 658., *zu der* Sammlung alter u. neuer geistlichen Lieder (Riga, 1819. 8.) *aber* No. 555.

* Lieder für die Begräbniſsfeier eines hochbejahrten, sehr verdienten Landpredigers von seinem Sohn u. Nach-

folger; *in* Grave's Magaz. f. protest. Pred. 1816. S. 53-58. — * Zur Begräbnifsfeier eines bejahrten u. verdienten Predigers, statt des Altargebets in der Kirche gesprochen 1807. Jan.; *ebend.* S. 65-69. — * Einige Züge zur Charakteristik der Letten; *ebend.* S. 119-125. — * Bey einer russischen Begräbnifsfeier, bey der Ceremonie des Sargküssens gesprochen von zwey als Freunde des Hauses mit eingeladenen protestantischen Predigern; *ebend.* 1817. S. 1-3. — * Aus dem Worte der Weihe eines vom Grofsvater gehaltenen Neugebornen; *ebend.* S. 4-8. — Ein geheilter Stummer; *ebend.* S. 177-184. — * Taufrede am 27. Jun. 1818 gehalten von dem Vater des Täuflings; *ebend.* 1819. S. 18-27.

Rede am Sarge in der Kirche; *in der Schrift:* Bey der Beerdigung des Consistorialraths Cornelius. (Riga, 1820. 8.) S. 12-18.

Handschriftlich eine lettische Bearbeitung des Katechismus der christlichen Lehre, herausgegeben von dem Livländ. Oberconsistorium. (Riga, 1816. 8., *verfafst von* Gen. Sup. Sonntag.)

Vergl. Zimmermanns Lett. Lit. S. 128.

MÜTHEL (GOTTLIEB FRIEDRICH).

Vater des vorhergehenden und nachfolgenden.

War sechs Jahr auf der Schule zu Schwerin, studirte von 1755 *bis* 1757 *zu Jena, kam* 1758 *nach Livland, und wurde* 1760 *Pastor zu Sefswegen (ordinirt am* 25 *May).*

Geb. zu Möllen im Meklenburgschen am 12 *Januar* 1735, *gest. am* 15 *Oktober* 1806.

Gedanken über das Glück der Liebe. Riga, 1758. 2 Bogg. Fol.

MÜTHEL (JOHANN LUDWIG).

Sohn des vorhergehenden und Bruder von CHRISTIAN WILHELM.

Wurde erst zu Hause, dann auf der Schule zu Klosterbergen bey Magdeburg unterrichtet, und studirte zu Halle und

Göttingen. Nach seiner Rückkunft 1784 wurde er Protokollist bey dem Gerichtshofe bürgerlicher Rechtssachen zu Riga, 1785 aber Sekretär des dasigen Oberkonsistoriums, und bekleidete seit 1797 die Stellen des Sekretärs und Assessor-Substitutus beym rigaschen Landgerichte, wobey er zugleich Advokatengeschäfte machte. Bey Eröffnung der Universität Dorpat war er, nach schon früher erhaltener Vokation, der erste daselbst anwesende Professor der juristischen Fakultät, und zwar für das liv- und esthländische Provincialrecht und die praktische Rechtsgelehrsamkeit, auch 1803 Mitglied der aus den Professoren niedergesetzten Kommission, welche die vom Kaiser in der Folge bestätigten Universitätsstatuten entwarf. 1812 wurde er Kollegienrath. Geb. zu Seſswegen in Livland am 20 Februar 1763, gest. am 24 May 1812.

Nach seinem Tode erschien:

Handbuch der Livländischen Criminalrechtslehre von Dr. J. L. Müthel u. s. w. Nach dessen Tode herausgegeben u. mit einigen Anmerkungen begleitet von Dr. Friedrich Georg v. Bunge. Erste Abtheilnng. Dorpat, 1827. 8.

Handschriftlich bewahrt die Universitätsbibliothek zu Dorpat von ihm:

System des livl. Provincialrechts. 34 starke Hefte.

Livländische Rechtsgeschichte der Ordens, Polnischen, Schwedischen u. Russischen Periode. 31 Hefte.

Livländische Rechtsgeschichte seit 1710 bis auf Kaiser Pauls Regierung einschlieſslich. 25 Hefte.

Livländisches Solitärrecht. 25 Hefte.

Livländisches Gesellschaftsrecht. 34 Hefte.

System des livl. Ritter- u. Landrechts, als angestammten Provinzialrechts. 11 Hefte. *Diese Manuskripte sollten von* G. J. v. Buddenbrock *laut einer besondern* Ankündigung (Riga, 1817. 44 S. 8.) *herausgegeben werden; aber die Unternehmung kam nicht zu Stande. — Auch bedauert man den Verlust seiner zur Inauguralschrift bestimmten und nach Halle, wo er die juristische Dok-*

torwürde annehmen wollte, geschickten, kriminalistischen Abhandl. von den Graden der Zurechnung.

Sein Schattenrifs vor Parrots Trauerrede auf ihn.

Vergl. Zeitung für Lit. u. Kunst (von Merkel) 1812. No. 20. S. 79. — Trauerrede auf J. L. Müthel, gehalten am 28. May 1812 von G. F. Parrot. Dorp. 1812. 8. — Morgensterns Dörp. Beytr. I. 217-219. II. 282-284. III. 500. — Buddenbrocks Samml. der livl. Gesetze. Th. 2. Vorr. S. 23. — Bröckers Jahrb. f. Rechtsgel. I. 229. ff.

MUHLERT (FERDINAND AUGUST).

Geb. zu Göttingen am 31 *März* 1779, *studirte daselbst* 1803 *und* 1804 *Mathematik, und war zugleich Lehrer der Arithmetik an den mittlern Klassen des dasigen Gymnasiums, kam* 1805 *als Hauslehrer nach Livland, wurde* 1808 *Lehrer an der Kreisschule zu Wolmar;* 1810 *Oberlehrer am Gymnasium zu Wiburg, kehrte* 1814 *in sein Vaterland zurück, promovirte zu Göttingen als Dr. der Philosophie und wurde* 1817 *als Lehrer der Mathematik und Physik am Gymnasium zu Hildesheim angestellt.*

Wargentin's Schwedische Mortalitätstabellen erweitert....

Progr. Aussichten über die Zunahme des Nationalreichthums u. der Bevölkerung in Rufsl. St. Petersburg, 1812.

Lehrbuch der practischen Rechenkunst. Göttingen, 1816. 8.

Lehrbuch der Algebra für Schulen. Hildesheim, 1821. 8.

Arithmetische Hülfstabellen. ...

Vergl. Meusels G. T. Bd. 18. S. 791.

MUMME (DANIEL).

Hatte zu Königsberg studirt, war daselbst Dr. der Arzeneykunst geworden, und prakticirte sodann in Mitau. Geb. zu Riga am ..., gest. ...

Diss. inaug. de bilis secretione. Regiomonti, 1756. 4.

Vergl. Gadeb. L. B. Th. 2. S. 282.

MURAEUS (AMBERN LORENZSOHN).

Studirte um 1638 zu Dorpat. Geb. zu ..., gest. ...

Oratio de naviculo Christi. Dorpati, 1638. 4.

Vergl. Somm. p. 53.

MUSÄUS (KARL).

Ein Sohn des 1787 verstorbenen Professors Johann Karl August Musäus, *ist zu Weimar 1772 geboren, studirte die Rechte zu Tübingen und Jena, kam 1795 als Hauslehrer nach Kurland, wurde hier auch öffentlicher Notar, ging 1805 nach St. Petersburg und erhielt daselbst eine Anstellung als Sekretär für das Schulwesen der Ostseeprovinzen bey dem damaligen Kurator der Universität Dorpat, Generallieutenant v.* Klinger, *wurde 1817 Ritter des Wladimir-Ordens der 4ten Kl., nahm 1819 seinen Abschied, wobey er zum Kollegien-Assessor befördert ward, ging hierauf wieder in sein Vaterland zurück und privatisirt seitdem theils in Rudolstadt, theils in Ilmenau.*

Schneeglöckchen. Erstes Sträuschen. St. Petersburg, 1819. 8.

Flora's Kränzchen ... 182 . 8.

Rufsland geschildert durch sich selbst; eine kurze, aber treue Charakteristik seiner Eigenthümlichkeiten und bürgerlichen Verhaltnisse, mit besonderer Rücksicht auf den dahin reisenden Ausländer. Dresden 1830. IV u. 92 S. 8.

* Beschreibung der Maskerade zu W. im Stol. (*mit der Unterschrift:* Suesum); *in der von* Schröder *herausgegebenen* St. Petersburgschen Monatsschrift 1806. Bd. 1. April. S. 227. — Der Fremdling in Rufsland; *ebend.* S. 299. — Die ältern und neuern Weisen; *ebend.* Bd. 2. Junius. S. 149. — Die Mutter an der Wiege der Kinder; *ebend.* S. 151. — Schmeichelei u. Wahrheit. Mythe; *ebend.* Julius u. August. S. 225. — Distichen; *ebend.* S. 230.

Gedichte *in* Schlippenbachs Kuronia f. 1806 u. in dess. Wega 1809.

Vergl. Meusels G. T. Bd. 18. S. 797.

MUSSMANN (JOHANN).

Hatte in Rostock studirt und war zu Anfange des 18ten Jahrhunderts Prediger zu Alt-Autz in seinem Vaterlande. Geb. zu ... in Kurland am ..., gest. ...

ΑΓΡΑΦΟΝ Pontificiorum, hoc est Disputatio theologica de communione sub una. (Praes. Franc. Wolff.) Rostochii, 1684. 4.

MYLICH (GOTTFRIED GEORG).

Grofsvater des nachfolgenden.

Sein Vater war Kollega der 3ten Klasse am Gymnasium zu Danzig, fand aber im J. 1738 Veranlassung, erst nach Kurland, und, als er hier nicht gleich die gehoffte Anstellung erhalten konnte, nach Riga zu gehen, wo ihm das Amt eines Archivars bey dem alten schwedischen Archiv zu Theil wurde. Hier nun genofs der Sohn den ersten Unterricht theils in der Waisen-, theils in der Domschule. Als er in der Folge mit seinem Vater, der unterdefs bey der in Kurland errichteten russischen Sequestrations-Kanzelley angestellt war, nach Mitau zog, besuchte er auch hier die grofse Stadtschule. Von 1755 bis 1757 studirte er Rechtsgelehrsamkeit auf der Universität zu Königsberg, mufste aber, als der Vater starb und ihn ohne Vermögen hinterliefs, seine akademische Laufbahn abbrechen und nach Kurland zurückkehren, wo er bis 1764 als Hauslehrer sein Brod erwarb. Er entschlofs sich nun, das juristische Studium aufzugeben und sich der Kanzel zu widmen, reisete deshalb im zuletztgenannten Jahre, nachdem er vorher schon mehrere mal deutsch und lettisch geprediget hatte, nach Greifswalde und studirte auf der dasigen

Universität, besonders unter Schubarts Leitung, Theologie. Um Weihnachten 1766 kam er wieder nach Kurland und schon 1767 wurde er deutscher Frühprediger in Bauske, nahm aber 1775 den erhaltenen Ruf zur Predigerstelle in Nerft an, wo er bis an seinen Tod verblieb. 1803 nahm ihn die livländische ökonomische Societät als Ehrenmitglied auf, und in demselben Jahre legte ihm das Reichsjustitzkollegium der liv-, esth- und finnländischen Rechtssachen den Propsttitel bey. Ausser mannigfachen wissenschaftlichen Kenntnissen besafs er auch ein vorzügliches musikalisches Talent, war früher ein ungemein fertiger Klavierspieler, und hat selbst vieles komponirt. Geb. zu Danzig am 28 April 1735, gest. zu Mitau am 1 September 1815.

* Versuch eines Katechismus zum allerersten Unterricht in der Religion für die Jugend und Einfältigen, welcher anstatt des kleinen Katechismus Lutheri zu gebrauchen. Mitau, 1784. 24 S. 8.

* Wiederum ein Wort zu seiner Zeit, oder Versuch einer Beantwortung der unserem Vaterlande so wichtigen Frage: Wie wohl der Landplage des jährlichen Bauernvorschufses am sichersten abzuhelfen wäre. (Mitau), 1787. 64 S. 8.

* Meine Gedanken bey der Frage, ob man in unserm Vaterlande Juden dulden solle oder nicht? und von einigen diesen Gegenstand betreffenden Schriften. Mitau (1788). 14 S. 4.

Versuch eines Elementarbuchs zum Gebrauch für die niedern deutschen Schulen und nach den Bedürfnissen des ländlichen Hausunterrichts in Kurland eingerichtet. Mitau, 1792. 24 unpag. u. 224 S. Zweyte unveränderte Ausgabe. Ebend. 1797. Dritte verbesserte und viel vermehrte Ausgabe. Ebend. 1803. 6 unpag. und 352 S. Vierte von neuem durchgesehene Ausgabe. Ebend. 1811. 398 S. Fünfte von Neuem durchgesehene Auflage. Ebend. 1824. 398 S. 8.

Jauna Skohlas-Grahmata, ko teem mihleem Latweescheem par labbu farakstijis irr G. J. M. (*Eine lettische Bearbeitung des vorhergehenden Elementarbuchs*). Mitau, 1803. 174 S. 8.

*Wesentlicher Statuten Inhalt der im Jahr 1772 zu Bauske gestifteten und höchstbestätigten Prediger-Wittwen- und Waisenkasse. Mitau, 1803. 32 S. 8.

Ankündigung und Probe einer (*lettischen*) Uebersetzung des Neuen Testaments. Ebend. 1805. 16 S. 8.

*Versuch einer Handleitung zur fehlerlosen Aussprache und Rechtschreibung lettischer Wörter, hauptsächlich für Ausländer in Kur- und Livland. Ebend. 1806. 69 S. 12.

*Versuch eines unsern Zeiten angemessenen kleinen Katechismus für die lettische Jugend, nach Art, Form und wesentlichem Inhalt der bisherigen lettischen Uebersetzung des kleinen Katechismus Lutheri. Lediglich für Sachverständige zur Prüfung und Beurtheilung gedruckt. Ebend. 1806. 16 S. 8. *Unter der* Zuschrift *hat sich der Verfasser genannt.*

Choralbuch, welches die Melodien des neuen lettischen Gesangbuchs enthält. Mitau, 1810. 38 S. gr. 4.

*Schreiben eines Landgeistlichen (über den Aberglauben der Letten in Kurland); *in den* Mitauschen Wöch. Unterh. Bd. 1. S. 290.

Vergl. Meusels G. T. Bd. 18. S. 798.

Mylich (Heinrich Karl).

Grofssohn des vorhergehenden.

Geb. im Pastorat Kaltenbrunn in Kurland, wo damals sein Vater Otto Christian Mylich *Prediger war, am* 19 *May* 1802, *studirte seit* 1822 *drittehalb Jahr Medicin in Dorpat, dann aber bis* 1826 *in Berlin, ging hierauf wieder nach Dorpat, beendigte seinen Kursus und erhielt daselbst* 1827 *die medicinische Doktorwürde.*

Diss. inaug. Morborum, ad folliculos sebaceos pertinentium, in justum ordinem redigendorum ac describendorum, specimen. Mitaviae, 1827. 62 S. 8.

Mylius (Georg).

Nahm, nachdem er seit 1566 *auf den Universitäten zu Tübingen, Marburg und Strafsburg studirt hatte, die Ma-*

gisterwürde an, wurde Prediger zu Augsburg, 1579 *Dr. der Theol. zu Tübingen, und erhielt sodann ebenfalls in seiner Vaterstadt die Stelle eines Superintendenten. Weil er sich aber hier von der Kanzel der Annahme des gregorianischen Kalenders widersetzte, wurde ihm sein Dienst und seine Besoldung aufgekündigt und er* 1584 *von den Katholiken, welche die Absicht hatten, ihn nach Rom zu bringen, gewaltsam weggeführt. Er entrann indeſs glücklich nach Ulm, wurde hierauf* 1585 *Professor der Theol. zu Wittenberg,* 1589 *zu Jena und zuletzt* 1603 *wieder zu Wittenberg, wo er zugleich die Superintendentenstelle erhielt. Geb. zu Augsburg* 1544, *gest. am* 28 *May* 1607.

Sendbriefe an die Evangelische Christen in Lieffland, Polen, Preussen, Littaw, Churland, vnd anderen Provintzen, daſs sie ihre Kinder in der Jesuiter Schulen, Collegia vnd Seminarien zu schicken, bey höchster jhrer selbs vnd jhrer Kinder Wolfart vnd Seeligkeit abschwerend Gewissen haben sollen. Wittenberg, 1595. 4.; *ferner:* Jena, 1596. 11 unpag. Bll. 4.; *auch ein anderer Abdruck:* Ebend. 8 unpag. Bll. 4.

Vergl. Gadeb. L.B. Th. 2. S. 282. — Jöcher u. Rotermund z. dems. *wo auch seine übrigen Schriften vollständig angeführt sind.*

Mylius (Karl Gottlieb).

Geb. auf dem Pastorate Lais bey Dorpat im März 1766, *studirte seit* 1785 *zu Jena, wurde daselbst* 1789 *Dr. der A. G., trat* 1791 *in Dienste, ward Hofrath* 1801, *Etatsrath* 1816, *dann Mitglied des medicinischen Konseils und Medicinalinspektor des St. Petersburgischen Hafens, hierauf Medicinalinspektor und Direktor des kronstädtschen Seehospitals, auch Ritter des Annen-Ordens der 2ten so wie des Wladimir-Ordens der 4ten Kl. und Ehrenmitglied der kaiserl. medico-chirurgischen Akademie zu St. Petersburg.* 182 . *nahm er seine Entlassung aus dem Staatsdienste und machte eine Reise nach Italien.*

Diss. inaug. med. de signis foetus vivi ac mortui. Jenae, 1789. 16 S. 4.

Beobachtungen über die grofse Heilkraft des Eintauchens in kaltes Wasser; *in der* Russ. Samml. f. Naturwiss. u. Heilkunst, herausgeg. von Crichton, Rehmann u. Burdach. I. 4. S. 599-609. — Ueber den Gebrauch der bittern Mandeln im Wechselfieber; *ebend.* II. 1. S. 90-92.

Erfahrungen über die heilsamen Wirkungen der Uebergiessungen mit kaltem Wasser im Wahnsinn, in der Hypochondrie und Melancholie; *in den* Vermischten Abh. aus d. Gebiete der Heilkunde von einer Gesellschaft practischer Aerzte zu St. Petersburg. 1ste Samml. (1821.) S. 216-219.

Aufsätze *in dem* всеобщїй Журналъ врачебной науки (Allgem. medicinisches Journal, herausgegeben von der medico-chirurgischen Academie). St. Petersburg, 1811-1813.

Vergl. Ern. Ant. Nicolai Progr. De sanguinis missione in febribus intermittentibus. Part. V. (Jenae, 1789. 4.) S. 5-8.

Mysius (Arnold).

Geb. zu Meissen am ...., gest. ...

Minerva coronata Rigensis anagrammatica, in tres classes distincta, quarum prima: clariss. et excell. celeberr. Rigensis Gymnasii Professores; secunda: clariss. doctiss. et humaniss. ibid. scholae Rectorem et Collegas; tertia: nonnullos nobilissimos urbis patricios, literarumque cultores ingenuos continet. Holmiae, 1654. 8.

NARUSZEWICZ (ADAM STANISLAUS).

Dieser berühmte polnische Geschichtschreiber und Dichter war zuletzt Bischof von Luck und Brzesc. Geb. in Lithauen am 23 Oktober 1733, gest. zu Janowa am 8 Julius 1796.

Von seinen Schriften gehört hieher:

* Eclaircissement de la question, si Mr. de Zugehoer peut jouir à la cour de Pologne des priviléges du droit des gens appartenants aux ministres étrangers. (à Varsovie) 1785. 98 S. 8. *Auch Deutsch unter dem Titel:* Erlauterung der Frage, ob der Herr von Zugehör die den fremden Ministern in Polen zustehenden Vorrechte des Völkerrechts genieſsen könne. (Warschau) 1785. 8.

Vergl. Rotermund z. Jöcher. — Schwarz Bibl. S. 297. f.

VON NASAKIN *) (FRIEDRICH).

Ist auf dem Gute Neu-Werpel in der Strandwiek Esthlands am 28 Junius 1797 geboren, studirte in Dorpat bis 1817, reisete dann ein Jahr lang in Dänemark, den Niederlanden, Deutschland und der Schweiz, und bekleidet gegenwärtig (seit 1824) eine Manngerichtsassessor-Stelle in seinem Vaterlande.

Momus. Aus meinem Schreibpulte; Ganzes u. Bruchstücke. Reval, 1823. 216 S. 8.

NASSE (JOHANN FRIEDRICH WILHELM).

Ist zu Bünde in der Grafschaft Ravensberg in Westphalen am 24 December 1780 geboren. Nachdem er in der Schule zu Lübbecke im Fürstenthum Minden bis zu seinem 15ten Jahre unterrichtet war, wurde er in eine Apotheke seines Geburtsorts gegeben, stand, nach vollbrachten Lehrjahren, in Hannover und Hamburg in Kondition, besuchte an letzterem Orte auch Vorlesungen über Physik und Chemie, und begab sich dann

*) Die Familie schreibt sich gewöhnlich Nasacken.

zur See nach Riga, wo er bald in der Grindelschen Apotheke eine Anstellung fand. Als aber der Besitzer derselben ein Jahr darauf Riga verliefs, ging er 1805 nach St. Petersburg und wurde daselbst zum Adjunkt der Akademie der Wissenschaften für das Fach der Technologie erwählt. Nach Verlauf eines Jahres nahm er einen 3jährigen Urlaub, ging, mit Instruktionen für seine Reise von der Akademie versehen, zu Schiffe nach Rostock, reiste von da über Berlin durch Ober- und Niedersachsen, besuchte das Erzgebirge und den Harz, hielt sich 8 Monat in Göttingen auf, hörte hier mehrere Vorlesungen und arbeitete zugleich seine Naturphilosophie in Bezug auf Physik *aus. Sobald durch den Frieden von Tilsit die Ruhe in Deutschland hergestellt war, verliefs er Göttingen, bereiste die Bergwerke im Hanauschen und die Rheingegenden, begab sich dann über Strafsburg nach Paris, machte sich dort mit allen wichtigen Fabriken und Manufakturen bekannt, wohnte den Sitzungen des Instituts und der philomatischen Gesellschaft, so wie den Vorlesungen Thénard's, le Fevre-Ginau's, de la Methérie's, Fourcroy's, Faujas de St. Fond's und Hauy's fleifsig bey, und ging hierauf im Frühjahre 1808 durch einen Theil des südlichen Frankreichs nach Genf, arbeitete hier mit Saussure, stellte mit ihm gemeinschaftlich Versuche über Davy's Metalloiden an, bereiste die Schweiz in verschiedenen Richtungen, und begab sich dann nach Freyberg, wo er bey Werner einen Kursus über Oryktognosie und Geognosie hörte, auch praktische bergmännische Kenntnisse einzusammeln bemüht war. Im Frühlinge 1809 kehrte er endlich nach St. Petersburg zurück und trat seine Stelle bey der Akademie wieder an. Im folgenden Jahre wurde er ausserordentlicher Akademiker und Hofrath, erhielt auch 1811 von der Universität zu Marburg die philosophische Doktorwürde. Nachdem er 1817 seine Entlassung von der Akademie genommen hatte, trat er bey der kaiserl. Porcellanfabrike zu St. Petersburg als Chemiker in Dienst, gab diesen aber nach 4 Jahren wieder auf und nahm eine Stelle als praktischer Chemiker bey einer Privat-Krystallglasfabrike im pensaschen Gouvernement an, verliefs auch diese schon nach 8 Monaten, reiste nach Kasan, lebte hier ein Jahr lang ohne Anstellung, erhielt 1824 den Ruf als Professor der Technologie und Direktor einer technischen Lehranstalt an der Universität zu Wilna, begab sich dahin, blieb 2 Jahr daselbst, und ging, als die ganze Anstellung sich zerschlug, über Riga wieder nach St. Petersburg. Er ist Mitglied der kaiserl. ökonomischen Gesellschaft zu St. Petersburg, so wie der naturforschenden und der physiko-medicinischen zu Moskau.*

Ueber die Aetherbildung im Allgemeinen; eine auf Erfahrung sich gründende Theorie. (*Probeschrift zur Aufnahme als Adjunkt der Akademie der Wissenschaften zu St. Petersburg.*) Leipz. 1809.

Ueber Naturphilosophie in Bezug auf Physik und Chemie; ein Beytrag zur kritischen Uebersicht der physikalisch-chemischen Literatur. Freyberg, 1809. 8.

Ueber die Porzellan-Fabrikation in theoretischer und praktischer Hinsicht. Leipzig, 1826. 8.

Ueber die Bereitung des leichten Salzäthers; *in* Gehlens Journal für Chemie und Physik. 180.... — Ueber eine neue dreyfache Salzverbindung aus Natron, Schwefelsäure und Kohlensäure; *ebend.* ...

Schreiben, enthaltend Notizen aus und über Paris, besonders in Beziehung auf Davy's metallisches Kaliprodukt und eine dabei von Herrn v. Saussure und ihm beobachtete Bildung von Ammonium; *in* Gilberts Annalen der Physik. Bd. 29. (1808.) S. 450-467.

Ueber die Umwandlung des Schleims in Zuckerstoff, *in* Schweiggers Jahrb. der Chemie und Physik. ... — Ueber die Chrom-Oxyde, und über die Frage, ob ein Chrom-Regulus wirklich darstellbar sey oder nicht? *ebend.* 1824. — Ueber das Reinigen und Klären des indischen Rohzuckers, ohne Anwendung von Blut, Knochenkohle oder sonstiger thierischer Substanzen; *ebend.* 1825. ... — Ueber das Verhalten verschiedener

Metall-Oxyde, Metalle und Erden im grofsen Porcellanfeuer, bey hohen und niedrigen Feuergraden; *ebend.* ...

Ueber die Gewinnung der Vitriole und des Schwefels des Rammelsberges bey Goslar, die Bereitung der Schwefelsäure daselbst und einiger mit ihnen in Verbindung stehender Produkte; *in dem* (*russischen*) technologischen Journale der St. Petersb. Akadem. d. Wissensch.

Beschreibung der Bereitung verschiedener Gattungen künstlicher Mineralwasser; *in den* (*russischen*) Abhandlungen der kaiserl. ökonom. Gesellsch. zu St. Petersb.

Mehrere kleine Aufsätze und mitgetheilte Notizen *in den* Schriften der St. Petersb. Akadem. d. Wissensch.

In Meusels G. T. Bd. 14. S. 642. u. Bd. 18. S. 807., *ist dem gegenwärtigen Professor zu Bonn* Christoph Friedrich Nasse *manches zugeschrieben, was unserm gehört; von den Schriften namentlich die* über die Aetherbildung *und* über Naturphilosophie in Bezug auf Physik.

NEANDER (CHRISTOPH FRIEDRICH).

Vater des nachfolgenden.

Erhielt in seiner Jugend theils von geschickten Privatlehrern, theils in der mitauschen grofsen Stadtschule, Unterricht, bis er die Universität Halle bezog, wo er von 1740 *bis* 1743 *Theologie studirte und die Vorlesungen der berühmtesten dortigen Lehrer mit musterhaftem Fleifse benützte. In sein Vaterland zurückgekehrt, lebte er anfangs einige Jahre als Hofmeister in einem adeligen Hause auf dem Lande, später in Libau, bis er* 1750 *Prediger auf dem Privatgute Kabillen wurde. Kurz darauf schlug er einen ehrenvollen Ruf als Professor nach Halle aus, erhielt* 1756 *die Predigerstelle an der Kirchspielskirche zu Grenzhof und wurde* 1775 *zugleich zum Propst des doblenschen Sprengels ernannt. Er kam nunmehr in einen gröfseren Wirkungskreis, und gewann seitdem die Herzen aller, die ihn predigen hörten, seinen Wandel sahen und seinen geistvollen Umgang genossen. Im J.* 1778 *ertheilte ihm der Herzog* Peter *den Auftrag zur Anferti.*

gung einer neuen Kirchenordnung für Kurland, die auch von ihm entworfen, aber niemals obrigkeitlich bestätigt ist. Den an ihn 1784 ergangenen Ruf zur kurländischen Superintendentur lehnte er aus Liebe zu seiner Gemeine ab. Geb. im Pastorat Ekau in Kurland am 26 December 1724; gest. am 9 Julius a. St. 1802.

Cogitationes nonnullae de obligatione ad religionem omnium maxima. Halae, 1743. 4.

Gedächtnifsrede auf — Herrn Levin Grotthufs, ehemaligen Hochfürstl. Guarde Rittmeister, am Tage seiner Beerdigung den 19. Junii 1756 (*Druckfehler statt* 1765) gehalten. Mitau, 1765. 11 unpag. S. 4.

Geistliche Lieder. Riga und Leipzig, 1766. 8. Zweyte verbesserte Auflage. Riga und Mitau, 1768. 72 S. 8. — *Nachgedruckt unter dem Titel:* Neue Sammlung christlicher Gesänge. Frankfurt und Leipzig, 1773. 4 unpag., 314, 6 unpag. u. 28 S. 8. — Geistliche Lieder. Zwote u. letzte Sammlung. Riga, 1774. 79 S. 8. Dritte verbesserte Auflage. Ebend. 1779. 8.

Scipio, ein Singspiel in drey Aufzügen, auf dem Hoftheater Sr. Hochfürstl. Durchlaucht des regierenden Herzogs von Kurland aufgeführt und in die Musik gesetzt von Franz Adam Veichtner, Sr. Hochfürstl. Durchlaucht Concertmeister. Mitau, den (30.) Junii 1778. 32 S. 8.

Dem ruhmwürdigen Andenken der selig verewigten Herzogin von Kurland Benigna Gottlieb. (Ein Gedicht.) Mitau (1782). 4 S. 4.

Elisens geistliche Lieder, nebst einem Oratorium und einer Hymne von C. F. Neander, herausgegeben und komponirt von Hiller. Leipzig, 1783. 8.

Die erste Feyer der Himmelfahrt Jesu, ein Oratorium. Zum Kirchengange Ihro Hochfürstlichen Durchlaucht der Herzogin in Musik gesetzt von F. A. Veichtner. Mitau den 15. April 1787. 12 S. 4.

Gröfse des Schöpfers in dem Weltgebäude; *in den* Belustigungen des Verstandes und Witzes. 1742. Januar. S. 39. — Die Ruhe; *ebend.* Junius. S. 554.

Die Thorheit derer, die sich des Christenthums schämen *in den* Eigenen Schriften der königl. deutschen Gesellschaft zu Königsberg. (Königsberg, 1754. 8.) Samml. 1. S. 311.

Entwurf zur Kirchenordnung; *in dem* Diario des kurländischen Landtages vom 14. September 1778; *auch einzeln:* Mitau, 1786. 67 S. Fol. (*angehängt sind* Wehrt's Handlungen und Gebete. 79 S.); u. *ebend.* 1786, *mit demselben Anhange, zusammen* 183 S. 4.

Das Glück der Schelme; *in* Müthels Arien. ...

Einladung zum Genuſs des Frühlings. ...

Lettische geistliche Lieder, die in die lettischen Gesangbücher aufgenommen sind.

Vier seiner geistlichen Lieder *stehen in* Matthissons lyrischen Anthologie. Th. 3. S. 155-164.

Sein Bildniſs vor dem 98sten Bande der Allgem. deutschen Bibliothek.

Vergl. Gadeb. L. B. Th. 2. S. 285. — Neanders Leben und Schriften von E. C. C. von der Recke. Berlin, 1804. 8. — Jördens Lexik. Bd. 4. S. 3-11. — Meusels G. T. Bd. 5. S. 390. u. Bd. 11. S. 570.

NEANDER (GEORG FRIEDRICH).

Sohn des vorhergehenden.

Geb. im Pastorat Grenzhof 1762, *studirte seit* 1782 *drey Jahr Jurisprudenz zu Jena, wurde* 1789 *herzoglich-kurländischer Kanzelleysekretär, bey Einführung der Statthalterschaftsverfassung in Kurland* 1796 *aber Sekretär im 2ten Departement des Oberlandgerichts, trat nach Wiederherstellung der alten Gerichtsverfassung wieder als Kanzelleysekretär beym Oberhofgericht ein, und erhielt* 1818 *den Titulärraths-Charakter.*

Alphabetisch summarischer Auszug aus den seit Eröfnung der Kurländischen Statthalterschaft daselbst zur allgemeinen Nachachtung eröfneten allerhöchsten Manifesten, Ukasen und Regierungsbefehlen von 1795, 1796 und 1797. Mitau, 1798. 55 S. — Erste Forsetzung. Ebend. 1799. 108 S. — Zweyte Fortsetzung. Ebend. 1801. 114 S. 8.

Auszug aus den seit der Unterwerfung Kurlands unter dem glorreichen Scepter Rufslands bis zum Jahr 1803 incl. in dem kurländischen Gouvernement zur allgemeinen Nachachtung eröffneten Allerhöchsten Manifesten, Ukasen, Publikationen und andern Verordnungen. Zur Erleichterung praktischer Ausarbeitungen. Mitau, 1804. XII u. 467 S. — Erste Fortsetzung (für das Jahr 1804.). Ebend. 1805. VIII u. 222 S. — Zweyte Fortsetzung (für die Jahre 1805 und 1806). Ebend. 1807. VIII und 422 S. — Dritte Fortsetzung (für die Jahre 1807 bis Juli 1809). Ebend. 1809. 300 S. — Vierte Forsetzung (von 1809 bis Juni 1817). Nebst einem Anhange in Consistorialibus. Ebend. 1817. 454 S. — Fünfte Fortsetzung (von 1817 bis Juni 1823.). Ebend. 1824. XII u. 420 S. — Sechste Fortsetzung (von 1823 bis Septbr. 1829). Ebend. 1830. XII u. 499 S. 8.

Viele einzeln gedruckte Gelegenheitsgedichte.

Nedderhof (Heinrich).

Studirte zu Dorpat um 1692, erhielt dort 1693 die philosophische Magisterwürde, setzte seine theologischen Studien in Jena fort und war nachher (um 1704 noch) Pastor bey der deutschen Gemeine zu Pernau und Notar des dortigen Consistorii ecclesiastici. Geb. zu Reval am ..., gest. ...

Diss. de idea veri nobilis. (Praes. Gabr. Sioberg.) Dorpati, 1692. 4 Bogg. 4. (1693 *disputirte er über denselben Gegenstand ohne Vorsitzer pro gradu.*)

Vergl. Nova lit. mar. B. 1698. S. 137. u. 1704. S. 31., *nach* Sjöbergii Pernavia lit. — Nord. Misc. XXVII. 393.

Neimbts (Johann Eberhard).

Ein Abkömmling der bekannten adeligen Familie Nimptsch *in Schlesien, dessen Vater herzogl. kurländischer Kammerverwandter war, studirte Theologie von 1738 bis 1740 zu Rostock und dann bis 1744 zu Jena. Nach seiner*

Rückkehr machte er sich anfangs als Hauslehrer nützlich, predigte auch oft, und wurde 1757 *von der damaligen kurländischen Landesregierung zum Archivsekretär ernannt. Er war bis an seinen Tod wegen seiner Sammlung von Seltenheiten aller Art, die der gutmüthige genügsame Mann, ohne Plan und Auswahl, wie sie ihm vorkamen, von der antiken Münze bis zum Perlmutterknopf, zusammengebracht hatte und immer bereitwillig vorwies, so wie wegen seines natürlichen Frohsinns, ungemein beliebt und häufig besucht. Geb. zu Mitau am* 11 *Januar* 1720, *gest. daselbst am* 17 *May* 1797.

*Nachricht von denen Hochfürstlichen Officianten, dem Ministerio Ecclesiastico oder der ganzen Geistlichkeit, und denen Magistraten der Städte, nebst den Jahren ihrer Bestallung. Im Jahr 1770 im April. Mitau (1770). 28 S. 4.

Wapenbuch des Kurländischen Adels. Mitau, 1793. 4. — *Das Werk besteht aus* 54 *theils von* Samuel Kütner, *theils von dessen Schüler* Johann Gottfried Scheffner, *in Mitau gestochenen Kupfertafeln, nämlich* 9 *Tafeln, von denen eine ein fürstliches, die übrigen* 8 *jede ein gräfliches Wapen enthalten; ferner* 41 *Tafeln jede mit vier, und noch* 4 *Tafeln jede mit einem einzelnen adeligen Wapen; ist aber auf keine Weise, selbst nicht nach dem Plane des Herausgebers, vollständig, denn in der Reihe der Tafeln mit adeligen Wapen, deren* 44 *seyn sollten, fehlt die* 18*te,* 19*te und* 23*ste. Schon im Jahre* 1777 *wurde der Anfang mit dem Stich gemacht, der in der Folge nur sehr langsam und unterbrochen fortrückte, und* 1789 *belohnte die kurländische Ritterschaft den Herausgeber für seine auf die Unternehmung verwandte Mühe durch eine jährliche Pension von* 100 *Thaler Alberts. Von dem zu diesen Tafeln gehörigen Kommentar des Brigadier* Heinrich Johann v. Lieven, *s. dess. Art.*

Vergl. Napiersky's Fortgesetzte Abh. von livl. Geschichtschr. S. 138.

NEOVIENSIS, s. SIGFRIDUS GEORGII.

Neresius (Bernhard Johann).

Bruder des nachfolgenden.

Studirte zu Königsberg, wurde 1690 *Pastor zu Sonnaxt in Kurland und* 1699 *deutscher Prediger zu Goldingen, auch Propst daselbst. Geb. zu Kreuzburg in Polnisch-Livland, wo sein Vater, Joachim Neresius, damals Prediger war, am ..., gest.* 1732.

Tetrada thesium de fortuna et casu. (Praes. Martini Jeschke.) Regiomonti, 1676. 8 unpag. S. 4.

Auch vertheidigte er in demselben Jahre Hartknochs *bekannte* Diss. de Curonorum et Semgallorum republica, *unter des Verfassers Vorsitz.*

Vergl. Hennings Kurl. Samml. Th. 1. S. 269.

Neresius (Joachim 1.).

Bruder des vorhergehenden u. Vater des nachfolgenden.

Studirte Theologie zu Königsberg, war erst Prediger zu Friedrichstadt und hierauf Pastor und Propst zu Doblen in Kurland. Geb. zu Goldingen am ..., gest. 1705.

Diss. historico-chronologica de LXX. hebdomadibus Danielis. (Praes. Mich. Pinsdörffer.) Regiomonti, 1681. 24 unpag. S. 4.

Neresius (Joachim 2.).

Sohn des vorhergehenden.

Studirte zu Wittenberg. Geb. zu Doblen am ..., gest. ...

Diss. de peregrinatione Platonis. (Praes. Joan. Wilh. Jano.) Wittebergae, 1706. 4.

Neresius (Joachim Hermann).

Studirte Theologie zu Königsberg. Geb. zu Goldingen am ..., gest. ...

Diss. an satius sit ab optima lege, an ab optimo rege gubernari? (Praes. Frider. Stadtlaender.) Regiomonti, 1705. 4.

Vergl. Nord. Misc. IV. 108. — Nova lit. mar. B. 1705. S. 363.

von Nerger (Johann Gottfried).

War anfangs königl. polnischer öffentlicher Notar in Kurland, wurde, nachdem er bereits vorher der dasigen Ritterschaft sowohl in Kurland selbst als in Warschau beyräthig gewesen war, auf dem Landtage 1791 *zum Ritterschaftskonsulenten ernannt, hierauf, gleich nach der Unterwerfung Kurlands unter russischem Scepter, Kollegien-Assessor, und* 1796 *Anwald der Kronsachen bey dem kurländischen Oberlandgericht, verlor jedoch diese Stelle bey Aufhebung der Statthalterschaftsverfassung im folgenden Jahre. Geb. in Sachsen zu ..., gest. auf dem Gute Autzhof in Kurland am* 13 *Oktober* 1799.

*Expositio de vera praesentis conventus publici natura in Curlandia, jurisque generosi ordinis equestris ejusmodi conventum pro rerum natura materiarumque ibi tractandarum exigentia, imprimis autem ad persequenda legali modo gravamina sua contra illustrissimum ducem, et absque ejus assensu aut consensu, ceu per prorogationem sessionum aut ipsorum terminorum limitationem continuandi. (Varsaviae) 1790. 32 S. Fol. *Auch lateinisch und deutsch in dem* kurländ. Landt. Diarium vom 25. Jan. 1790. S. 126 u. 158.

*Memoire über die bürgerlichen Angelegenheiten und Unruhen in den Herzogthümern Kurland und Semgallen, unterlegt von Seiten Einer Wohlgeb. Ritter u. Landschaft dieser Herzogthümer Einer zu den kurländischen Angelegenheiten ernannten Erlauchten Deputation zu Warschau den 19. Nov. 1791. (Warschau) 1791. 3 Bogg. 4. *Auch in* der 5ten Samml. aller bisherigen Schriften, welche durch die auf den Landtag v. 30. Aug. 1790 gebrachte Darstellung der bürgerl. Gerechtsame veranlafst worden S. 6., *und in dem* Landt. Diar. v. 15. Aug. 1793. S. 349.

Mehrere in den damaligen Streitigkeiten des Adels mit dem Herzoge für ersteren aufgesetzte Schriften.

Vergl. Schwartz Bibl. S. 333. 374. 408.

Freyherr von Nettelbla oder Nettelbladt (Christian).

Anfangs Kanzellist in schwedischen Diensten, später Direktor des königl. geistlichen Gerichts zu Greifswald, auch ältester Professor der Rechtsgelehrsamkeit daselbst, zuletzt Kammergerichts-Assessor zu Wetzlar, in den schwedischen Adelstand erhoben, und Ritter des Nordstern-Ordens; 1733 *aber, bey der Kammergerichtsvisitation, seiner Würde entsetzt. Geb. zu Stockholm am* 26 *Oktober a. St.* 1696, *gest. zu Wetzlar am* 12 *August* 1775.

Folgende seiner Schriften gehören hierher: ...

Diss. Prodromus differentiarum juris feudalis Livonici et communis Longobardici, una cum brevissima feudorum Livoniae historia. (Praes. Phil. Balth. Gerdes.) Gryphiswaldiae, 1721. 4.

Fasciculus rerum Curlandicarum primus, continens 1. Formulam regiminis Curlandiae de An. 1614. 2. Curländische Statuta. 3. Die Scheidungen und Gräntzen zwischen dem Stifft Curland und dem Teutschen Orden. 4. Privilegia nobilitati à duce Gotthardo 1570 concessa, confirmata 1581. 5. Formulam des Vertrages zwischen Dennemarck und Pohlen das Curische Bißthum betreffend. 6. Nonnulla diplomata Curlandica. 7. Kurtze und wahrhafftige Vorstellung der Hertzogen von Curland, ihres Sitzes, und der dazu kommenden Hoheit. Cum praefatione de jure Sueogothorum in Curlandiam pervetusto, nunc primum ex Msct. in lucem editus. Rostochii, 1729. 11 unpag. Bll. u. 166 S. 4.

Anecdota Curlandiae praecipue territorii et episcopatus Piltensis, oder Sammlung verschiedener glaubwürdiger, und bishero gröstentheils noch nicht gedruckter Nachrichten und Urkunden von dem Territorio und Bischoffthum Pilten, anjetzo denen Liebhabern derer

Provincial-Geschichte zu gefallen ans Licht gestellet. Greifswald u. Leipzig, 1736. 2 unpag. Bll. u. 196 S. 4.

Vergl. Weidlichs Geschichte der jetztlebenden Rechtsgelehrten. Th. 2. S. 156-170. — Dess. Nachrichten von den jetztlebend. Rechtsgel. Th. 3. S. 1-35. — Meusels Lexik. Bd. 10. S. 45-51., *wo auch seine übrigen Schriften angezeigt sind.* — Rotermund z. Jöcher., — Gadeb. Abh. S. 249. — Dess. L.B. Th. 2. S. 286. u. Th. 1. S. 402.

Neudahl (Johann).

Wurde Pastor zu Torgel und Fennern 1669, Pastor zu Neuhof (Neu-Pebalg) 1677, nach Seſswegen versetzt 1683, Assessor des kokenhusenschen oder wendenschen Unterkonsistoriums 1692, Interimspropst 1701, und nach Moskau gefangen weggeführt nach dem Jahre 1705. Geb. zu Virginahl in Kurland am ..., gest. etwa 1711.

Gelegenheitsgedichte, *als:* Lob Opffer zu Gott über Carls XII. Sieg den 9. Jul. 1701. (Riga.) 4 Bll. 8. — Glück zum neuen Jahr dem Könige Carl XII. nach Eroberung der Festung Dünamünde. (Riga.) 1702. 4 Bll. 8.

Neuhausen (Christian Gotthold).

Besuchte das Lyceum zu Riga, studirte zu Halle, wurde 1711 Pastor zu Wenden und Arrasch, und 1713 zu Wolmar, auch 1728 Propst und Assessor des livländischen Oberkonsistoriums. Geb. zu Wolmar 1684, gest. 1735.

*Zelſch us labklahſchanu rahdihts is Deewa Wahrdeem, pehz teem V. Behrnu Mahzibas Gabbaleem, teem par labbu, kas mekle tà turretees, ka winneem nahwê warr atwehrta tapt ta Eeeeſchana eekſch tahs Debbeſu Walſtibas. Riga, 1732. 3 unpag. Bll. u. 14 S. 8. *Auch:* Ebend. 1734. 3 Bll. u. 18 S. 8.

Vergl. Gadeb. L.B. Th. 2. S. 286. — Zimmermanns Lett. Lit. S. 45.

Neuhausen oder Nihusius (Johann).

Studirte um 1639 auf dem Gymnasium zu Reval, um 1642 aber auf der Universität Dorpat, und wurde 1664 Professor der griechischen Sprache am revalschen Gymnasium. Geb. zu Hamburg am ..., gest. ...

Eicas jucundissimarum quaestionum ethicarum. (Praes. Henr. Vulpio.) Revaliae, 1639. 4.

Panegyricus ad illustriss. ac celsiss. Principis ac Domini, Dn. Friderici, Heredis Norvegiae, Ducis Schleswici etc. Consiliarios intimos ex Persia per Moscoviam in Livoniam reduces, Legatos magnos — — Dn. Phil. Crusium, J. U. Lic., et Dn. Otthonem Brughemannum. Ibid. eod. 3 Bogg. 4.

Disp. de legibus. (Praes. Laur. Ludenio.) Dorpati, 1642. 4.

Glückwünschender Aufzug bey dem Beschlufs etlicher Schauspiele, Ihro K. Maj. u. s. w. hochbetrautem Rath, Gouverneur des Herzogthums Ehsten u. General-Stadthalter auf Reval — Herrn Bengt Horn u. s. w., zur Bezeugung unterthänigster Pflichtschuldigkeit u. demüthiger Danknehmung für erwiesene vielfache hohe Gnade, auf öffentlichem Schauplatz auf dem groſsen Sahle zu Reval durch die Alumnen des Gymnasii daselbst im Monat April 1668 präsentiret. Reval. 2 Bogg. Fol.

Neumann (Christian. Ernst).

Studirte seit 1747 zu Königsberg die Rechte, Mathematik und Physik, kam 1752 nach Livland als Hauslehrer, wurde 1762 Sekretär der Provincialkanzelley auf der Insel Oesel, verlor dieses Amt 1765 wegen einer Veränderung in den Behörden der Insel, und wurde 1766 Protokollist bey dem Reichs-Justizkollegium der liv-, esth- und finnländischen Rechtssachen zu St. Petersburg, 1780 aber Sekretär dieses Kollegiums und Gouvernementssekretär. Geb. zu Napiwoda bey Neidenburg in Preussen am 25 März 1731, gest. am 30 Januar 1791.

Diss. ...

Plan zur Erfindung und Verfertigung derjenigen Maschine, welche in der Mechanik das Perpetuum mobile genannt wird. Lübeck, 1767. 8. Mit 1 Kpftaf.

Die Welt eine Maschine. Ebend. 1768. 4.

Welche von seinen an gelehrte Gesellschaften eingesandten Abhandlungen, deren Verzeichniſs bey Gadebusch *zu finden ist, gedruckt worden, kann nicht angegeben werden.*

Vergl. Gadeb. L.B. Th. 2. S. 286-296. — Rotermund z. Jöcher. — Goldbecks liter. Nachr. v. Preussen. I. 181.

NEUMANN (JOHANN CHRISTIAN).

Nachdem er in Erziehungsanstalten der Brüdergemeine die erste Bildung erhalten hatte, besuchte er das Pädagogium der Brüderunität zu Nisky in der Oberlausitz von 1763 *bis* 1769, *bezog darauf das theologische Seminarium der Brüderunität zu Barby in Sachsen, widmete sich nach vollendeten Studien dem Erziehungsfache, ertheilte in Sprachen, so wie in der Mathematik, in mehrern Instituten, zuletzt im Pädagogium zu Nisky, Unterricht, und ging* 1786 *als Hauslehrer nach Livland, kehrte aber nach ein Paar Jahren wieder nach Deutschland zurück, wo er Inspektor der Knaben- und Mädcheninstitute zu Herrnhut wurde.* 1792 *kam er zum zweyten mal nach Livland als Aufseher der esthnischen Brüdersocietäten auf Oesel, blieb in dieser Funktion bis* 1811 *und begab sich dann nach Sarepta in den Ruhestand. Geb. zu Meerholz in der Wetterau am* 4 *August n. St.* 1750, *gest. zu Sarepta am* 13 *Julius a. St.* 1816.

Nach seinem Tode erschien:

* Waimolikkud Laulud Jummala meie Önnisteggia kitusſeks ja Mahrahwa önnistusſe kaswatamisſeks üllespandud. Reval, 1823. 118 u. 140 S. 8. *Ein reval-esthnisches Gesangbuch für die Brüdergemeinegenossen, dessen* 1ster *Theil eine neue Auflage des* 1791 *von* J. Marrasch (*s. dessen Artikel*) *herausgegebenen Gesangbuchs ist; der*

2te aber enthält meist Gesänge von Neumann, *jedoch mit Veränderungen und Zugaben von eingebornen Esthländern.*

von Neumann (Johann Georg Josias).

Geb. zu Magdeburg 1780, *wurde* 1807 *am* 22 *September Redakteurgehülfe bey der kaiserl. russischen Gesetzkommission,* 1808 *am* 19 *November Gehülfe des Chefs der Expedition der Civilgesetze,* 1809 *im März Sekretär des Konseils der Gesetzkommission,* 1809 *am* 7 *Oktober Korrespondent dieser Kommission für das Kriminalrecht, am* 19 *Oktober desselben Jahres ordentlicher Professor des russischen Rechts und der Staatswirthschaft auf der Universität Kasan,* 1811 *am* 1 *März ordentlicher Professor des positiven Staats- und Völkerrechts, der Politik, der Rechtsgeschichte und der juristischen Literatur zu Dorpat,* 1814 *am* 3 *Junius auf seine Bitte von dieser Stelle entlassen und im Oktober desselben Jahres wieder Professor zu Kasan; dort* 1817 *im August entlassen und bey dem geistlichen Departement angestellt,* 1818 *am* 3 *Januar ordentlicher Professor der theoretischen und praktischen russischen Rechtswissenschaft zu Dorpat,* 1819 *am* 27 *November Kollegienrath,* 1820 *am* 26 *Februar Ritter des St. Annen-Ordens der 2ten Kl.,* 1823 *am* 1 *Oktober Staatsrath, im J.* 1826 *aber durch einen allerhöchsten Befehl auf einige Zeit zur eignen Kanzelley Seiner Majestät des Kaisers, um an den Arbeiten der Gesetzkommission Theil zu nehmen, beordert, dergestalt, daſs er Mitglied der Universität bleibt, seinen Gehalt als Professor bezieht und seine Professur interemistisch von Andern verwaltet wird.*

Principien der Philosophie und Moral. Ein Fragment. Leipzig, 1814. VIII u. 96 S. 8.

Principien der Politik. Ein Fragment. Dorpat, 1814. 4 unpag. Bll. u. 92 S. 8.

Allgemeine Grundsätze des peinlichen Rechts. (Russ.) St. Petersb. 1814. 8. *Deutsch übersetzt von* Friedr.

v. Essen *unter dem Titel:* Abriſs des russischen peinlichen Rechts. Herausgeg. mit Anmerk. vom Verf. Dorpat, 1814. VIII u. 87 S. 8.

Vergl. Morgensterns Dörpt. Beytr. I. 210. II. 284. III. 247. 402. 416. — Meusels G. T., Bd. 18. S. 830.

Neumeister (Erdmann Gotthelf).

Geb. zu Hamburg am 7 December 1753, studirte zu Leipzig und Jena, kam 177. nach Livland und wurde hier 1781 Pastor zu Linden und Festen (ord. am 15 May).

Rede am Vermählungstage des Generalmajors Franz Götthard Baron Weiſsmann von Weiſsenstein mit Sophia Charlotta Friderica Baronne von Igelströhm, am .. Sept. 1781 gehalten. Riga. 1 Bog. 4.

Neuner oder Niner (Georg).

Wurde 1566 zum Prediger der rigaschen Stadtgemeine berufen (ord. am 21 December) und 1582 Oberpastor zu Riga. Die bald darauf, des Kalenders wegen, in der Stadt ausgebrochenen Unruhen, in die er mit verwickelt war, hatten für ihn höchst unglückliche Folgen. Die Bürgerschaft warf Verdacht auf ihn, und bey einem Auflaufe am 2 Januar 1585 wurde nicht nur sein Haus geplündert, sondern auch er selbst vom Pöbel lebensgefährlich gemiſshandelt. Bald nach dem noch in demselben Monat zwischen dem Rathe und der Bürgerschaft geschlossenen Vertrage, als letztere von neuem unruhig zu werden anfing, nahm er seine Zuflucht nach Treiden; gegen das Ende des Jahres aber ging er, um seine Beschwerde auszuführen, nach Grodno, kam wieder und flüchtete 1586 zum zweyten male. Als König Stephan *dem Kardinal* Radzivil *die Wiederherstellung der Ordnung in Riga übertragen hatte, kehrte er zurück und erwartete auf dem Schlosse den Ausgang der Händel, starb jedoch noch vor Beendigung seiner Sache, und wurde in der Domkirche begraben. Geb. zu ..., gest. 1587.*

Von seiner eigenen Hand geschrieben wird in der Bergmann-Treyschen Sammlung zu Riga ein sehr unleserliches Manuskript, mit dem Titel: Dut bock hebbe ich thogelecht, alwile ,.. vnd saken tho vorteken, mi seluen thor gedechtnifs erineringe, vnd so et mi got gunnet minem leuen sone na mi mit thor lere vnd antridinge. Anno MDLXXV, mense Februario. Georgius Neunerus. 331 S. 4. *aufbewahrt. Es enthält Nachrichten von Prediger-Ordinationen, Konsistorialfällen und Streitigkeiten in Religionssachen aus der damaligen Zeit, auch ausserdem mancherley Merkwürdiges bis zur Periode des Kalendertumults, und ist meistens lateinisch abgefafst.*

Bedenken über die Annahme des neuen Kalenders, zur Bekanntmachung von der Kanzel (1582); *Plattdeutsch.*

Hat auch grofsen Antheil an einer noch handschriftlich vorhandenen Vertheidigungsschrift der angeklagten Mitglieder des Rigischen Magistrats, *die* 1586 *dem Könige* S t e p h a n *vorgelegt wurde, und im Auszuge in* B. B e r g m a n n s histor. Schriften II. 134 - 145. *steht.*

Vergl. L. B e r g m a n n s Gesch. d. Rig. Stadtkirch. I. 33. — Nord. Misc. XXII. 405. — B. B e r g m a n n s histor. Schriften. Bd. II. oder Geschichte der Kalenderunruhen in Riga, an mehrern Stellen.

Neus (Alexander Heinrich).

Geb. zu Reval am 16 *December* 1795, *bezog* 1814 *die Universität Dorpat, um Theologie zu studiren, war dann* 1817 *Hauslehrer in Esthland, wurde* 1820 *stellvertretender wissenschaftlicher Lehrer an der Kreisschule zu Baltischport, auch am* 1 *September desselben Jahres stellvertretender Inspektor dieser Schule,* 1821 *aber in gleichen Funktionen an die Kreisschule zu Hapsal versetzt, wo er am* 22 *December desselben Jahres seine feste Anstellung und* 1829 *den Titulärraths-Charakter erhielt.*

Progr. Zur deutschen Sprachlehre. Reval, 1824. 19 S. 8.

Progr. C. C. Tacitus von der Lage, den Sitten u. Völkerschaften Germaniens. Ebend. 1826. 59 S. 8.

Gab heraus: Inländischer Dichtergarten. Reval, 1828. 154 S. — Zweyter Theil (*auch unter dem Titel:* Inländische poetische Blumenlese). Ebend. 1830. 142 S. 12.

Progr. Auswahl aus des D. Ausonius von Burdigala Epigrammen. Reval, 1828. 28 S. — 2tes Stück. Ebend. 1829. 36 S. 8.

Gedichte im Neujahrs-Angebinde für Damen (Dorp.) 1818. S. 123. ff. — *in* Raupachs inländ. Museum I. 90-93. — *in* Oldekops St. Petersb. Zeitschr. 2ter Jahrg. 1823. Heft 8. 10. 11. (*Nachbildung von acht esthnischen Volksliedern.*)

Neustädt s. Nyenstedt.

Nicolai (Laurentius).

Hatte in Löwen bey den Jesuiten studirt und war in ihren Orden getreten, kam, nebst mehreren verkleideten Ordensbrüdern, als ein Lutheraner nach Schweden, mit Vorwissen der Königin, wurde erst Professor in Upsala, nachher sogar Prediger in Stockholm, wo er als anscheinender Protestant viel wirkte, auch ein Kollegium oder Seminarium für junge Leute stiftete. Die unten angeführte Agende arbeitete er 1574 aus, und sie wurde von der schwedischen Geistlichkeit, die man zu überrumpeln wuſste, in einer Versammlung am 18 Julius 1575 angenommen. Später fiel er bey dem Könige Johann *III in Ungnade, verlor seine Pfarrstelle, durfte nicht mehr predigen und schreiben, wurde endlich des Landes verwiesen, verlieſs Schweden mit* Possevin, *der zum zweyten mal dahin gekommen war (zwischen 1579 und 1582), und nahm mehr als 100 katholisch erzogene Kinder mit, um sie in auswärtige Seminarien zu vertheilen und nach ihrer Zurückkunft zur Bekehrung ihrer Landsleute anwenden zu können. Er ging nun, wie* Nettelbladt *anführt, nach Riga und blieb hier bis ihn 1621* Gustav Adolph *mit den übrigen Jesuiten fortschickte.* Sotwell *dagegen gedenkt seines Aufenthalts in Livland gar nicht, sondern schreibt ihm nur im Allgemeinen eine bis ins späte Alter fortgesetzte Thätigkeit in Belgien, Oesterreich, Mähren, Böhmen, Schweden und Dänemark zu. Bey dem schwedischen Volke hiefs er* Kloster Lasse *und seine Liturgie Rodböken (das rothe Buch). Geb. in Norwegen zu ...* 1538, *gest. zu Wilna am* 5 *May* 1622.

Verfafste mit Peter Fecht *und* Joh. Herbst *die* Liturgia Suecanae ecclesiae catholicae et orthodoxae conformis. Stockh. 1576. *Mit der schwedischen Uebersetzung zusammen.* 76 S. Fol. — *Wieder abgedruckt:* Altona, 1793. 68 S. gr. 8., *und der lateinische Text nebst Vergleichungen mit dem römischen Missale von* 1565 *und einer vorausgeschickten Geschichte derselben in* Münters Magazin für Kirchengesch. u. Kirchenrecht des Nordens. Bd. II. St. 1. S. 19-68., *nebst* Urkunden zu jener Geschichte; *ebend.* St. 3. S. 40 ff. — S. Henke's Kirchengesch. III. 230. *und* J. C. W. Augusti's Betrachtungen über die Reformation u. Kirchenverfass. in Schweden. (Breslau, 1816. 8.) S. 47.

Gründe zur Annahme der Liturgie ... 1577. ...

Confessio Christiana de via Domini, quam populus christianus in regnis Daniae, Noruegiae et Sueciae plus annis 600 constanter confessus est. Cracoviae ex officina Lazari 1604. 4. *Dagegen schrieb* H. Samson 1615 *seinen* Anti Jesuitam primum et secundum (*s. dess. Art.*).

* De reformatione religionis christianae, per Ministros Euangelicos introducta, Deliberatio a Studiosis Danis et Noruegis proposita Professoribus Academiae Haffniensis die 1. Octob. 1602. Cracoviae apud Nicolaum. Lob, altera editione in titulos et capita digesta. 1606. 16., *wird ihm von Einigen zugeschrieben.*

Vergl. Sotwell Bibl. script. Soc. Jes. p. 544. — Baazii hist. eccles. Suec. cap. 32 et 49. — Schefferi Suecia liter. p. 274. — Witte D. B. ad a. 1622. — Nettelbladts schwed. Bibl. St. 4. S. 7., *wo er schlechtweg* Lars *genannt wird.* — Schröcks Reform. Gesch. Bd. 4. S. 359. — Rotermund z. Jöcher. — Nachricht von den heimlichen Jesuiten in Schweden vor 200 Jahren; *in der* Berliner Monatsschr. 1794.

May. S. 441-470., *und daraus besonders abgedruckt unter dem Titel:* Die Jesuiten als Vermittler einer protestantischen Kirchenagende, der christlichen Welt noch einmal vor Augen geführt von Dr. J. F. Röhr. Neustadt a. d. Orla, 1825. 8.

NIELSEN (CHRISTIAN HEINRICH).

Wurde seit 1767 in der Löbenichtschen grossen Schule und im Kollegium Fridericianum zu Königsberg gebildet, studirte seit 1777 auf der dasigen Universität die Rechte, ging 1781 als Lehrer nach Kurland und 1783 nach Livland als Sekretär bey dem sächsischen Geheimen Legationsrath v. Lilienfeld *zu Oberpahlen, gab diese Stelle schon nach wenigen Wochen auf, wandte sich nach Riga, und von da 1784 nach Dorpat, wo er Advokat beym Kreisgerichte und dem Rathe, 1785 aber Sekretär beym Niederlandgerichte wurde und wohin er 1787 den oberpahlenschen Buchdrucker* Grenzius *zu ziehen bewog. Er gründete damals die dorpatsche Zeitung, welche noch fortgeht. Als 1796 die Statthalterschaftsverfassung in Livland und mit ihr auch die Niederlandgerichte aufhörten, verlor er seine Stelle als Sekretär, wurde 1797 Kreis- und Oekonomiefiskal des dorpatschen Kreises, gab dieses Amt aber 1800 im März wieder ab, und erhielt den Charakter als Gouvernementssekretär. Bey Errichtung der esthnischen Direktion des livländischen Kreditsystems zu Dorpat (1803 im April) wurde er Sekretär derselben, auch 1804 korrespondirendes Mitglied der kaiserl. Gesetzkommission zu St. Petersburg, gab nachher das Sekretariat beym Kreditsysteme auf und lebte ganz der juristischen Praxis. Geb. zu Königsberg am 1 Januar 1759, gest. zu Schloss-Oberpahlen am 27 April 1829.*

*Karl und Amalie. Ein Schauspiel mit Gesang. Dorpat, 1791. 8.

*Der gute Amtmann. Ein Schauspiel mit Gesang. Ebend. 1791. 8.

*Schauspiele mit Gesang von — l —. Ebend. 1791. 8.

Handbuch zur Kenntniſs der Polizeygesetze und anderer Verordnungen für Güterbesitzer und Einwohner auf dem Lande in Lief- und Ehstland. 1ster Theil. Dorpat, 1794. 160 S. — 2ter Theil. Ebend. 1795. 112 S. 4.

* Julie oder Tugend und Liebe. Ein Lustspiel in 4 Aufzügen. Ebend. 1796. 8.

* Klara von Synau. Ein Trauerspiel in 5 Aufzügen. Ebend. 1797. 8.

Die Proceſsform in Liefland. Ein Versuch. Ebend. 1806. XII und 396 S. — Neue vermehrte Auflage. Riga, 1823. 8.

Alphabetisches Handbuch verschiedener Ausdrücke und auch Wörter aus fremden Sprachen, die gewöhnlich im Rechts- und auch im Geschäftsgange vorkommen. Dorpat, 1819. gr. 8.

Versuch einer Darstellung des Erbfolgerechts in Liefland, nach Land- und Stadt-Rechten, mit Bemerkung der Abweichungen nach dem ehstländischen Ritter- und Land-Rechte. 1ster Theil. Ebend. 1822. XII u. 188 S. — 2ter Theil. Ebend. 1822. S. 189-485. gr. 8.

Ueber den schiedsrichterlichen und ordinairen Proceſs, nebst einem Anhange über das Sportul-Wesen. Ebend. 1823. 8.

Kleines juristisches Wörterbuch oder alphabetische Erklärung der beym Rechtsgange vorkommenden juristischen Ausdrücke und Redensarten. Riga, 1825. 8.

* Formulare zu Berichten, kurzen Anzeigen, Unterlegungen, Gesuchen und bey Gericht beyzubringenden kurzen Schriften, wie auch zu allen Gattungen von Contracten, Transacten, Willens-Bestimmungen und dergl. Dorpat, 1826. 416 S. 8.

Gedichte und Lieder. Ebend. 1828. 134 S. 8.

Gelegenheitsgedichte.

Karl von Meerfeld und Wilhelmine, aus einer Familien-Anecdote; *in* F. D. Lenz livl. Lesebibliothek. 1stes Quart. S. 105-119. — * Auguste, eine Familien-Skizze; *ebend.* 4tes Quart. S. 73-102.

Ueber den Gemeinspruch: Kauf bricht Heuer; *in* Bröckers Jahrb. f. Rechtsgel. I. 54-65. — Ueber die Widerklage, und wann und wo solche anzustellen;

ebend. II. 165-171. — In wie fern die Illata der Frauen mit zum Concurs des Mannes zu ziehen; *ebend.* II. 172-179. — Ueber die Erfüllung des Abgeurtheilten bei Appellationen; *ebend.* II. 180-189. — Ueber die vorzügliche Hypothek des rückständigen Dienstlohns und der rückständigen Miethe bey ausgebrochenem Concurs; *ebend.* II. 190-195.

Antheil an der ersten preussischen Blumenlese. 1778.

*Gedichte *im* Göttingenschen Musenalmanach. 1782. 1783.

Aufsätze *in der von* Kotzebue *herausgegebenen Monatsschrift:* Für Geist und Herz. 1787.

Gab heraus:

Gemeinschaftlich mit F. D. Lenz *und* F. G. Findeisen *die* Dörptsche Zeitung 1788., *wöchentlich eine Nummer in* 4. — *und das unter des letztern Namen gehende* Dörpatsche politisch-gelehrte Wochenblatt. Dorp. 1789. 8.

Vergl. Meusels G. T. Bd. 5. S. 432.

Nindel (Johann Friedrich Leopold).

Aus Riga gebürtig, studirte zu Dorpat und erhielt daselbst 1829 *die medicinische Doktorwürde.*

Diss. inaug. de Erysipelate infantili. Dorpati, 1829. 40 S. 8.

Nodalle (Michael Ignaz Anton).

Aus dem Großherzogthum Baden, wurde 1816 *am* 16 *Julius Dr. der Med. zu Dorpat und lebt in Rußland.*

Diss. inaug. med. de hepatis in morbis praecipua sympathia. Dorpati, 1816. 73 S. 8.

von Nolde (Magnus).

Erbherr auf Kalethen in Kurland, ein Sohn des kaiserl. Hatschierhauptmanns von der Leibgarde und fürstlich-kurländischen Raths Gerhard (*nicht, wie* Schwartz Bibl. S. 14

sagt. Bernhard.) v. Nolde, Erbherrn der Güter Hasenpoth, Virginahl, Wirgen, Kalethen und Gramsden, hatte zu Rostock studirt und wurde in der Folge, nachdem er in polnische Dienste getreten war, durch seine und seines Bruders Streitigkeiten mit den Herzogen Friedrich und Wilhelm, und durch sein unglückliches Ende bekannt. Geb. zu Kalethen am ..., ermordet zu Mitau am 10 August 1615.

Memoriae ducis Curlandiae, optimi principis, oratio pronunciata a Magno Nolde, Livono. Apud Nob. et Cl. V. Christoph. Sturtzium, Livonum, J. V. D. 5. non. Aug. 1587. Rostochii, 6 Bogg. 4.

Vergl. Schwartz Bibl. S. 20. ff. *und* Vorerinnerung S. 11.

von Norberg (Johann Erik).

Ueber die Geschichte seiner Jugend und Jugendbildung fehlt es an Nachrichten, doch ergiebt sich aus seinen spätern Wirkungskreisen, dafs er seinen Fleifs besonders auf Mathematik und Naturwissenschaften, so wie auf neuere Sprachen verwandt hat. Wir sehen ihn zuerst wirksam bey dem Bau des neuen Hafens zu Karlskrona, dann bey der grofsen königl. Branntweinsbrennerey zu Tanto in der Nähe von Stockholm und bey zweyen andern in Stockholm. Alles wurde hier nach seinen neuen mechanischen Erfindungen und physischen Entdeckungen eingerichtet, und ging vortrefflich. Aber Undank, der einzige Lohn seiner Verdienste, und Hindernisse und Schwierigkeiten, die ihm überall in den Weg gelegt wurden, verleideten ihm das Vaterland in solchem Grade, dafs er es 1783 verliefs. Angeborne Liebe zu demselben trieb ihn jedoch 1795 zurück. Mit schmerzlichem Erstaunen fand er hier von alle dem, was er eingerichtet und was sich schon als nützlich bewährt hatte, auch keine Spur mehr; und da er in seinen ökonomischen Unternehmungen in der Folge eben so wenig glücklich war, so verliefs er Schweden 1804 zum zweyten male, sah es seitdem nie wieder und nahm Vorschläge von der dänischen Regierung an. Aber auch in Dänemark blieb er nicht lange, und trat in russische Dienste. Schon unter Kaiser Paul waren im J. 1800 mit ihm Unterhandlungen angeknüpft, um ihn nach Rufsland zu ziehen; aber noch war keine Vereinbarung zu Stande gekommen. Erst unter der Regierung Alexanders trat er als Kollegienrath in russische Staatsdienste. Er wurde als Marine-Ingenieur angestellt, bald darauf Staatsrath, und am 23 May 1806 auf Befehl des Kaisers zum Mitglied der Expedition des neuen Kriegshafenbaues zu Reval ernannt. Der Plan zu diesem schönen, sichern und weiten Hafen, so wie die Leitung des merkwürdigen Baues, ist ganz Norbergs Werk. Der Bau begann am 29 Januar 1807 und wurde, nach mancherley Unterbrechungen, nach völligem Aufgeben und Wiederbeginnen des Werks, endlich am 28 May 1826 völlig beendigt. Zwar starb Norberg inzwischen, doch hinderte sein Tod nicht, das Begonnene in seinem Geiste fortzusetzen. Die Verdienste, die er sich durch diesen Hafenbau um die russische Marine erworben hat, sind von der Regierung vielfältig anerkannt und ihm ist manche belohnende Aufmunterung zu Theil geworden. Am 26 May 1809 wurde er zum wirklichen Staatsrath ernannt, und am 19 April 1816 erhielt er das Grofskreuz des Wladimir-Ordens der 2ten Kl. nebst einem Geschenk von 50000 Rubel. Während des Hafenbaues verlor er jedoch die Oekonomie, besonders den Branntweinsbrand, nie aus den Augen, und machte auch in Esthland Versuche, seine Theorien durch die Praxis zu bewähren. Er legte deshalb auf dem Gute Koil eine Brennerey an, in der er, vermittelst Wasserdämpfe und neuer, von ihm erfundener oder verbesserter Oefen, Dampfkessel u. s. w., die Gewinnung des Branntweins betrieb. Aber auch hier gerieth Alles durch Mangel an Ausdauer, Furcht vor Verlust, vielleicht auch durch Mängel der neuen Methode selbst, denen jedoch der erfindungsreiche

Kopf **Norbergs** *bey fortgesetzten Versuchen hätte abhelfen können, bald ins Stocken, und wurde endlich ganz aufgegeben. Er war Mitglied der königl. schwedischen Akademie der Wissenschaften, der dortigen Maler- und Bildhauer-Akademien, der russisch-kaiserl. und der finnländischen ökonomischen Gesellschaften, der patriotischen Gesellschaft zu Stockholm und der physiographischen zu Lund. Geb. zu Westerås in Schweden am 12 September a. St. 1749, gest. am 11 Julius 1818.*

Beylagen zur Geschichte der Erfindungen. 1stes Heft. Reval (1815). 70 S. 8.

Oekonomische Aufsätze, *besonders über Branntweinsbrand, in den* Acten der königl. Academie der Wissenschaften zu Stockholm vom J. 1799, *und in dem* Journal der patriotischen Gesellschaft zu Stockholm. *Diese Abhandlungen sind auch ins Französische, Deutsche und Russische übersetzt worden.*

Nothhelfer (Klaudius Gustav).

Studirte zu Kiel und wurde 1703 Pastor zu Burtnek in Livland. Er wird zwar auch (von G. **Bergmann** *in seiner* Gesch. Livl. S. 189) *unter den Predigern zu Wolfarth genannt nach 1692, was aber zu bezweifeln ist. Geb. zu ..., gest. ...*

Diss. de emphasi sacrarum vocum ex veteri historia Hebraeorum repetenda, (Praes. **Theod. Dassovio.**) Kilonii d. 17. Jun. 1702. 44 S. 4.

Vergl. Nord. Misc. XXVII. 393., *nach den* Novis lit. mar. B. 1702, S. 240. — **Bergmanns** Gesch. von Livl. S. 142.

Nothhelfer (Philipp).

Studirte zu Wittenberg und wurde 1696 Pastor zu Wolfarth in Livland. Geb. zu ..., gest. ...

Disp. theol. de causa materiali generali theologiae ex Micha VI. v. 8. (Praes. **Joh. Deutschmann.**) Wittenbergae, 1687. 2 Bogg. 4.

Vergl. Nord. Misc. XXVII. 393. — **Bergmanns** Gesch. von Livl. S. 189.

Notmann (Andreas).

Studirte um 1699 zu Upsal. Geb. zu Riga am ...., gest. ...

Diss. jurid. de obligationibus ex delictis. (Praes. Car. Lundio.) Holmiae, 1699. 57 S. 4.; *gehalten zu Upsal, nicht zu Dorpat, auch nicht da gedruckt, wie* Fischer *hat.* (Carl Lund *war damals noch Professor in Upsal,* s. Jöcher. II. 2601.; *und ein andrer desselben Namens, der* 1690 *Professor der Rechtsgelehrsamkeit zu Dorpat wurde, hatte schon* 1695 *seine Professur dort niedergelegt;* s. Gadebusch L. B. Th. 2. S. 205.)

Vergl. Nord. Misc. IV. 108. XXVII. 394. — Rotermund z. Jöcher.

Notmann (Christiern *) Georg).

Studirte zu Upsal und wurde dort 1701 *Mag. Geb. zu Riga, wo sein Vater, Mag.* Andreas Georg Notmann, *schwedischer Pastor an der Jakobskirche war, gest. ...*

Diss. de ratiocinandi usu. (Praes. Andr. Goeding.) Upsaliae, 1700. 7 Bogg. 4.

Auspicia Christianorum in Livonia, schediasmate historico-philosophico descripta (Diss. pro gradu; Praes. Joh. Esberg.) Ibid. eod. 26 S. 4., *nicht* 1701, *wie* Schwartz *hat.*

Vergl. Gadeb. L. B. Th. 1. S. 298. Th. 2. S. 296. — Nord. Misc. XXVII. 394., *nach den* Nov. lit. mar. B. 1700. S. 203. 1701. S. 241. — Rotermund z. Jöcher.

Notmann (Erich).

Studirte zu Kiel um 1706 *und wurde Mag., auch gekrönter kaiserl. Poet; später Nachmittagsprediger der schwedischen Gemeine zu St. Jakob in Riga (noch* 1709). *Geb. zu Riga am ...., gest. ...*

---

*) Nicht Christian.

Διασκεψις historico-physica de superstitione veterum Gothorum. (Praes. Joh. Lud. Hannemann.) Kilonii, 1706. 49 und 5 unpag. S. 4.

Acclamatio encomiastico-votiva, constans ex acrostichide onomastica, Sereniss. Stanislao I., Poloniarum Regi etc. die ejus onomastico exhibitum. Ibid. 1707. 1½ Bogg. 4.

Wollte um 1707 *eine* Sammlung Gedichte *herausgeben, die wohl nicht erschienen ist.*

Vergl. Nova lit. mar. B. 1707. S. 23. u. 317. — Nord. Misc. XXVII. 394.

VON NOTTBECK (ADAM JOHANN).

Sohn von NIKOLAUS JOHANN.

Studirte von 1765 *bis* 1768 *die Rechte zu Jena und advocirte darnach in seiner Vaterstadt, war auch Gildesekretär daselbst. Etwa* 1782 *wurde er Zollsekretär und Auctionator, auch während der Verwaltung dieser Aemter zum Hofrath ernannt,* 1802 *aber trat er wieder in die Dienste der Stadt als Rathsherr. Geb. zu Reval am* 30 *August* 1746, *gest. am* 18 *Junius* 1810.

Von den Gränzen des Poetischen in den Werken der Beredsamkeit, eine Rede bey der feyerl. Aufnahme in die herzogl. deutsche Gesellschaft in Jena gehalten im Jenner 1767. Jena. 32 S. 8.

Feyerliche Rede am Catharinentage, im Namen der zu Jena studirenden Liefländer. Ebend. (o. *J. aber wahrscheinlich auch* 1767.) 28 S. 4.

Diss. Russia Poloniae auxiliatrix. (Praes. Henr. Godofr. Scheidemantel.) Ibid. 1768. 112 S. 4.

Vergl. Gadeb. L. B. Th. 2. S. 296. — Nord. Misc. XXVII. 394.

NOTTBECK (KARL).

Erlernte die Handlung, kam 1736 *mit dem Grafen Zinzendorf in Verbindung, reisete* 1740 *zu der Brüdergemeine nach Herrnhag, 1744 nach Lissabon, und 1745 nach Algier, um sich der Christensklaven anzunehmen. Nach manchen überstandenen Lebensgefahren kam er 1748 nach Deutschland, 1751 nach Herrnhut und 1762 nach Niesky, wo er bis zu seinem Tode blieb. Geb. zu Reval am 2 Januar 1713, gest. am 17 März 1783.*

Im neuen Brüdergesangbuche das Lied No. 773.

Vergl. Rotermund z. Jöcher.

VON NOTTBECK (NIKOLAUS BERNHARD).

Geb. zu Reval am 1 November 1771, erhielt seine Schulbildung im Gymnasium der Vaterstädt, und studirte darauf Medicin zu Jena und Göttingen, wo er Mitglied der physikalischen Gesellschaft, auch 1793 Dr. der Med. und Chir. wurde. Nach seiner Rückkehr begab er sich ins Innere des Reichs und lebte eine Reihe von Jahren auf seinen Gütern; erst später trat er in Dienste der Krone und ist gegenwärtig Staatsrath und Ritter des St. Annen-Ordens der 2ten Kl., und Oberarzt bey dem Hospitale in Gatschina.

Diss. inaug. med. de Tetano recens natorum. Gottingae, 1793. 58 S. gr. 8.

NOTTBECK (NIKOLAUS JOHANN).

Vater von ADAM JOHANN.

Besuchte zuerst das Gymnasium seiner Vaterstadt, studirte dann von 1738 bis 1741 die Rechte zu Halle, war darauf Advokat und Rathsherr, auch Gymnasiarch, und zuletzt Gerichtsvogt in Reval. Geb. daselbst um 1720, gest. am 29 Februar 1772.

Institutiones juris civilis, duce illustr. Dom. Jo. Gottl. Heineccio, Icto etc., contractae et insertis VIII. tabulis synopticis in usum Gymnasii Revaliensis adornatae. Revaliae, 1768. IV. u. 200 S. 8.

Vergl. Gadeb. L. B. Th. 2. S. 296.

NOVACOVIUS (PETER).

Ein katholischer Priester, der im 17ten Jahrhundert lebte, erst Professor der Weltweisheit im Dominikanerkloster zu Lublin, dann Professor der Theologie in dem Kloster desselben Ordens zu Danzig, endlich aber Prediger zu Thorn war, wo er zur lutherischen Kirche übertrat und sich später Novelli nannte. Geb. zu ..., gest. ...

Oratio revocatoria post ereptionem ex profundissima antichristianae impietatis inundatione ad senatum populumque Rigensem. Rigae, 1648. 6 Bogg. 4.

Vergl. Gadeb. L. B. Th. 2. S. 297. — Rotermund z. Jöcher.

NUDOW (HEINRICH).

Geb. zu Danzig am 18 May 1752, Mag. der Phil., Dr. der Med. und königlich-polnischer Hofrath, war erst Praktikus zu Danzig, hernach seit 1779 Gouvernementsarzt zu Mohilew, und dann seit 1789 ordentlicher Professor der Physiologie, Pathologie und Therapie bey dem kaiserl. medicinisch-chirurgischen Institut zu St. Petersburg. Zu Anfang des Jahres 1790 nahm er seine Entlassung und hielt sich eine zeitlang in Kurland, namentlich in Mitau, und später in Königsberg auf. In der Folge wurde er Kreisarzt zu Pensa, und zuletzt Inspektor der Medicinalbehörde in Archangel.

Epistola de natura embryonis humani. Lipsiae, 1774. 8.

Schreiben über den Sitz der Seele. Ebend. 1775. 8.

Diss. inaug.: Animadversiones de contagio. Ibid. 1776. 4.

Progr. Examen partitionis nervorum in sensorios atque motorios. Ibid. 1776. 8 S. 4.

Ueber die wahre Absicht und Beschaffenheit der Philosophie und aller Wissenschaften überhaupt; ein Raisonnement. Danzig, 1777. 8.

Medicinische Fragmente. Erstes Stück. Ebend. 1778. 8.

Sur l'Education physique. à Danzic, 1779. 4.

*Beyträge zum Nutzen und Vergnügen für beyderley Geschlecht. 2 Theile. Frankfurt und Leipzig, 1779. 8. (*Eine Monatsschrift, die er herausgab und an der er selbst starken Antheil hatte.*)

Progr.: Medicinische Seelenlehre; erster Versuch. St. Petersburg, 1787. 16 S. 4.

Rede am fünfundzwanzigjährigen Gedächtnifsfeste der Thronbesteigung Catharina II. Ebend. 1787. 4.

Progr.: Ideen über Glück und Glückseligkeit. Ebend. 1788. 8.

Dichterische Launen. Ebend. 1789. 8.

Versuch einer Theorie des Schlafs. Königsberg, 1791. 8.

Ueber die Zeichendeutung des menschlichen Auges in Krankheiten; aus dem Lateinischen übersetzt, nebst einer Vorerinnerung und einigen Zusätzen. Ebend. 1791. 96 S. 8.

Apologie des schönen Geschlechts, oder Beweis: dafs die Frauenzimmer Menschen sind; aus dem Lateinischen übersetzt. Ebend. 1791. 8.

Aphorismen zur Erkenntnifs der Menschennatur im lebenden gesunden Zustande. 1ster Theil. Riga, 1791. 158 S. — 2ter Theil; im lebenden kranken Zustande. Ebend. 1792. 8.

Materialien zur Gründung und mehrerer Aufklärung der medicinischen Seelenlehre. 1ste Sammlung. Königsberg, 1791. 8.

Reden im freyen Menschenton, für Geweihte und Ungeweihte. Riga, 1792. 8 unpag. u. 135 S. 8.

*Ueber und an Herrn v. Kotzebue. Nebst einem Postscript an die heilige Inquisition, den Verfasser Dr. Bahrdts mit der eisernen Stirn betreffend. Weder Zuckerbrod, noch assa foetida. Hannover und Reval, 1792. 48 S. 8.

*Anthropologische Reisen. (*o. O.*) 1793. XXXII und 446 S. 8.

Nachtrag zu dem Epigramm: Die Stutzköpfe; *in* Schröders St. Petersburgschen Monatsschrift 1805. April. S. 309.

Sein Bildnifs 1776 in Leipzig gestochen.

Vergl. Goldbecks liter. Nachr. von Preussen. S. 183. — Baldingers Russisch-physisch-medicinische Literatur St. 1. (Marburg, 1792. 8.) S. 48 u. 62. — Meusels G. T. Bd. 5. S. 461. Bd. 14. S. 679. Bd. 18. S. 867.

von Nummers (Karl Johann).

Studirte von 1772 bis 1776 zu Göttingen und Strafsburg und machte eine Reise durch Frankreich. In sein Vaterland zurückgekehrt, wurde er 1776 im Militär angestellt, und vier Jahr später zum Landkadettenkorps berufen; nahm dann 1782 seinen Abschied als Oberstlieutenant, trat 1782 zum zweyten mal in Militärdienste, wurde von neuem zum Landkadettenkorps nach St. Petersburg berufen und lebte dort bis 1797. Als er damals auf sein Gesuch wieder den Abschied erhalten hatte, bezog er einen Landhof bey Riga, verwaltete zwey Jahr das Amt eines Raths der Oberdirektion des eben neu errichteten landschaftlichen Kreditsystems, reiste darauf, zur Wiederherstellung seiner Gesundheit, 1805 ins Ausland, trat 1806 die Verwaltung seines Erbgutes Idwen an, wurde auf dem Landtage desselben Jahres zum Landmarschall, drey Jahr später aber zum Landrath gewählt, und erhielt 1810 den St. Annen-Orden der 2ten Kl. Geb. zu Magnushof bey Riga am 20 März 1757; gest. zu Idwen am 22 Oktober 1822.

Discours sur les devoirs de l'homme social, prononcé dans une assemblée du corps imperial des cadets nobles. (St. Petersburg) 1788. 6 Bll. 4.

Vergl. Rig. Stadtbll. 1822. S. 470.

Nyberg (Karl Johann).

Studirte seit 1779 zu Jena, wurde dort 1783 Dr. der A. G., war 1785 Kreisarzt zu Baltisch-Port und nachher praktischer Arzt in seiner Vaterstadt. Geb. zu Reval 1759, gest. daselbst um 1812.

Diss. inaug. med. de aeris fixi usu medico nuper celebrato. Jenae, 1783. 38 S. 4.

Vergl. Ernst Ant. Nicolai Progr. Commentatio de virtute et usu clysterum ex aceto IV. (Jenae, 1783. 4.) S. 6.

Nycopensis, s. Daniel Danielis.

NYENSTEDT oder NYSTEDT, auch NEUSTÄDT (FRANZ).

Kam 1554 *nach Livland und setzte sich zuerst in Dorpat, von wo aus er einen Handel nach Rufsland trieb,* 1571 *aber nach Riga zog. Nach einigen Jahren, als er eben im Begriff war, sich auf seinem Gute Sunzel ein bequemes Wohnhaus und auf dem St. Annenberge daselbst, wo vormals eine* 1577 *von den Russen abgebrannte Kapelle gestanden hatte, eine kleine Kirche zu bauen, um dort sein Leben in Ruhe zu vollbringen, wurde er am* 22 *September* 1583 *zum Mitgliede des rigaschen Raths erwählt. Ob er nun gleich sich davon loszumachen suchte, selbst* 1000 *Mark den Armen zum Besten zu geben versprach, wenn er loskäme, so mufste er das neue Amt doch antreten. (Wie er selbst sich darüber in seinem Tagebuche äussert, findet man in den* Rig. Stadtbl. 1825. S. 226.) *Nach zwey Jahren, am* 5 *Oktober* 1585, *wurde er, der jüngste im Rathe, zur Bürgermeisterwürde erhoben, gerade als sich die Bürgerschaft in Aufruhr und die Stadt im gefährlichsten Zustande befand. Er verlebte diese unruhige Zeit unter vielen Sorgen, welche selbst durch den die äussere Ruhe wiederherstellenden severinschen Kontrakt nicht ganz beseitigt werden konnten. Als am Ende des* 16*ten Jahrhunderts die Händel zwischen dem Syndikus* H i l c h e n *und dem Vicesyndikus* G o d e m a n n, *auf dessen Seite sich der Rath, oder doch einige Mitglieder desselben und der Bürgermeister* E c k *befanden, zum Ausbruch gekommen waren, wurde* N y e n s t e d t, *als* H i l c h e n s *Schwiegervater, mit in dieselben verwickelt und genöthigt, sich seines Amtes zu begeben und von der Stadt zu entfernen. Er ging nun am* 10 *September* 1600 *auf sein Gut Sunzel, und führte von dort aus gegen seine Gegner, deren Haupt der Bürgermeister* E c k *war und die den Namen des rigaschen Raths dabey mifsbrauchten, den Procefs in Warschau. Endlich wurde er, da man die*

Gerechtigkeit seiner Sache einsah und sich vor dem Urtheile des Königs fürchtete, am 11 *Oktober* 1605 *in seine vorigen Aemter und Würden feyerlich wieder eingesetzt. Im J.* 1607 *suchte er seine Entlassung vom Rathe nach, konnte sie aber nicht erlangen und blieb bis an seinen Tod im Dienste der Stadt, um die er sich vielfältig verdient machte. Noch jetzt führt ein Armenhaus daselbst seinen Namen (Neustädts Konvent). Das burggräfliche Amt bekleidete er* 1590, 1594 *und* 1598, *und wahrscheinlich noch mehreremal nach seiner Wiedereinsetzung. Geb. in der Grafschaft Hoya in Westphalen am* 15 *August* 1540, *gest.* 1622.

Handschriftlich hat man von ihm:

Liefländische Cronica bis Anno 1609. 165 S. Fol.

Eine Art von Tagebuch 108 S. 4., *worin besonders* S. 26-74., *von dem berüchtigten Kalendertumult gehandelt wird.*

Auch soll er Anmerkungen zu Laur. Müllers Septentrional. Historien *geschrieben haben.*

Vergl. Arndts livl. Chronik. II. 2. — Gadeb. Abh. S. 81-91. — Dess. L.B. Th. 2. S. 298. — Nord. Misc. XXVII. 397-408., *wo seine Lebensumstände nach seinem Tagebuche beschrieben sind.* — Brotze's Rückbl. in die Vergangenh. V. 12-14. — Rig. Stadtbll. 1825. S. 133-136. — Rotermund z. Jöcher.

O.

OBERLIN (HEINRICH GOTTFRIED).

Ein Sohn des Pfarrers zu Steinthal im Wasgau, Johann Friedrich Oberlin, *hielt sich um* 1812 *als Hauslehrer in Livland, namentlich zu Riga und Pernau, auf, und kehrte wieder in sein Vaterland zurück. Geb. zu Steinthal am* ..., *gest., nach einer mündlichen Erzählung, zu Nimes, während der dortigen Unruhen im J.* 1815 *oder* 1816; *nach den von* G. H. Schubert *herausgegebenen* Zügen aus dem Leben des Johann Friedrich Oberlin (*seines Vaters*), 2te Aufl. 1828. 8., S. 74., *aber zu Steinthal, seinem Geburtsorte*, 1816.

Propositions géologiques pour servir d'introduction à un ouvrage sur les élémens de la chorographie avec l'exposé de leur plan et leur application à la description géognostique, oeconomique et médicale du Ban de la Roche, accompagnée de listes topographiques et mineralogiques et de trois gravures, representant le tableau panorama du Ban de la Roche, la pente douce de son district de mines, et la plante de la Pyrole à Ombelles, trouvée dans ces regions en 1800. Strasbourg, 1806. XIV. u. 261 S. 8. *Mit einer Karte. Auf dem Titel nennt sich der Verfasser* Docteur en médecine et Etudiant en theologie à l'Academie protestante de Strasbourg.

*Etliche Worte über die Offenbarung Johannis; zunächst bestimmt für das Rigische und Pernausche Publicum in Liv- und Ehstland, von einem unter ihnen lebenden Mitchristen. Mitau, 1813. 254 S. 8. (*Unter der Zueignung hat er sich genannt.*)

Ein Aufsatz gegen Bendavids *Behauptung, daſs der Name El Schaddai nicht den Jehova, sondern die Isis bedeute u. s. w.; in* Merkels Zeit. f. Lit. u. Kunst. 1812. No. 6. S. 24.

OCKEL (ERNST FRIEDRICH).

Vater des nachfolgenden.

Erhielt den ersten Unterricht in der Schule seiner Vaterstadt und in der des halleschen Waisenhauses, studirte drey Jahr zu Halle, hielt sich dann noch einige Zeit in Jena und Göttingen auf, und kehrte 1762 *in sein Vaterland zurück, wo er sich in Arolsen mit Privatinformation, besonders aber mit dem Unterricht des jüngsten Prinzen des Fürsten von Waldeck beschäftigte. Im J.* 1767 *nahm er eine ihm angetragene Hofmeisterstelle in Kurland an, wurde hier* 1773

Pastor zu Nerft (ord. am 28 April), 1775 Pastor zu Sahten, auch zugleich 1780 Propst der kandauschen Diöcese, und 1785 deutscher Frühprediger zu Mitau und kurländischer Superintendent. 1792 erhielt er das Diplom der theologischen Doktorwürde von der Universität zu Greifswalde, 1806 den Konsistorialrathscharakter, und am 10 September 1810 feyerte er in der mitauschen Trinitatiskirche sein 25jähriges Amtsjubiläum. Geb. zu Mengeringhausen im Fürstenthum Waldeck, wo sein Vater Prediger und Rektor der Schule war, am 16 November 1742, gest. am 22 März 1816.

Der Mentor, oder die Bildung des Verstandes, Herzens und Geschmacks, nach Grundsätzen und Erfahrung, vornehmlich zur Privaterziehung der Jugend von Stande. Riga, 1770. 8.

Betrachtungen über die Wünsche der Menschen. Mitau, 1771. 8.

Ueber die Sittlichkeit der Wollust. (*Nebst zwey Zugaben.* 1. Etwas über die Sympathie moralischer Empfindungen; 2. das Glück eines guten Gewissens.) Mitau, Hasenpoth und Leipzig, 1772. 16 unpag. und 318 S. 8. *Unter dem Titel:* Ueber Vergnügen und Weltgenufs, *erschien zu* Halberstadt 1794 in 8. *ein wörtlicher Nachdruck dieser Schrift, die in* Meusels G. T. Bd. 10. S. 682. *irrig einem* J. C. Sommer *beygelegt wird. Vergl.* dasselbe Werk Bd. 15. S. 496.

Standrede bey dem Sarge des Freyherrn Karl Philipp von Rönne, Erbherrn der Puhrenschen und mehrerer Güter. Riga, 1778. 4.

Ueber Geist und Wahrheit der Religion Jesu. Ein Beytrag zur Beförderung des thätigen Christenthums und des wahren Duldungssinnes. Berlin u. Stettin, 1785. VIII u. 268 S. 8.

Rede bey der feyerlichen Einführung als Superintendent in der Dreyeinigkeitskirche zu Mitau gehalten. Mitau, 1786. 14 S. 8. *Auch in* Dingelstädts Nord. Casualbibliothek. II. S. 465-472.

Antrittspredigt von der beseligenden Gotteskraft der Religion Jesu über Joh. VI. 66. 67. in der Dreyfaltigkeitskirche zu Mitau. 1786. 32 S. 8.

Auch ein Wort zu seiner Zeit, in einem Schreiben an das Hoch- und Wohlehrwürdige Ministerium dieser Herzogthümer, wie auch an alle Christen, Denker und Zweifler. Mitau, 1786. 24 S. 4.

Ueber die wahre und falsche Aufklärung, eine Predigt über Röm. XIII. 11-14. in der Trinitatiskirche zu Mitau gehalten. Ebend. 1790. 19 S. 8.

Ob und in wie fern die Kanzel der schickliche Ort zur Aufklärung sey? Eine nöthige Pastoralfrage für unsere Zeiten. Berlin, 1790. 8.

Veränderte alte Kirchengebete der kurländischen Agende. Mitau (1790). 8.

Ueber die Religion der Vollkommenern; Anmerkungen und Zusätze zu der Schrift des Herrn Oberkonsistorialraths Dr. Teller in Berlin. Berlin, 1794. 8.

Anleitung zur Weisheit, Tugend und Glückseligkeit für die Jugend, nach der reinen Lehre Jesu. Königsberg, 1795. 8. 2te verbesserte Aufl. Mitau, 1813. 128 S. 8.

Palingenesie, oder Uebereinstimmung der Vernunft und heiligen Schrift in der Lehre von der Unsterblichkeit, der Auferstehung und dem künftigen Lebenszustande. Königsberg, 1795. 4.

Opfer innigster Liebe und Verehrung geweihet dem vollendeten Geiste des Herrn Starosten u. s. w. S. F. Korff. Erbherrn der Güter Nerft, Schönberg, Brucken u. s. w. Mitau, 1797. 18 unpag. S. 4.

Ein Wort zu dieser Zeit. In einem Hirtenbriefe an das geistliche Ministerium des kurländischen Gouvernements. Ebend. 1807. 4.

Todtenopfer geweihet dem vollendeten Geiste des Herrn G. J. v. Bolschwing, Oberhauptmann zu Mitau. Ebend. 1808. 24 S. 8. *Auch in* Bilterlings Gelegenheitsreden. (Königsberg, 1809. 8.) S. 223-235.

Einige Worte des Trostes am Grabe eines in der schönsten Blüthe des Lebens verblichenen Jünglings, Paul v. Elert. Mitau, 1813. 8 S. 8.

Ueber die drey Erzieher des Plutarch, Natur, Gewohnheit und Unterricht; *in* Kütner's Mitauscher Monatsschr. 1784. May S. 127-173. — Ueber die Gröſse der Welt; *ebend.* 1785. Februar S. 91-118.

Rede zur Jubelfeier funfzigjähriger treuer Amtsführung des Pastor Urban senior; *in der* Beschreibung der beiden Jubelfeste, welche 1791 zu Lesten in Kurland gefeiert worden. (Königsberg, 1791. 8.) S. 35. Beyl. D.

Rede (bey Eröffnung der kurländischen Statthalterschaft) vor der Beeidigung der Richter; *in der Sammlung:* Reden bei Eröffnung der Statthalterschaft in Kurland. (Mitau, 1796. 4.) S. 18.

Eine Bemerkung über eine Stelle der Sahlfeldtschen Kirchenordnung; *in den* Mitauschen Neuen Wöch. Unterh. 1808. Bd. 2. S. 169.

Letztes Opfer eines Greises geweiht dem Altare der Religion und des Vaterlandes auf Veranlassung des Entwurfs der Sahlfeldtschen Kirchenordnung; *in den* Gesammelten Urtheilen und Bemerkungen über den Sahlfeldtschen Kirchenordnungs-Entwurf. (Mitau, 1808. 8.) Heft 1. S. 137.

Rede am Sarge des Professor Watson; *in* Bilterlings Gelegenheitsreden. S. 215-235.

Am Grabe des Herrn Johann Friedrich Steffenhagen; *in der Schrift:* Zu Steffenhagens Andenken. (Mitau, 1812. 8.) S. 14.

Recensionen *in der* Allgemeinen Deutschen Bibliothek *und in der* Mitauschen Zeitung 1775.

Vergl. Gadeb. L.B. Th. 2. S. 318. — Schlegels Programm zu Ockels Doktorpromotion. Greifswalde, 1792. 4., *wo sich jedoch in den Jahrzahlen mehrere Unrichtigkeiten finden.* — Das Gedächtnisfest der 25jährigen Amtsführung des Kurländ. Superintendenten, Hrn. E. F. Ockel, im Jahre 1810. Mitau, 1811. 4. — Zu Ockels Andenken. Mitau, 1816. 4. — Ueber die Aufhellungen der neuern Gottesgelehrten in der christlichen Glaubenslehre (Leipz. 1807. 8.) Bd. 1. S. 353. — Meusels G.T. Bd. 5. S. 478 u. Bd. 19. S. 6.

VON OCKEL (PETER).

Sohn des vorhergehenden.

Wurde im Pastorat Sahten in Kurland am 15 May n. St. 1780 geboren, besuchte, nachdem er mit seinem Vater nach Mitau gekommen war, die dasige grosse Stadtschule und das Gymnasium, studirte Medicin, seit 1798 zu Königsberg, von 1799 bis 1801 in St. Petersburg auf dem dortigen medicinisch-chirurgischen Institut, 1801 ein halbes Jahr lang zu Halle, von 1802 bis 1803 zu Jena, und von 1803 bis 1804 in Wien; wurde 1805 in St. Petersburg als praktischer Arzt examinirt und bestätigt, erhielt 1806 in Königsberg die medicinische Doktorwürde, auch 1810 von der mediko-chirurgischen Akademie zu St. Petersburg das Diplom als russischer Doktor, wurde in demselben Jahre Akkoucheur bey der kurländischen Medicinalbehörde in Mitau, und 1820 kaiserlicher Hofrath, verwaltete seit 1823 zugleich die Funktion des Inspektors bey der eben genannten Behörde, und ging zu Anfang des Februars 1825 nach St. Petersburg, wo er seitdem als praktischer Arzt lebt, und zugleich beym Ministerium des Innern in Geschäften des Civil-General-Stabs-Doktors angestellt, bald darauf Kollegienrath und 1827 Ritter des St. Wladimir-Ordens der 4ten Kl. geworden ist.

Diss. inauguralis medico-chirurgica de tumoribus in cornea et sclerotica prominentibus. Regiomonti, 1806. 20 S. 4.

ODERBORN (PAUL).

Studirte zu Rostock, nahm daselbst 1579 die philosophische Magisterwürde an, wurde bald darauf Prediger zu Kowno in Lithauen, 1587 Oberpastor an der Petrikirche zu Riga, und, nachdem er diese Stelle wegen der mit den Jesuiten entstandenen Händel aufgegeben hatte, 1593 Hofprediger Herzogs Friedrich von Kurland, kurze Zeit darnach aber deutscher Frühprediger zu Mitau und kurländischer Superintendent. Hier machte er sich besonders durch das, in Beyseyn des sessauschen Predigers Lemken, 1599 mit dem Jesuiten Becanus der Religion wegen gehaltene Colloquium bekannt. Geb. in Pommern zu ..., gest. 1604.

Panegyricus ad Johannem III. Sueciae et Sigismundum III. Poloniae reges. Rigae, 1579. 4.

Joannis Basilidis magni Moschoviae ducis vita, tribus libris conscripta. Wittebergae, 1585. 4., *und* Ebend. in demselben Jahre 8. *Auch in den* Autoribus variis rerum Moscoviticarum (Francof. 1600. Fol.). S. 240-324. *Ins Deutsche übersetzt von* Heinrich Rätel (*s. dess. Art.*): Görlitz, 1588. 4. 2te Aufl. Ebend. 1596. 4.; *und von* Christian Kühne, *unter dem Titel:* * Des grausamen Tyrannen Johannis Basilidis, sonst Iwan Wasilowitz genannt, gewesenen Czaars in der Moschkau, Leben und Thaten, aus dem Lateinischen ins Teutsche übersetzet, benebenst einem (*mit besonderem Titelblatt versehenen*) Anhang von der Moschkowitischen Religion, aus der alten und neuen Kirchenhistorie deutlich und gründlich zusammen getragen und herausgegeben. Erfurt, 1698. 16 unpag. 307 u. 155 S. 8. (*Unter der Zuschrift hat sich der Uebersetzer genannt.*)

Vier Predigten von dem Bogen Gottes in den Wolcken. Gehalten in der Thumkirchen der königl. Stadt Riga vnd kurtz zusammengefasset. Riga, 1591. 18 Bogg. 4.

Leichenpredigt auf den Bürgermeister Otto von Meppen, über Sirach 7. Ebend. 1596. 4.

Trostschreiben an Wilhelm von Effern, Fürstl. curländischen Rath. Ebend. 4.

De Russorum religione, ritibus nuptiarum, funerum, victu, vestitu etc. et de Tartarorum religione ac moribus vera ac luculenta narratio, ad D. Davidem Chytraeum recens scripta; *in der Sammlung:* De Russorum, Moscovitarum et Tartarorum religione etc. (Spirae, 1582. 4.) S. 235-256; *ferner in* Chytraei epistolis S. 1031-1053, *und in* Respublica Moscoviae et Urbes. (Lugd. Bat. 1630. 16.) S. 121-163.

Einige geistliche Lieder im rigischen Gesangbuche.

Vergl. Gadeb. L. B. Th. 2. S. 298. — Nord. Misc. XXVII. 408. — Tetsch K. K.-G. Th. 1. S. 209. — Jöcher u. Rotermund z. dems.

ODHEL (OLAUS).

Wurde 1685 zu Königsberg Mag., war zum Prof. der Theol. an der neu einzurichtenden Universität Dorpat bestimmt (wie Witte, *den jedoch* Jöcher *und* Gadebusch *mifsverstanden zu haben scheinen, ausdrücklich sagt), ertrank aber vor Eröffnung dieser Lehranstalt in einem Flusse bey Stockholm und kam gar nicht nach Livland. Geb. zu Upsal am ..., gest. am 5 Oktober* 1688.

Diss. de Sibyllis. Arosiae, 1678. 4.

Oratio parentalis in obitum Margarethae Keniciae, Olai Laurelii, episcopi Arosiensis, viduae. (*In schwedischer Sprache.*) Ibid. 1679. 4.

Paradoxa philosophica. Regiomonti, 1685. 4.

Vergl. Witte D.B. II. 156. — Jöcher u. Rotermund zu dems. — Schefferi Suecia lit. S. 271. — Gadeb. L.B. Th. 2. S. 303.

Oelrichs (Gerhard).

Studirte zu Bremen, Göttingen und Utrecht, wurde 1754 *auf der letztern Universität Dr. der Rechte, ging nach Frankfurt am Mayn, wurde daselbst kaiserlicher Rath und Resident, nachher aber Syndikus und zuletzt erster Syndikus in seiner Vaterstadt. Geb. zu Bremen am 8 Januar* 1727, *gest. am 6 April* 1789.

Von seinen Schriften müssen hier angezeigt werden:

Dat Rigische Recht und de gemenen stichtischen Rechte ym Sticht van Ryga geheten dat Ridder-Recht nebst Dionysii Fabri Formulare Procuratorum mit einem vollstandigen Glossario herausgegeben. Bremen, 1773. 10 unpag. u. 349 S. 4.

Die in ganz Liefland, ausgenommen Revall und Narva, annoch geltende Statuta und Rechte der Stadt Riga, das Rigische Civiloquium de 1375, die Bursprake de 1412 und die neueste wilkürliche Gesetze dieser Stadt, als der Rigischen Rechte II. Band. I. Theil. Aus Original-Handschriften. Ebend. 1780. 174 S. 4.

Vergl. Gadeb. L.B. Th. 1. S. 314. — Meusels Lexik. Bd. 10. S. 168., *wo auch seine übrigen Schriften zu finden sind.* — Rotermund z. Jöcher.

Oern (Johann).

War seit 1696 Vicepastor zu Rappin, wurde 1698 zu Dorpat Mag., und 1711 Pastor zu Hallist und Karkus, wobey er auch Saara von 1713 bis 1719 versah. Geb. in Schweden zu ..., gest. 1722.

Diss. de cultu Dei naturali. (Praes. Gabr. Sjoberg.) Dorpati, 1698. 3 Bogg. 4.

Vergl. Nord. Misc. XXVII. 408. — Nova lit. mar. B. 1699. S. 268.

Oernhjelm, s. Arrhenius.

Oesterlein (Karl Heinrich).

Geb. zu Berlin am 12 Julius 1758, wurde 1787 Sekretär des Gerichtshofes peinlicher Sachen zu Riga, 1797 Kanzelleydirektor bey dem Fürsten von Hardenberg in Berlin, war von 1798 bis 1802 Kriegsrath im fränkischen Departement und lebt seit 1816 abwechselnd in Berlin und Dresden.

* Wahrheit und Dichtung. Riga, 1787. 220 S. kl. 8.

Feyerabendspiele am Helikon. Wien, 1810. 12.

von Oettingen (Georg).

Wurde 1708 Rathsherr in Riga und praefectus portorii. Geb. zu Riga 1669, gest. 1710.

Rede über die ersten Vorsteher und Regenten in Livland. Riga. 1689. (*Ungewiſs, ob gedruckt.*)

Offe (Benedikt August Friedrich).

Geb. zu Testama in Livland am 11 März 1788, studirte auf dem Gymnasium zu Reval und auf der Universität Dorpat, und wurde 1809 (ord. am 17 Oktober) Pastor zu Torgel, Takerort und Gutmannsbach.

Joulo-laulud. (Pernau, 1815.) 8., *vier Weihnachtslieder; auch in* Rosensplänters Beytr. zur gen. Kenntn. d. ehstn. Sprache. V. 163-167.

Confirmationslieder; *in* Rosenplänters Beyträgen. I. 106. — Ursprünglich ehstnische Lieder; *ebend.* III. 156-160. — Ehstnische Räthsel; *ebend.* VI. 50-52. — Geistliche Lieder; *ebend.* VI. 91-96.

von Okounew (Nikolai Alexandrowitsch).

Geb. zu St. Petersburg am 26 Julius 1789, *diente seit* 1803 *beym Kollegium der auswärtigen Angelegenheiten, ging* 1810 *zum Militärdienst über, wohnte allen Feldzügen von* 1812 *bis* 1815 *bey, focht in vielen Schlachten und Treffen, erwarb sich mehrere Orden und Auszeichnungen, stand seit* 1815, *zuletzt als Oberster und Kommandeur des ersten Jägerregiments, ununterbrochen in den Ostseeprovinzen Rufslands, nahm* 1828 *seinen Abschied aus dem Militärdienste und wählte nun Reval ganz zu seinem Wohnorte, trat aber* 1829 *wieder in Dienst im Generalstabe, machte den Feldzug gegen die Türken mit und befindet sich seit Beendigung desselben in St. Petersburg.*

Réflexions sur le système de guerre moderne. à St. Petersbourg, 1823. 296 S. 8. Mit Planen.

Histoire de la campagne de 1800 en Italie, augmentée de considérations sur les mouvemens des deux armées belligérantes. à St. Petersbourg, 1825, XI u. 226 S. 8. Mit 2 Tabellen, 1 Karte u. 1 Plane in Steindruck.

Examen raisonné des propriétés pratiques des trois armes différentes, de leur emploi dans les batailles, et de leur rapport entr'elles, à St. Petersbourg, 1828. Tom. I. VIII u. 229 S. Tom. II. 191 S. Tom. III. 270 S. 8.

Considérations sur les grandes opérations, les battailles et les combats de la campagne de 1812 en Russie. à Paris, 1829. 212 S. 8.

Mémoires sur la stratégie et sur ses rapports intimes avec le terrain. à St. Petersbourg, 1830. 8.

Olai (Nikolaus).

Studirte um 1636 zu Dorpat. Geb. zu Kolmar am ..., gest. ...

Disp. de Sacra Scriptura, trium dictorum classicorum ex Joh. V. 39. 2. Tim. III. 16. 17. 2. Petr. I. 19-21. αναλυσιν exhibens. (Praes. Andr. Virginio.) Dorpati, 1634. 2½ Bogg. 4.

Disp. de universali merito Christi. (Praes. eod.) Ibid. 1635. 4.

Disp. de mundo in genere. (Praes. Petr. Gotschenio.) Ibid. 1635. 4.

Oratio de Bacchanalibus. Ibid. 1636. 4.

Disp. de ministerio ecclesiastico. (Praes. Andrea Virginio.) Ibid. 1637. 4.

Oratio in Domini et Salvatoris nativitatem. Ibid. 1638. 4. (*gehalten* 1637.)

Oratio in salutiferam passionem Domini et Salvatoris nostri unici Jesu Christi. Ibid. eod. 4.

Vergl. Somm. S. 50. 52. 165. 167. 168.

Oldekop (Christian August Wilhelm).

Geb. zu Riga am 1 September 1787, erhielt seine Schulbildung in der dasigen Domschule bis 1802, stand dann in der Müllerschen Buchhandlung daselbst, verliefs diese aber schon nach einem Jahre, besuchte noch bis 1805 das Gymnasium, ging nunmehr auf die Universität nach Moskau und studirte dort drey Jahr lang, zum Theil auf Kosten der Krone, wurde Kreisschullehrer in Archangel, gab diesen Posten 1813 wieder auf und zog nach St. Petersburg, wo er privatisirt, auch eine Bildungsanstalt anlagte und leitete, die aber 1822 wieder einging.

Cacographie ou exercices sur les principales difficultés de la langue française. à St. Petersbourg, 1821. V u. 145 S. kl. 8.
Corrigé de la Cacographie. à St. Petersb. 1821. VIII u. 119 S. kl. 8.
Geschichte des Russischen Reichs von Karamsin. Nach der zweiten Original-Ausgabe übersetzt. 4ter Bd. Riga, 1823. X u. 314 S. — 5ter Bd., mit dem Bildnisse des Verf. Ebend. 1823. VI u. 373 S. — 6ter Bd. Ebend. 1824. VI u. 314 S. gr. 8. (*Die Uebersetzung der ersten 3 Bände ist von* F. v. Hauenschild, *die des 4ten und eines grofsen Theiles des 5ten von einem Ungenannten, doch hatte* Oldekop *dabey die Korrektur des Styls, die des 7ten und folgenden vom Dr.* v. Oertel.)
Карманный Словарь Россійско-Нѣмецкій и Нѣмецко-Россійскій въ пяти частяхъ. Russisch-Deutsches u. Deutsch-Russisches Wörterbuch. — 1ster Theil A-H. St. Petersb. 1824. 1508 S. — 2ter Theil O-Р. Ebend. 1825. 1200 S. — 3ter Theil C bis zum Ende. Ebend. 1826. 1058 S. 12.
Thaddäus Bulgarins sämmtliche Werke; aus dem Russischen übersetzt. 1-4ter Bd. Leipzig, 1828. 8.
Grundregeln der russischen Grammatik, herausgegeben von N. Gretsch, aus dem Russischen übersetzt von A. Oldekop. Ebend. 1828. 229 S. 8.
Gemälde des Türkenkrieges im Jahr 1828. (Brief an einen Freund im Auslande.) Aus der nordischen Biene. Von Th. Bulgarin. Aus dem Russischen übersetzt. Ebend. 1828. 29 S. gr. 8.
Iwan Wuischigin oder der russische Gilblas, ein moralisch-satyrischer Roman von Bulgarin. Aus dem Russischen übersetzt. Leipz. 1830. 8. 4 Theile.
Nouveau Dictionnaire de poche français-russe et russe-français. Première partie: français-russe. St. Petersb. 1830. 45 u. 644 S. 12.
Gab heraus: St. Petersburgische Zeitschrift. St. Petersb. 1822-1826. 5 Jahrgänge in 20 Bänden. gr. 8.

Oldekop (Gustav Adolph).

Geb. zu Hapsal am 21 *November* 1755, *studirte auf der Dom- und Ritterschule zu Reval und auf der Universität*

Orden 1ster Kl. mit Brillanten und den Wladimir-Orden 2ter Kl., 1826 den Alexander-Newsky-Orden; auch ist er Ritter des preussischen Verdienst-Ordens seit 1807, so wie des rothen Adler-Orden der 2ten Kl. seit 1813.

* Ein Wort zu seiner Zeit über die Homöopathie. Von einem Profanen. St. Petersburg, 1825. 20 S. kl. 4.

Oldekop (Theodor).

Vater des vorhergehenden.

Studirte auf dem Gymnasium zu Reval und auf der Universität Halle, und wurde Prediger der esthnischen Gemeine zu Dorpat 1752 (ord. am 15 April). Geb. zu Dorpat am 3 November 1724, gest. am 23 März 1806.

Friedenspsalm, gesungen am Friedenstage 1790. Dorpat. 1 Bog. 4.

Bearbeitete die Sonn- und Festtagsperikopen *für das dorpt-esthnische* Hand- und Gesangbuch von 1803. (*s. den Art.* F. G. Moritz.)

Oldenburg (Heinrich).

Mag. der Phil., war erst seit 1610 Präceptor der zweyten Klasse am Pädagogium seiner Vaterstadt, dann Professor der Rede- und Dichtkunst an der neu errichteten Universität zu Dorpat, bey deren Einweihung er eine Danksagungsrede hielt (s. Kelchs livl. Histor. S. 553-555 *und* Somm. S. 20.). *Geb. zu Bremen 1583, gest. am 19 Januar 1634.*

Carmen de pestilentiae aliarumque calamitatum hujus temporis vera causa. Bremae, 1597. 4. (*Von ihm noch als Schüler zu Bremen verfasst.*)

Disputatt. philologicae. ...

Gedichte und andere Schriften.

Vergl. Witte D. B. ad. a. 1634. — Jöcher u. Rotermund z. dems. — Gadeb. L. B. Th. 2. S. 319. — Müllers Samml. russ. Gesch. IX. 184.

Oldendorp (Christian Georg Andreas).

Ein Herrnhuter, der sich auch eine zeitlang als Privatlehrer in Livland aufgehalten hat, dann von 1766 *bis* 1768 *Reisen nach den karaibischen Inseln St. Thomas, St. Croix und St. Jean, und hierauf nach Neu-York machte, später Prediger der Gemeine zu Marienborn in der Wetterau war, und zuletzt in Ebersdorf lebte. Geb. zu Groſsen-Lafferts im Hildesheimischen am* 8 *März* 1721, *gest. am* 9 *März* 1787.

Geschichte der Mission der Evangelischen Brüder auf den Caraibischen Inseln St. Thomas, St. Croix und St. Jean. Herausgegeben durch J. J. Bossart. 2 Theile. Barby, 1777. 8. Mit Kupf. — *Schwedisch:* von J. J. D. Stockholm, 1786-1788. 8. *Ein Auszug daraus in schwedischer Sprache von* Sam. Odmann, *jedoch ohne seinen Namen:* Upsal, 1784. 12.

Anonyme prosaische und poetische Aufsätze.

Zwey Lieder *im* Neuen Brüdergesangbuche.

Vergl. Meusels Lexik. Bd. 10. S. 218. — Rotermund z. Jöcher.

Olearius (Adam).

Trat, nachdem er in Leipzig studirt und die philosophische Magisterwürde angenommen hatte, bey dem Herzoge Friedrich *von Holstein-Gottorp in Dienst, begleitete die von diesem Fürsten* 1633 *und* 1635 *nach Ruſsland und Persien abgefertigten beyden Gesandtschaften als Rath und Sekretär, verheirathete sich bey seiner Zurückkunft in Reval mit des dortigen Rathsherrn* Johann Müllers *Tochter, und verwaltete seitdem die Stelle eines Raths, Bibliothekars und Hof-Mathematikus des Herzogs. Geb. zu Aschersleben im Anhaltschen* 1599 *oder* 1600, *gest. am* 22 *Februar* 1671.

Von seinen Schriften gehört hierher:

Auſsführliche Beschreibung der kundbaren Reyse nach Moskaw vnd Persien, so durch Gelegenheit einer Holsteinischen Gesandtschaft von Gottorf aus geschehen. Schleswig, 1647. Fol. 2te Ausgabe, *unter dem Titel:* Vermehrte newe Beschreibung der Muscowitischen vnd Persischen Reyse, so durch Gelegenheit einer Holsteinischen Gesandtschaft an den Russischen Zaar vnd König in Persien geschehen. Worinnen die Gelegenheit derer Orter vnd Länder, durch welche die Reyse gangen, als Liffland, Rufsland, Tartarien, Meden vnd Persien, sampt dero Einwohner, Natur, Leben, Sitten, Haufs- Welt- und Geistlichen Stand mit fleifs auffgezeichnet, vnd mit vielen meist nach dem Leben gestelleten Figuren gezieret, zu befinden. Ebend. 1656. Fol. 3te Ausgabe: Ebend. 1663. Fol. 4te Ausgabe: Ebend. 1669. Fol. 5te Ausgabe: Ebend. 1671. Fol. 6te, *nach des Verfassers Tode, nebst* Mandelsloh's, Jürgen Andersons *und* Volcq. Yverssens orientalischen Reisen, *erschienene* Ausgabe: Hamburg, 1696. Fol. Sämmtlich m. Kpf. — *Französisch von* Wicquefort: Paris, 1656. 2 Bde., 1659. 2 Bde., 1666. 2 Bde., *auch:* 1679. 2 Bde.; *imgleichen:* Leyden, 1719. 4., *und:* Amsterdam, 1727. 2 Bde. Fol. m. Kpf. — *Englisch*, *von* Joh. Davies: London, 1666. Fol. — *Holländisch, von* Dietrich v. Wageningen: Amsterdam, 1651. 4.; Utrecht, 1651. 12.; *auch:* Gröningen, 1651. 4. — *Italienisch*, *von* Raffaele Barberino: Viterbo, 1658. 4.

Vergl. Gadeb. L. B. Th. 2. S. 320. — Jöcher u. Rotermund z. dems., *wo auch seine übrigen Schriften angezeigt werden.* — Napiersky's Fortges. Abhandl. S. 98. — Jördens Lexik. Bd. 4. S. 93-99. — Stuck's Verzeichnifs von Land- und Reisebeschreibungen. Th. 1. S. 218. u. Th. 2. S. 84.

Olivekranz, s. Paullinus.

Olmen (Philipp).

War in der Mitte des 16ten Jahrhunderts sieben Jahr Domprediger zu Dorpat, und wurde, nachdem er Livland verlassen hatte, Dr. der Theol. und Pastor zu Rees im Herzogthum Kleve. Geb. zu ..., gest. ...

Ueberliefs seine gesammelten Materialien zur livländischen Geschichte an Tilemann Bredenbach, *der sie bey seiner* Historia belli Livonici *benutzt hat.*

Vergl. Gadeb. Abh. S. 17. — Dess. L.B. Th. 2. S. 231. u. Th. 1. S. 109. ff. — Rotermund z. Jöcher.

von Olofson (Otto Johann).

Eines Amtmannes in Livland Sohn, bewirthschaftete anfangs Güter im Innern von Rufsland, war hierauf Buchhalter in Marienburg, dann wieder Disponent auf den Gräflich-Ostermannschen Gütern im mohilewschen Gouvernement, besafs auch ein Lieutenants-Patent, war später Inspektor der Gräflich-Rasumowskischen Güter in Rufsland und von 1798 *bis* 1804 *der Scheremetewschen in Livland, betrieb dasselbe Geschäft von neuem in andern Gegenden Rufslands, besafs dann in Livland einige Güter arrendsweise, und ging hierauf nach der Ukraine, wo er sein Leben in hohem Alter und Blindheit beschlofs. Geb. in Livland zu ... am* 17 *September* 174., *gest. in der Gegend von Neschin* 1822.

Mittel wider die Viehseuche; *in den* Nord. Misc. XXI. 476. — Ein Augenwasser; die Wologodschen Talchlichter; Verfertigung des Quas und des Kislischtsi; Zubereitung des Degots; von den Wologodschen Rischken (Erdschwämmen) und wie sie eingesalzen werden; *ebend.* XXIV. 468.

Etwas über die Kornraupe oder den grauen Roggenwurm; *im* Oekonom. Repert. f. Livland. IV. 1. S. 488. — Etwas über die seit einigen Jahren in der Ukraine und Kleinreussen wüthenden Zugheuschrecken und die Mittel zu ihrer Vertilgung; *ebend.* IV. 3. S. 708. — Mittel gegen den Schlangenbifs; *ebend.* VI. 2. S. 635.

Handschriftlich hinterliefs er Geistliche Lieder, *unter dem Titel:* Geistes-Phantasien als Früchte mancher schlaflosen Nacht in meinen Leiden.

Opitz (Josias Heinrich).

Wurde 1704 *Mag. der Phil. zu Leipzig, und* 1709 *Diakonus,* 1717 *aber Pastor zu Tönningen. Geb. zu Kiel am* 18 *Oktober* 1680, *gest.* 1719.

Folgende unter seinen Schriften gehört hierher:

Oratio Carolo XII ob liberatam ab obsidione Narvam et reportatam a Moscis victoriam dicta. Kilon. 1701. Fol.

Vergl. Molleri Cimbria liter. — Jöcher u. Rotermund z. dems.

Orlay (Iwan Semenowitsch).

Ein Karpatho-Russe, Dr. der Phil., promovirte 1807 zu Dorpat als Dr. Med. und war zuletzt kaiserl. russischer wirklicher Etatsrath, Hofarzt, Direktor des Lyceums Richelieu in Odessa, Mitglied vieler gelehrten Gesellschaften im In- und Auslande, auch Ritter des St. Annen-Ordens der 2ten und des St. Wladimir-Ordens der 4ten Kl. Geb. zu ..., gest. am 11 März 1829.

Diss. inaug. med. sistens doctrinae de viribus naturae medicatricibus historiam brevem, expositionem, vindicias. Dorpati, 1807. 96 S. 8.

Oratio in laudes Russiae principum, scientiarum promotione clarissimorum, cum Imperatoria Medico-chirurgica Academia, juribus et privilegiis aucta, solenni ritu, caesareo confirmaretur diplomate, in publico splendidissimorum et ornatissimorum virorum conventu XIV. Cal. Octobr. dicta. Petropoli, 1819. 4.

Исторiя о Карпато-Россахъ, или о переселенiи Россiянъ въ Карпатскiя горы и о приключенiяхъ съ ними случившихся (d. i. Geschichte der Karpatho-Russen oder von der Versetzung der Russen in die Karpathischen Gebirge und von ihren dortigen Schicksalen; *in dem* Сѣверный вѣстникъ (Nordischen Verkündiger). I. 158. 261. III. 267. (1804).

Osann (Gottfried Wilhelm).

Geb. zu Weimar am 28 Oktober 1797, studirte seit 1816 zu Berlin, Jena, Erfurt, Erlangen, wurde im Junius 1819 zu Jena Dr. der Phil., in demselben Jahre Privatdocent der Chemie und Physik in Erlangen, 1821 *dasselbe in Jena*, 1823 *Professor der Chemie und Pharmacie an der Universität zu Dorpat, verliefs aber diese Stelle* 1828 *wieder und ging als Professor der Chemie und Physik nach Würzburg.*

Diss. philos. de natura affinitatis chemicae (pro venia legendi). Jenae, 1821. 20 S. 4. — *Auch wieder abgedruckt in* Annales Academiae Jenensis, ed. H. C. A. Eichstaedt. Vol. 1. (1823). S. 405-416.

Beyträge zur Chemie u. Physik. 1ster Beitrag. Jena... — 2ter Beitrag. Ebend. 1824. 8.

Mefskunst der chemischen Elemente. Dorpat, 1825. 76 S. 8. — 2te verbesserte Aufl. Jena, 1830. 8.

Handbuch der theoretischen Chemie. Zum Behufe seiner Vorlesungen entworfen. 1ster Band. Ebend. 1827. 338 S. 8.

Aufsätze *in* Schweiggers Journal der Chemie und Physik — *in* Kestners Archiv der Naturlehre — *in* Gilberts Annalen der Physik und Chemie — *und in* Poggendorf's Fortsetzung der letztern.

Vergl. Meusels G.T. Bd. 19. S. 36.

Osburg (Johann Jakob).

Studirte zu Erfurt, erwarb sich daselbst die medicinische Doktorwürde, hielt einige Jahre Privatvorlesungen, kam als Admiralitäts- und Flottenarzt nach Reval, und wollte diese Stelle aufgeben, da er als Professor der Chemie nach Erfurt berufen wurde; woran ihn jedoch der Tod hinderte. Geb. zu Erfurt 1759, *gest. zu Reval am* 1 *Junius* 1790.

Chemische Versuche über die Bestimmung der Frage: Ob mineralisches Alkali und Laugensalz als Arten oder als Varietäten unterschieden sind? Erfurt, 1786. 4. — *Steht auch in den* Act. Acad. Erford. ad a. 1784 et 1785.

Chemische Untersuchung des Alacher Mineralwassers. Ebend. 1786. 4. — *Auch in den angeführten* Actis.

Vergl. Meusels Lexik. Bd. 10. S. 235. — Rotermund z. Jöcher.

Padel (Jürgen).

Wurde Rathsherr zu Riga 1536, *Bürgermeister* 1547 *am* 2 *September, und als solcher mehrmals zu Tagefahrten (Landtagen) nach Wenden, auch* 1549 *zur Tagefahrt der Hanse nach Lübeck abgeordnet, wollte* 1567 *von seiner Stelle im Rathe abdanken, es ist aber ungewifs, ob er seine Entlassung erhalten hat. Geb. zu (Riga?) am ..., gest. am* 5 *Oktober* 1571.

Handschriftlich wird von ihm im rigaschen Stadtarchive aufbewahrt ein Auszug aus seinem Tagebuch von 1539-1557, *worin verschiedene mehr und minder wichtige die Stadt betreffende Begebenheiten erzählt sind.*

Vergl. Nord. Misc. XXVII. 409., *und sein eigenes, so wie des folgenden Tagebuch.*

Padel (Kaspar).

Lebte ebenfalls zu Riga in der letzten Hälfte des 16*ten Jahrhunderts.*

Auch von ihm findet sich im rigaschen Stadtarchive ein handschriftlicher Auszug aus seinem Tagebuche, von 1556-1593.

Vergl. Nord. Misc. XXVII. 411., *wo seine Anzeichnungen vom Jahre* 1552 *an datirt werden, aber das oben angegebene Jahr dürfte wohl das richtige seyn. S. auch* B. Bergmanns hist. Schr. II. 10. — *Wir bemerken noch, dafs von einem sonst unbekannten* Henninck Padel *ein Manuskript unter dem Titel:* Olde Boeke, *vorhanden ist, woraus sich Excerpte, Angaben von Waarenpreisen aus den beyden letzten Decennien des* 15*ten Jahrhunderts enthaltend, in* Brotze's *handschriftlichem Nachlasse finden.*

Pässler (Karl Heinrich).

Studirte auf dem Waisenhause zu Halle, in Schulpforte und auf der Universität Halle, promovirte als Dr. der Phil., wurde Pastor zu Tarwast im Fellinschen 1807 (*ord. am* 22 *September*), *und im Herbste* 1815 *nach Reval berufen als*

Oberpastor der Ritter- und Domkirche, Assessor des esthländischen Provincialkonsistoriums und Direktor des esthländischen Predigersynodus; auf welche Aemter er aber 1822 zu resigniren im Begriff stand, als ihn der Tod ereilte. Geb. zu Koslena bey Zörbig in Sachsen am 21 Januar 1780, gest. zu Zarskoje-Selo am 26 Februar 1822.

De adminiculis, quae senilem aetatem florentem reddant eamque mollem et jucundam faciant. Dorpati, 1817. 16 S. 4. *Zum Amtsjubelfeste des Propsts* Dav. Gottl. Glanstroem.

Rede bey der Beerdigung des Freyherrn Theodor von Driesen am 2ten May 1818 gehalten. Reval, 1818. 12 S. 8.

Predigten. 1ste Abtheilung. Ebend. 1821. IX u. 392 S. 8.

Worin findet ein religiöses Gemüth die Bestätigung, daſs Luther auch als Bibelübersetzer unter einer höhern Begeisterung gestanden habe, eine Synodalvorlesung; *in* Raupachs inländ. Museum. IV. 1-20.

Die von ihm angekündigte, auch in einem Leipziger Meſskataloge *bereits angezeigte* Geschichte der Schulpforte *ist nicht erschienen.*

Vergl. Rig. Stadtbll. 1822. S. 109.

PAFFRAHT (GERDRUT).

Eine Jungfrau, die um die Mitte des 17ten Jahrhunderts in Riga gelebt hat und mit den alten Klassikern gut bekannt gewesen seyn soll, von der aber sonst gar keine Nachrichten aufzufinden sind.

Gelegenheitsgedichte. *Eins davon führt den Titel:* Klag- und Trost-Reimen an den Erlauchten — Grafen — Gustav Horn — General Gouverneurn über Liefland, — alſs derselbe Seine Hertzgeliebte beide Junge Herren — Herrn Gustav Carl, im vierdten und Eberhard Horn im dritten Jahr Ihres Alters, den 3ten April des 1655sten Jahres — in der Thumbkirchen der Königl. Statt Riga beerdigen und beysetzen lieſs. Riga, 1655 (nicht 1653). 4 unpag. S. 4.

Vergl. Phragmenii Riga lit. §. 9. — Gadeb. L.B. Th. 2. S. 324. — Nord. Misc. IV. 213. — Rotermund z. Jöcher.

PALMA (AMBROSIUS E...).

Ein schwedischer Edelmann, der um 1638 zu Dorpat studirte. Geb. zu ..., gest. ...

Oratio de virtute heroica. Dorpat, 1638. 4.

Vergl. Somm. p. 53.

VON PALMENBERG, früher genannt BIESEMWINKELL (JUSTUS).

Wurde 1677 Sekretär des rigaschen Raths, 1683 Rathsherr, auch mehrmals in Stadtangelegenheiten nach Stockholm gesandt, 1687 am 27 Junius mit dem Namen v. Palmenberg geadelt, 1690 vom Könige zum Landrichter des wendenschen Kreises ernannt, 1696 Vicepräsident des Hofgerichts zu Dorpat, als solcher zur Abschliessung von Traktaten zwischen dem Könige von Schweden und der Republik Polen nach Warschau verschickt, späterhin Landshauptmann über Abo- und Biörneborgs Lehn und 1706 in den Freyherrnstand erhoben. Geb. zu Riga um 1650, gest. zu Stockholm 1714 (begr. am 23 März).

Gelegenheitsgedichte.

Vergl. Nord. Misc. IV. 109. — Neue nord. Misc. XVIII. 263. Nordbergs Leben Karl XII. Bd. 1. S. 533. 550-568. 608-627. — Rotermund z. Jöcher.

PALMROOTH (ANDREAS).

Studirte um 1691 zu Upsal und wurde Mag. und ausserordentlicher Professor daselbst, hierauf 1701 ordentlicher Professor der Moral und Politik zu Pernau, welches Amt er am 31 Oktober mit einer Rede de viro civili *antrat. Ausserdem hielt er noch am 21 Oktober 1702 eine Dankrede auf den Sieg bey Klissow, begab sich aber nicht, wie Gadebusch sagt, vor der Eroberung von Pernau 1710 nach*

Schweden, sondern wurde 1710 *auf einem Spaziergange, den er mit seinem Freunde, dem Bürgermeister und Professor* Michael Dau, *machte, von einer feindlichen Streifpartey aufgegriffen und nach Jungfernhof bey Riga ins russische Lager gebracht. Nachdem diese Stadt übergegangen war, erhielt er von* Scheremetew *einen Paſs nach Pernau und lebte nun daselbst 5 Jahr bey seinem Freunde, dem nachherigen Propst* Vestring, *war dann zwey Jahr Hofmeister bey einem Sohne des rigaschen Rathsherrn* Kaspar Dreyling *und blieb bey dessen Familie auch nachher noch, wenigstens bis* 1721. *Am* 31 *August* 1724 *wurde er Bibliothekar an der Universität zu Upsal. Geb. in Schweden zu ..., gest. am* 4 *December* 1725.

Libanii Sophistae epistolae 154 selectae a Lacapeno, hactenus ανεκδοται, ex Cod. Mscto Rolambiano, a Laurentio Normanno, Graecar. Litt. Prof., communicato, latine versae. Upsaliae, 1691. ... (*s.* Nova lit. mar. B. 1704. p. 31., *nach* Sjoberg Pernavia lit.).

Diss. philosoph. de genio Socratis. (Resp. Christiano Brehmer, Dorpat.) Pernaviae, 1706. 16 S. 4.

Programmata, *als:* ad Mich. Dau parentat. in Dan. Sarcovium. Ibid. 1704. 2 Bogg. Fol. (*s.* Nova lit. mar. B. 1704. p. 301.) — Ad aud. oratt. Mart. Joh. Roth et Petri Palmroot de luxu. Ibid. 1709. 25. Mart. — Ad aud. orat. Nic. Braun. Ibid. 1709. 28. Mart. — Ad solemnem promotionem. Ibid. 1709. 10. Jul. *Sämmtlich in Patentform.*

Vergl. Bacmeister bey Müller. IX. 239. — Gadeb. L.B. Th. 2. S. 324., *mit Anführung von* Sjöberg Pernavia lit., Celsii hist. biblioth. Upsal. S. 130. 150., Norrelii stricturae in eandem. S. 49. 56.

VON PANK (EDUARD ADOLPH).

Sohn des nachfolgenden.

Geb. zu Waldegahlen in Kurland am 21 *September* 1801, *bezog, nach theils im väterlichen Hause, theils ander-*

weitig genossenem Privatunterricht, 1820 *die Universität Dorpat, widmete sich der Arzeneykunde, erhielt daselbst* 1825 *die medicinische Doktorwürde, und kehrte, um die praktische Laufbahn zu beginnen, in sein Vaterland zurück.*

Diss. inaug. de diagnosi et cura Pemphigi. Dorpat, 1825. 110 S. 8.

VON PANK (OTTO WILHELM).

Vater des vorhergehenden.

Geb. zu Birsgallen in Kurland, wo sein Vater Prediger war, am 25 *Julius* 1759, *widmete sich anfangs der Apothekerkunst und stand deshalb als Lehrling und später als Gehülfe in verschiedenen Officinen zu Mitau und Riga, verliefs aber dieses Fach* 1786, *ging nach Berlin, studirte daselbst Medicin und Chirurgie, war seit seiner Zurückkunft* 1790 *Oekonomiearzt auf dem Gute Waldegahlen in seinem Vaterlande und zog* 1827 *nach Windau, hat auch* 1803 *von der medicinischen Fakultät zu Dorpat das Doktordiplom erhalten.*

Diss. inaug. med. de differentiis febrium typhodearum. Dorpati, 1803. 48 S. 8.

PANDER (CHRISTIAN HEINRICH).

Geb. zu Riga am 12 *Julius* 1794, *fing seine medicinischen Studien* 1812 *in Dorpat an und beendigte sie in Würzburg, promovirte hier* 1817, *machte dann Reisen erst in Europa, begleitete hierauf, als Naturkündiger, die* 1820, *unter dem wirklichen Staatsrath v.* N e g r i, *an den Khan von Boukhara abgefertigte kaiserl. russische Gesandtschaft, brachte viele naturhistorische Schätze mit, die er meistens der naturforschenden Gesellschaft zu Moskau geschenkt hat, wurde* 1822 *Adjunkt der kaiserlichen Akademie der Wissenschaften zu St. Petersburg und im folgenden Jahre ordentlicher Akademiker für das Fach der Zoologie, nachdem er den Antrag zur Theilnahme an einer grofsen wissenschaftlichen Reise, imgleichen den Ruf zu einer Professur in Kasan abgelehnt hatte; erhielt auch 1826 den St. Wladimir-Orden der 4ten Kl. und wurde Kollegienrath. Eine von ihm von seinen asiatischen Reisen mitgebrachte neue Vogelgattung hat* Fischer *in Moskau* Podokes Panderi, *so wie einen neuen Käfer* Callisthenes Panderi *benannt.* (*S.* Lettre adressée à Mr. C. H. Pander, par Gotthelf Fischer de Waldheim. Contenant une notice sur un nouveaux genre d'oiseau et sur plusieurs nouveaux insectes. à Moscou, 1821. 18 S. 8.) 1828 *wurde er von seiner Stelle als Akademiker entlassen.*

Diss. inaug. sistens historiam metamorphoseos, quam ovum incubatum prioribus quinque diebus subit. Wirceburgi, 1817. 8.

Beiträge zur Entwickelungsgeschichte des Hühnchens im Eye. Würzburg, 1817. 42 S. Fol. Mit 9 Kpftaf.

Gemeinschaftlich mit E. d'Alton: Das Riesen-Faulthier, Bradypus giganteus, abgebildet, beschrieben und mit verwandten Geschlechtern verglichen. Bonn, 1821. Querfol. Mit 7 Kpftaf.

Mit demselben: Die Skelette der Pachydermata, abgebildet, beschrieben und verglichen. 1ste Abtheil. Ebend. 1821. 26 S. u. 12 Kpftaf. — 2te Abtheil. Ebend. 1822. 16 S. u. 8 Kpftaf. — Die Skelette der Raubthiere. Ebend. 1822, mit 8 Kpftaf. — Die Skelette der Wiederkäuer. Ebend. 1823, mit 8 Kpftaf. — Die Skelette der Nagethiere. 1ste u. 2te Abtheil. Ebend. 1824, mit 10 Kpftaf. Querfol. *Mit dem Zusatz auf dem Titel:* Der vergleichenden Osteologie 1ste bis u. s. w. Abtheilung. — Die Skelette der zahnlosen Thiere. Der vergleichenden Osteologie 8te u. 9te Abtheil. Ebend. 1825, mit 8 Kpftaf. in Querfol.

Beiträge zur Geognosie des russischen Reichs. St. Petersb. 1830. XVIII u. 165 S. gr. 4., mit 31 Steindrucktaff.

Naturgeschichte der Boukharey; *in des* Bar. v. Meyendorff Voyage à Boukhara (Paris, 1826. 8.) S. 347-479.

Gab heraus: Beyträge zur Naturkunde aus den Ostsee-Provinzen Rufslands, in Verbindung mit den Herren: v. Baer, Deutsch, v. Engelhardt, Erdmann, Eschscholz, Fischer, Grindel, Köhler, v. Krusenstern, Ledebour, v. Löwis, Parrot, Struve. 1stes Heft. Dorpat, 1820. 154 S. 8. Mit 3 Kpftaf.

Vergl. Meusels G. T. Bd. 19. S. 57.

PAPENGUTH (CHRISTOPH).

Geb. auf dem Gute Atlitzen in Kurland am 18 *Oktober* 1785 (*nicht* 1783, *wie am Schlusse seiner Dissertation steht*), *besuchte die Schule in Subbat, stand sodann von* 1799 *bis* 1802 *als Lehrling in der Kummerauschen Apotheke in Mitau, ging nach St. Petersburg, lebte daselbst als Apothekergehülfe, hörte aber auch zugleich medicinische Vorlesungen, war seit* 1807, *während des Krieges, bey Feldapotheken angestellt, liefs sich hierauf* 1809 *zu Svislocz im lithauisch-grodnoschen Gouvernement nieder, legte dort eine Apotheke an, und erhielt* 1818 *von der medicinischen Fakultät zu Breslau die Doktorwürde.*

Diss. inaug. de vi dynamica, quam exserunt in organismum humanum res externae tribus naturae regnis enatae. Vratislaviae, 1818. 44 S. 4.

Vergl. Die eben angeführte Dissertation. S. 44.

PARDO DE FIGUEROA (BENITO).

War General in spanischen Diensten, darauf Kommandant einer Festung, und zuletzt spanischer Gesandter in St. Petersburg. Als 1812 *der Krieg ausbrach, mufste er diese Residenz verlassen und begab sich, weil er nicht in sein Vaterland zurückkehren konnte, nach Kokenhusen in Livland, wo ihn, nach einem kurzen Aufenthalt, der Tod ereilte; so dafs er wenigstens durch sein Grab unsern Provinzen angehört. Geb. in Spanien zu ..., gest. am* 20 *Oktober* 1812.

Examen analitico del Quadro de la Transfiguration de Rafael d'Urbino. Paris, 1804. 8. *Aus dem Spanischen übersetzt von* Fr. Greuhm, *unter dem Titel:* Ueber die Transfiguration von Raphael von Urbino, nebst einigen Bemerkungen über die Malerey der Griechen. Berlin, 1806. 174 S. 8.

Ειδυλλιον εις τον κυδιστον Εμμανουηλ Γωδοι τον στρατα-ταρχην και ναυαρχον ιβηρον. ᾳ ωʹ ζʹ. Hinter dem Griechischen folgt die spanische Uebersetzung mit der Ueberschrift: Idilio dirigido al Serenissimo Sor. Principe de la Paz, Generalissimo y Grande Almirante, traducido del Griego por Dn. Pedro Estala, Canonigo Dignidad de la Santa Yglesia de Toledo. (1807). 16 S. Fol.

Διατριβη περι των τινων ωδων Ορατιου Φλακκου του λιρικου μεταφρασιν εις την ἑλληνικην φωνην. Εν Πετροπολει. 1809. 8. (*Griechische Uebersetzung von eilf Horazischen Oden im gleichen Sylbenmaſse.*)

B. Π. *Εις Ιωαννην Αριαζοὺ τον ποιητην Ιβηρικον ῳδη.* ¼ Bog. 8.

Soll früher in seiner Muttersprache auch mehrere Werke über Kriegswissenschaften herausgegeben haben.

Parlemann (Karl Friedrich).

Erhielt den ersten Unterricht, theils im väterlichen Hause, theils von dem Rektor Kaatzky *in der libauschen Stadtschule, besuchte seit* 1789 *das Gymnasium zu Mitau, ging* 1791 *nach Gottingen, in der Absicht Theologie zu studiren, widmete sich aber seit* 1793 *der Arzeneykunde und nahm auf der ebengenannten Universität* 1797 *die medicinische Doktorwürde an. In der Absicht, ganz in Göttingen zu bleiben und eine akademische Laufbahn anzutreten, bereitete er sich eben zu Vorlesungen über physische Anthropologie, als der bekannte Befehl Kaisers* Paul I *vom Jahre* 1798 *alle auf auswärtigen Lehranstalten befindliche russische Unterthanen, und also auch ihn, zurückrief. Er prakticirte nunmehr in seinem Vaterlande im sessauschen Kirchspiele, zog ein Paar Jahre später nach Mitau, war einer der ersten hiesigen Aerzte, die sich um die*

Einführung der Schutzblattern verdient machten, und wurde 1802 Professor der Beredsamkeit am mitauschen Gymnasium. Geb. zu Mesoten in Kurland am 28 Junius 1773, gest. am 10 August 1816.

Diss. inaug. de victu animali. Goettingae, 1797. 4. (*Nichts als das Titelblatt und einige demselben angehängte Theses, über welche disputirt wurde. Die Dissertation selbst sollte nachgeliefert werden, ist aber nicht erschienen.*)

Ein Flugblatt ohne Titel, worin die Schutzblattern-Impfung empfohlen wird, *unterschrieben:* Mitau den 6. September 1801. 4 S. 8.

* Versuch zur Beantwortung einiger Einwendungen gegen die Kuhpockenokulation. Mitau, 1801. 14 S. 8. *Am Schlufs hat sich der Verfasser unterschrieben.*

Kurze Uebersicht der ganzen Lehre von den Schutzpocken, nebst einigen Vorschlägen zur schnellern und allgemeinern Einführung derselben in Kurland. Ebend. 1803. 54 S. 8. *Auch, hin und wieder umgearbeitet und mit einer russischen Uebersetzung versehen, in* Otto's v. Huhn *Schrift:* Allgemeine Einführung der Schutzpocken im Europäischen und Asiatischen Rufsland. (Moskau, 1807. 12.) S. 1-131. Mit 11 illuminirten Kupfertafeln.

Vergl. Meusels G. T. Bd. 19. S. 63., *wo er aber irrig den Namen* Konrad *statt* Karl *erhalten hat.*

VON PARROT (GEORG FRIEDRICH).

Vater des nachfolgenden und Bruder von Johann Leonhard.

Geb. zu Mömpelgard am 15 Julius 1767, genofs auf seinem vaterländischen Gymnasium einen ungewöhnlich guten Unterricht, besonders durch die Sorgfalt des trefflichen Rektors Veron, *und bezog in seinem 14ten Jahre die Universität zu Stuttgart, die damals den Kulminationspunkt ihres Flors erreicht hatte. Er studirte dort die ökonomischen Wissenschaften pro forma, die mathematischen und physikalischen aus Neigung, und trat 18 Jahr alt ins bürgerliche*

Leben, zuerst als Privatlehrer in Frankreich, wo er sich Lalande's *Gewogenheit durch ein kleines Lehrbuch der Mathematik erwarb, welches der berühmte Astronom mit einem ungewöhnlichen Beyfalle in der Censurformel beehrte (doch wurde dasselbe nicht gedruckt, weil das Manuskript in den unruhigen Zeiten der beginnenden französischen Revolution beym Buchhändler verloren ging). Dann lebte er als privatisirender Lehrer der Mathematik, erst in Karlsruhe, hernach zu Offenbach am Mayn. Im J.* 1794, *nach dem Tode seiner ersten Gattin, kam er nach Livland, wo er von der ein halbes Jahr darnach gestifteten livländischen gemeinnützigen und ökonomischen Societät zum beständigen Sekretär gewählt wurde und an deren Errichtung durch eine kleine vorbereitende, auf dem Landtage* 1795 *vorgelesene Schrift, so wie durch seine Arbeiten als Sekretär Antheil nahm. Sobald die Stiftung einer Universität in Livland in Anregung gekommen war, bekannte er sich gleich dazu und ward im J.* 1800 *als Professor der theoretischen und Experimentalphysik berufen. Es verzögerte sich aber mit der Eröffnung jener Lehranstalt in Dorpat bis zum April* 1802, *in welchem Jahre er, weil der erste Prorektor Dr.* Lorens Ewers *wegen seiner Gesundheitsumstände schon nach drey Monaten sein Amt niederlegte, an dessen Stelle zum Prorektor erwählt wurde, und sich durch die Erwirkung einer neuen vortheilhaftern Fundationsakte vom* 12 *December desselben Jahres* (s. Nachricht von der feyerlichen Bekanntmachung der von Sr. Kaiserl. Maj. Alexander I. der Universität zu Dorpat Allergnädigst geschenkten Fundationsacte. Dorpat d. 23. Dec. 1802. 17 S. 4., *auch in* F. D. Lenz Skizze einer Gesch. der Stadt Dorpat. S. 64-84., *und in* Kaffka's Nord. Archiv 1803. I. 88-104.; *die Akte allein in* Storchs Rufsl. unter Alex. I. Bd. II. S. 79-86.), *so wie durch zahlreiche Reisen nach St. Petersburg, die er, immer in Angelegenheiten der Universität und der Schulen, auf eigene Kosten machte, grofses Verdienst um die neue Hochschule des Landes erwarb. Nach Erlangung jener Akte wurde er zum ersten Rektor der Universität erwählt, ein Amt das er nachher noch mehreremal bekleidet hat. Im J.* 1801 *wurde er Dr. der Phil. zu Königsberg,* 1806 *erhielt er den Wladimir-Orden 4ter Kl.,* 1808 *den Kollegienraths-,* 1820 *den Staatsrathsrang,* 1826 *auf seine Bitte die Entlassung vom Dienste, mit dem Titel eines emeritirten Professors, einer jährlichen Pension von* 5000 *Rubel und der Erlaubnifs zur Benutzung des physikalischen Kabinets der Universität und zur Disposition über die Hälfte der für die Unterhaltung dieses Kabinets bestimmten Summen, und wurde darauf noch in demselben Jahre zum ordentlichen Akademiker für das lange unbesetzt gewesene Fach der Mechanik fester und flüssiger Körper bey der St. Petersburger Akademie der Wissenschaften erwählt, erhielt auch den St. Annen-Orden der 2ten Kl. Seine gelehrten Verdienste haben viele wissenschaftliche Vereine anerkannt, indem ihn zu ihrem Ehrenmitgliede die Leipziger ökonomische Gesellschaft* 1796, *die livländische gemeinnützige und ökonomische Societät* 1801, *die literarisch-praktische Bürgerverbindung zu Riga* 1812, *die Meklenburgsche Landwirthschaftsgesellschaft* 1814, *die kaiserl. pharmaceutische Gesellschaft zu St. Petersburg* 1819; *zum ordentlichen Mitgliede die batavische Gesellschaft der Wissenschaften zu Harlem* 1804, *die kaiserl. physikalisch-medicinische Gesellschaft zu Moskau* 1804, *die naturforschende Gesellschaft daselbst* 1805, *die kurländische Gesellschaft für Literatur und Kunst* 1817, *die schlesische Gesellschaft für vaterländische Kultur* 1821; *zum Korrespondenten die physikalische Gesellschaft zu Jena* 1799, *die königl. Akademie der Wissenschaften in München* 1808, *die kaiserl. Akademie der Wissenschaften zu St. Petersburg* 1811; *zum associirten Mitgliede das königl. Institut der Wissenschaften, Literatur und schönen Künste in den Niederlanden* 1816, *und die Universi-*

tät Dorpat bey Gelegenheit ihres ersten Jubelfestes 1827 *zum Dr. der A. G. ernannte.*

Theoretische und practische Anweisung zur Verwandlung einer jeden Art von Licht in eines, das dem Tageslicht ähnlich ist. Wien, 1791. 8., *deutsch und französisch zugleich herausgegeben.* (*Sieben oder acht Jahre später eignete sich* Graf Rumford *alle Ideen dieser Schrift zu, ohne* Parrot *zu nennen. Dieser äusserte sich darüber* 1798 *in* Voigts Magazin, *und* 1819 *in* Gilberts Annalen.)

Der Ellipsograph, ein Instrument zur Beschreibung von Ellipsen verschiedener Ordnungen, zum Gebrauch in der Baukunst. 1792. ...

Zweckmäfsige Luftreiniger, theoretisch und practisch beschrieben. Frankfurt a. M. 1793. 310 S. 8.

Esprit de l'éducation, ou catéchisme des pères et des instituteurs. Francfort sur le Mein, 1793. 8.

Theoretisch-practische Abhandlung über die Verbesserung der Mühlräder, von dem Verf. des Zweckmafsigen Luftreinigers. Nürnberg, 1795. 8., mit 3 Kpftaf.

*Ueber eine mögliche öconomische Gesellschaft in und für Livland. Riga, 1795. 8.

Ueber den Einflufs der Physik und Chemie auf die Arzeneykunde, nebst einer physikalischen Theorie des Fiebers und der Schwindsucht. Eine Inauguraldissertation zur Erlangung der Würde eines ord. Prof. der Physik an der kaiserl. dorpatschen Universität. Dorpat (1802). 32 S. 4.

Rede über den Einflufs einer Universität auf die Geistescultur derjenigen, welche sich nicht eigentlich dem gelehrten Stande widmen. Bey Gelegenheit der Uebernahme des Prorectorats am 1. Aug. 1802 gehalten. Ebend. 20 S. 8.

Rede bey Gelegenheit der Publikation der Statuten der Universitat und der Abgabe des Rectorats am 21. Sept. 1803 gehalten. Ebend. 14 S. 8. *Einiges daraus in* Storchs Rufsl. unter Alexander I. Bd. II. S. 110-113.

Rede bey Eröffnung der dorpatschen Töchterschule am Geburtstage Ihrer Kaiserl. Maj. Maria Feodorowna. (Ebend.) 1804. 16 S. 8.

Programm zu meinen halbjährigen Vorlesungen über die Physik der Erde. (Dorpat, 1806.) 8.

Uebersicht des Systems der theoretischen Physik. (Ebend. 1806.) 106 S. 8.

* Lösch-Anstalten der kaiserl. Universität zu Dorpat. (Ebend. 1807.) 32 S. 8. Neue Aufl. *unter dem Titel:* Beschreibung der Lösch-Anstalten an der kaiserl. Univers. zu Dorpat. Ebend. 1823. 36 S. 8.

Grundriſs der theoretischen Physic zum Gebrauch für Vorlesungen. 1ster Theil mit 5 Kpftaf. Ebend. 1811. XXX u. 509 S. — 2ter Theil mit 6 Kpftaf. Ebend. 1811. XL u. 622 S. 8. — 3ter Theil, *s. unten:* Grundriſs der Physik der Erde.

Trauerrede auf Joh. Ludwig Müthel, Russ. kaiserl. Coll. Rath etc. gehalten am 28. May 1812. Ebend. 18 S. 8.

Ansicht der Gegenwart und der nächsten Zukunft. Zwey academische Reden. Ebend. 1814. 27 S. gr. 8.

Grundriſs der Physik der Erde und Geologie, zum Gebrauch für academische Vorlesungen. Mit 2 Kpftaf. Riga und Lpzg. 1815. XVI u. 718 S. gr. 8. *Auch als:* Grundriſs der theoretischen Physic. 3ter Theil.

Anfangsgründe der Mathematik und Naturlehre für die Kreisschulen der Ostseeprovinzen des Russ. Reichs. Mit 7 Kpftaf. Mitau, 1815. XVI, 8 unpag. u. 384 S. 8.

* Coup d'oeil sur le magnétisme animal. St. Petersbourg, 1816. 65 S. 8.

* Biographische Notizen über A. C. Lehrberg. XXXIV S. gr. 4. Mit Lehrbergs Bildniſs. (*Gehören zu des letztern* Untersuchungen zur Erläuterung der ältern Geschichte Ruſslands, herausgeg. durch Phil. Krug. St. Petersburg, 1816. gr. 4.)

Ueber die Capillarität. Eine Kritik der Theorie des Grafen La Place über die Kraft, welche in den Haarröhren und bey ähnlichen Erscheinungen wirkt. Dorpat, 1817. 72 S. 8. *s. hiezu* Allg. deutsche Zeit. f. Ruſsland. 1817. No. 249 u. 282., *und die* Literär. Extrablätter *zu* No. 290. u. 302. *jener Zeitung.*

Entretiens sur la Physique. Tom 1. avec 2 planches. à Dorpat 1819. 354 S. u. 2 Blätt. Table des matières. — Tom. II. av. 3. pl. Ibid. 1819. 336 S. — Tom. III. av. 4. pl. Ibid. 1820. 516 S. — Tom. IV. av. 2. pl. Ibid. 1821. 412 S. — Tom. V. av. 3. pl. Ibid. 1822. 384 S. —

Tom. VI. av. 4. pl. Ibid. 1824. 385-903 S. gr. 8. *Ein Auszug daraus:* Ueber die Berge, *steht deutsch in dem von* Grave *herausgegebenen* Taschenbuch Caritas. (Riga, 1825. 8.) S. 1-30.

Die Bibel aus dem Standpunkte des Weltmannes betrachtet. Eine Rede, gehalten in der General-Versammlung der Dörptschen Abtheilung der Russ. Bibelgesellschaft am 18. Jan. 1823. Mitau, 1823. 24 S. 8.

Mémoire sur les points fixes du thermomètre; avec 2 planches. St. Petersb. 1828. 4.

Mémoire concernant de nouveau moyens de prévenir tous les accidens, qui ont lieu dans les maschines à vapeur, et nommément sur les Pyroscaphes, causés par un excès d'élasticité des vapeurs. à St. Petersb. 1829. 4. Avec 1 planche grav.

Beschreibung eines einfachen nach den sichersten physikalischen Grundsätzen gebauten ökonomischen Ofens; *in* Voigts Magazin für das Neueste aus der Physik und Naturgeschichte. Bd. 10. (1795.) — Beschreibung eines Filtrums zur Reinigung des Wassers; *ebend.* Bd. 11. (1797.)

Ueber die Einrichtung und Anwendung eines zweckmässigen Anemometers; *in* Voigts Magaz. für den neuesten Zustand der Naturgesch. Bd. 1. (1797.) — Ueber die Natur der Kohle; Ueber die eudiometrischen Eigenschaften des Phosphors; Beschreibung eines Phosphor-Eudiometers; Nachricht von einigen Versuchen mit seinem öconomischen Ofen; Versuche über das Verhalten der glasurten und unglasurten Kacheln bey dem Heizen; Prüfung des Akenschen Löschmittels; *ebend.* Bd. 2. (1797) — Grundzüge einer neuen Theorie der Ausdünstung und des Niederschlags des Wassers in der Atmosphäre; Beschreibung einer neuen Luftpumpe; Correctur des Phosphor-Eudiometers und Nachricht von seinem Gazometer; Ueber die Natur der Kohle und der Verkohlung; Von einem neuen Löschinstrument. Theorie der vegetabilischen brennbaren Substanzen und ihrer Entzündung, auf die Kenntniſs der chemischen Zustände des Wassers gegründet; *ebend.* Bd. 3. (1801.) — Ueber Galvanismus und Verbesserung der Voltaischen Saule; *ebend.* Bd. 4. (1802.)

Gemeinschaftlich mit Grindel: Ueber die reine Kohle; *in* Scherers Allgem. Journal der Chemie. Bd. 7. (1801.) S. 338. u. 591–593. — Schreiben an den Hrn. Prof. Heinrich zu Regensburg über die Frage: Verwandeln sich die fetten Oele durch die Wärme in Dampf oder nicht? *ebend.* 1812.

Methode die Kartoffeln vor dem Auskeimen zu bewahren; Etwas Zuverlässiges über das Akensche Löschmittel; Nachricht von einem neuen Löschinstrument; als Anhang *zu dem* Livl. Taschenkalender auf das J. 1801.

Vermischte physikalische Bemerkungen über Hygrometrie und Eudiometrie; *in* Gilberts Annalen der Physik 1802. Bd. 10. St. 2. No. 3. S. 166. — Ueber die wahre Natur der Kohle und des Diamants; *ebend.* 1802. Bd. 11. St. 2. No. 5. S. 204. — Skizze einer Theorie der galvanischen Electricität und der durch sie bewirkten Wasserzersetzung *); *ebend.* 1802. Bd. 12. St. 1. No. 4. S. 49. — Ueber den Phosphor, den Phosphor-Oxygenometer und einige hygrologische Versuche in Beziehung auf Böckmanns vorläufige Bemerkungen über diese Gegenstände; *ebend.* 1803. Bd. 13. St. 2. No. V. S. 174. — Auszug eines Briefes (üb. Wrede's Bemerk. gegen seine hygrologische Theorie); *ebend.* No. XII. S. 244. — Bemerkungen über Daltons Versuche über die Expansivkraft der Dämpfe; *ebend.* 1804. Bd. 17. St. 1. No. 5. S. 82. — Prüfung der Hypothese des Grafen Rumford über die Fortpflanzung der Wärme in den Flüssigkeiten; *ebend.* St. 3. No. 1. S. 257. Zweyter Abschnitt: Widerlegung des Satzes der absoluten Nichtleitung durch direkte Versuche, und Aufstellung eines neuen wichtigen Satzes in der Lehre der Wärmeleitung; *ebend.* St. 8. No. 1. S. 369. — Brief an Gilbert über verschiedene Gegenstände; *ebend.* 1805. Bd. 19. St. 3.

*) Diese Abhandlung war eine Preisschrift, welcher die Societät der Wissenschaften zu Harlem die goldne Medaille zuerkannte, aber nur die silberne wirklich ertheilen wollte, weil ein unbedeutender Theil, die Beschreibung der liegenden Säule, in Voigts Magazin abgedruckt war. Der Verfasser nahm die silberne Medaille nicht an, wurde jedoch im folgenden Jahre von der Gesellschaft zum Mitgliede erwählt.

No. 7. S. 360. — Ueber die Strömungen in erwärmten Flüssigkeiten; *ebend.* St. 4. No. 9. S. 450. — Beschreibung eines Instruments um Flüssigkeiten von geringem Unterschiede an specifischem Gewichte über einander zu legen; *ebend.* S. 461. — Beyträge zur galvanischen Electricität; *ebend.* 1805. Bd. 21. St. 2. No. 5. S. 192. — Bemerkungen (*neue*) gegen des Grafen Rumford Hypothese der Nicht-Leitung der Flüssigkeiten für die Wärme und Erklärung der tiefen und engen Löcher im Gletscher-Eise; *ebend.* 1806. Bd. 22. St. 2. No. 5. S. 148. Beschreibung eines Calibrir-Instruments; *ebend.* 1812. Bd. 41. St. 1. No. 3. S. 62. — Drey optische Abhandlungen: 1) Von der Beugung des Lichts; 2) Theorie der Farbenringe zwischen durchsichtigen Flächen; 3) Von der Geschwindigkeit des Lichts; *ebend.* 1815. Bd. 1. St. 3. No. 2. S. 245. — Ueber die Zambonische Säule; *ebend.* 1817. Bd. 55. St. 2. No. 2. S. 165. — Ueber das Gefrieren des Salzwassers, mit Rücksicht auf die Entstehung des Polar-Eises; *ebend.* 1817. Bd. 57. St. 2. No. 1. S. 144. — Ueber die Gesetze der electrischen Wirkung in der Entfernung; *ebend.* 1819. Bd. 60. St. 1. No. 3. S. 22. — Ueber die Sprache der Electricitatsmesser; *ebend.* 1819. Bd. 61. St. 3. No. 5. S. 253. — Bemerkungen verschiedenen Inhalts: 1) Theorie des Pulversprengens mittelst losen Sandes; 2) Einiges über die Verbesserungen der Argandschen Lampe und des künstlichen Lichts überhaupt; 3) Ueber die Bemerkungen des Hrn. v. Grothufs gegen Sir Humphry Davy; *ebend.* 1819. Bd. 63. St. 1. No. 4. S. 66. — Vorschläge, wie das Hospiz auf dem grofsen St. Bernhard zu einer gesunden Wohnung zu machen sey, nebst Aufforderung zu einer Subscription dazu; *ebend.* 1820. Bd. 65. St. 1. No. 11. S. 101. — Die Extractiv-Pressen sind unnütze Werkzeuge; *ebend.* 1823.

Beschreibung und Abbildung einer ganz einfachen neuen Maschine zum Läutern des Wassers; *in dem von* Hermbstädt, Seebafs *und* Baumgärtner *herausgegebenen* Magazin aller neuen Erfindungen. Bd. 6. St. 2. No. 11.

Rede über einige Ansichten der Naturkenntnisse, in Ansehung ihres Einflusses auf Menschenkultur, sowohl von der intellectuellen, als von der moralischen

Seite betrachtet; *in* Jäsche's Gesch. u. Beschreib. der Feyerl. bey Eröffn. der kais. Universität Dorpat. (Dorp. 1802. 4.) S. 42-52.

Kleine Anreden, *in der* Nachricht von der feyerlichen Bekanntmachung d. Fundationsacte, (Ebend. 1802. 4.) S. 5. u. 15-17. — *in dem* Funfzehnten Sept. 1805 in Dorpat. (Ebend. 8.) S. 17 ff.; *auch in der* St. Petersb. Monatsschrift 1806. Bd. 1. S. 132. *wieder abgedruckt.*

Eine neue Beutelmaschine; *in* Grindels russ. Jahrb. der Pharmacie. Bd. 6. (1808.) S. 7-27. — Ueber die Oxydation der Metalle im Wasser; *in desselb.* Russ. Jahrb. für die Chemie u. Pharmacie auf das J. 1810. Heft II. S. 1-34.

Vorschlag eines neuen Arzeneymittels gegen die Nervenfieber; *in den* Rigaischen Stadtblätt. 1812. S. 361-373.— Nachtrag zu dem Aufsatze über Heilung der Nervenfieber; *ebend.* S. 377 u. 454. (*Dagegen schrieb* Burdach *in denselben Blättern* S. 402., *worauf* Parrot *antwortete in seiner* Berichtigung der Thatsachen des Hrn. Prof. Burdach in No. 47. der Rig. Stadtblätter. 8 S. 8., *und in der* Lösung des Burdachschen Räthsels. 1 S. 8. *Er gab auch eine* Rechenschaft über die Versuche zur Heilung der typhösen Krankheiten durch Essig, 1 Bl. 4., *heraus.*) — Hülfsruf hochverdienter leidender Menschheit (die Austrocknung des Hospitiums auf dem grofsen St. Bernhardsberge betreffend); *ebend.* 1820. S. 101., *s. auch ebend.* S. 181 u. 237.

Ueber das im jetzigen Kriege entstandene typhöse Fieber und ein sehr einfaches Heilmittel desselben; *in* Hufelands *und* Himly's Journal für die practische Heilkunde 1813. St. 5. S. 3. ff.; *auch in wenigen Exemplaren daraus besonders abgedruckt.* Berlin, 1813. 72 S. 8.

* Nachricht von wichtigen Schulverbesserungen in Dorpat; *in* Albanus livl. Schulbll. 1813. S. 266-269.

Ueber Rauchstuben und Aufklärung; *im* Neuern öconom. Repert. für Livl. II. 4. S. 297-330.; *auch in:* Ueber die Verbesserung der livl. Bauerwohnungen. Versch. Abhandlungen über diesen Gegenstand, die bey der Livl. öconom. Societät eingereicht sind. 1ste Samml. (Dorpat, 1814. 8.) S. 59-90. — Ueber die auf dem Gute Burtneck befindliche Dampfbrennerey; *ebend.* V. 4. S. 429-435. — Einige Worte über die Methode des Einweichens des Strohs für die unverbrennlichen Dächer des Hrn. Zigra; *ebend.* IX. 2. S. 183-189.

Ueber die chemische Verwandtschaft; *in* Scherers allg. nord. Annalen der Chemie. 1821. Bd. III. Heft 1.

Ueber die Reduction der Erden mittelst des Newmannschen Gebläses; *in* Panders Beitr. zur Naturkunde I. 50-61. — Ueber die Hygrometer und speciell über den Seidehygrometer; *ebend.* S. 75-94. — Ueber den Einfluſs verschiedener Lichtflammen auf die Spannung der Zambonischen Säule; *ebend.* S. 128-147.

Ueber Aberrationen der Magnetnadel auf Schiffen, nebst einem Anhange über den Magnetismus der Erde; *in den* Naturwissenschaftl. Abhandll. aus Dorpat. 1ster Bd. (Berlin, 1823. 8.) No. 1.

Bericht über den von ihm übernommenen Auftrag, ein feuerfestes Strohdach nach Hrn. Zigra's Methode zu bauen; *in den* Livländischen Jahrbüchern der Landwirthschaft. II. 4. S. 383-400. (1827.)

Auszug aus einem Briefe; *im* Bulletin universel. Sciences naturelles. T. XVI. (1829.) p. 161-163.

Antheil an der Abfassung der ersten Dörptschen Universitäts- und Schulstatuten von 1803. (s. Storchs Ruſsl. unter Alex. I. Bd. II. S. 209.), *und der erneuerten von* 1818 u. 1820.

Gab heraus:

Abhandlungen der liefl. gemeinnützigen öconomischen Societät. Hauptsächlich die Landwirthschaft in Liefl. betreffend. 1ster Th. m. 5 Kpf. Riga, 1802. 399 S. 8. (*die folgenden Bände wurden von* Friebe *besorgt.*) *Er selbst lieferte dazu:* Abhandlung über die Reinigung des Wassers durch Filtration. S. 43-70. — Beschreibung einer neuen Filtrirmaschine zum Gebrauch für Privathaushaltungen. S. 71-89. — Abhandluug über den Bau von Pisé. S. 119-142. — Ueber die Feuerspritzen, einige zur Prüfung und Beherzigung mitgetheilte Ideen. S. 143-160. — Beschreibung eines neuen Strohschneiders. S. 253-290. — Beschreibung eines Knaulwicklers. S. 291-316. — Nachricht über die in den Verhandlungen der Societät versprochenen Versuche mit einem Stubenofen. S. 317-339. — Versuche über das Verhalten der glasurten und unglasurten Kacheln. S. 341-355. — Abhandlung über Essig-Ausdünstungen in Krankenhäusern, in Rücksicht auf Luftreinigung. S. 357-373.

Des Capitain-Lieutenant Baron v. Wrangel physicalische Beobachtungen während seiner Reisen auf dem Eismeer in den Jahren 1821-1823. Herausgegeben und bearbeitet von G. F. Parrot. Mit 4 illumin. Kpfrn. u. 1 Karte. Berlin, 1827. gr. 8.

Vergl. Gradmanns gelehrtes Schwaben. — Meusels G.T. Bd. 6. S. 34. Bd. 10. S. 398. Bd. 11. S. 602. Bd. 14. S. 10. u. Bd. 19. S. 65.

von Parrot (Johann Jakob Friedrich Wilhelm).

Sohn des vorhergehenden.

Geb. zu Karlsruhe in Schwaben am 14 *Oktober* 1792, *erhielt seine vorakademische Bildung theils von seinem Vater, theils auf der Domschule zu Riga und dem Gymnasium zu Dorpat, und studirte seit* 1807 *auf der Universität Dorpat Medicin, erwarb sich daselbst drey akademische Preise, nämlich* 1809 *das Accessit der silbernen Medaille durch eine Abhandlung über die Unentbehrlichkeit einer Theorie für die Ausübung der Arzeneykunde,* 1810 *dasselbe für eine Abhandlung über das Verdienst, und* 1812 *die goldne Medaille durch seine Schrift über Gasometrie* (s. Dorpt. Zeit. 1810. No. 7. u. 103. und 1812. No. 101.); *machte* 1811 *mit dem bekannten Mineralogen* Moritz v. Engelhardt *eine Reise in die Krimm und den Kaukasus, arbeitete* 1812 *als Gehülfe in dem zu Dorpat errichteten Militärhospitale, promovirte* 1814 *in Dorpat als Dr. der Med. und Chir., ging darauf nach Wien, war* 1815 *als Stabsarzt erster Klasse bey der russischen Armee auf dem Feldzuge nach Frankreich angestellt, machte noch Reisen durch die Schweiz und Italien, wo er von Mailand aus den Monte Rosa bestieg, um an ihm die wahre Gränze des ewigen Schnees zu bestimmen, dann auch durch

Frankreich und Spanien, wurde nach seiner Rückkehr 1821 Professor der Physiologie, Pathologie und Semiotik an der Universität zu Dorpat, 1825 Mitglied der Schulkommission, und vertauschte 1826 sein bisheriges Amt mit der ordentlichen Professur der Physik; ist auch seit 1816 Korrespondent der kaiserl. Akademie der Wissenschaften zu St. Petersburg. 1829 unternahm er, begleitet von vier Zöglingen der Universität Dorpat, eine naturwissenschaftliche Reise auf den Ararat, und erhielt nach seiner Rückkunft 1830 den St. Annen-Orden 2ter Kl. so wie die Erstattung der Reisekosten.

Ueber Gasometrie, nebst einigen Versuchen über die Verschiebbarkeit der Gase. Eine von der philosoph. Fakultät der kaiserl. Universität zu Dorpat gekrönte Preisschrift. Dorpat, 1814. IV u. 89 S. gr. 8., mit 5 Kpftaf.

Diss. inaug. de motu sanguinis in corpore humano. (Ibid.) 1814. 32 S. 8.

Gemeinschaftlich mit M. v. Engelhardt: Reise in die Krimm und den Kaukasus. Mit (6.) Kupf. u. Karten. Berlin, 1815. 1ster Thl. 264 S. — 2ter Thl. 204 S. 8.

Ansichten über die allgemeine Krankheitslehre. Mitau, 1820. 220 S. 8.

Abhandlung über die Unterbindung der bedeutenden Schlagadern der Gliedmaafsen, mit einem Anhang zu dem Werke über die Schlagadergeschwulst von Antonio Scarpa, emirit. Prof. u. Director der medic. Facultät der Univers. zu Pavia, Ritter u. s. w. Aus dem Italienischen übersetzt. Berlin, 1821. VIII u. 123 S. 8.

Reise in den Pyrenäen. Mit (3 *lithograph.*) Abbildungen. Berlin, 1823. 169 S. 8.; *auch in den* Naturwissenschaftl. Abhandlungen aus Dorpat. 1ster Bd. (Ebend. 1823. 8.)

Ueber die Ernährung neugeborner Kinder mit Kuhmilch. Nach eigner und fremder Erfahrung. Mitau, 1826. 30 S. 8.)

Ueber ein zweckdienliches Verfahren bey der sogenannten Thränenfistel-Operation, nebst Beobachtungen über die Verrichtungen der Thränenwege; *in* Hufelands Journ. der pract. Heilkunde 1820. April.

Ueber die Schneegränze auf der mittägl. Seite des Rosagebirges, und barometrische Messungen; *im* Journal f. Chemie u. Physik. XIX. 4. S. 367 ff.

Gemeinschaftlich mit G. F. J. Sahmen: Ueber die Witterungs- und Krankheits-Constitution der Stadt Dorpat in den J. 1822. 1823 u. 1824.; *in den* Vermischten Abhandll. aus dem Gebiete der Heilkunde. 3te Samml. (St. Petersb. 1825. 8.) S. 12-26. u. 266-270.

Die Natur des Menschen hinsichtlich des Gedeihens und Nichtgedeihens seiner Werke, aus dem Standpuncte der Naturforschung betrachtet, (*eine Rede*) *in* Dem ersten Jubelfeste der kaiserl. Universität Dorpat. (Dorp. 1828. gr. 4.) S. 45-62.

Sein Bildnifs, lithographirt von Klünder, 1828. Fol.

Vergl. Inländ. Bll. 1814. S. 131. — Morgensterns Dörpt. Beytr. II. 286-288. III. 236-238. u. a. m. Stellen. — Meusels G. T. Bd. 19. S. 65.

von Parrot (Johann Leonhard).

Bruder von Georg Friedrich.

Geb. zu Mömpelgard am ... Stabsamtmann zu Schmiedelfeld im würtembergischen Antheil an der Grafschaft Limburg, mit dem Charakter eines herzogl. würtembergischen Regierungsraths, seit 1799; Kammerdirektor zu Elwangen seit 1802, jetzt königl. würtembergischer Hof- und Domänen-Kammerdirektor zu Stuttgart, auch Kommandeur des würtembergischen Civil-Verdienstordens und für seine Person in den Adelstand erhoben.

Von seinen Schriften gehört hierher:

Versuch einer Entwicklung der Sprache, Abstammung, Geschichte, Mythologie und bürgerlichen Verhältnisse der Liwen, Lätten, Eesten; mit Hinblick auf einige benachbarte Ostseevölker, von den ältesten Zeiten bis zur Einführung des Christenthums. Nebst einer Topographie und topographischen Charte des Landes zu Anfang des dreizehnten Jahrhunderts. Erster Bd. Stuttgart, 1828. VI, 38 unpag. u. 206 S. gr. 8.; *dann* Erläuterungen No. 1-4. auf 12 unpag. S. 8.;

No. 5. auf 20 Bogg. Fol. u. No. 6-10. auf 62 unpag S. gr. 8. Zweiter Band. Ebend. 1828., *mit der fortlaufenden Seitenzahl* 207-418., *und* Erläuterungen No. 11-41., *auf* 281 unpag. S. gr. 8.

Vergl. Meusels G. T. Bd. 6. S. 34. Bd. 10. S. 398. Bd. 11. S. 602. Bd. 15. S. 10. Bd. 19. S. 65.

Pascha (Nikolaus).

Studirte zu Frankfurt an der Oder, hielt daselbst 1577 *eine Rede* de vita Lutheri, *empfing im 19ten Lebensjahre die Magisterwürde, las in Frankfurt und Wittenberg Kollegien, wurde* 1583 *Subkonrektor am Kloster-Gymnasium zu Berlin, ging* 1587 *als Hofmeister nach Königsberg, wurde* 1588 *Pfarrer zu Landsberg in Preussen, und noch in demselben Jahre lutherischer Prediger zu Kowno in Lithauen, hierauf* 1612 *Hofprediger Herzogs* Wilhelm *von Kurland und deutscher Pastor zu Goldingen, mußte, aus jetzt nicht mehr bekannten Ursachen, diese Stellen nach* $4\frac{1}{2}$ *Jahren verlassen, und ging nach Königsberg, wo er das Diakonat an der altstädtschen Kirche erhielt. Geb. zu Berlin am* 28 *Februar* 1561, *gest. am* 11 *December* 1623.

Widerlegung der Widertäufer contra Tobias Schultzen. 1601. 4.

Diss. de novo Gregorii Papae calendario non suscipiendo, ad Christianum Brunonem, Wilnensium pastorem. 1602.

Aliquot scripta ad theologos Vilnenses A. Confessioni addictos, de non suscipiendo calendario novo. 1602 et 1603.

Erläuterung und Abfertigung Joachim Wendlands, Pastors zu Wilde, wegen des zwischen ihm und Bruno entstandenen Streits über etliche Fragen vom heiligen Abendmahl. Königsberg, 1605. 4.

Gründlicher Bericht vom Glauben und guten Werken. Gegen Hans Spieß. Ebend. 1608. 4.

Oratio funebris dicta in honorem Crispini Kerstenstenii, senioris. Ibid. 1611. 4.

Bedenken über die ausgegangene Famam fratrum roseae crucis. Königsberg, 1618. 4.

Auserlesene 300 Sprüche der heiligen Väter, woraus zu sehen, dafs die Lutherischen in articulo de coena domini mit der ersten Kirche dem Worte Gottes gemäfs lehren. ...

Ε'υθανασίαν. Hinter der von Bernh. Tersau *auf ihn gehaltenen Leichenpredigt* (1624); *auch in* Crenii animadversionibus philol. criticis.

Vergl. Gadeb. L. B. Th. 2. S. 326. — Dietrichs Berlinische Kloster- und Schulhistorie. S. 318. — Jöcher u. Rotermund z. dems. — Hennigs kurland. Samml. Bd. 1. S. 249.

Pastelberg (Johann Elias).

Studirte um 1697 in Dorpat und wurde 1699 Pastor zu Mustel auf der Insel Oesel. Geb. in Schweden zu ..., gest. 1710 an der Pest.

Exerc. theol. de electione ad vitam aeternam. (Praes. Laur. Molino.) Dorp. 1697. 6 unpag. u. 23 S. 4.

Gab gemeinschaftlich mit Karl Schulten *heraus:* Rabbi Jehuda Lebh, versione, notis, paraphrasi, emendatione textus, interstinctione, dictorumque S. S. in margine notatione illustratus. Pernaviae, 1709. 4. (*s. den Art.* K. Schulten.)

Vergl. Nord. Misc. IV. 110.

von Patkul (Johann Reinhold).

Aus einem alten adeligen Geschlechte Livlands, trat, nach seiner Rückkehr von Universitäten und Reisen, in königlich-schwedische Kriegsdienste und war 1690 bereits Kapitän, und zwar bey der Garnison in Riga. Damals befand sich der livländische Adel wegen der Güterreduktion, worauf König Karl XI *hartnäckig bestand und die der in Livland verhafste Generalgouverneur Graf* Hastfer *mit Eifer betrieb, in nicht geringer Verlegenheit. Um sich zu helfen und seine Privilegien vor dem Könige zu verfechten, sandte er den Oberstlieutnant, Landrath und dorpatschen Hofgerichts-Assessor* Leonhard Gustav Budberg *und den Kapitän* Patkul *1690 nach Stockholm.* Budberg *reiste früher, im Junius 1691, nach Livland zurück;* Patkul *blieb noch dort und begleitete selbst den König auf einer Musterungsreise, konnte aber doch keine günstige Entscheidung erhalten, und kam endlich am 21 December 1691 in Riga wieder an. Beyde Deputirte statteten der Ritterschaft ihren Bericht auf dem Landtage zu Wenden im März 1692 ab, und* Patkul *wurde nun nicht nur der erste Wortführer, sondern auch auf demselben Landtage als einer der vier Adelsdeputirten erwählt, welche statt der Landräthe künftig in Riga residiren und die Sache des Adels wahrnehmen sollten, verfaſste auch die Bittschrift der Ritterschaft an den König (sie steht in den seiner Deduktion beygefügten Rechtl. Akten. S. 62-68.), welche dem Adel und besonders seinen Wortführern als Verbrechen angerechnet ward. Unterdessen hatte er wegen einer mit noch drey andern Kapitänen gemeinschaftlich eingereichten Klage gegen den Oberstlieutenant seines Regiments* Magnus v. Helmersen, *und vielleicht auch durch Privatsachen, den Generalgouverneur* Hastfer *heftig aufgebracht, und ging deshalb über die livländische Gränze nach Kurland, wo er sich bis März 1694 zu Erwahlen aufhielt. Es war nämlich unter dem 10 August 1693 die königl. Antwort auf obenerwähnte Bittschrift an den Generalgouverneur gelangt, daſs dieser alle, welche thätigen Antheil an der Schrift genommen, nach Stockholm senden solle;* Patkul *verlangte sicheres Geleit und erhielt es auch im März 1694. Er begab sich darauf mit den übrigen Mitbeschuldigten (den beyden Landräthen* Vietinghof *und* Budberg *und dem residirenden Deputirten* Mengden) *nach Stockholm, wo der Proceſs nun vor sich ging, und von wo* Patkul, *einen schlimmen Ausgang vorhersehend, am 31 Oktober flüchtete. Bald* darnach, am 2 December, ward das Urtheil über ihn als Majestätsverbrecher gesprochen, die drey andern hingegen wurden mit sechsjähriger Gefängnißsstrafe in Marstrand belegt. Er begab sich nun fürs erste wieder nach Erwahlen, dann aber, da er sich auch in Kurland nicht sicher glaubte, ins Ausland, verweilte, unter dem Namen Fischering, an verschiedenen Orten, theils in Deutschland, theils in der Schweiz, besonders zu Prangin, einem Landgute des brandenburgschen Ministers Dankelmann, und zu Lausanne, forderte vergeblich Gerechtigkeit von Karl XI und seinem königlichen Sohne, und trat dann 1698, kurz vor Ausbruch des polnisch-russischen Krieges gegen Schweden, auf des Grafen Flemmings Einladung, in die Dienste Königs August von Polen als Geheimerrath, hielt sich aber doch noch eine Zeitlang verborgen. Im Herbste 1699 wurde er mit dem Generalmajor Karlowiz nach Moskau an Peter I gesandt und brachte am 11 November das Bündniß zwischen diesem und August zu Preobrashensk zu Stande. Nach dem Ausbruche des Krieges mit Schweden war er 1700 mit bey dem Einfalle der Sachsen in Livland, und machte selbst als sächsischer Oberster einen Streifzug in die Gegend von Wenden, doch kommandirte im weitern Verfolge des Feldzuges nicht er, sondern General Paykull, die sächsischen Truppen *). Bald darauf, etwa zu Anfange des Jahres 1701, trat er, unzufrieden mit den sächsischen Ministern, in russische Dienste als Oberkriegskommissarius, warb als solcher mehrere Officiere für den Dienst Peters, besonders den Feld-

*) Damals erschien: *Der Lieffländischen Ritterschafft, wie auch des Magistrats und der Bürgerschaft zu Riga über des infamen und verrätherischen Joh. Reinh. Patkuls auffrührisches Verfahren und kalumnieuse Beschuldigungen; bey dem in Riga Anno 1700 gehaltenen Landtage auffgesetzte und — — an den Grafen Erich Dahlberg überreichte Deklarationes und Erklärunge.* 36 S. 4. Dagegen sprach Patkul sich in s. *Echo* §. 30. aus. Vergl. B. Bergmanns *Patkul.* S. 154.

marschall Ogilvy, *und wurde* 1703 *am* 15 *Julius als wirklicher zarischer Geheimerrath zum Geschäftträger* Peters *bey König* August *ernannt und nach Warschau abgefertigt. Im Anfange des nächsten Jahres begleitete er den König nach Dresden, reiste von dort nach Berlin, um den preussischen Hof für den Zaren zu gewinnen, erhielt aber nichts als leere Versprechungen, und trat nun als Generallieutenant seine russischen Kriegsdienste an, indem er eine Truppenabtheilung gegen König* Stanislaus Lescinsky *und dessen Anhänger befehligte, auch Posen belagerte, jedoch auf die Nachricht von Königs* Karl XII *Anrücken sich über die Oder durch die Niederlausitz nach Sachsen zog, wo seine Truppen in elendem Zustande ankamen. Hier verweigerte man die Verpflegung, und es waren bereits mit dem östreichschen Gesandten* Straatmann *Unterhandlungen wegen dieser Truppen angeknüpft, als König* August *von Grodno aus einen Verhaftbefehl gegen* Patkul *erliefs, der nun auch am* 8 *December* 1705 *eingezogen und, ungeachtet aller Protestationen, die man russischer Seits dagegen einlegte, erst in Sonnenstein, dann in Königsstein gefangen gehalten wurde. Als* August, *von* Karl XII *bedrängt, sich zu dem altranstädter Frieden verstand* (1707 *am* 28 *März*), *wurde* Patkul, *in Folge eines Artikels desselben, den Schweden ausgeliefert, die ihn auf dem Marsch nach Polen mit sich fortführten, ihm den Procefs machten und ihn zum Tode durch Rad und Viertheilung verdammten. Bey der Vollziehung wurde seinen Qualen, nach vielen Stöfsen mit dem Rade, durch Enthauptung ein Ende gemacht. Geb. ...**), *gest. unweit Kasimir, einem Kloster* 8 *Meilen von Posen, am* 10 *Oktober n. St.* 1707.

---

*) Ueber Ort und Zeit seiner Geburt läfst sich nichts mit Ge-Gewifsheit sagen. Nach *Nordberg* (*Leben Karls XII.*, *II.* 41.) wurde er zu Stockholm im Gefängnisse geboren, worin sein Vater, Friedrich Wilhelm, wegen leichtsinniger Uebergabe der Stadt Wolmar an die Polen im J. 1657, gesessen und seine Frau bey sich gehabt haben soll;

Gründliche, jedoch bescheidene Deduction der Unschuld Hrn. Johann Reinhold von Patkull — — wider die vielfaltigen harten und unverschamten Lästerungen, mit welchen derselbe von seinen Feinden und Verfolgern in Schweden theils in öffentlichen Schriften und Manifesten, theils in heimlich ausgestreuten Pasquillen bisher beleget worden, nebst den völligen wider ihn in Schweden Anno 1694 ergangenen Acten und zweyen rechtlichen teutschen und lateinischen Responsis, auch angeführten Collectaneis livonicis, woraus seine und seiner Mitbeklagten von der livländischen Ritterschaft Befugniſs, und die Ungebühr des wider sie formirten unerhörten Processes deutlich und handgreiflich zu erkennen ist; — Gedruckt im J. 1701. Leipzig. 4. *Zuerst die* Deduction 3½ unpag. Bogg.; *dann die* rechtlichen Acten u. s. w. ½ Bog. u. 234 S.; *hierauf* allerhand andere Beylagen zu den Patkulschen Acten 50 S.; Rechtliches Responsum 195 S.; Responsum Lipsiense 30 S.; *zuletzt die* Collectanea livonica (*eine Sammlung livländischer Gesetze und Verordnungen*) 206 S. *).

Echo oder rechtmassige Beantwortung auf die von denen infamen schwedischen Ehrendieben wider S. königl. Majest. u. Churfürstl. Durchl. zu Sachsen, insonder-

---

so daſs sein Geburtsjahr etwa 1660 seyn würde. Unmöglich aber kann er bey seiner Hinrichtung, wie *Gauhe* im *Adels-Lexik. II.* 863. sagt, nur 40 Jahr alt gewesen, also 1667 geboren seyn, denn sein jungerer leiblicher Bruder Karl Friedrich ist zu Kegeln am 19 November 1661 geboren. Sein Familiengut war Kegeln, im Kirchspiel Papendorf unweit Wolmar, das ihm von der Reduktionskommission am 8 Oktober 1683 zuerkannt wurde.

*) Dagegen erschien: *Rechtmässige Animadversion oder Züchtigung über des leichtfertigen Verrathers J. R. Patkuls gedruckte infame Deduction und derselben beygefügte zwey unbesonnene Responsa, dadurch er das von der grossen königlichen Commission zu Stockholm Anno* 1694 *über ihn gefälletes Urtheil zu schmälern und kraftlos zu machen getrachtet.* (*Stockholm*, 1701.) 1 *Bog.* 4. Wurde auch lat. herausgegeben: *Justa animadversio in evulgatum scelerati proditoris Joh. Reinh. Patkuli infamem Deductionem, eique adjuncta bina temeraria responsa, quibus legitimam magnae regiae commissionis Holmiae Anno* 1694 *de ipso latam sententiam eludere et labefactare annisus est.* (1701.) 1 *Bog.* 4.

heit wider den Herrn Geheimden Rath von Patkul ausgestreuete unverschämte Pasquillen und andere verübte brutale Proceduren: sammt einer kurzen Replica pro Justitia armorum Regiae Majestatis Poloniae contra Sveciam, durch eine unpartheyische Feder abgefaſst von T. S. i. Z. K. M. v. P. u. C. D. z. S. G. S. i. M. Gedruckt im Jahre 1702. 20 Bogg. Text u. 2½ Bogg. Beylagen. 4. *Der Beylagen sind hierin 13 von A bis N. incl. — Auch lateinisch mit dem Titel:* Echo sive justissima Responsio ad detestabiles atque execrandas plane adversus Sacram Regiam Poloniarum Majestatem Electoremque Saxoniae, praecipue autem adversus Consiliarium intimum, Dominum de Patkul, ab infamibus ac in desperatam malitiam induratis Balatronibus Suecicis, libellis famosis, hinc et inde disseminatas calumnias, aliasque plus quam barbaras et inter cultiores gentes inauditas criminationes; adjecta brevi Replica pro justitia armorum Regiae Majestatis Poloniae contra Sveciam reddita a veritatis amante et nulli partium studio addicto. T. S. Anno 1705. 144 S. 4. *Dieser Uebersetzung ist nur die einzige Beylage A. angehängt, obwohl darin, wie in der deutschen Ausgabe, auf die übrigen 12 Bezug genommen wird. Vermuthlich war Patkuls Fall die Ursache, daſs diese Ausgabe so unvollständig erschien.*

Unmaſsgebliches Bedenken über das dessein, Schweden zu bekriegen, und was man zu solchem Zweck bey Zeiten vor Messures nehmen müſste. Grodnau den 1. Jan. 1699, item Warschau den 7. April 1699; *in den von* Bernoulli *herausgegebenen* Berichten an das Zarische Cabinet (*s. unten*) II. 237-266. *Vielleicht auch früher besonders gedruckt. Es wird darin eines beygelegten* Specialprojects zu der Entreprise der Stadt Riga *erwähnt, das sich aber nicht gefunden hat.* — Rechtmässige Retorsion auf die von einigen boshaftigen Callumnianten und Ehrendieben im Druck ausgegebene Rechtmässige Ahndung, Stockholm den 20. December anno 1701 *), wie auch auf alle andere bis zu dieser Zeit von ihnen publicirte Schmähschriften und Pasquillen, insonderheit auf die unvernünftigen und

*) S. die Anmerk. auf der vorhergehenden Seite.

gewissenlose Anklage und Sentenz bey der grossen Commission in Stockholm de Anno 1694 nach dem Stylo der „Rechtmässigen Ahndung“ eingerichtet. Moscow, den 29. April 1702; *ebend.* II. 343-349., *aber wahrscheinlich früher schon besonders gedruckt.* — Joh. Reinhold Patkuls u. s. w. politische Offenbarung oder geringfügiges Bedenken von Schwedischer Invasion in Sachsen, welches auf allergnädigsten und so oft wiederhohlten, wie auch nachdrücklichen Befehl des Allerdurchl., Grofsmächtigsten Herrn, Herrn Friedr. Augusts, Königs in Polen und Churfürst zu Sachsen, von obberührtem General hat müssen gestellt und an Ihro Königl. Maj. zu Dresden übergeben werden den 8. März 1705; *ebend.* III. 59-86., *und in* Schmidt Phiseldecks Hermäa. (Leipz. 1786. 8.) S. 186-205. Bernoulli *vermuthet, diese Schrift sey zu* Greifswalde im J. 1711. in 8. *im Druck erschienen, was aber höchst wahrscheinlich nie geschehen ist.*)

Handschriftlich:

Widerlegung der Praetexte, deren sich die Sächsischen Minister wegen ihres Verfahrens gegen Patkuln bedienen. *Patkul tritt darin zwar nirgends redend auf, doch ist es höchst wahrscheinlich seine Arbeit.*

Ausserdem soll er (nach Menkens Biblioth. virorum militia aeque ac scriptis illustrium pag. 330.) *einen Auszug aus einigen Werken* Joh. Phil. Speners, *und (nach* Keyfslers Reisen S. 135.) *eine französische Uebersetzung von* Pufendorfs *Buche* de officio hominis et civis *angefertigt haben.*

Lange nach seinem Tode erschien:

Joh. Reinh. v. Patkul's u. s. w. Berichte an das Zaarische Cabinet in Moscau von seinem Gesandschaftsposten bey August II., Könige von Pohlen, nebst Erklärung der chiffrirten Briefe, erläuternden Anmerkungen, Nachrichten von seinem Leben und andern hieher gehörigen Betrachtungen. 1ster Theil, welcher die Berichte bis März 1705 enthält. Berlin, 1792. XXXII. u. 424 S. — 2ter Theil, welcher Beyträge zu Patkul's Lebensgeschichte bis zum Anfange der Berichte enthält. Ebend. 1795. VIII u. 389 S. —

3ter u. letzter Theil, welcher den Beschlufs der Beyträge zu Patkuls Lebensgeschichte, nebst einem Anhange von des chursächsischen General Lieutenant O. A. von Paykuls Schicksalen enthält. Ebend. 1797. 343 S. 8. *Herausgegeben von* Johann Bernoulli. (*s. diesen Artikel.*) Patkuls *eigene Aufsätze aus dieser Sammlung, welche früher besonders gedruckt seyn mögen, sind schon vorher einzeln verzeichnet.*

Drey Briefe desselben, zwey an König August II von Polen und einer an einen Minister, d. d. Dresden d. 7. 8. 12. Februar 1705, *in* B. Bergmanns J. R. v. Patkul vor dem Richterstuhle der Nachwelt (oder histor. Schriften. Bd. I.) S. 331-336.

Ein Brief desselben an seine Mutter d. d. Cronstadt d. 2. (13.) Jan. 1695, *in der* Beylage zu No. 39. der Rig. Stadtbll. von 1822, S. 6-8., *bekannt gemacht von* Sonntag.

Vergl. Lorenz Hagen's unpartheyischer Bericht von der Aufführung Joh. Reinh. Patkuls kurz vor und in seinem Tode 1707. 4.; *auch* 36 S. 12. *Wieder herausgegeben von* J. C. L. Pr. zu Br. Göttingen, 1783. XVI u. 40 S. 8.; *ferner in* Christian Gerbers zweytem Anhange zu der Historie der Wiedergebornen in Sachsen. S. 318-337.; *im* Theatro Europ. ..., in ausführl. Bruchstücken *in den* Berichten an das zarische Kabinet. III. 278-302.; *und, als früher noch nicht gedruckt* (?), *in* Woltmanns Geschichte und Politik 1802. 1stes St. S. 40-57. — Copiae einiger an den Moscowitischen Zaar wie auch an des Königs Augusti Sachsisch-geheimdes Kriegs-Raths-Collegium und an andere vornehme Sächs. Offiziers und Ministres, von dem Herrn Obristen Goertz, zu seiner Exculpation wider die malhonette und malicieuse Verleumbd- und Verfolgung des Moscowitischen Generals, Johann Reinhold Patkuls geschriebene Briefe, nebst der, von einem, Nahmens Zaarischer Majestat, von erwehntem Patkul verordneten General-Kriegs-Gericht ergangenen edictalen Citation, und darauf nöthig gefundenen gründlichen Widerlegung derselben, wie auch einem Anhang, einer von einem guten Freunde auffgezeichneten billigen Censur über die Patkulsche Proceduren. Auf Verlangen des Herrn Obrist Goertz gedruckt Anno 1705. 94 S. 4. 2te Aufl., *bey welcher blofs das erste Wort auf dem Titel* Copiae, *mit* Abschrifften vertauscht ist: 1707. 4. — Unschuldige Nachrichten von J. R. v. Patkul. Leipz. 1707. 4. — Ein Muster des wandelbaren Glücks Rades an dem Rade der Justiz, d. i. Rede des von seinem Leibe abgesonderten und anitzt auf einem Pflocke steckenden Haupts des Weltbekannten Pattkuls. (*o. O.*) 1708. 389 S. 8. —

Letzte Stunden J. R. Patkuls. Cöln, 1714. 8. — A short narrative of the life and death of J. R. Patkull. London, 1717. 8. — Die merkwürdige Lebensgeschichte der vier schwedischen Feldmarschalle Rehnschild, Stenbock, Meyerfeld und Ducker; nebst dem angefügten merkwürdigen Leben und Ende des bekannten Generals Joh. Reinh. Patkul (von Mich. Ranft). Leipz. 1753. 8.; *schwedisch übersetzt von* K. C. Gjörwell, *unter dem Titel:* Den olycklige Generalens Johan Reinhold Patkulls markvärdiga lefverne och bedröfliga dod. Stockholm, 1755. 32 S. 8. — Anecdotes concerning the famous J. R. Patkul. London, 1761. 8. — Nachrichten von dem Leben und der Hinrichtung J. R. Patkul. Göttingen, 1783. 8. — Patkuls Geschichte *in* Buschings Magazin. VIII. 492-496. — Patkuls Anschläge und Begebenheiten; *ebend.* XV. 279-302. — Gadeb. L. B. Th. 2. S. 328-340. — *Desselb.* livl. Jahrb. an mehrern Stellen, *besonders* Th. III. Anhang. S. 63-72. und 429-441. — Nord. Misc. XXVII. 412-421. — Joh. Bernoulli's Nachrichten von dem Leben Patkuls, *in den angeführten* Berichten an das Zarische Cabinet u. s. w. — Joh. Reinh. v. Patkul *in* Woltmanns Monatsschrift Geschichte und Politik. 1802. I. 1-39. — Welchen Antheil hatte der General Patkul an der Preussischen Konigswurde? *in der* Berliner Monatsschrift. 1803. Jan. No. 5. — Benj. Bergmanns Joh. Reinh. v. Patkul vor dem Richterstuhle der Nachwelt (oder dess. histor. Schriften. 1stes Bdchen.) Leipz. 1806. 8. — Dess. Fragment aus einer ungedruckten Geschichte Peters des Grofsen, *in der* Livona 1815. S. 121-135. — Dess. Peter der Grofse als Mensch und Regent. Th. II. (Königsberg, 1824. 8.), *an mehreren Stellen*, *besonders* S. 275-286. — Convers. Lexik. VII. 305. — Patkuls Rohheit (von Sonntag), *in den* Rig. Stattbll. 1816. No. 13. S. 97-100. — Interessante Anekdoten, Charakterzüge u. s. w. Bd. 4. (oder Historische Gemälde. Bd. 16. 1808.) — Rotermund z. Jöcher.

Patricki, mit dem Beynamen Nidecki (Andreas).

Legte den Grund zu seiner gelehrten Bildung in seiner Vaterstadt, studirte darauf zu Padua, war von Aldus Manutius besonders geschätzt, wurde 1557 Domherr zu Krakau, ging wieder nach Padua und widmete sich nun vorzüglich dem geistlichen Rechte, erhielt nach seiner 1559 erfolgten Rückkunft eine Pfründe um die andere, erwarb sich die Zuneigung des Königs Stephan in hohem Grade und wurde zuletzt 1583 zum Bischof von Wenden in Livland ernannt, wo er den dasigen lutherischen Glaubensgenossen mancherley Kränkungen zugefügt hat. Geb. zu Krakau am ..., gest. zu Wolmar im Februar 1587.

De stirpibus aliquot epistolae V. Melchieris Guilandini Borussi. Quibus adjecta est Andreae Patricii Poloni ad Gabrielem Fallopium praefatio. Patavii apud Gratiosum Perchacinum, 1558. kl. 4. (*Sehr selten.*)

Fragmentorum M. Tul. Ciceronis Tomi IV. Cum Andr. Patricii adnotationibus. Venetiis apud Jordanum Ziletum, 1561. 8. (*Sehr selten.*) — *Auch wieder, unter dem Titel:* M. Tullii Ciceronis Fragmentorum Tomi IV. Cum Andreae Patricii Striceconis adnotationibus. Omnia ex ejusdem secunda editione. Venetiis ex officina Stellae Jordani Zileti, 1565. gr. 4. (*Ungemein selten.*)

Parallela ecclesiae catholicae cum haereticorum synagogis, sive causae, quibus permoti, plerique nostris temporibus sectas haereticorum deseruerunt et ad ecclesiae communionem redierunt. Coloniae apud Maternum Cholinum, 1576. 8. (*Von der höchsten Seltenheit.*)

Notae in duas M. Tullii Ciceronis orationes pro C. Rabirio Posth. et M. Marcello. Cracoviae, 1583. 4. (*Sehr selten.*)

Notae in duas M. Tullii Ciceronis orationes pro Q. Ligario et rege Dejotaro. Cracoviae, 1583. 4. (*Sehr selten.*)

Gratulationum triumphalium ex Moscovitis orationes III ad Stephanum Bathoreum, regem Poloniarum inclytum, pro clero Varsoviensi. Cracoviae, 1583. 4. (*Sehr selten.*)

De ecclesia vera et falsa libri V. ad Stephanum Bathoreum, maximum Poloniae regem. Cracoviae, 1583. Fol. (*Sehr selten.*)

Handschriftlich: Commentarii actorum publicorum.

Sein Bildnifs, wie es in der Kirche zu Wenden auf seinem Grabstein gehauen ist, *in* Bergmanns' Geschichte von Livland S. 60.

Vergl. Gadeb. L. B. Th. 2. S. 340-347. — Jöcher u. Rotermund z. dems. — Nord. Misc. IV. 214.

PATZ (CHRISTIAN GOTTLIEB).

Hatte zu Königsberg studirt und wurde 1767 Prediger zu Zelmeneeken oder Lihkuppen in Kurland. Geb. zu Bartenstein in Preussen am ..., gest. 1779.

Die Ehre Gottes in Duldung des Unrechts auf Erden. Eine in der gräflich-esserisch-grywaischen Kirche (wegen Errettung des Königs Stanislaus Augustus) am 26. Sonntage n. Tr. über Psalm 37, v. 32. 33. gehaltene Predigt. (Mitau), 1772. 20 S. 4.

Der Frau Gräfin Charlotte v. Kettler, geb. v. Kleist, Gemahlin des Herrn Grafen v. Kettler, Erbherrn der Essernschen Güter, überreichet die am unvergeſslichen 3. Junii dieses Jahres (als die Neuvermählte zum ersten mal die Kirche besuchte) in der Griewaischen Kirche gehaltene Rede C. G. Patz. Königsberg, 1773. 15 unpag. S. 8.

Vergl. Nord. Misc. IV. 110.

PAUCKER (FRIEDRICH AUGUST).

Groſssohn des nachfolgenden und Bruder von KARL JULIUS und MAGNUS GEORG.

Geb. zu Simonis Pastorat in Esthland, wo sein Vater Prediger war, am 28 Januar 1801, studirte, auf den Gymnasien in Reval und Mitau vorbereitet, Medicin zu Dorpat, promovirte daselbst 1826, wurde in demselben Jahre als jüngerer Stabsarzt bey dem kaiserl. Stadthospitale zu Gatschina angestellt, diente seit 1828 als freywilliger Armeearzt im türkischen Feldzuge, erhielt den St. Annen-Orden der 3ten Kl. und ist jetzt Oberarzt bey dem vorgenannten Hospitale.

Diss. inaug. med. de cura syphilidis sine Mercurio. Dorpati Liv. 1826. 116 S. 8.

PAUCKER (JOHANN CHRISTOPH).

Groſsvater des vorhergehenden und der beyden nachfolgenden.

Wurde 1757 (ord. am 20 Jul.) Prediger zu St. Johannis in Esthland, 1767 Assessor des esthländischen Konsistoriums und 1769. Propst. Geb. zu Kolberg in Pommern 1736, gest. am 26 Februar 1776.

Er hätte die Absicht, zum Beſsten der Esthen eine Postille auszuarbeiten, starb aber, ehe er das ziemlich weit gediehene Werk vollenden konnte. Nun erlieſs das esthländische Konsistorium an sämmtliche Landprediger der Provinz eine Aufforderung, das Werk zu erganzen, und bestimmte ein aus der Verlagskasse zu zahlendes Honorar für die Predigten, welche die Approbation erlangen würden. So kam das Ganze bald zu Stande und erschien unter dem Titel: Jutluſse Ramat, mis ſees Pühhapäwade, Pühhade, ja Palwe-päwade Jutlusſed, Eesti-Ma rahwa öppetusſeks on kokkopandud. Reval, 1779. VI und 652 S. 4. — *Wieder aufgelegt:* Ebend. 1791. 1812. 1823. *Sämmtlich von gleicher Seitenzahl mit der ersten Auflage.* 4. *Die meisten Predigten hierin sind von dem ersten Urheber der Sammlung, namlich folgende 26:* am 1sten, 2ten u. 3ten Adv., 1sten u. 2ten Weihn., Sonnt. n. Weihn., Neujahr, Sonnt. n. Neuj., Epiph. 1sten, 2ten, 4ten, 5ten u. 6ten Sonnt. n. Epiph., Estomihi, Invoc., Oculi, Palmarum, Charfreytag, 1ste Ostern, Quasimodog., Miseric. Dom., Jubilate, Cantate, Rogate u. 26sten Sonnt. n. Trin.

Vergl. Carlbl. S. 45.

PAUCKER (KARL JULIUS).

Groſssohn des vorhergehenden und Bruder des nachfolgenden und von FRIEDRICH AUGUST.

Geb. zu Simonis Pastorat in Esthland am 22 April 1798, besuchte das dorpatsche und von 1813 bis 1815 das mitausche Gymnasium, studirte hierauf von 1815 bis 1818 zu Dorpat und Göttingen die Rechte, erwarb sich auf der letztern Universität die juristische Doktorwürde, brachte dann noch ein halbes Jahr in Heidelberg zu, kehrte 1819 in sein Vaterland zurück, wurde gleich Advokat in Reval, und bald darauf ebendaselbst Sekretär des wierischen und jerwischen Manngerichts.

Diss. inaug. de vera poenarum forensium fine. Göttingae, 1818. 8.
Kleine Aufsätze *in der* Isis 1819; *in* Oldekops St. Petersburgschen Zeitschrift *und im* Ostsee-Prov. Blatt.

VON PAUCKER (MAGNUS GEORG).

Grofssohn von JOHANN CHRISTOPH und Bruder des vorhergehenden und von FRIEDRICH AUGUST.

Wurde zu Simonis Pastorat in Esthland am 15 November 1787 geboren. Vom 13ten bis zum 17ten Jahre genofs er in Schulwissenschaften, vorzüglich aber in der Mathematik, den Privatunterricht eines gründlichen Geometers, des 1810 als Professor an der Ritterschule zu Reval verstorbenen J. H. F. Heuser, bezog darauf im J. 1805 die Universität Dorpat, und widmete sich hier, unter der Leitung des Professors Johann Wilhelm Pfaff, ausschliefslich dem Studium der exakten Wissenschaften, der Astronomie, Mechanik und Hydraulik. Im Junius 1809 verliefs er Dorpat und ging nach St. Petersburg, wo er eben bey dem Korps der Wasserkommunikationen angestellt werden sollte, als er gegen das Ende des Jahres 1810 zum Oberlehrer der Mathematik und der Naturwissenschaften am Gymnasium zu Wiburg ernannt wurde. 1811 folgte er einem neuen Ruf als Observator an der Sternwarte und Docent der Mathematik zu Dorpat, erhielt daselbst 1813 die philosophische Doktorwürde, und wurde im May desselben Jahres als ausserordentlicher Professor der Mathematik an der Universität bestätigt, im Junius aber schon als Oberlehrer der Mathematik und Astronomie am Gymnasium illustre zu Mitau angestellt. Er ist Korrespondent der kaiserl. Akademie der Wissenschaften zu St. Petersburg und der liter. prakt. Bürgerverbindung zu Riga, ordentliches Mitglied der naturforschenden Gesellschaft zu Moskau, so wie der kurländ. Gesellsch. f. Lit. u. Kunst, deren bestän-

diger Sekretär er auch von ihrer Stiftung an bis zur Mitte des Jahres 1821 *war, und um die er sich bleibende Verdienste erworben hat.* 1825 *erhielt er den Hofraths- und* 1827 *den Kollegienrathscharakter.*

Diss. inaug. de nova explicatione phaenomeni elasticitatis corporum rigidorum. (Praes. Joan. Godofr. Huth.) Dorpati, 1813. 76 S. 4. Mit einer Kpftaf.

Progr. Die Theorie der Derivationen. Mitau, 1813. 43 S. 4.

Zur Feyer des Allerhöchsten Geburtsfestes Seiner Kaiserl. Majestät am 12. December 1816. Worte gesprochen im großen Hörsaale des Gymnasii illustris zu Mitau. Ebend. 1816. 16 S. 4.

Jahresprogramm des Museum und Athenäum der Provinz Kurland. No. 1. Ebend. 1818. 31 S. 4.

Uebersicht der Verhandlungen der kurländischen Gesellschaft für Literatur und Kunst. Ebend. 1818. 16 S. 4.

Progr. Ueber die Anwendung der Methode der kleinsten Quadratsumme auf physikalische Beobachtungen. Ebend. 1819. 32 S. 4.

Mathematische Gedankentafel. Ebend. 1820. 55 S. 8.

Progr. Einiges über die geometrische Auflösung kubischer Gleichungen. Ebend. 1821. 16 S. 4. Mit einer Tafel in Messingschnitt.

Die ebene Geometrie der graden Linie und des Kreises, oder die Elemente. Für Gymnasien und zum Selbstunterricht. Erstes Buch. Königsberg, 1823. XXII u. 298 S. 8. Nebst 28 Steindrucktafeln.

Einige astrognostische Notizen; *in* J. W. Pfaffs Astronomischen Beyträgen. (Dorpat, 1806. 8.) No. I. S. 48-50. — Ueber den Sehungsbogen der Fixsterne; *ebend.* No. II. S. 55-79.

Ueber astronomisch-trigonometrische Landesvermessungen; *in dem* Programm zur Eröffnung des Lehrkursus auf dem Gymnasium illustre zu Mitau. (Mitau, 1817. 4.) S. 1-27.

Ueber die geographische Länge und Breite des Kap Domesneß von Kurland; *in der von* Bohnenberger *und* Baron v. Lindenau *herausgegebenen* Zeitschrift für Astronomie und verwandte Wissenschaften. Bd. 3. S. 364. (1817.)

Astronomische Beobachtungen, neue Methoden zur Prüfung des Ganges der Uhren aus korrespondirenden Sonnenhöhen und zur Berechnung der Paralaxen enthaltend; *in* Bode's astronomischem Jahrbuch für 1818. S. 173-180. — Ueber das Mittagsfernrohr auf der Sternwarte zu Mitau; Resultate der Aberrationstheorie der Fixsterne, Planeten und Kometen, und über korrespondirende Sonnenhöhen; *ebend.* für 1825. S. 107-118.

Historischer Theil des ersten und zweyten Bandes der Jahresverhandlungen der kurländischen Gesellschaft für Literatur und Kunst, mit Ausschlufs der biographischen Notizen. (Mitau, 1819 u. 1822. 4.)

Ueber die numerische Bestimmung der Phasen einer Sonnenfinsternifs für einen gegebenen Ort; *in den* Jahresverh. der kurl. Gesellsch. f. Lit. u. Kunst. Bd. 1. (1819.) S. 214-237. — Neuer geometrisch-statischer Beweis des Parallelogramms der Krafte; *ebend.* S. 238-244. — Ueber einen neuen und allgemeinen Beweis des Binomiums und Polynomiums; *ebend.* S. 245-265. — Geometrische Verzeichnung des regelmäfsigen Siebzehn-Ecks und Zweyhundertsiebenundfunfzig-Ecks in den Kreis; *ebend.* Bd. 2. (1822.) S. 160-219.

Mémoire sur la construction géométrique des équations du troisième degré, et sur les propriétés principales de ces équations, démontrées par la géométrie élémentaire; *in den* Memoires de l'academie des sciences de St. Petersbourg. Tom. 10. p. 158-260. (1826.)

Bestimmung der Polhöhe der Mitauer Sternwarte; *in* Schumachers astronomischen Nachrichten. Bd. 3. — Zenithdistanzen des Polarsterns, zur Bestimmung der Polhöhe der Mitauer Sternwarte mit einem 18zolligen Reichenbach-Ertelschen Verticalkreis im Sommer 1828 gemessen; *ebend.* Bd. 7. S. 359-364. — Ueber Refraktionstafeln; *ebend.* S. 401-414.

Ostertafel des Julianischen Kalenders für immerwährende Zeiten der Zukunft und Vergangenheit, auf die Periode von 532 Jahren nach einer neuen Einrichtung berechnet; *im* Anhange zu dem Mitauischen Kalender für 1823.

Authentische Bestimmungen inländischer Maafse und Gewichte, auszugsweise aus einer umständlichern

Bearbeitung mitgetheilt; *in* Raupachs Neuem Museum der deutschen Provinzen Rufslands Bd. 1. Heft 2. im Anhange. S. I-XXX. (1824.)

Erscheinungen in der naturwissenschaftlichen Literatur; *in der Zeitschrift:* Die Quatember. Bd. 1. (1829.) Heft 1. S. 65-70. — Die geographische Breite von Mitau; *ebend.* Heft 2. S. 23-25. — Ueber den Gang der Wärme und des Luftdrucks zu Mitau; *ebend.* Heft 3. S. 28-34.

Relationen über die Sitzungen der kurländ. Gesellschaft für Lit. u. Kunst; *in der* Allgem. deutschen Zeit. f. Rufsl. 1817 bis 2. Junius 1821. — Literarische Fehde mit G. F. Parrot über die Erscheinungen der Capillarität; *ebend.* Jahrg. 1817. No. 282 u. 290. Extrablätter zu No. 290, 302 u. 308. Jahrg. 1818. No. 23. — Meteorologische Beobachtungen auf der Mitauer Sternwarte angestellt, für die 3 letzten Monate von 1821, so wie für alle Monate der folgenden Jahre, nebst jährlichen tabellarischen Uebersichten; *in* derselben Zeitung und deren Beylagen. — Monds-Auf- und Untergang 1827.; *ebend.* 1826. Beylage No. 49.

Anzeige der von Struve herausgegebenen Beschreibung des grofsen Refraktors von Fraunhofer auf der Sternwarte zu Dorpat; *im* Ostsee-Prov. Bl. 1826. S. 203. — *Ferner von desselben Verfassers* Catalogus novus stellarum duplicium et multiplicium; *ebend.* Liter. Supplem. 1827. No. 17. S. 86. — *Auch mehrere* literärische Anzeigen *in dem* liter. Begleiter d. Ostsee-Prov. Bl. 1828 und 1829.

Der Mitauische Kalender seit dem Jahre 1815. *Dem von 1828 ist ein, auch in wenigen Exemplaren besonders abgedruckter, Aufsatz von ihm angehängt:* Ueber verschiedene Fragen, welche sich auf den Auf- und Untergang der Sonne beziehen, nebst Beyträgen zur mathematischen Geographie Kurlands.

Handschriftlich in der Bibliothek der dorpatschen Sternwarte: Vermessung des Embachstroms in Livland, von seinem Ausflufs aus dem Würzjerw bis zu seinem Einflufs in den Peipussee, in einer Länge von 12 Meilen, mit einem Spiegelsextanten durch ein Dreyecknetz trigonometrisch im Sommer 1808 ausgeführt.

Vergl. Meusels G. T. Bd. 19. S. 72.

von Pauffler (Friedrich Nikolaus).

Geb. zu Mitau am 30 November 1778, studirte Theologie zu Königsberg und Jena, wurde 1803 Prediger zu Dalbingen (ord. am 8 November), 1806 aber zu Kursiten und Altschwarden und 1827 zu Windau in Kurland, auch 1829 Propst der goldingenschen Diöcese.

Lettische Aufsätze in allen Jahrgängen der Latweefchu-Awifes.

Vergl. Ostsee-Prov. Bl. 1824. S. 137.

von Pauffler (Karl Wilhelm).

Studirte seit 1750 zu Göttingen die Rechte, war Mitglied der dortigen deutschen Gesellschaft, machte eine Reise durch einen Theil von Frankreich, Holland und Deutschland, verwaltete nach seiner Rückkunft mehrere Kanzelleyämter beym Hofgericht zu Riga, wurde 1771 wirklicher Assessor desselben, 1784 Assessor im Gerichtshofe bürgerlicher Rechtssachen der rigaschen Statthalterschaft, 1786 Hofrath, 1787 Präsident des dortigen Oberlandgerichts, und 1790 Ritter des St. Wladimir-Ordens der 4ten Kl. Seit Aufhebung jener Behörde im J. 1797 privatisirte er, nachdem er schon 1795 in die öselsche Adelsmatrikel aufgenommen war. Geb. zu oder bey Riga am 13 May 1732, gest. am 21 November 1804.

Verfassung des livlandischen Hofgerichts bis zur Einführung der Statthalterschaft in Livland; *in* B. v. Campenhausens Livl. Magaz. 1ster Th. (Gotha, 1803.) S. 131-140.

Handschriftlich: Das aus der gedruckten plattdeutschen Urschrift in die hochdeutsche Sprache übersetzte Livländische Ritterrecht. 1791.

Paufler (Hermann).

Geb. zu ... in Kurland am ..., gest. ...

Disp. philos. de causa finali. (Praes. Joh. Trostio.) Regiom. 1653. 2 Bogg. 4.

PAULI (JOHANN FRIEDRICH).

Wurde Pastor zu Sunzel in Livland 1725, *zugleich für Sissegall berufen* 1726, *gab das letztere Pastorat* 1730 *im Oktober ab, nahm es jedoch nach drey Jahren wieder an, wurde nach Schujen versetzt* 1734, *dankte wegen Zwistes mit seinen Eingepfarrten* 1742 *ab, und wurde dann wieder* 1747 *Pastor zu Arrasch. Geb. zu Königsberg am* 12 *April* 1698, *gest. am* 21 *November* 1749.

Diss. Mennonis devastatio sacrae coenae. (Praes. Christ. Masecovio.) Regiom. 1716. *Zusammen mit andern Streitschriften gegen die Mennonisten unter dem Titel:* Antimenno.

Das Werk eines evangelischen Predigers nach dem Fürbilde Johannis des Täufers, in einer Antrittspredigt am 4. Advents Sonntage 1734. Riga, 1736. 38 S. 8.

Das evangelische Predigtamt nach seinen besondern Stücken und Pflichten, in zweyen Theilen. Ebend. 1736. 8.

Das Harren auf Gott in Trübsalen, in einer christlichen Leichenpredigt auf Hrn. Michael Wittenburg, Pastor zu Jürgensburg und Lemburg in Liefland, am 28. Aug. a. pt. erklaret. Ebend. 1738. 38 S. 8. u. ½ Bog. *poetische Uebersetzungen der Textworte* (Ps. 42 u. 43., vers. ult.).

Vergl. Gadeb. L.B. Th. 2. S. 348. — Nord. Misc. IV. 215.

PAULINUS (JOHANN).

Wurde 1654 *am* 10 *May mit dem Namen* Olivekrantz *geadelt und, nachdem er verschiedene andere Aemter bekleidet hatte,* 1674 *Kanzelleyrath und Vice-Hofkanzler, dann schwedischer Ambassadeur bey den nimwegischen Friedensverhandlungen,* 1680 *Statthalter von Reval,* 1682 *Rath der Königin* Christina *und Generalgouverneur ihrer Domänen. Geb. zu Strengnäs am* 1 *August* 1633, *gest. zu Stockholm am* 10 *Januar* 1707.

Oratio in laudes Reginae Christinae, graece habita. Upsaliae, 1646. ...

Epistola valedictoria ad nobilliss. Joh. Cl. Risingh, in Sueciam novi orbis abeuntem. Upsaliae, 1653. 4.

Concio cygnea a parente, in festo omnium sanctorum habita, cum epist. dedicatoria ad universum clerum Regni Sv. Goth. Holmiae, 1686. 4.

Magnus Principatus Finlandiae, epico carmine depictus oratione graeca. Ibid. 1687. 4.

Tabulae in Hugonis Grotii de jure belli et pacis libros. Ed. Sim. H. Musaeus. Kilonii, 1688. Fol.

* Pater noster, sive dominicae precationis explicatio compendiaria. Amstelaed. 1691. 12.

Ode ad memoriam Reginae Ulricae Eleonorae. Holm. 1693. Fol.

Epigramma de sole in Svecia non occidente. Ibid. eod. Fol.

Ode dicata sacro solenni regiae unctionis Caroli XII. Ibid. 1697. Fol.

Ode ad urbem Narvam a gravi Moscovitarum obsidione liberatam. Ibid. 1700. Fol.

Vergl. Nord. Misc. XX. 358. — N. Nord. Misc. XVIII. 208-210., *nach* Gezelii biograph. Lexik. II. 221., Stiermanns schwed. Adelsmatr. S. 523, und dess. Verz. der Oberstatthalter etc. S. 379.

PAULINUS (JOSEPH).

Studirte um 1640 zu Dorpat. Geb. zu Ulsbeck in Schweden am ..., gest. ...

Oratio de veritate. Dorpati, 1640. 4.

Vergl. Somm. S. 55.

PAULINUS (LORENZ).

Dr. der Theol. und zuletzt Erzbischof zu Upsala und Prokanzler der dasigen Universität. Geb. zu Söderköping am 10 November 1565, gest. am 29 November 1646.

Von seinen Schriften gehört hierher:

Historiae arctoae Libri III, quibus orbis arctoi descriptio et gesta imperatorum Sueco-Gothorum a Magogo ad Christinam An. 1633 exhibentur. Stregnesii, 1636. 4. *Die in diesem Werke vorkommende unwahre Nachricht von einer in Riga 1625 vorgefallenen Verschwörung, veranlassten den Rath der Stadt zu einer Beschwerde bey der Königin* Christina, *welche dem Verfasser die Stelle abzuändern gebot.*

Vergl. Gadeb. L. B. Th. 2. S. 349. — Nord. Misc. XXVII. 422. — Stiermanns Biblioth. Suiogothica S. 83. — Jöcher, *wo man auch seine übrigen Schriften angezeigt findet.*

PAULSOHN (PAUL).

Der Sohn eines freyen Müllers, der aus Finnland nach Livland gekommen war, trat in seiner Jugend bey einem Wundarzte in die Lehre, besuchte dann die dorpatsche Stadtschule und studirte hierauf zu Halle, wo er 1747 Dr. der A. G. wurde. Nach seiner Rückkehr prakticirte er zu Dorpat und in der Umgegend mit Beyfall, und war der erste, welcher in Livland die Elektricität in der Arzeneykunst anwandte. Bald nach 1755 trat er als Feldarzt in russische Dienste und machte die Feldzüge wider die Preussen mit. Nach Beendigung des Krieges wurde er Inspektor des grofsen Landhospitals in St. Petersburg, auch Hofrath, und zuletzt Gouvernementsarzt in der Ukraine, wo er seitdem in Gluchow lebte. Geb. unter dem Gute Wesnershof bey Dorpat am ..., gest. ...

Diss. inaug. med. de methodo generaliori morbos chronicos tractandi. (Praes. Andr. Elia Büchner.) Halae, 1747. 4.

Vergl. Gadeb. L. B. Th. 2. S. 350.

PEGAU (JOHANN CHRISTOPH).

Vater des nachfolgenden.

Wurde Kirchennotar des wendenschen Kreises 1743, Advokat bey dem wendenschen Landgerichte 1744, Sekretär des wendenschen Magistrats 1753, wendenscher Rathsherr 1754, Kreis- und Oekonomiefiskal des wendenschen Kreises 1766, auch um dieselbe Zeit Delegirter der Stadt Wen-

den bey der Gesetzkommission. Geb. zu Königsberg am 15 Junius 1715, gest. zu Wenden am 23 August 1772.

Hatte, gemeinschaftlich mit Heinr. Baumann, *Antheil an den* Nachrichten, die im Herzogthum Liefland und dessen Wendenschen Kreise gelegene Stadt Wenden betreffend, *in* Müllers Samml. russ. Gesch. IX. 469-482.

Vergl. Nord. Misc. IV. 110.

Pegau (Karl Emanuel).

Sohn des vorhergehenden.

Erhielt Unterricht in der rigaschen Domschule, in der wendenschen Stadtschule, im Kollegium Friedericianum zu Königsberg, und studirte auf der Universität daselbst von 1769 *bis* 1772, *wurde Pastor, erst zu Sissegall (ord. am* 24 *December)* 1777, *dann zu Cremon und St. Peterskapell* 1786, *Propst des rigaschen Sprengels* 1807, *Assessor ecclesiasticus des rigaschen Oberkirchenvorsteheramtes* 1809, *und Assessor des livländ. Oberkonsistoriums im August* 1814. *Geb. zu Ramkau in Livland am* 12 *März* 1751, *gest. am* 23 *Junius* 1816.

Standrede bey der Beerdigung der Baronesse Auguste Juliane v. Mengden den 5. Jan. 1787. Riga. 8 S. 4., *nur in* 30 *Exemplaren abgedruckt*, s. (G. F. Findeisens) Lesebuch für Ehst- u. Livl. S. 345.

Likkumi teem Bihriba un Eikafcha-Walsts ļaudim eezelti, kà to, taî walsts magasinê un lahdê ſagadatu labibu un naudas-krahjumu buhs glabbaht, isdoht, atkal ſadsiht un wairoht ar ihkfu isstahstifchanu kà un kur ſchi labbiba un nauda zehlufchees un ſagahdahtas tikkufchas. Riga, 1803. 47 S. 8. *Aus dem Deutschen des Grafen* L. A. Mellin. *(s. dess. Art.)*

* Us wiſſeem mihļeem ſemmes-ļaudim no Latweefchutautas ſchinnî muhſu tehwu-ſemmè, *ein Aufruf zur Theilnahme an den Bibelgesellschaften, sowohl besonders gedruckt, als auch in dem* Ersten Berichte der Rig. Bibelgesellschafts-Abtheilung. (Riga, 1814. 8.). S. 44-48.

* Wahrdu Rullis to tehwu ſemmes behrnu no Latweeſchu tautas, kas ar labbu prahtu irr dewuſchees par Beedreem pee tahs Bihbeles zeenitaju Draudſes, kà arri to mihļu dwehſeļu no ta paſcha dſimmuma, kas parahdijuſchees kà Bihbeles zeenitaju-draudſes Labbdarritaji un Peepalihdſeji, ar peeſihmetu usrahdiſchanu, zeek katrs no winneem uppurejis un ſchkinkojis, ka ta ſwehta bihbele jo lehtaki warretu ſagahdata kļuht. Rigâ, 1816. 24 S. 8.

Zu dem livl. lett. Gesangbuche von 1809, *dessen Mitredakteur er war, lieferte er* No. 251, 252, 707, 708, 718, *und verbesserte* No. 666.

Vergl. Zimmermanns Lett. Lit. S. 129. — Grave's Mag. für protest. Pred. Jahrg. 1816. S. 257.

PEGIUS oder PEGEUS oder PEGAU (CHRISTOPH).

Reiste 1640, *nachdem er einige Jahre in Dorpat studirt hatte, ins Ausland, wurde Pastor zu Randen, späterhin zu Kawelecht in Livland, und legte seine Stelle* 1663 *nieder. Geb. zu Dorpat am* ..., *gest.* ...

Oratio de castitate. Dorpati, 1636. 4.

Vergl. Somm. S. 50.

PERBANDT (HEINRICH KARL).

Wurde 1822 *Dr. der A. G. zu Dorpat, machte eine Reise nach Deutschland und prakticirte sodann in St. Petersburg. Geb. in der Bolderaa* 1799, *gest.* ...

Diss. inaug. de virtute balnei marini medica ejusque applicandi modo. Dorpati, 1822. 60 S. 8.

VON PEREWOSCHTSCHIKOW (WASSILY).

Geb. in der Stadt Schetchejew am 1 *April* 1784, *besuchte zuerst die öffentliche Schule in Ssaransk, dann das Gymnasium und die Universität zu Kasan, wo er auf kaiserl. Kosten studirte, wurde nach beendigten Studien* 1806 *am* 26 *September Oberlehrer der Philosophie und russischen Sprache am Gymnasium zu Pensa*, 1807 *Mag. der Philologie*, 1809 *als Magister (Privatdocent) an die kasansche Universität berufen, wo er zehn Jahr hindurch über Aesthetik und russische Literatur las, und nach einander Adjunkt*, 1814 *ausserordentlicher und* 1820 *ordentlicher Professor der russischen Geschichte, Geographie und Statistik wurde. Nachdem er* 1817 *zum Hofrath und* 1819, *für den Entwurf eines Planes für das saratowsche Gymnasium, zum Ritter des Wladimir-Ordens* 4*ter Kl. ernannt worden war, erhielt er* 1820 *den Ruf als ordentlicher Professor der russischen Sprache und Literatur an der Universität Dorpat, trat dieses Amt im April des folgenden Jahres an, und wurde* 1826 *Kollegienrath.*

Опыты (Versuche). Dorpat, 1822. 475 S. 8.

Слово о превосходствѣ самодержавнаго правленія, произнесенное 20 Ноября 1826 года, въ Императорскомъ Дерптскомъ Университетѣ. Dorpat (1827). 41 S. 8.

Aufsätze in dem Petersburger Journal цвѣтникъ (das Blumenbeet), — *im* Вѣстникъ Европы — *und in andern Zeitschriften, die zum Theil in seinen Versuchen wieder gesammelt sind.*

War auch Redakteur der Kasanschen periodischen Nachrichten, vom Aug. 1809 bis März 1813.

von Pomian Pesarovius (Paul Wilhelm *)).

Geb. auf dem Pastorate Matthiae in der Gegend von Wolmar, wo sein Vater damals Prediger war, am 17 *Februar* 1776, *ist gegenwärtig russisch-kaiserl. wirklicher Staatsrath, Vicepräsident der evangelischen Konsistorialsitzung des liv- und esthländischen Reichs-Justizkollegiums, Mit-*

*) Bedient sich gewöhnlich nur des ersten Vornamens.

glied der Reichs-Gesetzkommission, Ritter des St. Annen-Ordens der 2ten und des Wladimir-Ordens der 3ten Kl.

*Christliche Katechismusübung, nach Grundlage des kleinen Katechismus Dr. Martin Luthers, zu Nutz und Frommen beydes, der Schüler und Lehrer, verfaſst und herausgegeben im Jahr des Heils 1820. St. Petersburg. XII u. 144 S. 8. *Mit mehreren Zusätzen neu aufgelegt.* Dresden, 1822. 8.

Ein Wort der Wahrheit über die Schmähschrift: Meine Verfolgung in Ruſsland von Karl Limmer, vormals Consistorial-Rath und Prediger zu Saratow, das heiſst: welcher Limmer nie verfolgt worden, nicht vormals sondern niemals Consistorialrath gewesen. Leipzig, 1823. IV u. 244 S. gr. 8.

Gab heraus:

*Der Invalide oder die russische Kriegszeitung. Jahrg. 1813. 1. Febr. bis 1821. 31. Dec. St. Petersburg, tägl. 1 Nr. 4. *Auch in russischer und polnischer Sprache.*

*Aufsätze vermischten Inhalts zur Beförderung reinen Bibel-Christenthums und Glaubens. Herausgegeben von einer Gesellschaft Christlicher Freunde des In- u. Auslandes. No. 1. St. Petersb., 1819. VIII u. 32 S. — No. 2. 20 S. — No. 3. 40 S. — No. 4. 1820. 72 S. — No. 5. 48 S. — No. 6. 1821. 84 S. — No. 7. 84 S. — No. 8. 64 S. — No. 9. 96 S. — No. 10. — 56 S. 8. *Unter der Vorrede der ersten Nummer hat er sich unterzeichnet* im Namen sammtlicher Mitarbeiter; *mit seinem Namen aber nur einen Aufsatz geliefert:* Ein Wort der Warnung vor dem Buche: Stunden der Andacht u. s. w. *in* No. 9. S. 62-96.

*Der kleine Katechismus Dr. Martin Luthers. Für die liebe christliche Jugend aufs Neue herausgegeben und mit einigen Gebeten vermehrt. St. Petersb. — 2te mit dem ABC u. Ein mal Eins vermehrte Auflage. Ebend. 1820. 48 S. 8.

*Andenken an den Heiligen Tag der Confirmation. Feyerlichst dem Leser übergeben. No. 1. Aufs neue aufgelegt von der Gesellschaft christlicher Freunde des In- und Auslandes zur Beförderung reinen Bibel-Christenthums u. Glaubens. St. Petersb., 1821. 22 S. 8.

(*Zugabe zu den* Aufsätzen vermischten Inhalts, *enthaltend einen Auszug aus einer zu Halle unter gleichem Titel erschienenen Schrift.* 6te Aufl. 1822. 72 S. 12.)

* Geistliche Vorrede Dr. Martin Luthers zu der Epistel St. Pauli an die Römer. St. Petersb. 1823. 78 S. 12.

PETER DER DÜSBURGER oder VON DÜSBURG.

Der älteste unter den auf uns gekommenen preussischen Geschichtschreibern, von dessen Lebensumständen aber nichts weiter bekannt ist, als dafs er Priester des deutschen Ordens war. Geb. zu Düsburg 12.., *gest.* 13...

Chronicon Prussiae, in quo ordinis Teutonici origo, nec non res ab ejusdem ordinis magistris ab an. MCCXXVI. usque ad an. MCCCXXVI. in Prussia gestae exponuntur, cum incerti auctoris continuatione usque ad annum MCCCCXXXV. Accesserunt his praeter notas in Dusburgensem privilegia quaedam Prussis antiquitus concessa, item Dissertationes XIX. antiquitates Prussicas complexae. Auctore et collectore Christophoro Hartknoch. Francofurti et Lipsiae, 1679. 11 unpag. Bll. Vorstücke, 484 S., 16 unpag. Bll. Register, 456 S. u. 23 unpag. Bll. Register. 4. Mit 1 Titelkupfer, einer Landkarte u. 6 Kpftaf.

Vergl. Gadeb. Abh. S. 12. — Dess. L. B. Th. 1. S. 233. — Braun de scriptoribus Poloniae et Prussiae. S. 289-292.

PETERS (ANDREAS).

Studirte um 1692 *zu Wittenberg. Geb. zu Pernau am* ..., *gest.* ...

Disp. de fructibus ratione possessionis perceptis. (Praes. Joh. Casp. Brendel). Wittebergae, 1692. 5½ Bogg. 4.

Vergl. Gadeb. L. B. Th. 3. S. 351.

von Petersen (Georg Gustav).

Bruder von Karl Friedrich Ludwig.

Geb. zu Dorpat am 21 April 1782, war 1802 der erste Studirende, dessen Name in die Matrikel der neuen Universität Dorpat eingetragen ward. Nach Beendigung seiner juristischen Studien wurde er Kreisfiskal in seiner Vaterstadt, und später livländischer Gouvernementsprokureur, Hofrath, auch Ritter des St. Wladimir-Ordens der 4ten Kl. und des St. Annen-Ordens der 2ten Kl.*

* Vitae curriculum des alten Vaters Petersen; *in* O. B. G. Rosenbergers *Denkschrift:* Christian Friedrich Petersen (Dorp. 1810. 8.) S. 5.

Ueber die verbindende Promulgation der Ukasen, ein Gutachten; *in* Bröckers Jahrb. f. Rechtsgel. II. 57-64.

Petersen (Johann).

Studirte auf dem Gymnasium zu Riga und auf der Universität Königsberg. Geb. zu Riga am ..., gest. ...

Diss. metaphys. de conceptu entis formati et objectivo. (Praes. Joh. Struborg.) Rigae, 1642. 2 Bogg. 4. (*Dem rigaschen Rathe zugeeignet.*)

Disp. polit. de legibus. (Praes. Sigism. Pichlero.) Regiom. 1644. d. 15. Octob. 1 Bog. 4.

et Resp.

Diss. de contractibus. (Praes. Christoph Tetsch.) Ibid. 1644. d. 23. Dec. 4.

Diss. jurid. de tutelis. (Praes. Adamo Riccio.) Ibid. 1645. d. 27. Jul. 1 Bog. 4. (*Dem königl. Burggrafen und dem ganzen Rathe zu Riga zugeeignet.*)

Positiones miscellae juridicae. (Praes. Dan. Tetsch.) Ibid. 1645. 1 Bog. 4.

von Petersen (Karl Friedrich Ludwig).

Bruder von Georg Gustav.

Besuchte von 1783 an die dorpatsche Stadtschule, studirte von 1795 bis 1798 zu Jena und Halle Theologie, jedoch schon damals mit vorherrschender Liebe zur allgemeinern Literatur. Nach seiner Rückkunft wurde er Erzieher im Hause des Geheimenraths von Vietinghof *und gleich bey der ersten Begründung der Universitat Dorpat 1800 am 28 Februar Bibliothek- und Censursekretär derselben. Einige Jahre hindurch war er auch Lektor der deutschen Sprache. 1819 wurde er Kollegienassessor. Er starb unter unsäglichen Leiden, nachdem er bey einer Ueberfahrt über den Würzjerw in die Eisdecke eingebrochen war und, bereits halb erfroren, erst nach geraumer Zeit Hülfe erhalten hatte. Geb. zu Dorpat am 16 Junius 1775, gest. am 31 December 1822.*

Abschieds-Rede, gehalten im Dörptschen Gymnasio den 14. Jul. 1793. (Dorpat.) 16 S. 8.

* Gelegenheitsgedichte.

Der Herr u. St. Peter, eine Legende; *in einer (bald abgebrochenen) Zeitschrift:* Die Leuchte. ...

Die Wiege, ein Schwank; *in* Raupachs inländ. Museum I. 93-101. (*Lettisch übersetzt von* K. Hugenberger *in dess.* Derrigs laika-kaweklis. I. 72-78.) — Abentheuer von Reinecke dem Fuchs, Lüning dem Spatz u. Morholt dem Rüden, in 9 Kapiteln erzahlt; *ebend.* III. 79-98.

Gedichte in andern Sammlungen, *z. B. in den* Dionysiacis (Dorp. 1814. 8.) S. 22.; — *im* Neujahrsangebinde für Damen 1817. S. 103-106. (*dem Esthnischen nachgebildet*) u. S. 117. (Wiegenlieder nach dem Finnischen); 1818. S. 144-146. (Epigramme nach Owen.)

Der Abdruck seines literarischen Nachlasses ist angekündigt worden (s. Ostsee-Prov. Bl. 1824. S. 53.); *dürfte aber schwerlich zu Stande kommen.*

Sein Bildnifs lithographirt.

Vergl. Ostsee-Prov. Bl. 1823. S. 15. 19. 59.

Petersenn (Karl Heinrich).

Geb. zu Fellin am 26 Januar 1803, besuchte das Gymnasium zu Dorpat seit 1814 und studirte seit 1819 ebenda-

selbst Medicin, wurde 1825 Dr. der A. G. und in demselben Jahre als Arzt bey dem achtyrskischen Husarenregimente angestellt.

Diss. inaug. de tinea capitis. Dorp. 1825. 66 S. 8.

PETERSOHN (CHRISTIAN JAAK).

Der Sohn eines Kirchendieners bey der deutschen und esthnischen Kronkirche zu Riga, zeichnete sich in der Jakobs-Elementar- und in der zweyten Kreisschule, wo er seinen ersten Unterricht erhielt, bereits so aus, daſs sein Wunsch, studiren zu können, Unterstützung fand, er ins Gymnasium aufgenommen wurde und 1819 die Universität Dorpat beziehen konnte. Von seinem eigentlichen Studium, der Theologie, ging er bald zum Schulfache über und legte sich hauptsächlich auf Sprachkunde. Nach anderthalb Jahren verlieſs er die Universität und zog nach Riga, wo er Privatunterricht im Hebräischen, Griechischen, Lateinischen, Russischen, Englischen, Deutschen und in der Mathematik gab, und sich mit literarischen Arbeiten beschäftigte. Geb. zu Riga am 2 März 1801, gest. daselbst am 23 Julius 1822.

Christfrid Ganander Thomasson's Finnische Mythologie. Aus dem Schwed. übersetzt, völlig umgearbeitet und mit Anmerkungen versehen. Reval, 1821. 128 S. 8.; *macht auch von* Rosenplänters Beytr. z. gen. Kenntn. d. esthn. Sprache des XIV. Hefts. 1ste Abtheil. *aus.*

Ueber den Gebrauch des Nom., Gen. u. Accus. bey einem Verbo act., *in dens.* Beyträgen XII. 145-148. — Ueber den Gebrauch der beyden Ablative im Ehstn.; *ebend.* XII. 148. — Synonyme: Ning u. ja; *ebend.* XII. 150. — Das Charakteristische der Consonanten mit besondrer Hinsicht auf die ehstnische Sprache; *ebend.* XIII. 86-93. — Etwas über die Verbalendungen der ehstnischen Zeitwörter; *ebend.* XIII. 93. — Ueber den Accusativ u. Ablativ beym Comparativ; *ebend.* XVI. 93.

* Gelegenheitsgedichte.

In der Handschrift hinterliefs er:

Metrische Uebersetzungen ehstnischer Volkslieder. Ehstnische Originallieder. Deutsche Gedichte.

Sein Bildnifs in Steindruck von Dörbeck. 8.

Vergl. Rig. Stadtbll. 1822. S. 297 u. 366.

PETREJUS (JOHANN).

Studirte in Dorpat um 1640. Geb. zu Jonköping am ..., gest. ...

Sueo Gothicum jus civile, quod Landz Lagh nominatur, — — oratione solenni — — recitatum. Dorpati, 1641. 6 Bogg. 4.

Oratio juridica de justitia. Ibid. eod. 4.

Regni Poloniae historia, — pro concione enarrata. Ibid. 1642. 3 Bogg. 4.

Vergl. Nord. Misc. IV. 111. — Somm. S. 56. 57. — Rotermund z. Jöcher.

PETRI (JOHANN CHRISTOPH).

Geb. zu ... in Sachsen am ..., Magister der Philosophie, lebte 12 Jahr als Hauslehrer in Esthland, kehrte um 1800 in sein Vaterland zurück und wurde Professor am evangelischen Gymnasium zu Erfurt.

* Briefe über Reval, nebst Nachrichten von Ehst- und Liefland. Ein Seitenstück zu Merkels Letten. Deutschland, 1800. 118 S. 8.

Ehstland und die Ehsten, oder historisch-geographisch-statistisches Gemählde von Ehstland. Ein Seitenstück zu Merkel über die Letten. 3 Theile. Mit Kupf. Gotha, 1802. 8.

* Neue Pittoresken aus Norden, oder statistisch-historische Darstellungen aus Ehst- und Liefland, nebst einem kurzen Umrisse von Moskau; von einem unpartheyischen Augenzeugen. Mit 3 Kupferstichen. Erfurt, 1805. 8. — Zweyte vermehrte und verbesserte Ausgabe. Mit 3 Kupferstichen. Ebend. 1809. 8. *Bey dieser Ausgabe hat er sich genannt.*

Neuestes Gemälde von Lief- und Ehstland unter Katharina II und Alexander I in historischer, politischer und merkantilischer Ansicht. 2 Bände mit 7 Kupf. und 1 Plan. Leipzig, 1809. gr. 8.

Rufslands blühendste Handels- Fabrik- und Manufakturstädte in alphabetischer Ordnung. Vorher eine kurze Uebersicht der russischen Gewerbskunde und des Handelszustandes. Mit der Abbildung der neuen Wechselbank in St. Petersburg. Ebend. 1811. gr. 8.

Neueste Kunde von Amerika. 2 Bde. Weimar, 1816. gr. 8. *Auch mit dem Titel:* Neueste Länder- und Völkerkunde; ein geographisches Lesebuch, 17ter u. 18ter Band.

Lehrbuch der allgemeinen Geschichte, insbesondere Europa's. 1ster u. 2ter Cursus zum Gebrauch für Schulen bearbeitet. Ebend. 1818. gr. 8.

Ueber einige Merkwürdigkeiten u. Alterthümer in Lief- und Ehstland. Ein Bruchstück aus einem gröfsern Werke; *in der* Deutschen Monatschrift 1799. Bd. 3. S. 24-40. — Etwas über die Aerndte und den dabey gewöhnlichen Talkus oder das Aerndtefest der Ehsten; *in der* Neuen Deutschen Monatsschr. 1800. Bd. 1. S. 227-236.

Ueber die Ursachen, warum in Liefland verhältnifsmäfsig nur eine kleine Anzahl junger Leute studirt; *im* Allgem. litter. Anzeiger 1799. September. — Ueber die ehstnische Sprache und das in Ehstland geredete Teutsch; *ebend.* 1800. S. 1521-1527. 1529-1536. *Auch mehrere kleine Aufsätze daselbst.*

Wie die Ehsten, Letten und Finnen mancherlei Producte des Pflanzenreichs zum Genufs, zum Färben und als Heilmittel brauchen; *in den* Oekonomischen Heften (Leipz. 1792-1808. 8.). Bd. 14. Heft 5. S. 412-424. — Ueber die Landwirthschaft, Kultur u. Ackerbau in Liefland und Ehstland; *ebend.* Heft 6. S. 509-523. (Fortgesetzt in den folgenden Heften.) — Ueber das Güterwesen und die Oeconomie auf adelichen Gütern in Liefland und Ehstland; *ebend.* Bd. 15. Heft. 6. S. 481-509. — Etwas für die Landwirthe in Lief- und Ehstland, wenn dieses Journal je zu ihnen kommen sollte; *ebend.* Bd. 16. Heft. 6. S. 481-504. — Ueber die Nahrungszweige, landwirthschaftliche Kultur, Ackergeräthe und Künste der Letten; *ebend.* Bd. 17. S. 481-517. — Ueber die liefländischen Erbgüter und das Recht sie zu besitzen; *ebend.* Bd. 24. ...

Ueber die Staatsverfassung u. Justizverwaltung der deutschen Provinzen Rufslands an der Ostsee; *in dem* von ihm u. K. C. A. Neuenhahn *herausgegebenen* Magazin für das Gemeinwohl der Völker u. Länder. Bd. 2. (Erfurt, 1805. 8.) No. 3.

Ueber die Rindviehzucht in Rufsland, *in* Schnee's Landwirthschaftlicher Zeitung (Halle, seit 1804. 4.) 1807. No. 52. — Ueber die Schafzucht in Rufsland; *ebend.* 1808. No. 4. — Ueber die Ziegen- und Schweinezucht in Rufsland; *ebend.* No. 9.

Behandlung und Zubereitung der Färberröthe in Rufsland und das Färben mit derselben, so wie über die Färberey des Pelzwerks; *in dem* Journal für Fabrik, Manufaktur und Handlung. (Leipzig, 1786-1810. 8.) 1807. April. S. 316-324. — Vom Theerbrennen in Rufsland; *ebend.* May. S. 409-411. — Gedrängte Geschichte und Uebersicht des russischen Handels in ältern und neuern Zeiten, besonders unter Katharina II. und Alexander I.; *ebend.* 1808. August. S. 89-127. Septemb. S. 192-226. Oktober. S. 331-351. Novembr. S. 384-401. — Ueber den Handel der Städte Reval, Pernau und Narwa in Liefland; *ebend.* 1808. Novemb. No. 5. — Ueber den Handel der Provinzen Venezuela, Maracaibo, Varinas, Cumana, Guyana und der Insel St. Margaretha; *ebend.* August. S. 160-170. — Ueber das Bergwerks-Institut in St. Petersburg; *ebend.* November. S. 433-438. — Ueber das bey den Alten durch Schifffahrt und Handel so berühmte Kolchis und die wahre Lage desselben; *ebend.* December. S. 542-556. — Ueber die verschiedenen Arten und Gegenstände der Jagd in Rufsland und die dadurch gewonnenen Artikel für den Handel; *ebend.* 1809. Januar. S. 24-32. Februar. S. 106-120. — Ueber die Produkte, den Handel und die Gewerbe von Algier; *ebend.* S. 158-165. — Neueste Nachrichten über Odessa und seinen Handel; *ebend.* S. 171-175. — Verschiedene Arten und Gegenstände der Fischerey in Rufsland und die dadurch gewonnenen Produkte für den Handel; *ebend.* April. S. 339-358. — Die Verfertigung des Pergaments; *ebend.* Junius. S. 490-499. — Neuer Vorschlag, auf eine holzersparende Weise die Stubenöfen zu heizen; *ebend.* S. 517-521. — Ueber den Seidenbau in Rufsland; *ebend.* S. 524-531. — Zubereitung der echten Baranjen, oder der krausen Schaffelle, in der Krimm und in Polen; *ebend.* S. 542-544. — Ueber Rufslands und insbesondere St. Petersburgs gegenwärtiges Fabrik- und Manufakturwesen; *ebend.* Julius. S. 55-72. September. S. 252-267. — Vom Keil; *ebend.* August. S. 174-176. — Geschichte der fremden Kolonien in Rufsland, besonders seit dem Jahre 1762; *ebend.* November. S. 377-392. — Ueber die Verfertigung und Verbesserung der Wologdaischen Lichter; *ebend.* S. 433-445. — Ueber die Verfertigung der Juften, des Saffians, Korduans und Chagrins, insbesondere bey den Russen; *ebend.* December. S. 465-476. — Wie man zu Salisburg in Liefland die Leinwand, das Garn und den Zwirn auf eine vortheilhafte Art bleicht; *ebend.* S. 492-502. — Handel und Produkte in der Levante; *ebend.* 1810. Februar. S. 97-126. März. S. 218-228. — Die Verfertigung der Flintensteine; *ebend.* März. S. 243-254. — Die Verfertigung des Chagrins oder gekörnten Pergaments in Astrachan (nach Pallas); *ebend.* April. S. 327-336. — Ueber die Veredlung der russischen Wolle für Fabriken, besonders in Rufsland; *ebend.* May. S. 426-446.

Ueber die Bewirthschaftung der Landgüter in Rufsland; *in dem* Archiv der teutschen Landwirthschaft. (Leipzig, 1809-1810. 8.) 1809. Julius. No. 2.

Die Samojeden; *im* Morgenblatt 1829. No. 166. 167.

Charakteristik der Russen; *in der Zeitschrift:* Das Ausland 1830. Januar.

Beyträge *zu* Ersch u. Grubers Allgem. Encyclopädie.

Vergl. Meusels G. T. Bd. 10. S. 407. Bd. 15. S. 27. Bd. 19. S. 100.

PEZOLD (ERNST JOHANN WILHELM).

Sohn des nachfolgenden.

Geb. zu Wesenberg am 8 *Februar* 1796, *besuchte das Gymnasium zu Dorpat, studirte dort seit* 1816 *Medicin und pro-*

movirte daselbst 1821 *als Dr. der A. G., lebte hierauf ein halbes Jahr in St. Petersburg, reiste dann mit dem Oberkammerherrn* Narischkin, *als dessen Arzt, in Rufsland und wurde* 1822 *Kreisarzt zu Wesenberg.*

Diss. inaug. de sanguinis arteriosi motu et actione arteriarum in corpore humano. Dorpati, 1821. 73 S. 8.

Pezold (Johann Dietrich *)).

Vater des vorhergehenden.

Erlernte in seinem Vaterlande die Apothekerkunst, kam nach Livland und stand der Apotheke zu Schlofs Oberpahlen vor, ging hierauf, um die A. G. zu studiren, nach Berlin und von da nach Göttingen, erhielt hier 1780 *die Doktorwürde, kam zurück, prakticirte in Esthland und wurde Kreisarzt zu Wesenberg und Hofrath. Geb. zu Hannover* 1752, *gest. auf seinem Erbgute Tamsal in Esthland im August* 1804.

Diss. inaug. chemica de reductione antimonii. Gottingae, 1780. 32 S. 4.

Vergl. Nord. Misc. IV. 111.

Pfaff (Johann Wilhelm Andreas **)).

Geb. zu Stuttgart am 5 *December* 1774, *studirte zu Tübingen, war von* 1800 *bis* 1803 *Repetent im theologischen Stift daselbst, wurde* 1803 *ordentlicher Professor der reinen und angewandten Mathematik an der Universität zu Dorpat,*

---

*) Nicht, wie bey *Fischer* steht, Johann David. In *B. Bergmanns lief- und ehstl. Adrefskal. f.* 1785. *Ehstl. S.* 107., werden die Vornamen eines weissensteinschen Kreisarztes, Dr. Pezold, angegeben: Johann Ernst August.

**) Gewöhnlich nur Johann Wilhelm, oder auch nur Wilhelm.

verließs diese Stelle aber 1809 und ging nach Nürnberg als Professor der Mathematik am dasigen Real-Institute, nach dessen Aufhebung er seit 1816 Professor der Mathematik und Physik zu Würzburg war, und 1818 ordentlicher Professor der Physik zu Erlangen wurde.

Der Voltaismus. Stuttgart, 1803. 8.

Uebersicht über den Voltaismus und die wichtigsten Sätze zur Begründung einer Theorie desselben. Ebend. 1804. 8.

Commentatio astronomica de calculo trajectoriarum. Sectio 1. Mitaviae, 1805. 16 S. 4. u. 6 Tafeln.

Astronomische Beyträge. No. 1. Dorpat, 1806. 50 S. — No. II. Ebend. 1806. IV u. 80 S. — No. III. Ebend. 1807. 79 S. 8.

De tubo culminatorio Dorpatensi. Accedunt formulae ac tabulae in usum astronomorum. Dorpati, 1808. 14 S. 4. mit 1 Kupf.

Rußland. Bemerkungen eines Deutschen, der fünf Jahre dort lebte. Nürnberg, 1813. IV u. 120 S. 8.

Gemeinschaftlich mit D. Chr. Gmelin: J. J. Berzelius neues System der Mineralogie. Aus dem Schwedischen. Ebend. 1816. 8. (*Auch im* 15ten Bde. des Journals für Chemie u. Physik.)

Astrologie. Ebend. 1816. 8., mit 2 Kupf.

Die zwölf syntaktischen Grundgestalten, sammt einer Rede über den germanisch-scandinavischen Sprachbund. Ebend. 1816. 8.

Allgemeine Umrisse der germanischen Sprachen, der niederdeutschen, der schwedischen und der gothischen des Ulfilas, in neuer Art gefaſst; sammt Anhang, enthaltend die vorzüglichsten Worte, welche der niederdeutschen, schwedischen und gothischen eigenthümlich sind. Ebend. 1817. 8.

Sammlung der allgemeinen Logarithmen aller Zahlen von 1 bis 10000. Berechnet von Schultes und herausgegeben von u. s. w. Erlangen, 1821. 4.

Das Licht und die Weltgegenden, sammt einer Abhandlung über Planetenconjunctionen und den Stern der drey Weisen. Bamberg, 1821. X u. 282 S. 8.

Astrologisches Taschenbuch für das Jahr 1822. Erlangen, 1822. VI u. 282 S. 8. — Für das Jahr 1823. Ebend. 1823. VIII u. 335 S. 8.

Lehrbuch der Physik, für Schulen bearbeitet. Ebend. 1822. 8.

Hieroglyphik, ihr Wesen und ihre Quellen. Nebst hieroglyphischer Inschrift dreyer Scarabäen. Mit 1 Kupf. Nürnberg, 1824. 8.

Die Weisheit der Aegypter, und die Gelehrsamkeit der Franzosen. Kritik der hieroglyphisch-alphabetischen Untersuchungen des Hrn. Champollion. Erste Beylage zu der Abhandlung über die Hieroglyphik. Ebend. 1825. 8.

Uebersetzte aus dem Englischen und gab heraus: W. Herschels sämmtliche Schriften. 1ster Band. Ueber den Bau des Himmels (*auch unter diesem besondern Titel*). Dresden u. Leipzig, 1826. 8. Mit 10 Kpftaf.

Die Weisheit der Aegypter, die Gelehrsamkeit der Franzosen, und der Verstand der Deutschen. 2te Beilage zur Hieroglyphik. Nürnberg, 1827. 8.

Die Umkehrung der Voltaischen Pole durch Herrn Pohl, oder die durch seine Philosophie geheilte 25jährige Blindheit der Naturforscher. Ebend. 1827. 8.

W. Herschels Entdeckungen und die Fortschritte seiner Zeitgenossen in der Astronomie und den ihr verwandten Wissenschaften. Erste Abtheilung: Herschels Entdeckungen, dargestellt von Dr. J. W. Pfaff (*auch unter diesem besondern Titel*). Erlangen, 1828. 8.

Peter Lagerhjelms Versuche zur Bestimmung der Dichtheit, Gleichartigkeit, Elasticität, Schmiedbarkeit und Stärke des gewalzten und geschmiedeten Stabeisens. Aus dem Schwedischen übersetzt. Mit 11 Kpftaf. Nürnberg, 1829. XVI u. 268 S. 4.

Ueber die Darstellung von Salzsäure aus Wasser durch die Voltaische Säule; *in dem* Journal für die Chemie und Physik. Bd. 2. Heft 2. (1806.) — Ueber die Empfindlichkeit verschiedener Reagentien; *ebend.* Heft 3. — Ueber die vorgebliche Entstehung der Salzsäure in positiv-galvanisirtem Wasser; *ebend.* Heft 4.

Beobachtung der Sternbedeckungen vom 6. August 1805, vom 1. April und 13. Julius 1806, auch berechnete Formeln für die Störung der Ceres durch Saturn im

Radius vector und in der Länge; *in* Bode's astronomischem Jahrbuch für 1809. No. 36. (1806.) — Astronomische Beobachtnngen und Nachrichten, und Formeln für die Störung der Ceres durch Saturn; *ebend.* S. 266. — Beweis einer Formel zur Vereinfachung der Rechnung für die geocentrischen Oerter der Planeten und einer quadratischen Gleichung in der parabolischen Kometentheorie; *ebend.* für 1811. No. 5. — Astronomische Nachrichten und Formeln; *ebend.* No. 18. — Beweis einer Formel des Hrn. Dr. Gauſs und über eine Lambertsche Gleichung; *ebend.* S. 112-116. — Ueber die Aufstellung eines achtfussigen Dolondischen Passageinstruments und dessen Berichtigung; und Formeln für Längen- und Breiten-Parallaxe; *ebend.* S. 173-177. — Ueber die Verbesserung des Mittagsfernrohrs und Perturbationsrechnungen; Beobachtete Sternbedeckungen; *ebend.* für 1812. S. 120-124. — Reihen zur Berechnung einer Planetenbahn; *ebend.* für 1813. S. 169-177. — Ideen zur Perturbationsrechnung nach Keppler, nebst Anmerkungen; *ebend.* für 1814. S. 109-125. — Andenken an den Halleyischen Kometen; *ebend.* für 1815. S. 152-156. — Ideen zur Perturbationsrechnung nach Keppler; *ebend.* für 1817 S. 160-167. — Präcessionsformeln; *im* 4ten Supplementband zu Bode's astronom. Jahrb. (1808). No. 5. — Astronomische Beobachtungen; *ebend.* S. 231.

Ueber die Variation der Planeten-Elemente; *in* Zach's Monatl. Korrespondenz. Bd. 25. (1812). S. 393-408.

Annotationes ad theoriam atque historiam perturbationum coelestium pertinentes; *in den* Denkschriften der Akad. d. Wissensch. zu München 1814-1815. Mathem. Klasse. S. 161-174.

Ueber die Scheidung des Lichts von der Finsterniſs; *im* Morgenbl. 1828. No. 172-174. — Neueste Erscheinung am Saturnsring; *ebend.* 1829. No. 2. — Die zahmen Kometen; *ebend.* 1830. No. 153. — Die allgemeine Schwere; *ebend.* No. 310. 311.

Vergl. Meusels G. T. Bd. 15. S. 33. Bd. 19. S. 111.

Pfeif (Johann Jakob).

Besuchte seit 1634 *die hohen Schulen zu Rostock, Wittenberg, Leipzig und Königsberg, und wurde* 1638 *in*

Königsberg (nicht, wie andere haben, in Wittenberg) Mag., 1639 (*ord. am* 17 *März*) *Prediger bey der deutschen Gemeine zu Stockholm*, 1665 (*geweiht am* 4 *Junius*) *Bischof über Esthland und* 1666 *auch deutscher Domprediger zu Reval. Geb. zu Alt-Stettin am* 22 *November* 1613, *gest. am* 27 *März* 1676.

Diss. de unione mystica Christi et Fidelium ... (*Wird auch seinem Bruder* Dan. *beygelegt*, *s.* Witte D. B. ad. a. 1662 u. Jöcher III. 1506.)

Leichenpredigten: auf Maria von Quickelberg. Stockholm, 1646. 4. — auf Anna Elisabeth Beyer. Ebend. 1649. 4. — auf Heinrich von Meurmann. Ebend. 1651. 4. — Fünffaches Trostband, damit Christen in Absterben ihrer lieben Angehörigen die Hertzen verbinden vnd stercken sollen, aus dem 4. Cap. des Buchs der Weisheit, auf Adolph Petersen, Hrn. Peter Hanssons Söhnlein. Ebend. 1651. 4½ Bogg. 4. — Sieghaffter Todeskampff, an dem König vnd Propheten David, aus seinem 68. Psalm v. 20. 21., auf Dietr. Debbelts Ehefrau Helena Lars-Tochter. Ebend. 1651. 3½ Bogg. 4. — Monimentum fidei et aeternitatis, das ist ein Trostreiches Denckmahl, so der Geist Gottes vns zum Glauben vnd Beförderung der Seligkeit hat auffgerichtet, in der Offenbar. Joh. am 14. Cap. v. 13., auf Maria Hegers, H. Jacob Rebeledie Haußfrawen. Ebend. 1652. 4½ Bogg. 4. — Ecclesiae militantis τρισαγιον, das ist, Hertzensseuffzer der Streitenden Kirchen hie auff Erden, zu dem Dreyeinigen wahren hochgelobten Gott, auf Heinr. Lemmens. Ebend. 1657. 6½ Bogg. 4. — Christliche Vorbereitung zu einem seligen Sterbstündlein, aus dem schönen Trost-Lied: Auff meinen Lieben Gott traw ich etc., auf Niclas Pastor. (Ebend. 1657.) 3½ Bogg. 4. — Homo flos in mundo marcescens, in coelo revirescens, das ist christliche Betrachtung der Vergänglichkeit dieses vnd der gewißheit des zukünftigen Lebens, auf Chrph. Diet. Bezelius. Ebend. 1660. 4½ Bogg. 4. — auf Johann Marstalk. Ebend. 1660. 4. — Die Bitterkeit des Todes durch den Todt Christi uns versüsset, auß einem Geistreichen Kirchengesang, auf Johanna

Lohe, Caspar Gra's Ehegattin. Ebend. 1661. 5 Bogg. 4. — Der Glaub ergreiffet Gottes Hand Die führt ins rechte Vaterland, Seine Hand will uns auch leiten, wenn wir durch den Glauben streiten, aus dem 27. Ps. Davids, auf Peter Hansen und dessen Kindes Kind Peter Walander. Ebend. 1662. 10½ Bogg. 4. — Die dreyfache Schnur unsers Christenthums, welche nie zureisset, Glaube, Gedult und Hoffnung, aus der 2. Epist. an Tim. 4, 18., auf Tobias Olffen. Ebend. 1664. 6 Bogg. 4. — auf Joh. Klein. Ebend. 1664. 4. — Heilsame Betrachtung der Wunden Christi, als Geistlichen Felsslöcher, aus einem bekannten Kirchen-Gesang, auf Peter Lemmes. Ebend. 1666. 7 Bogg. 4.

Gottes hoher und miltreicher Segen, auss dem 115. Ps. v. 12-15., bey gehaltener Abdankungs Predigt zu Stockholm am 29. Jun. 1666. — — in christliche Betrachtung gezogen und mit einem herzlichen Wunsch fürgestellt. Ebend. 1666. 4¼ Bogg. 4.

Die Kraft der heil. Taufe über Gal. III. 27.: eine Leichpredigt. Reval, 1671. 4.

Gottes hertzliche Liebe als der feste Grund unsers Glaubens auss dem Spruch Christi Joh. III. in einer christl. Leichpredigt, als der weyl. — — Herr Johan Hastver, Erbherr auf Saek etc., Obristerwachtmeister und Land Raht — — zur Erden bestettiget worden, fürgestellet. Ebend. 1675. 9 Bogg. 4.

Vergl. Matthaei Fischers Leichenpredigt *auf ihn:* Göttlicher Schatz in irrdischen Gefässen. (Stockholm, 1677. 4.) S. 68-80. — Witte D.B. ad. a. 1676. — Schefferi Suecia liter. S. 303. — Jöcher u. Rotermund z. dems. — Gadeb. L.B. Th. 2. S. 351-354. — Nord. Misc. IV. 215. — N. Nord. Misc. XVIII. 255., *nach* Stjernmanns schwed. Adelsmatr. S. 698. — Carlbl. S. 6.

Pflugradt (Daniel Christian).

Sohn des nachfolgenden.

Studirte zu Königsberg und Jena, nahm auf der letztern Universität die philosophische Magisterwürde an, wurde 1765 *Adjunkt bey seinem Vater in Doblen und* 1766 *lettischer Prediger ebendaselbst. Geb. zu Doblen* 1741, *gest. am* 14 *Februar* 1801.

Diss. de philosophia Horatii stoica. (Praes. Johanne Ern. Imm. Walch.) Jenae, 1764. 57 S. 4.

Inscriptionum Heracleaticarum, quae graece exaratae sunt, brevis descriptio. Ibid. 1765. 32 S. 4.

Vergl. Nord. Misc. IV. 112. — Rotermund z. Jöcher.

Pflugradt (David).

Vater des vorhergehenden.

War seit 1735 *Pastor zu Birsen in Lithauen und wurde* 1737 *deutscher Prediger zu Doblen in Kurland, auch* 1745 *Propst des dortigen Sprengels. Geb. zu Dennen in Preussen am* 27 *May* 1707, *gest. am* 5 *Februar* 1766.

Ueber die Vorbereitung zu einem freudigen Sterben; eine Abdankungsrede den 30. Junius 1750 bey der Beerdigung des Grofswürzauschen Predigers Joh. Dan. Pölchau gehalten. Mitau (1750). 12 S. 4.

Geistliche Lieder *im* preussischen Gesangbuch.

Vergl. Tetsch K. K. G. Th. 1. S. 255. — Rotermund z. Jöcher.

Philippi (Johann Georg).

Vollendete seine zu Reval begonnenen Studien in Wittenberg und wurde dort Mag., dann Pastor zu Karusen in Esthland (nicht zu Karkus in Livland) 1690 *(ordinirt am* 26 *August), und Vicepropst* 1707. *Geb. zu Reval am* ..., *gest.* 1710.

De Photio, ephemeridum eruditorum inventore. (Praes. M. Const. Wolfio.) Wittemb. 1689. $3\frac{1}{2}$ Bogg. 4.

Der geholffene Helffer, als nemlich der Hoch-Friedliebende etc. König Carolus XII. zum Entsatz der Stadt Narva durch Gottes Hülffe einen Sieg vor Narva 1700 den 20. November mit Löwen-mühtiger Tapfferkeit erfochten etc. Pernau, 1701. 104 S. 4.

Vergl. Nord. Misc. IV. 112. XXVII. 423. — Carlbl. S. 78. — Rotermund z. Jöcher.

PHRAGMENIUS (JONAS JOHANN).

Ging 1696 *von Riga auf die Universität Wittenberg, und später nach Rostock, wo er* 1700 *Mag. wurde. Zu Anfang des Jahres* 1703 *war er Regimentspriester bey dem livländischen Ritterfähnlein. Geb. zu Riga am ..., gest. ...*

Diss. de rubicundo et candido victore ab Edom sine socio sociaque torcular calcante ex Jes. 63, 1-6. — (Praes. Zachar. Grapen.) Rostochii, 1697. 44 S. 4.

Diss. Riga literata. (Praes. eod.) Ibid. 1699. 4 Bogg. 4.

Vergl. Gadeb. Abh. S. 179. — Dess. L. B. Th. 2. S. 354. — Nord. Misc. XXVII. 424. — Rotermund z. Jöcher.

PIEL *) (ZACHARIAS).

Besuchte erst das Lyceum seiner Vaterstadt, darauf 1689 *die Universität Wittenberg,* 1693 *die zu Dorpat, wurde* 1698 *Adjunkt zu Seßwegen,* 1699 *Pastor zu Tirsen, wo er bey dem Einfalle der Russen in Livland dreymal ausgeplündert ward, jedoch, wenn gleich mit Lebensgefahr, immer noch seiner Gemeine diente, endlich* 1709 *oder* 1710 *mit seiner ganzen Familie nach Rußland geführt und nach seiner Rückkehr Pastor zu Walk und Luhde (bereits* 1723*). Geb. zu Riga* 1668, *gest. ...*

Disp. theol. de Christianorum definitione ex 2 Sam. XXIII. 2. (Praes. Joh. Deutschmann.) Wittebergae, 1691. 2 Bogg. 4.

Disp. de lapsu protoplastorum. (Praes. eod.) Ibid. 1693. 4.

Gedichte.

Vergl. Gadeb. L. B. Th. 2. S. 357. — Nord. Misc. XXVII. 425. Rotermund z. Jöcher.

PINSDÖRFFER (MICHAEL I.).

Vater des nachfolgenden.

Studirte seit 1669 *zu Königsberg, ging* 1674 *nach Greifswalde, machte eine Reise durch Deutschland, studirte noch*

*) So hat er sich selbst geschrieben, nicht Piehl, wie *Gadebusch* und *Schwartz* haben.

zu Wittenberg, Halle, Jena, Leipzig, Helmstädt, wurde 1677 zu Halle Mag., 1678 Führer einiger jungen Edelleute, 1681 Rektor der Domschule zu Riga, und 1698 auch Professor der Philosophie am Gymnasium daselbst. Geb. zu Königsberg am 24 September 1651, gest. am 22 Februar 1710.

Centuriae thesium philosophico-philologicarum. (Praes. Bartol. Goldbach.) Regiomonti, 1671. 4.

Disp. de ritu triumphandi apud Romanos. (Praes. Melch. Zeidlero.) Ibid. 1672. 4.

Exerc. theol. de conversione orantium ad orientem, ceu ritu ecclesiae jam olim usitato. (Praes. eod.) Ibid. 1673. 4½ Bogg. 4.

Disp. ... Gedani, 1678. d. 25. Junii. ...

Disp. historico-chronolog. de LXX. hebdomadibus Danielis. (Resp. Joach. Neresio, Goldingâ Curono.) Regiom. 1681. 3 Bogg. 4.

Disp. philosoph., analyticam et dialecticam specie diversas esse disciplinas, ostendens. (Resp. Jo. Caspari, Rig.) Rigae, 1699. 1½ Bogg. 4.

Progr. ad justa peragenda Christophoro Zeignero. Ibid. 1701. 1 Bog. 4.

Progr. ad orat. Georgii Caspari de redemtoris Christi passione. Ibid. 1702. ...

Lateinische Gelegenheitsgedichte.

Vergl. A. G. Hörnick Progr. ad exequias Mich. Pinsdörfferi. Rigae, 1710. Fol. — Gadeb. L. B. Th. 2. S. 357., *nach* Phragmenii Riga lit. u. Arnolds Zusätzen zur Hist. der Konigsb. Univers. S. 175. — Rotermund z. Jöcher.

PINSDÖRFFER (MICHAEL 2.)

Sohn des vorhergehenden.

Studirte um 1705 bis 1707 zu Wittenberg. Geb. zu Riga am ..., gest. ...

Eine lateinische Schulrede, gehalten am Karlstage und zusammen gedruckt mit einer deutschen Rede von Barthol.

Depkin. Riga, 1703. 4½ Bogg. Fol. (s. Nova lit. mar. B. 1703. p. 82.)

Disp. de Uranologia. (Praes. Joh. Bapt. Röschel.) Vitembergae, 1705. 5½ Bogg. 4.

Disp. theol. de brabeo ante victoriam seu de coelesti beatitudine hujus vitae. (Praes. Joh. Georg Neumann.) Ibid. 1707. 7 Bogg. 4.

Vergl. Nord. Misc. XXVII. 425.

PISANSKI (GEORG CHRISTOPH).

Studirte seit 1742 *zu Königsberg Philosophie und Theologie, wurde* 1748 *Kollaborator der dasigen altstädtschen Schule und noch in demselben Jahre Konrektor derselben,* 1759 *Rektor der kneiphöfschen Schule, auch in eben dem Jahre Magister der Philosophie und Privatlehrer bey der Universität,* 1773 *Dr. der Theol. und Privatlehrer derselben, und* 1789 *Konsistorialrath. Geb. zu Johannesburg in Ostpreussen am* 13 *August* 1725, *gest. am* 11 *Oktober* 1790.

Folgende seiner Schriften beschäftigt sich mit Livland.

De meritis Prussiae in Livoniam. Regiomonti, 1760. 4.

Vergl. Goldbecks liter. Nachrichten von Preussen. Th. 1. S. 93. Th. 2. S. 80. — Meusels Lexik. Bd. 10. S. 432-438., *wo auch das Verzeichniss seiner übrigen zahlreichen Schriften zu finden ist.* — Rotermund z. Jöcher.

VON PISTOHLKORS (OTTO FRIEDRICH).

Geb. zu Ruttigfer im oberpahlenschen Kirchspiele Livlands, stand erst in polnischen Kriegsdiensten, ging 1772 *zum russischen Militär über, nahm* 1781 *als Major den Abschied, bekleidete nunmehr verschiedene Landesposten in seinem Vaterlande, wurde* 1800 *Landrath, legte dies Amt* 1818 *nieder, erhielt vom Lande eine Pension und lebt seitdem zu Oberpahlen.*

Das Brantweinbrennen nebst dem dazu gehörenden Mälzen und Mästen; *macht den* 2ten Theil *des* Oekonomischen Handbuchs für Lief-Ehstländische Gutsherren, wie auch für deren Disponenten, herausgegeben von A. W. Hupel. Riga. 1796. gr. 8. (*Den ersten Theil arbeitete* Hupel *selbst aus, s. dess. Art.*)

Botanisches Namensverzeichnifs der in Livland einheimischen Holzarten, mit ihren verschiedenen Benennungen; *in den* Nord. Misc. XVII. 172-182.

Einige kleine ökonomische Aufsätze *von ihm stehen auch in den* Abhandl. der freyen ökonom. Gesellsch. zu St. Petersb., *aber nicht unter seinem, sondern unter den Namen derer, die sie vom ihm zum Einreichen erhalten hatten.*

Pistorius, s. Becker (Johann und Rötger).

Plaschnig (Tobias).

Eines Müllers Sohn, erlernte in seiner Jugend das Schneiderhandwerk, legte sich aber hernach auf Sprachen und studirte in Halle Theologie, wurde 1732 Prediger beym adligen Kadettenkorps in St. Petersburg, und 1746 Pastor der deutschen Gemeine zu Dorpat, wo er sich durch Gründung einer Mädchenschule verdient machte. Geb. zu Herrmansdorf bey Hainow in Schlesien am 26 December 1703, gest. am 27 December 1757.

Das göttliche Leben der Gläubigen hier auf Erden und dort in der Herrlichkeit, eine Predigt. ... 1738. 12.

Von dem rechten Wege zur Seligkeit, eine Predigt am Dreyeinigkeitsfeste. ... 1739. 12.

Krönungspredigt über 1. Sam. XII. 13-15. am 25. April 1742. St. Petersb. 1742. 4.

Der falsche Glaube vom heil. Abendmahle, in einer Gründonnerstagspredigt beschrieben u. bestritten. 1745. 12.

ABC der christlichen Glaubenslehre in so leichten Fragen und Antworten verfasset dafs es auch unmündige Kinder durch Hülfe ihrer Eltern mit Nutzen lernen können.... Neue Aufl. Quedlinburg, 1774. 24. — *Esthnisch übersetzt:* Se kristliko Ufsu-Oppusfe ABD. 4te Aufl. Dorp. 1782. ...

Das rechte Verhalten der Zuhörer gegen ihre Lehrer in einer Valet-Predigt am 1. Sonnt. nach dem Feste der Erscheinung Christi Anno 1747 der evangelischen Gemeine bey dem kays. Cadetten-Corps zu St. Petersburg, wie auch die rechte Hirtentreu eines evangelischen Lehrers in einer Anzugs-Predigt am 3ten Sonnt. n. d. Feste der Erschein. Christi der evangelischen Gemeine zu St. Johannis in Dorpat vorgestellt. 1747. 120 S. 12.

Die gottgefällige Fürsorge der Aeltern für ihre Kinder der Evangel. Gemeine zu St. Johannis in Dorpat Anno 1749 am 24. Sonnt. n. Trin. in einer Predigt vorgestellet u. s. w. Halle, 1750. 67 S. 12.

Kurtzer Auszug aus dem Rigischen Catechismo, oder der schriftmaſsigen Erklarung des kleinen Catechismi D. Martini Lutheri, zum Beſsten sowohl der kleinen als armen Kinder. Halle, 1752. 12. *Wieder aufgelegt:* ... 1761. ... — Reval, 1778. 204 S. 12. — Dorpat, 1779. 204 S. 12.

Gastpredigt von der allerbesten Freundschaft, am Tage der Heimsuchung Mariae 1775 zu St. Petersburg gehalten. Halle, 1755. 12.

Evangelische Wächterstimme, zwey Predigten, die eine gehalten am 27. Sonnt. n. Trin. 1744, die andre am Sonnt. Cantate 1755. Ebend. 1756. 12.

Aufrichtige Nachricht von den herrnhutischen Brüdern und ihrem Verhalten in St. Petersburg in einem Schreiben an Hrn. Christ. Schiffert vom 17. März 1744; *in* J. P. Fresenius' bewährten Nachrichten von herrnhut. Sachen. I. 233-284.

Vergl. Gadeb. L. B. Th. 2. S. 358-360. — Dess. livl. Jahrb. IV. 2. S. 349. 575. — Rotermund z. Jöcher.

Plate (Georg Ernst).

Früher Hauslehrer in Livland, dann Oberlehrer am Gymnasium zu Wiburg.

Progr. Grundzüge aus Finnlands Bildungsgeschichte. Im Anhange eine kurze historische Darstellung der Eroberung Wiburgs durch Peter I. im Jahre 1710. St. Petersburg, 1810. 20 S. 4.

von Plater (Friedrich).

Erbherr auf Weissensee, Fölk, Teilitz und Kioma, war 1678 Deputirter der livländischen Ritterschaft an den König von Schweden, und damals bereits Präses des livländischen Oberkonsistoriums, was er auch bis an seinen Tod blieb. Geb. zu ..., gest. wahrscheinlich 1710.

Denkschrift auf Theodor v. Dunten. Riga, 1685. 1 Bog. Fol.

Gräfin Plater (Isabella), geb. Gräfin von der Borch.

Gemahlin des nachfolgenden.

Eine Schwester des Grafen Michael Johann v. d. Borch, übernahm selbst die Erziehung ihrer Söhne und schrieb zur Uebung für sie die unten angeführte polnische Uebersetzung von Weisse's Kinderfreund. *Geb. zu Warkland im ehemaligen polnischen Livland* 1752, *gest.* 1813.

Przyiaciel Dzieci Dzieło tygodniowe. Warschau, 1789-1792. 5 Bände. 8.

Graf Plater (Kasimir Konstantin).

Gemahl der vorhergehenden und Vater der beyden nachfolgenden.

War zuletzt Kanzler des Groſsherzogthums Lithauen, Ritter des St. Alexander-Newski-, des weissen Adler-, St. Stanislaus-, auch Groſskreutz des Maltheser-Ordens. Geb. zu ... 1748, *gest.* 1807.

Listy Posła i Konsyliarza Synow do Oyca na wsi mieszkaiącego oraz odpowiedzi tegoz Oyca w materiach Seim dzisieyszy zatrudniaiących. (Briefe eines Raths und eines Landboten an ihren Vater, nebst dessen Antworten, über Gegenstände, welche den jetzigen Reichstag beschäftigen.) 9 Bändchen. Warschau, 1788. 8.

List Obywatela do Oyca N. z. Synem Posłem Korespondującego. (Schreiben eines Landbewohners an N. über seinen Briefwechsel mit seinem Sohne, dem Landboten). Warschau, 1788. 8.

Kosmopolita do Narodu polskiego. (Der Kosmopolit an die polnische Nation). Ebend. 1789. 8.

O Banku Narodowym w Polszcze ustanowic'się łatwo mogącym. (Von einer in Polen leicht zu errichtenden Nationalbank.) Ebend. 1789. 8.

Mowy zdania i przymowienia się J. W. Kazimierza Konstantego Hrabi Platera, Kasztelana Trockiego, na Seimie 1788 rozpoczątym a od czasu sessioro w nowym Komplecie odbywaiących się miane. (Oeffentliche Reden des Grafen K. K. Plater, Kastellan von Troki, gehalten auf dem im J. 1788 angefangenen und im darauf folgenden komplett fortgesetzten Reichstage.) Ebend. 1789. 8.

Głos Starostow do Stanow z gromadzonych na Seim 1789 Roku. (Die Besitzer von Kronlehngütern an die zum Reichstage von 1789 versammelten Stände.) Ebend. 1789. 8.

Quelque chose concernant la suzeraineté du roi et de la république de Pologne sur les Duchés de Courlande et de Semigalle. (à Varsovie, 1792.) 56 S. 8. *Uebersetzt und mit Anmerkungen und Zusätzen vermehrt von* Friedrich Schulz, *unter dem Titel:* Beyträge zur neuesten Staatsgeschichte der Herzogthümer Kurland und Semgallen. St. 1. Mitau, 1792. 70 S. 8.

Vergl. Schwartz Bibl. S. 398.

Graf Plater (Ludwig).

Sohn der beyden vorhergehenden u. Bruder des nachfolgenden.

Geb. 1774, *von* 1805 *bis* 1811 *Forstinspektor der acht polnischen Gouvernements, dann seit* 1816 *Staatsrath des Königsreichs Polen, Generaldirektor der Kontrolle und der Forsten des Königsreichs, Ritter des St. Stanislaus-Ordens der* 1sten *Kl., Mitglied der warschauer philomatischen Gesellschaft, Ehrenmitglied der Universität zu Wilna.*

O Lasach. (Ueber Wälder.) Wilna. ...
In polnischer Sprache: Vier Reden, *welche einzeln auf Verlangen des Reichstages gedruckt worden. Die beyden ersten enthalten* Vertheidigungen der von der Regierung in Vorschlag gebrachten Gesetze „Ueber Scheidungen“ und „Ueber ein höchstes Kriminalgericht.“ 1821.; *die beyden letztern* „Ueber das Kreditsystem.“ 1825.
Eine grofse Anzahl von Aufsatzen *in dem zu Warschau, unter dem Titel* Sylwan Dziennik nauk lesnych i mysliwych *erscheinenden* Forstjournal.

Graf Plater (Stanislaus).

Bruder des vorhergehenden.

Geb. 1784, *vormals Kapitän im polnischen Generalstabe, Mitglied der warschauer philomatischen Gesellschaft, lebt gegenwärtig in Posen.*

Geografia wschodniey części Europy. (Geographie des östlichen Europa. 1ster Bd.) Breslau, 1825. 8.
Wybor Dzieł dramatycznych Kotzebue. (Auswahl dramatischer Schriften von Kotzebue. 1ster Bd.) Warschau, 1826. 8.
Lettres de Jean Sobieski, Roi de Pologne à la Reine Marie Casimire, pendant la campagne de Vienne, traduites par M. le Comte de Plater, et publiées par N. A. de Salvandy. à Paris, 1826. XXVII u. 224 S. gr. 8. (*Sind auch früher ins Deutsche übersetzt von* Ferdinand Friedrich Oechsle. Heilbronn, 1822. gr. 8.)
Atlas historique de la Pologne, accompagné d'un tableau comparatif des expéditions militaires dans ce pays pendant le XVII., XVIII. et XIX. siècle. Posen, 1827. 10 Karten mit auf 11 ungez. Bll. zur Seite stehendem Text. Quer-Fol.

Pleene, s. Plinius.

Pleske (Gerhard Johann).

Studirte zu Jena, wurde 1783 (*ord. am* 2 *Julius*) *Adjunkt zu Ronneburg, dann als Pastor nach Wenden versetzt*

1791, und Propst des wendenschen Sprengels 1814. Geb. zu Riga am 28 Julius 1754, gest. am 23 April 1816.

Leichenrede (auf den Gen. Sup. Joh. Dankwart); in Sonntags Formularen, Reden und Ansichten bey Amtshandlungen. III. 280-292.

PLINIUS (BASILIUS).

Vielleicht Sohn des nachfolgenden.

Dr. der A. G. Geb. zu Riga am ..., gest. 1604. *)

Encomium inclytae civitatis Rigae, metropolis Livoniae. Lips. 1595. 4.

De utilitatum, e contemplatione naturae humanae in omne vitae genus promanantium, venatura. Witteb. 1598. 8.

De colorum natura et familia. Ibid. 1599. 8.

De voluptate et dolore. Ibid. 1600. 8.

De magnete. Aug. Vindel. 1603. 8.

De venenis et venenatis et de morbi Gallici investigatione carmen. Witteb., 1603. 4.; *auch* Norimb. 1603. 8.

De ventis. Rigae, 1603. 4.

Victoria, quam juvante deo optimo maximo Sigismundi III. regis Poloniae et Sueciae exercitus adversus Carolum, Südermanniae ducem, Riga secunda obsidione soluta, obtinuit. Ibid. 1605. 4.

(*Sämmtlich Gedichte.*)

Vergl. Phragmenii Riga lit. — Witte D. B. Tom. I. in app. — Gadeb. L. B. Th. 2. S. 360. — Jöcher u. Rotermund z. dems.

PLINIUS, eigentlich PLEENE oder PLÖNE **) (GREGORIUS).

Vielleicht Vater des vorhergehenden.

Mag. der Phil.; wurde 1554 Konrektor der rigaschen Domschule, legte aber 1558 sein Schulamt nieder, wurde

*) Und zwar am 26 Januar, sagt *Gadebusch;* er scheint jedoch den *Witte* im *Diar. biogr.* missverstanden zu haben, der diesen Todestag bey dem vorhergehenden Artikel, bey Bas. Plinius aber keinen angegeben hat.

**) Man findet diesen Namen auch Ploenius, Plen, Plehn, Plene, Plenius geschrieben.

Prediger der rigaschen Stadtgemeine (ord. am 7 März) und zuletzt Oberpastor oder, wie andere wollen, Superintendent der Stadt. Bey den sogenannten Kalenderstreitigkeiten gehörte er zur Partey des Raths. Geb. zu ...., gest. am 16 *Januar* 1596.

Initium tumultus Rigensis a Plinio descriptum. Rigae, 20. Febr. An. 1585. (*Wahrscheinlich nie gedruckt.*)

Vergl. Bergmanns Gesch. d. Rig. Stadtk. I. 32. — Schweder *in den* Livl. Schulbll. 1814. No. 49. S. 389. — B. Bergmanns histor. Schriften. II. 9.

Ploennies (Joachim Georg).

Studirte zu Heidelberg und Helmstädt, kam, weil seine Geburtsstadt im französischen Kriege verheert war, nach Riga zu seinem Vaterbruder, der hier das Protonotaramt bekleidete, und erhielt durch dessen Empfehlung die Stelle eines Landgerichtsnotars im rigaschen Kreise, gab sie aber nach zwey Jahren wieder auf und ging nach Deutschland zurück, wurde 1692 *Syndikus der Reichsstadt Wimpfen,* 1694 *Kanzelleydirektor des Grafen Gustav v. Witgenstein, und* 1718, *nachdem er sich einige Zeit bey dem Grafen von Nassau-Weilburg aufgehalten hatte, evangelischer Beysitzer des Reichskammergerichts zu Wetzlar von Seiten des schwäbischen Kreises, welches Amt er, durch Krankheiten entkräftet,* 1731 *niederlegte. Geb. zu Speier am* 24 *April* 1666, *gest. am* 31 *März* 1733.

Diss. inaug. Tractatio juris publici de ministerialibus. Marburgi, 1719. 4. *Auch* Francof. 1726. Fol., *und* Jenae, 1740. 4.

Nach seinem Tode erschienen aus der Handschrift:

Annotationes ad G. M. de Ludolff Commentar. system. de jure camerali. Wetzlariae, 1764. 4.

Schediasma adhuc inauditum de Ganerbinatu Saxoniae inferioris, Sadelband dicto; *in* J. G. Estors auserlesenen kleinen Schriften. Th. 7. S. 517-528.

Vergl. Gadeb. L. B. Th. 2. S. 361. — Jöcher u. Rotermund z. dems.

Plümicke (Karl Martin).

Geb. zu Wollin in Vorpommern am 26 März 1749, war erst Rathssekretär zu Breslau, dann Theaterdichter bey der Döbbelinschen Gesellschaft zu Berlin, wurde 1784 von dem Herzoge Peter von Kurland in Berlin als Reisesekretär in Dienst und nach Italien mitgenommen, nach beendigter Reise aber zum zweyten Regierungsrath in Sagan bestellt, saſs seit 1800 auf der Festung Brünn in Mähren gefangen, wurde 1801 wieder auf freyen Fuſs gestellt, lebte seit 1804 in Danzig und hernach in Magdeburg, war auch später, mit einem Projekt zum Anbau der Runkelrüben, in St. Petersburg, von woher er jedoch bald, wie es schien unverrichteter Sache, nach Deutschland zurückkehrte.

Von seinen Schriften haben folgende drey, die Meusel *nicht anführt, auf Kurland Beziehung:*

Notizie del Mondo di Napoli. No. 10. Martedi 15. Febrajo 1785. (*Mit diesem in Form der neapolitanischen Zeitung auf ½ Bogen in 4. gedruckten Blatte wurde der Herzog* Peter, *bey seiner damaligen Anwesenheit in Neapel, an seinem Geburtstage (den 15 Februar) überrascht. Es enthalt nämlich lauter Nachrichten aus Mitau und dem herzoglichen Lustschlosse Würzau.*)

Auszug aus dem Tagebuche der Reisen Sr. Hochfürstl. Durchlaucht des regierenden Herzogs von Kurland durch Italien in den Jahren 1784 und 1785. (o. O.) 1786. gr. 4.

Der funfzehnte Februar 1787. Eine dramatische Phantasie. Mitau (Berlin), 1787. 38 S. 8.

Vergl. Meusels G. T. Bd. 6. S. 132. Bd. 10. S. 421. Bd. 11. S. 617. Bd. 15. S. 57.

Pockrandt *) (Georg Ludwig).

Ein Sohn des Collega tertius an der Stadtschule zu Libau gleiches Namens. Geb. daselbst 1742, gest. ...

---

*) Nicht Pockbrandt, wie er im *Ostsee-Prov. Bl.* 1824. *No.* 50., genannt wird.

Handschriftlich auf der Universitätsbibliothek zu Dorpat:

Geschichte von Curland und Semgallien. 146 und (*als Anhang*) 27 S. kl. 8. *Stimmt, eine geringe Abkürzung im Anfange, einige hin und wieder angebrachte kleine Aenderungen und eine bis zum Jahre 1759 gehende Fortsetzung ausgenommen, fast wörtlich mit dem von* Dr. Joh. Friedr. Fritsche (*s. dessen Artikel*) *handschriftlich hinterlassenen* Grundriſs zur kurländischen Geschichte *überein, ohne daſs dessen von dem Plagiarius irgendwo erwähnt wird.*

POELCHAU (HARALD FRIEDRICH).

Bruder von PETER AUGUST.

Ein Sohn des Predigers Gustav Poelchau, *studirte seit 1824 zu Dorpat, erhielt daselbst 1828 die medicinische Doktorwürde und diente seit 1829 im Feldzuge gegen die Türken als Stabsarzt mit dem Kollegienassessors-Charakter. Geb. im Pastorat Sunzel in Livland am 2 Oktober 1806, gest. in der Festung Varna am 24 März 1830.*

Diss. inaug. med. sistens methodi exspectantis adumbrationem brevem. Dorpati, 1828. 46 S. 8.

PÖLCHAU (JOHANN FRIEDRICH).

Lehrer der 5ten Klasse an der Domschule zu Riga von 1764 bis 1777, und dann Lehrer der 4ten Klasse daselbst. Geb. zu Würzau in Kurland am ..., gest. am 29 November 1778.

Gedichte *bey verschiedenen Gelegenheiten, theils einzeln, theils in der* Königsberger gelehrten u. polit. Zeit. 1764. S. 377-379., *und in den* Rig. Anzeigen 1763. S. 296. 1764. S. 314-316. 1765. S. 343.

Vergl. Gadeb. L.B. Th. 2. S. 363., *wo er aber irrig ein geborner Rigenser genannt wird.* — Rotermund z. Jöcher.

POELCHAU (PETER AUGUST).

Bruder von HARALD FRIEDRICH.

Geb. im Pastorat Sunzel am 16 August 1803, studirte von 1822 bis 1824 Theologie zu Dorpat, dann, nachdem er eine

Reise durch Deutschland und die Schweiz gemacht hatte, in Halle, erhielt, auf eine an die Universität Tübingen eingesandte Abhandlung, de natura miraculorum Christi eorumque usu in probanda divina Jesu auctoritate, *die ungedruckt blieb, den philosophischen Doktorhut, und wurde* 1828 *Pastor adjunktus des rigaschen Ministeriums (ord. am* 18 *Julius).*

Zwey Fastenbetrachtungen über das Haus und seine Leiden. Riga, 1829. 32 S. 8.

PÖPPING (JOHANN FRIEDRICH).

Studirte zu Heidelberg, erlangte daselbst 1681 *die juristische Doktorwürde und war darauf Syndikus der Stadt Reval. Geb. zu Lübeck* 1638, *gest. am* 6 *December* 1684.

Orbis illustratus, seu nova historia polit. geographica imperiorum rerumque publicarum per totum terrarum orbem descripta. Ratzeburg, 1668. 12.

Diss. inaug. de banno imperii. Heidelb. 1681. 4.

Tractatus de jure integritatis et dexteritatis, ac de perversa et eversa horum temporum impostura. ...

Vergl. Witte D. B. ad a. 1684, *und daraus* Nord. Misc. IV. 118. — Rotermund z. Jöcher.

VON PÖSCHMANN (GEORG FRIEDRICH).

In seinem 14*ten Jahre bestimmte er sich für die Kaufmannschaft, trat aber, weil seine Neigung zu den Wissenschaften die Oberhand behielt, und nachdem er als Lehrbursche jeden müssigen Augenblick auf Erlernung von Griechisch und Latein verwandt hatte, von dieser Laufbahn wieder zurück, erhielt in der ersten Klasse der naumburger Rathsschule Unterricht, und bezog* 1787 *die Universität Leipzig, wo er aber, da er durch den erfolgten Tod seines*

Vaters aller Unterstützung beraubt wurde, sich durch Unterrichtgeben forthelfen mufste. Nachdem er hier (nicht in Wittenberg, wie einige wollen) 1789 die philosophische Magisterwürde erlangt hatte, hielt er sich 1793, wegen einer durch vieles Sitzen entstandenen Kränklichkeit, hin und wieder auf dem Lande in Sachsen auf, brauchte 1795 das Karlsbad, machte dann noch eine Reise durch Böhmen und das Erzgebirge, und ging, sobald seine Gesundheit wieder hergestellt war, im Herbste des genannten Jahres nach Jena, in der Absicht, Vorlesungen über Geschichte zu halten; ein Plan, der aber vereitelt wurde, weil eben damals Woltmann dasselbe dort mit grofsem Beyfall begonnen hatte. Er kehrte nun im darauf folgenden Jahre nach Naumburg zurück und beschäftigte sich, von neuem kränkelnd, mit schriftstellerischen Arbeiten. Im J. 1798 verliefs er sein Vaterland in der Absicht, nach Moskau zu einem dort wohnenden Verwandten zu gehen, blieb aber, auf der Reise dahin, bis zum Anfange des folgenden Jahres in Riga und gab Privatunterricht, ging dann nach Moskau, kehrte jedoch, da er die ihm dort gemachten Vorschläge nicht annehmlich fand, bald nach Riga zurück und war im Begriff, sich 1800 wieder nach Deutschland zu begeben, als das Schiff, mit dem er die Reise unternehmen wollte, wegen geladener englischer Waaren, mit Beschlag belegt wurde. Während dieser eingetretenen Zögerung erhielt er den Ruf zur Professur der allgemeinen Geschichte an der neu zu errichtenden Universität Dorpat, ging 1801 dahin ab und wohnte 1802 der Eröffnung dieser Lehranstalt bey. Als Mitglied der Schulkommission beschäftigte ihn während der Führung seines Amts vorzüglich auch die Aufsicht über die Schulen, besonders über die in Finnland, zu deren Revision er mehrmalige Reisen dahin unternahm. Kurz vor seinem Tode wurde er zum Kollegienrath ernannt. Geb. zu Naumburg an der Saale am 11 Januar 1768, gest. am 17 März 1812.

* Geschichte von Spanien von Niederlassung der Phönicischen Pflanzstadt zu Cadix an bis zum Tode Ferdinand des Weisen; aus dem Englischen übersetzt. 3 Thle. Leipzig, 1794-1795. 8. (*Nach* J. Giffords history of Spain. Tom 1-3. London, 1793.)

* Thomsons Geist der allgemeinen Geschichte. Ebend. 1795. 8. (*Nach* Thomsons Spirit of general history.)

* Beyspiele von Glückswechsel. 1ster Theil. Riga, 1795. 408 S. 8. (*Eine freye Bearbeitung von* Bicknells Instances of the mutability of Fortune 1791.)

* Nachlafs meiner Mutter Gans und meiner Amme Goldmund. Ebend. 1795. 1ster Bd. 414 S. — 2ter Bd. (*auch mit dem Titel:* Neue Mährchen u. Erzählungen) 376 S. — 3ter Bd. (*auch mit dem Titel:* Der Wilde, eine peruanische Geschichte) 1797. 228 S. — 4ter Bd. 296 S. 8.

Wilhelm Wallace, oder der Held aus dem Hochlande. Ein historischer Roman aus dem Engl. des Hrn. Siddons übersetzt. Leipzig, 1796. 2 Thle. 204 S. 8.

Gedichte. Ebend. 1797. 8.

* Sagen, Mährchen und Anecdoten aus dem Morgenlande, oder moralische Erzählungen. Riga, 1798. 312 S. 8.

* Freuden und Leiden im menschlichen Leben oder Geschichte der Familie Hochberg. 1ster Theil. Ebend. 1798. 8.

Leitfaden zu einer Einleitung in die allgemeine Menschengeschichte. 1ster Theil. Ebend. 1802. XXIII u. 238 S. 8.

Progr. Ueber den Einflufs der abendländischen Kultur auf Rufsland. Bey Gelegenheit der Eröffnung der Dörptschen Universität. Dorpat, 1802. 60 S. 4.

Progr. Einige historische Bemerkungen in Beziehung auf das Schulwesen in den Ostsee-Provinzen. Bey Gelegenheit der feyerlichen Eröffnung des Gymnasiums und der Kreisschule zu Dorpat am 15. Sept. 1804. (Ebend.) 71 S. 8. *Im Auszuge in* Kaffka's Nord. Archiv 1804. IV. 136-147. — 2tes Heft: Schulprogramm zum Geburtsfest Sr. Kais. Maj. Alexander I. (*enthaltend:* Einige Nachrichten über den Zustand der Schulen in Finnland). Ebend. den 12. Dec. 1806. 60 S. 8.

Ueber die zweckmässige Führung des academischen Lebens. Ein Leitfaden zu Vorles. Riga, 1805. 240 S. 8.

Progr. Einige Gedanken zur Vergleichung der altern und neuern Erziehung. Dorpat, 1808. 68 S. 8.

Progr. (de consilio praelectionum academicarum) *vor den* Praelectt. semestres in Univers. lit. Caes. Dorp. a Cal. Febr. 1809. (Dorpati. Fol.) S. 3-8.

Oratio, qua Academiae Dorpatensi XI die Cal. Maj. auspicanda fausta quaevis apprecatur; *in* Jäsche's Beschreib. der Feyerlichk. bey Eröffnung der Univ. zu Dorpat. (1802. 4.) S. 64-74.

Ueber die Universität Dorpat; *in dem* Intel. Bl. der Jen. Allg. Lit. Zeit. 1805. No. 146.

Einige Bemerkungen über den Zustand des weiblichen Geschlechts im ältern Rufsland. Ein Brief an Caecilie; *in der* Livona f. 1812. S. 95-132.

Einzeln gedruckte Gedichte, als: Stanzen am Geburtstage — Alexander I. im grossen Hörsaal der Universität zu Dorpat vorgelesen. Den 12. Decemb. 1803. 1 Bog. 4. — * Zur Gedächtnifsfeyer der Uebergabe der Stadt Dorpat am 14. July 1704 und zur dankbaren Rückerinnerung an das Glück, welches sie unter Russischer Herrschaft genossen hat. Am 14. July 1804. 1 Bog. 4.; *auch in* Kaffka's Nord. Archiv 1804. III. 126-133. (*Als Verfasser dieser Ode wird er genannt in der* Dörpt. Zeit. 1804. No. 58.) — * Der 18. Nov. 1806. 2 Bll. 8.; *auch in* Truharts Fama f. Deutsch Rufsl. 1807. I. 101-108.

Gedichte *in* Beckers Taschenb. für das gesell. Vergnügen 1797 *und in dem* Rigischen Taschenbuche für den Sommergenufs. (Riga, 1801. 16.) S. 94-99. 122. 134.

Lieder für frohe Zirkel *in* V. H. Schmidts Auswahl älterer und neuer Gesänge (Dorpat, 1803. 8.) S. 12. 13. 71., *und in andern Sammlungen.*

Antheil an den Mitauischen Wöchentl. Unterhaltungen.

Vergl. Morgenstern *im* Intell. Bl. der Jen. Allg. Lit. Zeit. 1812. No. 36. S. 284. — Dens. in Merkels Zeit. f. Lit. u. Kunst 1812. No. 20. S. 79. 83. — Dens. in d. Beyl. zur Dörptschen Zeit. 1812. No. 25. — Dess. Dörptsch. Beytr. I. 216. — Rotermund z. Jöcher. — Möllers Zeitz- u. Naumburger Gelehrten. S. 38. — Marburger theolog. Nachrichten Bd. 2. S. 4. — Meusels G. T. Bd. 6. S. 140. Bd. 15. S. 68. u. Bd. 19. S. 167.

Politour (Alexander).

Geb. zu Riga am 6 Februar 1802, studirte von 1818 bis 1820 Oekonomie zu Dorpat und ist gegenwärtig in der Kanzelley des livländischen Kameralhofes angestellt.

* Jesus Christus am Kreuze. Riga, 1823. 16 S. 8.

von Poll (Karl Adolph).

Wurde, nachdem er geraume Zeit bey dem öselschen Landgerichte gedient hatte und zugleich Mitglied des dortigen Revisionskollegiums gewesen war, 1759 öselscher oder arensburgscher Landrichter und 1784 dasiger Kreisrichter. Geb. 1718, gest. ...

Beyträge *zu den* Nordischen Miscellaneen, *besonders zu der* Oeselschen Adelsgeschichte *im* XX. u. XXI. St.
Vergl. Nord. Misc. XX, 94.

Pollmann (Johann Daniel Werner).

Dr. der Phil. und Ehrenmitglied der deutschen Gesellschaft zu Helmstädt, Hauslehrer in Livland. Geb. zu Holzminden am ..., gest. auf dem Pastorate Kl. St. Johannis im Pernauschen am 1 Februar 1820.

Einige pädagogische Gedanken und Beantwortung der Frage: ob Nepos der erste mit der Jugend zu lesende Klassiker seyn dürfe; nebst einem Plane, wie Nepos bearbeitet werden müsse, und einer Probe von erklärenden Anmerkungen. Dorpat, 1809. 38 S. 8.
Oratio de pretiosis pacis fructibus, respectu scholarum. Ibid. 1809. 13 S. 8.

Polstern (Johann Dietrich).

War anfangs Rektor zu Windau und seit 1722 Pastor zu Angern in Kurland. Geb. zu ... in Preussen am ..., gest. 1760.

Lettische in den Gesangbüchern abgedruckte Kirchenlieder.

Vergl. Zimmermanns Lett. Lit. S. 53.

Graf POLUS (THOMAS).

Sohn des nachfolgenden.

War erst königl. schwedischer Legationssekretär, dann Hofrath bey der verwittweten Königin, Karls XI hinterbliebenen Gemahlin, ferner Kanzelleyrath, hierauf Staatsrath und Lehrer des Kronprinzen, nachherigen Königs Karl XII. Nachdem er schon 1673 *den schwedischen Adel erhalten hatte, wurde er* 1698 *am 3 Januar zugleich in den Freyherrn- und Grafenstand erhoben und zum Reichsrath ernannt. Geb. zu Reval* 1634, *gest. zu Stockholm am* 24 *März* 1708.

Standrede auf Samuel Pufendorf. ...

* Livonia perfide cruentata, sive de hostili subdolosaque copiarum Saxonicarum in Livoniam irruptione repraesentatio, aequis rerum aestimatoribus ad censoriam trutinam proposita. Anno 1700. 1½ Bogg. 4. *Auch deutsch übersetzt* (o. O.). 1700. 4. *Gerichtet gegen die* Untersuchung der Ursachen, mit welchen von dem General der sächsischen Truppen sein Einfall in Liefland beschöniget wird ..., *und mit dieser zusammen, deutsch und lateinisch, in* Nordbergs Leben Karls XII. Bd. III. S. 52-94.

Unio et communio leonina ad opprimendam serenissimam domum Slesvico-Holsaticam Gottorpiensem, a Dania superbe, inique et truculenter propugnata, ad illustrandam totius negotii qualitatem historice delineata. Anno 1700. 4. *Auch mit dem Titel:* Status controversiae s. Unio etc. Lugd. Bat. 1700. 4.

Vergl. Nord. Misc. IV. 113., *nach* Biedermanns Altem u. Neuem von Schulsach. I. 278. — N. Nord. Misc. XVIII. 264., *nach* Gezelii biogr. Lexik. II. 331., *und* Stjernmanns schwed. Adelsmatr. S. 35., *und mit Anführung von des letztern* Centuria prima Anonymorum. S. 30. — Rotermund z. Jocher. VI. S. 502.

Polus oder Pole (Timotheus).

Vater des vorhergehenden.

Kaiserlicher gekrönter Poet und Professor der Dichtkunst am Gymnasium zu Reval seit 1631. *Geb. zu Merseburg* 1599, *gest. am* 2 *März* 1642.

Epigrammata et hyporchemata et anacreontica. Argentorati, 1624. 12.

Lustiger Schawplatz. Jena, 1639. 12. *Auch* Danzig, 1643. 12., *und wieder unter dem Titel:* Neu-Vermehrter Lustiger Schawplatz, darinnen fürgestellet vielerley Persohnen, Aempter, Stande, Künste, Händel, Gewerbe und Handwerker Uhrsprung und erfindungen. Aus vielen bewehrten Scribenten zusammen colligiret und nach dem ABC in richtige Ordnung gebracht. Nun aber vieler Orten verbessert und unter 53 Titeln, die bey vorigen nicht gewesen, herfürgegeben und zum dritten mahl in Druck befodert. Lübeck, 1664. 420 S. u. 3/4 Bog. kl. 8.

Gustavus Adolphus Victor magnus, Oder die Erlösete Kirche, vnd Teutsche Freyheit, durch Rahten vnd Thaten vnd durch Muth vnd Blut des Glorwürdigsten Heldes vnd Königs Gustavi Adolphi Magni Ritterlich erhalten. Historisch vnd poetisch zusammen getragen vnd genommen theils aus Torquato Tasso, theils auss Opitio. Gedruckt zu Dörpt in Lieffland, bey Jacob Beckern. Im Jahr MDCXXXIV. 8 Bogg. 4.

CX versus hexametri, certos annos literis numeralibus designantes et gloriosissimi — Dni Gustavi Adolphi vitam, res gestas, triumphos ac mortem gloriosissimam breviter delineantes. Revaliae, 1639. 2 Bll. 4.

Noch mehrere Gedichte, Epigrammen und geistliche Gesänge in deutscher und lateinischer Sprache; — *auch in* P. Flemmings Gedichten. (Jena, 1660. 8.) S. 233 u. 264.

Vergl. Witte D.B. ad. a. 1642. — Jöcher u. Rotermund z. dems. — Gadeb. L.B. Th. 2. S. 363-366.

Pommer-Eschen (Simon Franz).

Sekretär der Ritter- und Landschaft auf der Insel Oesel, nachher Advokat bey verschiedenen Gerichten, besonders bey dem livländischen Hofgericht zu Riga. Geb. zu ..., gest. ...

Inbrünstiges Lob- und Dankopfer wegen des Sieges bey Narva. Riga, 1701. ...

Elogium sepulcrale Hammerschmidianum, ultimis honoribus — — Joh. Casp. Hammerschmidt, summi per Livoniam tribunalis regii assessoris, — — sacratum. Ibid. 1705. 1 Bog. Fol.

Noch andere Gelegenheitsgedichte, *z. B. von* 1709.

Pommergardt (Erich).

Schreib- und Rechenmeister zu Riga in der letzten Hälfte des 17ten Jahrhunderts.

Sehl. Hrn. Friderici Wedenmeyers, gewesenen Rechen-Meisters alhier zu Riga, Wolgegründetes Rigisches Rechen-Buch, Welches Er bey seiner Lebens-Zeiten, mit schönen und nützlichen Reguln und Exempeln, zu Allerley Kauffmannschafften und Handthirungen, Nebst der Welschen Practic, den anfahenden in Arithmeticis sehr dienlich, mit Fleifs aufsgearbeitet. Nunmehro Der weitberühmten Königlichen Stadt Riga, löblicher Bürgerschafft-Kinder, als auch gantzen Liefflands allgemeiner Jugend zum besten, mit etlichen neuen hinzugesetzten Arithmetischen Aufgaben vermehret, theils erklaret, und aufs neue ans Licht gestellet. Im Jahr. Es MVs aVf Gottes VVort. Dafs Netz gehn fröLICch fort. Zu Riga, durch Drukk und Verlag Heinrich Bessemessers. (1671.) 23½ Bogg. kl. 8.

Vergl. Gadeb. L. B. Th. 2. S. 366.

Pommergardt (Johann).

Studirte um 1697 zu Wittenberg Theologie. Geb. zu Riga am ..., gest. ...

Disp. theol. Maximae pansophiae christianorum speculum in Paulina Christi crucifixi pansophia ex 1. Cor. II. 2., contra morosophiam lutheranis orthodoxis perperam a pietistis imputatam. (Praes. Joh. Deutschmann.) Wittenb. 1697. 32 S. 4.

Vergl. Nord. Misc. IV. 114. — Rotermund z. Jöcher., *wo ihm aber irrig das Rechenbuch des vorhergehenden auch zugeschrieben wird.*

Poorten (Georg).

Studirte zu Göttingen und wurde 1757 (*ord. am* 10 *Junius*) *Adjunkt bey der Jesuskirche zu Riga und Pastor zu Bickern, jedoch schon nach zwey Monaten nach Holmhof, und ein Jahr später von dort nach Katlakaln und Olai versetzt. Geb. zu Riga am* 19 *September* 1731, *gest. am* 19 *März* 1799.

Kurze Untersuchung der Frage: ob die Eltern den Kindern, oder ob die Kinder den Eltern von Natur mit mehrer Liebe zugethan. Göttingen, den 21. Nov. 1750. 14 S. 4.

Disp. theol. de Christo redemtore maxime Israelitarum. (Praes. Georg Henr. Ribovio.) Ibid. 1754. 46 S. 4.

Vergl. Schweder zur Gesch. der Rig. Vorstadtkirchen. S. 33.

Poppen (Johann Fromhold).

Studirte zu Jena und wurde Pastor zu Harjel in Livland 1794 (*ord. am* 24 *August*). *Geb. zu Kusal im Revalschen am* 28 *Junius* 1770, *gest. am* 3 *März* 1811.

Standrede am Beerdigungstage des Hrn. Dr. Val. Boehling gehalten von einem Freunde. Ranzen, den 11. Jun. 1794. Riga, 1795. 8 S. 8.

Erinnerungen bey der Urne der Demois. Maria Cath. Sägey. Ranzen, den 3. Jan. 1795. Riga. 8 S. 8.

Poronerus (Matthias Anderssohn).

Studirte um 1649 *zu Dorpat. Geb. zu Bjorneburg in Finnland am* ..., *gest.* ...

Oratio in salutiferam nativitatem Domini et Salvatoris nostri Jesu Christi. Dorpati, 1649. 4.

Vergl. Somm. S. 64.

Porthanus (Michael Gustavsohn).

Studirte zu Dorpat um 1644. Geb. zu Wiburg am ..., gest. ...

Oratio de magistratu politico ejusque subditis. Dorpati, 1644. 4.

Vergl. Somm. S. 59.

Possevin (Anton).

Studirte zu Padua, trat 1559 in den Jesuiterorden, wurde 1577 vom Papst Gregor *XIII als Gesandter nach Schweden geschickt, um den König* Johann *zum Uebertritt zur römischen Kirche zu bewegen, war in der Folge noch mehrere mal Gesandter in Schweden, und dann in Polen und Rufsland, wohnte 1582 dem Friedensschlufs von Zapolsk oder Kiwerowahorka bey, kehrte in diesem Jahre nach Rom zurück, und lebte seitdem theils in Padua, theils in Bologna und Venedig. Geb. zu Mantua 1534, gest. zu Ferrara am 26 Februar 1611.*

Von seinen zahlreichen Schriften gehören nachstehende hierher:

Epistola de rebus Suecicis Livonicis, Moscoviticis, Polonicis, Transsilvanicis. Mantuae, 1580. ...

Moscovia. Vilnae, 1586. 8. Antverpiae, 1587. 316 S. 8. Coloniae, 1587. 392 S., *auch* 1595. Fol., *und, mit Weglassung der in den vorhergehenden Editionen enthaltenen Zugaben, in:* Respublica Moscoviae et urbes. (Lugd. Bat. 1630. 16.) S. 187-244. *Ins Italienische übersetzt:* Mantua, 1596. 4.

Vergl. Gadeb. Abh. S. 58. — Dess. L. B. Th. 2. S. 366. — Jocher u. Rotermund z. dems., *wo sich das vollständige Verzeichnifs seiner Schriften findet.*

von Pott (Heinrich August Georg).

Geb. zu Wiesen im Hannöverschen am ..., erwarb sich 1807 *zu Erlangen die philosophische Doktorwürde, war eine Zeitlang Hauslehrer in Riga, und trat dann in russisch-kaiserl. Militärdienste, in welchen er noch jetzt als Ingenieur-oberst und Ritter, beym Wegebau in Narwa beschäftigt steht.*

Commentatio philosophico-historica de Gladiferis seu de Fratribus Militiae Christi in Livonia. Erlangae, 1806. 3 Bogg. 8. Mit 1 illum. Kupfer, *die Ordenszeichen der Schwertbrüder darstellend.*

An die Russen. Zur Feier des grofsen Nationalfestes im Jahre 1813, da das uralte Fürstenhaus Romanow zweyhundertjährig auf Rufslands majestatischem Kaiserthrone glänzet. St. Peterburg, 1813. 57 S. 8.

Vergl. Allg. Jen. Lit. Zeit. 1807. Intell.Bl. No. 57.

Praetorius (Benjamin Gottlieb).

Widmete sich dem Apothekerfache, erst in seiner väterlichen Officin, dann zu Moskau und St. Petersburg, studirte Pharmacie in Jena, und unter Wiegleb *zu Langensalza, wurde Gehülfe in der Apotheke seines Vaters* 1786, *alleiniger Inhaber derselben* 1795, *dabey auch von* 1794 *bis* 1800 *Buchhalter bey der kaiserl. Feldapotheke, seit* 1812 *Zollbeamter zur Aufsicht über alle einkommenden Medicinalwaaren und* 1825 *Titulärrath. Geb. zu Riga am* 4 *November* 1760, *gest. am* 12 *Januar* 1828.

*Aufsätze *in den* Arbeiten der literarisch-practischen Bürgerverbindung zu Riga. Heft 1. (1805.) S. 30. — Heft 2. S. 27. 28. — Heft 4. (1807.) S. 27., *und in den* Rig. Stadtbll. 1810-1821., *mit den Chiffern:* P., Prt., Prtrs.

Gemeinschaftlich mit D. G. Kurtzwig: *Physisch-chemische Beschaffenheit des Pattenhofschen Brunnens; *in* Truharts Fama für Deutsch-Rufsl. 1807. I. 42-46.

Kurzer Nachruf an J. C. Brotze *in der Denkschrift auf ihn.* (Riga, 1825. 4.) S. 16.

Vergl. seinen Nekrolog *in den* Rig. Stadtbll. 1828. S. 28-31.

Praetorius (Elias), s. Hohburg.

Praetorius (Gottlieb Friedrich).

Studirte zu Wittenberg und wurde dort Mag., hierauf Pastor zu Kalzenau und Fehteln 1721, aber wegen Amtsvergehungen schon 1729 auf eine Zeit suspendirt und endlich, wegen schlechten Lebenswandels und verwahrlosten Amtes, 1733 (nicht erst 1743, wie Fischer *hat) gänzlich abgesetzt. Geb. zu Riga am ..., gest. ...*

Disp. de sepulchro Adami του πρωτοπλαστου. (Praes. Joh. Sam. Luppio.) Vittembergae, 1718. 32 S. 4.
Vergl. Nord. Misc. IV. 114.

Praetorius (Johann Christoph).

Studirte zu Leipzig, kam nach Kurland als Hauslehrer zu dem Oberburggrafen von den Brinken, *führte dessen Sohn auf Reisen und wurde bey dieser Gelegenheit dem aus Deutschland zurückkehrenden Herzoge von Kurland* Friedrich Kasimir *in Rutzau an der Gränze des Herzogthums vorgestellt und bekannt. Nach einer Abwesenheit von zwey Jahren, während deren der eben genannte Fürst gestorben war, kehrte* Praetorius *1698 nach Kurland zurück, wurde als herzoglicher Kammerrath in Dienst genommen, und im darauf folgenden Jahre, mit Aufträgen, an den brandenburgischen und hessischen Hof, imgleichen nach dem Haag an die Generalstaaten, und hauptsächlich zuletzt nach London gesandt, woselbst sein vornehmstes Geschäft darin bestehen sollte, etwas bestimmtes wegen der Insel Tabago abzuschließen, und den dortigen herzoglichen Gesandten* von Blomberg, *der bereits in demselben Geschäfte gebraucht war und um seine Zurückberufung angehalten hatte, abzulösen. Was dabey vorging, davon giebt er selbst in der unten angezeigten Schrift und aus dieser* Gebhardi *in der*

Geschichte des Herzogthums Kurland. S. 121-128 *Nachricht. 1700 wurde er nach Kurland zurück gerufen, und langte, nachdem er noch vorher ein Geschäft am dänischen Hofe ausgerichtet hatte, den 24 December in Mitau an, legte jedoch bald darauf sein Amt nieder und begab sich nach dem Haag (andern Nachrichten zufolge nach Harlem), wo er reich geheirathet und zuletzt ein angesehenes öffentliches Amt bekleidet haben soll. Geb. zu ... in Sachsen am ..., gest. ...*

Tobago insulae Caraibicae in America sitae fatum. Seu brevis et succincta insulae hujus descriptio, tribus constans capitibus, quibus magnitudo, natura et status ejus sub diversis dominis exhibetur; ejus intuitu in Anglia alibique hactenus actorum vera et fidelis ratio relatioque traditur, atque jus in illam soli celsissimo Curlandiae duci competens ostenditur, a J. C. P. Groningae apud Jacobum Sipkes, 1727. 8 unpag., 40 pag., *wieder* 68 unpag. *und zuletzt* 84 *mit der Seitenzahl* 33 bis 116 *bezeichnete* S. 4. *Die Zueignung an den Herzog Friedrich Wilhelm von Kurland ist im Haag am* 20 *September* 1705 *unterschrieben und scheint daher auf eine frühere Ausgabe zu deuten; auch führen* Lenglet du Frenois (Catalogue des principaux historiens. Paris, 1772. 12.) T. XIV. p. 172., *und aus ihm* Meusel (Biblioth. historica. III. 2. p. 75.), *unter dem verstümmelten Namen* J. C. Pistori, *eine Ausgabe in holländischer Sprache an, die im Haag* 1703 *in* 4. *erschienen seyn soll.*

Eine Schrift, die er auf Pränumeration ankündigte: Curländische Landes-Geschichte und Staats-Portrait welches dieses Herzogthums und der darunter begriffenen Provincien Lagen, Gräntzen, Stadte, Aempter, Adeliche Sitze, Adeliche Familien, und dero Wapen, nebst der Einwohner und des Landes Beschaffenheit, auch andere daselbst befindlichen Merckwürdigkeiten, dessen gantze Historie und besondere Revolutionen, mit der Heer-Meister und Durchl. Hertzogen Lebens-Geschichte, wie auch der daselbst befindlichen Regierungsform und Gesetze abbildet (s. Nova lit. mar. B. 1700. S. 305.), *ist nicht erschienen.*

ßita no Joh. Herrm. Ziegra. Riga, 1806. 168 S. 8. *Eine Uebersetzung von* Zigra's Anweisung zur Kultur aller Küchengartengewäche. (Riga, 1800. 8.)

* Verzeichniſs der bis jetzt, vornehmlich in der Umgegend von Riga, und im Rigischen Kreise bekannt gewordenen und systematisch bestimmten Käferartigen Insekten. (Coleoptera Linnaei, Eleutherata Fabricii.) Bei Gelegenheit eines merkwürdigen Amts-Jubelfestes dem Druck übergeben. Riga, 1818. 39 S. 4. (*Das erwähnte Jubelfest war das des Subrektors an der Domschule* Albrecht Germann.)

Bearbeitete die Gebete, Tauf- und Kopulationsformulare und den mindern Theil der Fürbitten in dem Liturgischen Handbuche für die Stadtkirchen zu Riga. (Riga, 1801. 8.)

Antheil an Drümpelmanns *und* Friebe's Abbildung und Beschreibung des Thierreichs in den nördl. Prov. Ruſslands; *vom 6ten Hefte an.*

Handschriftlich hinterlieſs er:

Handbuch der Insectenkunde Livlands mit einiger Rücksicht auf die Gouvernements Ehstland und Polozk. 1ster Bd., oder der hartschaligen Insekten 1ste Hälfte. (1813.) 684 S. — 2ter Bd. oder der schalflüglichen Insekten 2te Hälfte (1814.) 509 S. — Supplemente zur Naturgeschichte der Käfer. 281 S. — Vierte Ordnung: Bienen, Wespen und Ameisen. (*Unvollendet.*) 96 S. 4.

Deutsch-Lettisches Lexikon, Lit. A-E. incl., und Lit. S. (*Beyde Handschriften in der Treyschen Sammlung zu Riga.*)

Vergl. Rig. Stadtbll. 1819. S. 181.

Preiss (Adolph Friedrich Jakob).

Sohn des nachfolgenden.

Ist zu Neuhausen in Kurland am 9 Junius 1762 geboren, studirte Theologie auf dem mitauschen Gymnasium und zu Göttingen, wurde 1791 an seines Vaters Stelle deutscher Prediger zu Libau, auch 1810 Propst der grobinschen Diöcese und 1814 *Konsistorialrath, nahm aber wegen Kränklichkeit* 1818 *von dem Propstamte seine Entlassung.*

Rede am Tage der Einweihung des Waisenhauses zur Wohlfahrt der Stadt Libau. (Riga, 1798.) 16 S. 8.

Predigt gehalten am Sonntage den 14. Juli 1812 zu Libau, nachdem Königl. Preussische Truppen die Stadt besetzt hatten. Libau (Königsberg), 1812. 19 S. 8.

Zum Gedächnifs der Frau Sus. Maria Vögeding, geb. Busch, am Tage ihres feyerlichen Begräbnisses den 11. August 1812. (Gedruckt zu Libau in einer Privatdruckerey 1812, während die Stadt vom Feinde besetzt war.) 16 S. 8.

Einiger Antheil an den Mitauschen Wöchentlichen Unterhaltungen.

Preiss (Jakob).

Vater des vorhergehenden.

Hatte zu Königsberg Theologie studirt, kam als Hauslehrer nach Kurland und wurde hier 1760 *Pastor zu Neuhausen, auch* 1763 *Beysitzer im piltenschen Konsistorium,* 1766 *aber deutscher Prediger zu Libau. Geb. zu Zinten in Preussen am* 6 *Februar* 1729, *gest. am* 3 *Februar* 1791.

Kurzgefafste Worte des Trostes, dafs der Tag des Todes besser sey als der Tag der Geburt; bey dem Leichenbegängnifs der Frauen Hanna gebohrnen Scheel, verwittibten Tode, gesaget zu Libau den 7. April 1769. Stockholm, 1769. 12 u. 8 unpag. S. 4.

Die Freudigkeit der Christen, ihrem Fürsten und Herrn unterthan und gehorsam zu seyn, wurde an dem feierlichen Huldigungstage des Durchl. Fürsten und Herrn Peter in Liefland zu Kurland und Semgallen Herzoge u. s. w., den 4. Aug. 1770 in der heil. Dreyfaltigkeitskirche zu Libau betrachtet. Mitau (1770). 36 S. 8.

Vergl. Rotermund zu Jöcher.

PREUSS (GEORG).

Studirte erst zu Königsberg, dann zu Upsal, wurde hier 1645 *Mag. der Phil., dann ordentlicher Professor der Logik und Physik, auch ausserordentlicher der Theologie zu Dorpat,* 1658 *am* 28 *November abwesend in Wittenberg Dr. der G.G.,* 1662 *Superintendent der Insel Oesel und* 1665 *Superintendent von Livland, hielt aber als solcher erst am* 19 *December* 1666 *seine Antrittsrede in Dorpat. Als* 1668 *an die Wiederherstellung der dortigen Universität gedacht wurde, war er zum Prokanzler und Professor honorarius derselben bestimmt, was er aber nicht erlebte. Geb. zu Reval* 1619, *gest. am* 25 *December* 1675.

Semicenturia quaestionum de magistratu politico et subditis. (Praes. Joh. Freinshemio.) Upsaliae, 1643. 7½ Bogg. 4.

Nucleus psychologiae polemicae. (Praes. Er. Brunnio.) Ibid. 1645. 4. (Diss. pro magisterio.)

In tria Geneseos capita priora dispp. theoll. prima de die creationis primo. (Praes. Erico Gabr. Emporagrio.) Ibid. 1645. 4½ Bogg. 4.

Oratio panegyrica in natalem Christinae, Sueciae reginae. ...

Disp. psycholog. de sensibus. (Resp. Joh. Steph. Klingio.) Dorpati, 1655. 2 Bogg. 4.

Disp. de matrimonio. ...

Disp. de dichotomia servi nequam ad Matth. XXIV. 51. ...

Vergl. Witte D. B. ad a. 1675. — Jöcher u. Rotermund z. dems. — Gadeb. L. B. Th. 2. S. 371., *mit Anführung von* Schefferi Suecia lit. S. 287. 451. — L. Bergmanns biogr. Nachr. v. den livl. Gen. Sup. S. 10. in d. Anmerk.

PREUSS (WILHELM GOTTLOB).

Geb. zu Lauban in der Lausitz am 27 *May* 1769, *studirte zu Leipzig, wurde* 1793 *Rektor der Schule zu Walk in Livland, dann Pastor der Stadt Walk* 1798 (*ord. am* 31 *Oktober*), *war auch Lehrer an der Kreisschule zu Walk und erhielt* 1823 *die Pfarre zu Papendorf.*

Ueber die Empfänglichkeit der Jugend für frühere Eindrücke. Gelegenheitsschrift bey der feyerlichen Eröffnung der Kreisschule zu Walk d. 11. Jan. 1805. Dorpat. 20 S. 8.

Preussmann (Adrian).

Erhielt die ersten wissenschaftlichen Kenntnisse auf dem Lyceum zu Riga, studirte dann zu Dorpat, Kiel und Giessen, wurde am letztern Orte 1696 *Mag., hielt dort eine öffentliche Rede* de promotionibus apud veteres hebraeos, *besuchte noch die Universitäten zu Leipzig, Wittenberg und Jena, und erhielt* 1698 *die Rektorstelle am königl. Lyceum zu Riga. Geb. daselbst am* 1 *August* 1670, *gest. am* 13 *April* 1701.

Ad — — Dn. Joh. Fischer — — ob obitum — filiae — Christinae Elisabethae. Kilonii (1695). 1 Bog. Fol.

Diss. philolog. de clave cognitionis, ad Luc. XI comm. 52 instituta. (Praes. Jo. Henr. Majo.) Giessae, 1695. 16 S. 4.

De fontibus salutis disp. acad. ad locum Esai. XII. 3., pro licentia aperiendi scholas publiceque praesidendi. (sine praes.). Ibid. 1696. 16 S. 4. (*nicht:* Rigae, 1698. 4., *wie* Rotermund *angiebt*).

Miscellanea academica. (Resp. Conr. Burchardo Weinninger, Phorcensi.) Ibid. eod. 8 S. 4.

Riga in Livonia metropolis literata. Anno 1698. Cal. Jul. exhibita. Typis Jo. Georg. Wilcken, Typogr. regii. 1 Bog. 8.

Progr. ad examen et actum oratorium in Lyceo rig. Rigae, ineunte Jul. 1699. Patentform.

Vergl. Gadeb. L. B. Th. 2. S. 372. — Nord. Misc. IV. 215. XXVII. 425. — Nova lit. mar. B. 1699. S. 71. 1701. S. 174. — Rotermund z. Jöcher.

Prevôt (Johann Jakob).

Geb. zu Dorpat am 2 März 1797, studirte seit 1814 drey Jahr lang Medicin in Dorpat, dann eben so lange in Berlin, kehrte in seine Vaterstadt zurück, wurde 1823 daselbst Dr. der A. G. und prakticirt jetzt in Riga.

Diss. inaug. med. Analecta quaedam ad infusionem. Dorpati, 1823. 52 S.

Printz von Buchau (Daniel).

Ahnherr der Printzischen Familie und Besitzer der böhmischen Güter Falkenau und Krossen, war gegen den Ausgang des 16ten Jahrhunderts kaiserlicher Appellationsrath in Böhmen, und später Kammerrath in Schlesien, auch zweymal kaiserlicher Gesandter nach Moskau. Geb. zu Lemberg im schlesischen Fürstenthum Jauer am 14 September 1546, gest. zu Breslau 1608.

Moscoviae ortus et progressus. Authore Daniele Printz a Buchau, augustissimorum imperatorum Maximiliani et Rudolphi ubivis secundi consiliario, nec non bis ad Johannem Basilidem magnum ducem Moscoviae legato extraordinario. Neisse in Schlesien, bey Ignatz Konstanstin Schubart, 1668. 253 S. 12. *Mit einer Zueignung von des Verfassers Groſssohn*, Adam Leopold Baron von Printz, *an den Bischof von Breslau* Sebastian. — Ebend. (*wie* Gadebusch *anzeigt*) 1679. 12. — Guben, bey Christoph Gruber, 1681. 4 unpag., 252 *und wieder* 2 unpag. S. 12. *Mit einer Zueignung des Verlegers an den Abt des Cistercienser-Klosters Luben*, Johann. (*Der vermeintliche besondere Traktat:* de ducibus Moscoviae eorumque incrementis, *den ihm* Gadebusch, *auf* Bacmeisters *Autorität, und* Rotermund *beylegen, ist nichts weiter, als das erste Kapitel des eben angeführten, auch für die Geschichte Livlands wichtigen Buchs.*)

Vergl. Gadeb. Abh. S. 72. — Dess. L. B. Th. 1. S. 132. — Jöcher u. Rotermund zu dems. — Gauhens Adelslexik. Th. 1. S. 1239.

PRINTZIUS (AMBERN HAKANSOHN).

Studirte um 1647 zu Dorpat. Geb. in der schwedischen Provinz Westgothland zu ..., gest. ...

Oratio de sanctis angelis. Dorpati, 1647. 4.

Vergl. Somm. S. 61.

PRITZBUER (GEORG BERNHARD).

Wurde 1742 Pastor adjunktus zu Neu-Pebalg, 1746 Pastor zu Schujen, 1760 zu Marienburg und 1780 Propst des 2ten wendenschen Kreises. Geb. im Meklenburgschen zu ... 1715, gest. am 21 Julius 1786.

Teesas-Spreddikis ar weenu Usrunafchanu us wiffeem Widdsemmes Latweefcheem. Riga, 1772. 84 S. 8. *Auch deutsch:* Uebersetzung einer Lettischen Gerichts-Predigt nebst Anrede an das sämmtliche Lettische Volk Lieflandes. Riga, 1772. 78 S. 8.

Vergl. Zimmermanns Lett. Lit. S. 86. — Rotermund z. Jöcher.

PROCTOR (PARKER RICHARD).

Der Sohn eines begüterten Holzhändlers, eröffnete seine wissenschäftliche Laufbahn auf der Schule zu Eton, studirte dann 5 Jahr hindurch zu Oxford und wurde daselbst Magister der freyen Künste. Nachdem er die Universität verlassen hatte, begab er sich nach London und trat als Privatsekretär in Dienste des Lord Sackville, dessen Sohn er später auf eine Reise durch Frankreich und Italien begleitete, wurde nach seiner Rückkunft von dem Lord in mehreren öffentlichen Geschäften gebraucht, zog sich aber durch die Heirath mit einer Katholikin den Unwillen seines eifrig protestantischen Vaters in dem Grade zu, dafs er von diesem gänzlich aufgegeben und sogar in seinem Testamente enterbt wurde. Drückende Umstände und vereitelte Pläne veran-

lafsten ihn, als nach einigen Jahren seine Gattin gestorben war, Kriegsdienste zu nehmen. Er wurde Officier bey einem englischen Infanterieregimente, das nach Amerika bestimmt war, aber in England zurückbleiben mufste, wodurch seine Hoffnungen wieder scheiterten. Im J. 1758 erhielt er eine Anstellung als Kriegskommissär bey der brittischen Legion, machte in dieser Funktion den 7jährigen Krieg bis zum Hubertsburger Frieden mit, ging dann in Geschäften nach Bremen, und nahm, nach deren Beendigung, seinen Abschied. Er begab sich nunmehr nach Bonn, wo ihm der englische Gesandte am churkölnischen Hofe, Lord Krefsener, den Posten eines Gesandtschaftssekretärs anvertraute, und nahm, nachdem der Minister abgerufen wurde, 1770 die Stelle als Lektor der englischen Sprache am Pädagogium zu Halle an, erhielt auch ein Jahr später dasselbe Amt bey der dortigen Universität. 1775 wurde er durch Sulzer zum Lehrer der englischen Sprache am akademischen Gymnasium zu Mitau ernannt und verwaltete diese Stelle mit Auszeichnung bis an seinen Tod. Geb. zu Preston in der englischen Grafschaft Lankaster am 3 April 1724, gest. am 22 Februar 1797.

Englische Sprachlehre. Mitau, 1778. 8 unpag. u. 246 S. 8.

Handschriftlich hinterliefs er eine Englische Chrestomatie, *und eine kleine Schrift* über die Synonymik der englischen Sprache.

PROFFEN (GEORG).

Geb. zu Einbeck im Hannöverschen am 24 Junius 1769, studirte A. G. zu Göttingen und in dem medicinischen Institut zu Celle, trat als Chirurg in Dienste bey der schwedischen Flotte, gerieth 1790 bey Hochland in russische Gefangenschaft, nahm nun russische Dienste, gab dieselben wieder auf, wurde 1807 von neuem angestellt, erhielt 1817 in Dorpat die medicinische Doktorwürde, war seit 1821 Inspektor und Oberarzt des grofsen Seehospitals in St. Petersburg und ist gegenwärtig, seit 1824, Inspektor der esthländischen Medicinalverwaltung zu Reval, auch kaiserl. Hofrath und Ritter des St. Wladimir-Ordens der 4ten Kl.

Specimem inaug. med. sistens diagnosin morborum hepatis. Dorpati, 1817. 24 S. 8.

Prytz (Niels Nielssohn).

Studirte um 1634 bis 1636 zu Dorpat und wurde dort Mag., darauf 1637 Rektor der Schule zu Kiöping in Schweden, 1640 Lector Ethices am Gymnasium zu Westeras und 1649 Propst zu Fernbo. Geb. in der schwedischen Provinz Südermannland zu ..., gest. ...

Disp. de terra. (Praes. ...) Dorpati, 1633. 4.
Exerc. uranolog. de materia coeli. (Praes. Petro Schomero.) Ibid. 1634. 4.
Disp. (pro gradu) de anima in genere. (Praes. eod.) Ibid. eod. 4.
Oratio de jurisprudentia. Ibid. 1636. 4.
Zwey Leichenpredigten.

Vergl. Acta scholast. IV. 357. — Rotermund z. Jöcher. (Zusatze vor dem 6ten Bde. S. CCCXVI.), *wo er aber unrichtig* Peytz *und sein Geburtsort Thorn genannt wird.* — Somm. S. 50. 204.

Purgold (Ludwig).

Kam 1804 als Hauslehrer nach Livland, ging 1805 nach Wiburg als Oberlehrer der griechischen und deutschen Sprache am dortigen Gymnasium, erhielt 1810 den Tit. Raths-Charakter, nahm seinen Abschied, kehrte nach Deutschland zurück, privatisirte 1814 bis 1815 zu Gotha und war zuletzt Adjunkt der königlichen Bibliothek zu Berlin. Geb. zu Gotha am 8 May 1780, gest. am 11 August 1821.

Observationes criticae in Sophoclem, Euripidem, Anthologiam Graecam et Ciceronem; adjuncta est e Sophoclis codice Jenensi varietas lectionis in scholia maximam partem inedita. — Auctuarium subjecit H. C. A. Eichstaedt. Jenae et Lips. 1802. 8.

Progr. Ueber die Bildung zur Poesie und Beredsamkeit. St. Petersburg (1807). 32 S. 4.

Helwig. Zum Besten der Preussischen Verwundeten. Königsberg, 1808. 4.

Progr. Ueber die Wichtigkeit der deutschen Sprache für gründliche Bildung, insbesondere in Finnland. St. Petersburg, 1813. 51 S. 4.

Abälard und Heloise, oder die Fragen der Menschheit. Romantisch-Platonisches Gesprach. Berlin, 1818. 168 S. 8.

Die drey Alexander (Pindarische Ode); *in der* Ruthenia *von* Albers und Schröder. 1807. I. S. 1-3. — Origenes oder die Macht der Weisen; *ebend.* S. 110-125. — Ruf des Schicksals, dem Volke deutscher Sprache; *ebend.* S. 190-201. — Saamenkörner, dem Gelehrten, dem Erzieher, dem Menschen; *ebend.* 1807. III. S. 3-23. und 1808. III. S. 137-146. und 205-215. — Ueber deutsche Nachbildung der Henriade; nebst Versuchen; *ebend.* 1807. III. S. 85-100.

Probestück einer neuen Uebersetzung des Sophokles; *in* Wielands Neuem teutschen Merkur 1810. St. 1. S. 14-44.

Vergl. Meusels G. T. Bd. 15. S. 85. u. Bd. 19. S. 215.

PUSIN (JAKOB WILHELM).

Grofsvater des nachfolgenden.

Wurde 1701 *Pastor zu Demmen in seinem Vaterlande (ord. am* 3 *März), um* 1704 *aber zu Kreuzburg in Polnisch-Livland. Geb. in Kurland zu ..., gest. um* 1722.

Disp. Vim conscientiis non inferendam. Wittebergae, 1699. 4.

PUSIN (KARL ERNST).

Grofssohn des vorhergehenden.

Studirte Theologie von 1766 *bis* 1768 *zu Jena, Halle und Leipzig, lebte darauf in seinem Vaterlande mehrere Jahre als Hauslehrer, wurde hier 1775 Pastor-Vikarius zu Sessau, 1778 ordentlicher Prediger zu Angern, 1779 aber zu Baldohn und zuletzt 1781 zu Tuckum, auch 1802 Propst der kandauschen Diöcese und 1806 Konsistorialrath. Geb. zu Mesoten in Kurland am 4 December 1746, gest. am 14 März 1818.*

Huldigungs-Predigt beym Antritte der Regierung Sr. Kaiserl. Majestat Alexander des Ersten, Selbstherrschers aller Reussen u. s. w. Gehalten in Tuckum den 15. April 1801. Mitau, 1801. 15 S. 4.

Eine lettische Rede, gehalten in der lestenschen Kirche bey der funfzigjährigen Amtsjubelfeyer des dasigen Predigers J. F. Urban; *in der* Beschreibung der zu Lesten 1791 gefeierten Jubelfeste (Königsberg, 1791. 8.) Beylage F.

Ein lettisches Lied; *in dem* 1806 zu Mitau *herausgekommenen* Neuen lettischen Gesangbuch No. 371.

Vergl. Zimmermanns Lett. Lit. S. 106. — Letzte Worte am Grabe Carl Ernst Pusins. Mitau, 1818. 32 S. 8. — Grave's Magaz. f. protest. Prediger. Jahrg. 1819. S. 74.

Freyherr von Puttkammer (Christoph Heinrich).

Bruder des nachfolgenden.

Erbherr auf Schlockenbeck in Kurland, wurde 1666 fürstlich-kurländischer Rath, 1670 Oberhauptmann zu Tuckum, 1672 Landmarschall, dann Oberburggraf, 1678 Kanzler und 1683 Landhofmeister, empfing auch 1670 für den Herzog Jakob und 1683 für den Herzog Friedrich Kasimir, als deren Bevollmächtigter, das Lehn in Warschau. Geb. zu ... in Kurland am ..., gest. 1705.

Summaria deductio juris illustrissimis Curlandiae ducibus in districtum Piltensem competentis; *in* Chwalkowski Jus publicum regni Poloniae. (Regiomonti, 1684. 4.) S. 514.

Vergl. Gadeb. L. B. Th. 2. S. 373.

Freyherr von PUTTKAMMER (FRANZ HERMANN).

Bruder des vorhergehenden.

Studirte zu Königsberg und wurde 1654 *Hauptmann zu Bauske in seinem Vaterlande. Geb. zu … in Kurland am …, gest.* 1656.

Diss. de Injuriis. (Praes. Adamo Riccio.) Regiomonti, 1646. 4.

Q.

QUANDT (CHRISTLIEB).

Sohn des nachfolgenden und Bruder von JOHANN CHRISTIAN 2.

Wurde nach dem Tode seines Vaters, als ein Knabe von 10 *Jahren, mit seinen Geschwistern zur Erziehung nach Groſs-Hennersdorf in der Oberlausitz gebracht, kam von da in das Pädagogium zu Nisky und* 1759 *in das Seminarium zu Barby. Nach Vollendung seiner Studien wurde er* 1763 *Schullehrer zuerst in Nisky, dann* 1768 *in Neu-Dietendorf. Noch in demselben Jahre ging er als Missionär nach Surinam und war bis* 1780, *da er wieder nach Europa zurückkehrte, ein thätiger Gehülfe bey der dortigen Mission. Seitdem wohnte er zu Herrnhut und beschäftigte sich vorzüglich mit Bücherverkauf. — Geb. auf dem Pastorate Urbs in Livland am* 18 *Januar a. St.* 1740, *gest. am* 4 *Februar n. St.* 1824.

* Nachricht von Surinam und seinen Einwohnern, sonderlich den Arawacken, Warauen und Karaiben, von den nützlichsten Gewächsen und Thieren des Landes,

den Geschäften der dortigen Missionarien der Brüder-Unität und der Sprache der Arawacken. Nebst 1 Karte und 2 Kpfrn. Görlitz (1807). XIV u. 316 S. 8. *Am Schlusse der* Vorerinnerungen *nennt sich der Verfasser.* — *Ein* Auszug *daraus in dem* Journal für die neuesten Land- und Seereisen 2ter Jahrg. (Berlin, 1809.) April.

Die Arawakkische Sprachprobe *in dem Prachtdrucke*: Pacis annis MDCCCXIV et MDCCCV foederatis armis restitutae monumentum orbis terrarum de fortuna reduce gaudia gentium linguis interpretans principibus piis felicibus augustis populisque victoribus liberatoribus liberatis dicatum. Curante Joh. Aug. Barth. (Vratislaviae, 1819. Fol.; *die erste unvollkommnere Ausgabe erschien* 1816); *unterzeichnet* Chr. Quandt.

Vergl. Seine Nachricht von Surinam. S. XIII u. XIV.

QUANDT *) (JOHANN CHRISTIAN 1.).

Vater des vorhergehenden und nachfolgenden.

Studirte in Jena und gehörte zu den 102 *Studenten, welche sich im J.* 1728 *dort mit der Brüdergemeine verbanden, kam nach Livland, wurde* 1732 *Pastor zu Anzen und sollte* 1746 *Prediger der deutschen Gemeine in Dorpat werden, wogegen aber der damalige Generalsuperintendent* Zimmermann *protestirte, weil* Quandt *als erklärter Anhänger der Herrnhuter bekannt war.* (s. Gadeb. livl. Jahrb. IV. 2. S. 347.) *Geb. zu Erfurt am* ..., *gest. im März* 1750.

Briefwechsel *mit* C. G. v. Staden (die Lehre der Herrnhuter betreffend); *in* J. P. Fresenius Nachrichten von herrnhutschen Sachen. Bd. IV. Samml. 7. S. 245-337.

Vergl. Gadeb. L. B. Th. 3. S. 1. — Rotermund z. Jöcher.

QUANDT (JOHANN CHRISTIAN 2.).

Sohn des vorhergehenden und Bruder von CHRISTLIEB.

Kam schon 1746, *um in der Brüdergemeine erzogen zu werden, nach Herrnhag in der Wetterau, dann* 1749 *in das Päda-*

*) Nicht: Quand wie *Gadebusch* hat.

gogium zu Groſs-Hennersdorf, und hierauf als Amanuensis zu dem Syndikus der Brüderunität, mit welchem er manche Reisen in Deutschland, Holland, England u. s. w. machte, wurde 1764 zum Direktor des ökonomischen Kollegiums der Brüderunität ernannt, trat 1769 als Mitglied der Unitätsdirektion in dieses Kollegium, das seitdem den Namen der Unitätsältesten-Konferenz erhielt, blieb in demselben bis zum Synodus 1818 und begab sich dann wegen Altersschwäche zur Ruhe nach Herrnhut. Er besuchte sein Vaterland als Delegirter der Brüderunität 1793 und 1802, auf der Rückkehr von einer Visitationsreise nach Sarepta. Geb. zu Anzen in Livland am 19 Julius a. St. 1733, gest. am 24 März n. St. 1822.

Hat gröſstentheils die liturgischen Gesänge bearbeitet, welche die mit der Brüdergemeine verbundenen dorpatschen Esthen in ihren Versammlungen singen.

Auch scheint die esthnische Sprachprobe, in Barths *oben* S. 455 *angeführtem Prachtdrucke, wenn sie gleich, was eben so gut seinen Bruder anzeigen kann,* Chr. Quandt *unterzeichnet ist, von ihm herzurühren. Siehe auch* Rosenplänters Beytr. zur Kentn. der ehstnischen Sprache. XIV. 149., *wo man jene Sprachprobe wieder abgedruckt, übersetzt und beurtheilt findet.*

Quatius *) (Johann).

Ein lutherischer Schulmeister, der sich im J. 1694 in Riga aufhielt, und nach erhaltenem Zehr- und Reisepfennig wieder nach Deutschland zurückging. Geb. zu ... in Schlesien, gest. ...

Das erste Buch oder christliche Uebung der Gottseligkeit im Lehren und Lernen, Glauben, Leben und Sterben, welche sieben Jahr ein (leiblich) blind gewesener schlesischer, Lutherischer Schulmeister, als ihn

*) In den *Nord. Misc. XXVII.* 427. ist er unrichtig unter dem Namen Quant aufgeführt.

Gott im 62. Jahr seines Alters wieder sehend gemacht, Gott zu Ehren und seinen Nachsten zur Lehr, Erinnerung und Trost vermehret und abermahl im Druck gegeben Johannes Qvatius. Riga, 1694. 235 S. 8.

Quensel (Konrad).

Mag., war drey Jahr lang adjungirter Professor zu Abo, erhielt 1705 die mathematische Professur zu Pernau, verwaltete 1708 das akademische Rektorat daselbst und ging etwa 1710 nach Schweden zurück, wo er 1712 Professor zu Lund und 1728 Mitglied der gelehrten Gesellschaft zu Upsal wurde. Geb. zu Stockholm am 16 April 1676, gest. zu Lund am 13 Januar 1732.

Disp. philos. Calculus eclipsium solis et lunae. (Resp. et aut. Petro König.) Pernaviae, 1708. 46 S. Fol.

Progr. ad deponendos fasces academ. Ibid. 13. Dec. 1708. Patentform.

Diss. philos. atmosphaeram breviter delineatam exhibens. (Resp. pro gradu phil. Sam. Cl. Flodin, Smolandia Gotho.) Ibid. 1709. 63 S. 8.

Computus cyclicus verus, tam Julianus, quam Gregorianus, una cum Calendario Romano. Londini Goth. (*s. a.*) 8.

Öfvergripeliga Tankar om Calendarii Reformation. Ebend. 1720. 4.

Svar uppa Dn. Forelii Förklaring om Calendarii Förbåttrandi. Ebend. 1720. 4.

Almanachor för Åren 1714-1733. Lund. Gothenburg. Jonköping. Stockholm. 16.

Dissertatt. mathematici et varii argumenti XVIII. (*ob auch mehrere?*) Lond. Goth. 1714-1730. 4 et 8.

Nach seinem Tode erschien:

Brevis manuductio ad usum Globorum. Ed. W. J. Quensel. Lond. Goth. 1732. 8.

Vergl. J. J. v. Döbeln hist. Acad. Lundens. a. m. O. — Bacmeister *in* Müllers Samml. russ. Gesch. IX. 240. — Gadeb. L. B. Th. 3. S. 2. — Catal. libr. impress. bibl. acad. Upsal. II. 728-729.

R.

Rachel (Joachim).

Dieser bekannte Dichter des 17ten Jahrhunderts, der von vielen für den Schöpfer der eigentlichen poetischen Satyre in Deutschland angesehen wird, studirte auf den Universitäten zu Rostock und Dorpat, war eine zeitlang Privatlehrer bey einem von Vietinghoff *in Livland, und wurde dann Rektor, erst zu Heyde in seinem Vaterlande, hierauf* 1660 *zu Norden in Ostfriesland, und zuletzt* 1667 *zu Schleswig. Geb. zu Lunden in Norderdithmarsen am* 28 *Februar* 1618, *gest. am* 3 *May* 1669.

Von seinen Schriften gehört hierher:

Centuria epigrammatum in Livonia edita et Philippo Crusio, judicii regii castrensis in urbe Revaliensi vicepraesidi ac Bernhardo Rosenbachio, syndico Revaliensi, inscripta. ...

Vergl. Wippels Vorbericht zu seiner Ausgabe der Rachelschen Satyren. Berlin, 1743. 8. — Gadeb. L. B. Th. 3. S. 2. — Jördens Lexik. Bd. 4. S. 255-261. — *Die auch mit seinem Leben vermehrte neue Ausgabe seiner* Gedichte *von* H. Schröder. Altona, 1828. 8. — Jöcher u. Rotermund z. dems. — Flögels Gesch. der komischen Liter. III. 427.

Radeck von Radecki (Konrad Rudolph).

Geb. bey Riga am 4 *Junius* 1798, *studirte zu Dorpat vom August* 1818 *bis Januar* 1823 *und promovirte daselbst* 1824 *als Dr. der A. G. Gegenwärtig ist er prakticirender Arzt zu Lemsal.*

Diss. inaug. de delirio tremente. Dorpati, 1824. 94 S. 8.

Radzibor (Heinrich Ferdinand).

Geb. zu Gumbinnen in Preussen am 13 *November* 1769, *studirte zu Königsberg, kam* 1788 *als Privaterzieher nach*

Kurland, erhielt 1802 von der Universität zu Greifswalde die philosophische Doktorwürde, wurde 1803 Prediger zu Krottingen in Lithauen (ord. in Wilna am 26 Julius), 1804 Prediger zu Kaltenbrunn in Kurland, 1813 aber Kirchspielsprediger zu Siekeln und Born, auch 1819 Propst der selburgschen Diöcese, und 1830 Konsistorialrath.

Ueber den Fortgang des Menschengeschlechts zur Vollkommenheit. Eine Untersuchung. Riga, 1802. 65 S. 8.

Synodal-Predigt, Collecten und Altargebete, gehalten am 5. May 1821 zu Jakobstadt in der Holmhofschen Kirche, von Dr. H. F. Radzibor (*die Predigt ist von ihm*), G. W. Kahn, und A. Kütner. Mitau, 1822. 19 S. 8.

Raetel (Heinrich).

Bürgermeister zu Sagan. Geb. zu ... am ..., gest. 1594.

Warhaffte, gründtliche vnd eigendtliche Beschreibung, des Krieges, welchen der nechstgewesene König zu Polen Stephan Batori I. u. s. w., etliche Jahr nach einander, wider den Grofsfürsten in der Moskaw, Iwan Wasilowitzen geführet, dadurch er das hochbedrengte Lifflandt, von des Moschkowiters vieljähriger hefftiger Verfolgung erlediget u. s. w. Durch Reinholt Heydenstein, der Kron Polen Secretarium, in VI Büchern ordentlich beschrieben: Nunmehr in Deutscher Sprache aufsgangen. 1590. *Am Ende:* Gedruckt zu Görlitz, bey Ambrosio Fritsch. Im Jahr, 1590. 166 ungez. Bll. 4. (*Selten.*)

Erzählung dessen, was sich von 1584 in Polen, Lifflandt, Moschkaw vnd Schweden zugetragen. Görlitz, 1591. 4.

Joachimi Curaei Schlesisch vnd Breslauische General-Chronica verteutscht. Frankfurt, 1586. Fol. Wittenberg, 1587. Fol. Eisleben, 1601. Fol. Leipzig, 1607. Fol. (*Die verschiedenen Titel dieser Ausgaben siehe in* [Peukers] Biographischen Nachrichten der vornehmsten Schlesischen Gelehrten, die vor dem 18ten Jahrh. geboren sind. [Grottkau, 1788. 8.] S. 21. f.)

Wunderbare, Erschreckliche, Vnerhörte Geschichte, vnd wahrhafftige Historien nemlich des nechst gewesenen Grofsfürsten in der Moschkaw, Joan Basilidis (auff jre Sprach Iwan Basilowitsch genannt) Leben. In drey Bücher verfast von (Paul Oderborn) vnd aus dem Latein verdeutscht. *Am Ende:* Gedruckt zu Görlitz bey Johan Rhambaw Anno 1596. 116 ungez. Bll. 4. (*Selten.*)

Vergl. Gadeb. Abh. S. 45. — Rotermund z. Jöcher.

Raicus (Johannes).

Während seiner akademischen Jahre ein vertrauter Freund des bekannten Theologen Johann Gerhard, *dem er* 1603 *bey seiner Magisterpromotion in griechischen oder lateinischen Versen Glück wünschte, wurde Licentiat der Medicin,* 1621 *Rektor der Domschule zu Königsberg in Preussen und derselben Stadt Praktikus bis* 1625, *da er sich nach Schweden begab, wo er erst zu Upsal einige Jahre Professor der Medicin war und dann auf der neuen Universität Dorpat dasselbe Amt erhalten sollte; was er jedoch nicht angetreten hat, indem er noch vor Einweihung der Anstalt starb. Geb. zu Schlackenwalde in Böhmen am ..., gest. zu ... am* 25 *December* 1631.

Disp. de Peste. Elbing. 1620. 4.

Votivum votum ad Georgium Wilhelmum, cum urbem ingrederetur. Regiom. 1621. 4.

Tractatus de podagra, qui disserit de vero medicinae fundamento. Ibid. 1624. 4.

De phthisi ex tartaro, ut frequentiore, disp. publica, ex Regiae Salanae Academiae constitutionibus, pro auspicato in facultatis medicae ordinem introitu. (Resp. Olavo Johannis Bååk, Orebroensi.) Upsal. 1628. 4.

Illustrium quaestionum medicarum τετρας, pro disputatione prima ordinaria. Ibid. 1629. 4.

Dichas assertionum proposita pro disputatione secunda ordinaria. I. de tribus terris sigillatis, axungia solis, axungia lunae, atque anima solis. II. de mercurio ferri, in quo solo est podagrae topicum. (Resp. Er. Dan. Achrelio, Rosl.) Upsal. 1629. 4.

Disp. physico-medica votiva, εἰς ἱερωμα surgenti jam Dorpati novo collegio regio, ibique hab. d. Febr. 1631. (Resp. Petro Johannis, Bothniensi Sveco.) Rigae Liv. 4.

Vergl. Schefferi Suecia lit. S. 282-448. — Witte D. B. ad a. 1631. — Erläut. Preussen. III. 375. — Arnolds Hist. der Königsb. Univers. II. 546. — Jöcher. — Bacmeister *in* Müllers Samml. russ. Gesch. IX. 184. — Gadeb. L. B. Th. 3. S. 4. — Somm. S. 183. — Jocher u. Rotermund z. dems.

RAIS (JOHANN HEINRICH).

Lebte zu Reval um 1776 *und war vielleicht derselbe* Johann Heinrich Rais, *welcher* 1803 *am* 2 *May als Aktuarius bey der Schulkommission der Universität Dorpat angestellt wurde und* 1808 *im November starb.* (*s.* Neue inl. Bll. 1818. S. 276.)

Handbibliothek zum Vortheil seiner Nebenbürger. Reval, 1776. 8.

Neue Berichtigung der Rechtschreibung. Dorp. 1805. 8.

Die von Gadebusch, *nach einer Ankündigung* (Rig. Anz. 1776. S. 124.), *angezeigte* Tabellarische Vorstellung der allgemeinen Weltgeschichte *ist wahrscheinlich nicht erschienen.*

Vergl. Gadeb. L. B. Th. 3. S. 5. — Nord. Misc. IV. 215. — Rotermund z. Jöcher.

VON RAISON (FRIEDRICH WILHELM ALBRECHT KARL MAXIMILIAN *)).

Auf dem Gymnasium zu Koburg, wo sein Vater, ein französischer Flüchtling, nachdem er früher Hofprediger einer

*) Bediente sich immer nur der beyden ersten Taufnamen.

R.

RACHEL (JOACHI[M]

Dieser bekannte Dichter des 1
von vielen für den Schöpfer der ei
in Deutschland angesehen wird,
zu Rostock und Dorpat, wa
einem von Vietinghoff
Rektor, erst zu Heyde in
Norden in Ostfrieslan
Geb. zu Lunden in
gest. am 3 May 16

Vo
Centuria ep
Crusio, i
praesidi
liensi
Vergl.

einige
esen war,
te, erhielt er
n in Jena Juris-
als Erzieher eines
den er später auch
Nach Beendigung der-
wieder emsig, und las zu-
Universität anwesende Kur-
Collegium über die Geschichte und
**), bis er, zu einer Hofmeister-*
des Oberstlieutenant v. Fircks *auf*
nach Kurland kam. Im Jahr 1762
aus dem Exil zurückkehrenden Herzog
als geheimer Kabinetssekretär angestellt,
Dienst bey diesem Fürsten bereits in Riga an.
ihm der Herzog Peter, *nachdem er die*
übernommen hatte, den Kanzelleyraths-Charakter,
erhob ihn, wegen seiner ausgezeichneten Verdienste
kurländische Fürstenhaus, König Friedrich Wil-
helm II von Preussen in den Adelstand und ernannte ihn
Geheimenrath; wozu nicht lange darauf der Herzog
Peter noch ein Geschenk mit dem in Kurland belegenen
Gute Neu-Laschen fügte. Raison *war in jeder Rücksicht*
ein höchstverdienstvoller, achtungswerther und dabey grund-
gelehrter Mann. Sein Geist umfaſste das ganze Gebiet des
menschlichen Wissens. Er schrieb und sprach Latein in der
gröſsten Vollkommenheit, eben so Französisch und Italienisch,
las Griechisch, Englisch, Spanisch und Russisch, verstand
Lettisch und Esthnisch. Geschichte und Mathematik waren
seine Lieblingswissenschaften, und in der letztern besaſs er

---

*) Sein eigenhändiges dabey benutztes und sehr sorgfältig ausgearbeitetes Heft wird zum Theil im kurländischen Provincialmuseum aufbewahrt.

-ezeichnete Kenntnisse. Die Treue und Anhänglichkeit, -r er seinem Fürsten beynah 30 Jahre hindurch diente, -enlos und unerschütterlich. Mehrere mal hat er ihm -en nach St. Petersburg die wichtigsten Dienste -überhaupt auf die öffentlichen Angelegenheiten -rland den gröfsten Einflufs gehabt. Vorzüg- -ber ist ihm die ganze Provinz schuldig für den Antheil, den er an der Stiftung des mitauschen -ums nahm. Er war es eigentlich, der den Herzog -r zu derselben bewog; er war es, der mit Sulzern *Korrespondenz wegen des zu entwerfenden Plans und wegen Berufung der ersten Lehrer führte, der die Bücher für die Bibliothek und die Instrumente für die Sternwarte verschrieb; so wie er auch bis an seinen Tod an der Vervollkommnung des Instituts ununterbrochen Theil genommen hat. Für alle vom Herzoge angelegte Bücher- und Kunstsammlungen war er die eigentliche Seele; durch seine Betriebsamkeit kam das meiste zusammen. Er führte bey allem die Feder, gab alles an und ordnete alles. So sind auch sämmtliche Münzen und Medaillen, welche die Herzoge* Ernst Johann *und* Peter *bis zum Jahre 1784 haben prägen lassen, von seiner Erfindung. Geb. zu Koburg am 13 Januar 1726, gest. zu Mitau am 20 November n. St. 1791.*

Im Druck ist nur diese einzige Schrift von ihm vorhanden:

* Sonderbare Vorträge vom Landtage seit dem 19. Februar 1789, mit einigen Anmerkungen. (Mitau, 1789.) 65 S. Fol.

Vergl. Mitausche Zeit. 1776. St. 18. — Intell. Bl. der Allgem. Lit. Zeit. 1792. Februar No. 26. S. 202. und März No. 40. S. 326. — Rotermund z. Jöcher. — Schwartz Biblioth. S. 323. — Braunschweigs Geschichte des Gymnasiums zu Mitau während der ersten 50 Jahre seines Wirkens. (Mitau, 1825. 4.) S. 4. 26. 29. u. 47.

RAMBACH (FRIEDRICH EBERHARD *)).

Vater des nachfolgenden.

Ein Sohn des Hauptpredigers bey der Michaeliskirche zu Hamburg, Johann Jakob Rambach, studirte in Halle, wo er auch 1793 die philosophische Doktorwürde erhielt, wurde 1791 Subrektor oder Prorektor des Friedrichswerderschen Gymnasiums, dabey auch 1794 Professor der Alterthumskunde bey der königl. Akademie der bildenden Künste und mechanischen Wissenschaften zu Berlin, und überdem seit 1801 Direktor eines Instituts für junge Frauenzimmer; erhielt 1803 am 18 May die Professur der Kameral-, Finanz- und Handlungswissenschaften in Dorpat, war seit 1804, mit Ausnahme weniger Jahre, Mitglied der Schulkommission, auch zwey Jahr lang Direktor der dorpatschen Schulen, und vom Junius bis Oktober 1812 im Hauptquartier der russischen Armee, wo er ein patriotisches Blatt herausgeben wollte. 1816 wurde er zum Kollegienrath und 1822 zum Etatsrath ernannt. Geb. zu Quedlinburg am 3 Julius n. St. 1767, gest. zu Reval, wohin er zum Gebrauch des Seebades gereist war, plötzlich am 30 Junius 1826.

Diss. De Mileto ejusque coloniis. Accedit mappa geographica. Halae (1790). 68 S. 4.

Denkmahl, dem Jahr Siebzehnhundert neunzig errichtet. Hamburg, 1791. 8.

Theseus auf Kreta, ein lyrisches Drama, mit einer Vorrede von J. J. Eschenburg und mit einem Anhange vom Verfasser. Leipzig, 1791. 215 S. 8.

Hiero und seine Familie. Berlin. 1793. 1ster Th. 404 S. 2ter Th. 390 S. gr. 8.

Margot, oder das Mifsverständnifs, ein Lustspiel in einem Act, nach Thümmel. Dessau, 1793. 8.

* Die eiserne Maske, eine schottische Geschichte. Leipzig, 1792. 8.

---

*) Bediente sich als Schriftsteller meist nur des ersten Vornamens.

* Romantische Gemählde im antiken, gothischen und modernen Geschmack. Halle, 1793. 8.

* Die Fürsten, ein Hofgemälde in 5 Aufzügen. Berlin, 1793. 8.

* Ritter, Pfaffen, Geister; in Erzählungen. 1ster Bd. Leipzig, 1793. 8. — (*Die 4 letztern Schriften unter dem Namen* Ottokar Sturm.)

Aylo und Dschadina, oder die Pyramiden, eine ägyptische Geschichte. 2 Thle. Zerbst, 1793. 1794. 8.

Ueber die Bildung des Gefühls für das Schöne in öffentlichen Schulen; eine Abhandlung, in der pädagogischen Gesellschaft des königl. Seminariums vorgelesen. Berlin, 1794. 160 S. 8.

Einige Gedanken über den Werth und Nutzen der Alterthumskunde für den bildenden Künstler; zur Ankündigung seiner Wintervorlesungen über die häuslichen, politischen und kriegerischen Alterthümer der Römer. Ebend. 1794. 38 S. 8.

Zwey Reden, am Geburtstage des Königs in der öffentl. Versammlung der königl. Academie der bildenden Künste und mechanischen Wissenschaften am 25. Sept. 1794 und 1795 gehalten. Ebend. 1795. 60 S. 8.

Der groſse Kurfürst vor Rathenau, ein vaterländisches Schauspiel in 4 Aufzügen. Ebend. 1795. 184 S. 8. *Auch unter dem Titel:* Vaterländische Schauspiele. 1stes Stück.

Abriſs einer Mythologie für Künstler zu Vorlesungen. 1ster Thl. Ebend. 1796. 388 S. — 2ter Thl. Ebend. 1797. 8.

Verfaſste zu K. Ph. Moritz *Anthusa* oder Roms Alterthümer *den* 2ten Thl. Der Römer als Bürger und Hausvater. Ebend. 1796. XVI u. 400 S. 8., mit 5 Kpftäf.

Otto mit dem Pfeil, Markgraf von Brandenburg; ein Schauspiel in fünf Aufzügen. *Auch unter dem Titel:* Vaterländische Schauspiele. 2tes Stück. Ebend. 1797. 167 S. 8.

Hochverrath oder der Emigrant, Schauspiel in 5 Akten. Leipz. 1798. 8.

Margot oder das Miſsverständniſs, Schauspiel in 1 Akt. Ebend. 1798. 8.

Die Brüder. Schauspiel in 1 Aufzuge. Leipz. 1798. 8.

Graf Mariano oder der schuldlose Verbrecher. Schauspiel in 5 Aufzügen. Ebend. 1798. 8.

Schauspiele. 1ster u. 2ter Bd. Ebend. 1798. (*Enthalten die zuletzt genannten 4 Schauspiele.*) — 3ter Bd. Ebend. 1800. 8.

Friedrich von Zollern, ein vaterländisches Schauspiel in 5 Aufzügen. Berlin, 1798. 8. *Auch unter dem Titel:* Vaterländische Schauspiele. 2ten Bds. 1stes St.

Die drey Räthsel, ein Schauspiel in 4 Aufzügen, nach Karl Gozzi. Leipz. 1799. 8.

Der Verstofsene, ein Schauspiel in 5 Acten. Ebend. 1799. 8.

Theoretisch-practische Anleitung zum Geschäftsstyl: oder Anweisung alle Arten von schriftl. Aufsatzen, sowohl im gemeinen Leben als in Civil-Geschäften, zweckmäfsig anzufertigen. Ein Handbuch zu Vorlesungen. Berlin, 1799. 8.

Fragmente über Declamation; nebst einer Anweisung zum Gebrauche des Odeums. Ebend. 1800. 8.

Vaterländisch-historisches Taschenbuch auf alle Tage im Jahr. Ein Lesebuch zur Unterhaltung für Freunde der vaterländischen Geschichte und zur Belehrung für die vaterländische Jugend. 1-12. Hft. Ebend. 1801. 8. — Neue Aufl. in 3 Bden. Königsberg, 1803. 8. — Wohlfeile Ausgabe: Ebend. 1808. 8.

Fragmente über Declamation, zur Erläuterung des 3ten u. 4ten Bds des Odeums. 2 Hefte. Berlin, 1801-1803. 8.

Von der Erziehung zum Patriotismus und über Bürgerschulen. Zwey pädagogische Abhandlungen. Ebend. 1802. 4 unpag. Bll. u. 154 S. 8.

Die Kuhpocken. Ein Familiengemählde. Ebend. 1802. 8.

Dionysiaka; eine Sammlung von Schauspielen. 1ster Bd. Ebend. 1802. 314 S. 8.

Neue teutsche Sprachlehre oder fafsliche Anweisung zur Erlernung der teutschen Sprache. Ebend. 1802. 8.

Abrifs einer Geschichte des Vaterlandes. Ein Leitfaden für den Unterricht. Ebend. 1802. 340 S. 8.

Dramatische Gemälde. Ebend. 1803. 8.

Der Triumph des Frohsinns. Schauspiel in 5 Aufzügen. Ebend. 1804. 8.

Der Nabob oder das Geheimnifs. Schauspiel in 5 Aufzügen. Berlin, 1804. 8.

Die Terne oder Künstlerglück. Nachspiel in einem Act. Ebend. 1804. 8.

Ueber Staatswirthschaft. Eine Rede am Allerhöchsten Namensfeste den 30. Aug. 1804. Riga 32 S. 8. *Steht auch in der* St. Petersburgischen Monatsschrift von Schroeder 1806. May. S. 44. *und in den folgenden Heften.*

Ankündigung eines allgemeinen Addrefskalenders und statistisch-öconomischen Jahr-Buchs für die Ostseeprovinzen des russischen Reichs Liev-, Ehst- und Curland. Dorpat, 1807. 16 S. 8.

Teutsche Sprachlehre für die Kreisschulen des Dorpatschen Lehrbezirks. Mitau, 1808. 4 unpag. Bll. und 194 S. 8.

Jacob Johann Graf Sievers. Eine Vorlesung am Geburtsfeste Sr. Maj. des Kaisers bey Bekanntmachung der Preisaufgaben für die Studirenden der Kaiserl. Univers. zu Dorpat, im Bibliotheksaale gehalten. (Mit dem Bildnisse des Grafen, nach Grassy von Senff.) Dorpat, 1809. 76 S. gr. 4.

* An die Deutschen! (Riga, 1812.) ½ Bog. Fol.

* Hermann. Von F. E. R. 1ster Thl. Die Teutoburger Schlacht. Riga, 1813. 7 unpag. Bll. u. 215 S. 8. (*Ein versificirtes Schauspiel.*)

Rede am Friedensfeste den 5. Jul. 1814 im grofsen Hörsaale der kaiserl. Univers. zu Dorpat gehalten. Dorpat, 1814. 20 S. gr. 4.

Ueber den Krieg. Eine Rede am 30. Aug. 1813, dem Allerhöchsten Namensfeste. (Gedruckt auf Verordnung des Conseils der kaiserl. Univers. zu Dorpat.) *Als Anhang folgt:* Rede am Tage der Feier des Sieges bey Preussisch-Eylau, gehalten, am 17. Febr. 1807. Dorpat, 1814. 84 S. 8. *Die letztere erschien schon früher in:* Der 17. Febr. 1807 in Dorp. S. 9-39., *mit der nebenstehenden russischen Uebersetzung des Professors* Glinka.

Gedichte, *theils einzeln, theils in Sammlungen, unter andern eins in* Morgensterns Dörpt. Beytr. I. 368. — *Distichen; *in der* Ruthenia 1809. II. 233.

Gab heraus:

Griechische Anthologie, aus den besten Dichtern gesammlet, nach den Dichtungsarten geordnet und mit literarischen Notizen begleitet. Für Gymnasien und Akademien. Mit einem griechisch-deutschen Wortregister. Berlin, 1796. 2 unpag. Bll. u. 355 S. 8.

Gemeinschaftlich mit F. L. W. Meyer: Berlinisches Archiv der Zeit und ihres Geschmacks. Ebend. 1795-1798. — *Fortgesetzt gemeinschaftlich mit* J. A. Feſsler. Ebend. 1799. u. 1800. 8., *in monatlichen Heften.*

Odeum; eine Sammlung teutscher Gedichte aus unterschiedenen Gattungen, zum Behuf des Unterrichts und der Uebung in der Declamation. 1ster Thl. (für die untern Klassen bestimmt): Fabeln, Erzählungen, Idyllen enthaltend. Berlin u. Stettin 1800. 232 S. — 2ter Thl. (für Geübtere): Romanzen, Balladen, epische, lyrische Gedichte und Monologen. Ebend. 1800. 373 S. — 3ter Thl. Dramatische Fragmente enthaltend. Ebend. 1802. 383 S. — 4ter Thl. Dramatische Fragmente, Reden, prosaische Aufsätze und eine Nachlese enthaltend. Ebend. 1802. 390. S. 8. — Des 1sten Bdes. 2te Aufl. . . .

Jahrbücher der Preussischen Monarchie unter der Regierung Friedrich Wilhelm des dritten. Berl. 1798-1801. gr. 8. (*monatlich ein Stück*). *Ausser Anderem lieferte er darin:* Die schöne Kunst im Dienste des Vaterlandes, Jahrg. 1799. Octob. S. 141., *und* Ideen über die Geschichte des Vaterlandes, Jahrg. 1800.

Annalen des Berliner Theaters. Ebend. 1802. 8.

Gemeinschaftlich mit F. Cramer: Blätter zur Kunde des preussischen Staats und seiner Verfassung. 1stes Heft. Ebend. 1803. 8.

Einige Gedanken über die Erlernung der Lateinischen Sprache, von S. M. Malmgrén, als Einladungsschrift zu den Prüfungen im Gymnasium und der Kreisschule zu Dorpat herausgegeben von Fr. Rambach. Dorpat, 1805. 8.

* Neue inländische Blätter, vom 4. Aug. 1817 bis zum Jahresschluſs 30 Nrn., 120 S.; u. Jahrg. 1818 in 52 Nrn. 400 S. 4. (Dorpat.) *Hiezu lieferte er mehrere Aufsätze, theils mit, theils ohne Beysetzung seines Namens.*

Vergl. Meusels G. T. Bd. 6. S. 206. Bd. 7. S. 729. Bd. 10. S. 441. Bd. 11. S. 625. Bd. 15. S. 97. u. Bd. 19. S. 236. — Ostsee-Prov. Bl. 1826. S. 151. — Merkels Zuschauer 1826. No. 2856. — N. Nekrol. der Deutschen. 4ter Jahrg. Thl. 2. S. 941.

RAMBACH (JOHANN JAKOB).

Sohn des vorhergehenden.

Geb. zu Berlin am 6 *December n. St.* 1800, *kam im* 3*ten Lebensjahre mit seinen Aeltern nach Dorpat, erhielt die erste wissenschaftliche Bildung auf dem dortigen Gymnasium, besuchte ein Jahr das Johanneum in Hamburg, kam wieder nach Dorpat auf das Gymnasium, studirte sodann auf der dortigen Universität Medicin und wurde* 1825 *Doktor der A. G.*

Diss. inaug. de Hydrargyrosi. Dorp. Livon. 1825. 68 S. 8.

Edler VON RAMM (JOACHIM).

Bildete sich auf dem rigaschen Lyceum, studirte seit 1781 *zu Jena, wo er* 1786 *Dr. der Med. und Chir. wurde, diente hierauf bey der russischen Armee, wurde* 1790 *erster Divisionsarzt in Finnland und war zuletzt erster Stadtphysikus in seiner Vaterstadt, kaiserl. russischer Hofrath und Ritter des Wladimir-Ordens der* 4*ten und des Annen-Ordens der* 2*ten Kl. in Brillanten, Mitglied der philanthropischen Gesellschaft zu St. Petersburg, der naturforschenden zu Moskau, der Gesellschaft der Wissenschaften zu Edinburg, und der literärisch-praktischen Bürgerverbindung zu Riga, auch Korrespondent der schottischen Gesellschaft der Alterthümer. Geb. zu Riga am* 13 *Oktober* 1763, *gest. am* 26 *Junius* 1828.

Diss. inaug. med. de alcalina bilis natura contra nuperas opiniones defensa. Jenae, 1786. 8 u. 11 S. 4.

Anleitung für Nichtärzte zur Rettung Ertrunkener u. s. w. Riga, 1811. 2 Bll. 8. *Lettisch:* Mahziba, kà tahdeem, kas Uhdenſ irr flihkufchi, to Dſihwibu warr glahbt un tohs atkal pamohdiht. Ebend. 1811. 4 S. 8. *Auch Russisch.*

Erfahrungen über die medicinische Anwendung des Galvanismus; *im* Intell. Bl. der Allg. Lit. Zeit. 1802. No. 93.

* Ueber die unter dem Namen der Löserdürre bekannte Viehseuche; *in den* Arbeiten der litterarisch-pract. Bürgerverbindung zu Riga, I. 41-49. (1805.) — * Ueber die Anwendung der Mineralsauren Räucherungen zur Verbesserung einer faulen mit ansteckenden Stoffen angefüllten Luft; *ebend.* III. 20-28.

Seltsame Hitze der ganzen linken Hälfte des Körpers nebst einem widernatürlichen Gefühle; *in den* Vermischten Abhandlungen aus dem Gebiete der Heilkunde von einer Gesellschaft practischer Aerzte zu St. Petersburg. 2te Samml. (St. Petersburg, 1823. 8.) S. 175-184.

Extractum Pulsatillae nigr., ein treffliches Mittel wider den Stickhusten; *in* Hufelands und Osanns Journal d. pract. Heilkunde 1827. Aug. S. 122. — Gänzliche Harnverhaltung, sieben Wochen lang, ohne alle stellvertretende Ausleerung bey vollkommener Gesundheit; *ebend.* S. 124-126.

Aufsätze *in den* Rig. Stadtbll. 1810-1821., *theils mit seinem Namen, theils mit den Chiffern:* R — m., R., R***.

Vergl. J. C. Loderi Progr.: Commentatio de renum coalitione tabulis aeneis illustr. (Jenae, 1786. 4.) S. 8.

Ramm oder Ramme (Nicolaus).

Lettischer Prediger an der Jakobskirche zu Riga schon 1524. *Geb. zu ..., gest.* 1532 (*nicht* 1540, *wie* Fischer *nach* G. Bergmanns Livl. Gesch. S. 125. *hat*).

Die heiligen zehen Gebot Gottes (*in lettische Verse gebracht*) Anno 1530.; *in den* (*lettischen*) Psalmen und geistl. Liedern u. s. w. Riga, 1615. 4.*) Bl. 63. b. *Noch andere lettische Lieder und Antiphonen.*

Vergl. Nord. Misc. IV. 115. — Zimmermanns Lett. Lit. S. 13. — Rotermund z. Jöcher.

---

*) Fischers Anzeige, die erste Ausgabe sey zu Riga bey Mollin 1530 erschienen, ist ein Irrthum, da dieser Buchdrucker erst 1588 nach Riga kam. S. *Bergmanns Nachrichten von rigaschen Buchdruckern S. 7.*

RAMZIUS (NICOLAUS JOHANNSOHN).

Aus Westgothland; studirte um 1639 bis 1641 zu Dorpat. Geb. zu ..., gest. ...

Oratio in themate: se fragilem cogitet omnis homo. Dorpati, 1639. 4.

Disp. de voluntate hominis. (Praes. Laur. Ludenio.) Ibid. 1641. 4.

Vergl. Somm. S. 55. 231.

RASCH (VALENTIN).

Studirte zu Königsberg, hielt sich dann drey Jahr lang bey Johann Sturm *in Strafsburg auf und wurde daselbst Mag., hierauf Konrektor an der Domschule zu Riga und von dort, noch vor Ausbruch der Kalenderstreitigkeiten, als Rektor der Altstädter Schule nach Königsberg berufen, trat dieses Amt aber erst 1586 an. Im Kalendertumulte schlug er sich zur Partey seines unruhigen Kollegen, des Rektors* Heinrich Möller, *gegen den Rath, und wurde deshalb später in Königsberg zwey Jahr lang in Haft gehalten; dafs er aber, wie* Gadebusch *nach* Pisanski *sagt,* Möllern *verkleidet aus Riga fortgeschafft habe, kann nicht wohl seyn, da dieser erst 1589 aus der Stadt entwich. (s. die Artikel* H. Möller *und* Johann Rivius.) *Er soll auch Mitglied des Raths der Altstadt Königsberg gewesen seyn. Geb. zu Ressel im Bisthum Ermeland 1549, gest. am 21 November 1616.*

Institutionum dialecticarum libri IV. Gedani, 1589. — Regiomonti, 1595. 1628.

Institutiones rhetoricae....

Streitschriften wegen der Reuchlinischen Aussprache des Griechischen.

Vergl. Jöcher u. Rotermund z. dems. — Gadeb. L.B. Th. 3. S. 5., *nach* Arnolds Hist. der Königsb. Univers. II. 546. Zus. S. 106. Fortges. Zus. S. 57. u. G. C. Pisanski hist. lit. Pruss. S. 33. — B. Bergmanns hist. Schriften. II. 84. 92. 241.

RASPE (LUDWIG).

Mag., war Hofprediger bey der zu Pernau residirenden Gräfin Magdalena von Thurn, Wittwe des Grafen Franz Bernhard, um oder nach 1633 (s. Gadebusch Versuche I. 2. S. 170.), *und nennt sich noch um* 1639 *gräflich thurnschen Hofprediger und Pastor zum heiligen Kreuze im gräflichen Gebiete Audern.*

Encaenia Christiana, das ist: Eine christliche Predigt, vber den 122. Psalm des königl. Propheten Davids ordentlich vnd vollkömlich ohn einigen Abbruch, den 9. Octobris am 17. Sonnt. nach Trin. des 1636. Jahrs bey Einweyhung der Newerbawten Kirchen zu Auder in der Grafschaft Pernaw gehalten u. s. w. Revall, 1639. 6½ Bogg. 4.

RASTENBURG (CHRISTIAN BERNHARD).

Prakticirte geraume Zeit in Livland, ging darauf nach Halle, erwarb sich daselbst 1732 *die medicinische Doktorwürde, und liefs sich seitdem als ausübender Arzt in Danzig nieder. Geb. zu ... in Preussen am ..., gest. ...*

Diss. inaug. de nutritione foetus per funiculum umbilicalem. Halae, 1732. 4.

Vergl. Nord. Misc. IV. 116. — Börners Leben der Aerzte und Naturf. in und um Deutschland. Th. 2. S. 356. — Rotermund z. Jöcher.

RATHKE (MARTIN HEINRICH).

Geb. zu Danzig, wo sein Vater Schiffbaumeister war, am 25 *August n. St.* 1793, *erhielt seine erste wissenschaftliche Bildung auf dem dortigen Gymnasium, bezog* 1814 *die Universität Göttingen, wo er sich, von Blumenbach wohlwollend unterstützt, ganz den Naturwissenschaften widmete; für die ein naher Verwandter von ihm, der als Arzt geraume Zeit hindurch in Bengalen und Westindien gewesen war (Dr. Otto), seine Neigung schon früher erweckt hatte, und für die er durch den Verkehr mit W. Sömmering, von Olfers, Pander, Mehlis, Leukart, Nolte und (dem in Java verstorbenen) Boje, die damals alle in Göttingen studirten, noch mehr Vorliebe gewann, brachte die Jahre 1817 und 1818 in Berlin zu, liefs sich dann als praktischer Arzt in seiner Vaterstadt nieder, ertheilte zugleich im dasigen Gymnasium vier Jahr hindurch den Unterricht in der Physik und physischen Geographie, gab diesen, von der ärztlichen Praxis immer mehr in Anspruch genommen, wieder auf, wurde 1825 zum Oberarzt am grofsen Bürgerspitale zu Danzig und gleichzeitig auch zum Physikus des danziger Kreises erwählt, nahm die letztere Stelle an, verwaltete sie 3½ Jahr und folgte 1829 dem Rufe als Professor der Physiologie und allgemeinen Pathologie nach Dorpat.*

Beiträge zur Geschichte der Thierwelt. 1ste bis 4te Abth. Danzig und Halle, 1820-1827. 4., *mit mehrern Steindrucktafeln. Machen auch den gröfsten Theil des 1sten und 2ten Bandes der* Neuesten Schriften der naturforschenden Gesellschaft zu Danzig aus.

Bemerkungen über den innern Bau der Pricke oder des Petromyzon Fluviatilis des Linneus. Danzig, 1826. 4.

Untersuchungen über die Bildung und Entwickelung des Flufskrebses. Leipzig, 1829. Mit 5 Kpftaf. VI u. 97 S. Fol.

Ueber die weibl. Geschlechtstheile des Lachses und Sand-Aales (Ammodytis Tobianus); *in* Meckels deutschem Archiv für die Physiologie. Bd. VI. S. 589-600. — Beschreibung einiger Mifsbildungen des Menschen- und Thierkörpers; *ebend.* Bd. VII. S. 481-497. — Bemerkungen über den Bau des Cyclopterus Lumpus; *ebend.* S. 498-524. — Anatomisch-physiologische Bemerkungen; *ebend.* Bd. VIII. S. 45-55.

Ueber die Leber und das Pfortadersystem der Fische; *in* Meckels Archiv für Anatomie und Physiologie 1826. S. 126-152. — Ueber die Herzkammer der Fische; *ebend.* S. 152-157.

Ueber die Kiemen der Säugethiere; *in* Okens Isis 1825. Hft. 6. — Ueber die Entwickelung der Geschlechtstheile der Wirbelthiere; Ueber die Entwickelung des Flufskrebses; Ueber die Kiemen der Vögel; *ebend.* Hft. 10. — Bemerkungen zu einem Aufsatze von Hrn. Huschke über die Kiemen des Huhns; Ueber das Daseyn von Kiemenandeutungen bey menschlichen Embryonen; *ebend.* 1828. Hft. 1.

Ueber die Entwickelung der Athemwerkzeuge bey Vögeln und Säugethieren; *in den* Verhandll. der kaiserl. Leopold. Carol. Acad. der Naturforscher. Bd. VI.

Beiträge *zu* K. F. Burdachs Physiologie als Erfahrungswissenschaft. 1ster Bd. (Königsberg, 1826. gr. 8.)

Vergl. Lit. Beyl. zum Prov. Bl. 1828. No. 24.

Rauch (Georg Adolph Dietrich).

Geb. zu St. Jakobi in Wierland, wo sein Vater Prediger war, im Julius 1789, *studirte zu Dorpat, wurde dort* 1811 *Dr. der Med. und Chir., ist jetzt Kollegienassessor und lebt als praktischer Arzt zu St. Petersburg.*

Diss. inaug. med. de initiis morborum, cum appendice sistente duas morborum chirurgicorum historias. Dorpati, 1811. 80 S. 8.

Ueber die Krankheiten des Gehörganges und des Trommelfelles; *in den* Petersburger vermischten Abhandll. aus dem Gebiete der Heilkunde. I. 71-98. (1821.) — Beobachtung einer Krankheit des rechten Eierstockes oder der Tuba Fallopii; *ebend.* II. 95-102. — Beobachtung einer Durchlöcherung des Magens am Pylorus; *ebend.* S. 143-175. (1823.) — Verlauf einer Scharlachkrankheit ohne bemerkbares Exanthem; *ebend.* III. 156-164. (1825.)

Raudiall (Alexander).

Der Sohn eines Fischhändlers zu Dorpat esthnischer Nation, betrieb Anfangs das Gewerbe seines Vaters, handelte später, seit 1786, *auch mit allerley Kramwaaren, und lebte zuletzt, alterschwach und blind, bey seinem Sohne, einem dorpatschen Kaufmanne, welcher den deutschen Namen* Kohl *angenommen hat. Seit seinem 21sten Jahre war er ein Mitglied der evangelischen Brüdergemeine, deren Sache er unter seinen Nationalen auch durch Schriften zu fördern suchte. Geb. zu Dorpat am 21 März 1734, gest. am 1 April 1817.*

* Lühhekenne Oppus, kuis ſünnis, ſeddä kalliſt Jeſusſe Kristusſe Kannatusſe Neddälid öige ſuures arwada. Sakſa keelen eesmält Leipziki Linan trükki antu. Dorpat, 1792. 32 S. 8.

* Ütte wanna Jeſusſe Teenne usklik Tunnistus ſeſt Iggäwetſe Ello Lotusſeſt. Sakſa Keelen esmält Leipziki Linan trükki antu. Ebend. 1792. 40 S. 8.

August Gottlieb Spangenbergi ülle neide Paawli Sönnu: ſe Sönna ſeſt Ristiſt om üts Hullus neile, kumma hukka läwa; ent meile, kumma meije, önſas ſame, om temma üts Jummala wäggi. Ebend. 1807. 56 S. 8. (*Dörpt-esthnische Uebersetzung von* A. G. Spangenbergs Auslegung von 1. Kor. 1, 18. Barby, 1791.)

Rauert (Johann Christian).

Studirte seit 1763 zu Jena und wurde dort 1772 Dr. der A. G., kam 1773 in seine Vaterstadt zurück, ging aber bald wieder nach Jena, wo er prakticirte. Geb. zu Riga 1745, gest. ...

Diss. inaug. med. de febrium acutarum therapia, ex decreto Ern. Godofr. Baldinger, Decani. Jenae, 1772. 84 S. 4. — *Wieder aufgelegt als:* Commentatio med. de febrium acutarum therapia. Ibid. eod. 4.

Vergl. E. G. Baldinger Progr. de sede pleuritidis. (Jenae, 1772. 4.) S. V-VII. — Nord. Misc. IV. 116.

Raulinius (Johann).

Studirte zu Dorpat als dort die Universität gegründet war, und wurde Pastor zu Kremon 1641. Während des schwedisch-russischen Krieges wurde er durch den Feind auf eine Zeitlang von seiner Pfarre vertrieben, und begab sich nach Lübeck, kehrte aber nach erfolgter Ruhe wieder zurück, war Propst des rigaschen Kreises schon 1664, *in welchem Jahre er die auf einer Synode zu Riga versammelte livländische Geistlichkeit mit einer lateinischen Rede bewillkommte, und späterhin Pastor an der Jakobskirche zu Riga. Geb. zu Goldingen in Kurland am ..., gest.* 1677 (*begraben am* 1 *April. s.* Rig. Stadtbll. 1825. S. 302.).

Oratio de beneficiis Gustavi Adolphi in universam Livoniam collatis. Dorpati, 1633. 4.

Disp. de peccato in Spiritum sanctum. (Praes. Georgio Mancelio.) Ibid. 1634. 4., s. Somm. S. 49 u. 181.

RAULINIUS (NOAH).

Pastor zu Lennewaden 1688.*) *Geb. zu Riga am ..., gest.* 1689.

Disp. historico-geographica de inclutis montibus Ararat, imprimis contra Jo. Goropii Becani Indoscythica. (Praes. Erico Falandro.) Aboae, 1679. 4 Bogg. 4.

RAUPACH (KARL EDUARD).

Geb. zu Hapsal 1794, *bezog, nachdem er erst das Gymnasium zu Dorpat besucht hatte, die dasige Universität, um Theologie zu studiren, wozu ihm, bey Mangel an Vermögen, eine zugleich übernommene Hofmeisterstelle die Mittel gewährte. Durch das Geschenk eines Freundes unterstützt, begab er sich* 1814 *ins Ausland, setzte sein theologisches Studium ein Jahr in Berlin fort, machte dann eine Reise durch Deutschland, die Schweiz, das südliche Frankreich und Italien, wo er sich* 3 *Jahr lang aufhielt und in den zwey*

---

*) Bey *G. Bergmann* (*Gesch. von Livl. S.* 154.) wird um diese Zeit ein Jakob Paulinius als Pastor zu Lennewaden angeführt; die Namen sind aber verfehlt oder verdruckt.

letzten als Cicerone in Rom und Neapel ernährte, kam 1819 *in sein Vaterland zurück, gab nunmehr sein früheres Vorhaben, in den geistlichen Stand zu treten, auf, widmete sich ganz dem Studium der schönen Literatur, liefs sich von neuem in Dorpat immatrikuliren, und wurde hier* 1820 *Lektor der italienischen, ein Jahr später auch der deutschen Sprache und* 1826 *Titulärrath.*

Kurtzer Leitfaden zum Unterricht in der italienischen Sprache. Dorpat, 1820. 8. (*Ist nicht in den Buchhandel gekommen, sondern nur an seine Zuhörer vertheilt.*)

* Romanze; *im* Neujahrsangebinde für Damen 1818. S. 118-121.

Gab heraus:

Inländisches Museum. 1ster Bd. 1stes Hft. Dorpat, 1820. IX u. 137 S. Mit 1 Musikbeyl. — 2tes Hft. Ebend. 1820. 124 S. Mit 1 Kupf. u. 1 Musikbeyl. — 3tes Hft. Ebend. 1820. 127 S. Mit 1 Kupf. — 4tes Hft. Ebend. 1821. 124 S. — 2ter Bd. 5tes Hft. Ebend. 1821. 114 S. Mit 1 Kupf. — 6tes Hft. Ebend. 1821. 108 S. 8. Mit 3 radirten Bll. *Er selbst lieferte dazu, ausser der Ankündigung, dem Vorwort und den literärischen- und Kunstanzeigen:* Wanderungen im südl. Italien. II. 73-107. III. 47-78. VI. 45-93.

Neues Museum der teutschen Prov. Rufsl. 1sten Bdes. 1stes Hft. Dorpat, 1824. XXIII S. Ankünd., 96 S. u. XLVIII S. Anhang. Mit 1 lithogr. Zeichnung, 1 Kupf. u. 1 Musikbeyl. — 2tes Hft. Ebend. 1825. 100 S. u. XLIV S. Anhang. Mit 1 Steindr. — 3tes Hft. Ebend. 1825. 140 S. *Dazu lieferte er, ausser der auch besonders erschienenen Ankündigung und den literärischen- und Kunstanzeigen:* Ueber Dante Alighieri, seine Zeit u. seine Divina comedia. I. 67-96. II. 33-58.

Rauschert (Gottfried Friedrich).

Wurde 1717 *Pastor zu Theal und Fölks oder Sagnitz in Livland,* 1729 *Propst. Geb. zu Sagnitz, wo sein Vater Prediger war, am ..., gest.* 1749.

Besorgte mit dem Propst und Pastor Alb. Sutor *zu Kambi die Korrektur des* ehstn. N. Test. *in Riga* 1727. 4., *und in Verbindung mit demselben und mit dem Pastor zu Odempäh*, Joh. Chrph. Clare, *den* Anhang des Dorpt-ehstn. Gesangbuchs von 1729.

RAUSCHERT (JOACHIM).

Hatte in Leyden studirt und daselbst die medicinische Doktorwürde erhalten, war hierauf 1770 *ältester Doktor bey dem St. Petersburger Admiralitätshospitale, und zuletzt Oberarzt bey dem grofsen Militärhospitale zu Moskau. Geb. zu Riga am ..., gest. ...*

Diss. de carie ossium. Lugduni Bat., 1756. 4.

Vergl. Richters Gesch. der Med. in Rufsl. Th. 3. S. 490.

VON RAUTENFELS *) (JAKOB).

Ein kurländischer Edelmann, von dem aber weder der Geburts- und Sterbetag, noch sonst mehr bekannt ist, als dafs er einige Zeit in Moskau und dann am Hofe des Grofsherzogs von Toskana, Cosmus III, *gelebt hat.*

Viaggio di Spitzberga o Groenlandia, fatto da Federico Martens, portato nuovamente dalla lingua Alemana nella Italiana dal Sig. Giacopo Rautenfels, gentiluomo di Curlandia. Bologna per il Monti. 1680. 12.

De rebus Moschoviticis ad serenissimum magnum Hetruriae ducem Cosmum tertium. Patavii, 1680. 8.

Vergl. Jöcher. — Schmidt Phiseldeks Einleit. in die russ. Gesch. I. S. 311. — Beckmanns Lit. der ältern Reisebeschr. Bd. 2. St. 1. S. 165. — Strahls Gesch. der russ. Kirche. I. 13.

---

*) Nicht Reutenfels, wie ihn *Jöcher* und andere nennen. War er etwa ein Sohn oder naher Verwandter des kurländischen Obersekretärs Bartold Meyer von Rautenfels?

Ravensberg (Christian).

Studirte seit 1740 vier Jahr lang zu Jena und reiste über Holland in seine Vaterstadt zurück, wurde 1745 (ord. am 8 Oktober) Adjunkt der beyden Vorstadtprediger zu Riga und Pastor zu Bickern, dann 1746 Prediger der vereinigten Kirchspiele Holm- und Pinkenhof, 1750 Pastor zu Georg und Gertrud in Riga, 1754 Diakonus an der Johanniskirche daselbst, 1758 Pastor an derselben Kirche, und 1760 Beysitzer des Stadtkonsistoriums. Geb. zu Riga am 31 May 1721, gest. daselbst am 21 December 1776.

* Dſeeſmu-Skanna pee Eefwehtiſchanas tahs Kattrihnes Baſnizas Bikkerneekôs. Riga, 1766. 1 Bog. 4. *Die Uebersetzung einer damals ebenfalls anonym gedruckten* Cantate von J. G. Herder.

* Pamahziſchana eekſch tahs kriſtigas mahzibas pehz tahs Behrnu mahzibas ta Deewa kalpa Lutera preekſch teem Eeſahzejeem un Weenteeſigeem: Ar weenu ſeſchkahrtigu Peelikkumu. Riga, 1767. 11 u. 116 S. 8. *Eine Uebersetzung des ersten Theils des von J. J. v.* Essen *neuvermehrten Breverschen Katechismus, mit Hinzufügung der biblischen Sprüche und einiger Fragen. Unter der Vorrede steht des Uebersetzers Name.*

Beytrag zur Geschichte des lettischen Catechismi. Riga, 1767. 14 S. 8.

* Swehtas dohmas is teem Swehdeenu un Swehtku Ewangeliumeem wiſſa gadskahrta isnemtas un jauneem behrneem par labbu ſarakſtitas. C. R. Riga, 1767. 1 Bog. 8.

Gab heraus: * Latwiſka Dſeeſmu Grahmata, eekſch ka tik lab tahs apraſtas kà ir zittas it no jauna ſataiſitas garrigas Dſeeſmas ir Deewa Draudſês ir Mahjâs dſeedamas, ſeptia ſimts un dewia patſmits tohp atraſtas, tahs Deewam par Gohdu, tahm Kriſtitahm Latweeſchu Draudſehm par labbu ſalaſſitas irr. Riga, 1769. 812 S. u. 23 unpag. Bll. Register 8. *Seine Lieder darin, sämmtlich Uebersetzungen* (Nr. 59. 389. 403. 460. 461. 555.), *sind mit* C. R. *bezeichnet. Dazu gehört noch:* * Latwiſka Deewa-Luhgſchanu-Grahmata, kurrâ daſchadas tik lab wezzas kà jaunas ſpehzigas Luhgſchanas, swehtâ Deewa-Nammâ, un Mahjâs, wissadôs, ir sawâdôs Laikôs eeksch wissahm Meesas un Dwehseles behdahm un Waijadsibahm luhdsamas, tohp atrastas, Deewam par Gohdu, tai kristigai Latwiskai Draudsei par labbu, pahrraudsita un wairota. Riga, 1769. 61 S., *und die Evangelien und Episteln u. s. w.* 192 S. *Alles zusammen unter dem Titel:* Latwiska Basnizas-Skohlas- un Sehtas-Grahmata, tahm Latweeschu Deewa Draudsehm par labbu pahrraudsita un wainigâs Weetâs pahrtaisita. Riga, 1768. 8.

Handschriftlich hinterliefs er:

Eine Sammlung neuer lett. Lieder.

Sammlungen zur rig. Kirchengeschichte, *die* L. Bergmann *benutzte.*

Vergl. Gadeb. L. B. Th. 3. S. 7. — Bergmanns Gesch. der Rig. Stadtk. Th. 1. S. 54. — Meusels Lexik. Bd. 11. S. 67. — Zimmermanns Lett. Lit. S. 85. — Schweder zur Gesch. der Rig. Vorstadtk. S. 16. — Rotermund z. Jöcher.

von Rechenberg (Ernst), s. Linten.

von der Recke (Charlotte Elisabeth Konstantia), geb. Reichsgräfin von Medem.

Geschiedene Gemahlin des nachfolgenden.

Eine Tochter des Reichsgrafen Johann Friedrich v. Medem *auf Altautz, Rempten Elley u. s. w. in Kurland und Stiefschwester der Herzogin* Dorothea, *wurde auf dem grofsmütterlichen Gute Schönberg am* 20 *May* 1756 *geboren und erhielt mit ihrem* 1788 *in Strafsburg verstorbenen Bruder, im älterlichen Hause, unter der Leitung ihrer Stiefmutter, einer gebornen v.* Fock, *sorgfältige Erziehung und von geschickten Lehrern Unterricht. Ihre im May* 1771 *mit dem Kammerherrn* Georg Peter Magnus von der Recke *auf Neuenburg geschlossene Ehe war, wegen*

Ungleichheit der Charaktere, nicht glücklich, sie trennte sich 1776 von ihrem Gemahl, und wurde, nachdem sie ihre einzige Tochter schon 1777 verloren hatte, von ihm 1781 förmlich geschieden. Im Jahr 1784 unternahm sie, in Begleitung ihrer Freundin, der ebenfalls als Schriftstellerin bekannten Sophie Schwarz, geb. Becker, eine Reise nach dem Karlsbade, war auch in der Folge mit ihrer Schwester, der Herzogin, in Warschau, und dann wieder mehrere mal in Deutschland, wo sie mit den ausgezeichnetsten Gelehrten in Verbindung trat. 1796 reiste sie nach St. Petersburg, wurde der Kaiserin Katharina II vorgestellt, erhielt von derselben ein Arrendegut in Kurland auf Lebenszeit ohne Pachtzahlung, und begab sich nun wieder nach Deutschland, wo sie sich seitdem abwechselnd in Berlin, Leipzig, Löbichau und zuletzt seit mehreren Jahren in Dresden aufgehalten hat. In ihres Freundes Tiedge Begleitung bereiste sie in den Jahren 1804 bis 1806 Italien.

* Joh. Adam Hillers geistliche Lieder einer vornehmen kurländischen Dame, mit Melodien. Leipzig, 1780. gr. 4.

Elisens geistliche Gedichte, nebst einem Oratorium und einer Hymne von C. F. Neander, herausgegeben durch Joh. Adam Hiller. Ebend. 1783. 8. — *Lettisch übersetzt von* G. F. Stender. Mitau, 1789. 8., *auch einige von* J. C. Baumbach *in seinen* Swehtas Dseesmas. S. 202-216.

Nachricht von des berüchtigten Cagliostro Aufenthalte in Mitau im Jahr 1779 und von dessen magischen Operationen. Berl. u. Stettin, 1787. XXXII u. 168 S. gr. 8. — *Russisch:* St. Petersburg, 1787. 8. — *Holländisch von* P. Boddaert. Amsterdam, 1792. 8.

Zwölf von Elisens geistlichen Liedern beym Clavier zu singen; komponirt von Naumann. Dresden, 1787. Fol.

Etwas über des Herrn Oberhofpredigers Johann August Starck Vertheidigungsschrift, nebst einigen andern Erläuterungen. Berlin u. Stettin, 1788. XX u. 99 S. gr. 8.

Ihre Gedichte, unter dem Titel: Elisens und Sophiens (Schwarz, geb. Becker) Gedichte. Herausgegeben von J. L. Schwarz. Berlin, 1790. 280 S. 8.

Vier und zwanzig neue Lieder von Elisa; komponirt von Naumann. Dresden, 1799. Querfol.

Ueber C. F. Neanders Leben und Schriften. Eine Skizze. Berlin, 1804. IV u. 146 S. 8.

Gedichte von Frau Elisa von der Recke, gebornen Reichsgräfin von Medem. Herausgegeben von C. A. Tiedge. Mit Kompositionen von Himmel und Naumann. Halle, 1806. XII u. 140 S. 8. — 2te mit einem Anhange vermehrte Aufl. Ebend. 1816. 20 u. 259 S. 8. (*Der Anhang ist auch besonders zu haben.*)

Tagebuch einer Reise durch einen Theil Deutschlands und durch Italien in den Jahren 1804 bis 1806. Herausgegeben vom Hofrath Böttiger. 1ster Bd. XXVIII u. 320 S. — 2ter Bd. 440 S. — 3ter Bd. XXXVIII u. 341 S., mit einer Karte von der Insel Ischia. Berlin, 1815. — 4ter Bd. XXXII u. 363 S., nebst 2 Steinabdrücken. Ebend. 1817. gr. 8. — *Ins Französische übersetzt, unter dem Titel:* Voyage en Allemagne, dans le Tyrol et en Italie, pendant les années 1804, 1805 et 1806: par Mme. de la Recke, née comtesse de Medem, traduit de l'allemand par Mme. la baronne de Montolieu. à Paris, 1819. IV Vol. 8.

Familien-Scenen oder Entwickelungen auf dem Maskenballe, Schauspiel in 4 Aufzügen. Zum Besten des Unterstützungsfonds für junge in Leipzig studirende Griechen. Leipzig, 1826. 150 S. gr. 8.

Gebete und religiöse Betrachtungen. Berlin, 1826. XII u. 114 S. 8.

Elisa an Preissler; *in der* Berliner Monatsschrift 1786. May. S. 385. — Elisens Antwort an Prinz Eugen von Würtemberg; *ebend.* September. S. 197.

Erklärung über ihren Antheil an der deutschen Union; *im* Intell. Bl. der Allg. Lit. Zeit. 1789. No. 74.

Leben und Thaten eines curlandischen Hundes, aufgezeichnet von seiner ehemaligen Gebieterin; nebst einer Epistel an ihn, zugeeignet seinen Gönnern und Freunden (1797); *in* Müchlers Aurora (Berlin,

1803. 8.) — Aus einem noch ungedruckten Schauspiele; *ebend.*

Ueber Naumann, den guten Menschen und grofsen Künstler; *in* Wielands Neuem teutschen Merkur 1803. Februar. S. 107-135. März. S. 190-212. April. S. 274-289. — *Und in* Meisners Biographie Naumanns (Prag, 1803. 1804. 2 Th. 8.) die Darstellung von Naumanns Tod, *die sie auf des Verfassers Bitte liefern mufste.*

Briefe aus Italien; *in den* Mitauschen Wöch. Unterh. Bd. 2. (1805.) S. 101. 202. 244. 361. u. Bd. 3. S. 89.

Geschichte des Vesuv's, aus ihrem Reisejournal; *in der* Zeit. f. d. eleg. Welt 1807. No. 51. — Herculaneum; *ebend.* No. 67. — Pompeji; *ebend.* No. 69. — Blick auf Rom; *ebend.* No. 74.

Briefe eines zehnjährigen Mädchens an ihre Mutter; *in* Karoline Uthe-Spazier Sinngrün. (Berlin, 1818. 8.)

Die Gefangennehmung und Befreiung des letzten Königs von Polen; *in* (Heinr. Sigism. v. Zeschau's) Waysenfreund. Bd. 1. (Leipzig, 1821. 8.) S. 192-204. *Auch mit der Ueberschrift:* Der Raub und die Rettung des letzten Königs Stanislaus von Polen am 3. November 1771; *in den* Jahresverh. der Kurl. Gesellsch. f. Lit. u. Kunst. Bd. 2. (1822.) S. 379-384.

Lieder und andere Gedichte *in* Beckers Taschenbuch für das gesellige Vergnügen 1798-1800. 1803. 1804. 1806-1809. 1811-1813 ff.; — *in* desselben Erholungen; — *in* Schlippenbachs Kuronia für 1807. S. 3.; — *in* Vaters Jahrbuch der häuslichen Andacht. Jahrgg. 1819. 1820. 1822. ff.; — *und in der* Sammlung neuer teutscher Kriegsgesänge; mit Begleitung des Piano-Forte von Himmel. (Breslau, 1813.) No. 6-8.

Auszug aus einem Briefe aus Pyrmont vom 16. Oktbr. 1785, über den Tod ihres Vaters; *im* Journal von u. für Deutschland. II. 7. S. 52. (1785.)

Ihr Briefwechsel mit ihrem in Strafsburg verstorbenen Bruder: *im* 2ten Theil *von* Blessigs Leben des Grafen Johann Friedrich von Medem. Strafsburg, 1792. 8.

Zwey Briefe an die Karschin; *in der* Iduna von H. v. Chezy. 1820. St. 1. S. 34.

Ein Brief an Sophie Becker; *im* Lit. Conversationsbl. 1823. No. 196.

Die beiden Schwestern; *im* Taschenbuch für Damen auf d. J. 1829. (Tübingen.)

Ihr Bildnifs von C. W. Bock vor dem 7ten St. des Journals von und für Deutschland 1787; auch vor dem 108ten Bde. der Allgem. teutschen Biblioth. (1792); und in Steindruck, von Grevedon, Paris, 1824. Fol. — Ihr Schattenrifs, mit dem ihres Bruders Joh. Friedr., von Kütner in Queroktav. — Ihre Büste von Krauer in Weimar; auch von Thorwaldsen in karrarischem Marmor zweymal: kollossal bey ihrem Neffen zu Rempten in Kurland, und unter Lebensgröfse bey ihrem Bruder, dem wirkl. Kammerherrn Grafen Medem, zu Mitau.

Vergl. Elisa von der Recke, geb. Reichsgräfin v. Medem (von Tiedge); *in den* Zeitgenossen No. XI. S. 76. (1818.) — La Prusse litéraire par Denina. T. III. — Rafsmanns Pantheon. S. 261. — Convers. Lexik. XII. S. 607. — v. Schindels deutsche Schriftstellerinnen. Th. 2. S. 126-152. u. Th. 3. S. 232. — Meusels G. T. Bd. 6. S. 243. Bd. 10. S. 450. Bd. 15. S. 109. Bd. 19. S. 261.

von der Recke (Georg Peter Magnus).

Geschiedener Gemahl der vorhergehenden.

Erbherr auf Neuenburg in Kurland, war Officier in preussischen Diensten, focht als solcher im 7jährigen Kriege mit, und gerieth bey Kolberg in feindliche Gefangenschaft. Aus dieser in sein Vaterland zurückgekehrt wurde er kurfürstl. sächsischer Kammerherr, widmete sich den Angelegenheiten der Provinz auf Landtagen, und war zuletzt Obereinnehmer. Geb. zu Neuenburg am 12 *August* 1739, *gest. zu Mitau am* 13 *November* 1795.

Auszug der wichtigsten Sachen sowohl aus den Landtäglichen, als auch Conferenzial Schlüssen, Herzoglichen Reversalien und Compositions-Acten, imgleichen aus den Subjections-Pacten, oder Provisione Ducali, Privilegio Nobilitatis, Privilegio des Herzogs Gotthard, Formula Regiminis, Statuten und kommissorialischen Dezisionen. Nach alphabetischer Ordnung verfertiget. Mitau, 1790. 317 S. 8.

Vergl. Schwartz Bibl. S. 361.

von Recke (Johann Friedrich).

Wurde zu Mitau am 1 August n. St. 1764 geboren. Den ersten Unterricht erhielt er theils früher von Hauslehrern, theils später, seit 1774, in der obersten Klasse der grofsen Schule seiner Vaterstadt, von den Rektoren Kütner *und* Kant, *wobey noch sein gelehrter Schwager, der damalige Kanzelleyrath, nachherige Geheimerath v.* Raison *(s. dess. Art.) manche Stunde dazu anwandte, den Jüngling in seiner wissenschaftlichen Ausbildung zu vervollkommnen. Von 1779 bis 1781 besuchte er das mitausche Gymnasium, und wurde zugleich, in ihm noch jetzt unvergeſslichen Stunden, von dem Buchhändler* Hinz *(s. dess. Art.), einem gründlichen und geschmackvollen Humanisten, zum Lesen der römischen Klassiker angeführt. Er hatte eben erst das siebzehnte Jahr zurückgelegt, als er über Königsberg, Danzig, Berlin, Halle und Leipzig, auf die hohe Schule nach Göttingen ging. Der Hauptgegenstand seiner Studien sollte hier die Rechtswissenschaft seyn, da ihm diese allein aber nie genugthun wollte, so beschäftigte er sich nebenher vorzüglich mit Geschichte, Statistik, Alterthumskunde und Kunst. Seine vorzüglichsten Lehrer waren* Pütter, A. L. Böhmer, Martens, Spittler, Gatterer, Meiners, J. Beckmann, *und vor allen* Heyne *und* Schlözer. *Dankbar erinnert er sich auch an den für ihn sehr gewinnreich gewesenen nähern Umgang mit den beyden letzteren sowohl, als mit* Blumenbach, *dessen noch jetzt fortdauerndes Wohlwollen er zu dem Schmucke seines Lebens rechnet, mit* Fiorillo, *und dem für die Wissenschaften leider viel zu frühe verstorbenen* Hiſsmann. *In den Ferien machte er, während seines hiesigen Aufenthalts, zwey mal kleine Reisen. Erst nach Hannover, Hamburg, Lübeck, Braunschweig und Wolfenbüttel (bey welcher Gelegenheit er* Ramdohr, Rehberg, Claudius, Heſs, Jerusalem *und Eschenburg persönlich kennen lernte), und dann zu einer andern Zeit auf den Harz. Im J. 1784 verliefs er Göttingen und ging über Kassel, Frankfurt, Maynz, Darmstadt, Mannheim, Heidelberg, Karlsruh, Strafsburg (wo die Bekannntschaft mit Blessig, Herrmann, und vorzüglich mit Koch und Oberlin, ihm in vieler Rücksicht sehr nützlich wurde), und ferner über Lüneville und Nancy nach Paris. Hier verweilte er einige Monate, sah alle Merkwürdigkeiten dieser Hauptstadt und der in der Nähe liegenden Orte, besonders Versailles (wo er am ersten Pfingstfeste dem imposanten Schauspiel einer Procession der Ritter des heiligen Geist-Ordens, unter denen sich auch Ludwig XVI und sein ganzer Hof noch im gröfsten Glanze befand, beywohnte), war bestrebt aus den unermefslichen Schätzen der hiesigen Gallerien, Bibliotheken und Kunstsammlungen so viel Nutzen zu ziehen, als nur die kurze Dauer seines Aufenthalts gestatten wollte (wobey ihm nicht nur d'Ansse de Villoison und Larcher, sondern auch der berühmte Verfasser der Reisen des jüngern Anacharsis Barthélemy, an die er von Heyne und Oberlin empfohlen war, mit zuvorkommender Güte die Hand boten), und kehrte dann, nachdem er die glücklichsten Erinnerungen für die Zukunft eingesammelt hatte, über Orleans, Basel, Strafsburg, Stuttgart, Ansbach, Nürnberg, Erlangen, Bayreuth, Dresden und Berlin, nach Mitau zurück. Wegen der Abwesenheit des Herzogs, der kurz vor seiner Ankunft eine Reise nach Deutschland und Italien angetreten hatte, war jetzt gleich auf keine Anstellung zu rechnen, er benutzte daher die Musse, die sich ihm darbot, zum nähern Studium der Geschichte seines Vaterlandes und der benachbarten Staaten, wozu ihm wieder sein Schwager Raison, theils durch mündliche Belehrung, theils mit seiner auserlesenen Bibliothek sehr behülflich war. Dabey legte er schon damals seine späterhin beträchtlich gewordene und im J. 1807 der dorpater Universitäts-Bibliothek überlassene,*

Sammlung aller auf die russischen Ostseeprovinzen Bezug habender Schriften an; was ihm, da er viel dazu excerpirte und Urkunden und andere seltene Handschriften selbst abschrieb, ebenfalls mancherley Beschäftigung gab. Um dieselbe Zeit entwarf er auch einen chronologischen Abrifs der Geschichte des Herzogthums Kurland, den er jedoch, nachdem 1789 Gebhardis Werk erschien, als nunmehr überflüssig, vernichtet hat. Sobald der Herzog im May 1787 von seiner Reise zurückgekehrt war, wurde er am 1 August desselben Jahres zum Adjunkt des damaligen ersten Archiv- und Lehnssekretärs Hartmann ernannt, und trat, als dieser 1788 starb, ganz in dessen Stelle ein. War gleich sein nunmehriges Amt mit keiner sehr bedeutenden Einnahme verbunden, so sagte es doch seinen Neigungen zu: er konnte nach Herzenslust in vaterländischen Urkunden stöbern. Die am 22 December 1788 im mitauschen Schlosse entstandene Feuersbrunst hatte für ihn sehr unglückliche Folgen; denn, nicht nur kam das Archiv in die gröfste Unordnung und verlor manch seltenes Dokument, sondern es waren ihm auch, während er zur Rettung desselben, ohne Rücksicht auf die damals ungeheuer strenge Kälte, alles mögliche mit eigener Hand beytrug und die Fortschaffung der Schriften vom Schlofsplatze, wo sie, zum Fenster hinausgeworfen, herumlagen, besorgte, die Füfse erfroren; ein Unfall, der ihm ein sehr schmerzhaftes Krankenlager, von mehr als vier Monaten, zuzog, und dessen Folgen er noch jetzt nicht selten fühlt. Die einzige Genugthuung, die ihm dafür zu Theil wurde, bestand darin, dafs ihn der Herzog, als er sich, nachdem er genesen war, diesem das erste mal vorstellte, mit den Worten empfing: „Es thut mir gewifs recht leid, lieber Recke, dafs es so gekommen ist.“ Ein Paar Jahr später kam Friedrich Schulz nach Mitau, mit dem er bis an dessen frühen Tod in enger Freundschaft lebte. Nach vollzogener Vereinigung Kurlands mit dem russischen Reiche wurde er, bey Einführung der Statthalterschaftverfassung, zum Regierungssekretär ernannt, und nahm als solcher am Tage der feyerlichen Eröffnung der kurländischen Statthalterschaft, den 28 Januar a. St. 1796, den sämmtlichen neu angestellten Beamten, in dem auf dem mitauschen Schlosse dazu eingerichteten Thronsaale, den Eid ab. Am 9 Julius desselben Jahres erhielt er, zur Belohnung für die bey der neuen Einrichtung geleisteten Dienste, den Titulärraths-Charakter, und im December 1799 wurde er durch einen namentlichen Befehl für Eifer und treuen Dienst zum Kollegienassessor befördert. Aber die mit seinem Amte verbundenen, zumal in den letzten Jahren sehr überhäuften, Geschäfte, die ihm nur wenig Zeit zur Erholung und körperlichen Bewegung übrig ließen, wirkten so nachtheilig auf seine Gesundheit und Laune, daß er sich nach einer anderweitigen Stelle umsehen mußte. Er war auch so glücklich, die Erfüllung seines Wunsches bald zu erreichen, indem er durch einen Ukas vom 7 März 1801 zum Rath am kurländischen Kameralhofe ernannt wurde. Im J. 1806 erhielt er den Hofraths- und 1816 den Kollegienraths-Charakter. An der für sein Vaterland so wichtigen Angelegenheit, der Aufhebung der Leibeigenschaft der Bauern, nahm er thätigen Antheil, nachdem er von dem Generalgouverneur Marquis Paulucci *bey der zur Abfassung einer neuen Bauerverordnung im J. 1817 niedergesetzten Kommission zum Mitglied von Seiten der Krongüter ernannt war, auch nach erfolgter kaiserlichen Bestätigung dieser Verordnung 1818 Mitglied der Einführungskommission wurde. Für das, was er bey dem Entwurf der Bauerverordnung geleistet hatte, ernannte ihn der Monarch am 13 August 1817 zum Staatsrath. Im Februar 1818 assistirte er dem Civilgouverneur v.* Stanecke *bey der Aufhebung des bis dahin in Hasenpoth bestandenen piltenschen Landrathskollegiums und der ganzen piltenschen Verfassung, so wie bey der Installation der an die Stelle getretenen neuen Behörden, unter-*

schrieb auch mit die über diesen Akt aufgenommenen Protokolle. 1824 *wurde ihm der St. Wladimir-Orden der 4ten Kl. verliehen. Die kurländische Gesellschaft für Literatur und Kunst zählt ihn unter ihren Stiftern, und er förderte das Institut wo er vermochte; mehr aber noch das, auf seinen am* 6 *Februar* 1818 *gemachten Vorschlag, den* 3 *Oktober desselben Jahres gestiftete kurländische Provincial-Museum, dem er seine sämmtlichen, seit* 1807 *wieder von neuem angelegten, vaterländischen Sammlungen aller Art schenkte, und zu dessen erstem Direktor er fast einstimmig erwählt wurde. Er kann sich das Zeugniſs geben, daſs er dies Institut mit wahrer, väterlicher Liebe umfaſst und alles angewandt hat, um die Sammlungen desselben zu vermehren und sie, verbunden mit seinem Freunde* Lichtenstein, *in Ordnung zu erhalten. Leider wurde er im Ganzen dabey doch nur lau von seinen Landsleuten unterstützt. Wie vieles hat er abbetteln, wie vieles halb mit List, halb mit Gewalt dem Institut zuwenden müssen! So unbedeutend übrigens sein schriftstellerisches Verdienst auch seyn mag, so darf er doch behaupten, manches zur Verbreitung der Literatur in seinem Vaterlande, durch die* Wöchentlichen Unterhaltungen, *durch die eben erwähnte Stiftung des Museums, durch die seit Johannis* 1827 *übernommene Verwaltung des beständigen Sekretariats der Gesellschaft für Literatur und Kunst, und sonst auf diese und jene Weise, beygetragen zu haben. Unverdrossen sparte er weder Zeit, noch Mühe, um jedem, der sich an ihn wandte, dasjenige nachzuweisen, was ihm bey einer literärischen Unternehmung nützlich seyn konnte, und vielen Gelehrten war er mit zahlreichen Beyträgen bey der Ausarbeitung ihrer Schriften behülflich; was mehrere auch öffentlich rühmten, andere hingegen, und gerade solche, die ihm bedeutende Unterstützung verdanken, ganz unerwähnt gelassen haben. Es ist keine eitle Prahlerey, wenn er zuweilen von sich sagt:* aliis inserviendo consumor. *Seit* 1826 *des Dienstes am*

Kameralhofe entlassen, findet er die Welt in seinen Freunden, seinen Büchern, seinen zu Steckenpferden gewordenen Liebhabereyen, ohne sich nach der anderweitigen Welt sonderlich umzusehen.

Gab heraus: * Thomas Hiärns Ehst-, Liv- und Lettländische Geschichte. Nach der Originalhandschrift herausgegeben. 1ster Theil. Mitau (Berlin), 1794. XIV u. 261 S. 4. *Auch mit dem Titel;* Sammlung Ehst- Liv- und Kurländischer Geschichtschreiber. 1ster Band. (*Ueber den in der Handschrift verloren gegangenen zweyten Theil s.* Napiersky's fortges. Abh. S. 44 f.)

Desgleichen: * Mitau. Ein historisches Gedicht aus dem 17ten Jahrhundert. Von Christian Bornmann, Kaiserl. gekrönten Poeten und Rektorn der mitauischen grofsen Stadtschule. Neue mit Anmerkungen versehene Ausgabe. Mitau, 1802. XIV u. 44 S. 4.

Desgleichen: Wöchentliche Unterhaltungen für Liebhaber deutscher Lektüre in Rufsland. Bd. 1 u. 2. Mitau, 1805. 452 u. 432. — Bd. 3 u. 4. Ebend. 1806. 416 u. 444. — Bd. 5 u. 6. Ebend. 1807. 420 u. 432 S. 8. — *Fortgesetzt unter dem Titel:* Neue wöchentliche Unterhaltungen gröfstentheils über Gegenstande der Literatur und Kunst. Bd. 1 u. 2. Ebend. 1808. 424 u. 508 S. 8.

Gemeinschaftlich mit K. E. Napiersky: Allgemeines Schriftsteller- und Gelehrten-Lexikon der Provinzen Livland, Esthland und Kurland. Mitau, 1827 ff. 4 Bde. gr. 8.

* Johann Georg Weygand (Biographie); *in* Kütners Mit. Monatsschr. 1784. Oktober. S. 44-51. — * Theodor Reinking (Biographie); *ebend.* November. S. 164-178., *und abgekürzt in* Albers Nord. Almanach 1806. S. 145-156.

Noch Etwas zur Bestimmung der Zeit wenn Plettenberg wirklicher Ordensmeister geworden ist; *in den* N. Nord. Misc. XIII. u. XIV. 565.

* Ueber den vermeintlichen Bauer in dem Begräbnifsgewölbe der ehemaligen Herzoge von Kurland auf dem Schlosse zu Mitau; *in* Kaffka's Nord. Archiv 1803. Junius. S. 189. — * Nekrolog des Professor J. M. G. Beseke; *ebend.* S. 201. — * Beytrag zur Geschichte

der Kriegsbegebenheiten in Kurland im Jahre 1625; *ebend.* 1804. Februar. S. 96. — * Mitauer Johannis-zeit; *ebend.* Julius. S. 44. — * Nekrolog des Dr. Johann Heinrich Blumenthal; *ebend.* December. S. 210. — * Aktenstücke betreffend die Einführung des schwedischen Kirchengebets in Kurland im Jahr 1702; *ebend.* 1805. Marz. S. 192.

* Das Schloſs Bauske; *in* Albers Nord. Almanach für 1806. S. 157. — * Das Schloſs Doblen in Kurland; *ebend.* für 1807. S. 143.

Ein Ehemann und seine Frau. (Nach dem Französischen.); *in der* Ruthenia von Schröder und Albers 1810. April. S. 294.

* Zeitschriften und Zeitungen in Mitau; *in* Oldekops St. Petersb. Zeitschr. 1822. No. 18. S. 225.

Als Mitglied der allerhöchst bestimmten Kommission zur Abfassung der neuen Bauerverordnung *in Kurland, Antheil an diesem Gesetzbuche.* (St. Petersb. 1818. Fol., u. Mitau, 1819. 4.)

* Kleine Aufsatze *in dem von* Sonntag *und nach dessen Tode von* Merkel *herausgegebenen* Ostsee-Provinzen-Blatt, *das seit* 1828 *den Titel* Provinzialblatt für Kur-, Liv- und Esthland *erhielt.* (1823-1880.)

* Alle biographischen Artikel im historischen Theile des 1sten und 2ten Bandes der Jahresverhandlungen der Kurl. Gesellsch. für Lit. u. Kunst. (1819. 1822.)

Lieferte zum 17-21sten Bande der 5ten Ausgabe *von* Meusels gelehrtem Teutschland *die meisten Artikel der Schriftsteller in Kurland und Livland.*

Vergl. Napiersky's fortges. Abhandl. S. 44. — Meusels G. T. Bd. 19. S. 262.

Reckmann *) (Johann).

Studirte zu Wittenberg und wurde 1558 *am* 8 *oder* 13 *Julius in Riga zum Predigtamte ordinirt. Er war mit einer von den Stadtdelegirten, welche* 1587 *den Jesuiten die Jakobs-*

*) Nicht Regkmann.

kirche abnahmen, und der letzte Prediger aus dem Stadtministerium an dieser Kirche, die damals für den lettischen Gottesdienst benutzt wurde. Geb. zu Lübeck 1532, *gest. am* 11 *Februar* 1601.

Handschriftlich hinterliefs er Notata zur Geschichte seiner Zeit *in plattdeutscher Sprache, vom Jahr* 1574 *an, woraus einige Notizen in den* Rig. Stadtbll. 1816. *hin und wieder mitgetheilt sind. Die* Lübeckische Chronik. Heidelberg (*nicht* Speier), 1619. 38 Bogg. Fol., *hat aber nicht, wie* Rotermund *angiebt, ihn, sondern seinen Vater* Hans Reckmann *zum Verfasser.*

Vergl. Gadeb. L. B. Th. 3. S. 9. — L. Bergmanns Gesch. d. Rig. Stadtk. Th. 1. S. 32. — B. Bergmanns histor. Schriften. Th. 2. S. 10. — Rotermund z. Jöcher.

Reder (Hermann).

Aus Dorpat, studirte daselbst um 1637.

Oratio tam Romanarum quam Suecicarum Gothicarumque S. S. legum historiam continens. Dorpati, 1637. 4½ Bogg. 4.

Oratio de justitia universali. Ibid. 1638. 4.

Vergl. Schefferi Suecia lit. p. 286. — Gadeb. L. B. Th. 3. S. 7. — Somm. S. 51. 52. — Rotermund z. Jöcher.

von Reenhorn (Peter).

Kam 1723 *nach Livland, wo er bey seiner an* Joachim v. Cronmann *vermählten Schwester auf einer zum Gute Allatzkiwwi gehörigen Hoflage Nennal lebte. Geb. im Kirchspiele Lulea in Westbothnien* 1701, *gest. am* 22 *April* 1753.

Handschriftlich hinterliefs er:

Schweden-Reichs Gesätz vor gut erkannt und angenommen auf dem Reichstage im Jahr 1734 in Stockholm mit Ihro Königl. Majestät allergnädigstem Privilegio gedruckt in Historiographi Regni Druckerey von Hartwig Gercken im Jahr 1736 und verteutscht in Liefland von P. R. Anno 1743. Fol. *Unvollendet und geht nur bis zum* 27. Cap. der 6. Abtheil. von Missethaten; *das Ganze aber hat* 9 *Abtheilungen.* — *Eine lateinische Uebersetzung dieses Gesetzbuchs ist gedruckt vorhanden, unter folgendem Titel:* Codex legum suecicarum receptus et approbatus in comitiis Stockholmensibus Anni MDCCXXXIV, ex suetico sermone in latinam versus a Christiano König, Westmanniae ac Magn. Cuprimont. Judice Provinciali. Holmiae, 1743. 4. *Es darf oder durfte bey peinlichen Sachen in gewissen Fallen bey den Narwaschen Stadtgerichten gebraucht werden.* s. Gadeb. livl. Jahrb. b. J. 1674. III. 2. S. 674. *in der Anmerkung.*

Vergl. Gadeb. L. B. Th. 3. S. 7.

Regel (Friedrich Ludwig Andreas).

Der Sohn eines Unterofficiers, studirte seit 1788 *Theologie zu Jena, lebte darauf neun Jahr als Hauslehrer bey dem Geheimenrath v.* Thümmel *zu Altenburg, kam* 1803 *in derselben Eigenschaft nach Livland in das Haus des Freyherrn v.* Wolff *zu Neu-Laitzen, mufste aber wegen Kränklichkeit schon* 1805 *in sein Vaterland zurückkehren und wurde* 1806 *Garnisonprediger in Gotha, auch* 1808 *zweyter Kollaborator, und bald Professor am dasigen Gymnasium. Geb. zu Gotha am* 22 *Januar* 1770, *gest. am* 30 *December* 1826.

Englische Chrestomathie, mit einer grammatischen Einleitung und einem Wörterbuche. Gotha, 1810. 8.

Nach seinem Tode erschien:

Worte zum Herzen. Nachgelassene Predigten. ...

Vergl. Meusels G. T. Bd. 19. S. 266. — N. Nekrolog d. Deutschen. 4. Jahrg. Th. 2. S. 747-756.

Regiment (Karl Friedrich).

Geb. zu Danzig, wo sein Vater ein Handlunghaus hatte, am 29 *März* 1764, *studirte anfangs auf dem dortigen Gymnasium, disputirte auch zweymal öffentlich, unter* Graleths *Vorsitz,* de jurium et obligationum correlatione *und* de jure emporii, *setzte sodann sein juristisches Studium in Königsberg fort, kam, nach beendigten Universitätsjahren, nach Kurland, war hier Lehrer in adeligen Häusern, am längsten in Puhren bey der Familie Baron v.* Rönne, *wurde* 1813 *öffentlicher Notar, legte dies Amt jedoch nach einiger Zeit seiner Kränklichkeit wegen nieder, und privatisirt gegenwärtig auf dem Gute Kaiwen.*

* Meinen lieben Schülerinnen, den Fräulein Laura und Lyda von Rönne, bey Ihrer Konfirmation. Mitau, 1797. 16 S. 4.
* Erinnerungen an den ältesten meiner jetzigen Schüler vor dem Genusse des Abendmahls. Ebend. 1801. 8 S. 4.

Regius (Heinrich Gottfried).

Hatte zu Königsberg studirt und wurde 1707 *lettischer Prediger zu Bauske, wo sein Vater,* Valentin Regius, *dasselbe Amt früher bekleidete. Geb. zu Bauske am ..., gest. an der Pest am* 9 *September* 1710.

Disput. Utrum virtutes morales in Deum cadant? (Praes. Frid. Stadtlender.) Regiomonti, 1699. 4.

Vergl. Nord. Misc. XXVII. 427. — Rotermund z. Jöcher.

Regius (Jakob Friedrich).

Studirte Medicin zu Königsberg, promovirte daselbst 1759 *und lebte in der Folge mehrere Jahre als praktischer Arzt in Mitau, war auch von* 1786 *bis* 1788 *als Oekonomiearzt für verschiedene herzogliche Güter im kurländischen Oberlande angestellt. Geb. zu Autz in Kurland (auf dem Titel der Dissertation steht durch einen Druckfehler Nitzen) am ..., gest. ...*

Specimen inaug. de Podagra. Regiomonti, 1759. 20 S. 4.

Vergl. Gadeb. L.B. Th. 3. S. 9. — Rotermund z. Jöcher.

Rehehausen oder Rehusen (Christian).

War Magister, wurde 1639 *Rektor der rigaschen Domschule, oder vielleicht auch erst* 1643 *bey derselben angestellt und im folgenden Jahre Rektor, später (schon* 1655*) Professor, und zwar, nach* L. Bergmann *(am unten a. O.), der griechischen Sprache, nach* Albanus (Sekularrede S. 49.)*, der Philosophie, am Gymnasium. Er selbst schrieb sich* Prof. Phil., *was eben so wohl Philologiae als Philosophiae heiſsen kann. Zugleich blieb er auch Inspektor der vorgenannten Schule. Geb. in Ostfriesland zu ..., gest. zwischen* 1656 *und* 1658.

Lateinische und deutsche Gelegenheitsgedichte.

Vergl. Nord. Misc. IV. 116. — Rotermund z. Jöcher. — L. Bergmann *in* Albanus livl. Schulbll. 1814. S. 353., *wo aber sein Vorname unrichtig* Johann *angegeben ist.*

Rehehausen (Johann Georg).

Wurde 1636 *Pastor zu Kokenhusen und* 1644 *zu Ascheraden, wo er noch* 1664 *war. Geb. zu ..., gest. ...*

Manuductio ad linguam Letticam facilis et certa. (Rigae) excusa a Gerh. Schroeder 1644. 48 S. 8. — *Nur noch, so viel man weiſs, in einem einzigen gedruckten Exemplar auf der Universitätsbibliothek zu Upsal vorhanden.* s. Catal. libr. biblioth. reg. Acad. Upsal. II. 743. Sonntags Polizey für Livland I. 80. u. Lit. Supplem. z. Ostsee-Prov. Bl. 1827. S. 4.

Gelegenheitsgedichte.

Vergl. Nord. Misc. IV. 117. — Rotermund z. Jöcher.

von Reichardt (Gotthard Wilhelm).

Wurde 1753 *zu Halle Dr. der A. G., diente als Arzt bey der russischen Armee und war zuletzt Hofrath und General-Feldhospitalsarzt in Riga. Geb. in Livland zu ...* 1728*, gest. am* 6 *Oktober* 1791.

Diss. inaug. med. de uteri connexione cum mammis. (Praes. Andr. Elia Büchnero.) Halae, 1753. 29 S. 4.

Reichenau (Johann Volrad).

Wurde 1747 Dr. der A. G. zu Halle, begleitete den Oberhofmarschall Grafen v. Sievers auf dessen Reisen durch Deutschland und Italien, und prakticirte später zu Wolmar, wo er auch eine Apotheke gründete. Geb. zu Berlin am ..., gest. zu Pebalg Neuhof am 11 Februar 1780.

Diss. inaug. de pulmonum structura. Halae, 1747. 4.

Reichwald (Ferdinand Gottlieb).

Vater des nachfolgenden.

Studirte zu Königsberg, wurde Mitglied der dortigen deutschen Gesellschaft, kam 1785 nach Kurland, war anfangs Hofmeister in verschiedenen Häusern, kaufte das Gütchen Dannhof bey Rönnen, und nahm daselbst junge Leute in Pension und Unterricht, veräusserte diese Besitzung wieder und zog in die Nähe von Grobin, wo er seine Pensionsanstalt auf dem Lande fortsetzte, gab sie jedoch nach einigen Jahren auf, und beschloſs sein Leben bey seinen Verwandten auf dem Gute Ringen. Geb. in Schlesien 1756, gest. am 3 November 1825.

Statistische Briefe über Curland; *im* Preussischen Archiv. 3ter Jahrgang (Königsberg, 1792.). S. 116. 295. 426 u. 499.

Vergl. Allgem. kurländ. Amts- und Intell. Bl. 1825. No. 93.

Reichwald (Gottlieb Wilhelm).

Sohn des vorhergehenden.

Ist geboren zu Dannhof bey Rönnen in Kurland am 14 September 1800, erhielt den ersten wissenschaftlichen Unterricht von seinem Vater, studirte hierauf seit 1817 Medicin zu Breslau, Wien und Berlin, nahm 1823 in Wilna die medicinische Doktorwürde an, kehrte in sein Vaterland zurück und wurde 1824 Kreisarzt zu Hasenpoth.

Diss. inaug. de Lithotomia. Vilnae, 1823. 58 S. 8.

Reiff (Karl Gustav).

Sein Vater, ein Stückgiesser in Stockholm, stand bey dem Kronprinzen, dem nachmaligen Könige Gustav III, *in vorzüglichem Ansehen und wurde oft von ihm besucht und mit Aufträgen zu verschiedenen Arbeiten beehrt. Er bestimmte den Sohn anfänglich zum Uhrmacher und liess ihn, um ihn nicht bey einem Meister in die Lehre zu geben, von einem Uhrmachergesellen, den er zu sich ins Haus nahm, unterrichten. Später zeigte der Jüngling Neigung zum Orgelbau, und erlernte, mit Genehmigung des Vaters, auch diese Kunst. Dabey weckten die auf dem Markte zu Stockholm häufig feilgebotenen officinellen Kräuter seine Neigung zur Botanik, und er überredete seinen Vater, der ein wohlhabender Mann war, ihn nach Upsala zu schicken, wo er drey Jahr lang blieb und unter* Linné *Botanik studirte. Als der Kronprinz* Gustav *(1770) auf Reisen ging und eine Anzahl fähiger junger Leute mitnahm, gehörte auch* Reiff *zu denjenigen, die zu seiner Begleitung ausgewählt wurden. Eine Krankheit zwang ihn, in Kopenhagen zurückzubleiben, und als er, nach erlangter Wiederherstellung, dem Prinzen nach Hamburg folgte, fand er ihn dort nicht mehr.* Gustav *hatte ihn indess nicht vergessen, sondern ihm eine jährliche Pension von 100 Dukaten für seine Lebenszeit ausgesetzt, die er viele Jahre hindurch auch wirklich bezogen hat. Von Hamburg kehrte er nach Stockholm zurück, und da er von der damaligen politischen Freyheit Kurlands und von dem glücklichen Leben daselbst viel reden gehört hatte, so entschloss er sich hierher zu gehen. Er nahm sein ganzes Vermögen mit sich zu Schiff, hatte aber das Unglück, bey der Ueberfahrt unweit Windau zu stranden, verlor alle seine Habseligkeiten, und nur seine Geschicklichkeit im Schwimmen rettete ihm das Leben. In Windau nahm sich der dortige Prediger* Bannasch *menschenfreundlich seiner an, und er ging von hier*

Das Haus eines Gerechten, als ein vorzüglicher Schauplatz der Weisheit, Macht und Güte Gottes; eine Rede bey der feyerlichen Einweyhung des neuerbaueten Landhauses zu Laukozem, am 24. Jul. 1760. Königsberg (1760). 16 unpag. S. 4.

Reimers (Eberhard).

Studirte zu Kiel, wurde 1707 *Mag., in der Folge Professor der griechischen Sprache am Gymnasium zu Reval, besorgte auch während der Vacanz der dortigen theologischen Professur, die nach der Pest eingetreten war, den theologischen Unterricht, wurde dann* 1716 *Pastor zu Lais, nachdem er mit des livländischen Generalsuperintendenten Erlaubnifs in Reval ordinirt worden war, bediente seit* 1740 *auch das Kirchspiel Bartholomaei, wurde Propst* 1749 *und später zugleich Inspektor der kombinirten Kron- und Stadtschule zu Dorpat. Geb. zu Reval am ..., gest.* 1756.

Diss. philolog. critica de sectionibus Pentateuchi minoribus, Petuchoth vulgo appellatis. (Praes. M. Josia Henr. Opitio.) Kilonii, 1707. 4 Bogg. 4.

Vergl. Nova lit. mar. B. 1707. p. 25., *und daraus* Nord. Misc. XXVII. 428. — Altes und Neues von Schulsachen. Th. 1. S. 281. — Rotermund z. Jöcher.

Reimers (Gotthard).

Vater von Valentin.

War seit 1573 *der erste lettische Prediger zu Bauske in Kurland. Geb. zu ... am ..., gest.* 1607.

Passio. Von dem Leyden vnd Sterben vnsers Herrn vnd Heylandes Jesu Christi, nach den vier Evangelisten. Aus Deutscher Sprache in Undeutsche gebracht. Königsberg, 1587. 15 Bll. 4. (*Sehr selten.*)

In Verbindung mit Rivius, Micke, Lembreck *und* Wegmann *besorgte er das erste lettisch-kurische Gesangbuch, unter dem Titel:* Undeutsche PSalmen vnd geistliche Lieder oder Gesänge, welche in den Kirchen des Fürstenthumbs Churland gesungen werden. Königsberg, 1587. 47 Bll., nebst Register und einem Anhange. 4. (*Ungemein selten.*) — *Desgleichen:* Evangelia vnd Episteln aus dem Deutschen in Undeutsche Sprache gebracht, so durchs gantze Jahr auf alle Sonntage vnd fürnemsten Feste in den Kirchen des Fürstenthumbs Churlandt vnd Semigallien in Lieffland vor die undeutschen gelesen werden. Ebend. 1587. 9 Bogg. 4. (*Ebenfalls sehr selten.*)

Vergl. Tetsch K. K. G. Th. 3. S. 148. — Nord. Misc. IV. 117. — Zimmermanns Lett. Lit. S. 15 u. 16. — Rotermund z. Jocher.

von Reimers (Heinrich Christoph).

Erhielt seine Schulbildung auf dem Gymnasium zu Reval, studirte zu Göttingen etwa von 1785 *bis* 1789, *machte einige Reisen, wurde als Translateur beym Kollegium der auswärtigen Angelegenheiten zu St. Petersburg angestellt, ging* 1792 *mit der russischen Gesandtschaft nach Konstantinopel, wurde, nach erfolgter Rückkehr in seine Vaterstadt, Rath am dortigen Gerichtshofe der bürgerlichen Rechtssachen, verwaltete dies Amt bis zur Aufhebung der Statthalterschaftsverfassung* 1796, *diente hierauf bey dem Postdepartement zu St. Petersburg und war zuletzt auch kaiserlicher Staatsrath. Geb. zu Reval am* 13 *Februar* 1768, *gest. am* 1 *April* 1812.

* Reisen der russisch-kaiserl. ausserordentlichen Gesandtschaft an die ottomanische Pforte im Jahre 1793. Drei Theile vertrauter Briefe eines Ehstländers an einen seiner Freunde in Reval. St. Petersburg, 1803. 1ster Th. 220 S. — 2ter Th. 231 S. — 3ter Th. 172 S. gr. 4. Mit 6 Kupf. in Fol., einem Portrait und einer Landkarte. *Auch mit dem Titel:* Reise von St. Petersburg durch die Petersburgische, Pleskowische, Polozkische, Mohilewische, Tschernigowische, Kiewische und Jekaterinoslawische Statthalterschaften, ferner durch die Oczakowische Steppe, die Moldau, Wallachey, Bulgarien und Rumelien nach Constantinopel, Bemerkungen auf dieser Reise, Volkszahl, Sitten und

Gebräuche der Einwohner in den benannten Provinzen; nebst einer Beschreibung der wichtigsten Städte und Oerter in denselben.

* St. Petersburg, am Ende seines Ersten Jahrhunderts. Mit Ruckblicken auf Entstehung und Wachsthum dieser Residenz unter den verschiedenen Regierungen während dieses Zeitraums. 1ster Th. Mit Kupfern, Planen u. Karten. St. Petersburg, 1805. XL u. 390 S. — 2ter Th. Mit Kupfern u. Planen. St. Petersb. u. Penig, 1805. XVIII u. 442 S. 8. *Unter der Dedikation hat er sich genannt.*

L'academie impériale des beaux arts à St. Petersbourg depuis son origine jusqu'au regne de Alexandre I. An. 1807. à St. Petersbourg, 1807. 161 S. 8.

Fragment aus einer noch ungedruckten Beschreibung einer Reise von St. Petersburg nach Archangel, im July u. August 1806; *in der* Ruthenia, *herausgegeben von* Schroeder u. Albers. 1807. II. 121-138. u. 1808. III. 259-279. — Lebensweise der Archangeliter (*auch aus jener* Beschreibung); *ebend.* 1807. III. 23-31.

Gab gemeinschaftlich mit Fr. Murhard *heraus:* Constantinopel u. St. Petersburg, der Orient u. der Norden. Eine Zeitschrift. (bis zum 9ten Hft. Jahrg. 1. Bd. 3.) Penig, 1805. 8. Mit Kupf.

Vergl. Hall. Allg. Lit. Zeit. 1812. No. 243. — Rotermund z. Jöcher. — Meusels G. T. Bd. 15. S. 131. u. Bd. 19. S. 283.

Reimers (Martin Ernst).

Studirte von 1794 *bis* 1798 *auf den Universitäten Jena und Göttingen die Rechtskunde, kehrte zurück, machte dann noch eine Reise durch Deutschland, die Schweiz, Frankreich und England, wurde, nachdem er verschiedene Kanzelleystellen in seiner Vaterstadt verwaltet hatte, daselbst Rathsherr, auch* 1813 *Tit. Rath und* 1816 *Ritter des St. Annen-Ordens der 3ten Kl., nahm aber, fortdauernder Kränklichkeit wegen,* 1824 *seine Entlassung aus dem Rathskollegium. Geb. zu Riga am 3 August* 1775, *gest. am* 16 *Januar* 1826.

* Nachruf an den Bürgermeister Joh. Christ. Schwartz. Riga, 1804. . . .
* Zur Saekularfeier Riga's am 4. Julius 1810. (Riga), MDCCCX. 19 S. 4.
* Einige Worte bey Eröffnung des Ruffschen Familienlegats am 10. Nov. 1819. 2 Bll. 8.

Gedichte *in der* Livona f. 1812. S. 67. 89. 93. — f. 1815. S. 161.

Vergl. Rig. Stadtbll. 1826. S. 27-30.

REIMERS (VALENTIN).

Sohn von GOTTHARD.

Wurde an seines Vaters Stelle 1607 *lettischer Prediger zu Bauske. Geb. daselbst* 15 . . , *gest.* 1622.

Ist Herausgeber des 1615 *erschienenen ungemein seltenen zweyten* lettisch-kurischen Gesang-*) *oder des ersten eigentlich sogenannten* Handbuchs, *welches, ausser den* Liedern *der Ausgabe von* 1587, *die* Leidensgeschichte, Evangelien, Episteln, Kollekten *und den* Katechismus *enthält.* (*Von* Tetsch *in der* K. K. G. Th. 3. S. 152., Rotermund z. Jöcher. VI. S. 1658., *und in den* Nord. Misc. IV. 117., *wird der Vater, der damals schon gestorben war, irrig als Herausgeber dieser Sammlung angezeigt.*)

REIN (GABRIEL).

Geb. zu Wiburg am . . . , studirte auf dem dortigen Gymnasium und dann zu Abo, wurde hier Dr. der Phil. und Docent, und zog, nach der durch den Brand der Stadt veranlafsten Versetzung der Universität nach Helsingfors, gleichfalls dahin.

---

*) Das erste lettisch-kurische *Gesangbuch* hatte sein Vater (s. dess. Art.), in Verbindung mit mehreren Predigern, besorgt; das 3te gab Heinr. Adolphi heraus 1685; das 4te Graeven 1727; das 5te derselbe 1744; das 6te Joach. Baumann 1754; das 7te Christ. Huhn 1766; das 8te Alexander Johann Stender 1796; das 9te endlich Friedr. Gust. Maczewski, in Verbindung mit Alex. Joh. Stender, C. F. Launitz und G. S. Bilterling 1806.

Von seinen Schriften ist hier anzuführen:

Diss. Periculum historicum de Curonibus saeculis XII. et XIII. Fenniam infestantibus. Helsingforsiae, 1829. 31 S. 4. *Der Verfasser sucht mit guten Gründen zu beweisen, daſs die in den ältesten Annalen Finnlands erwähnten Curones nicht Kurländer, sondern Kareler waren.*

Rein (Karl Christian Friedrich).

Geb. zu Molsdorf im Herzogthume Gotha, wo sein Vater Prediger war, am 30 *May n. St.* 1796, *besuchte von* 1809 *bis* 1815 *das Gymnasium zu Gotha, studirte dann bis* 1819 *Theologie und Philologie zu Jena, erhielt die philosophische Doktorwürde und ging als Hauslehrer nach Lithauen,* 1821 *aber nach Reval als Oberlehrer der Religion, der griechischen und hebräischen Sprache am dortigen Gymnasium.*

Progr. Quaedam ad historiam critices in Homeri carmina spectantia, praemissis paucis verbis de neglecto sequiore vitae aetate antiquarum litterarum studio. Revaliae, 1822. 10 S. 4.

Progr. Quaedam ad criticen Homeri spectantia et de Payne Knightii Homeri editione judicium. Pars altera. Ibid. 1823. IV u. 16 S. 4.

Progr. Beiträge zur Geschichte der Reformation in Reval u. Ehstland; nebst Beilagen. Ebend. 1830. 35 S. 4.

Reinfeldt (Ernst Eduard Ferdinand).

Bruder des nachfolgenden.

Geb. zu Dorpat am 17 *May* 1796, *studirte auf der Universität seiner Vaterstadt von* 1813 *bis* 1817, *wurde* 1819 *von der kaiserl. medikochirurgischen Akademie zu St. Petersburg zum Dr. der A. G. promovirt, machte eine Reise im Innern von Ruſsland, und ist jetzt, nachdem er mehrere Medicinalstellen verwaltet hat, Arzt auf den fürstlich Golizinschen Gütern im Gouvernement Tambow.*

Diss. inaug. de foetu humano. Petropoli, 1819. IV u. 28 S. 8.

REINFELDT (FRIEDRICH ERNST).

Bruder des vorhergehenden.

Geb. zu Dorpat am ..., studirte daselbst Medicin, erhielt 1815 die Doktorwürde und lebt jetzt, nachdem er verschiedenen Medicinalämtern, theils in Hospitälern, theils bey der Armee, vorgestanden hat, als ausübender Arzt in St. Petersburg.

Diss. inaug. de deglutitione difficili. Dorpati, 1815. 22 S. 8.

REINKING (THEODOR).

Sein Vater, Otto Reinking, ein Westphale, war von dem damaligen herzoglich-kurländischen Stallmeister Otto v. Teufel, seinem nahen Verwandten, nach Kurland eingeladen worden, und erbte, da dieser kinderlos blieb, dessen ganzes Vermögen, nachdem er sich mit Hedwig v. Lambsdorff, einer Tochter Dietrichs v. Lambsdorff auf Talsen, der ein Schwager des Stallmeisters v. Teufel war, verheirathet hatte. Theodor Reinking, dessen ebengenannte Mutter bald nach seiner Geburt starb, wurde von seinem Vater den Wissenschaften gewidmet und bis in sein dreyzehntes Jahr zu Hause sorgfältig erzogen und unterrichtet, im Jahr 1603 jedoch, aus Furcht vor der damals in Kurland wüthenden Pest, ins Ausland geschickt. Erst mußte er zwey Jahr auf der Schule in Osnabrück zubringen, dann vier Jahr hindurch die Schule in Lemgo besuchen, bis er zuletzt 1609 das Gymnasium in Stadthagen und 1611 die Universität Köln bezog, wo er insonderheit die Rechtswissenschaft und Staatslehre zum Gegenstande seiner Studien machte. 1613 ging er über Lübeck zu Schiffe nach Kurland zurück, und blieb hier ein volles Jahr bey seinem alten Vater, der ihn dann 1615 zum zweyten mal nach Deutschland sandte und seitdem nicht wiedersah. In Giessen, wo er seine Studien mit großem Eifer fortsetzte, erwarb er sich auch bald, nachdem er 1616 Licentiat geworden war, durch juristische Vorlesungen so grossen Beyfall, dass er noch in demselben Jahre die Doktorwürde erhielt und Professor der Rechte wurde. 1617 ernannte ihn der Landgraf Ludwig von Hessen-Darmstadt zum Beysitzer im Revisionsgericht zu Giessen, nahm ihn 1622 mit auf den Reichstag nach Regensburg, und schickte ihn, der marburgischen Erbfolge wegen, zwey mal, 1623 und 1624, an den kaiserlichen Hof nach Wien. Seit dem letztern Jahre diente er, mit Einwilligung seines Herrn, dem Erzbischofe von Bremen Johann Friedrich, einem gebornen Herzoge von Holstein, bis zu dessen 1634 erfolgten Tod, als Rath von Hause aus, und 1625 bestellte ihn der Landgraf Ludwig zum Vicekanzler des Oberfürstenthums Hessen bey der marburgischen Regierung, Georg II aber, Ludwigs Nachfolger, brauchte ihn 1627 als seinen Abgesandten bey dem Kaiser Ferdinand II, der ihn zum Pfalzgrafen ernannte. Im J. 1631 verliess er den darmstädtschen Hof, und trat als Kanzler in des Herzogs von Mecklenburg Adolph Friedrich Dienste, machte sich auch hier sehr nützlich, und wohnte unter andern 1634 der Reichsversammlung zu Frankfurt bey. 1635 führten ihn die Schweden, unter dem Vorwande rückständiger Kontribution, als Geissel von Schwerin nach Wismar ab. Wieder in Freyheit gesetzt floh er nun 1636 nach Lübeck, erhielt den ehrenvollsten Abschied von seinem Fürsten, nebst dessen Bildniss an einer goldenen Ehrenkette, und wurde noch in demselben Jahre von dem Erzbischofe von Bremen Friedrich, nachmaligem Könige von Dänemark, zum Kanzler ernannt, wobey ihm zugleich dessen Vater, König Christian IV, den Raths-Charakter ertheilte. 1645 fiel er zum zweyten mal den Schweden, die das Erzstift Bremen besetzten, in die Hände, wurde mit den übrigen Räthen nach Nienburg gebracht, und, da er nicht zu bewegen war, schwedische Dienste anzunehmen, ein halbes Jahr lang im Kerker gehalten. Endlich wieder auf freyen Fuſs gestellt fertigte ihn der Erzbischof, den sein Vater unterdeſs zum Statthalter von Schleswig und Holstein ernannt hatte, 1646 nach Münster ab, um bey den dortigen Friedensverhandlungen das fürstliche Interesse wahrzunehmen. Als aber das Erzstift Bremen und das Bisthum Verden durch den Friedensschluſs in ein Herzogthum verwandelt und den Schweden zugestanden wurden, sah sich der Herzog Friedrich genöthigt, ihn seiner Dienste zu entlassen, ernannte ihn aber zum Rath von Hause aus, beschenkte ihn mit seinem Bildnisse an einer goldenen Kette, und ertheilte ihm ein Jahrgehalt von 400 Thalern, lieſs ihn auch, nachdem er wenige Wochen darauf den dänischen Thron bestieg, nach Kopenhagen kommen, wo er die Glückwünsche der auswärtigen Gesandten im Namen des Königs beantworten muſste. Seitdem wurden seine Umstände glänzender als jemals. Vom Könige 1648 zum Geheimenrath, zum Kanzler der Herzogthümer Schleswig und Holstein und endlich 1650 zum Präsidenten des pinnebergschen Oberappellationsgerichts ernannt, lieſs er sich nunmehr gänzlich in Glückstadt nieder, und wurde zugleich 1655 zum Vormundschaftsrath des unmündigen Prinzen von Holstein Johann August bestätigt, auch in demselben Jahre vom Kaiser Ferdinand III in den Adelstand erhoben, nachdem er lange zuvor schon das Rittergut Wellingsbüttel im Holsteinschen besessen hatte. Geb. zu ... in Kurland am 10 März 1590, gest. zu Gückstadt am 15 December 1664.

Disp. de justitia et jure. Hagae Schaumburgicorum, 1611. 4.

Diss. inaug. de brachio saeculari et ecclesiastico, seu potestate utraque. Giessae, 1616. 4.

Disp. de jure tutelae. Ibid. 1617. 4.

Disp. de legibus et armis. (Resp. Francisco Hilchen, Livono.) Ibid. 1618. 4.

Oratio parentalis in excessum Gothofredi Antonii, in Academia Giess. cancellarii et legum professoris primarii. Giessae, 1618. 4. *Auch in* Witte Memor. Jurisconsult. Dec. I. p. 42-55.

Tractatus de regimine saeculari et ecclesiastico. Ibid. 1619. 4. Basileae, 1622. 8. *Vermehrt und verbessert:* Giessae, 1632. 4. *Ohne Wissen des Verfassers und voll Fehler:* Marpurgi, 1641. 4. Francofurti, 1651. 8., *auch* 1659 *und* 1663. 4. Basileae, 1662. 8. Augustae Vindel. 1717. 4. Coloniae, 1736. 4.

Responsum juris in ardua et gravi quadam causa, concernente processum quondam contra sagam nulliter institutam et inde exortam diffamationem. Giessae, 1621., *auch* 1670. 4. Marpurgi, 1633. 4. *Auch in der kölner Ausgabe des gleich folgenden Buches.*

Tractatus synopticus de retractu consanguinitatis, nova et accurata methodo per conclusiones, declarationes, ampliationes, limitationes, etc. junctis passim dubitandi et decidendi rationibus, nec non summarum curiarum, parlamentorum et judiciorum praejudiciis, ac rerum judicatarum auctoritatibus, in certas quaestiones collectus. Marburgi, 1631. 26 unpag., 420 u. 42 unpag. S. Register. 4. Giessae, 1662. 4. Coloniae, 1707., *auch* 1712. 4.

Zwey rechtliche Bedenken über die Frage: Wann von einem der augspurgischen Confession zugethanen Fürsten einige Klöster und geistliche Güter reformiret, und doch hernach post reformationem das Interim eingeführet, aber nach aufgerichtetem passauischen Vertrage wieder abgeschaffet u. s. w., ob solche Klöster und Stifte nunmehr dafür anzusehen und zu halten, daſs sie vor oder nach dem passauischen Vertrage eingezogen worden? deren eines von der Juristenfacultät zu Tübingen, das andere von Dr. Theodor Reinking 1629 gestellet ist. Frankfurt, 1636. 4. Reinking's Bedenken *auch in* Londorp's Actis publicis. T. III. p. 1069., *in* Lünig's Staatsconsilien. Th. 2. S. 184., *und in* Gastels Commentario de novissimo statu Europae publico.

* Wohlgegründete Deduction, daſs die Stadt Bremen keine ohnmittelbare, des heil. römischen Reichs freye, sondern eine Erzstiftisch-Bremische Stadt und Stand sey. 1639. 4.

* Christliche hochnöthige Wiederherstellung des evangelischen, vorhin viele Jahre in der Thumkirche zu Bremen öffentlich geübten Gottesdienstes augspurgischer Confession. 1639. 4.

* Assertio jurium archiepiscopalium et superioritatis entgegen und wider Bürgermeister und Rath der Stadt Bremen. 1639. 4.

* Fürstlich Erzbischöflicher Bremischer Nachtrab des Inhalts, daſs Sr. Hochfürstlichen Durchlaucht uralte Erzbischöfliche Stadt Bremen kein ohnmittelbarer Reichsstand sey. 1641. 4.

* Vindiciae honoris et bonae famae. Ehrenrettung der gewesenen Erzbischöflichen Bremischen Rathe und Bedienten. Glückstadt, 1653. 4.

Biblische Polizey, das ist: Gewisse auſs Heiliger, Göttlicher Schrifft zusammengebrachte, auff die drey Haupt-Stände, als den Geistlichen, Weltlichen und Häuſslichen, gerichtete Axiomata, oder Schluſs-Reden, sonderlich mit Biblischen Sprüchen und Exempeln, auch andern bestärket. Frankfurt, 1653. 1656. 1663. 1670. 1681 u. 1701. 4. *Auch* Cölln, 1736. 4.

Das Haus Ahab des Königs Israel. 1653. 12.

* Jus feciale armatae Daniae. Hafniae, 1657. 4. *Auch* Danzig, 1657. 4.

* Causae manifestae belli a Friderico III. adversus Carolum Gustavum suscepti. Hafniae, 1657. 4.

Das Leben der Seelen im Tode, oder kurtzer aus H. Göttlicher Schrifft und sonsten der alten Kirchen Vater, Herrn Lutheri, und anderer berühmten Theologen auch theils der vernünftigen Heyden Schrifften zusammengebrachter Discurs von dem Zustande der Seelen, wann sie von dem menschlichen Leibe geschieden, biſs an den jüngsten Tag. Sampt nachgesetzten und erbaulich erörterten vieren Problematis vom Tode und seligen Sterben: 1. Der Tod ist schrecklich. 2. Der Tod ist tröstlich. 3. Wohl gelebt wohl gestorben. 4. Uebel gelebt übel gestorben. Auſs heiliger Lust und seligem Verlangen zusammengetragen. Glückstadt, 1660. 12. Lübeck, 1672 u. 1699. 12. *Auch* Leipz. 1722. 8. *Ins Lateinische übersetzt in* Fasciculus rariorum et curiosorum theologicorum scriptorum de animae post solutionem a corpore statu immortalitate. Lipsiae, 1692. 8.

Rehabeams, des ersten Königs in Juda und Benjamin, Regierungs-Anfang, Fort- und Ausgang. 1661. 12.
Abia der II. und Assa der III. König in Juda. 1661. 12.
Josaphat der IV. König in Juda. 1663. 12.

Nach seinem Tode erschienen noch:

Gottselige Betrachtungen von den drey vornehmsten Künsten der frommen Christen, nehmlich der Bet- Leidens- und Sterbekunst. Glückstadt, 1665. 4. Hamburg, 1670. 1679 u. 1710. 12. *Auch, unter dem Titel:* Allerbeste Lebens- und Sterbenskunst. Hamb. 1726. 12.
Laurentii a Dript Antidecalogus theologico-politicus reformatus, cum appendice refutatoria Theodori Reinking, quondam Daniae cancellarii. Coloniae, 1672., *auch* Paderborniae, eod. 12.
Joram der V. König in Juda, mit seiner Regierung. Nürnberg, 1680. 12.
Der verjüngte Römische Reichs-Adler, sammt der Macht und Herrlichkeit des Reichs. (*Herausgegeben von* Joh. Dietrich von Gülig.) Götting. 1687. 12.
Promptuarium über die revidirte Landgerichts-Ordnung, gebräuchliche Constitutionen und Edicte in den Herzogthümern Schleswig und Holstein. *Herausgegeben von* J. A. B. J. U. D. Lübeck, 1707. 4. *Auch* Hamburg, 1749. 4.

Ungedruckt geblieben sind:

Compendium tractatus de regimine saeculari et ecclesiastico.
Aphorismi medico-practici.
Quatuor tomi scriptorum variorum ad colloquium sacrum anni 1631. Lipsiense spectantium.

Sein Bildniſs in Freheri Theatrum virorum eruditione clarorum No. 58., und vor mehreren Ausgaben seines Traktats de regim. saec. et eccless., darnach aber von Klemm kopirt und von Rosmäsler gestochen in Albers Nord. Almanach für 1806.

Vergl. Balth. Arend laudatio funebris Theodori Reinking Argentorati habita. Argentor., 1665. 4. Francof. 1676. 4., *auch in* Witte memor. Juriscons. Dec. III. p. 397-431. — Molleri Cimbria liter. II. p. 697. — Juglers juristische Biographie. Bd. 2. S. 151. — Strieders hessische Gelehrten- und Schriftstellergeschichte. Th. 11. S. 265. — Patriotisches Archiv für Teutschland, Bd. 11. No. VIII. — Jöcher u. Rotermund z. dems. — Gadeb. L.B. Th. 3. S. 10-17. — Kütners Mit. Monatssch. 1784. November. S. 164-178. — Albers Nordischer Almanach für 1806. S. 145-156.

VON REITH *) (BERNHARD).

Erhielt die erste Erziehung in seiner Vaterstadt, studirte darauf in Jena, Leipzig und Göttingen, wurde, nach Hause zurückgekehrt, im Departement des Donnersberges im Civildienst angestellt, war 1799 *Hauslehrer zu Elsfleth im Oldenburgischen, kam* 1804 *nach Dorpat, wurde hier Lehrer der höhern Wissenschaften und Vicedirektor des Hezelschen Erziehungsinstituts, ging gegen Ende des Jahres* 1804, *auf Einladung des damaligen Kurators der Universität, Grafen S. O. Potocki, nach Charkow, um daselbst Vorlesungen über Statistik und europäische Staatengeschichte zu halten, und wurde hier* 1809 *Adjunkt,* 1811 *ausserordentlicher und* 1814 *ordentlicher Professor der Geschichte und Statistik an der Universität, auch* 1822 *Kollegienrath. Geb. zu Maynz am* 6 *Januar* 1762, *gest. zu Charkow am* 24 *December* 1824.

* Historisch-politische Briefe, nebst dem Versuche einer Geschichte der ehemaligen Reichsstadt Mainz. Mannheim, 1789. 8.

* Auch etwas über die Wahlcapitulation. (o. O.) 1790. 8.

Heinrich Catharina Davila's Geschichte der bürgerlichen Kriege von Frankreich. Aus dem Italienischen übersetzt, mit einer Geschichte der königlichen Macht und der Staatsveranderungen in Frankreich bis zur Ligue, und mit andern nöthigen Erläuterungen und Zusätzen begleitet. 5 Bde. Leipzig, 1792-1795. gr. 8. *Auch*: Wien, 1817. 8. (*Wahrscheinlich ein Nachdruck.*)

Etwas über Klubbs und Klubbisten in Deutschland. Frankf. a. M. 1793. 8.

* Beytrag zur Revolutionsgeschichte von Worms von den Jahren 1792-1793. Mit Beylagen. 2 Stücke. (Offenbach), 1793. 8.

Geschichte der königlichen Macht und der Staatsveränderungen in Frankreich, vom Untergange der Ligue bis zur Errichtung der Republik. 2 Bde. Leipzig, 1796. 1797. gr. 8.

---

*) Früher, wie es scheint, Reid.

Des General Dumouriez historisch-statistisches Gemälde von Portugall, aus dem Französischen übersetzt und mit Zusatzen begleitet. Leipzig, 1797. gr. 8. Mit 1 Karte.

Reise nach Sicilien und Athen, nach den Inseln des Archipelagus, Smyrna, Konstantinopel und den Küsten von Afrika; aus dem Englischen übersetzt und mit einigen Zusätzen begleitet. Ebend. 1798. 8. Mit Kupf.

* Gemalde der Revolutionen von Italien. 1stes Stück. Ebend. 1798. gr. 8. *Unter der Vorrede hat er sich genannt.*

Specimen historiae Rossorum. Pars prior. Charcoviae, 1811. 4.

Geist der literarischen Cultur des Orients und Occidents. Eine Rede. Ebend. 1811. 4.

Der Orient. Eine Rede, gehalten am 25. Decemb. 1814. Ebend. 1815. 4.

Gab mit Mich. Engel *heraus:* Magazin der Philosophie und schönen Künste. 4 Hefte. Mainz und Leipzig. 1784-1785. 8.

Vergl. v. Köppens Bibliographische Blätter (*russisch*) 1825. No. 15. S. 214. f. — Meusels G.T. Bd. 6. S. 271. Bd. 10. S. 457. Bd. 11. S. 632. Bd. 15. S. 119.

Reland, Reeland oder Rölandt (Matthias).

Mag.; wurde zuerst 1629 Prediger zu Uexküll und Kirchholm, dann 1631 Prediger zu St. Georg in der rigaschen Vorstadt, 1643 Diakonus an der Johanniskirche, 1646 Wochenprediger bey der deutschen Gemeine, 1656 Pastor am Dom. Geb. zu Riga 1599, gest. am 28 Junius 1657 an der Pest.

Vinum nuptiale Jacobi Carstens et Cath. Schläpers. Rigae, 1623. 1 Bog. 4.

Disp. de demonstratione. (Praes. Joh. Struborg.) Rostochii, 1624. 4.

Busglocke, so der Gerechte Gott über die Einwohner der Stadt Riga, alfs Er das Wasser daselbsten aufs der Düna in die Vorstadt brachte, und also zur Busse läutete u. s. w. Riga, 1650. 4½ Bogg. 4.

Partus monstrosus, das ist Mifs- oder Wunder-Geburt, so Anno 1653 am Palm Sontag ein Fischers Weib nicht weit von der Stadt Riga in Liefland jenseit der Düna wohnhafft Todt an die Welt gebohren, in einer kurtzen Predigt u. s. w. Hamburg, 1656. 4 Bogg. 4., *mit einer Abbildung der Mifsgeburt.*

Sein Bildnifs in Kupfer von Wolffgang Hartmann. 4.

Vergl. Witte D.B. ad a. 1657. — Phragmenii Riga lit. — Jöcher u. Rotermund z. dems. — Gadeb. L. B. Th. 3. S. 18. — Nord. Misc. XXVII. 428. — Bergmanns Gesch. der Rig. Stadtk. Th. 1. S. 40.

Remling (Gerhard).

Vater des nachfolgenden.

Studirte Theologie zu Wittenberg, erhielt daselbst die Magisterwürde, wurde in seinem Vaterlande um 1656 *Pastor zu Sauken,* 1662 *zu Sessau,* 1685 *zu Grobin, auch zugleich Propst daselbst, und* 1691 *Hofprediger Herzogs Friedrich Kasimir, deutscher Frühprediger zu Mitau und kurländischer Superintendent. Geb. zu Grobin in Kurland, wo sein Vater, Karl Remling, Prediger und Propst war,* 1631, *gest. am* 31 *Januar* *) 1695.

Diss. de mundo. (Praes. Joan. Sperling.) Wittebergae. ...

Geistliche Lieder; *in den* lettischen Gesangbüchern.

Vergl. Gadeb. L.B. Th. 3. S. 18. — Tetsch K. K. G. Th. 1. S. 219-221. — Rotermund z. Jocher. — Zimmermanns Lett. Lit. S. 33.

Remling (Nikolaus Christoph).

Sohn des vorhergehenden.

Studirte zu Königsberg und Wittenberg, wurde Magister, darauf Licentiat, 1687 *aber Professor der Logik und Metaphysik zu Greifswalde und gegen* 1706 *Professor der Theologie daselbst. Geb. zu Mitau am ..., gest. ...*

---

*) *Tetsch* läfst ihn an diesem Tage sterben, was aber nicht wahrscheinlich ist, da er, nach dem mitauschen Kirchenbuch, erst den 2 Oktober begraben wurde.

Diss. de quaestione an virtus cadat in Deum? (Praes. Dav. Caspari.) Regiom., 1677. 2 Bogg. 4.

Diss. sistens propositiones historicas. (Praes. Sam. Schurzfleisch.) Wittebergae, 1678. 3 Bogg. 4.

Diss. de Celtis. Ibid. 1678. 4.

Diss. de causa actionum moralium. Ibid. 1679. 4.

Diss. de Ottone Magno. (Resp. Andrea Braunschweig.) Ibid. 1680. 4.

Diss. de dominio hominis in creaturas inferiores. Ibid. 1681. 4.

Diss. de imputatione actionum moralium. Ibid. 1681. 4.

Diss. de conservatione sui. Ibid. ...

Diss. de obligatione sermonis. Ibid. 1684. 4.

Diss. de remediis in affectibus consequendi mediocritatem. Ibid. ...

Diss. de natura et constitutione metaphysicae. Gryphisw., 1687. 4.

Diss. de nominali entis tractatione. Ibid. 1687. 4.

Diss. de oratione Christi pro sua glorificatione. Ibid. 1689. 4.

Diss. de redemtoria acquisitione ecclesiae. Ibid. 1689. 4.

Vergl. Gadeb. L.B. Th. 3. S. 18. — Jöcher u. Rotermund z. dems. — Dunkels Nachrichten Bd. 3. Th. 1. S. 120. — Glafey's Geschichte des Rechts der Vernunft (Leipzig, 1739. 4.). S. 292. 319. 336 u. 404.

Remy (Franz).

Geb. am 19 Julius 1778 zu Angermünde in der Mark Brandenburg, wo sein Vater Prediger bey der französisch-reformirten Gemeine war, erhielt seine Bildung auf der Handlungsschule zu Magdeburg, wurde zum kaufmännischen Berufe gegen seine Neigung bestimmt, ging 1802 nach Frankreich, arbeitete zu Bordeaux in mehreren Handlungshäusern, kam von dort 1805 nach Riga, wo er erst wieder in einigen Komptoiren arbeitete und seit 1822 Privatunterricht ertheilt, auch bey der rigaschen Börsenkomität eine Stelle verwaltet.

* Räthsel und Charaden *in der* Livona f. 1812. S. 256 u. 262., — *in* Livona's Blumenkranz. S. 250-256. (1818).
* Gedichte *in der* Rig. Zeit. *und in den* Rig. Stadtbll.
* Aufsätze über Musik und Theater *in* Oldekops St. Petersb. Zeitschrift. ...
* Viele Gelegenheitsgedichte.

von Rennenkampff (Gustav Reinhold Georg).

Bruder von Karl Jakob Alexander.

Geb. zu Schloſs Helmet in Livland am 2 *September* 1784, *genoſs mit seinem Bruder einerley Erziehung und denselben Unterricht bis* 1801, *studirte* 1802 *zu Dorpat, trat* 1804 *in Militärdienste des Herzogs von Sachsen-Gotha, studirte jedoch zugleich, bey häufigem Urlaube, die Kriegswissenschaften auf deutschen Universitäten und in Bibliotheken, machte die Schlacht von Austerlitz mit, wurde aber durch eine erhaltene Kopfwunde gegen das Jahr* 1808 *zum fernern Kriegsdienste unfähig, erhielt seinen Abschied als Oberstlieutenant, folgte nun seinem Bruder nach Italien, verlieſs ihn wieder in Paris, durchreiste die Niederlande, Holland, Deutschland, Dänemark, Norwegen, Schweden und Lappland, und kehrte, nachdem er sich mit einer Tochter der Schriftstellerin* F r i d e r i k e B r u n *vermählt hatte,* 1812 *nach Livland zurück, wo er sein väterliches Gut zu bewirthschaften anfing und bis* 1817 *Kirchspielsrichter war. An den Landtagsverhandlungen von* 1818 *wegen Aufhebung der Leibeigenschaft und wegen Abfassung der neueren livländischen Bauerverordnungen, so wie an vielen andern Landtagsberathungen, nahm er thätigen Antheil, war bis* 1827 *Mitglied der Kommission zur Einführung der neuen Bauerverordnungen, und sucht besonders auf Vervollkommnung der vaterlandischen Landwirthschaft und Erweiterung ihrer Erwerbzweige zu wirken. Im J.* 1826 *erhielt er den St. Wla-*

dimir-Orden 4ter Kl., und wurde zum Kollegien-Assessor ernannt, 1827 aber zum Rath in der Oberdirektion des livländischen Kreditsystems erwählt.

* Bemerkuugen über die Leibeigenschaft in Liefland und ihre Aufhebung. Kopenhagen, 1818. XII u. 248 S. 8. *Unter der Vorrede steht sein Name.*

Ueber die bevorstehende Freyheit der Ehsten und Letten. Dorpat, 1820. 36 S. 8.

Ueber das Fioringras der Engländer, aus dem Dänischen des Hrn. de Coning; *im* Neuern öcon. Repert. f. Livl. V. 4. S. 456-481. — Ueber den Anbau des Fioringrases; *ebend.* VI. 4. S. 401-412. — Etwas über die Verpachtung der Bauerhöfe; *ebend.* VI. 4. S. 414-439.

Ueber Merinozucht; *in den* Oecon. gemeinnütz. Beyl. z. Ostsee-Prov. Bl. 1825. No. 7. — Auszug aus einem Schreiben (über Transport von Merino-Schaafen); *ebend.* No. 14. — Bemerkungen über die Schrift des Hrn. v. Brevern (Erfahrungen und Ansichten in landwirthschaftl. Hinsicht); *ebend.* 1826. No. 1-3.

Ueber Verpachtung der Bauerhöfe nach dem Thalerwerth, oder deren Bewirthschaftung mit eignen Knechten; *in den* Livl. Jahrb. der Landwirthschaft. I. 3. S. 231-261. (1825.)

Rennenkampff (Joachim).

Der Stammvater des adeligen Geschlechts dieses Namens, wurde 1644 Professor der Rechte und bald darauf auch Professor der Politik am rigaschen Gymnasium, 1657 aber Rathsherr und Gerichtsvoigt zu Riga. Geb. daselbst 1618, gest. am 22 Januar 1658.

Disp. logica de demonstratione tanquam nobilissima parte logices. (Praes. Joh. Struborg.) Rigae, 1637. 2 Bogg. 4.

Disp. de emtione et venditione. Ibid. 1647. 4.

Triga theorematum legalium ex materia locationis conductionis promtorum. (Resp. Theod. Joh. ab Engelhardt.) Ibid. 1650. 3 Bogg. 4.

Disp. de donationibus mortis caussa et inter vivos. Ibid. 1651. 4.

Triga theorematum legalium ex materia societatis depromtorum. Ibid. 1654. 4.
Triga theorematum legalium ex materia mandati depromtorum. (Resp. Conr. Mich. Mohrmann, Regiomonti Boruss.) Rigae, 1655. 2½ Bogg. 4.
Disp. de mutuo. ...
Disp. de juribus majestatis. ...

Vergl. Witte D. B. ad a. 1658. — Phragmenii Riga Lit. §. 9. — Jöcher. — Gadeb. L. B. Th. 3. S. 19. — Albanus livl. Schulbll. 1814. S. 338.

VON RENNENKAMPFF (KARL JAKOB ALEXANDER *)).

Bruder von GUSTAV REINHOLD GEORG.

Geb. zu Schloſs Helmet am 29 *Januar* 1783, *kam in seinem* 14*ten Jahre nach Berlin in ein Institut des Dr.* F e ſ s l e r, *muſste aber schon im folgenden Jahre* 1798 *wegen des bekannten Befehles Kaisers* P a u l I *zurückkehren, genoſs dann ein Jahr lang den Unterricht in der ersten Klasse der rigaschen Domschule und bildete sich ferner durch Privatunterricht seit* 1801 *zu Berlin. In sein Vaterland zurückgekehrt wurde er Assessor im pernauschen Landgerichte, legte dieses Amt aber* 1805 *wegen Kränklichkeit nieder, ging ins Ausland und bezog noch die Universität Göttingen. Dann lebte er eine Zeitlang in Lausanne,* 1807 *und* 1808 *aber an mehrern Orten Italiens, besonders in Neapel, Rom und Genua, begab sich hierauf nach Paris, kehrte* 1810 *von seinen Reisen zurück, wurde Lehrer der Geschichte, der deutschen Literatur und der Aesthetik am Kaiserl. Lyceum in Zarskoje-Selo, trat* 1812 *in die russisch-deutsche Legion als Rittmeister und Adjutant des kommandirenden Generals Grafen* W a l m o d e n, *machte den Krieg bis zu der in Paris erfolgten Auflösung der Legion mit, nahm nunmehr*

---

*) Macht gewöhnlich nur von dem letzten seiner Vornamen Gebrauch.

als Adjutant Dienste bey dem Erbprinzen von Oldenburg, der damals der Provinz Esthland als Generalgouverneur vorstand, begleitete diesen, als er nach Oldenburg zurückging, und ist gegenwärtig Kammerherr am dortigen Hofe.

* Fragmente aus den Briefen eines Reisenden aus Liefland. (o. O.) 1805. 138 S. 16.

Ueber Pius VII. und dessen Excommunication Napoleons. (Aus dem Patrioten besonders abgedruckt.) St. Petersburg, 1813. 61 S. 8.

Essai sur l'Essence et l'Histoire des arts plastiques. à St. Petersbourg, 1813. 8.

Nicolo Machiavelli's Geschichte des Castruccio Castracani von Lucca. Uebersetzt und mit Anmerkungen begleitet. Wenden u. Reval, 1816. 99 S. 8.

* Quelques mots inutiles aux bonnes mères. à Riga, 1816. 71 S. 8.

* Umrisse aus meinem Skizzenbuche. 1ster Theil. Hannover, 1827. VIII u. 441 S. 8. (*Lokales Interresse hat der Abschnitt* S. 25-178. Liefland zu Anfange dieses Jahrhunderts.)

Kritischer Catalog der Bildergallerie des Herzogs von Oldenburg; *in den* Oldenburger Bll. für 1817., 1818., 1820. — Beschreibungen Tischbeinscher Gemälde; *ebend.* 1821 u. 1822. *Auch in besonderen Heften.*

Renninger (Erhard Philipp).

Wurde auf dem Stuttgarter Gymnasium illustre für die akademische Laufbahn vorbereitet und bezog 1795 die Universität Tübingen, wo er ins fürstlich-theologische Stift aufgenommen und nach zwey Jahren, nach Vertheidigung einer philologisch-kritischen Dissertation: Observationes in capita quaedam Jesaiae, *unter Professor* Schnurrers *Vorsitz, zum Mag. promovirt wurde, auch bald darauf für eine Abhandlung:* philologisch-kritische Anmerkungen zu

Cic. de fin. bon. et mal., *die er dem nicht lange vorher fundirten Institute zur Beförderung des Studiums der Alten anonym zur Prüfung vorgelegt hatte, den ausgesetzten Preis erhielt. Nach dem gesetzmäfsigen Aufenthalte von fünf Jahren im theologischen Stifte reiste er durch Franken, Bayern, einen Theil von Oesterreich und Sachsen nach Leipzig, wo er sich etliche Monate aufhielt und* 1801 *eine ihm angetragene Hauslehrerstelle auf dem Lande in Livland annahm. Nach zwey Jahren ging er ein gleiches Verhältnifs in Riga ein, wurde aber bald darauf Oberlehrer der altklassischen Philologie am Gouvernementsgymnasium, das dort im September* 1804 *eröffnet ward,* 1812 *Tit. Rath,* 1824 *Kollegien-Assessor und* 1825 *Hofrath. Geb. zu Stuttgart am* 25 *Oktober n. St.* 1775, *gest. am* 8 *August* 1826.

Progr. Einige Bemerkungen zu den Wolken des Aristophanes v. 276-290. u. v. 298-312. Riga, 1815. 15 S. 4.

Progr. Uebersetzungsversuch der Beschreibung der Pest in Athen, aus Thukydides Geschichte des peloponnesischen Kriegs. Bd. 2. Cap. 47-54. Ebend. 1820. 14 S. 4.

Literarische Anzeigen; *in* Albanus livl. Schulbll. 1813. S. 89. 97., *und in* Albanus und Braunschweigs Schulmänn. Zeitschrift. S. 244-251.

Gab heraus:

Heautontimorumenos. Ein Lustspiel des Publius Terentius. Mit Andeutungen zur häuslichen Vorbereitung der Schüler mittlerer Classen. Riga, 1809. XVIII u. 126 S. 8. *Auch mit dem lateinischen Titel:* Heautontimorumenos. Publii Terentii comoedia, ad optimas editiones collata, adjectis in tironum gratiam notulis, quibus cum actio fabulae, tum intricatiora loca extricandi via et ratio monstratur.

Griechisches Theater für höhere Klassen in Gymnasien. Mit einigen Erläuterungen. 1ster Theil, enth. Euripides Iphigenia in Aulis u. Iphigenia in Tauris. Ebend. 1818. VI. 80 u. 71 S. — 2ter Theil, enth. Sophocles König Oedipus und Antigone. Ebend. 1818. II. 74 u. 63 S. 8.

Platonis Euthyphro, Apologia Socratis, Crito, Phaedo, ad optimarum editionum fidem scholarum in usum ed. Ibid. 1821. 189 S. 8.

Vergl. Rig. Stadtbll. 1826. S. 265-268. 335. — N. Nekrolog d. Deutschen. 4. Jahrg. Th. 2. S. 1123., *wo sein Name unrichtig* Kenninger *gedruckt ist.*

von Renteln (Eberhard).

Mag.; wurde als Diakonus an der Kirche zum heiligen Geist zu Reval 1624 *angestellt, und* 1632 *Diakonus zu St. Nikolai. Geb. zu Reval am* 20 *December* 1595, *gest. am* 15 *Januar* 1642.

Leichenpredigt auf Mag. Ludw. Dunte. Reval, 1640. 4. (*Mit angehängtem Lebenslaufe.*)

Lieferte fünf esthnisch übersetzte Lieder zu dem 2ten Theile *von* H. Stahls Hand- u. Hausbuche. (Ebend. 1637. 4.)

Vergl. Carlbl. S. 106 u. 97. — Gadeb. L. B. Th. 1. S. 233.

von Renteln (Gotthard).

Studirte auf dem revalschen Gymnasium, dann seit 1653 *zu Giessen, wo er die Magisterwürde erhielt. In seiner Vaterstadt wurde er* 1658 (*ord. am* 1 *September*) *Diakonus zu St. Nikolai und* 1663 *Prediger an derselben Kirche. Geb. zu Reval am* 10 *Januar* 1632, *gest. am* 17 *December* 1670.

Disp. de spiritu finito completo. (Praes. Casp. Ebelio.) Giessae, 165. . . . .

Disp. (pro gradu magist.) de natura angelorum. . . .

Oratio de vita et morte D. Mart. Lutheri. . . . (*Gehalten zu Giessen, ungewifs, ob gedruckt.*)

Noch mehrere Dispp.

Vergl. seinen Lebenslauf bey der Leichenpredigt Gottfried Stechers *auf ihn:* Treuer Lehrer und frommer Christen Erlösung von allem Vbel aus 2. Tim. 4, 18. Reval, 1671. 4., *und daraus in* Gadeb. L. B. Th. 3. S. 200. — Carlbl. S. 98. u. 95., *wo aber der Todestag unrichtig als der* 7 *December angegeben ist.*

Repjew (Iwan Nikolajewitsch).

Wirklicher Staatsrath und Ritter des St. Annen-Ordens 1ster Kl., war erst in Reval angestellt, dann Prokureur, später Obersekretär des Senats, dann Civilgouverneur von Irkuzk, dann Präsident der Messungs-Revisionskommission wendenschen Kreises, hierauf aber von 1808 bis 1810 Civilgouverneur von Livland, und ist jetzt Senateur in St. Petersburg, auch Mitglied der freyen ökonomischen Gesellschaft daselbst.

* Примѣчанiя на сочиненiе Доктора Шмита о изслѣдованiи свойства и причинъ богатсвъ народныхъ перевелъ И. Р. 1ster Theil. Riga, 1809. 103 S. 8. *Unter der Dedikation steht sein Name.*

Reusner (Andreas).

Sohn von Michael und Vater des nachfolgenden.

Wurde Pastor zu Salisburg 1711 und bediente seit 1717 oder 1722 auch die allendorfsche Gemeine bis 1742. Geb. zu Ubbenorm in Livland 1685, gest. 1764.

Oratio de monarchici imperii incommodis. *Er hielt die Rede 1706 im Lyceum zu Riga, ob sie gedruckt worden, läfst sich nicht bestimmen.*

Vergl. Nord. Misc. IV. 118., *nach* Nova lit. mar. B. 1707. p. 17. — Rotermund z. Jöcher.

von Reusner (Martin Andreas).

Sohn des vorhergehenden.

Besuchte das Lyceum zu Riga, studirte zu Jena und wurde 1744 Pastor zu Pernigel, Adjamünde und St. Peterskapell, 1754 Pastor zu Lemsal, 1755 Diakonus an der Domkirche zu Riga, 1759 Wochenprediger und noch in demselben Jahre Oberwochenprediger, 1764 Pastor am Dom und Beysitzer des Stadtkonsistoriums, 1781 Oberpastor und Pastor zu St. Petri. Im J. 1787 legte er sein geistliches Amt nieder. Er besafs das Gut Adjamünde und ist, nachdem er 1768 *am* 17 *April vom Kaiser* **Joseph II** *nobilitirt worden, der Stammvater einer adeligen Familie in Livland. Geb. zu Salisburg Pastorat in Livland am* 1 *Junius* 1718, *gest. am* 31 *May* 1789.

Trauerrede bey dem Leichenbegängnisse der weil. Frau Cammer-Räthin Gerdr. v. Krüger, geb. Barber, in der Thumskirche den 28. Aug. abgelegt. Riga, 1778. 8 S. 4.

Abdankungsrede, *angehängt an* Dingelstädts Predigt bey dem Leichenbegangniſs Reinh. Joh. Freyherrn v. Meyendorff. (Riga, 1776.) 2 Bll. 8.

Bearbeitete gemeinschaftlich mit A. Bärnhof, L. Bergmann, J. C. Pottmeyer, J. Precht, G. Schlegel u. J. J. Willisch *und versah mit einer Vorrede das* Neue Rigische Gesangbuch nebst einem vollständigen Gebetbuche. Riga, gedr. zu Leipzig, 1782. 1½ unpag. Bogg. u. 780 S., *und das* Neue Gebetbuch, welches Gebete auf alle Tage der Woche, Festzeiten, verschiedene, sowohl geistl. als leibl. Bedürfnisse, Umstände und Veranlassungen, insbesondere bey der Beichte, Communion u. in Krankheiten, wie auch in vielen andern Fällen der Zeit und des Lebens enthält. Ebend. 1782. 176 S. 8. 2te Aufl. Ebend. 1784. 8. 3te (*veränderte*) Aufl. Riga, 1793. 8.

Vergl. Nord. Misc. IV. 118. — Bergmanns Gesch. der Rig. Stadtkirch. Th. 1. S. 54. — Rig. Stadtbll. 1824. S. 441. — Rotermund z. Jöcher.

Reusner (Michael).

Vater von Andreas.

Studirte zu Wittenberg und Rostock, wurde Pastor zu Papendorf 1677, *dann zu Ubbenorm* 1681. *Geb. zu Burtneck Pastorat in Livland am* 29 *Julius* 1650, *gest. nach* 1702.

Disp. theol. de sacrificiis. (Praes. Joh. Deutschmann.) Witteb. 1673. 3½ Bogg. 4.

Disp. theol. de juramento. Rostochii, 1674. 3¼ Bogg. 4. (*sine praeside*).

Vergl. Nord. Misc. XXVII. 428., *wo aber das Jahr* 1647 *ein Irrthum ist.*

REUTER (JOHANN).

Studirte um 1656 zu Dorpat, war nachher (um 1664) Pastor zu Ronneburg in Livland (nicht im Altenburgischen, wie Rotermund *sagt), wie lange jedoch, ist ungewiſs, und nennt sich 1675 Dr. der Med. und ehemaliger Prediger zu Ronneburg. Geb. zu Riga am ..., gest....*

Disp. de mansuetudine. (Praes. Petro Lidenio.) Dorpati, 1654. 4.

Positiones theologicae de coena dominica. (Praes. Gabr. Elvering.) Ibid. 1656. 1 Bog. 4.

Oratio dominica XL linguis. Rigae, 1662. 8. *Auch:* Rostochii, 1675. 8.

Eine lettische Uebersetzungsprobe, genommen aus dem 20. Cap. Exodi, wie auch 5, 6, 7. Cap. Matthaei, sampt andern schönen Sprüchen. Riga, 1675. 8., *befindet sich — wahrscheinlich in dem einzigen, noch vorhandenen Exemplare — auf der Universitätsbibliothek zu Upsal.* s. Catal. libr. Bibl. reg. Acad. Upsal. II. 749. III. 16.

Vergl. Nord. Misc. IV. 118. XXVII. 428. — Somm. S. 283. 288. — Adelungs Mithridates. I. 654. — Rotermund z. Jöcher.

REUTLINGER (JOHANN JAKOB).

Kam als Privatlehrer nach Esthland, erhielt die Professur des bürgerlichen Rechts, der Mathematik, der Physik und der französischen Sprache am Stadtgymnasium zu Reval, trat auch 1783 als öffentlicher Notar in Krondienste und wurde 1791 Hofrath. Geb. zu Straſsburg (?) 1740, gest. um 1800.

Progr. Etwas über die Natur der Ambition. Reval, 1781. 1 Bog. 4.

Progr. Naturgeschichte des Paradiesvogels. Ebend. ...

Progr. Naturgeschichte des Kukucks. Ebend. ...

Progr. Gröſse eines Fürsten nach dem erhabenen Beyspiele Catharina der Groſsen. Ebend. 1792. 21 S. 8.

Progr. Etwas über die Kennzeichen der jugendlichen Fähigkeiten. Ebend. 1794. 8 S. 4.

Progr. Etwas über die Ehrliebe, als Triebfeder bey dem Unterricht der Jugend. Reval, 1795. 8 S. 4.

Progr. Etwas über einige Mittel zur Menschenkenntniſs. Ebend. 1798. 4.

von Reutz (Alexander Magnus Fromhold).

Geb. zu Rösthof im dorpatschen Kreise am 28 *Julius* 1799, *bezog* 1815 *das Gymnasium*, 1818 *die Universität zu Dorpat und widmete sich dem Studium der Rechte, war hierauf als Privatdocent des russischen Rechts daselbst angestellt, erhielt* 1824 *die juristische Doktorwürde von der Universität Tübingen, nach Uebersendung einer Abhandlung* über das russ. Vormundschaftsrecht, *und wurde* 1825 *zum ausserordentlichen*, 1830 *aber zum ordentlichen Professor des russischen Rechts an der Universität Dorpat ernannt.*

Versuch einer historisch-dogmatischen Darstellung des russischen Vormundschafts-Rechts. Dorpat, 1821. IV u. 67 S. 8.

Versuch einer geschichtlichen Entwikkelung der Grundsätze des Russischen Vormundschafts-Rechts. Ebend. 1825. 96 S. 8.

Versuch über die geschichtliche Ausbildung der russischen Staats- und Rechts-Verfassung. Als Leitfaden seiner Vorlesungen. Mitau, 1829. 1ste u. 2te Hälfte. 477 S. u. 5 ungez. Bll. 8.

Macht die zu früh in der Ehe erfolgte Geburt ein Kind illegitim nach russ. Rechte? *in* E. G. v. Bröckers Jahrb. f. Rechtsgel. I. 66-84.

Reymann (Johann Nathanael).

Aus Riga, wurde 1828 *in Dorpat Dr. der A. G.*

Diss. inaug. med. de ferro carbonico. Dorpati, 1828. 56 S. 8.

Rhanäus (Jakob Friedrich).

Ein Sohn des Predigers zu Durben in Kurland gleiches Namens, studirte zu Danzig, Königsberg und Jena, kehrte 1732 nach Hause zurück und wurde 1739 Pastor zu Landsen und Hasau in seinem Vaterlande, auch 1751 zugleich Propst des goldingenschen Sprengels. An der Verbesserung der kurländischen Kirchenordnung, welche 1754 der Regierung vorgelegt und 1756 der Ritterschaft mitgetheilt wurde, aber niemals Bestätigung erhielt, hat er, gemeinschaftlich mit dem Superintendenten Baumann und dem Propst Kühn, Antheil genommen, und die Feder bey diesem Geschäfte geführt. Geb. zu Durben am 6 August 1710, gest. am 18 März 1792.

Die Glückseligkeit. Eine Einsegnungsrede an dem Vermälungstage des Herrn Georg Wilh. v. Hahn auf Podheischen mit Fräulein Maria Lovisa v. Klopmann. Mitau, 1745. 20 S. 4.

Die Ordnung des Lebens. Eine Trauerrede bey dem Leichenbegängnifs des Herrn Georg Christoph v. Medem auf Wilzen. (Mitau) 1746. 20 S. 4.

* Sendschreiben an einen freund, in welchem erwiesen wird, dafs wir Teutschen verbunden sind, alle selbständige Nenwörter oder sogenante Substantiva mit einem kleinen anfangsbuchstaben zu schreiben, den liebhabern der reinen rechtschreibung zur beurteilung mit einem vorbericht ans licht gestellet von X. Danzig, 1746. 32 S. 8.

Die vorwitzige Vermessenheit, das zukünftige Schicksal zu erforschen. Eine Einsegnungsrede bey der Vermälung des Herrn Ulrich Behr auf Anzen mit Fräulein Lovisa Charlotte v. Medem. Mitau, 1748. 24 S. 4.

Zwo Predigten von dem unbegreiflichen Got im Reiche der Natur und im Reiche der Gnade, aus den Worten unsers Erlösers Joh. III. v. 12. ans Licht gestellet. Danzig, 1749. 44 S. 4.

Die unsträflige Neigung zum langen Leben. Eine Abdankungsrede bey der Beerdigung des Piltenschen

Präsidenten Ernst v. Koschkull auf Adsern, Tergeln u. s. w. Königsberg, 1750. 16 S. 4.

Vier Predigten von der lasterhaften Eigenliebe, als einer gänzlichen Hindernis der Liebe gegen Got und gegen den Nachsten. Ebend. 1754. 16 unpag. u. 104 S. 8.

Von den Vortheilen der Verbesserung und des öftern Gebrauchs der deutschen Sprache; ein Sendschreiben an die königliche deutsche Gesellschaft zu Königsberg. Ebend. 1755. 4.

Rede bey der feyerlichen Einführung des kurländischen Superintendenten Christian Huhn. Riga, 1760. 4.

Mehrere Gelegenheitsreden aus früherer Zeit und andere kleine Aufsatze.

Viele deutsche Gelegenheitsgedichte, auch einige lateinische.

Vergl. Tetsch K. K. G. Th. 1. S. 262-266. — Gadeb. L.B. Th. 3. S. 20. — Meusels G. T. Bd. 6. S. 336. u. Bd. 11. S. 637. — Dess. Lexik. Bd. 11. S. 246. — Rotermund z. Jöcher.

Rhanäus (Samuel).

Studirte zu Wittenberg, erlangte daselbst 1683 *die philosophische Magisterwürde, und wurde* 1700 *Pastor zu Wahnen,* 1711 *aber zu Gränzhof in seinem Vaterlande. Die von ihm angelegt gewesene, durch eine Feuersbrunst gröſstentheils verloren gegangene Sammlung zur kurländischen Geschichte gehöriger Schriften mag wohl keinen so groſsen Werth gehabt haben, als ihr* Gadebusch *und* Kütner (Mitausche Monatsschrift 1784 Januar S. 6.) *beylegen wollen. Wenigstens enthalten zwey davon gerettete Folianten, die ehemals der Archivsekretär* Neimbts *besaſs, und ein im kurländischen Provincial-Museum befindlicher Quartband nichts als ziemlich unbedeutende genealogische Kollektaneen. Geb. zu Gramsden in Kurland am ..., gest. am* 22 *August* 1740.

Diss. Foederis utriusque diversio in capita et versus. (Praes. Adamo Erdmann.) Wittebergae, 1683. 4.

Diss. Argumenta historiam Curlandiae complectentia. (Praes. Conr. Sam. Schurzfleisch.) Wittebergae, 1683. 4.

Diatribe historica prior, qua genuinam Curlandae (*sic*) gentis originem; posterior, qua antiquae Curlandiae gentis mores publice recensebit etc. (Resp. Joh. Christophoro Ernesti.) Ibid. 1683. 4.

* Wohlgemeinter Vorschlag zu einer Verfassung richtiger Genealogien der hochadelichen Geschlechter in Curland, allen denen, so es mit gleichem Gemüthe, als es gemeynet, aufnehmen wollen, dienstfertig dargebohten von einem treuen Liebhaber seines Vaterlandes. Gedruckt im Jahr 1723. 4. (*Gegen das Ende giebt der Verfasser sich durch das Anagramm* Hermann Musalaeus *zu erkennen.*)

Nachricht von der Padderischen Dreschmühle in Kurland; *in* Kanolds Breslauischen Sammlungen 30ster Versuch S. 447. — Noch einige Nachrichten von der Rummel aus Goldingen; *ebend.* 31ster Versuch S. 167. — Von der aus dem Bisse eines tollen Wolfs entstandenen tödtlichen Hydrophobia oder Wasserscheu; *ebend.* S. 78. — Von einigen merkwürdigen Fischen in Kurland: 1. von einem groſsen Hechte, der am Dondangischen Strande gefangen worden; *ebend.* S. 175. — 2. Von andern groſsen Fischen als Rehbsen, Steinbutten, Strömlingen; *ebend.* S. 176. — 3. Die berauschende Barsche; *ebend.* S. 177. — 4. Die unvermutheten Karpfen; *ebend.* S. 177. — 5. Die tödtlichen Aale; *ebend.* S. 178. — Von Bohnensaat und Papier*), so mit Regen oder Schnee vom Himmel gefallen seyn soll; *ebend.* 1stes Suppl. S. 78. — Von den berüchtigten Wahrwölfen und übrigen Zauberwesen in Kurland; *ebend.* 3tes Suppl. S. 52. — 1. Der von seinem eigenen Herrn erschossene Wahrwolf; *ebend.* S. 54. — Der vierfüſsige Gevatter oder redende Wahrwolf; *ebend.* S. 55. — Der in gefänglicher Verhaft gehaltene, und doch zu gleicher Zeit ausser demselben andern schädliche Wahrwolf; *ebend.* S. 56. — Die Grenzische ungeheure Schlange; *ebend.*

---

*) Ist das 1819 von Theodor v. Grothuſs einer chemischen Analyse unterzogene sogenannte Meteorpapier. s. *Jahresverh. der Kurl. Gesellsch. f. Lit. u. Kunst. Bd.* 2. *S.* 59. *ff.*

S. 57. — Die Schlange eines Weibes Mutter; *ebend.* S. 58. — Die Milch der mühlosen Viehzucht; *ebend.* S. 59. — Die in Kuchen gedachte Schlangen; *ebend.* S. 60. — Der behexte und durchhäckselte Kapaun; *ebend.* S. 61. — Das durch eines Zickels Tod von schwerer Krankheit erkaufte Kind; *ebend.* S. 61. — Nähere Erläuterung dieser Vorfälle; *ebend.* S. 64.

Vorrede *zu dem* Bienemannschen lettischen Gesangbuch. (Mitau, 1714.)

Vergl. Gadeb. Abh. S. 211. — Rotermund z. Jöcher. — Zimmermanns Lett. Lit. S. 41. — Nord. Misc. XX. 121.

RHODE (ERNST FRIEDRICH).

Sohn von KARL LUDWIG.

Geb. zu Riga am 13 *März* 1801, *studirte seit* 1819 *zu Dorpat, promovirte daselbst* 1825 *als Dr. der A. G. und machte dann eine Reise nach Berlin, Wien und Paris.*

Diss. inaug. med. de syphilide neonatorum. Dorpati, 1825. 60 S. 8.

RHODE (JOHANN GOTTLIEB).

War Privatlehrer in Braunschweig, später Lehrer an der Erziehungsanstalt in Dessau, dann seit 1789 *Hofmeister bey einem Herrn* Szöge von Manteufel *auf Altharms in Esthland, stand hierauf eine zeitlang einem Erziehungsinstitut in Reval vor, verliefs aber diese Gegenden und privatisirte seit* 1797 *in Berlin, nachdem er in demselben Jahre eine Reise durch Deutschland gemacht hatte, wurde* 1804 *Direktor der Schaubühne zu Breslau und zuletzt Professor an der königlichen Kriegsschule daselbst. Geb. zu ... im Halberstädtschen* 1762, *gest. am* 23 *August* 1827.

Versuch einer pragmatischen Geschichte des Religionszwangs unter den Protestanten in Deutschland. 1ster Th. Frankfurt u. Leipzig, 1790. 8.

Für meine Zeitgenossen. 1ster Heft. Reval, 1790. 8.

* Spielereyen vom Maler Anton. 1ster Band. Mit Kupf. Altona, 1798. 8.

* Reise durch einen Theil Rufslands und Deutschlands in den Jahren 1797 und 1798 vom Maler Anton. Ebend. 1798. 8.

Theorie der Verbreitung des Schalles für Baukünstler. Berlin, 1800. 8.

Allgemeine Theaterzeitung für 1800. 1stes Quartal. Ebend. 1800. 8.

Ossians Gedichte; rhythmisch übersetzt. 3 Theile. Ebend. 1800. kl. 8. — 2te verbesserte Auflage. Ebend. 1817. 1818., mit Kupfern u. Vignetten.

Gab mit Fefsler *gemeinschaftlich heraus:* Eunomia, eine Zeitschrift des neunzehnten Jahrhunderts. 1ster Jahrgang. Ebend. 1801. 8. (*An den folgenden Jahrgängen hatte er als Mitherausgeber keinen Theil.*)

Artistische Blumenlese, oder Beyträge zur Geschichte der Kunst, vorzüglich in Teutschland, aus dem fünfzehnten und sechszehnten Jahrhundert. 1sten Bandes 1ste Abtheilung. Mit 33 (*von ihm selbst gestochenen*) Kupfern. Breslau, 1809. gr. 4.

Versuch über das Alter des Thierkreises und den Ursprung der Sternbilder. Ebend. 1809. 8. Mit Kupf.

Ueber Alter und Werth einiger morgenländischen Urkunden in Bezug auf Religion, Geschichte und Alterthumskunde überhaupt. Ebend. 1817. 8. Mit 1 Kupf.

Beyträge zur Alterthumskunde, mit besondrer Rücksicht auf das Morgenland. 2 Hefte. Berlin, 1819. 1820. gr. 8.

Ueber den Anfang unserer Geschichte und die letzte Revolution der Erde, als wahrscheinliche Wirkung eines Kometen. Breslau, 1819. 8.

Die heilige Sage und das gesammte Religionssystem der alten Baktrer, Meder und Perser und des Zendvolks. Frankf. a. M., 1820. gr. 8.

Beyträge zur Pflanzenkunde der Vorwelt. Nach Abdrücken im Kohlenschiefer und Sandstein aus schlesischen Steinkohlenwerken. Breslau, 1821. 1822. gr. Fol. Zwey Lieferungen. Mit Steinabdrücken.

Ueber den Aufsatz des Herrn G. R. Schlosser von der Glaubenspflicht; *im* Braunschweigschen Journal 1788. St. 4. S. 463-474.

Ueber Rousseaus Pygmalion und die Darstellung desselben auf der Berliner Bühne; *in dem* Berlinischen Archiv der Zeit 1798. May. — Wie soll der Schauspieler auf der Bühne sprechen? *ebend.* November. — Wie kann man dem, unser Zeitalter charakterisirenden, in so vieler Hinsicht verderblichen Revolutionsgeist am sichersten entgegen wirken? *ebend.* 1799. September.

Bildende Kunst; *in der* Zeit. f. die eleg. Welt 1805. No. 111. — Artistische Beyträge; *ebend.* No. 113. — War Amerika den Alten schon bekannt? eine Aufgabe für Geschichtforscher; *ebend.* 1806. No. 28.

Versuch, einige der vorzüglichsten Hieroglyphen der alten Aegypter astronomisch zu erklären; *im* Freymüthigen 1805. No. 160 u. 161.

Viele Gedichte.

Redigirte zuletzt die Kornsche politische Zeitung in Breslau.

Nach seinem Ableben erschien noch: Ueber religiöse Bildung, Mythologie und Philosophie der Hindus, mit Rücksicht auf ihre älteste Geschichte. 2 Bände. Mit 33 Steindrucktafeln. Leipzig, 1828. 8.

Vergl. Meusels G. T. Bd. 6. S. 337. Bd. 10. S. 474. Bd. 11. S. 638. Bd. 15. S. 149. u. Bd. 19. S. 328. — N. Nekrol. der Deutschen. 1827. Th. 2. S. 779-782.

Rhode (Karl Ludwig).

Vater von Ernst Friedrich.

Widmete sich, von besonderer Vorliebe dazu getrieben, der Kunst seines Vaters, der Chirurgus bey einem preussischen Regimente war, und kam, nach einer mühsam und dürftig durchlebten Jugend, mit einigen Vorkenntnissen, die er sich erworben hatte, nach Riga zu einem Wundarzt. Mit Hülfe einer ersparten kleinen Geldsumme studirte er darauf in Berlin und Göttingen, erhielt, nachdem er zurückgekehrt war, die freye Praxis im russischen Reiche und machte von derselben in Riga glücklichen Gebrauch. 1803 *ernannte ihn die Universität Dorpat, auf die ihr eingesandte Beschreibung eines von ihm* 1796 *sehr glücklich vollzogenen Kaiserschnittes, zum Dr. der*

A. G. Geb. zu Königsberg am 15 April 1756, gest. am 6 April 1814.

Relatio de sectione caesarea feliciter peracta. Pro summis in Medicina et Chirurgia honoribus capessendis. Dorpati, 1803. 31 S. 4. (*s. auch* Loders Journal für Chirurgie. Th. 2. S. 733.)

Vergl. Rig. Stadtbll. 1814. S. 85-88. — Russ. Samml. für Naturwiss. u. Heilkunst, *herausgeg. von* Crichton, Rehmann u. Burdach. I. 3. S. 470.

Rhode (Michael).

Wurde, nachdem er seit 1689 Pastor zu Edwahlen, seit 1703 aber zu Neuhausen in Kurland und hier 1710 zugleich piltenscher Vicesuperintendent gewesen war, im letztgenannten Jahre deutscher Prediger zu Libau, auch 1711 Propst zu Grobin. Er hat die ihm angebotene kurländische Superintendentenstelle dreymal ausgeschlagen, und war in dem über die Segensformel in Kurland entstandenen Streit ein Gegner Sennerts. *Geb. zu Libau am 7 November 1660, gest. daselbst am 3 Januar 1739.*

Sein Schreiben an den Superintendenten Gräven; *in* Sennerts theologischem Schriftwechsel (Hamburg, 1721. 4.) S. 80.

Vergl. Nova acta hist. eccles. Bd. 10. S. 892. — Rotermund z. Jöcher.

Richmann (Georg Wilhelm).

Studirte zu Reval, Halle und Jena, vorzüglich Mathematik und Naturkunde, und kam nach St. Petersburg um die Söhne des berühmten Grafen v. Ostermann *zu unterrichten; was auch einige Jahre mit Beyfall geschah. Schon 1735, da er 24 Jahr alt war, wurde er Adjunkt der Akademie der Wissenschaften daselbst und 1741 ausserordentlicher, 1745 ordentlicher Professor der Naturkunde. Bey jedem Gewitter pflegte er elektrische Versuche anzustellen, in der Absicht,* *die von Franklin bekannt gemachten zu prüfen, fand aber bey denselben seinen plötzlichen Tod* *). *Geb. zu Pernau am* 11 *Julius* 1711, *gest. am* 26 *Julius* 1753.

De perficiendis mappis geographicis, inprimis universalibus, per idoneas scalas metiendis distantiis inserviendis; *in den* Commentariis Academiae Scient. Petropolit. T. XIII. (1751.) p. 300-311. — Qua ratione instrumentum, quo quantitas aquae calore atmosphaerae naturali ex superficie aquae certa in aerem elevatae commode mensuratur, construi debeat; *ebend.* T. XIV. (1751.) p. 273-275. — De electricitate in corporibus producenda nova tentamina; *ebend.* p. 299-326. De quantitate caloris, quae post miscelam fluidorum, certo gradu calidorum, oriri debet; *in den* Novis Commentariis Acad. Scient. Petropol. Tom. 1. (1750.) p. 152-167. — Formulae pro gradu excessus caloris supra gradum caloris mixti ex nive et sale ammoniaco, post miscelam duarum massarum aquearum, diverso gradu calidarum, confirmatio per experimenta; *ebend.* p. 168-173. — Inquisitio in legem, secundum quam calor fluidi in vasa contenti certo temporis intervallo in temperie aeris constanter eadem decrescit, vel crescit, et detectio ejus, simulque thermometrorum perfecte concordantium construendi ratio hinc deducta;

*) Er hatte nämlich unter andern bemerkt, daſs eine auf Glas oder auf einem andern elektrischen Körper stehende lange eiserne Stange, an einem erhabenen Orte hingestellt, allemal zur Zeit eines Gewitters von selbst sehr stark elektrisch wurde, und nannte sie daher den Elektricitätszeiger. Als er an seinem Todestage gegen Mittag die zu den Franklinschen Versuchen erforderlichen Zubereitungen machte, erfolgte plötzlich ein Donnerschlag und warf ihn und den gerade auch gegenwärtigen akademischen Kupferstecher Sokolow zu Boden. Er selbst blieb todt, Sokolow aber kam wieder zu sich und erzählte, wie ohne alle Berührung des elektrischen Werkzeuges, da das Gewitter noch entfernt war, aus der eisernen Stange ein weiſslich blauer Feuerball, einer guten Faust groſs, gegen Richmanns Stirn gefahren und er rücklings zu Boden gefallen sey, ohne einen Laut von sich zu geben. Dagegen behauptet *Schlözer* (*in seinem Leben, von ihm selbst beschrieben, 1stes Fragm. S.* 186.): Richmann habe sich Schulden wegen selbst durch einen elektrischen Schlag getödtet, was indeſs wohl, nach jenem Berichte eines Augenzeugen, zu bezweifeln ist.

ebend. p. 174-197. — Tentamen, legem evaporationis aquae calidae in aëre frigidiori constantis temperiei definiendi; *ebend.* p. 198-205. — De insigni paradoxo physico, aëre scilicet in 1837 voluminis partem aqua gelascente reducto, et de computatione vis, quam aqua gelascens et sese in volumen expandens in sphaera cava ferrea, Bomba dicta, ad eam dirrumpendam impendit, cogitationes; *ebend.* p. 276-283. — Tentamen explicandi phaenomenon paradoxon, scilicet thermometro mercuriali ex aqua extracto mercurium in aëre aqua calidiori descendere et ostendere temperiem minus calidam ac aëris ambientis est; *ebend.* p. 284-290. — Constructio Atmometri, sive machinae hydrostaticae ad evaporationem aquae certae temperiei mensurandam aptae constructio talis, ut ope illius decrementum paucorum granorum observari et lex evaporationis confirmari possit; *ebend.* T. II. (1751.) p. 122-127. — Inquisitio in rationem phaenomeni, cur aqua profunda in vasis homogeneae materiae plus evaporet, quam aqua minus profunda, et confirmatio experimento nova ratione instituto; *ebend.* p. 134-144. — De evaporatione ex aqua frigidiori aëre, observationes et consectaria; *ebend.* p. 145-161. — Experimenta de compressione aëris, inprimis per aquam in Bombis conglaciatam, descripta; *ebend.* p. 162-171. — Usus legis decrementi caloris ad definiendam mediam certo temporis intervallo temperiem aëris ostensus, et instrumentum meteorologicum novum, mediae temperiei aëris inveniendae inserviens; *ebend.* p. 172-180. — De barometro, cujus scala variationis insigniter augeri potest, item de libra barometrica et barometro hydraulico cogitationes; *ebend.* p. 181-209. — De argento vivo calorem celerius recipiente et celerius perdente, quam multa fluida leviora, experimenta et cogitationes; *ebend.* T. III. (1753.) p. 309-339. — De ratione calorum et ratione densitatis radiorum directorum ad densitatem per lentem refractorum definienda cogitationes; *ebend.* p. 340-362. — De virtute magnetica absque magnete communicata experimenta; *ebend.* T. IV. (1758.) — Inquisitio in legem decrementi et incrementi caloris solidorum in aëre; *ebend.* p. 241-270. — Tentamen solu-

VON RICHTER (CHRISTOPH MELCHIOR ALEXANDER *)).

Geb. zu Riga am 16 Februar 1803, studirte Staats- und Kameralwissenschaften seit 1819 zu St. Petersburg, dann in Dorpat und zuletzt in Göttingen, machte eine Reise nach London und Paris, kehrte 1825 zurück, erhielt am 23 September desselben Jahres zu Dorpat die Würde eines Magisters der freyen Künste, ging hierauf nach St. Petersburg und wurde dort im Kollegium der auswärtigen Angelegenheiten angestellt.

Essai sur le commerce maritime des neutres. Diss. présentée à la faculté de philosophie de l'Université impériale de Dorpat, pour obtenir le grade de maitre-es-arts. Dorpat, 1825. 70 S. 8. *Auch in Form einer Kommentation ohne des Verfassers Namen.*

RICHTER (JOHANN GEORG LEBERECHT).

Vater von LEBERECHT FRIEDRICH.

Wurde zu Dessau am 6 April 1763 geboren. Eine 5jährige Krankheit hatte ihn körperlich so geschwächt und in seinem Wissen so zurückgesetzt, daſs er im 15ten Jahre, bey seines Vaters Tode, nur lesen und schreiben konnte. Noch war an keinen Plan für seine künftige Bestimmung gedacht worden, als der Kanzler Niemeyer *den verwaisten Jüngling wohlwollend zu sich in sein Haus nach Halle nahm, und durch seinen Umgang und seine Lehre mächtig auf ihn wirkte. Er besuchte nunmehr während 2½ Jahr die sämmtlichen Klassen des hallischen Waisenhauses und des königlichen Pädagogiums, wo damals fast ausschlieſslich alte Sprachen, alte Geschichte und alte Geographie gelehrt wurde, und studirte dann drey Jahr hindurch auf der dortigen Universität*

---

*) Bedient sich gewöhnlich nur des letzten Vornamens.

Theologie und Philosophie; wobey er, nachdem er kaum 6 Monate inskribirt worden war, zugleich den Auftrag erhielt, sowohl im Waisenhause, als im Pädagogium, Unterricht im Lateinischen, Griechischen und Hebräischen zu ertheilen. 1786 *kam er nach Kurland, war hier* 10 *Jahr Hauslehrer, erhielt* 1794 *von der Universität zu Halle die philosophische Doktorwürde, wurde* 1796 *adjungirter und* 1799 *ordentlicher Prediger zu Lesten, darauf* 1803 *lettischer Prediger zu Doblen,* 1814 *Konsistorialrath,* 1815 *Doktor der Theologie von der Universität zu Dorpat,* 1817 *Mitglied des permanenten kurländischen Konsistoriums, machte im Sommer* 1821 *seiner Gesundheit wegen eine Reise durch einen beträchtlichen Theil von Deutschland, wohnte* 1822 *der, unter dem Vorsitz des evangelischen Bischofs Cygnäus, zu Dorpat über das evangelische Kirchenwesen gepflogenen Berathung bey, ward* 1824 *durch einen allerhöchsten Befehl zum kurländischen Superintendenten ernannt, auch* 1825, *gemäfs der auf ihn gefallenen Wahl des Kirchspiels, als deutscher Frühprediger zu Mitau bestätigt, und erhielt* 1827 *den St. Annen-Orden der 2ten Kl.* 1829, *nach dem Tode des Professors Lenz, wurde er in die Kommission für die evangelischen Angelegenheiten nach St. Petersburg berufen und nahm an derselben bis zur Beendigung des ganzen Geschäfts Antheil.*

Erster Unterricht in der Glaubens- und Sittenlehre. 1794. 8.

Ueber die Bibel und Bibelgesellschaften. (Mitau, 1814.) 16 S. 8.

Usfaukfchanâ us wiſſeem ſemmesſaudim muhſu mihĺâ Kurſemmê. (Mitau, 1814.) 8 S. 8.

* An das Kurländische Publikum (die Stiftung der kurländischen Abtheilung der St. petersburgschen Bibelgesellschaft betreffend). (Mitau, 1814.) 7 S. 8. *Von der ganzen Direktion der Abtheilung unterzeichnet.*

Ein Aufruf an die Letten in Kurland in ihrer Sprache, bey Gelegenheit der vollendeten neuen Ausgabe des lettischen neuen Testaments. (Mitau, 1816.) 4 S. 8. (*Ohne besondern Titel.*)

Sirfniga usfaukfchana. (*Ein abermaliger Aufruf an die Letten, die errichteten Hülfsbibelgesellschaften und die Freylassung der kurischen Bauern betreffend.*) (Mitau, 1819.) 7 S. 8.

Ordinationspredigt. Gehalten am 1sten Sonntage nach Epiphanias 1824. Mitau, 1824. 23 S. 8.

Am Sarge des Herrn Friedrich Spekowius, Titulairrath und ersten Lehrers an der Elementarschule zu St. Anna in Mitau, gesprochen. Ebend. 1826. 13 S. 8.

Predigt am funfzigjährigen Hochzeit-Jubelfeste des Herrn Obersecretair Conradi, gehalten in der Siuxtschen Kirche; *in der Schrift:* Zum Andenken des am 28. Aug. 1799 auf dem Siuxtschen Pastorat gefeyerten Conradi und Schwanderschen funfzigjährigen Hochzeitfestes. (Riga, 1799. 8.) S. 11.

Einweihung einer Kirche in Kurland; *in der von* Schröder *herausgegebenen* St. Petersburgschen Monatsschrift zur Unterhaltung und Belehrung 1805. December. S. 202. — Ueber China; *ebend.* 1806. April. S. 232. May. S. 23. Juni. S. 113. Juli u. August. S. 164. September. S. 21. November. S. 129. — Beyspiele von weiblicher Keuschheit; *ebend.* Juli u. August, S. 221.

Ideen zu einer Geschichte der ausserchristlichen Religionen: *in der von* Schröder u. Albers *herausgegebenen* Ruthenia oder St. Petersburgschen Monatsschrift 1807. Januar. S. 4. Marz. S. 171. Juli. S. 194. August. S. 312. und 1808 May. S. 5. — Das Fingerspiel der Chinesen; *ebend.* 1807. Januar. S. 60. — Mastigophoren. Peitschentrager; *ebend.* Februar. S. 126. — Ueber Namen; *ebend.* May. S. 23. — Ueber die Tischgebräuche einiger Völker; *ebend.* Oktober. S. 100. — Haare und Bart in politischer und religiöser Rücksicht; *ebend.* 1808. Januar. S. 33. Februar. S. 122. u. März. S. 201. — Alte und neue Meinungen über die Seele; *ebend.* August. S. 289. — Reflexionen über die Kirchenordnung für die Protestanten im russischen Reich, entworfen und herausgegeben von G. F. Sahlfeldt; *ebend.* September. S. 12. Oktober. S. 85. November. S. 216. u. December. S. 301. — Ueber die heiligen Steine bey den alten und neuen Völkern; *ebend.* 1809. May. S. 12. u. Juni. S. 83. — Napoleon und Alexander von Macedonien. Eine historische Parallele; *ebend.* 1810. Januar. S. 8. — Zwey Sittengemälde Roms. Aus dem Ammianus Marcellinus. (Unter Constantius u. Valentinianus); *ebend.* März. S. 196. u. April. S. 263. — Ueber Sonntagsfeyer, mit Bezug auf die besonders in Kurland vorhandenen Kirchenkrüge; *ebend.* August. S. 265.

Von der Bezauberung durch Worte oder Blicke (fascinatio); *in der von* Albers *und* Brofse *herausgegebenen* Ruthenia oder deutsche Monatsschrift in Rufsland 1811. Juni. S. 87. u. Juli. S. 194.

Eine merkwürdige Ambassade nach Sina *in den* Mitauschen Wöch. Unterh. 1806. Bd. 4. S. 42. — Berichtigende Anzeige; *ebend.* 1807. Bd. 6. S. 125. — Herodotus und die Neuern; *ebend.* S. 231.

Haustafel der Chineser; *in* Kaffka's Nord. Archiv 1806. April. S. 44. — Die Wege in China; *ebend.* August. S. 122.

Reflexionen und Vorschläge (über lettische Volksschulen); *in* Sonntags Aufsätzen und Nachrichten für protestantische Prediger 1sten Bds. 1ste Hälfte. S. 116-127. (1811.)

Ein Schreiben an den Herausgeber der livländischen Schulblätter; *in* Albanus Livl. Schulbll. 1814. S. 241-247. — Ueber Sonn- und Festtage; *ebend.* S. 345-352. — Gelehrte Eitelkeit und Bescheidenheit; *ebend.* S. 377-382. — Ueber die frühe religiöse Erziehung; *ebend.* 1815. S. 113-126. u. S. 129-144. — Wilde und Gebildete; *ebend.* S. 369-378.

Bey der Taufe seiner jüngsten Tochter; *in* Grave's Magaz. f. protest. Pred. Jahrg. 1816. S. 129-133. — Beym Grabe des Hrn. Hofrath Dr. Lindner; *ebend.* S. 193-198. — Gebet am Grabeshügel, wo das vierte Kind nach langem Leiden versenkt wurde; *ebend.* S. 306-308. — Ohne Disciplin ist keine Erziehung und keine Kirche; *ebend.* Jahrg. 1817. S. 113-122. — Worte gesprochen vor einer Landgemeine, am Grabe zweier Verbrannter; *ebend.* S. 240-244. — Amtserfahrung bey einer Krankenkommunion; *ebend.* Jahrg. 1818. S. 182-185. — Ein Schneider sieht grofse

Steine; *ebend.* S. 185-187. — Rede bey der Beeidigung des Bauergerichts zu Bershof; *ebend.* Jahrg. 1819. S. 28-34. — Rede bey der Taufe des eigenen Kindes; *ebend.* S. 97-102.

Ueber Titanomachie; *in den* Jahresv. der Kurl. Gesellsch. f. Lit. u. Kunst. Bd. 1. S. 266-274. (1819.) — Ueber den Fetischismus alter und neuer Völker; *ebend.* Bd. 2. S. 237-254.

Beschreibung der 50jährigen Stiftungsfeyer des Gymnasium illustre zu Mitau; *in den* Beylagen zur Allg. Zeit. für Rufsland. 1825. No. 26. — Rede bey der Einweihung der neueingerichteten Lokale zu den Wohlthätigkeitsanstalten des kurländ. Kollegiums allgemeiner Fürsorge am 25. Okt. 1825; *ebend.* No. 47. — Beschreibung der Sekularfeyer der Uebergabe der Augsburg. Konfession in Mitau, am 13. Jun. 1830; *ebend.* 1830. No. 25.

Lettische Aufsätze *in den* Latweefchu Awifes.

Vergl. Meusels G. T. Bd. 19. S. 337.

RICHTER (KARL JOSEPH).

Zu Königsberg in Preussen erzogen, studirte er auf der dortigen Universität, wurde 1799 *vom reichsmedicinischen Kollegium in St. Petersburg examinirt und liefs sich als praktischer Arzt in Pernau nieder, wo er auch eine Apotheke hielt und zugleich als Garnisonarzt angestellt war.* 1806 *mufste er der Armee folgen, nahm aber noch in demselben Jahre den Abschied, wurde* 1808 *in Reval zum harrischen Kreisarzt bestellt und erhielt* 1812 *in Dorpat die medicinische Doktorwürde. Geb. zu Hasenpoth in Kurland am* 19 *August* 1775, *gest. zu Reval am* 4 *Julius* 1822.

Diss. inaug. de luxatione ossis humeri. Dorp. 1812. 47 S. 8.

RICHTER (LEBERECHT FRIEDRICH).

Sohn von JOHANN GEORG LEBERECHT.

Geb. zu Lesten in Kurland am 4 *November* 1802, *studirte Theologie auf dem mitauschen Gymnasium und in Dorpat, wurde 1823 Adjunkt seines Vaters in Doblen und 1825 ordentlicher Prediger daselbst. Seit 1826 ist er Mitglied der kurl. Gesellsch. für Lit. u. Kunst und 1830 erhielt er von der Universität zu Königsberg die philosophische Doktorwürde.*

Spreddikis, nekruhfchu aemfchanas laikâ teikts, tannî 28tâ deenâ leetusmehnefcha, 1828tâ gaddâ. Mitàu, 1829. 16 S. 8.

Das liturgische Recht in der Protestantischen Kirche, zufolge der Canonischen Bestimmung der symbolischen Bücher. Ebend. 1829. 24 S. 8.

Versuch einer Zusammenstellung der Allerhöchsten Ukasen, Regierungs- und Consistorial-Verordnungen, in Bezug auf die Amtsverhältnisse lutherischer Prediger des Kaiserlich-Russischen Gouvernements Kurland. Mit Parallelstellen früherer Landesgesetze und Anmerkungen aus dem auf die protestantischen Kirchen Deutschlands angewandten Canonischen Rechte. Ebend. 1830. 80 S. 8.

Richter (Nicodemus).

Wurde im März 1682 Beysitzer des livländischen Hofgerichts zu Dorpat und unter dem Namen Richterfeld geadelt. Geb. zu Stralsund 1648, gest. am 1 März 1687.

Dies dominicus redivivus. ..., *die deutsche Uebersetzung eines englischen Buches* von der Heiligung des Sabbaths.

Vergl. Witte D.B. ad a. 1687. — Jocher u. Rotermund z. dems. — Gadeb. L.B. Th. 3. S. 30.

von Richter (Otto Christoph).

Erbherr auf Siggund in Livland, war, nach vollendeten Studien, schon 1702 Beysitzer im rigaschen Landgerichte und 1710 einer von den Geisseln, welche bey der Kapitulation mit Scheremetew von der Ritterschaft ins russische Lager gesandt wurden; hierauf 1711 Beysitzer im Hofgerichte, 1717 Landmarschall, 1721 Landrath (vikariirte aber noch bis Ende 1723 in der ersten Funktion), und endlich (bereits 1723)

Regierungsrath, auch Mitglied der Restitutionskommission. Geb. zu ..., gest. am 14 Junius 1729.

Pflicht-schuldigste Freude, als der Allerdurchlauchtigste, Grofsmachtigste und Unüberwindlichste Czaar und Kayser Petrus der Erste etc. etc. etc. Anno 1721 den 30. Augusti styli vet. den glorieusesten Frieden zu Nystadt mit der Cron Schweden geschlossen hatte, und darauff am 22. October ein hoch-feyerliches Dank-Fest durch Dero Majestet gantzes Reich celebriret wurde, in allertieffester Unterthänigkeit bezeuget im Nahmen der gesambten Liefflandischen Ritterschafft von ihrem Land-Marschallen Otto Christoph Richter. Riga. 2 Bogg. Fol.

Kurtze Nachricht von wahrer Beschaffenheit der Landgüter in Est-Lyfland und auff Oesell. Gedruckt im Jahr 1723. 23 S. 4., (*nur in 50 Exx.*) — *Auszugsweise in* J. G. Arndts liefl. Chron. II. 12. 118 u. 275., *und vollständig abgedruckt* (*durch denselben*) *in den* Gel. Beitr. zu den Rig. Anz. 1767. S. 85. 101 u. 125., *ferner in* J. D. Bagge's Sammlungen von der wahren Natur, Arten und Beschaffenheiten der Güter in Ehst- u. Livl. etc. S. 1-28., *und in* G. Schlegels vermischten Aufsätzen u. Nachrichten II. 1. S. 89-132. — *Ist nicht mit* Hupels *Aufsatz:* Von den Rechten der liv- u. ehstländ. Landgüter, *in dess.* Nord. Misc. XXII. 15-324. *zu verwechseln, wie vom* Grafen de Bray *in der* Hist. de la Livonie. III. 414. *geschehen.*)

Vergl. Gadeb. L.B. Th. 3. S. 31., *wo aber sein Tod irrig in die Regierungszeit der Kaiserin* Anna, *die erst* 1730 *den Thron bestieg, gesetzt wird.* — Rotermund z. Jöcher.

von Richter (Otto Friedrich).

War der zweyte Sohn des livländischen Landraths und Ritters des Annen-Ordens 1ster Kl. Otto Magnus v. Richter *und verlebte seine Knabenjahre auf dem Lande im Schofse der edelsten Häuslichkeit, seit* 1803 *unter der Leitung und dem Unterrichte des verstorbenen Professors zu Dorpat, wirklichen Staatsraths* Ewers. *Mit diesem seinem Lehrer begab er sich* (*Sommer* 1808) *nach Moskau,* wo er das Neugriechische lernte. Dann ging er (Herbst 1809) nach Heidelberg und studirte vorzüglich orientalische Sprachen, namentlich unter Wilkens Anleitung das Persische und Arabische. Nach einer flüchtigen Reise durch die Schweiz und einen Theil Italiens, kam er (1812) nach Wien, wo er die Schätze der kaiserlichen Bibliothek und den Unterricht und Umgang Hammers und Friedrichs Schlegel benutzte. 1813 kehrte er durch Böhmen, Schlesien und Polen nach Livland zurück und ging im folgenden Jahre über Odessa nach Konstantinopel ab. Hier verband er das Studium der türkischen Sprache mit der Fortsetzung des Persischen und Arabischen unter Anweisung eines Mullah, und lernte im Hause des schwedischen Gesandten, Ritters Palin, den Gesandtschaftssekretär, nachherigen Professor zu Linköping, Suen Lidmann, kennen, mit dem er eine innige Freundschaft schloſs und gemeinschaftlich im J. 1815 über Lesbos und Rhodus die Reise nach Aegypten machte. Dieses merkwürdige Land durchreisten beyde und drangen noch weiter hinaus bis Ibrim in Nubien. Am 20 August 1815 verlieſsen sie Aegypten und gingen nach Jaffa, von da aber nach Jerusalem. Lidmann ward indessen schon am 14 September nach Konstantinopel abgerufen und Richter durchstreifte nunmehr allein das gelobte Land und Syrien, kam durch Kleinasien nach Konstantinopel zurück (Frühling 1816) und ging dann wieder nach Kleinasien hinüber. Hier raffte ihn aber eine tödtliche Krankheit hin, als er bereits dem Zeitpunkte nahe war, um mit Lidmann in Rom zusammenzutreffen, wo die beyden Freunde die Resultate ihrer ägyptisch-nubischen Reise für das Publikum ordnen wollten und von wo Richter zur Fortsetzung seiner orientalischen Sprach- und Literaturstudien nach Paris zu gehen gedachte. Unterdessen war ihm durch seinen ehemaligen Lehrer bey der unter General Jermolow nach Persien bestimmten russischen Gesandtschaft eine Stelle, mit dem Kollegien-Assessors-Range, ausgemittelt worden, *die ihm vollkommene Musse gegeben haben würde, jene Gegenden des Orients zu durchforschen. Die Depesche des Ministers, welche diese ehrenvolle Bestimmung enthielt, fand ihn bereits auf dem Sterbebett. Seine Sammlung von Manuskripten und Münzen schenkte sein Vater der Universität Dorpat für ihre Bibliothek und ihr Museum. Geb. zu Neu-Kusthof bey Dorpat am* 6 *August* 1792, *gest. zu Smyrna am* 13 *August* 1816.

Nach seinem Tode erschien:

Wallfahrten im Morgenlande. Aus seinen Tagebüchern und Briefen dargestellt von Joh. Phil. Gust. Ewers. Mit Kupfern. Berlin, 1822. XVIII u. 715 S. gr. 8. *Dazu ein Heft von* 16 *Kupferstichen in Querfolio.*

Sein Bildniſs von Senff nach Vernet vor den Wallfahrten.

Vergl. Das Vorwort des Herausgebers zu den Wallfahrten, und zwey Nachrichten (von G. Ewers) *in* Morgensterns Dörpt. Beyträgen. Bd. 2. S. 449-454. u. Bd. 3. S. 229-235. — Intell. Bl. der Jen. Allg. Lit. Zeit. 1817. No. 8. S. 60.

Richter (Rudolph).

Geb. zu Werro 1803, *studirte* 1821 *bis* 1826 *Medicin in Dorpat, wurde darauf als Arzt der* 13*ten Flottequipage angestellt und* 1828 *auf seine eingesandte Abhandlung zum Dr. der A. G. promovirt.*

Inaug. Abhandl. Versuch einer medicinischen Topographie der Gouvernements- und Hafenstadt Archangelsk. Nebst 1 Plane. Dorpat, 1828. 149 S. 8.

Rickers (Heinrich Wilhelm Joachim).

Wurde, 12 *Jahr alt, auf das Waisenhaus zu Halle gegeben, studirte seit* 1770 *auf der dasigen Universität Theologie, nebenbey aber auch Naturwissenschaften, und kam* 1774 *nach Livland als Hauslehrer zu Idwen im Salisburgschen, wo er fünf Jahr zubrachte. Nachdem er noch zwey Jahr in demselben Geschäfte in einem andern adeligen Hause in Livland verlebt hatte, wurde er* 1781 *zweyter Kol-*

lega an der Ritter- und Domschule zu Reval; erhielt 1802 *eine Professorstelle an derselben Lehranstalt und* 1811 *das Direktorium derselben, welches er aber im folgenden Jahre niederlegte, seinen Lehrerposten beybehaltend. Er war Mitglied der mineralogischen Gesellschaften zu Jena und St. Petersburg und der pharmaceutischen am letztern Orte. Geb. zu Narwa am* 20 *Februar* 1753, *gest. am* 7 *März* 1826.

* Kurze Uebersicht der Geschichte von Ehstland von 1219 bis 1710. Reval, 1810. 37 S. kl. 8.

Etwas über die St. Olaikirche in Reval, die durch einen Blitzstrahl in der Nacht vom 15. zum 16. Junius 1820 zerstört wurde. Reval, 1820. 48 S. 8. *Mit einer von* C. Walther *in Reval lithographirten Ansicht der Ruine. — Deutsch und russisch.* St. Petersburg, 1820. 90 S. 8. — *Auch russisch allein.* Ebend. 1820. 8.; *beyde Ausgaben mit 3 lithographirten Zeichnungen.* — Reminiscenzen daraus, *im Anhange zum* Revalschen Kalender auf 1829. b. Gressel.

Gelegenheitsgedichte.

* Nachricht von der heil. Brigitte; *in* Kotzebue's Monatsschr. für Geist und Herz. I. 92-96. — Ich bitte ergebenst, diefs durchzulesen; *ebend.* III. 23-30.

* Peter der Grofse in Catharinenthal; *im Anhange zum* Revalschen Kalender 1821. b. Gressel. — * Graf Heinrich Matthias von Thurn; *ebend.* 1824.

Vergl. Ostsee-Prov. Bl. 1826. *S.* 76.

RIEMANN (GOTTLIEB).

Studirte zu Königsberg, wurde 1735 *Pastor zu Linden und Festen und* 1742 *zu Kokenhusen in Livland. Geb. in Preussen zu ..., gest. am* 25 *September* 1763.

Lucubrationes de inscriptionibus Judaeorum graecis et latinis. (Praes. Theoph. Siegfr. Bayer.) Regiomonti. 1721. 4.

De dispositione ex lumine naturae ad supernaturalia, in specie ad credendam animae immortalitatem, in revelatione divina exhibitam. (Praes. Christ. Masecovio.) Ibid. eod. 4.

Vergl. Nord. Misc. IV. 119.

Riemschneider (Adolph Wilhelm).

Geb. zu Schloſsbeichlingen im Thüringischen am 13 *May* 1786, *besuchte seit dem Jahre* 1798 *die Fürstenschule zu Pforta, ging dann* 1803 *nach Jena, vertauschte ein Jahr später diese Universität mit der zu Leipzig, privatisirte hierauf seit* 1807 *in Weimar, und kam, nachdem er* 1809 *in Jena die philosophische Doktorwürde erlangt hatte,* 1810 *nach Kurland, wo er seitdem als Hauslehrer auf dem Lande lebt.*

Poetische Spiele. Erstes Bändchen. Mitau, 1812. 167 S. 8.

Gita-Govinda, oder Krischna der Hirt, ein idyllisches Drama des Indischen Dichters Yayadeva, metrisch bearbeitet. Halle, 1818. XVI u. 87 S. 12. (*Steht auch in den* Poetischen Spielen.)

Manibus beatis Alexandri Primi, imperatoris Russiae, regis Poloniae, archiducis Finnoniae etc., qualemcunque hanc pietatis gratique animi tesseram laturus. Mitaviae, 1826. 4 S. 4.

Gedichte *in der* Zeit. für die eleg. Welt, *in* Eberhards und Lafontaine's Salina, oder Unterhaltungen für die leselustige Welt. (1816), *und in* Livona's Blumenkranz.

Vergl. Meusels G. T. Bd. 19. S. 361.

Riesemann (Bernhard).

Regierungssekretär zu Reval. Geb. zu ..., gest. am 11 *April* 1750.

Handschriftlich hinterlieſs er:

Ueber die Rechte und Privilegien der Provinz Livland.

Vergl. Arndts Chron. II. Vorr. — Gadeb. L. B. Th. 3. S. 31.

Riesenkampff (Johann Georg Karl).

Geb. zu Reval 1793, *studirte seit* 1810 *Medicin in Dorpat und wurde daselbst* 1815 *Dr. derselben, reiste dann ins Ausland, setzte seine gelehrte Bildung zu Berlin, Wien,*

Pavia und Paris fort und kehrte 1819 wieder nach Reval zurück, wo er sich als frey prakticirender Arzt niederliefs und bald darauf auch Stadtphysikus wurde.

Diss. inaug. med. delineans diagnosin difficiliorem morborum quorundam ventriculi. Dorpati, 1815. 45 S. 8.

RIESENKAMPFF (JOHANN PHILIPP).

Geb. zu Reval am 26 Julius 1765, war Kaufmann bis 1810, gab dann seine Handlung auf und bekleidete nach einander verschiedene Aemter. 1805 wurde er zum Rathsherrn, 1817 zum Vorsitzer der Quartierkammer erwählt, legte aber beyde Aemter nach einigen Jahren nieder und ist gegenwärtig Buchhalter bey der Admiralität.

Anleitung, wie nach den Eigenschaften der Zahlen, selbige, zur Erleichterung im Unterrichte in Classen eingetheilt werden können, und wie dem zu folge bey der Regel mit drey Sätzen, der Kettenregel, den Brüchen und der Zerstreuung darnach zu verfahren ist, nebst einer Anweisung der Proportionsregeln. Reval, 1815. 12 S. 4.

RIESENKAMPFF (REINER JOHANN).

Studirte in Rostock und wurde 1682 als Pastor zu Goldenbeck in Esthland angestellt. Er wohnte 1687 am 20 Januar der Bibelübersetzungskommission zu Pellistfer bey. Geb. zu Reval am ..., gest. 1689.

Disp, analytico-theolog. super cap. III. ep. ad Galatas. (Praes. Mich. Cobabo.) Rostochii, 1681. 3½ Bogg. 4. — Ed. 2da. Ibid. 1686. 3¼ Bogg. 4.

Vergl. Carlbl. S. 52., *wo aber sein erster Vorname* Reinhold *heifst.*

RIEVETHAL (JOHANN GEORG).

Genofs den Unterricht auf der Schule seiner Vaterstadt und auf dem Kollegium Fridericianum zu Königsberg und bezog 1769 *die dortige Universität, wo er drey Jahr lang neben der Rechtswissenschaft auch insonderheit Philosophie und Philologie studirte, kehrte dann nach Köslin zurück und wurde als Referendar bey dem dortigen Hofgerichte angestellt, gab aber dieses Amt* 1781 *wieder auf, weil er zum Sekretär einer von* Friedrich dem Grofsen *nach St. Petersburg bestimmten Gesandtschaft, unter* 22 *dem Könige vorgestellten Subjekten, gewählt worden war. Bey seiner Ankunft in Riga wurde er von einem hitzigen Fieber befallen, und da drey Monate bis zu seiner völligen Genesung vergingen, mufste er jenen Dienst aufgeben. Er übernahm nun Hauslehrerstellen in verschiedenen adeligen Familien, bis er im J.* 1785 *an die Domschule zu Riga als Lehrer der 5ten Klasse berufen ward.* 1796 *wurde er Konrektor dieser Schule, hatte auch von* 1798 *bis* 1802 *die Aufsicht über die Stadtbibliothek. Bey der Umformung der Domschule zur ersten Kreisschule* (1804) *wurde er erster Lehrer derselben, auch* 1809 *Gouvernements- und* 1814 *Kollegiensekretär. Geb. zu Köslin in Hinterpommern am* 1 *May* 1754, *gest. am* 2 *September* 1818.

Lectures intended for the instruction and amusement of young people, who apply themselves to the English tongue. Vol. I. Riga, 1792. VI u. 164 S. — Vol. II. 1793. 160 S. — Vol. III. 1794. 116 S. 8.

La ruche ou lecture amusante et instructive pour la jeunesse. Vol. I. à Riga, 1793. XII u. 172 S. Vol. II. 1794. 162 S. — Vol. III. 1795. 8. — Tom. I. ed. 2de 1797.

Historical and moral Miscellanies, or a choice of interesting tales, anecdotes, curiosities of nature, lives of remarkable men, customs of people etc. Ebend. 1794. 254 S. 8.

Lukumon oder Nachrichten von ausserordentlichen Menschen, in physischer und psychologischer Rücksicht, ingleichen Merkwürdigkeiten aus der Natur- und Kunstgeschichte, Länder- und Völkerkunde; zur Belehrung und Unterhaltung herausgegeben. 1ster Th.

Riga, 1796. 266 S. — 2ter Th. Leipz. 1799. — 3ter u. letzter Th. Ebend. 1802. 8.

Deutsches Uebersetzungsbuch für diejenigen, welche die englische Sprache erlernen, nebst einer vollständigen Erklarung der darin vorkommenden Wörter und Redensarten. Riga, 1797. 238 S. 8.; *auch unter dem Titel:* Deutsches Lesebuch für Engländer, welche die teutsche Sprache erlernen.

Ceres oder Beiträge zur Kenntnifs des Menschen, besonders nach seinen körperlichen und geistigen Anlagen und Eigenheiten, imgleichen interessante Bruchstücke aus der Natur- und Kunstgeschichte, Länder- und Völkerkunde; zum Nutzen und Vergnügen herausgegeben. Riga, 1813. XIV u. 176 S. 8.; *eine Fortsetzung des* Lukumon.

Manuel de conversation en ordre alphabétique, accompagné d'un appendice explicatif. Redigé pour l'usage de la jeunesse. à Riga, 1813. 160 S. 8.

Vergl. Rig. Stadtbll. 1818. S. 229-234. u. 250., *und daraus* Neue inländ. Bll. 1818. No. 40. S. 301-303. — Meusels G. T. Bd. 6. S. 373. Bd. 10. S. 485. Bd. 15. S. 178. Bd. 19. S. 366.

RIMPLER (GEORG).

Hatte bey seinem Vater das Weifsgerberhandwerk erlernt, war dann eine zeitlang gemeiner Soldat in Livland, wohnte einer Belagerung von Riga, in der Folge auch mehreren Belagerungen in andern Ländern bey, und machte sich durch seinen Vorschlag zu einer neuen Befestigungsart bekannt. Er war zuletzt Oberstlieutenant in österreichischen Diensten. Geb. zu Leifsnig im Meifsnischen am ..., gest., an einer bey der Belagerung von Wien durch die Türken erhaltenen Wunde, 1683.

Die befestigte Festung. Frankfurt, 1674. 342 S. 12. (Leonh. Christ. Sturm *fügte nachher die Risse hinzu.*) *Vermehrt:* Ulm, 1719. 12.

Ein dreyfacher Tractat von den Festungen. Nürnberg, 1674. 12½ Bogg. 4.

J. B. Scheiters, Ingenieurs, furieuser Sturm auf die befestigte Festung gänzlich abgeschlagen. Frankfurt, 1678. 34 S. 12.

Nach seinem Tode erschienen:

Rimplers sämmtliche Schriften, herausgegeben von Ludwig Andreas Herlin. Mit Kupf. Dresden, 1724. 4.

Vergl. Gadeb. L. B. Th. 3. S. 33. — Jöcher u. Rotermund z. dems.

Rinck (Friedrich Theodor).

Kam, seiner Aeltern frühe beraubt, nach Königsberg in das Haus seiner Grofsmutter, besuchte das Fridericianum, machte so schnelle Fortschritte, dafs er schon im 16ten Jahre die dasige Universität beziehen konnte, und erwarb sich im 19ten durch zwey Abhandlungen die philosophische Doktorwürde und das Recht, Vorlesungen halten zu dürfen. Von 1789 bis 1792 machte er eine gelehrte Reise durch einen Theil von Deutschland und Holland, erhielt 1793 den Ruf als ausserordentlicher Professor der Philosophie an der Universität zu Königsberg, nahm ihn auch an, kam aber noch erst nach Kurland als Lehrer in das Haus des nachmaligen Präsidenten des Oberhofgerichts v. Fircks *auf Nogallen, blieb hier bis gegen Ende des Jahres 1794, heirathete eine Kurländerin, ging nach Königsberg zurück, trat seine Stelle an, und wurde daselbst 1797 vierter ordentlicher Professor, auch 1800 Dr. der Theol., 1801 aber Pastor an der Trinitatiskirche zu Danzig und Professor der Theologie am dortigen Gymnasium. Geb. zu Slave in Pommern am 8 April 1770, gest. am 27 April 1811.*

Von seinen zahlreichen Schriften gehört folgende, die weder Meusel *noch* Rotermund *anzeigen, hierher:*

Beyträge zum Staatsrechte der Herzogthümer Curland und Semgallen. Mitau, 1794. 16 u. 92 S. 8.

Vergl. Rotermund z. Jöcher. — Meusels G. T. Bd. 6. S. 376. Bd. 10. S. 485. Bd. 15. S. 172. u. Bd. 19. S. 367. — Beckers Nationalzeitung der Deutschen 1811. No. 30. S. 547. — Schwartz Bibl. S. 441.

von Rinne (Christoph Heinrich).

Sohn des nachfolgenden.

Aus Reval, wurde am 22 März 1809 Dr. der Med. und Chir. zu Dorpat, lebt gegenwärtig als Kreisarzt zu Weissenstein und ist Hofrath.

Diss. med. inaug. de pustula livida, vulgo die blaue Blatter, morbo Esthoniae endemio. Dorpati, 1809. 26 S. 8.

Rinne (Johann Friedrich).

Vater des vorhergehenden.

Pastor zu St. Petri im Weissensteinschen 1766 (ord. am 21 Junius), Propst 1780. Geb. zu ... 1733, gest. am 15 Oktober 1801.

* *In der esthnischen Postille* Jutlusse Ramat (*zuerst* Reval, 1779. 4.), *ist von ihm die Predigt am* 24sten Sonntage nach Trinitatis.

Vergl. Carlbl. S. 39.

Rising (Johann Claesson).

Studirte um 1637 zu Dorpat, später zu Upsal, wurde, nachdem er verschiedene Aemter bekleidet hatte, am 20 December 1653 in Schweden geadelt, dann 1654 Gouverneur von Neu-Schweden in Amerika. Geb. in Ostgothland zu ..., gest. 1672.

Oratio de milite christiano. Dorpati, 1637. 4.
Oratio de civitate Dorpatensi. Ibid. eod. 2 Bogg. 4.
Disp. de philosophia in genere. Upsaliae. 1640. 4.
Itt Uthtogh om Kiöp-Handelen, eller Commercierne. Stockholm, 1669. 4.
Een Land-Book, eller några Upsattser til vårt Fådernes-Lands Nytta. Westeråhs, 1671. 4.

Vergl. N. Nord. Misc. XVIII. 210., *nach* Stiernmanns Adelsmatr. S. 500., und dess. Verz. der Bücher u. s. w. — Schefferi Suecia lit. p. 252.

von Rittich (Christian Friedrich).

Aus Livland, wurde, nachdem er im Auslande und dann zu Dorpat studirt hatte, 1815 Dr. der A. G. am letztern Orte und lebt jetzt als kaiserl. Hofarzt zu St. Petersburg, ist auch Ritter des Annen-Ordens der 3ten und des Wladimir-Ordens der 4ten Kl.

Diss. inaug. med., exhibens novam inflammationis theoriam. Dorpati, 1815. 56 S. 8.

Rives (Matthias).

Ein Kurländer; studirte um 1650 zu Dorpat.

Politices elogia, oratione solenni enarrata. Dorpati, 1650. 4.

Vergl. Somm. S. 64.

Rivius (Johann 1.).

War gegen das Ende des 16ten Jahrhunderts lettischer Prediger zu Doblen und der erste Schriftsteller in Kurland, der etwas in lettischer Sprache drucken liefs. Geb. zu ... am ..., gest. 1586.

Enchiridion. Der kleine Catechismus: Oder Christliche Zucht für die gemeinen Pfarrherr vnd Prediger auch Hausveter: durch D. Martin Luther. Nun aber aus dem Deudschen ins vndeudsche gebracht, vnd von wort zu wort, wie es von D. M. Luthero gesetzet, gefasset worden. Gedruckt zu Königsberg bey George Osterbergern Anno 1586. 8½ Bogg. 4. — *Sehr selten.*

Hatte vorzüglichen Antheil an der, nach seinem Tode, 1587 von Gotthard Reimers *(s. dess. Artikel) besorgten Ausgabe des ersten* lettisch-kurischen Gesangbuchs, *und an der in demselben Jahre erschienenen lettischen Uebersetzung der Evangelien und Episteln.*

Vergl. Tetsch K. K. G. Th. 3. S. 148. — Nord. Misc. IV. 120. — Zimmermanns Lett. Lit. S. 14. — N. Mitausche Wöch. Unterh. Bd. 1. S. 197.

Rivius (Johann 2.).

Legte unter der Anleitung seines Vaters, des annaberger Rektors Johann Rivius *von Attendorn in Westphalen, den Grund zum Studiren und wurde nach geendigter akademischer Laufbahn öffentlicher Lehrer der Akademie zu Leipzig.* Gadebusch *und* Jöcher *lassen ihn* 1546 *Rektor der Stiftsschule zu Zeitz,* 1571 *des Gymnasiums zu Halle werden. Was* Gadebusch *sonst noch über ihn anführt, scheint auf Irrthümern zu beruhen. Nach zuverlässigern Nachrichten machte er zu Leipzig Bekanntschaft mit einem Arzte* Simon Simonius, *von Lucca, der dort damals Professor der Phil. war und in der Folge als Leibarzt des Königs* Stephan Bathori *nach Polen ging. Dieser empfahl ihn dem Woiwoden von Trock* Johann Hliebowiz, *der einen Lehrer für seine Kinder suchte.* Rivius *nahm die Stelle an und erwarb sich mit seiner Gelehrsamkeit in Lithauen allgemeine Achtung. Dadurch wurde der Herzog von Kurland* Gotthard *bewogen, ihn zum Hofmeister seiner beyden Prinzen* Friedrich *und* Wilhelm *zu berufen. Er verlebte nun fast neun Jahr am kurländischen Hofe und erwarb sich durch seine Predigten, die von der herzoglichen Wittwe besonders geschätzt wurden, vielen Beyfall. Einige Jahre nach Herzogs* Gotthard *Tode (nicht erst* 1594, *wie man gewöhnlich annimmt, sondern wohl kurz nach des Rektors* Heinrich Möller *Entweichung* 1589) *wurde er vom rigaschen Magistrate zum Rektor der Stadt- oder Domschule berufen, die er mit Unterstützung der beyden Scholarchen, des Bürgermeisters* Nikolaus Eck *und des Syndikus* David Hilchen, *wieder in Ordnung brachte, indem sie nach* Möllers *Abgang sehr gelitten hatte.* 1594 *wurde er auch Inspektor derselben. Geb. zu Annaberg in Meissen* 1528 *(oder zu Zwickau? denn sein Vater kam erst* 1531 *von hier nach Meissen), gest. am* 8 *May* 1596.

Epitome in verborum et rerum copiam. Lubecae, 1571.... *ist wahrscheinlich von ihm.*

Loci communes philosophici, qui ad logicam spectant, diagrammatum tabulis delineati. Glauchae, suburbio Salinarum saxonicarum 1579. Fol.

Oratio de instituta illustrissimi Domini, D. Joannis de Zamoyscio, R. P. Magni Cancellarii etc. etc. benignissima liberalitate Academia Zamosciana: cum vindicata simul illustrissimae celsitudinis illius, iniquissimis calumniis oppugnata innocentia et violata integritate, de transitu Tartarorum, seu Scytharum per Pocuciam. Elaborata studio et diligentia Joannis Rivii, Inspectoris scholae Rigensis: et edita Rigae, metropoli Livoniae, mense Januario. Anno salutiferi partus MDXCV. Typis Nicolai Mollini. $2^1/_2$ Bogg. 4.

Oratio de conjungendis philosophiae studiis et cognitione multiplici rerum cum studio eloquentiae; *in den von ihm herausgegebenen und mit einer langen Zuschrift an den rigaschen Rath versehenen:* Orationes tres: E quibus duae honoratissima dignitate, tum sapientia et virtute ornatissimorum D. D. Scholarcharum, Nicolai Eckii, Proconsulis, et Davidis Hilchen, Syndici, tertia Joannis Rivii, cum solenni et publico ritu produceretur, ad demandatam sibi ab amplissimo senatu inspectionem scholasticam ineundam. Habitae in restitutione seu instauratione scholae Rigensis XV. CLS. VILS: Adjuncta sunt iisdem: primum, publicae doctrinae series, tabellis expressa; inque curias V. distributa. Deinde, docendi in singulis curiis, praescripta ratio: et demonstratum iter, quod utiliter praeceptores hujus ludi sequerentur: cum in tradendis artibus: tum in tractando et interpretando omni genere, utriusque linguae, autorum. Edebantur Rigae: Mense Decembri: Anno Salutiferi partus, in terris, filii Dei: MDXCIIII. 27 Bogg. 4. *Am Ende steht:* Rigae Livonum ex officina typographica Nicolai Mollini. Anno MDXCVII. *s.* Rig. Stadtbll. 1813. S. 220. u. 1825. S. 227-230. u. 237., *wo die Schulgesetze ausgezogen sind.*

Vergl. Dav. Hilchen oratio paraenetica ad spectabilem senatum Rigensem. Riga, 1596., *und daraus* Brotze *in* Albanus livl. Schulbll. 1813. S. 201-203. — Jöcher. — Gadeb. L. B. Th. 3. S. 37-41. — Nord. Misc. IV. 216. XXVII. 429.

ROBST (JOHANN BERNHARD AUGUST).

Geb. zu Amt Gehren in Thüringen am 1 *December* 1771, *bildete sich auf dem arnstädter Lyceum und studirte seit* 1791 *zu Erlangen Theol., wurde* 1794 *arnstädtscher Kandidat und Hauslehrer, errichtete* 1800 *ein Erziehungsinstitut zu Arnstadt, legte sich seit* 1805, *wegen einer Schwäche der Brust, zu Jena auf das Studium der Medicin, arbeitete nach der Schlacht bey Jena in einem preussischen Kriegslazarethe, setzte seine Studien nach dessen Aufhebung wieder fort und promovirte* 1808 *in Jena als Dr. der Med. und Chir. Bald darauf ging er als Hauslehrer nach Livland und etablirte sich hier* 1812 *als Landarzt zu Oberpahlen, erhielt auch den Titel eines schwarzburg-sondershausenschen Hofraths.*

Diss. inaug. Observata quaedam de funestis belli et pugnae sequelis. Jenae, 180. ...

Aufsätze *in den* Sächsischen Provinzialblättern vom Grafen Beust, Rink u. Schnuphase, — *in* Steinbecks Wohlfahrtszeitung u. a.

* Herzliche Erinnerungen am 29. May 1818 (*ein Gedicht*); *in den* Neuen inländ. Bll. 1818. No. 24. S. 185.

RODDE (JAKOB).

Studirte zu Halle Theologie und wurde dann russischer Dolmetscher des Raths zu Riga mit dem Titel eines Sekretärs. Geb., nach Gadebusch, *zu Narwa (und wahrscheinlich ein Sohn des dasigen Pastors Kaspar Matthias Rodde,* s. Hupels topogr. Nachr. Bd. 1. 2ter Nachtr. S. 51.), *nach* Fischer *zu Moskau; nach* Meusels G. T. 4te Ausg. *zu Troizkoi Ostrog im nishnei-nowgorodschen Gouvernement, am* ... 1725, *gest. am* 18 *May* 1789 (*nicht* 1792, *auch nicht im Julius* 1789, *wie* Meusel *hat*, s. Rig. Stadtbll. 1824. S. 423).

Anweisung zur Pflanzung der Erdäpfel, welche man sonst Patatoes nennt. Aus dem Russ. Riga, 1765. 8.

Rechtgläubige Lehre oder kurzer Auszug der christl. Theologie zum Gebrauch Sr. Kais. Hoheit, des Durchl. Thronfolgers des russ. Reichs, rechtgläubigen grossen Herrn Zesarewitsch und Grofsfürsten Paul Petrowitsch, verfasset von Sr. Kais. Hoheit Lehrer, dem Jeromonach Platon, nunmehrigen Archimandriten des Troizkischen Klosters. Aus dem Russ. Ebend. 1770. 232 S. 8.

Rede über 1. Cor. 1, 23. gehalten den 9. April 1764 am Charfreytage von Ihro Kays. Maj. Hofprediger, dem Jeromonach Platon. Aus dem Russ. übersetzt. Hamburg, 1770. 24 S. 4.

Wohlthaten gewinnen die Herzen. Drama in einem Aufzuge. Aus dem Russ. Riga, 1771. 79 S. 8.

Peter Rytschkows Orenburgische Topographie oder umständliche Beschreibung des Orenburgschen Gouvernements. Aus dem Russ. 2 Theile. Ebend. 1772. 268 u. 188 S. 8. Mit 4 Landkarten.

Desselben Versuch einer Historie von Kasan alter und mittler Zeit. Aus dem Russ. übersetzt. Ebend. 1772. 158 S. 8.

Russische Sprachlehre zum Besten der deutschen Jugend eingerichtet. Ebend. 1773. 1 unpag. Bog. 248, 168 u. 87 S. 8. — 2te vermehrte Aufl. Ebend. 1778. 1½ unpag. Bogg. 264 u. 112 S. 8. — 3te vermehrte Ausg. Ebend. 1784. 8. — 4te Ausg. nebst einigen Hausgesprächen. Ebend. 1790. 8.

Deutschrussisches Wörterbuch. Ebend. 1784. 758 S. 8.

Россійской Лексиконъ по Алфавитѣ изданный etc. Ebend. 1784. 418 S. 8.

Vergl. Gadeb. L.B. Th. 3. S. 42. — Nord. Misc. IV. 217. XI. 388. — Bacmeisters russ. Bibl. an vielen Stellen. — Meusels Lexik. Bd. 11. S. 365.

ROHKOHL (JOHANN CHRISTIAN).

Hatte zu Halle studirt, auch sich daselbst 1754 die medicinische Doktorwürde erworben, kam nach Kurland, prakticirte in Mitau, und war zugleich seit 1771 eine zeitlang als Arzt bey dem herzoglichen Militär, so wie für die in der Nähe der Residenz belegenen fürstlichen Domänen angestellt. Geb. zu Hoym im Fürstenthum Anhalt am ...., gest. 178. ...

Diss. inaug. de athletica fallaci sanitate. (Praes. Michaele Alberti.) Halae, 1754. 4.

Roscher (Karl).

Aus Würtemberg; erwarb sich 1827 die Doktorwürde in der A. G. zu Dorpat und wurde in demselben Jahre als Stadtarzt zu Taru im Tobolskischen Gouvernement angestellt.

Diss. inaug. med. exhibens casum histeriae chlororiticae magnetismo animali sanatae etc. Dorpati, 1827. 32 S. 8.

Freyherr von Rosen (Johann Reinhold).

Aus dem Hause Huljel in Esthland, russisch-kaiserlicher Kapitän ausser Diensten.

Reflexionen über die nunmehr nothwendige, auch mögliche Aenderung der bisherigen Wirthschaftsmethode in den Ostseeprovinzen, betreffend die Einführung der normalmäſsigen, auf Grundsatzen sich stützenden Wechsel- und Koppelwirthschaft, mit der Rotation. St. Petersburg, 1827.

Freyherr von Rosen (Otto Friedrich Gustav).

Erbherr auf Brinkenhof in Livland, studirte zu Erlangen, machte eine Reise nach der Schweiz und Frankreich, und wurde 1781 Assessor des dorpatschen Landgerichts, 1786 aber dorpatscher Kreisrichter. Geb. am 10 November 1760, gest. bald nach 1792.

Vorlesung über die Nacheiferung. Erlangen, 1778. 8.
Vergl. Nord. Misc. IV. 120.

war im Begriff, ein ihm angetragenes vortheilhaftes Schul. amt zu übernehmen, als er den Ruf zum Gehülfen auf der königsberger Sternwarte, an Argelanders Stelle, der nach Abo gegangen war, erhielt und annahm. 1826 wurde er, nach J. F. Pfaffs Tode, ausserordentlicher Professor der angewandten Mathematik und der Astronomie insbesondere auf der Universität zu Halle, nachdem er noch zuvor in Königsberg die philosophische Doktorwürde angenommen hatte.

Parabolische Elemente des Kometen von 1821, mit den Beobachtungen verglichen; *in* Schumachers Astronomischen Nachrichten. Bd. 1. (1821.) No. 24. — Ueber die auf Veranlassung der französischen Akademie während der Jahre 1736 u. 1737 in Schweden vorgenommene Gradmessung; *ebend.* Bd. 6. (1828.) No. 121 u. 122.

Gemeinschaftlich mit Scherk: Parabolische Elemente des Kometen von 1818; *in* Bode's Astrom. Jahrb. für 1824. S. 141. ff.

Mehrere Resultate seiner astronomischen Rechnungen findet man in Aufsätzen von Bessel *mitgetheilt in der* Correspondence astronomique *von* Zach, *in den* Königsberger astronomischen Beobachtungen, *und in den* Abhandlungen der Akademie der Wissenschaften zu Berlin.

VON ROSENBERGER (OTTO BENJAMIN GOTTFRIED).

Grofssohn von OTTO WILHELM, Vater von KARL OTTO und Bruder der beyden nachfolgenden.

Geb. zu Neuenburg in Kurland, wo sein Vater Otto Ludwig Rosenberger Prediger war, am 17 Februar n. St. 1769, studirte seit 1787 Theologie zu Halle und seit 1790 zu Jena, war seit 1792 zwölf Jahr Hauslehrer in seinem Vaterlande, wurde 1803 Lektor der lettischen Sprache an der Universität zu Dorpat, 1804 zugleich Lehrer an der dortigen

Kreisschule, 1814 aber, mit Beybehaltung der Lektorstelle, dorpatscher Gouvernementsschuldirektor, und erhielt 1825 den Hofraths-, so wie 1830 den Kollegienrathscharakter und den St. Annen-Orden der 3ten Kl.

Flections-Tabellen für die lettischen Verba. (*Ohne besonderes Titelblatt.* Mitau, 1808.) 16 S. Querfolio.

Die Brautnacht. Ein Symposion. Dorp. (1811.) 48 S. kl. 8.

Progr. Jahres-Nachrichten von den Lehranstalten in der Stadt Dorpat von Johannis 1814 bis Johannis 1815. Vorausgeschickt sind Auszüge aus den Gesetzen und Verordnungen die öffentlichen Lehranstalten betreffend, mit specieller Rücksicht auf die Gymnasien. Ebend. 1815. 42 S. 8.

Progr. Nachricht über den gegenwärtigen Zustand der Schulen des Dorpatischen Directorates, in Beziehung auf die neue, durch das allerhöchst bestätigte Schulstatut vom 4. Junius 1820 eingeführte Schul-Verfassung. Ebend. 1823. 66 S. 8.

Vom einem Prinzip zur wissenschaftlichen Anordnung der Lehre von den göttlichen Eigenschaften. Ebend. 1829. 16 S. 8.

Formenlehre der lettischen Sprache. Conspect für seine Zuhörer. Mitau, 1830. XVI u. 190 S. 8.

Gab heraus: Einladungsschriften zur Feier des 25jährigen Jubelfestes und der Einweihung des neuen Lehrgebäudes des Gouv. Gymnasiums zu Dorpat am 15. September 1830. Dorpat, 1830. 79 S. 4. *Von ihm selbst finden sich darin ein* Bericht *und drey* Reden.

Skizzen zu einer Charakteristik C. F. Petersens; *in der Schrift:* Christian Friedrich Petersen. Statt Manuscript, für seine nähern Freunde abgedruckt. Im May 1810. (Dorpat.) 14 S. 8.

Zur Eröffnung der Töchterschule in Dorpat, nach der neuen Verfassung; eine Rede; *in* Albanus livl. Schulbll. 1815. S. 145-150.

Vom zu Viel und zu Wenig des Vertrauens im studirenden Jünglinge auf eigene Kraft. Eine Schulrede; *in* Busch's Mittheilungen an Jünglinge, 1ste Samml. (Riga u. Dorpat, 1826. 8.) S. 17-28.

Vergl. Zimmermanns Lett. Lit. S. 126. — Albanus livl. Schulbll. 1814. S. 412. — Meusels G. T. Bd. 19. S. 419.

Rosenberger (Otto Christian).

Bruder des vorhergehenden und nachfolgenden, und Vater von Otto August.

Wurde zu Neuenburg am 12 Julius n. St. 1771 geboren, studirte zu Halle, erhielt daselbst 1796 die medicinische Doktorwürde, prakticirte nach seiner Zurückkunft einige Jahre in Tuckum, heirathete Johann Georg Hamanns zweyte Tochter, wurde dann an seines Bruders Stelle 1802 neuenburgscher Kirchspielsarzt, und ging bald darauf, wie sein Bruder, nach Königsberg, wo er noch gegenwärtig Kreisphysikus ist.

Specimen inaugurale medicum de Psoïtide. (Praes. P. F. Meckel.) Halae, 1796. 32 S. 8.

Rosenberger (Otto Friedrich).

Bruder der beyden vorhergehenden.

Ist zu Neuenburg am 2 December 1766 geboren, studirte auf der Universitat zu Halle, nahm daselbst die Doktorwürde der Medicin und Chirurgie an, hielt sich noch ein Jahr in Berlin auf, wurde in seinem Vaterlande Arzt des neuenburgschen Kirchspiels, verliefs aber diese Stelle, prakticirte 2 Jahr in Goldingen, zog dann 1801 mit seiner Gattin, Johann Georg Hamanns ältesten Tochter, nach Königsberg, und von da, mehrere Jahre nachher, nach Dresden, wo er gegenwärtig lebt.

Diss. inaug. de viribus partum efficientibus generatim, et de utero speciatim ratione substantiae musculosae et vasorum arteriosorum. Halae, 1791. 32 S. 4. Mit 3 Kupfertafeln. *Steht auch in* J. C. T. Schlegels Sylloge operum minorum praestantiorum ad artem obstetriciam. Vol. II. (Lips. 1796. 8.) No. XXX.

Anleitung Fruchtbäume durch das Copuliren zu veredlen, besonders in Hinsicht auf Baumschulen und Obstbaumzucht im Grofsen. Nebst einer Kupfertafel. Königsberg, 1808. 8.

* Wie müssen Seebäder eingerichtet werden, und wie wirken sie? Den folgsamen Badegästen gewidmet von ****r****g. Leipzig, 1820. 8.

ROSENBERGER (OTTO WILHELM).

Vater von JOHANN FRIEDRICH KASIMIR.

Hatte zu Königsberg studirt, verliefs sein Vaterland, aus Furcht Soldat werden zu müssen, kam nach Kurland, wurde hier 1728 Rektor zu Goldingen, 1729 Prediger zu Neuautz, dann 1737 zu Appricken, und zuletzt 1741 zu Neuenburg. Geb. zu Goldbach in Preussen am 17 Oktober 1702, gest. am 23 März 1764.

Die Vorteile des gesellschaftlichen Lebens der Einsamkeit entgegengesetzet; eine Rede bey der Vermälung des Fräulein Anna Sybilla von der Recke mit Herrn Otto Christoph von Heuking. Mitau, 1742. 16 S. 4.

Der Satz Wir sind, vorgestellet bey der Gruft des Fräuleins Anna Dorothea von Klopmann. Ebend. (o. J.) 16 S. 4.

VON ROSENFELDT (WERNER DAVIDSSON).

Ein Sohn des Schlofsvogts zu Wolmar, David Reimers auf Müntenhof, welcher am 25 Oktober 1645 in Schweden mit der Benennung v. Rosenfeldt geadelt wurde, war Viceadmiral bey der schwedischen Flotte und erhielt die Aufsicht über alle Steuermänner bey der Admiralität. Geb. zu Müntenhof in Esthland im November 1639, gest. am 5 December 1710.

Lobgedicht auf die Stadt Stockholm. ...

Den vacksammar Ro eller lustige Ledsamhet (Ruhe des Wachsamen oder die vergnügte lange Weile). Stockholm, 1686. 4.

Ein Werk von der Schifffahrt oder Steuermannskunst. Ebend. 1693. ...

Dirigirte die Anfertigung der neuen Seekarten, welche in Holland unter dem Namen des Kapitän-Steuermanns Pehr Gäddas *gedruckt wurden.*

Sein Bildniſs in Kupfer. ...

Vergl. N. Nord. Misc. XVIII. 211., *nach* Gezelii biogr. Lexik. II. 378., *und* Stiernmanns Adelsmatr. S. 676.

ROSENHANE (GUSTAV JOHANNSOHN), Freyherr VON IKALABORG).

War Vicepräsident im schwedischen und wurde 1661 *Präsident im livländischen Hofgericht zu Dorpat, welche Stelle er aber nur bis etwa* 1665 *bekleidete. Geb. am* 19 *May* 1619, *gest. zu Stockholm am* 26 *März* 1684.

* Förklaring öfver then 103. K. Davidz Psalm, förfärdigat till d. 30. Jan. 1666. af G. R. Stockh. 1680. 8.
* Respublica glacialis s. de hyberna piscatione apud Svecos per G. R. Stockh. 1681. 12. *Auch in:* J. C. Martini thesaur. diss. (Norimb. 1763. 8.)

Unter dem angenommenen Namen Skogekår Bårgbo *gab er folgende Schriften heraus:*

Wenerid, i Rym för mer ån 30 år skrifwin. Stockholm, 1680. 8.

Fyratijo små Wysor, till Swånska Språkets Öfningh för 30 Åhr sedan skrifwin. Stockh. 1682. 8.

Thet Svenska Språketz klagomål, at thet som sig borde icke åhrat blifver, på vers. Ebend.... 4. — 2te Aufl. Ebend. 1706. 8.

Vergl. Gadeb. L. B. Th. 3. S. 44., *nach* Schefferi Suecia lit. p. 343. — N. Nord. Misc. XVIII. 256., *nach* Gezelii biogr. Lexik. II. 388., *und* Stiernmanns Adelsmatr. S. 86.

ROSENIUS (JOHANN FRIEDRICH).

Aus Wiburg; studirte seit 1806 *zu Dorpat und wurde dort* 1811 *Dr. der A. G.*

Diss. inaug. med. de genesi febrium earumque novae theoriae brevem expositionem continens. Dorpati, 1811. IV u. 47 S. 8.

Freyherr von Rosenkampff (Gustav Adolph).

Geb. am 6 *Januar* 1762 *auf dem Gute Kersel in Livland, genoſs seit dem Jahre* 1774 *den Unterricht des nachherigen dorpatschen Konrektors, Mag.* **Findeisen**, *reiste* 1782 *nach dem Auslande, studirte zu Leipzig von* 1783 *bis* 1786, *erwarb sich eine Präbende im Hochstifte Merseburg und würde sich wahrscheinlich in Sachsen niedergelassen haben, wenn nicht die im Auslande befindlichen Russen und Livländer damals wären zurückberufen worden. Während eines Aufenthalts in St. Petersburg erhielt er im Jahr* 1785 *eine Anstellung bey dem Departement der auswärtigen Angelegenheiten, verlieſs diesen Wirkungskreis aber, nachdem er Translateur geworden war, und wurde auf dem livländischen Landtage von* 1789 *zuerst zum Kreisgerichts-Assessor und bald darauf zum Kreisrichter des dorpatschen Kreises gewählt, in welchem Amte er sich so thätig und umsichtig zeigte, daſs ihm bey seinem Abschiede aus dem Gerichtsstande, von der Oberbehörde, dem Hofgerichte zu Riga, attestirt wurde, es sey bis dahin kein einziges Urtheil des Landgerichts reformirt worden. Im J.* 1800 *wurde er in den Orden des heiligen Johannes von Jerusalem aufgenommen, avancirte* 1801 *zum Kollegien-Assessor und ging* 1802, *nach St. Petersburg, wo er im Oktober desselben Jahres den Wladimir-Orden der 4ten Kl. und im December eine lebenslängliche Pension von* 2000 *Rubel erhielt.* 1803 *wurde er Hofrath, im folgenden Jahre Kollegienrath, auch erster Referendar und Konferenzsekretär der Gesetzkommission, erhielt* 1805 *den St. Annen-Orden der 2ten Kl.,* 1806 *die brillantenen Insignien desselben, wurde auch mit der Errichtung und Direktion der ehemals zur Kommission gehörenden Hochschule der Jurisprudenz beauftragt und in demselben Jahre Staatsrath, dann* 1809 *Chef der Civilabtheilung der Kommission,* 1810 *Ritter des St. Wladimir-*

Ordens der 3ten Kl., 1811 wirklicher Staatsrath, auch Mitglied der Kommission für die finnländischen Geschäfte, und 1812 Präsident einer besondern Kommission, in welcher die alten Rechtssachen des wiburgschen Gouvernements abgeurtheilt wurden. Am 3 April desselben Jahres ernannte ihn der Kaiser zum Gehülfen des Staatssekretärs Engel, *im May wurde er ältestes Mitglied des Konseils der Gesetzkommission und trug seitdem im Reichsrathe die Entwürfe der verschiedenen Gesetzbücher, so wie die Gutachten der Gesetzkommission vor. 1813 erhielt er den St. Annen-Orden der 1sten Kl. und wurde 1816 bey Reorganisation der Kommission als deren ältestes Mitglied bestätigt. Schon 1811 war auf kaiserlichen Befehl sein Geschlecht der finnländischen Ritterschaft beygesellt worden, und 1817 am 20 Junius erhielt er ein Diplom über die freyherrliche Würde in diesem Groſsherzogthum. Nachdem er 1819 den St. Wladimir-Orden der 2ten Kl. erhalten hatte, wurde er 1822 am 13 April auf sein Gesuch aus der Gesetzkommision entlassen, die Stelle in der finnländischen Kommission aber behielt er noch bis zum 17 März 1826, da dann diese Kommission aufgelöst und in ein finnländisches Staatssekretariat verwandelt ward. Aus dem Bereiche seiner verdienstvollen Thätigkeit im Staatsdienste ist hier besonders hervorzuheben, daſs er für die Gesetzkommission die Pläne zu dem Civil- und Kriminalgesetzbuche, dem Handelsrechte und der Proceſsordnung entwarf, auch diese Rechtsbücher redigirte, die sodann sämmtlich gedruckt und gröſstentheils ins Deutsche übersetzt sind; daſs er auch mehrere andere Gesetzentwürfe verfaſste, namentlich über den Staatsdienst, über die schiedsrichterlichen Aussprüche, über Rekrutenaushebung sowohl in einer besondern Verordnung, als in einem systematisch geordneten Kodex über diesen Gegenstand, und daſs er, zufolge besondern allerhöchsten Auftrages die neuen Bauerverordnungen für die Ostseeprovinzen, welche die Leibeigenschaft aufhoben, revidirte, im Reichsrathe vortrug und bey deren Druck die Korrektur besorgte. Die esthländische Bauerverordnung ist fast durchweg von ihm neu redigirt und mit dem Erbprinzen August von Oldenburg, damaligen Generalgouverneur von Esthland, diskutirt, hierauf aber von dem Monarchen, unter schriftlicher Bezeigung des allerhöchsten Wohlwollens an den Baron Rosenkampff, bestätigt worden.*

Essay statistique sur la Russie. à Leipsic. 1785. 8.

De genuina inter feudum novum et antiquum differentia. ...

Систематическаго Свода существующихъ законовъ, гражданское Право (Pandecten des russischen Civil-Rechts, systematisch geordnet, mit Zusätzen). St. Petersburg, 180. — 18... 23 Bde. 4.

Труды Коммиссіи составленія законовъ (Acta der Gesetzcommission. 1ster Bd. Geschichte der Organisation der Commission). Ebend. 1804. 4., *in fünf Sprachen, russisch, deutsch, polnisch, französisch und englisch.* — 2te Aufl. Ebend. 1822. 10 unpag. u. X, VI u. 370 pag. S. 8.

Уголовное Право (Criminal Recht). 1ster Bd. Ebend. 18... *Die Fortsetzung erschien nicht.*

Разсужденіе о тарифѣ (über den Tarif). Ebend. 1817. *Mit einer Vorrede des Ministers* Kosodawlew.

Журналъ Законодательства (Journal der Gesetzgebung für die Jahre 1817., 1818 u. 1819). Ebend. 21 Bde. 8.

Institutionen des russischen Rechts, auf Allerhöchsten Befehl von der Gesetzcommission herausgegeben, und für die Ostsee-Provinzen zum Behuf der Darstellung ihres Particularrechts deutsch bearbeitet. 1ster Bd. Ebend. 1819. XX, 179 u. 11 S. 8. — *Der 2te Band ist nur im Manuskript an die Provinzen gesandt; der 3te, das Sachenrecht enthaltend* (о договорахъ), *nicht erschienen.*

* Объясненіе нѣкоторыхъ мѣстъ въ Несторовой лѣтописи (Erklärung einiger Stellen in Nestors Annalen). Ebend. 1827. 24 S. 8.; *besonders abgedruckt aus* P. Swinjins Отечественныя Записки (Vaterländische Aufsätze).

Краткое обозрѣніе Кормчей книги въ историческомъ видѣ (Kurze Uebersicht der Kormtscheja Kniga in historischer Hinsicht). Moskau, 1828. . . . *Vergl.* О Кормчей-Книгѣ. Введеніе къ сочиненію Барона Г. А. Розенкампфа. (Von der Kormtscheja Kniga. Einleitung in die Schrift des Barons G. A. Rosenkampff.) St. Petersburg, 1827. 4.; *besonders abgedruckt aus* P. v. Köppens Матеріалы для исторіи просвѣщенія въ Россіи (Materialien zur Kulturgeschichte Rufslands). Heft 3.

Нѣкоторыя замѣчанія на уголовные и гражданскіе законы въ отношеніи къ Россіи (Einige Bemerkungen über Criminal- und Civilgesetze in Beziehung auf Rufsland). Aus dem Deutschen des Herrn Baron v. Rosenkampff; *in* Вѣстникъ Европы. (Europäischer Merkur. Moskau, 1803.) VII. 141.

Antwort auf die Bemerkungen des Prof. Kunitzin über das Buch: Grundzüge des Russischen Rechts u. s. w.; *russisch im* Sohn des Vaterlands 1819. . . .; *deutsch in* Bröckers Jahrb. f. Rechtsgel. I. 131-159.

Ueber eine esthnische Inschrift; *in den* Труды oder Acten der historischen Gesellschaft zu Moskau 1828.

Aufsätze in andern russischen Zeitschriften.

Beyträge *zu* Hupels Nordischen Miscellaneen.

Besorgte den Druck der Materialien zu Grundsätzen zur Verbesserung des Zustandes der Bauern in der Rigaschen Statthalterschaft, mit Ausschlufs des Arensburgschen Kreises. Entworfen auf dem Landtage im September-Monate des Jares 1796. Zur Berathschlagung für die abwesenden adeligen Gutsbesitzer auf den im December-Monat 1796 und im Januar-Monat 1797 zu haltenden Kreisversammlungen. (Dorpat.) 38 S. u. 2 unpag. Bogg. Fol. *Von ihm steht darin* S. 18-22. *ein* Votum. (*Irrig sind diese* Materialien, *im* 1sten Bande. S. 298., G. J. v. Buddenbrock *zugeschrieben.*)

ROSENMÜLLER (CHRISTIAN DANIEL).

Sachsen-weimarischer Justizrath, war 15 Jahr lang Konsulent in Reval, wurde 1803 *zum ordentlichen Professor des esth- und finnländischen Rechts nach Dorpat berufen, nahm aber 1805 am 4 May den Abschied und kehrte in seine frühern Verhältnisse zurück. Geb. zu ... 1762, gest. zu Wesenberg am 15 April 1823.*

Von ihm gehörigen Schriften hat man nichts aufgefunden.

Rosenpflanzer (Valentin).

War in der zweyten Hälfte des 18ten Jahrhunderts herzoglich-kurländischer Forstkommissar. Geb. zu ... am ..., gest. 1771.

Physikalische und ökonomische Beschreibung von Curland; *in* P. E. Wilde's Lief- und Curländischen Abhandlungen von der Landwirthschaft. S. 89-96. (*Unvollendet.*)

Vergl. Nord. Misc. IV. 120.

Rosenplänter (Johann Heinrich).

Geb. auf der wolmarschen Postirung am 12 Julius 1782, erhielt erst von Privatlehrern, dann auf dem Gymnasium zu Reval, endlich auf der Domschule zu Riga Unterricht, und sollte, im 14ten Jahre Waise geworden, der Stelle seines Vaters, welcher Postkommissär in Wolmar war, vorstehen, was sich aber bald als unthunlich zeigte, und worauf er, ausser Stande, eine Schule zu besuchen, Lehrer in einigen Häusern auf dem Lande und endlich Kanzellist bey dem rigaschen Ordnungsgerichte wurde. Nach Eröffnung der Universität Dorpat erwachte seine Neigung zum Studiren aufs neue, und da er als Elementarlehrer im Hezelschen Institute angestellt wurde, liefs er sich 1803 im May immatrikuliren und studirte Theologie, wurde nach beendigtem Kursus 1806 Kandidat derselben bey der Universität und 1807 Kandidat bey dem livländischen Ministerium, hierauf 1808 Pastor zu Torgel (ord. am 13 December), und

1809 *Prediger an der Elisabethskirche oder bey der esthnischen Gemeine zu Pernau, auch Beysitzer des dasigen Konsistoriums. Er ist Mitglied der kurländischen Gesellschaft für Literatur und Kunst seit deren Stiftung* 1817, *Ehrenmitglied der esthnischen Gesellschaft zu Arensburg, und seit* 1825 *korrespondirendes Mitglied der literarisch-praktischen Bürgerverbindung zu Riga.*

Jutlus, mis Perno kihhelkonna öppetajaſt J. H. Roſenplanter esſimesſel heinaku päwal kolmatkümmend 1812 aastal Perno linnas ſui petud. Pange aegatahhale. Rom. 12, 11. Pernau, 1812. 23 S. kl. 8. *Eine Predigt zum Beſsten der in Riga abgebrannten Vorstadter.*

Predigten, gehalten im Jahr 1810 in der St. Nicolai Kirche in Pernau, während der Vacanz der beyden Predigerstellen an derselben. (Pernau) 1813. 196 S. 8.

Alwinas erstes Lesebuch. Ebend. 1817. 16 S. 12.

Kirjutusſe-lehhed. Ebend. 1818. *Esthnische Vorschriften, gravirt und gedruckt von* D. Heinz *in Reval.* 21 Bll. Quer 8.

Preekfchrakſti, pehz kurreem ikweens warr ihſâ laikâ mahzitees rakſtiht. *Gravirt und gedruckt von* D. Heinz *in Reval* 1820. 20 S. Quer 8. *Die vorgesetzte Anleitung ist von* O. F. P. v. Rühl (*s. dess. Art.*).

Rechenschaft über Einnahme und Ausgabe des für Arme im Winter 1819 gesammelten Holzes und Geldes. (Pernau, 1820.) — 2te Rechenschaft u. s. w. (Ebend. 1821.) — 3te Rechenschaft u. s. w. (Riga, 1823.) *Jede* 2 Bll. 4.

* Ein ehstnisches ABD Buch. Pernau, 1823. 1 Bog. 8.

Ueber Kirchhöfe und Beerdigung der Todten, nebst einem Anhange, den Pernauschen Kirchhof betreffend. Ebend. 1823. 82 S. 4., mit 8 lithogr. Zeichnungen und 2 lithogr. Musikblätt.

Luthers Bibelübersetzung und die neue zu veranstaltende Ausgabe der ehstnischen Uebersetzung; *in den* Neuen inland. Blättern 1817. S. 101.

Manitſuſe-ſönna (*eine Rede bey der Vereidigung von Bauerrichtern gehalten*); *in* O. W. Masings Näddala-Leht....

* Anhang zum Reval-ehstn. Kalender bey Gressel 1821. 48 S. 16.

Nachricht von seiner: Bibliotheca esthonica d. i. chronologisches Verzeichniſs aller esthnischen und über die esthnische Sprache erschienenen Schriften; *in den* Literär. Supplementen z. Ostsee-Prov. Bl. 1827. No. 5.

Gab heraus:

* Laulud, mis neljan damal heina-ku päwal (mil päwal, ſaa aasta eeſt, meie Liiwlandi-ma Wenne-wallitſuſſe alla tulli), 1810. Perno ma-kirrikus laultakſe. Pernau (1810.) 7 S. kl. 8. *Lieder zur Säkularfeyer am 4 Julius* 1810, *sämmtlich aus* P. H. v. Frey's ehstn. Gesangbuche (1793), *bis auf das letzte, welches im gewöhnlichen* ehstn. Gesangbuche S. 30 *steht, mit Veränderungen des Herausgebers.*

* Beiträge zur genauern Kenntniſs der ehstnischen Sprache. 1stes Heft. Pernau, 1813. VIII u. 128 S. — 2tes Heft. Ebend. 1813. 152 S. — 3tes Heft. Ebend. 1814. 172 S. — 4tes Heft. Ebend. u. Reval u. Riga 1815. 180 S. — 5tes Heft. Ebend. u. Reval, Riga u. Dorpat 1816. 172 S. — 6tes Heft. Ebend. 1816. 135 S. — 7tes Heft. Ebend. 1817. 168 S. — 8tes Heft. Ebend. 1817. 176 S. — 9tes Heft. Ebend. 1817. 158 S. — 10tes Heft. Ebend. 1818. 158 S. — 11tes Heft. Ebend. 1818. 169 S. — 12tes Heft. Ebend. 1818. 158 S. — 13tes Heft. Pernau u. Reval 1821. IX u. 168 S. — 14tes Heft. Ebend. 1822. XIV u. 202 S. — 15tes Heft. Ebend. 1822. VIII u. 166 S. — 16tes Heft. Ebend. 1822. 185 S. — 17tes Heft. Pernau, 1825. VIII u. 200 S. — 18tes Heft. Ebend. u. Reval 1827. 158 S. — 19tes Heft. Pernau, 1828. VIII u. 218 S. 8., *und lieferte dazu:* Erste Versuche zu einer künftigen esthnischen Synonymik; Syntactische Regeln, Germanismen. I. 14-23. — Beitrag von ehstn. Wörtern und Redensarten zu Hupels ehstn. Wörterbuche und zwar zum deutsch ehstn. Theile. I. 53-75.; zum ehstn. deutschen Theile. X. 139-147. XVII. 143-198. XVIII. 114-131. — Erklärung des Ursprungs jetzt ehstnischer Wörter aus fremden Sprachen. I. 75-78. — Versuch, bestimmte Regeln für die ehstn. Orthographie festzusetzen. I. 107-123. — Ueber die Nothwendigkeit, sich eine genaue Kenntniſs der ehstn. Sprache zu verschaffen. II. 1-15. — Vielleicht hat der Ehste auch ein Praesens Conjunctivi?

II. 76. — Wann das Pronomen omma stehen muſs? II. 78. — Germanismen: Pea in der Bedeutung von Haupt; und üks statt des unbestimmten Artikels. II. 80-96. — Ueber die Bildung und Bereicherung der ehstn. Sprache. III. 53-89. — Kaima gehen, construirt mit s. III. 125-127. — Dispositionen zu Predigten. III. 160-163. — Ueber zwey Bücher von Rossinius. V. 13-36. — Ueber die Wanderungen der Ehsten gleich nach der Pest. VI. 42-47. — Poesien der Ehsten. VII. 32-87. — Eine Erfahrung. VIII. 57-61. — Eine (ehstn.) Predigt am heiligen 3 Königstage. VIII. 143-155. — Briefe und aus Briefen an den Herausgeber. IX. 9-21. XV. 61-74. — Kurze Charakteristik der tschudischen Völker, aus dem Russischen übersetzt. X. 13-60. — Correcturen von dem im J. 1773 veranstalteten Abdruck der ehstnischen Bibelübersetzung. X. 96-99. — Ein Brief. XI. 88. — Ehstnische Sprüchwörter mit entgegenstehenden deutschen, russ., lat.; *ebend.* S. 148-168. — Fragen und Bemerkungen; *ebend.* S. 169. — Vorschläge, die ehstnische Orthographie betreffend. XIII. 47-73. — Ehstnische Predigt-Dispositionen. XIII. 133-168. (Mit Anmerk. von O. W. Masing.) — Die allgemeine Schriftsprache und der Dorpatsche Dialect, ein Beitrag zur richtigern Beurtheilung ihrer Verschiedenheit. XIV. 131-145. — Welche Wörter mit einem õ geschrieben werden müssen. XIV. 145-148. — Ehstnische Uebers. des Soldaten- und des Amts-Eides. XIV. 200-202. — Der Tschudische Sprachstamm. XVII. 25-28. — Ein Vorschlag, die Erlernung der Ehstnischen und Lettischen Sprache betreffend. XVII. 28-31. — Schema für die ehstnischen Protocollführer in den Gemeindegerichten. XVII. 129-137., mit Anmerk. S. 137-143. — Wer die Lieder in dem ehstnischen Gesangbuche übersetzt und gedichtet hat. XVIII. 10-34. — Ueber die Declination der ehstnischen Familien- oder Zunamen. XVIII. 41-50. — *Ausserdem* Recensionen, Sprichwörter, Schriften-Verzeichnisse, Anfragen, *an mehrern Stellen zerstreut.*

* Lillikesſed (*Blümchen*). 1stes Blatt. Pernau, 1814. 16 S. 8. *Mehr erschien von dieser aus den* Beiträgen *entlehnten Liedersammlung nicht.*

Redigirte als Sekretär der pernau-fellinschen Abtheilung der russischen Bibelgesellschaft: Erste Generalversammlung der Pernau-Fellinschen Abtheilung der Russischen Bibelgesellschaft und Bericht der Committée. Reval, 1819. 24 S. — Zweyte Gen. Vers. u. s. w. Ebend. 1820. 14 S. — Dritte Gen. Vers. u. s. w. Ebend. 1821. 16 S. 8. — Vierter Bericht des Comités der Pernau-Fellinschen Abtheilung der Russischen Bibelgesellschaft an die Generalversammlung. Den 30. Aug. 1822. Pernau, 1822. 1 Bog. Fol. — Fünfter Bericht u. s. w. Den 30. Aug. 1823. Ebend. 1824. 1 Bog. Fol.

Verfaßste die * Statuten des Pernauschen Vereins zur Unterstützung seiner Wittwen, Waisen, Alten u. s. w. Pernau, 1821. 23 S. 8. — *und:* * Regeln für sämmtliche Mitglieder der unter dem Namen: „Die Hülfe" zu Pernau, im Jahre 1809 errichteten Leichencasse; wie solche, in Gemäßsheit und auf den Grund der im genannten Jahre entworfenen, von neuem 1826 ausgearbeitet, und von Einem Rathe, unterm 24. Nov. 1826 obrigkeitlich bestatiget worden. Ebend. 1827. 62 S. 8.

ROSENSTRAUCH (GERHARD RÜRICH).

Lebte im 16ten Jahrhundert.

Handschriftlich:

Chronica Episcoporum Rigensium; *wird im geheimen Archiv zu Königsberg aufbewahrt. Abschriftlich auch in der Rujen-Bergmannschen Sammlung.*

Vergl. Gadeb. Abhandl. S. 50.

ROSSINIUS (JOACHIM).

Wurde 1622 am 6 November vom Stadtministerium in Reval als Pastor zu Fickel ordinirt, von dort 1626 zum Pastor der esthnischen Gemeine zu Dorpat berufen, und späterhin Pastor zu Theal und Fölks, auch zu Karolen im Dorpatschen. Er soll auch Propst des zweyten Theils des dorpatschen Kreises von 1637 an bis 1645 gewesen seyn. Geb. zu Stargard in Pommern am ..., gest. (etwa 1645?)

Evangelia vnd Episteln auf alle Sonntage durchs gantze Jahr. Item: Evangelia vnd Episteln der Fürnembsten Festen. Vnd: Die Historia vom Leiden vnd Sterben vnsers Herrn vnd Heylandes Jesu Christi. In Lieflandische Estonische Sprache transferiret. Durch Joachimum Rossinium, Pastoren zu Theall, Caroll vnd Felckè. Gedruckt zu Riga, durch Gerhard Schrödern, 1632. 18 Bogg. 4.

Catechismus Herrn D. Martini Lutheri in sechs Hauptstücke verfasset, Wie derselbe in der christlichen Gemeine, vnd fürnemblich vnter der lieben Jugend geübet werden sol; Besambt den Fragstücken Lutheri: vnd dem Traw- vnd Tauffbüchlein vnd gemeinen Collecten. Itzo in Estonische Dörptische Sprache versetzt durch Joachimum Rossihnium Pharr-Herrn zu Theall, Caroll vnd Felcke. Gedruckt zu Riga, durch Gerhardum Schröder. Im Jahr 1632. 11 Bogg. 4. (*Jede Seite hat zwey Kolumnen; auf der ersten steht das Deutsche, auf der zweyten die esthnische Uebersetzung.*)

Vergl. Gadeb. L. B. Th. 3. S. 45. — Rosenplänters Beitr. zur gen. Kenntn. der ehstn. Sprache. V. 13-36. — (*Fehlt bey* Carlbl.)

von Roth (Georg Philipp August).

Sohn des nachfolgenden.

Wurde 1810 *im März als Lektor der esthnischen und finnischen Sprache bey der Universität Dorpat angestellt. Geb. zu* ... 1783, *gest. am* 15 *Februar* 1817.

* ABD nink weikenne luggemisse ramat Tarto ma rahwa tullus. Dorpat, 1814. 16 S. 8.

von Roth (Johann Philipp).

Vater des vorhergehenden.

Kam in seinem 12ten Jahre auf das Kollegium Fridericianum zu Königsberg und studirte, aus diesem entlassen, ein halbes Jahr lang auf der dasigen Universität, dann zu Halle anfangs Jurisprudenz, nachher Theologie, kehrte in sein Vaterland zurück, war von 1777 *bis* 1780 *Hauslehrer und wurde* 1780 *Pastor zu Kannapäh bey Werro* (*ord. am* 9 *April*), *wo er sich durch Errichtung und Leitung einer Parochialschule, die zugleich Industrieschule war, verdient machte, versah auch um* 1798 *die werrosche Stadtgemeine mit seinem Amte, wurde* 1798 *Propst des werroschen Sprengels oder vielmehr der zweyten dorpatschen Präpositur,* 1803 *Assessor des livländischen Oberkonsistoriums,* 1809 *Assessor des dorpatschen Oberkirchenvorsteher-Amtes, in demselben Jahre Konsistorialrath, und* 1815 *Ritter des Wladimir-Ordens der* 4*ten Kl. Als Propst stiftete er einen Predigerkonvent, welcher sich seit* 1802 *jährlich in Dorpat versammelt, auch verdankt ihm die dorpatsche Abtheilung der russischen Bibelgesellschaft ihre Entstehung. Die kurländische Gesellschaft für Literatur und Kunst nahm ihn* 1817 *zu ihrem Mitgliede auf und die kaiserliche philanthropische Gesellschaft zu St. Petersburg ernannte ihn zum Korrespondenten ihrer literarischen Komität. Geb. zu Pernau am* 13 *November* 1754, *gest. am* 13 *Junius* 1818.

* Sädusse, ma-rahwa perrast antu, kea Liiwlandi gubernementi wallitsuse al ellawa. Dorpat, 1804. 80 S. gr. 4. *Eine Uebersetzung der* livl. Bauer-Verordnung von 1804 *in den dorpt-esthnischen Dialekt.*

* Amts-Erfahrung eines Propstes; *in* Grave's Magaz. f. protest. Pred. 1817. S. 305-312.

Ueber Volksbildung durch die kurl. Gesellschaft für Lit. u. Kunst, zwey Sentiments; *in den* Jahresverhandll. dieser Gesellsch. Bd. 1. S. 57-61.

Gab, mit G. A. Oldecop, *heraus:* Tarto-maa-rahwa Näddali-leht. (*Ein Wochenblatt.*) Dorp. 1806. No. 1-41., jede Nr. 1/4 Bog. 8.

Besorgte die erste Auflage des dorpt-esthnischen Neuen Testaments, welche die dorpatsche Bibelgesellschaft 1815 *veranstaltete unter dem Titel:* Meije Issanda Jesusse Kristusse Wastne Testament, ehk Jummala Pühha Sönna, kumb Perräst Issanda Jesusse Kristusse Sündmist pühhist Ewangelistist nink Apostlist om ülleskirjotetu.

Tarto pibli koggodusse nouga trükkitu. Mitau, 1815. 652 S. gr. 8.

Vergl. F. G. Moritz Erinnerungen an Joh. Phil. v. Roth, *in* Grave's Magaz. f. protest. Pred. 1818. S. 225-244., *und* Nachtrag *dazu* von Sonntag; *ebend.* S. 358-374. — Neue inland. Bll. 1818. No. 31. S. 225-227. — Jahresverh. der Kurl. Gesellsch. f. Lit. u. Kunst. Bd. 2. S. 44-47.

Rothhausen (Joachim).

Aus Riga; studirte 1655 zu Königsberg und 1657 zu Franeker die Rechte.

Positionum juridicarum dodecas Xma ex Tit. 22. et Tit. de exheredatione. (Praes. Theod. Woldero.) Regiomonti, 1655. 1 Bog. 4.

Discursus academicus ex jure publico de consiliis et consiliariis principum. (Praes. Laur. Banck.) Franekerae, 1657. 64 S. 4.

Vergl. Nord. Misc. XXVII. 430.

Rothovius (Benedikt Petersohn).

Aus Smoland; studirte um 1648 zu Dorpat.

Passio Domini et Salvatoris nostri Jesu Christi, secundum D. Evangelistam Matthaeum oratione solenni enarrata. Dorpati, 1648. 4.

Vergl. Somm. S. 63.

Rotlöben (Johann Martin).

Wurde 1679 zu Leyden Dr. der A. G., 1683 Leibarzt Königs Karl XI von Schweden, und 1698 geadelt. Geb. zu Stockholm am . . ., gest. in Livland im Lager am 28 Februar 1701.

Diss. inaug. de scorbuto. Lugd. Bat. 1679. 4.

Diss. de tabaci natura, usu et abusu.

Oratio de receptione Caroli XI. in societatem Ordinis Garterii. . . .

Handschriftlich hinterliess er: Observationes medico-physicae rariores.

Vergl. Gadeb. L. B. Th. 3. S. 45.

ROUSSET (JOHANN).

Von den Lebensumständen dieses berühmten Publicisten ist mit Gewissheit nur so viel bekannt, dass er ein französischer Refugié war, sich hauptsächlich in Holland aufgehalten hat, und Mitglied mehrerer Akademien gewesen ist. Nach dem Jahre 1732 *schrieb er sich Conseiller extraordinaire de S. A. S. Msgr. le prince d'Orange et de Nassau, seit* 1752 *aber Conseiller de la chancellerie impériale de toutes les Russies, und begab sich* 1755 *gänzlich in Ruhe. Geb. zu* ... *um* 1686, *gest.* 1762.

Von seinen Schriften gehört hierher:

Ein in seinem Werke Les intérêts présens et les prétensions des puissances de l'Europe fondés sur les traités depuis la paix d'Utrecht etc. III. Tomes (à la Haye, 1740. 4.) *enthaltener Aufsatz:* Ueber die Ansprüche der Krone Polen auf Livland und Kurland. — *Ins Polnische übersetzt von* Franz Bielinski. Warschau, 1751. 8.

Vergl. Gadeb. L.B. Th. 3. S. 46. — Ompteda Literatur des gesammten Völkerrechts (Regensburg, 1785. 8.). S. 455.

ROUX (ERNST WILHELM).

Kurländischer Hofgerichtsadvokat und mitauscher Stadtsekretär. Geb. zu ... 1710, *gest. zu Mitau am* 20 *November* 1754.

Dancksagungs-Rede, welche bey der Gelegenheit da den 21. August 1743 das neu-erbauete Rath-Hauss feyerlichst betreten und bezogen, gehalten u. s. w. Mitau, (o. *J.*) 28 S.

RUBEN (LEONHARD).

Trat 1596 *zu Köln in den Benediktinerorden und brachte den grössten Theil seines Lebens mit Verbreitung der katholischen Religion in Livland, Lithauen und Siebenbürgen zu. Geb. zu Essen in Westphalen am* ..., *gest. nach* 1667.

Prediger zu Fahlun und mit seinen Brüdern Nikolaus *und* Petrus 1667 *zum Dr. der Theol. ernannt wurde. Geb. zu Westerås am 3 März 1623, gest. am Pfingsttage 1668.*

Oratio in natalem Reginae Christinae. Arosiae, 1644. 4.
Diss. de disciplina ecclesiastica. Upsaliae, 1652. 4.
Diss. de sponsalibus mysticis Christi cum ecclesia singulisque fidelibus. Ibid. 1653. 4.
En Sermon då 3 Års Stillestand emillan Swerige och Ryszland blef slutit i Walliesar 1658. Refwel, 1659. 4.
Diss. synodalis 1ma de Deo uno et trino. Revaliae, 1661. 4.
Wie viel noch von diesen Dissertt. synod. *herausgekommen, kann man nicht angeben.*
Likpredikanar öfver Uno Troilius. ... 1664. 4.

Vergl. Nord. Misc. IV. 121. (*nach* Schefferi Suecia lit. p. 213.) u. XI. 402. (*nach* Rhyzelii Episcoposcopia suiogoth.) — N. Nord. Misc. XVIII. 266. (*nach* Gezelii biogr. Lexik. II. 407. u. Stiernmanns Adelsmatr. S. 999. u. 1253.)

Rudbeck (Olof Olofsohn).

Bruderssohn des vorhergehenden und Grofssohn von Johann Johannsohn I.

Dr. der A. G. und Prof. der Botanik und Anatomie zu Upsal, geadelt 1719, und zum königlichen Archiater ernannt 1739. Geb. am 15 März 1660, gest. am 23 März 1740.

Von seinen Schriften gehört hierher:

Epistola ad Fabianum Toerner de Esthonum, Fennorum Laponumque origine. ...
Specimen usus linguae gothicae in emendandis atque illustrandis obscurissimis quibusdam Scripturae S. locis, addita analogia linguae gothicae cum sinica, nec non fennonicae cum ungarica. Upsaliae, 1717. 4. (*Selten.*)

Vergl. Gadeb. L. B. Th. 3. S. 47. — N. Nord. Misc. XVIII. 266. — Jöcher, *wo auch seine übrigen Schriften verzeichnet sind.*

Rudelius (Daniel Simonsohn).

Aus der schwedischen Provinz Wermeland; studirte 1653 zu Dorpat.

Oratio de agricultura, publice memoriterque enarrata. Dorpati, 1653. 4.

Vergl. Somm. p. 66.

Rudolphi (David).

Geb. zu Greifenhagen in Pommern am ..., gest. ...

Sententiae et proverbia pro schola Rigensi. Rigae, ap. G. M. Nöller. ...

Vergl. Nord. Misc. IV. 121. *Vielleicht mag indeſs dieser* Rudolphi *Livland nie betreten haben und das angeführte Buch ein bloſser Nachdruck seyn; gleichwie* Fischer *den* Joh. Seb. Mitternacht, *der ebenfalls nie in Reval gewesen ist, zum dortigen Professor macht, weil dessen Umarbeitung von* Vossii elementa rhetorica, auctoritate publica in usum Gymnasii Regio-Revaliensis edita *zu Reval (o. O.).* 71 S. und 1½ Bogg. Anhang. 8. *erschienen ist.* (*S.* Nord. Misc. IV. 106., *und vergleiche damit* Jöcher.)

von Rühl (Johann Georg).

Bruder des nachfolgenden.

Geb. auf dem Gute Dohremuisch im marienburgschen Kirchspiele Livlands am 20 *May* 1769, *kaiserlich-russischer Geheimerrath, vormals Leibarzt bey der Person Ihrer Majestät der hochseligen Kaiserin Mutter, Ritter des St. Annen-Ordens der* 1sten, *des St. Wladimir- und des königl. preussischen rothen Adler-Ordens der* 2ten *Kl., der medico-chirurgischen Akademie Ehren- und mehrerer gelehrten Gesellschaften Mitglied.*

Diss. inaug. med. (*vom Gebrauche der Antimonialmittel in Wechselfiebern*). Erlangae. ...

Ueber die Ersetzungschirurgie im Allgemeinen, nebst Abbildung und Beschreibung eines künstlichen Unterschenkels; *in* Hufelands u. Harles Journal der practischen Heilkunde 1818. October. Bd. XLVII. (*oder* Neues Journ. Bd. XXXX.) *Auch daraus besonders abgedruckt* 16 S. 8., *nebst der* Beschreibung eines neuen Stelzfusses, mit 2 Kpftaf., *die in demselben* Journ. 1818. Nov. *unter den* kurzen Nachrichten *stand.*

Ueber die Heilkraft des Lepidium ruderale; *in der* Russ. Samml. f. Naturwiss. u. Heilkunst; *herausgegeben von* Crichton, Rehmann u. Burdach. II. 4. S. 660-685.

von Rühl (Otto Friedrich Paul).

Bruder des vorhergehenden.

Geb. zu Marienburg in Livland am 23 *May* 1764; *studirte in Leipzig und wurde* 1786 *Pastor adjunktus zu Oppekaln, im folgenden Jahre aber ordentlicher Prediger zu Marienburg und Seltinghof, und* 1819 *Propst des walkschen Sprengels.*

Predigt am Dankfest wegen der Krönung Sr. Kais. Maj. Alexander Pawlowitsch u. Ihro Kais. Maj. Elisabeth Alexiewna, in der Marienburgschen Kirche am 6 Oct. 1801 gehalten. Dorpat. 16 S. 4.

Mahziba kà no affins fehrgas warr fargatees un ko pafchâ affins fehrgâ darriht buhs, ka no tahs atkal warr isglahbtees. Dorpat, 1807. 8 S. 8. — *Auch:* Mitau, 1808. 8 S. 8. *Aus dem Deutschen des* B. v. Vietinghoff (*s. dess. Art.*).

Rede bey der Trauung des Hrn. Dr. Neubeuser mit dem Fräulein J. A. Nandelstädt. Riga, 1811. 14 S. 8.

Spreddikis par peeminnefchanu, ka Widfemme fimts gaddus appakfch Kreewu-Keiferu waldifchanas meerâ un lahklahfchanâ irr bijufi, taî 4tâ Julius 1810tâ gaddâ Allukfnes bafnizâ turrehts. Riga, 1811. 1½ Bogg. 8.

* Das Lager von Vertus. (Riga, 1816.) 16 S. 8. *Aus dem Französischen der Frau v.* Krüdener *übersetzt* (*s. deren Art.*).

Spreddikis taî 12. Merzmehnefcha deenâ Allukfnes bafnizâ turrehts. Tai mihtai Allukfnes un Seltinadraudfei par paleekamu peeminnefchanu drikkehts. Riga, 1820. 22 S. 8.

Gelegenheitsgedichte.

Veranlafste Gedanken über die Herrnhuterey unter den livländ. Bauern; *in den* Nord. Misc. XXVI. 308-316. (1790.)

Antheil an J. J. Loppenowe's Sarunnafchanas starp diweem latwifkeem Semneekeem (Riga, 1800. 8.), *nämlich* S. 40-57. u. 99-102.

War einer der Redaktoren des neuen livländisch-lettischen Gesangbuchs: Kriftigas dfeefmas, Widfemmes basnizâs un mahjâs dfeedamas (Riga, 1809. 8.), *und lieferte dazu* 88 *theils nach deutschen Originalen übersetzte, theils umgearbeitete ältere Lieder, und in* No. 541. *ein lettisches Original, das früher auch besonders gedruckt worden, mit dem Titel:* Dfeefma, kas ja dfeed, kad jauni deewgaldneeki fanahk preekfch altara us eefwehtifchanu. 2 Bll. 8. *Seine Lieder sind mit* R. *unterzeichnet.*

Lieferte zu dem kurl. lettischen Gesangbuche (Mitau, 1806. 8.) No. 56 u. 59.; — *zu der* Samml. alter u. neuer geistlicher Lieder (Riga, 1810. 8.). No. 848., *früher schon besonders gedruckt mit der Ueberschrift:* Lied bey der Confirmation eines Jünglings am Himmelfahrts-Tage 1801 in der Marienburgschen Kirche nach der Predigt zu singen. 2 Bll. 8.; — *auch zu* J. H. Rosenplänters lett. Vorschriften *den lettischen Text.*

Vergl. Zimmermanns Lett. Lit. S. 129. — Grave's Magaz. f. protest. Pred. 1819. S. 187., *wo aber der Vorname* Peter, *statt* Paul, *unrichtig ist.*

Rühl (Philipp Jakob).

Studirte zu Strafsburg Theologie, war Rektor zu Dürkheim an der Hart, stand hierauf eine zeitlang als Hofrath und zuletzt als geheimer Rath in Diensten des Grafen Karl Friedrich Wilhelm v. Leiningen, verliefs diese ohne alle Veranlassung und ging während der Revolution nach Frankreich, wurde vom Departement des Niederrheins zum Deputirten im Nationalkonvent erwählt, in der Folge aber, da das Regiment seiner Partey zu Ende gegangen war und er sich bey officiellen Reisen nach dem Elsafs viele jakobinische Gewaltthätigkeiten erlaubt hatte, verhaftet. Um der Untersuchung und Strafe zu entgehen, erstach er sich selbst. Geb. zu Strafsburg am ..., gest. im May 1795.

Von ihm soll, wie Ernesti *in der zu* Hirschings Historisch-Litterarischem Handbuch berühmter und denkwürdiger Personen gelieferten Fortsetzung. Bd. 10. Abth. 1. S. 305. ff. *anzeigt, ein* Leben Ernst Johann Biron's, Herzogs von Kurland. 2 Theile. 8. *vorhanden seyn.* Meusel (Lexikon Bd. XI. S. 478. *in der Note) scheint die Existenz dieses Buchs zu bezweifeln; vielleicht ist indessen folgende anonym herausgekommene Biographie darunter gemeint:*

Geschichte Ernst Johann von Biron, Herzogs in Liefland, zu Curland und Semgallen, in verschiedenen Briefen entworfen. Frankfurt u. Leipzig, 1764. 188 S., *und als zweyter Theil:* Fortgesetzte Geschichte Ernst Johann u. s. w. *ebend.* 1764. 180 S. 8.

Vergl. Weidlichs biograph. Nachrichten. Th. 5. S. 268. ff. — Bahrdts Geschichte seines Lebens. Th. 3. S. 28. ff. — Menschenkunde. Bd. 1. S. 368. ff.

Rüssow (Balthasar).

Wurde 1563 *Prediger an der heiligen Geistkirche zu Reval und in der dasigen Olaikirche ordinirt. Geb. daselbst am ..., gest.* 1600.

Chronica der Prouintz Lyfflandt, darinne vormeldet werdt; Wo datsüluige Landt ersten gefunden, vnde thom Christendome gebracht ys: Wol de ersten Regenten des Landes gewesen sint: Van dem ersten Meister Düdesches Ordens in Lyfflandt, beth vp den lesten, vnde van eines ydtliken Daden: Wat sick in der voranderinge der Lyfflendeschen Stende, vnde na der tydt, beth in dat negeste 1577 Jar, vor seltzame vnde wünderlike gescheffte im Lande thogedragen heben, nütte vnde angeneme tho lesende. Korth vnde loffwerdig beschreuen, dörch Balthasar Rüssouwen Reualiensem. Rostock gedrücket dörch Augustin Ferber. Anno M. D. LXXVIII. 8 ungez. Bll. Titel u. Vorrede u. 203 gezählte Bll. 8., von sehr breiter Form. *Bey einigen Exemplaren ist das Titelblatt gemischt schwarz und roth gedruckt. — Auch eine zweyte*

Ausgabe unter dem Titel: Nye Lyfflendische Chronica vam anfanck des Christendoems in Lyfflandt beth op disses Jar Christi 1578. Darin sonderlick Wat sick twischen dem Muscowiter vnde Lyfflendern de negesten twintich Jar, her aneinander thogedragen: Trüwlich beschreven ys, durch Balthasar Russowen Revaliensem. Thom andernmal gedrücket vnde mit etliken Historien vormeret. Rostock. Gedrückt durch Augustinum Ferber. Anno M. D. LXXVIII. 8 ungez. Bll. Titel u. Vorrede u. 200 gez. Bll. kl. 8. — *Neue, mit einem vierten Theile von 1577 bis 1583 vermehrte Ausgabe mit dem Titel:* Chronica — — (*wie bey der ersten Ausgabe*) beth in dat negeste 1583 Jar — — (*ebenso*) Dorch Balthasar Rvssovven Revaliensem. Thom andern mal mith allem flyte auersehen, corrigeret, vorbetert, vnd mith velen Historien vormehret dorch den Autorem süluest. Gedrücket tho Bart, in der Förstliken Drückerye, Dorch Andream Seitnern 1584. 6 ungez. Bll. Titel u. Vorr. u. 136 gez. Bll. gr. 4. — (*Alle drey Ausgaben ziemlich selten, besonders die in kl. 8.*)

Vergl. Witte D. B. Th. 2. S. 3., *und daraus* Jöcher, *der aber das Todesjahr unrichtig als* 1660 *angiebt.* — Gadeb. Abh. S. 37-41. — Carlbl. S. 104. — K. W. Cruse's Progr.: Balthasar Rüssow, in Erinnerung gebracht. Mitau, 1816. 4.

von Rummel (Johann Theodor).

Geb. zu ... *in Kurland, gest.* ...

Diss. Res Danicae. (Praes. Conr. Sam. Schurzfleisch). Wittebergae, 1693. 30 unpag. S. 4.

Rump (Johann).

Geb. zu Mitau am ..., *gest.* ...

Disputatio XXIII Institutionum Imp. de Interdictis. (Praes. Christiano Ohm.) Regiomonti, 1633. 4.

Rumpaeus (Just Wessel).

Dr. der Theol., Prediger zu Greifswald, und seit 1711 *Rektor und Prof. der Theol. am Archigymnasium zu Soest in Westphalen. Geb. zu Unna in Westphalen am ..., gest.* 1734 *oder* 1735.

Nachricht vom curischen Glauben. ...

Vergl. Gadeb. L. B. Th. 3. S. 48. — *wo auch seine übrigen Schriften angezeigt sind.* — Tetsch Kurländ. Kirchengesch. erster Versuch. S. 2. in der Note, *und* Vorrede zum 1sten Theil seiner Kurl. Kirchengesch. S. 3.

Runge (Johann).

Studirte in Abo, wo er 1691 *ordinirt, am* 10 *December desselben Jahres Mag. und* 1692 *Lektor der dasigen Kathedralschule, hierauf aber* 1696 *Pastor zu Torwes,* 1697 *ausserordentlicher Prof. der Theol. zu Abo und dabey* 1698 *Pastor zu Nummis,* 1699 *Pastor zu Lund,* 1700 *ordentlicher Professor der Logik und Metaphysik, nach Andern der Theologie,* 1701 *Superintendent zu Narwa, und* 1703 *Dr. der Theol. zu Abo wurde. Er war der letzte narwasche Superintendent. Geb. im Kirchspiele Loimajoki im satagundschen Kreise* 1660, *gest. am* 3 *August* 1704.

Disp. de miraculis aquarum. ...

Disp. de sede animae. ...

Disp. (pro gradu Magist.) de natura fluxus et refluxus maris. ...

Disp. (pro gradu Doct. Theol.) Zelus vindex gratiae salvificae ordinate circa ruinam Israelis inordinati conspicuus, ex Rom. IX. X. XI. ...

Vergl. Nova lit. mar. B. 1705. p. 103. — Gadeb. L. B. Th. 3. S. 50. — Nord. Misc. IV. 218. XI. 408. XXVII. 430.

Ruprecht (Johann Christoph).

Sohn von Samuel Albrecht.

Studirte Theologie zu Jena und wurde 1754 *adjungirter, nach seines Vaters Tode aber ordentlicher Prediger zu Grünhof in Kurland. Geb. zu Grünhof* 1728, *gest. am ...* 1792.

Diss. philosophica de divisione logica non semper per membra contradictorie opposita formanda. (Praes. Chr. Frider. Polzio.) Jenae, 1748. 4.
* Der Mensch, eine Betrachtung. Mitau, 1764. 8.
* Mahzibas preekfch Behrnu Saeehmejahm. (*Aus der deutschen Handschrift des Hofraths* Meyer *auf Alauen übersetzt.*) Mitau, 1783. 125 S. 8.
Vergl. Zimmermanns Lett. Lit. S. 77. f.

RUPRECHT (MICHAEL).

War in der zweyten Hälfte des 17ten Jahrhunderts Stadtsekretär zu Mitau. Geb. zu Libau am ..., gest. ...

Theses politicae. (Praes. Dan. Rhode.) Regiom. 1671. 1½ Bogg. 4.
Oratio sub introductione scholae nostrae trivialis solenni. Mitavide, 1679. 4.

RUPRECHT (SAMUEL ALBRECHT).

Vater von JOHANN CHRISTOPH.

War seit 1718 *Adjunkt seines Vaters Johann Ruprecht, wurde nach dessen Tode ordentlicher Prediger zu Grünhof, und hat den Ruf eines gelehrten Mannes hinterlassen. Geb. zu Setzen in Kurland am ..., gest. am* 2 *Februar* 1773.

Antheil an der lettischen Bibelausgabe von 1739.
Vergl. Zimmermanns Lett. Lit. S. 48.

RUS (NIKOLAUS).

Magister der Weltweisheit und Bakkalaureus der Theologie, war schon 1516 *Priester in Rostock und zeichnete sich durch seinen Eifer gegen die eingeschlichenen Mißbräuche des Papstthums und gegen das Unwesen, das auch in Mecklenburg mit Ablaßkrämerey getrieben wurde, so aus, daß er, um der ihm drohenden Verfolgung zu entgehen, Deutschland verlassen und nach Livland flüchten mußte, wo er indeß nicht lange mehr gelebt zu haben scheint, da keiner der einheimischen Schriftsteller seiner gedenkt. Geb. zu ... am ..., gest. am ... in Livland.*

Harmonia Evangelistarum. ...

De triplici funiculo. ... (*Beyde Schriften sollen in niederdeutscher Sprache verfaſst seyn, und werden als sehr selten angegeben.*)

Vergl. Melch. Adami vitae germanor. theologor. (Francof. 1653. 8.) p. 13. — Jöcher, *wo er im 2ten Theile irrig unter dem Namen* Kus, *im 3ten Theile aber unter seinem wahren Namen aufgeführt ist.* — Gadeb. L. B. Th. 3. S. 50.

von Russau (Karl Friedrich).

Erhielt in der rigaschen Domschule und von Privatlehrern Unterricht, trat schon in seinem 14ten Jahre als Unterofficier in Kriegsdienste, stieg bis zum Major, erwarb sich das Otschakowsche Kreuz, den goldenen Degen und den St. Georgen-Orden, nahm 1797 seine Entlassung, lebte erst als thätiger Landmann, zog aber schon nach wenigen Jahren in seine Vaterstadt, wo er sich durch Unterricht in der französischen und russischen Sprache und durch Uebersetzungen aus dem Russischen und in das Russische den Unterhalt mühsam erwarb. Im J. 1802 wurde er als Direktor beym beresinaschen Kanalbau angestellt, nachdem dieser aber 1810 vollendet war, zum Kollegienrath und Ritter des St. Annen-Ordens der 2ten Kl. und zum Direktor der kaiserlichen Kommerzschule in St. Petersburg, spater auch zum Etatsrath ernannt. Geb. zu Riga am 4 Februar 1764, gest. zu St. Petersburg am 22 Oktober 1819.

Vorlesungen. Ein Lesebuch zur Beherzigung meinen Kindern gewidmet. St. Petersburg, 1819. 185 S. 8.

Communication von der Wolga und andern Flüssen nach dem St. Petersburgischen und Archangelschen Hafen (aus dem Russ.); *in* Kaffka's Nord. Archiv 1803. II. 177-189. — Communication zwischen dem schwarzen Meere und der Ostsee; *ebend.* IV. 142-148.

Nekrolog (des Kurskischen namhaften Bürgers Iwan Ilarionowitsch Golikow); *in* Schröders St. Petersb. Monatsschrift. 2ter Jahrg. 1806. I. 57-59.

Vergl. Seinen Nekrolog von A. Albanus; *in den* Rig. Stadtbll. 1819. S. 301-307.

Russow (Balthasar), s. Rüssow.

von Orgies, gen. Rutenberg (Johann Ferdinand).

Sohn des nachfolgenden.

Erhielt seine Erziehung im väterlichen Hause, machte mit seinem Bruder und beyder gemeinschaftlichem Lehrer, dem nachmaligen Propst B. G. Becker, eine Reise durch einen ansehnlichen Theil Deutschlands, studirte hierauf von 1788 *bis* 1791 *zu Leipzig, kehrte sodann, im Gefolge der Herzogin Dorothea von Kurland, über Berlin, Dresden und Warschau in sein Vaterland zurück, wurde* 1794 *frauenburgischer Hauptmannsgerichts-Assessor,* 1796, *bey Einführung der Statthalterschaftsverfassung, aber Assessor im Gerichtshofe bürgerlicher Rechtssachen, nach Aufhebung der genannten Verfassung* 1797 *wieder Hauptmannsgerichts-Assessor zu Frauenburg, und noch in demselben Jahre Hauptmann zu Windau, nahm* 1801 *seine Entlassung von dieser Stelle, war zwey Jahr Oberhauptmannschaftsbevollmächtigter, sodann von* 1803 *bis* 1815 *Ritterschaftssekretär, wurde hierauf in eben gedachtem Jahre Rath im kurländischen Oberhofgericht, dirigirte auch als erwählter Landbotenmarschall den Landtag von* 1817, *auf welchem die kurländische Ritterschaft ihren bisherigen Rechten auf die Leibeigenschaft der Bauern entsagte, und erhielt in demselben Jahre den St. Annen-Orden der* 2*ten Kl. Geb. auf dem Gute Neu-Autz in Kurland am* 3 *August* 1767, *gest. zu Mitau am* 27 *August* 1830.

* Bemerkungen zu dem von dem Herrn Kollegienrath und Ritter von Sahlfeldt abgefafsten Entwurf einer neuen Kirchenordnung. (Mitau, 1808.) 14 S. 8. (*Am Schlufs hat er sich genannt.*)

Beytrag zur Geschichte der kommissorialischen Decisionen von 1717; *in den* Jahresverh. der Kurl. Gesellsch. f. Lit. u. Kunst. Bd. 1. S. 315. — Beytrag zur Geschichte der Wahl des Grafen Moritz von Sachsen zum Herzoge von Kurland, aus urkundlichen Nachrichten gezogen; *ebend.* Bd. 2. S. 373.

von Orgies, gen. Rutenberg (Karl Ferdinand).

Vater des vorhergehenden.

Wurde bey Verwandten auf dem Lande erzogen, studirte von 1759 *bis* 1762 *die Rechtswissenschaft zu Jena, war daselbst bey einer, unter* Heimburgs *Vorsitz, von* Kellner 1761 *vertheidigten* Dissertatio de furto armato *Opponent und liefs derselben eine an den Respondenten gerichtete* epistola gratulatoria *beydrucken, verwaltete, nach erfolgter Zurückkunft in sein Vaterland, erst das Amt eines selburgschen Instanzgerichts-Assessors, nahm aber sehr bald den Abschied, wurde* 1775 *Hauptmann zu Frauenburg,* 1782 *Landbotenmarschall,* 1786 *Oberhauptmann zu Tuckum,* 1788 *Kanzler, und* 1793 *Landhofmeister. Bey der Unterwerfung Rufslands unter russischem Scepter im J.* 1795 *erhob ihn die Kaiserin* Katharina II *zum wirklichen Etatsrath, und* 1797 *erhielt er den St. Annen-Orden der 2ten Kl. Geb. auf dem Gute Lesten in Kurland am* 16 *April* 1741, *gest. zu Mitau am* 6 *März* 1801.

* Nothwendige Erläuterungen über die gegenwärtige Lage der publiken Landesangelegenheiten in Curland. Im Januar 1770. (Mitau, 1770.) 19 S. 4. *Auch Lateinisch unter dem Titel:* Necessariae dilucidationes de statu praesenti rerum publicarum ducatuum Curlandiae, mense Januario 1770. (Ebend. 1770.) 16 S. 4.

(*In* Schwartz Biblioth. S. 252 *wird diese Schrift irrig dem Hofrath* C. A. Tottien *beygelegt.*)

* Freymüthige Gedanken über das Recht der Stimmen-Mehrheit überhaupt, insonderheit über das Gewicht derselben in Geldwilligungen, entworfen von einem Mitgliede der Curländischen Ritterschaft im Jahr 1782. (Mitau, 1782.) 13 S. 4.

Rede (bey der am 28. Januar 1796 vollzogenen Eröffnung der kurländischen Statthalterschaft); *in der Sammlung der bey dieser Gelegenheit gehaltenen* Reden. (Mitau, 1796. 4.) S. 23.

RYANDER (JONAS GOTHOSOHN).

Aus Smoland; studirte um 1648 *zu Dorpat.* ...

In gloriosissimam ascensionem domini et salvatoris nostri Jesu Christi, oratio. Dorpati, 1648. 4.

Vergl. Somm. p. 63.

RYDENIUS (PETER ALEXANDER).

Erhielt seine Schulbildung auf dem Gymnasium seiner Vaterstadt, bezog 1819 *die Universität Dorpat, wo er die Rechte studirte, trat im May* 1822 *eine Reise ins Ausland an, kehrte aber, getrieben von einer unerklärlichen Sehnsucht, früher, als sein Plan gewesen war, zu den Seinigen zurück, und starb wenige Wochen nach seiner Rückkunft. Geb. zu Reval am* 14 *Oktober* 1800, *gest. daselbst am* 27 *Oktober* 1823.

Gedichte *in* Raupauchs Inländ. Museum I. 102. III. 33-43., *und in desselben* Neuem Museum I. 2. S. 6-10.

Nach seinem Tode erschien:

Auswahl aus Alex. Rydenius poetischem Nachlafs und Bruchstücke aus seinem Reise-Tagebuche; herausgegeben von einem seiner Freunde; nebst des Verfassers Bildnisse. Reval, 1827. XIV u. 335 S. 8. (*Der Herausgeber ist:* G. Köhler, *s. dess. Art.*).

Vergl. Ostsee-Prov. Bl. 1824. S. 6. — Vorwort zu der ebengenannten Auswahl.

Ryttanus (Erich Thomassohn).

Aus Finnland; studirte 1637 *zu Dorpat.* ...

Oratio de natura obedientiae, dominis professoribus debitae. Dorpati, 1637. 2½ Bogg. 4.

Vergl. Somm. p. 50.

Berichtigungen und Nachträge
zum dritten Bande.

S. 12 Z. 7 *v. u. ist das Komma nach* wurde *zu streichen.*

S. 13 Z. 5 *v. u. l.* 1737 *st.* 1727.

S. 24. v. d. Launitz (C. F.). *Seinen Schriften ist noch beyzufügen:* Stahſti no Kreewu-tautas un walſts. Latweeſchu ſkohlahm par labbu, un arri jaukas laſſiſchanas pehz, farakſtiti. Mitau, 1829. 94 S. 8. — * Lettische Uebersetzung der Augsburgischen Confession; *in* Die Augsburgische Confession, Deutsch, Lateinisch, Esthnisch und Lettisch, zur Feier ihres 300jährigen Jubelgedächtnisses herausgegeben von der theolog. Fakultät der kaiserl. Univers. zu Dorpat (Dorpat, 1830. 127 S. gr. 4.). *Auch daraus besonders abgedruckt.* — Etwas zur lettischen Grammatik; *in dem* Magazin d. lettisch-liter. Gesellsch. II. 2. S. 30-47. (1830.)

S. 28. Laurenty (H. K.). S. 29 Z. 16 *v. u. setze* Dank. Blätter *st.* Dank-Blätter. — *Er hat noch drucken lassen:* Denkblätter. Riga, 1829. 108 S. 8.

S. 31. Ledebour (K. F.). *Setze seinen Schriften noch zu:* Reise durch das Altai-Gebirge und die soongorische Kirgisen-Steppe. Auf Kosten der Kaiserl. Universität Dorpat unternommen im Jahre 1826, in Begleitung der Herren Dr. K. A. Meyer u. Dr. A. v. Bunge. 1ster u. 2ter Theil. Berlin, 1829. gr. 8. Nebst einem Atlas, 18 Tabellen und 13 Steindrucktafeln enthaltend. — Flora altaica. Adjutoribus D. Car. Ant. Meyer et D. Alex. a Bunge. Tom. I. (Classis I-V.) Berolini, 1829. gr. 8. — Icones plantarum novarum vel imperfecte cognitarum, floram rossicam, imprimis altaicam illustrantes. Centuria I. Rigae, Londini, Parisiis, Argentorati et Bruxellae, 1829. 2 ungez. Bll. u. 24 S. Text, nebst 100 Taff. gr. Fol.

S. 32 Z. 7 *l.* jeniseiskischen *st.* jeneseiskischen.

S. 38 Z. 5 *l.* Sueviam *st.* Suevium; *und* Z. 13 *setze* Hysteron *st.* Histeron.

S. 41 Z. 16 *l.* isdohta *st.* isdohtu.

S. 45 Z. 15 *v. u. l.* C. H. *st.* C. N. Nielsen.

S. 46. Lenz (G. E.). *Starb in St. Petersburg am 14 December 1829. — Zu seinen Schriften gehört noch:* Progr. Commentationis de Duchoborzis Part. I. Dorpati; 1829. 35 S. 4. — Z. 18 *v. u. l.* 1829 *st.* 1828.

Vergl. Zur Erinnerung an G. E. Lenz. Dorpat, 1830. 41 S. gr. 8.

S. 55 Z. 16 *und* 14 *v. u. l.* Liboschitz *st.* Liboschütz.

S. 56. Lichtenstein (J. N. H.). *Seinen Schriften ist beyzufügen:* Vermuthungen über die Urbildung der Erdoberfläche, gegründet auf Beobachtung und Vergleichung fossiler Reste organischer Körper (nach Brogniart); *in* Trautvetters Quatembern. Bd. 2. (1830). Hft. 3. S. 1-13. — Merkwürdigkeiten aus dem 17ten Bande des Férussacschen Bulletin des sciences naturelles; *ebend.* S. 20-26. — Neuere Untersuchungen über das in der Argonauta befindliche Thier; *ebend.* Hft. 4. S. 44-46.

S. 59 Z. 4 *v. u. l.* Archiepiscopi *st.* Archiopiscopi.

S. 71. Limmer (K. A.). *Zu seinen Schriften gehört noch:* Entwurf einer urkundlich-pragmatischen Geschichte des gesammten Pleisnerlandes. Nicht Regenten- sondern Landesgeschichte; mit erläuternden und berichtigenden Rücksichten auf die gesammte Sächsische und Deutsche Geschichte. 1ster Band mit 12 lithogr. Ansichten alter Burgen und Schlösser. Ronneburg, 1830. 8. — 2ter Band. ... *Auch unter dem Titel:* Bibliothek der sächsischen Geschichte. Zweites Werk.

S. 81. Lindner (J. G.). *Die Streitschrift* de somno et somniis *erschien zu* Königsberg 1751. 20 S. u. 2 ungez. Bll. 4., *und wurde unter seinem Vorsitz von* J. G. Hamann *vertheidigt.*

S. 86. Lindner (K. C. W.). *Die* Diss. pro gradu Mag. de cornea *ist in* 8., *nicht in* 4. *gedruckt, und die* commentatio anat. de cornea *ein wörtlicher Abdruck der erstern.*

S. 87. v. Rechenberg-Linten. *Hat noch drucken lassen:* Geschichtlich-vergleichende Darstellung über das zeitgemäfs zu realisirende allerhöchst bestätigte Reglement des Kurländischen Kreditvereins. Mitau, 1830. 47 S. 8.

S. 89. Loder (J.). *Vergl. über ihn auch* Bidermanns Altes und Neues von Schulsachen. II. 304-309.

S. 106 Z. 6 *l.* $\Sigma\upsilon\zeta\eta\tau\eta\sigma\iota\varsigma$ *st.* $\Sigma\upsilon\zeta\eta\tau\varepsilon\sigma\iota\varsigma$.

S. 115 Z. 7 *und* 8 *l.* der livländischen gemeinnützigen ökonomischen Gesellschaft *st.* der gem. ökonom. Gesellsch. in Riga.

S. 120 Z. 13 *und* 12 *v. u. setze:* Joachimo Theodori, Demminensi-Pom.

S. 124 Z. 17 *l.* secundum *st.* fecundum.

S. 126 Z. 19 *v. u. setze vor* XX: Exerc.

S. 128 Z. 4 *v. u. l.* decantata *st.* decantat.

S. 136. Lünemann (J. H. C.). *War geboren am* 14 *December* 1787 *und starb am* 25 *Januar* 1827.

S. 139. Lundberg (J. F.). *Seinen Schriften ist noch beyzusetzen:* Zeems, kur ſeltu taiſa. Jauki ſtahſti, no ka dauds labbu warr mahzitees, muhſu mihleem Latweeſcheem par labbu pahrtulkohti un pahrtaiſiti no wahzu wallodas. Riga, 1830. 4 unpag. u. 132 S. 8. (*Eine Bearbeitung des Zschokkeschen Goldmacherdorfs.*) *Auch mit zur Seite stehender deutscher Rückübersetzung, und deutschem und lettischem Titel*, als Deutsch-Lettisches Lesebuch auf Subscription herausgegeben von G. Merkel. Ebend. 1830. 269 S. 8. — Ueber die Aufnahme fremder Wörter in die lettische Sprache; *im* Magazin d. lettisch-lit. Gesellsch. II. 2. S. 101-121. — Gudrineeks Pehters (*nach Engels Philosoph für die Welt*); *ebend.* II. 3. S. 60-65. — Der siebzigste Geburtstag, von Voſs, ins Lettische (*in Hexametern*) übersetzt; *ebend.* S. 68-85. (1830.)

S. 146 Z. 3 *v. u. l.* St. 5. S. 387-410. *st.* P. I. p. 387.

S. 151. Malmgren (S. M.). *Füge seinen Schriften noch bey:* Specimen lexici latini; *in den* Einladungsschriften zur Feier des 25jährigen Jubelfestes u. s. w. des Gouv. Gymnasiums zu Dorpat. (Dorpat, 1830. 4.) S. 29-52.

S. 166 Z. 14 *l.* Horoscopia *st.* Heroscopia.

S. 168. Masing (O. W.). *Hat noch drucken lassen:* Predigt am dritten Secularfeste der Augsburgischen Confession. Dorpat, 1830. 28 S. 8.

S. 169 Z. 12 *v. u. l.* näddala *st.* näddula.

S. 200 Z. 3 *streiche den Punkt nach* phlebotomiam.

S. 222 Z. 8 *v. u. ist der Punkt nach* A *zu streichen.*

S. 240. v. Moier (J. C.) *Ist nicht* 1785, *sondern am* 10 *März* 1786 *geboren.*

Vergl. Köhlers Ord. Medicor. Dorp. annales p. 48.

S. 247. v. Morgenstern (K.). *Seinen Schriften ist noch zuzusetzen:* Klopstock als vaterländischer Dichter. Eine Vorlesung. Dorpat, 1814. 66 S. 4. — S. 249 Z. 3 *l.* mehreren *st.* mehrere; S. 254 Z. 19 *v. u. l.* der ersten *st.* dieser; S. 259 Z. 8 *l.* Neeb *st.* Nub.

S. 266 Z. 5 *l.* Schard *st.* Sehard.

S. 267 Z. 3 *l.* *'Εμμετροις st. 'Εμμε τροις.*

S 271. Moritz (L. W.). *Starb am* 3 *April.*

Vergl. Merkels Provinzialbl. 1830. No. 18. S. 71.

S. 272 Z. 18 *l.* Liiwlandi *st.* Lüwlandi, *und* Säedus *st.* Läedus.

S. 276. Müller (F.). *Von seiner* Leichtfaſslichen Sprachlehre *erschien der zweyte Theil:* Die Wortlehre, *zu* Riga 1831. 148 S. 8.

S. 284 Z. 6 *v. u. l.* einem *st.* seinem.

S. 288 Z. 4 *l.* der *st.* des nachfolgenden, *und* Z. 17 *v. u.* Moisekats *st.* Moisekahs.

S. 289 Z. 9 *v. u. l.* der *st.* des.

S. 295. Mylich (G. G.). *Zu seinen Schriften gehört noch:* Ankündigung (und Probe einer neuen lettischen Uebersetzung des N. T.) [o. *O. u. J.*] (Mitau, 1811.). 16 S. 8. *Die Uebersetzung selbst wurde* 1812 *in Mitau auf* 608 *S.* 8. *gedruckt, aber auf Veranstaltung der Bibelgesellschaft wieder gänzlich vernichtet.* S. Erster Bericht der rigaschen Bibelgesellschafts-Abtheilung. (Riga, 1814. 8.) S. 9-11. u. Sonntags Gesch. d. lett. und ehstn. Bibelübersetzungen S. 19. Anm. 32. — *Handschriftlich hinterlieſs er eine* Kurlandische Prediger-Matrikel.

S. 301 Z. 17 *setze* C. R. *st.* G. R.

S. 305. Neander (C. F.). *Von der ersten* Sammlung *seiner* Geistlichen Lieder *erschien auch eine dritte verbesserte Ausgabe:* Riga, 1779. 72 S. 8. — *Die anonym herausgekommene* Neue Sammlung christlicher Gesänge (Frankf. u. Leipz. 1773) *ist kein Nachdruck jener ersten*

Sammlung, *wie* S. 306 Z. 16 *irrig gesagt worden, sondern ein von ihm zum Gebrauch bey gemeinschaftlicher Privatandacht besorgtes Gesangbuch, das zwar mehrere seiner eigenen Lieder, aber auch manche von andern Verfassern, imgleichen viele alte Gesänge, die fremden von ihm verändert, enthält.*

Vergl. über ihn auch Heerwagens Lieder-Literatur. I. 219. II. 352.

S. 335. Ockel (E. F.). *Setze noch zu seinen Schriften:* Erwiederung auf die Anrede des Kanzlers Freyh. v. Medem; *in dem* Gedächtnifsfeste seiner 25jährigen Amtsführung S. 21. — Rede des Jubelgreises; *ebend.* S. 25.

S. 344. Oldekop (C. A. W.). *Noch hat man von ihm:* *Ueber den Tod der Kaiserin Maria Feodorowna (*aus dem Russischen*). ½ Bog. Fol. — *Seit dem Anfange des Jahres* 1831 *giebt er zu St. Petersburg unter dem Titel:* Der russische Merkur, *ein Journal heraus, von dem wöchentlich ein Bogen in gr.* 8., *nebst einem* literärischen Begleiter, *erscheint.*

S. 346 Z. 8 *l.* Jummala *st.* Jummula, *und* Z. 14 *v. u.* Kulutamise *st.* Kalutamise.

S. 361 Z. 10 *setze* nouveau *st.* nouveaux.

S. 363 Z. 16 *l.* λυριкον *st.* λιριкον.

S. 364. v. Parrot (G. F.). *Füge seinen Schriften noch bey:* *Robinson der Jüngste. Ein Lesebuch für Kinder. Vorzüglich in technologischer Hinsicht bearbeitet. 1ster Theil. Mit 2 Kupfern. Riga, 1797. XVIII u. 364 S. 8.

S. 374. v. Parrot (J. J. F. W.). *Wurde* 1830, *an* Ewers *Stelle, zum Rektor der Universität Dorpat erwählt.*

Sein Bildnifs in Steindruck.

Vergl. über ihn auch Köhlers Ord. Medicor. Dorp. annales p. 67.

S. 399. v. Perewoschtschikow (W.). *Wurde* 1830 *zum Staatsrath ernannt und nahm in demselben Jahre seinen Abschied von der Professur.*

S. 403 Z. 8 *l.* Kollegienrath *st.* Hofrath.

S. 410. Pfaff (J. W. A.). *Setze noch zu seinen Schriften:* Wie alt ist die Sonne? *im* Morgenbl. 1831. No. 43-45.

S. 444. Preiss (A. F. J.). *Zu seinen Schriften gehört auch:* Rede zur Feier des ersten öffentlichen Gottesdienstes

Lightning Source UK Ltd.
Milton Keynes UK
UKHW020325090219
336963UK00010B/798/P